ELABORATE EXPLANATION OF
JUDICIAL PRACTICES AGAINST
DRUG-RELATED CRIMES

毒品犯罪
司法实务精解

方文军 / 著

法律出版社 LAW PRESS·CHINA
北京

图书在版编目(CIP)数据

毒品犯罪司法实务精解 / 方文军著. -- 北京:法律出版社,2024
ISBN 978-7-5197-8919-0

Ⅰ. ①毒… Ⅱ. ①方… Ⅲ. ①毒品-刑事犯罪-研究-中国 Ⅳ. ①D924.364

中国国家版本馆 CIP 数据核字(2024)第 051053 号

毒品犯罪司法实务精解
DUPIN FANZUI SIFA SHIWU JINGJIE

方文军 著

策划编辑 田 浩
责任编辑 田 浩
装帧设计 臧晓飞

出版发行 法律出版社
编辑统筹 法商出版分社
责任校对 王 丰 郭艳萍
责任印制 胡晓雅
经　　销 新华书店

开本 710 毫米×1000 毫米 1/16
印张 39.25 **字数** 578 千
版本 2024 年 4 月第 1 版
印次 2024 年 4 月第 1 次印刷
印刷 涿州市星河印刷有限公司

地址:北京市丰台区莲花池西里 7 号(100073)
网址:www.lawpress.com.cn
投稿邮箱:info@lawpress.com.cn
举报盗版邮箱:jbwq@lawpress.com.cn
销售电话:010-83938349
客服电话:010-83938350
咨询电话:010-63939796

书号:ISBN 978-7-5197-8919-0
定价:158.00 元
凡购买本社图书,如有印装错误,我社负责退换。电话:010-83938349

目录

CONTENTS

前言 / 001

凡例 / 001

第一章

基础问题

问 001 什么是毒品，它与麻醉药品、精神药品是何关系？ / 002

问 002 “笑气”是否属于毒品，对非法出售“笑气”的行为如何处理？ / 005

问 003 什么是兴奋剂，它与毒品是何关系？ / 007

问 004 什么是新类型毒品，它与传统毒品有何区别 ?/ 008

问 005 甲基苯丙胺、冰毒与“麻古”是何关系？ / 010

问 006 什么是氯胺酮，其定罪量刑数量标准有何规定？ / 011

问 007 什么是新精神活性物质，它与毒品是何关系？ / 013

问 008 什么是芬太尼类物质，如何确定其定罪量刑数量标准？ / 014

问 009 什么是合成大麻素类物质，如何确定其定罪量刑数量标准？ / 017

问 010 如何规范地表述毒品名称？ / 019

问 011 如何理解现阶段我国对毒品犯罪的刑事政策？ / 021

问 012 当前办理毒品犯罪案件主要适用哪些司法解释和指导文件？ / 028

第二章

走私毒品罪

问 013　出于医疗目的违规从境外购买被管制的麻醉药品或者精神药品的，如何定性？ / 032
问 014　对违规邮寄、携带少量麻精药品出入境的，如何处理？ / 040
问 015　在走私的货物、物品中查获夹藏的毒品的，如何定性？ / 043
问 016　走私毒品案件中如何认定行为人的主观明知？ / 046
问 017　如何区分走私毒品罪与运输毒品罪？ / 051
问 018　如何区分走私毒品罪与走私制毒物品罪？ / 052
问 019　如何区分走私毒品罪与其他走私犯罪？ / 053

第三章

贩卖毒品罪

问 020　如何理解贩卖毒品罪中“贩卖”的含义？ / 056
问 021　贩卖被管制的麻醉药品或者精神药品的，是否都构成毒品犯罪？ / 058
问 022　贩卖含有被管制麻醉药品或精神药品的复方制剂的，如何定性？ / 062
问 023　贩卖假毒品的，如何处理？ / 065
问 024　将罂粟壳掺入食品中进行销售的，如何定性？ / 066
问 025　用毒品同他人交换财物（包括枪支）的，是否属于贩卖毒品？ / 068
问 026　用毒品作为质押物借钱或者用毒品抵债的，如何定性？ / 070
问 027　以对方提供性服务为条件，向对方提供毒品用于吸食的，是否属于贩卖毒品？ / 071
问 028　用制毒物品换取毒品的，如何定性？ / 072
问 029　互易毒品的，如何定性？ / 073

问 030 把一种毒品当作另一种毒品贩卖的，如何处理？ / 075

问 031 贩卖毒品过程中赠送部分毒品的，如何处理？ / 076

问 032 购买毒品后“退货”的，如何处理？ / 077

问 033 从贩毒人员住所、车辆等处查获毒品的，如何定性？ / 078

问 034 如何掌握贩卖少量毒品“情节严重”的认定标准？ / 081

第四章

运输毒品罪

问 035 如何看待运输毒品罪在毒品犯罪中的体系定位？ / 086

问 036 认定运输毒品罪是否有距离要求？短距离运输毒品是否构成本罪？ / 088

问 037 误将其他物品当作毒品运输的，如何定性？ / 090

问 038 运输毒品的行为人辩解不明知是毒品的，如何处理？ / 092

问 039 为贩卖而运输毒品的，对运输行为如何定性？ / 097

问 040 接收邮寄、快递的毒品，是否构成运输毒品罪？ / 098

问 041 如何区分运输毒品罪与转移毒品罪？ / 101

第五章

制造毒品罪

问 042 采取物理方法加工、配制毒品的，是否构成制造毒品罪？ / 104

问 043 制造“麻古”案件中，对现场查获的作为原料的冰毒、咖啡因等毒品如何定性？ / 107

问 044 何谓粗制毒品，其对量刑有何影响？ / 108

问 045 何谓毒品半成品，其对量刑有何影响？ / 109

问 046 何谓氯代麻黄碱，属于制毒物品还是毒品半成品？ / 110

问 047 在非法生产麻黄碱的过程中产生甲卡西酮的，是否构成制造毒品罪？ / 111

问 048 如何认定制造毒品案件中的废液废料？ / 112

问 049 制造毒品案件中如何认定行为人的主观明知？ / 114

第六章

非法持有毒品罪

问 050 如何看待非法持有毒品罪在毒品犯罪体系中的定位？ / 119
问 051 对间接持有毒品的，如何定性？ / 120
问 052 行为人曾经持有毒品的，是否构成犯罪？ / 121
问 053 非法持有毒品半成品的，是否构成非法持有毒品罪？ / 123
问 054 持有假毒品的，是否构成非法持有毒品罪？ / 124
问 055 对大量持有毒品的案件，如何定性？ / 125
问 056 如何区分非法持有毒品罪与走私、贩卖、运输、制造毒品罪？ / 129
问 057 如何区分非法持有毒品罪与窝藏、转移、隐瞒毒品罪？ / 131
问 058 非法持有毒品罪是否存在未完成形态？ / 132
问 059 如何认定非法持有毒品罪的“情节严重”？ / 134

第七章

吸毒者实施的毒品犯罪

问 060 对吸毒者实施毒品犯罪的，司法政策上有何特殊考虑？ / 138
问 061 何谓合理吸食量，它对定罪量刑有何影响？ / 139
问 062 什么是“以贩养吸”，它对案件处理有何影响？ / 142
问 063 吸毒情节对认定贩卖毒品数量有何影响？ / 145
问 064 吸毒者运输毒品被查获的，如何定性？ / 148
问 065 为吸毒者代购毒品的人因运输毒品被查获的，如何处理？ / 151
问 066 何谓代购毒品，对为吸毒者代购毒品的行为如何定性？ / 154
问 067 对代购者“蹭吸”毒品的，如何定性？ / 162

第八章

制毒物品犯罪

问 068 何谓制毒物品，它与毒品有何区别？ / 168

问 069 《刑法修正案（九）》对制毒物品犯罪作了哪些修改？ / 171

问 070 司法解释对制毒物品犯罪的定罪标准是如何规定的？ / 173

问 071 司法解释对涉易制毒化学品案件的出罪情形，有何特殊规定？ / 176

问 072 如何认定制毒物品犯罪的“情节严重”？ / 178

问 073 如何认定制毒物品犯罪的“情节特别严重”？ / 178

问 074 对司法解释和指导文件没有规定定罪量刑数量标准的制毒物品，如何处理？ / 180

问 075 办理制毒物品犯罪案件，如何认定行为人的主观明知？ / 180

问 076 对多层转卖制毒物品的，是否以制造毒品罪的共犯论处？ / 182

问 077 什么是麻黄碱类复方制剂，对非法买卖、走私麻黄碱类复方制剂的案件如何处理？ / 185

问 078 什么是麻黄草，办理涉麻黄草刑事案件要注意哪些问题？ / 187

问 079 如何区分制毒物品犯罪与走私、贩卖、运输、制造毒品罪？ / 189

问 080 如何区分制毒物品犯罪与非法经营罪、妨害药品管理罪等关联犯罪？ / 190

第九章

容留他人吸毒罪

问 081 2016 年《毒品犯罪解释》对容留他人吸毒罪作了哪些规定，如何理解？ / 193

问 082 旅馆经营者放任他人在旅馆房间内吸毒的，是否构成容留他人吸毒罪？ / 196

问 083 提供身份证给他人开房间吸毒的，是否构成容留他人吸毒罪？ / 197

问 084 在娱乐场所的包间内容留他人吸毒的，经营管理者是否构成容留他人吸毒罪？ / 198
问 085 吸毒者在租住房内吸毒的，出租者是否构成容留他人吸毒罪？ / 200
问 086 两人以上合租房屋，一方吸毒的，其他人是否构成容留吸毒犯罪？ / 201
问 087 出租车司机明知他人在车上吸毒而不拒载的，是否构成容留他人吸毒罪？ / 201
问 088 利用信息网络组织吸毒活动的，如何定性？ / 202

第十章

其他毒品犯罪的认定与处理

问 089 如何认定包庇毒品犯罪分子罪及其“情节严重”？ / 206
问 090 如何认定窝藏、转移、隐瞒毒品、毒赃罪及其“情节严重”？ / 207
问 091 认定窝藏毒品罪要注意哪些特殊问题？ / 209
问 092 近亲属包庇毒品犯罪分子或者为其窝藏、转移、隐瞒毒品的，如何处理？ / 212
问 093 如何界定窝藏、转移、隐瞒毒品、毒赃罪与洗钱罪和掩饰、隐瞒犯罪所得、犯罪所得收益罪的关系？ / 213
问 094 对非法种植、买卖毒品原植物情节较轻的，如何处理？ / 216
问 095 如何把握引诱、教唆、欺骗他人吸毒罪和强迫他人吸毒罪的定罪量刑标准？ / 218
问 096 对非法提供麻醉药品、精神药品罪的认定和处理，要注意哪些问题？ / 221
问 097 单位实施毒品犯罪的，有哪些情形？ / 224
问 098 对利用信息网络实施毒品违法犯罪的，如何定性？ / 226
问 099 盗窃、抢夺、抢劫毒品的，如何定性？ / 228

第十一章

毒品犯罪的既遂与未完成形态

问 100　如何理解毒品犯罪既遂与未完成形态认定的特殊性？ / 234
问 101　如何认定走私毒品罪的既遂与未遂？ / 236
问 102　如何认定贩卖毒品罪的既遂与未遂？ / 240
问 103　如何认定运输毒品罪的既遂与未遂？ / 244
问 104　如何认定制造毒品罪的既遂与未遂？ / 247
问 105　如何认定制毒物品犯罪的既遂与未遂？ / 249
问 106　对毒品犯罪未遂如何把握从宽处罚标准？ / 251
问 107　两次以上实施毒品犯罪，部分既遂、部分未遂的，如何量刑？ / 253
问 108　毒品犯罪是否存在犯罪中止与犯罪预备形态？ / 256

第十二章

毒品共同犯罪的认定

问 109　贩卖毒品的上下家是否属于共同犯罪？ / 259
问 110　毒品共同犯罪中如何准确区分主犯、从犯并适用刑罚？ / 262
问 111　何谓居间介绍买卖毒品，如何区分该行为与居中倒卖毒品？ / 266
问 112　如何区分居间介绍买卖毒品与代购毒品？ / 269
问 113　对居间介绍买卖毒品的，如何认定共同犯罪？ / 271
问 114　受雇用、指使实施毒品犯罪的，是主犯还是从犯？ / 274
问 115　同行运输毒品的，是否构成共同犯罪？ / 277
问 116　体内藏毒者同行运输毒品的，是否属于共同犯罪？ / 280
问 117　部分共同犯罪人在逃的，如何区分主犯和从犯？ / 281

第十三章

毒品的数量、含量与折算

问 118　如何看待毒品数量对毒品犯罪定罪量刑的影响？ / 284
问 119　司法解释规定了哪些毒品的定罪量刑数量标准？ / 285
问 120　对司法解释尚未规定定罪量刑数量标准的毒品，如何定罪量刑？ / 286
问 121　一人实施走私、贩卖、运输、制造毒品等多种行为的，如何认定罪名和毒品数量？ / 289
问 122　一案涉及多种毒品的，如何认定毒品数量？ / 291
问 123　对混合型毒品，如何认定毒品的种类、数量和定罪量刑标准？ / 294
问 124　对液体毒品，如何认定毒品数量？ / 296
问 125　对未查获毒品实物的案件，如何认定毒品数量？ / 297
问 126　为增加毒品重量而掺杂掺假的，如何认定毒品数量？ / 300
问 127　为逃避查缉而临时改变毒品常规形态的，如何认定毒品数量？ / 301
问 128　对合法生产的麻精药品流入非法渠道的，如何认定毒品数量？ / 302
问 129　毒品含量与纯度是何关系，办理毒品犯罪案件是否应进行纯度折算？ / 303
问 130　对涉案毒品含量明显偏低的，能否在法定刑以下判处刑罚？ / 305

第十四章

量刑情节的认定和处理

问 131 如何认定“武装掩护”实施走私、贩卖、运输、制造毒品犯罪？ / 308

问 132 实施毒品犯罪过程中以暴力抗拒检查、拘留、逮捕的，如何认定“情节严重”？ / 309

问 133 如何认定毒品再犯，其与累犯有何区别？ / 311

问 134 未成年人实施毒品犯罪的，是否构成毒品犯罪的再犯？ / 315

问 135 对毒品犯罪的再犯和累犯，量刑时如何体现从重处罚？ / 320

问 136 毒品犯罪案件中如何认定、处理自首情节？ / 321

问 137 毒品犯罪案件中如何认定、处理如实供述情节？ / 326

问 138 毒品犯罪案件中有哪些酌定从重和从宽处罚情节？ / 330

问 139 毒品犯罪案件同时具有从重和从宽处罚情节的，如何处理？ / 332

第十五章

立功的认定和处理

问 140 毒品犯罪案件中对立功的认定和处理涉及哪些司法文件？ / 335

问 141 揭发他人犯罪线索的来源是否影响立功的认定？ / 335

问 142 抽象地揭发他人实施毒品犯罪或者其他犯罪的，是否构成立功？ / 337

问 143 交代毒品交易的上家或下家的情况是否构成立功？ / 338

问 144 辨认出毒品交易上家或下家照片的，是否构成立功？ / 341

问 145 检举他人正在发生或者即将发生的毒品犯罪，是否构成立功？ / 344

问 146 向公安机关提供线索从而得以查获大量毒品的，是否构成立功？ / 346

问 147　毒品犯罪案件中如何认定协助抓捕型立功？ / 348

问 148　到案前揭发他人犯罪或者协助抓捕同案犯的，是否构成立功？ / 350

问 149　对间接“立功”的，如何处理？ / 354

问 150　对亲友代为“立功”的，如何处理？ / 355

问 151　毒品犯罪案件中如何认定重大立功？ / 357

问 152　毒品犯罪案件中如何把握立功情节的从宽处罚幅度？ / 361

问 153　认定有立功表现，需要哪些证据材料？ / 364

问 154　立功线索短期内无法查实的，如何处理？ / 367

第十六章

特情介入的认定和处理

问 155　何谓特情，如何区别特情介入、特情引诱与隐匿身份侦查？ / 370

问 156　何谓控制下交付，它与特情引诱有何区别？ / 372

问 157　何谓持毒待售，此类案件有特情介入的，如何处理？ / 375

问 158　何谓机会引诱，对该情形如何认定、处理？ / 377

问 159　何谓“预备贩毒”案件，如何处理？ / 379

问 160　如何理解《刑诉法》第 153 条规定的“不得诱使他人犯罪”及其法律后果？ / 380

问 161　何谓犯意引诱，对此类案件如何处理？ / 387

问 162　何谓数量引诱，对此类案件如何处理？ / 394

问 163　何谓间接引诱，对此类案件如何处理？ / 398

问 164　特情引诱不是法定量刑情节，量刑时如何体现从宽处罚？ / 400

问 165　协助抓捕过程中引诱他人实施毒品犯罪的，能否认定为立功？ / 402

第十七章

毒品犯罪的死刑适用

问 166　如何理解当前我国对毒品犯罪的死刑政策？ / 405
问 167　如何把握毒品数量与死刑适用的关系？ / 409
问 168　如何理解受指使、雇用运输毒品案件适用死刑的特殊性？ / 414
问 169　对制造毒品案件，如何把握死刑适用标准？ / 422
问 170　对毒品共同犯罪，如何把握死刑适用标准？ / 427
问 171　对毒品犯罪的上下家，如何把握死刑适用标准？ / 433
问 172　对关联犯罪人未到案的毒品案件，如何把握死刑适用标准？ / 438
问 173　对新类型、混合型毒品犯罪案件，如何把握死刑适用标准？ / 442
问 174　累犯、毒品再犯情节对死刑适用有何影响？ / 448
问 175　如何把握立功情节对死刑适用的影响？ / 451
问 176　毒品查获情况对死刑适用有何影响？ / 454

第十八章

毒品犯罪的其他刑罚适用、执行问题

问 177　对毒品犯罪案件的被告人判处死刑缓期执行的，能否同时决定限制减刑？ / 460
问 178　对毒品犯罪如何把握死刑缓期执行、无期徒刑的适用标准？ / 465
问 179　在毒品犯罪的量刑规范化方面，指导文件有哪些规定？ / 468
问 180　如何理解《刑法》第 347 条量刑幅度之间的衔接关系，以及如何进行减轻处罚？ / 470
问 181　毒品犯罪案件中进行数罪并罚，要注意哪些问题？ / 473
问 182　毒品案件中因涉毒违法犯罪被先行羁押的，如何折抵刑期？ / 478

问 183　毒品犯罪案件中如何适用缓刑、定罪免刑？ / 481
问 184　对毒品犯罪适用财产刑，需注意哪些问题？ / 484
问 185　对毒品犯罪如何追缴违法所得？ / 489
问 186　对毒品犯罪分子减刑、假释，要注意哪些问题？ / 500

第十九章

毒品犯罪案件的证据问题

问 187　当前毒品犯罪案件的证据有哪些特点？ / 504
问 188　对毒品的提取、扣押、称量和取样程序，要注意哪些问题？ / 506
问 189　毒品扣押、封装、称量、取样过程中犯罪嫌疑人是否应在场？ / 510
问 190　对毒品、制毒物品和毒品原植物的鉴定要注意哪些问题？ / 511
问 191　办理毒品犯罪案件，除毒品外还要注意收集哪些物证、书证？ / 514
问 192　收集毒品等证据过程中，哪些情形需要见证人在场？对没有见证人的情形如何处理？ / 517
问 193　毒品犯罪案件中收集、审查证人证言，要注意哪些问题？ / 518
问 194　毒品犯罪案件中哪些情况下需要侦查人员出庭作证？ / 521
问 195　如何看待侦破经过的证据性质和效力？ / 524
问 196　收集、审查犯罪嫌疑人、被告人的供述和辩解，要注意哪些问题？ / 526
问 197　如何看待辨认笔录的证据效力？ / 532
问 198　毒品犯罪案件中收集、审查视听资料和电子数据，要注意哪些问题？ / 534
问 199　行政机关处理涉毒违法行为过程中收集的证据，能否作为刑事诉讼的证据？ / 536
问 200　毒品犯罪案件中如何使用技术侦查证据？ / 538

问 201　毒品犯罪案件中对瑕疵证据如何处理？ / 544
问 202　毒品犯罪案件中如何排除非法证据？ / 548
问 203　对人毒分离案件如何审查认定犯罪事实？ / 553
问 204　对没有查获毒品的案件如何审查认定犯罪事实？ / 556
问 205　对毒品犯罪案件如何认定“证据确实、充分”？ / 561
问 206　如何看待毒品犯罪死刑案件证明标准的特殊性？ / 563
问 207　在毒品犯罪案件中如何运用间接证据定案？ / 566

第二十章
毒品犯罪的管辖、诉讼程序和其他问题

问 208　在毒品犯罪案件的管辖方面，要注意哪些问题？ / 569
问 209　对利用怀孕妇女、哺乳期妇女等特定人员实施毒品犯罪的，如何处理？ / 573
问 210　如何看待辩护律师在办理毒品犯罪案件中的作用？ / 575
问 211　审判阶段发现指控或者认定的罪名不准确的，如何处理？ / 577
问 212　毒品犯罪案件中如何适用认罪认罚从宽制度？ / 582
问 213　办理毒品犯罪死刑复核案件，要注意哪些问题？ / 584
问 214　在毒品犯罪案件中能否提起附带民事诉讼？ / 587
问 215　对涉及未成年人的毒品犯罪，法律和司法解释等有哪些特殊规定？ / 590
问 216　吸毒后在道路上驾驶机动车的，如何处理？ / 593
问 217　吸毒产生精神障碍后实施杀人、伤害、放火、驾车冲撞等严重危害社会行为的，如何处理？ / 594

前言

毒品犯罪是司法实践中最常见的犯罪类型之一，近年来案件数量经历了一个先不断上升、后持续下降的过程，目前案件总量仍然较大，在全部刑事案件中的占比仍居前列。[①]毒品犯罪较为隐蔽，侦查取证工作有一定特殊性，法律适用的政策性很强，司法规则上也多有特殊之处。为准确适用法律，有力惩处毒品犯罪，最高人民法院先后制定了多部司法解释、会议纪要和其他指导文件，基本形成了较为完备的司法规则体系。2023年2月16日，最高人民法院在云南省昆明市组织召开了全国法院毒品案件审判工作会议，并于6月26日印发了本次会议纪要，使惩治毒品犯罪的司法规则体系得到进一步发展、完善。

实践中，毒品犯罪案件的具体情况差别较大，法律适用方面问题众多。即使对司法解释和指导文件已有明确规定的，也需要准确理解，防止望文生义、机械适用；对于所作规定较为原则、政策性较强的，需要深入把握有关政策精神，防止"剑走偏锋"、突破规则；对于争议较大、尚无定论的，更需要按照法律和政策的精神小心求证、谨慎处理，防止作出不当判决。目前，

① 据统计，全国法院一审审结的毒品犯罪案件数从2012年的7.6万件增至2015年的13.9万件，此后开始回落，2022年降至3.7万件，较2015年下降73.38%；毒品犯罪案件在全部刑事案件中的占比也从2018年的8.35%降至2022年的3.59%。毒品犯罪案件数量持续下降，说明我国禁毒工作取得了显著成效，但毒品问题成因复杂，受多种因素影响，毒品犯罪数量仍有可能回升。

研究毒品犯罪的著作已出版不少，其中不乏力作，但由司法工作者撰写的此类专著很少。[①] 在最高人民法院印发《全国法院毒品案件审判工作会议纪要》（“昆明”会议纪要）后，很有必要从司法工作的实际需要出发，撰写一本贴近司法实务的毒品犯罪专著，对已有司法适用规则进行系统梳理、解读，对诸多存在争议的问题进行探讨、分析，以促进准确适用法律、公正处理案件。在此情况下，撰写《毒品犯罪司法实务精解》一书，可谓正当其时。

本书分为 20 章，设置了 217 个具体问题。其特色主要体现在 3 个方面：

一是实务性强。本书介绍、探讨的绝大多数为毒品犯罪司法实务中的常见问题。对司法解释或者会议纪要等文件已有明确规定的，侧重于解读相关规定的渊源和含义，避免误读误用；对司法解释或者会议纪要等文件言犹未尽或者没有作出明确规定的，则结合《刑法》《刑事诉讼法》等法律规定和相关刑事法理论提出个人见解，供读者参考。为使正文“干货满满”、可读性强，有些问题无法绕开理论分析的，尽量“点到为止”，或者在注解中作出更多说明，提供继续研究的问题线索。

二是内容全面。本书所解答的问题侧重于实体性法律适用规则，也包括证据收集审查和诉讼程序方面，力争对毒品犯罪司法领域的重要问题实现“全覆盖”。正文结构未采取较为常见的“总论→分论”模式，而是按照“定罪→量刑→证据→诉讼程序等其他问题”排序。其中很多是毒品犯罪案件中的特有问题（如麻精药品的双重性、代购毒品、毒品含量鉴定、未查获毒品实物案件的处理等），也有一些是刑事案件中的共性问题但在毒品犯罪案件中较为突出（如主观明知、犯罪未遂、特情引诱、技术侦查证据、翻供等），有必要进行深入分析探讨。对实践中偶尔出现的“低概率”问题，本书一般不作解答，但也有个别问题系兼顾体例完整性而设置。为加强阐释论证，本书广泛收集了刊登在《刑事审判参考》、《人民司法》（案例版）和《人民法院报》上的大量案例以及最高司法机关近年来发布的毒品犯罪指导案例和禁毒宣传典型案例，根据写作需要作了不同程度的引述。

---

① 据了解，由司法人员编写的此类书籍中影响最大的是《毒品犯罪审判理论与实务》一书（高贵君主编，人民法院出版社 2009 年版）。该书的编写背景是最高人民法院 2008 年印发了《全国部分法院审理毒品犯罪案件工作座谈会纪要》。

三是使用便捷。本书的定位是办案“工具书”“案头书”，采取问答式撰写方式可以尽量以较小的篇幅让读者快速了解某一问题所涉相关规定和实务做法。[①] 为便于阅读，每章开头均撰写了一段“导读”，对该章内容做扼要介绍。体例编排上，本书对全部问题进行跨章连续编号，读者可以“按章索骥”，根据目录快速找到所要了解的问题。另外，为便于读者使用，本书在解答问题过程中对涉及的法律、司法解释和会议纪要等指导文件的条文拆解后分散在各个问题中，并尽可能作了较为完整的引述，故本书不再专门附录常用法律法规和司法文件，读者可通过其他途径查询。

总体上看，本书适用于办理毒品犯罪案件的侦查、起诉、审判和辩护工作，同时，对该领域的研究者（包括在读研究生）也有参考价值。

本人 2006 年从北京市第二中级人民法院调入最高人民法院后，工作重点之一就是从事毒品犯罪的审判和调研指导。撰写本书算是对这些年工作的小结，也了却自己在该领域“耕耘多年未见收获”的专业心结。本书的前身是为刑事法官培训所撰写的讲课稿，经多年积累，原稿的体量已颇为可观，本以为可以轻松地转化为书稿，动笔后才发现原稿诸多方面不合要求，转化相当于重写，是一条不仅“走过两遍的路”[②]。这种经历和体会恰如一首小诗：“一切都是熟悉的，一切又都是初次相逢，一切都理解过了，一切又都在重新理解之中。”[③] 因能力有限，写作过程中收集资料、阐释论证、行文表述，可谓用心尽力甚至绞尽脑汁，但资料疏漏、观点不周、言不达意等问题仍在所难免。有的问题在不同罪名中具有共性（如主观明知的认定），但又有一定特殊性，故不同章节中解答的部分内容有一定交叉，读者使用时可以适当“瞻前顾后”。有的问题争议较多、尚无定论或者涉及较深的法学理论（如麻精药品双重性对司法定性的影响、犯罪未完成形态的认定、违法诱惑侦查的法律后果等），笔者在解答、分析时亦常感困惑、纠结，所提出的观点未必成熟甚至可能欠妥，故水平有限绝非谦词，文责自负亦非空话。有的观点是

① 但也有一些问题因涉及的知识点多而篇幅较长，阅读时需要一定的耐心。

② 这里借用研究中国历史的美国学者柯文（Paul A. Cohen）的回忆录书名《走过两遍的路》（刘楠楠译，社会科学文献出版社 2022 年版）。

③ 苏力：《法治及其本土资源》，北京大学出版社 2022 年版，“自序”部分。

笔者对法律、司法解释和指导文件的个人化解读，未必完全符合起草本意，相信读者自能慧眼甄别、择善取之。

本书作为一本实务性专业著作，有上述实操性强、知识点多等优点，一书在手便能尽览当下毒品犯罪司法实务的全貌，但缺点亦明显：少了理论的深沉，有“吃青春饭”之嫌，一旦面世即可能很快“过时”。最后还要特别说明的是，本书的出版离不开最高人民法院（刑五庭）提供的良好工作平台，否则本人也未必有条件对毒品犯罪的司法实务问题作深入了解和系统思考；同时，本书主要是一部个人著作，对其中争议问题所提出的观点仅代表作者个人，书中内容如与司法解释、指导文件的规定或者与起草者撰写的解读文章不尽一致，工作中请以后者为准。

特此说明。

方文军

2023 年 11 月 1 日

凡 例

一、法律

1.《中华人民共和国刑法》，简称《刑法》。

2.《中华人民共和国刑法修正案 ×》，简称《刑法修正案 ×》。例如，2015 年 11 月 1 日起施行的《中华人民共和国刑法修正案（九）》，简称《刑法修正案（九）》。

3.《中华人民共和国刑事诉讼法》，简称《刑诉法》。

4.《中华人民共和国禁毒法》，简称《禁毒法》。

5.《中华人民共和国治安管理处罚法》，简称《治安管理处罚法》。

6.《中华人民共和国药品管理法》，简称《药品管理法》。

7.《中华人民共和国反有组织犯罪法》，简称《反有组织犯罪法》。

8.《全国人民代表大会常务委员会关于禁毒的决定》（已废止），简称《关于禁毒的决定》。

二、司法解释

1. 最高人民法院《关于审理毒品犯罪案件适用法律若干问题的解释》（法释〔2016〕8 号），简称《毒品犯罪解释》。

2. 最高人民法院、最高人民检察院《关于办理危害药品安全刑事案件适用法律若干问题的解释》（高检发释字〔2022〕1 号），简称《药品刑事案件解释》。

3. 最高人民法院、最高人民检察院《关于办理走私刑事案件适用法律若干问题的解释》（法释〔2014〕10号），简称《走私刑事案件解释》。

4. 最高人民法院《关于处理自首和立功具体应用法律若干问题的解释》（法释〔1998〕8号），简称《自首立功解释》。

5. 最高人民法院《关于适用〈中华人民共和国刑事诉讼法〉的解释》（法释〔2021〕1号），简称《刑诉法解释》。

6.《人民检察院刑事诉讼规则》（高检发释字〔2019〕4号），简称《刑诉规则》。

7. 最高人民法院《关于执行〈全国人民代表大会常务委员会关于禁毒的决定〉的若干问题的解释》（法发〔1994〕30号，已废止），简称《关于禁毒决定的解释》。

8. 最高人民法院《关于审理毒品案件定罪量刑标准有关问题的解释》（法释〔2000〕13号，已废止），简称《毒品案件解释》。

三、指导文件

1.《全国法院毒品案件审判工作会议纪要》（法〔2023〕108号），简称《2023年毒品纪要》（“昆明”会议纪要）。

2. 最高人民法院、最高人民检察院、公安部《关于办理毒品犯罪案件毒品提取、扣押、称量、取样和送检程序若干问题的规定》（公禁毒〔2016〕511号），简称《毒品提取、扣押等程序规定》。

3. 最高人民法院、最高人民检察院、公安部《关于规范毒品名称表述若干问题的意见》（法〔2014〕224号），简称《毒品名称意见》。

4. 最高人民法院、最高人民检察院、公安部《关于办理制毒物品犯罪案件适用法律若干问题的意见》（公通字〔2009〕33号），简称《制毒物品犯罪意见》。

5. 最高人民检察院、公安部《关于公安机关管辖的刑事案件立案追诉标准的规定（三）》（公通字〔2012〕26号），简称《立案追诉标准（三）》。

6. 最高人民法院、最高人民检察院、公安部《办理毒品犯罪案件适用法律若干问题的意见》（公通字〔2007〕84号），简称《毒品犯罪意见》。

7. 最高人民法院、最高人民检察院《关于常见犯罪的量刑指导意见（试行）》（法发〔2021〕21号），简称《量刑指导意见》。

8. 最高人民法院《关于贯彻宽严相济刑事政策的若干意见》（法发〔2010〕9号），简称《宽严相济意见》。

9. 最高人民法院《关于处理自首和立功若干具体问题的意见》（法发〔2010〕60号），简称《自首立功意见》。

10.《公安机关办理刑事案件程序规定》（2020年修正），简称《办案程序规定》。

11.《全国法院审理毒品犯罪案件工作座谈会纪要》（法〔2000〕42号，已废止），简称《2000年毒品纪要》（“南宁”会议纪要）。

12.《全国部分法院审理毒品犯罪案件工作座谈会纪要》（法〔2008〕324号，已废止），简称《2008年毒品纪要》（“大连”会议纪要）。

13.《全国法院毒品犯罪审判工作座谈会纪要》（法〔2015〕129号，已废止），简称《2015年毒品纪要》（“武汉”会议纪要）。

第一章 基础问题

「本章导读」

准确认定毒品是依法惩治毒品犯罪的前提。我国管制的毒品种类繁多，[①]部分被管制的麻精药品具有双重属性，增加了毒品认定难度。本章解答办案工作中所需了解的一些基础性问题，包括：毒品的认定条件，毒品与麻醉药品、精神药品的关系，“笑气”的性质，兴奋剂与毒品的关系，新类型毒品与传统毒品的区别，甲基苯丙胺、冰毒、“麻古”的关系，氯胺酮及其定罪量刑数量标准，新精神活性物质与毒品的关系，芬太尼类物质及其定罪量刑标准，合成大麻素及其定罪量刑标准，毒品名称的规范表述等。同时，整体介绍我国当前对毒品犯罪采取的刑事政策以及办案工作中常用的主要司法解释和指导文件，后者中重点介绍《2023年毒品纪要》同《2015年毒品纪要》《2008年毒品纪要》的关系。

---

① 我国管制的毒品种类多，但常见毒品的范围较为集中，如海洛因、冰毒、“麻古”、氯胺酮、大麻等。因本书的主体内容是介绍、探讨毒品犯罪的法律适用问题，故不逐一对常见毒品的毒理作用进行介绍，只简单介绍实践中问题相对突出的少部分毒品，感兴趣的读者可以参考其他资料。

问 什么是毒品，它与麻醉药品、精神药品是何关系？ 001

答：《刑法》第357条规定，毒品是指鸦片、海洛因、甲基苯丙胺（冰毒）、吗啡、大麻、可卡因以及国家规定管制的其他能够使人形成瘾癖的麻醉药品和精神药品。[①] 据此，结合司法实践，认定某一物质是否属于毒品，应当具备3个条件：

1. 该物质属于能够使人形成瘾癖的麻醉药品或者精神药品。这是认定某一物质属于毒品的前提条件，据此可以说，毒品必然是麻醉药品或者精神药品，但麻醉药品或者精神药品未必是毒品。[②] 如果某一种出现滥用的物质对人体具有类似毒品的危害，但不属于麻醉药品或者精神药品，则不能认定为毒品或者按照毒品犯罪未遂来处理。对非法制造、贩卖此类非毒品物质的，可以依法予以行政处罚，涉嫌非法经营罪等其他犯罪的，可以依法处理。

2. 此类麻醉药品或者精神药品已被国家管制。这是罪刑法定原则的基本要求，也是认定某一物质为毒品的最重要条件。如果某一种物质可能属于麻醉药品或者精神药品，且已出现滥用，产生一定社会危害，但没有被国家管制，则不能认定为毒品。如“笑气”、异丙酚[③]、右美沙芬[④]等。我国对麻精药

---

① 本书中常对麻醉药品和精神药品合并简称为麻精药品。

② 一些没有药用价值的“纯毒品”（如海洛因、甲基苯丙胺等）不宜称为“药品”，宜称为“物质”。国务院制定的《麻醉药品和精神药品管理条例》第3条规定：“本条例所称麻醉药品和精神药品，是指列入麻醉药品目录、精神药品目录（以下称目录）的药品和其他物质。”可见，把毒品的基础属性界定为“药品”并不完全准确。

③ 异丙酚，别名丙泊酚、二异丙酚、普鲁泊酚等，是一种常见的临床麻醉药物，主要用于全身麻醉的诱导及维持，在儿科麻醉、内窥镜检查、妇产科麻醉等方面运用广泛。我国尚未对其进行列管。据悉，国外有些艺人私下滥用这种药物，触犯该国法律。

④ 左美沙芬属于被管制的麻醉药品，但右美沙芬不是，实践中存在滥用右美沙芬的情况。据最高人民检察院2023年2月发布的第43批指导性案例中的《防止未成年人滥用药物综合司法保护案》（检例第171号）介绍，右美沙芬原本属于非处方止咳药，具有抑制神经中枢的作用，长期服用会给人带来兴奋刺激，易产生暴躁不安、冲动、醉酒样等成瘾性身体表现，易诱发暴力犯罪或遭受侵害；该药物具有一定的躯体耐受性，停药后会出现胸闷、头晕等戒断反应。2021年12月，国家药品监督管理局根据各地上报案件信息和反映情况，将右美沙芬口服单方制剂由非处方药转为处方药管理。2022年11月，国家药品监督管理局发布《药品网络销售禁止清单（第一版）》公告，将右美沙芬口服单方制剂纳入禁止通过网络零售的药品清单。

品的管制方式是由国家相关部门发布文件，列明被管制的麻精药品的种类和名称。例如，原国家食品药品监督管理总局、公安部、原国家卫生和计划生育委员会 2013 年 11 月 11 日公布的《麻醉药品品种目录》和《精神药品品种目录》（自 2014 年 1 月 1 日起施行），是当前我国对麻精药品进行管制的基本文件。[①] 在 2013 年版麻醉药品和精神药品管制目录发布后，又陆续有部分麻精药品由主管部门制定专门文件加以管制。如 2015 年 5 月 1 日起将含可待因复方口服液体制剂（止咳药）列入第二类精神药品目录；2019 年 9 月 1 日起将含羟考酮固体复方制剂按其含量分别列入第一类和第二类精神药品目录，[②] 将丁丙诺啡与纳洛酮的复方口服固体制剂列入第二类精神药品目录；2020 年 1 月 1 日起将瑞马唑仑（包括其可能存在的盐、单方制剂和异构体）列入第二类精神药品目录；2023 年 7 月 1 日起将奥赛利定列入麻醉药品目录，将苏沃雷生、吡仑帕奈、依他佐辛、曲马多复方制剂、氢可酮复方制剂列入精神药品目录；2023 年 10 月 1 日起将泰吉利定列入麻醉药品目录，将地达西尼、依托咪酯（在中国境内批准上市的含依托咪酯的药品制剂除外）[③] 列入第二类精神药品目录，并将莫达非尼调整为第二类精神药品。

同时，针对非药用类麻醉药品和精神药品滥用问题，2015 年 9 月 24 日公安部、原国家食品药品监督管理总局、原国家卫生和计划生育委员会、国家禁毒委员会办公室（以下简称国家禁毒办）印发了《非药用类麻醉药品和

① 该两份目录一共列举了 270 种麻精药品，其中，麻醉药品 121 种，精神药品 149 种（第一类精神药品 68 种，第二类精神药品 81 种）。

② 其中，口服固体制剂每剂量单位含羟考酮碱大于 5 毫克，且不含其他麻醉药品、精神药品或药品类易制毒化学品的复方制剂列入第一类精神药品管理；口服固体制剂每剂量单位含羟考酮碱不超过 5 毫克，且不含其他麻醉药品、精神药品或药品类易制毒化学品的复方制剂列入第二类精神药品管理。

③ 依托咪酯为非巴比妥类静脉短效催眠药，是麻醉诱导常用的药物之一，临床上主要适用于全麻诱导，也可用于短时手术麻醉。近年来一些不法分子将依托咪酯作为毒品替代品使用，通常是将依托咪酯添加在普通香烟烟丝中或勾兑在电子烟油中贩卖。吸食依托咪酯后会出现头昏、站立不稳、口齿不清、手发抖等情况，类似醉酒，有的会晕厥倒地、丧失意识。依托咪酯滥用成瘾会严重损害人的大脑和神经系统，造成持续功能性伤害，并会出现社会功能紊乱，导致伤人毁物、危险驾驶等现象。按照国家禁毒委员会办公室 2023 年 9 月印发的依赖性折算表，依托咪酯同海洛因的折算比例为 1∶0.4，即 1 克依托咪酯相当于 0.4 克海洛因。

精神药品列管办法》(自2015年10月1日起施行),该办法的附录一次性列管了116种非药用类麻醉药品和精神药品。该文件也是当前重要的毒品管制文件。以该文件为基础,相关部门2017年3月1日起将卡芬太尼等4种芬太尼类物质列入管制,2017年7月1日起将N–甲基–N–(2–二甲氨基环己基)–3,4–二氯苯甲酰胺(U–47700)等4种物质列入管制,2018年9月1日起将4–氯乙卡西酮等32种物质列入管制,2021年7月1日起将氟胺酮等18种物质列入管制。此外,近年来为应对新精神活性物质种类多、变化快的形势,相关部门开始探索采取整类列管方式。例如,2019年5月1日起对芬太尼类物质进行整类管制,2021年7月1日起对合成大麻素类物质予以整类管制。

综上,截至2023年10月,我国已列管459种麻醉药品和精神药品(其中,麻醉药品123种,精神药品162种,非药用类麻精药品174种),并整类列管了芬太尼类物质、合成大麻素类物质,是世界上列管毒品最多、管制最严的国家。

3. 被滥用,即并非出于正常医疗目的而使用。所有毒品都具有被滥用这一特征,非法贩卖不具有医疗用途的麻精药品,其最终目的就是供吸毒者滥用,故通常都按照毒品犯罪处理。《2023年毒品纪要》也明确提出:"走私、贩卖、运输、制造国家规定管制的、没有医疗等合法用途的麻醉药品、精神药品的,一般以走私、贩卖、运输、制造毒品罪定罪处罚。"但对于具有正常医疗用途的被管制麻精药品而言,被滥用不仅是一种特征,而且是将其认定为毒品所必须具备的一个特殊条件。[①] 很多被列管的麻精药品具有临床药用价值,只要是正规生产的并出于医疗目的使用,即使获取渠道不正规甚至不合法,也不应被认定为毒品。例如,甲为治病需要服用一种含有被管制精神药品的进口药,但这种进口药价格高昂,甲的经济条件难以承受,便委托他人从境外购买价格较低但在我国尚未被批准上市的仿制药,后被查获。由于甲是为治病而购买此种仿制药,对该药不能认定为毒品,对

---

① 将不具有正常医疗用途的被管制麻精药品认定为毒品,不需要具备"被滥用"这个条件,因为这些麻精药品被使用时基本都是滥用。

甲不能以毒品犯罪追究法律责任。对受甲委托的人，如果没有证据证明其代购的仿制药被吸毒人员滥用，也不能以毒品犯罪追究法律责任。也就是说，被管制的麻精药品并非在任何情况下都应被认定为毒品，对其中具有正常医疗用途的麻精药品，只有出于非医疗目的被吸毒人员滥用的，才可认定为毒品。①《禁毒法》第 2 条第 2 款实际上蕴含了该条件，即“根据医疗、教学、科研的需要，依法可以生产、经营、使用、储存、运输麻醉药品和精神药品”②。言下之意，依法正当使用的麻醉药品或者精神药品不是毒品。

问 “笑气”是否属于毒品，对非法出售“笑气”的行为如何处理？ 002

答：“笑气”是一氧化二氮的俗称，是一种无色有甜味的气体，有多种用途，可用作食品添加剂（如用于发泡奶油，故又被称作“奶油气弹”），同时也是一种医用麻醉剂。“笑气”具有成瘾性和危害性，吸食笑气并不会让人真正地笑，而是会令人脸部肌肉失控，形成一个诡异的痴呆笑容。吸食“笑气”后，血氧饱和度会迅速下降，进而因缺氧而产生头晕、胸闷、肢体不受控制等一系列症状；大量吸入“笑气”后会产生致幻、谵妄、神志错乱、视听功能障碍和肌肉收缩能力降低等一系列副作用；同时，“笑气”会抑制人体对维生素 B12 的吸收代谢，由此导致神经鞘的炎症，并引起脊柱炎症、肌肉神经萎缩等症状，严重情况下还会造成躯体瘫痪，甚至会危及生命。

近年来“笑气”出现在一些酒吧、KTV 等娱乐场所，被年轻人滥用，并

---

① 2023 年最高人民法院和最高人民检察院各自发布的“6・26”禁毒宣传典型案例中，都有违规出售、提供正规麻精药品构成毒品犯罪的案例。

② 《禁毒法》沿用了《刑法》对毒品的界定，同时在第 2 条第 2 款中作出上述补充规定。对于从境外购买被管制麻精药品的行为如何认定，本书在第二章还有详细分析。

被一些吸毒人员当作毒品替代品，产生了现实社会危害。从法律层面看，国际上尚未将“笑气”列为毒品，我国也未将“笑气”列入麻精药品品种目录，故对“笑气”不能认定为毒品，[①]对非法生产、销售“笑气”等行为不能按照毒品犯罪（包括犯罪未遂）处理。最高人民法院印发的《2023 年毒品纪要》提出：“要织密刑事法网，对涉麻醉药品、精神药品及加工、贩卖非列管物质等行为，准确运用相关法律规定予以惩处，并促进行政执法与刑事司法有机衔接。”不过，我国已将“笑气”列入《危险化学品目录》，违规生产、销售、使用“笑气”等行为可能涉及违法犯罪，可以依照《治安管理处罚法》《危险化学品安全管理条例》等法律法规予以处理。例如，对没有经营许可出售“笑气”，达到定罪数额标准的，以往多按照非法经营罪定罪处罚；[②]同时，对于非法持有、吸食笑气的，不能作为吸毒行为处理，但可以根据《治安管理处罚法》以“非法使用危险物质”给予行政处罚。[③]值得注意的是，2021 年施行的《刑法修正案（十一）》增设了危险作业罪（《刑法》第 134 条之一），规定：涉及安全生产的事项未经依法批准或者许可，擅自从事危险物品生产、经营、储存等高度危险的生产作业活动，具有发生重大伤亡事故或者其他严重后果的现实危险的，处一年以下有期徒刑、拘役或者管制。据此，非法生产、经营“笑气”的行为可能触犯危险作业罪，对同时构成非法经营罪的，按照处罚较重的犯罪定罪处罚。

---

① 据分析，暂未将“笑气”列入麻精药品品种目录的原因主要有两点：一是“笑气”在医疗、食品、工农业生产等方面应用广泛，如果直接列为毒品管控，将严重影响其生产经营和日常使用。二是“笑气”作为被滥用的成瘾性物质，其药理、依赖性、危害性等方面的研究尚不充分，且执法工作中的现场勘查、收集证据、检验鉴定等也是难点。

② 根据最高人民检察院、公安部 2022 年修订的《关于公安机关管辖的刑事案件立案追诉标准的规定（二）》第 71 条的规定，从事其他非法经营活动，个人非法经营数额在 5 万元以上或者违法所得数额在 1 万元以上的，单位非法经营数额在 50 万元以上或者违法所得数额在 10 万元以上的，达到非法经营罪的追诉标准。

③ 《治安管理处罚法》第 30 条规定：“违反国家规定，制造、买卖、储存、运输、邮寄、携带、使用、提供、处置爆炸性、毒害性、放射性、腐蚀性物质或者传染病病原体等危险物质的，处十日以上十五日以下拘留；情节较轻的，处五日以上十日以下拘留。”

问 什么是兴奋剂，它与毒品是何关系？ 003

答：《刑法修正案（十一）》在《刑法》“走私、贩卖、运输、制造毒品罪”一节中增加了妨害兴奋剂管理罪（《刑法》第355条之一），[①] 由此建立起兴奋剂与毒品之间的关联。按照“百度百科”的介绍，兴奋剂在英语中称为Dope，原义为“供赛马使用的一种鸦片麻醉混合剂”。由于运动员为提高成绩而最早服用的药物大多属于刺激剂类，所以，尽管后来被禁用的其他类型药物并不都具有兴奋性（如利尿剂），甚至有的还有抑制性（如b–阻断剂），国际上对禁用药物仍习惯沿用兴奋剂的称谓。如今通常所说的兴奋剂不再单指那些起兴奋作用的药物，而是对禁用药物的统称。研究表明，使用兴奋剂会对人的身心健康产生许多危害，如损害免疫力，引起过敏反应和各种感染，增加糖尿病、心脏病等多种疾病的发生风险，会使服用者性格发生变化甚至激动狂躁，长期或大量使用后也会产生药物依赖性，停用可产生戒断综合症，表现为抑郁、疲劳、睡眠障碍等。可见，滥用兴奋剂对人体的很多危害与毒品类似。

根据国家体育总局、商务部、国家卫生健康委员会、海关总署、国家药品监督管理局发布的《2022年兴奋剂目录公告》，兴奋剂包括：蛋白同化制剂87种，肽类激素68种，麻醉药品14种，[②] 刺激剂（含精神药品）79种，[③] 药品类易制毒化学品3种，医疗用毒性药品1种，其他品种115种。这说明，兴奋剂与毒品之间存在交集，列入兴奋剂目录中的被管制麻醉药品和精神药品在被滥用的情况下都是毒品，从而走私、买卖、非法持有这些兴奋剂

---

① 《刑法》第355条之一规定：“引诱、教唆、欺骗运动员使用兴奋剂参加国内、国际重大体育竞赛，或者明知运动员参加上述竞赛而向其提供兴奋剂，情节严重的，处三年以下有期徒刑或者拘役，并处罚金。组织、强迫运动员使用兴奋剂参加国内、国际重大体育竞赛的，依照前款的规定从重处罚。”

② 其中，14种被管制的麻醉药品包括：大麻制品、可卡因、右吗拉胺、二醋吗啡、芬太尼及其衍生物、大麻脂、氢吗啡酮、大麻、美沙酮、吗啡、尼可吗啡、羟考酮、羟吗啡酮、哌替啶。该目录第二部分（对运动员进行兴奋剂检查的有关规定）还明确，所有天然的和合成的大麻（酚）类物质赛内禁用，包括任何大麻制品、所有模拟四氢大麻酚效果的合成大麻（酚）。

③ 其中，属于被管制精神药品的包括：芬美曲秦、安非拉酮、替苯丙胺、苯丙胺、丁丙诺啡、去甲伪麻黄碱、卡西酮、乙非他明、芬坎法明、芬普雷司、莫达非尼、苄非他明、芬特明、丙己君等。

等行为可能构成毒品犯罪。最高人民法院2019年11月制定的《关于审理走私、非法经营、非法使用兴奋剂刑事案件适用法律若干问题的解释》(法释〔2019〕16号，以下简称《兴奋剂刑事案件解释》)第7条规定，实施本解释规定的行为，涉案物质属于毒品、制毒物品等，构成有关犯罪的，依照相应犯罪定罪处罚。《兴奋剂刑事案件解释》虽然制定在《刑法修正案(十一)》出台之前，但该规定仍然具有适用性。值得一提的是，引诱、教唆、欺骗、强迫运动员使用列入兴奋剂目录的被管制麻醉药品或者精神药品，属于妨害兴奋剂管理罪与引诱、教唆、欺骗他人吸毒罪或者强迫他人吸毒罪的竞合，应当按照处罚较重的规定定罪处罚。

问 什么是新类型毒品，它与传统毒品有何区别？ 004

答：新类型毒品不是一个内涵明确的规范术语，而是近年来司法实践中针对新出现的毒品种类所作的类型化称谓，是相对于传统毒品而言的，故也可称为非传统毒品。新类型毒品这一称谓的意义主要体现在犯罪学或者社会学上，不宜以《刑法》或者相关司法解释是否有规定作为认定某种毒品是否属于新类型毒品的依据。通常认为，大麻、鸦片、吗啡、海洛因、可卡因等毒品出现时间早、滥用历史长，属于传统毒品，[①] 而冰毒(甲基苯丙胺晶体)、“麻古”(甲基苯丙胺片剂)、氯胺酮(俗称“K粉”)、“摇头丸”[②] 等是20世纪90年代以后陆续出现的毒品，属于新类型毒品。[③] 芬太尼类物质、合成大麻

---

① 鸦片、吗啡、海洛因三者是同源毒品。鸦片来自罂粟，罂粟是一年生植物，其果实所分泌的浆汁形成的膏状物即鸦片，从生鸦片中可提取吗啡，利用吗啡可提炼海洛因。可卡因提炼自古柯叶，古柯是一种耐寒灌木，叶子中含有多种生物碱。

② 不同的“摇头丸”的主要成分有一定差别，常见的有3，4-亚甲二氧基甲基苯丙胺(MDMA)、3，4-亚甲二氧基苯丙胺(MDA)、3，4-亚甲二氧基乙基苯丙胺(MDEA)等。

③ 新类型毒品种类繁多，实践中常见的还有“止咳水”(可待因复方制剂)、甲卡西酮、三唑仑、美沙酮、安眠酮、氟硝安定(俗称“蓝精灵”)、LSD(麦角酸二乙基酰胺，俗称“邮票”)、GHB(γ-羟丁酸，俗称“迷奸水”)等。

素等近几年才出现的毒品，则更属于新类型毒品。总体上看，某一种毒品出现的时间越晚，越可以归类为新类型毒品。另外，根据毒品的流行时间，有将毒品分为一代、二代、三代之说。第一代毒品又称天然毒品、传统毒品，以鸦片、大麻、海洛因、可卡因为代表，流行于20世纪90年代之前；第二代毒品又称新类型毒品、合成毒品，以冰毒、氯胺酮为代表，流行于20世纪90年代之后；第三代毒品指新精神活性物质，包括氯胺酮、恰特草、合成大麻素、大部分芬太尼类物质等很多种类。

新类型毒品多为合成毒品，也有天然毒品（如恰特草[①]），其所含成分未必都新颖，利用传统毒品加工成样式新颖的毒品（如“麻古”），便可称为新类型毒品。在人体危害方面，新类型毒品的危害未必大于传统毒品，新类型毒品中有的毒品成分含量低，成瘾性和人体危害性相对小些。[②]传统毒品的危害也未必都大于新类型毒品，需要根据毒品的种类进行具体判断，但海洛因、可卡因的人体危害性始终非常突出。从司法实务看，区分是否属于新类型毒品在刑事政策上有一定意义。根据《2015年毒品纪要》和《2023年毒品纪要》的相关规定，除“麻古”、氯胺酮之外，对于其他滥用范围和危害性相对较小的新类型毒品，一般不应判处被告人死刑。[③]作为例外，如果《刑法》、司法解释或者指导文件对该新类型毒品明确规定了定罪量刑数量标准，涉案毒品数量远远超出实际掌握的死刑适用标准，犯罪行为社会危害大，且被告人罪责十分突出，不判处死刑难以体现罚当其罪的，也可以判处死刑。

---

① 恰特草又名阿拉伯茶、也门茶、巧茶，是一种原产于非洲、阿拉伯半岛的多年生灌木植物，其叶子含有卡西酮类物质，咀嚼后对人体中枢神经有刺激作用。2013年我国将恰特草纳入第一类精神药品进行管制，实践中有走私、贩卖恰特草案件。如发生在2014年1月的易卜某欣走私恰特草案，是我国查获的第一起涉恰特草刑事案件，参见中华人民共和国最高人民法院刑事审判第一、二、三、四、五庭主办：《刑事审判参考》（总第105集），法律出版社2016年版，第103–108页。根据2016年《毒品犯罪解释》的规定，恰特草100千克以上为毒品“数量大”，远远低于海洛因、甲基苯丙胺的定罪量刑数量标准。

② 危害性和成瘾性相对小些的毒品有时也被称为“软毒品”，如大麻、恰特草、“摇头丸”等。但这种说法具有欺骗性，所有毒品都对人体有害，一旦成瘾，贻害无穷。

③ 本章乃至本书所说的死刑，一般指死刑立即执行，如包含死刑缓期执行时，将专门说明。

问 甲基苯丙胺、冰毒与“麻古”是何关系？ 005

答：甲基苯丙胺又称去氧麻黄碱、甲基安非他明，是苯丙胺类毒品的一种。[①]以往甲基苯丙胺是以结晶体（盐酸盐）出现的，外观似冰，俗称冰毒，故《刑法》条文表述甲基苯丙胺时括注为冰毒。“麻古”也称“麻果”“缅果”，是利用甲基苯丙胺和咖啡因粉末及其他辅料压制而成的片剂，属近年来出现的新类型毒品。“麻古”中的甲基苯丙胺含量一般在5%~30%之间，咖啡因含量在70%左右，故人体危害性和成瘾性相对小于冰毒（甲基苯丙胺含量50%~99%左右）。“麻古”通常包含甲基苯丙胺和咖啡因两种毒品成分，由于甲基苯丙胺的毒害性显著大于咖啡因，根据《2008年毒品纪要》的规定，司法实务中把“麻古”归类为甲基苯丙胺，其规范称谓是甲基苯丙胺片剂，按照甲基苯丙胺的数量标准定罪量刑。故可以说，冰毒和“麻古”都是甲基苯丙胺类毒品，但不能把“麻古”等同于冰毒。

值得注意的是，鉴于“麻古”中的甲基苯丙胺含量通常低于冰毒，危害性相对小些，故在死刑适用标准上存在区别。根据《2015年毒品纪要》和《2023年毒品纪要》的规定，对甲基苯丙胺片剂的死刑数量标准，可以按照冰毒的2倍左右掌握。即，对于实际掌握的冰毒死刑数量标准较高、甲基苯丙胺片剂中毒品含量较高的省份，可以适当低于前述2倍标准；对于甲基苯丙胺片剂的含量较低、社会危害较小的省份，可以适当高于前述2倍标准。对于非死刑案件，包括判处死缓、无期徒刑和有期徒刑以下刑罚的案件，目前相关司法解释和指导文件均未明确是否要对“麻古”和冰毒作区别对待。从罪责刑相适应角度看，特别是考虑死缓和无期徒刑的严厉性，在非死刑案件中对“麻古”的量刑标准适当予以区别对待是有意义的。对该问题需要进一步研究、总结。

---

① 苯丙胺类毒品是以苯丙胺为母体衍生的系列化合物，种类繁多，滥用最多的是甲基苯丙胺（包括冰毒、“麻古”）和“摇头丸”。“麻古”和“摇头丸”都是苯丙胺类毒品，外形都是片剂，但二者的主要毒品成分不同，故定罪量刑数量标准不同。

问 什么是氯胺酮，其定罪量刑数量标准有何规定？ 006

答：氯胺酮俗称“K粉”，是苯环己哌啶（PCP）的衍生物，常见产品是氯胺酮盐酸盐。氯胺酮具有医疗用途，因其能选择地阻断痛觉传导，具有良好的镇痛效果，是临床上一种快速起效的非巴比妥类静脉麻醉药（医疗上的常见形态是氯胺酮注射液），也是目前唯一仍在使用的苯环己哌啶类药物。作为毒品滥用的氯胺酮通常为白色细结晶体粉状，且为“地下”非法制造。氯胺酮在21世纪初进入我国沿海地区并迅速传播，主要在娱乐场所被滥用，目前已成为海洛因、甲基苯丙胺之后的第三大毒品。吸食氯胺酮的危害很大。除对人体的呼吸系统、消化系统、泌尿系统、神经系统等造成伤害外，还会明显损害人的记忆力和智力；同时，氯胺酮粉末可快速溶入酒精、饮料等液体中，能使人快速陷入意识迷糊状态，故又有“迷奸药”之称。氯胺酮还具有致幻作用，由此引发杀人、放火、驾车肇事、自伤自残等次生危害和治安问题。

我国对氯胺酮的管制经历了一个不断趋严的过程。2001年6月，原国家药品监督管理局将氯胺酮原料药纳入第二类精神药品进行管理，但不包括氯胺酮制剂。2003年9月，原国家食品药品监督管理局发布《关于加强氯胺酮制剂管理工作的通知》，自2003年11月1日起对氯胺酮制剂也按照第二类精神药品管理。[①]2004年8月，相关部门将氯胺酮（包括可能存在的盐及其制剂）纳入第一类精神药品管理。但相关国际禁毒公约对氯胺酮尚未管制，故联合国仍将其归类为新精神活性物质。氯胺酮的定罪量刑数量标准也经历了一个调整的过程。原国家食品药品监督管理局2004年制定的《非法药物折算表》（非正式文件）规定，氯胺酮与海洛因的折算比例是

---

① 对在此之前非法买卖氯胺酮注射液的行为，如果不明知购买者用于制造毒品的，不能作为毒品犯罪论处，符合非法经营罪定罪条件的，可以依法认定。例如，古某群等人非法买卖、运输盐酸氯胺酮注射液的行为发生在2003年5~7月间，公诉机关指控为贩卖毒品罪或者运输毒品罪，一审法院认定为非法买卖制毒物品罪，二审法院改判为非法经营罪。参见中华人民共和国最高人民法院刑事审判第一、二、三、四、五庭主办：《中国刑事审判指导案例》（第5卷）（增订第3版），法律出版社2017年版，第512–516页。

10∶1，即氯胺酮“数量大”的标准为500克。最高人民法院、最高人民检察院、公安部2007年制定《毒品犯罪意见》时，考虑到当时氯胺酮的滥用情况尚不严重，涉氯胺酮犯罪的社会危害亦不突出，故规定氯胺酮的“数量大”标准是1000克，与海洛因的折算比例为20∶1。最高人民法院制定《2015年毒品纪要》时，涉氯胺酮犯罪的形势发生了较大变化，滥用人数不断增长，造成的现实危害也不断加大，故该纪要规定对氯胺酮的死刑数量标准一般可以按照海洛因的10倍掌握。[①]2016年制定的《毒品犯罪解释》进一步明确，氯胺酮与海洛因的折算比例为10∶1，即500克以上属于“数量大”。[②]

值得一提的是，由于近年来司法机关对涉氯胺酮犯罪的惩处力度很大，实践中出现了氯胺酮的替代品氟胺酮。最高人民法院2022年发布的“6·26”禁毒宣传典型案例中的何启安贩卖毒品案，被告人所贩卖的毒品就是氟胺酮。氟胺酮（F-Ketamine）的分子结构、毒性效果与氯胺酮很相似，没有医疗用途。根据公安部、国家卫生健康委员会和国家药品监督管理局联合发布的《关于将合成大麻素类物质和氟胺酮等18种物质列入〈非药用类麻醉药品和精神药品管制品种增补目录〉的公告》，自2021年7月1日起将氟胺酮纳入管制。据此，走私、贩卖、运输、制造氟胺酮都是毒品犯罪。根据国家禁毒办2021年发布的《氟胺酮和7种合成大麻素依赖性折算表》的规定，氟胺酮与海洛因的依赖性折算比例为10∶1，该比例可以作为办理涉氟胺酮刑事案件确定定罪量刑数量标准的参考。

---

① 关于氯胺酮的死刑适用标准，本书在“毒品犯罪的死刑适用”一章中作具体分析。

② 2002年最高人民法院研究室曾作出《关于氯胺酮能否认定为毒品问题的答复》（已失效），其中提出，鉴于氯胺酮是第二类精神药品且临床使用较多，对明知他人是吸毒人员而多次向其出售，或者贩卖氯胺酮数量较大的，才能依法追究刑事责任。作出这一答复时氯胺酮刚开始出现滥用情况，实践中存在正规企业生产的氯胺酮药品流入非法渠道的情况，故这一答复的内容在当时是合理的。随着氯胺酮成为仅次于冰毒的合成毒品，且被滥用的氯胺酮基本为地下非法制造，这一答复已不符合实践情况，工作中要辩证看待该答复的内容。

问 什么是新精神活性物质，它与毒品是何关系？[①] 007

答：新精神活性物质（New Psychoactive Substances，NPS）这一概念来自国际组织，是指没有被联合国《1961年麻醉品单一公约》和《1971年精神药品公约》所列管，但具有滥用潜力，可以引起公共健康风险的精神活性物质。这类精神活性物质至少具备下列特点：（1）化学结构可以人为地设计与合成，产生与管制毒品相同或者相似的精神活性和药理作用，故又称为“策划药”。（2）在相关法律法规以及国际公约中没有被及时地纳入管制目录，故又有“合法兴奋剂”之称。（3）某些新精神活性物质与已知、受管制毒品的化学结构相似，属于其衍生物，故又被称为“毒品类似物”。（4）绝大部分新精神活性物质都是在实验室研究与合成得到的，故又有“实验室化合物”之名。新精神活性物质之“新”，并非因为它们是最新合成的。事实上，大部分新精神活性物质早在19世纪70年代，甚至在更早的时间就已经被合成出来。“新”的含义是指这些精神活性物质新近被滥用、被关注。

新精神活性物质种类繁多。根据化学结构，联合国将新精神活性物质分为9大类：（1）合成大麻素类；（2）合成卡西酮类；（3）苯乙胺类；（4）色胺类；（5）氨基茚满类；（6）哌嗪类；（7）氯胺酮及苯环利啶类；（8）植物类；（9）其他类。根据药理作用可分为7大类：（1）阿片类；（2）合成大麻受体激动剂；（3）兴奋剂；（4）身心分离剂；（5）经典致幻剂；（6）镇静催眠剂；（7）药理效应未知类。

在危害性方面，与已列管的毒品相比较，新精神活性物质具有更强的精神药理作用，更高的滥用潜力和成瘾性，容易产生暴力倾向和攻击行为，诱发癫痫、躁动、妄想等急性精神障碍，是对社会治安和公共安全的重大威胁。由于新精神活性物质生产工艺简单、交易方式隐蔽、违法成本较低等因素，其滥用在世界范围内呈蔓延之势。目前，针对新精神活性物质的有效管

---

① 本部分内容主要参考马岩、王优美主编，徐鹏、方文军副主编：《新精神活性物质办案实用手册》，法律出版社2019年版，第1–4页。该书对各类新精神活性物质的药理性质作了详细、系统的介绍，感兴趣的读者可以查阅该书。

控仍然是世界各国面临的难题。一方面，新精神活性物质更新换代速度快，当某种新精神活性物质被列管后，只要通过对其化学结构进行细微的修饰改变，很快就有新的替代品出现，且立法过程需要较长时间，使大量新精神活性物质得以逃脱国际禁毒公约和各国禁毒法律的监管。另一方面，当前对于新精神活性物质的法庭科学研究还处于初级阶段，检验鉴定所需的标准物质及检测方法均留有大量空白，而且对其依赖性和危害性的评估也缺乏量化和统一化的标准流程。以上因素都制约了各国政府对于新精神活性物质的管控和定罪量刑标准的制定。

关于新精神活性物质与毒品的关系，总体上看，新精神活性物质不仅是新类型毒品、合成毒品，而且被认为是第三代毒品。但某一具体新精神活性物质能否被认定为毒品，关键在于是否被国家明确管制。一旦被国内法所管制，它就变成法律意义上的毒品，但仍可以从社会学意义上称为新精神活性物质，如果没有被国内法所管制，则不能认定为毒品。据统计，我国已对188种具体的新精神活性物质进行了管制。其中，2013年版麻醉药品和精神药品品种目录列管了14种，[①]2015年印发的《非药用类麻醉药品和精神药品列管办法》的附表列管了116种，2017年先后两次专门发布文件列管了卡芬太尼等8种，2018年列管了4-氯乙卡西酮等32种，2021年列管了氟胺酮等18种，共计188种。由于这些新精神活性物质目前绝大多数没有医疗用途，故对走私、贩卖、运输、制造新精神活性物质的，一般都应当认定为毒品犯罪（确有证据证明涉案新精神活性物质已发现具有并准备用于医疗用途的除外）。

问 什么是芬太尼类物质，如何确定其定罪量刑数量标准？ 008

答：芬太尼为阿片受体激动剂，属强效麻醉性镇痛药，适用于各种疼

---

① 这14种新精神活性物质包括：氯胺酮（Ketamine），恰特草（Khat），苄基哌嗪（BZP），合成大麻素类5种（JWH-073、AM-694、AM-2201、JWH-250、JWH-018），合成卡西酮类4种（MDPV、4-MEC、4-MMC、Methylone），苯乙胺类2种（2C-I、2C-H）。

痛及外科、妇科等手术后和手术过程中的镇痛，也用于防止或减轻手术后出现的谵妄，还可与麻醉药合用作为麻醉辅助用药。芬太尼类新精神活性物质是芬太尼的衍生物，药理作用与吗啡类似。滥用芬太尼类物质的副作用是瘙痒、恶心、呼吸抑制，因该类物质药效很强，极少量摄入即可对人体造成伤害乃至危及生命。①

芬太尼类物质整体上属于新类型毒品、合成毒品，②但并不都属于新精神活性物质。在 2019 年 5 月 1 日对芬太尼类物质实行整类管制之前，我国已经明确管制的有 25 种芬太尼类物质，包括：（1）《麻醉药品品种目录》中列管的 13 种：乙酰阿法甲基芬太尼、阿芬太尼、阿法甲基芬太尼、阿法甲基硫代芬太尼、倍他羟基芬太尼、倍他羟基 –3– 甲基芬太尼、芬太尼、3– 甲基芬太尼、3– 甲基硫代芬太尼、对氟芬太尼、瑞芬太尼、舒芬太尼、硫代芬太尼；③（2）2015 年 9 月印发的《非药用类麻醉药品和精神药品列管办法》所附增补目录中列管的 6 种：乙酰芬太尼、丁酰芬太尼、β – 羟基硫代芬太尼、4– 氟丁酰芬太尼、异丁酰芬太尼、奥芬太尼；（3）2017 年 3 月施行的《关于将卡芬太尼等四种芬太尼类物质列入非药用类麻醉药品和精神药品管制品种增补目录的公告》所列管的 4 种：丙烯酰芬太尼、卡芬太尼、呋喃芬太尼、戊酰芬太尼；（4）2018 年 9 月施行的《关于将 4– 氯乙卡西酮等 32 种物质列入非药用类麻醉药品和精神药品管制品种增补目录的公告》所列管的 2 种：4– 氟异丁酰芬太尼、四氢呋喃芬太尼。

2019 年 4 月 1 日，公安部、国家卫生健康委员会、国家药品监督管理局发布了《关于将芬太尼类物质列入〈非药用类麻醉药品和精神药品管制品种增补目录〉的公告》，决定自 2019 年 5 月 1 日起对芬太尼类物质进行整类管

① 根据 2023 年 6 月 7 日联合国毒品和犯罪问题办公室发布的《2023 年世界毒品报告》，芬太尼极大地改变了北美的阿片类药物市场，造成了非常可怕的后果；2021 年北美阿片类药物使用过量的致死案例约有 9 万起，大部分涉及非法制造的芬太尼。

② 目前有 4 种芬太尼类物质具有医疗用途：芬太尼、阿芬太尼、舒芬太尼、瑞芬太尼，当这些芬太尼类物质作为药品正常使用时，不能认定为毒品。

③ 一般认为，这 13 种规定在《麻醉药品品种目录》中的芬太尼类物质不属于新精神活性物质。为兼顾书稿体例的完整性，本部分一并分析说明。

制。[①] 据此，针对芬太尼类物质实施走私、贩卖、运输、制造、非法持有毒品等犯罪行为的，应当依照《刑法》第347条、第348条等规定定罪处罚。办案过程中面临的突出问题是，如何确定芬太尼类物质犯罪的定罪量刑数量标准。对该问题需要由国家有关部门研究制定正式文件，在正式文件出台之前，大致可以按照下列情形分别处理：（1）对于2016年《毒品犯罪解释》已经有明确规定的芬太尼本身，其定罪量刑数量标准适用该司法解释的规定，即走私、贩卖、运输、制造、非法持有芬太尼25克以上不满125克和125克以上的，分别认定为《刑法》第347条、第348条规定的其他毒品"数量较大"和"数量大"。[②]（2）走私、贩卖、运输、制造、非法持有2015年列管的乙酰芬太尼、丁酰芬太尼、β–羟基硫代芬太尼、4–氟丁酰芬太尼、异丁酰芬太尼、奥芬太尼的，可以参照国家禁毒办2016年印发的《104种非药用类麻醉药品和精神药品管制品种依赖性折算表》确定的折算标准作为定罪量刑数量标准。据此，这6种芬太尼类物质与海洛因的折算比例分别为1∶6、1∶1.25、1∶40、1∶1.25、1∶1.25、1∶66.8。（3）走私、贩卖、运输、制造、非法持有乙酰阿法甲基芬太尼、硫代芬太尼等前述12种列入《麻醉药品品种目录》管制的芬太尼类物质（芬太尼除外）的，可以参照《非法药物折算表》确定的折算标准作为定罪量刑数量标准。据此，这12种芬太尼类物质中，瑞芬太尼、舒芬太尼与海洛因的折算比例均为1∶40，阿芬太尼与海洛因的折算比例为1∶15，其他9种芬太尼类物质与海洛因的折算比例均为1∶10。[③]（4）走私、贩卖、运输、制造、非法持有卡芬太尼、呋喃芬太尼、戊酰芬太尼、丙烯酰芬太尼、4–氟异丁酰芬太尼、四氢呋喃芬太尼以及2019年5月

---

① 该公告明确提出，芬太尼类物质是指化学结构与芬太尼｛N–［1–（2–苯乙基）–4–哌啶基］–N–苯基丙酰胺｝相比，符合以下一个或多个条件的物质：（1）使用其他酰基替代丙酰基；（2）使用任何取代或未取代的单环芳香基团替代与氮原子直接相连的苯基；（3）哌啶环上存在烷基、烯基、烷氧基、酯基、醚基、羟基、卤素、卤代烷基、氨基及硝基等取代基；（4）使用其他任意基团（氢原子除外）替代苯乙基。

② 最高人民法院2020年发布的"6·26"禁毒宣传典型案例中的刘某等人贩卖、制造毒品案，是国内第一起有影响的涉芬太尼类物质犯罪案件，对被告人刘某判处死刑缓期执行。本书后面相关章节中对该案例有更多介绍。

③ 因《非法药物折算表》形成于2004年，根据新近实验情况，这些折算标准会逐步被调整、更新。

1 日起列入管制的其他芬太尼类物质的，可以根据鉴定所得出的毒性、依赖性等数据，确定定罪量刑数量标准。

需要说明的是，上述对芬太尼类物质定罪量刑数量标准的认定方式，是在现有相关司法解释和指导文件的框架内，结合司法实践中的通常做法提出的。从芬太尼类物质整类列管后的工作进展看，上述依赖性折算标准未必都科学、准确，需要通过进一步实验等方式来确认或者完善。同时，对芬太尼类物质进行整类列管是我国禁毒领域的新列管模式，整类列管的对象种类繁多，有的甚至都还没有出现，在新的列管模式下如何确定各类芬太尼类物质的定罪量刑数量标准，是逐一确定还是分类确定，确实需要深入研究。例如，考虑少数芬太尼类物质具有医疗用途，似可"删繁就简"按照是否具有药用价值为标准，将芬太尼类物质分为药用类和非药用类两大类，并分别确定不同的定罪量刑数量标准。一旦国家相关部门出台文件明确芬太尼物质的定罪量刑数量标准，则应按照新的文件执行。

问 什么是合成大麻素类物质，如何确定其定罪量刑数量标准？ 009

答：合成大麻素类物质与大麻有关，但大麻是天然植物，而合成大麻素类物质是对各种具有类似天然大麻药理作用的人工合成物质的统称。合成大麻素类物质的主要滥用方式是溶于电子烟油或喷涂于烟丝、花瓣等植物表面吸食，具有较强的迷惑性，俗称"小树枝""电子烟油""娜塔莎"等。合成大麻素类物质的成瘾性和戒断症状类似天然大麻，吸食后会出现头晕、呕吐、精神恍惚、致幻等反应，过量吸食会出现休克、窒息甚至猝死等情况，长期吸食会导致心血管系统疾病以及精神错乱，同时也存在致癌风险。由于吸食合成大麻素能产生比天然大麻更为强烈的快感，这导致合成大麻素迅速蔓延，在新精神活性物质中涵盖的物质种类最多、滥用也最为严重。我国已经出现合成大麻素滥用情况，其来源既有国内非法制造的，也有部分是从国外走私而来。[①]

在2021年7月1日合成大麻素类物质被整类管制之前，我国已列管的具体合成大麻素类物质共53种，包括2013年版《精神药品品种目录》中所列管的5种，[②]2015年9月印发的《非药用类麻醉药品和精神药品列管办法》所附增补目录中列管的40种，[③]2018年9月施行的《关于将4-氯乙卡西酮等32种物质列入非药用类麻醉药品和精神药品管制品种增补目录的公告》中所列管的8种。[④]根据公安部、国家卫生健康委员会、国家药品监督管理局2021年3月15日发布的公告，自2021年7月1日起将合成大麻素类物质列入《非药用类麻醉药品和精神药品管制品种增补目录》进行整类管制。[⑤]由此，我国将所有合成大麻素类物质（包括将来可能出现的新品种）都纳入管制。

对合成大麻素类物质的定罪量刑数量标准，2016年《毒品犯罪解释》和其他规范性文件都没有作出规定，[⑥]实践中大致可以区分为两类情形处理：（1）对于已经发布了依赖性折算标准的，可以参考该标准定罪量刑。例如，国家禁毒办2016年6月印发的《104种非药用类麻醉药品和精神药品管制品种依赖性折算表》规定了《非药用类麻醉药品和精神药品列管办法》所附增补目录中列管的40种合成大麻素类物质与海洛因的折算标准；2019年1月印发的《3种合成大麻素依赖性折算表》规定了2018年所列管的8种合成大麻素中的3种；[⑦]2021年11月印发的《氟胺酮和7种合成大麻素依赖性折算表》规定了整类列管后新出现的7种合成大麻素的折算标准。（2）对于没有

---

① 最高人民法院2022年发布的禁毒宣传案例中的万某能等贩卖毒品、洗钱案，被告人所贩卖的毒品就是含有合成大麻素成分（ADB-BUTINACA和MDMB-4en-PINACA）的电子烟油。万某能因犯贩卖毒品罪被判处有期徒刑15年（附加刑略）。

② 这5种合成大麻素类物质的名称缩写分别为JWH-073、AM-694、AM-2201、JWH-250、JWH-018，都是第一类精神药品。

③ 该增补目录的第26~65项为合成大麻素类物质。

④ 该公告附表的第21~28项为合成大麻素类物质。

⑤ 该公告专门发布了合成大麻素类物质的化学结构通式。

⑥ 司法解释明确规定了定罪量刑数量标准的毒品，都是实践中较为常见且药理（毒理）数据较为明确的种类，对实践中较为少见或者药理数据不明确的，则不作规定。

⑦ 即AMB-FUBINACA、ADB-FUBINACA和5F-ADB，它们与海洛因的折算比例分别为1∶5.5、1∶2.5、1∶14。

发布折算标准的合成大麻素类物质，可以根据鉴定所得出的毒性、依赖性等数据，确定定罪量刑数量标准。

问 如何规范地表述毒品名称？ 010

答：近年来随着新类型毒品特别是混合型毒品的不断出现，如何准确表述毒品名称一度成为司法实务中的突出问题。名称问题看似不很重要，但如果表述不准确，可能影响毒品数量的认定，进而影响对被告人的准确定罪量刑，有的案件甚至涉及重刑乃至死刑的适用问题。例如，被告人贩卖的毒品既有冰毒也有“麻古”，并且后者数量更大，如果不加区分，把“麻古”都表述为甲基苯丙胺，让人误以为他贩卖的都是冰毒，则影响到对被告人贩毒种类和数量的准确认定。为规范毒品名称的表述，2014 年最高人民法院牵头并会同最高人民检察院、公安部制定了《毒品名称意见》，对毒品犯罪案件起诉意见书、起诉书、刑事判决书、刑事裁定书中的毒品名称表述问题作了规定。

在规范毒品名称表述的基本原则方面，根据《毒品名称意见》中有关规定的精神，需注意 3 点：（1）毒品名称表述应当以毒品的化学名称为依据，并与《刑法》、司法解释及相关规范性文件中的毒品名称保持一致。《刑法》、司法解释等没有规定的，可以参照《麻醉药品品种目录》《精神药品品种目录》《非药用类麻醉药品和精神药品列管办法》所附增补目录和其他管制文件中的毒品名称进行表述。（2）对于含有两种以上毒品成分的混合型毒品，应当根据其主要毒品成分和具体形态认定毒品种类、确定名称。混合型毒品中含有海洛因、甲基苯丙胺成分的，一般应当以海洛因、甲基苯丙胺确定其毒品种类；不含海洛因、甲基苯丙胺成分的，或者海洛因、甲基苯丙胺含量极低的，可以根据其中定罪量刑数量标准较低且含量较高的毒品成分确定其毒品种类。混合型毒品成分复杂的，可以用括号注明其中所含的一至二种其他毒品成分。（3）为体现与犯罪嫌疑人、被告人供述的对应性，对于犯罪嫌疑人、被告人供述的毒品常见俗称（如“麻古”“K 粉”“神仙水”“蓝精灵”等），可以在文书中第一次表述该类毒品时用括号注明。

《毒品名称意见》对如下几类常见毒品的名称表述作了规定：

1. 含甲基苯丙胺成分的毒品。（1）对于含甲基苯丙胺成分的晶体状毒品，应当统一表述为甲基苯丙胺（冰毒），在下文中再次出现时可以直接表述为甲基苯丙胺。（2）对于以甲基苯丙胺为主要毒品成分的片剂状毒品，应当统一表述为甲基苯丙胺片剂。如果犯罪嫌疑人、被告人供述为“麻古”“麻果”或者其他俗称的，可以在文书中第一次表述该类毒品时用括号注明，如表述为甲基苯丙胺片剂（俗称“麻古”）等。（3）对于含甲基苯丙胺成分的液体、固液混合物、粉末等，应当根据其毒品成分和具体形态进行表述，如表述为含甲基苯丙胺成分的液体、含甲基苯丙胺成分的粉末等。[①]

2. 含氯胺酮成分的毒品。（1）对于含氯胺酮成分的粉末状毒品，应当统一表述为氯胺酮。如果犯罪嫌疑人、被告人供述为“K粉”等俗称的，可以在文书中第一次表述该类毒品时用括号注明，如表述为氯胺酮（俗称“K粉”）等。（2）对于以氯胺酮为主要毒品成分的片剂状毒品，应当统一表述为氯胺酮片剂。（3）对于含氯胺酮成分的液体、固液混合物等，应当根据其毒品成分和具体形态进行表述，如表述为含氯胺酮成分的液体、含氯胺酮成分的固液混合物等。

3. 含3，4-亚甲二氧基甲基苯丙胺（MDMA）等成分的毒品。对于以3，4-亚甲二氧基甲基苯丙胺（MDMA）、3，4-亚甲二氧基苯丙胺（MDA）、3，4-亚甲二氧基乙基苯丙胺（MDEA）等致幻性苯丙胺类兴奋剂为主要成分的丸状、片剂状毒品，应当根据其主要毒品成分的中文化学名称和具体形态进行表述，并在文书中第一次表述该类毒品时用括号注明下文中使用的英文缩写简称，如表述为3，4-亚甲二氧基甲基苯丙胺片剂（以下简称MDMA片剂）、3，4-亚甲二氧基苯丙胺片剂（以下简称MDA片剂）、3，4-亚甲二氧基乙基苯丙胺片剂（以下简称MDEA片剂）等。如果犯罪嫌疑人、被告人供述为“摇头丸”等俗称的，可以在文书中第一次表述该类毒品时用括号注明，如表述为3，4-亚甲二氧基甲基苯丙胺片剂（以下简称MDMA片剂，俗称“摇头丸”）等。

---

① 可见，就甲基苯丙胺成品而言，司法实践中至少有3种类型，不能认为只有冰毒或者“麻古”两种。

4.“神仙水”类毒品。对于俗称“神仙水”的液体状毒品，应当根据其主要毒品成分和具体形态进行表述。毒品成分复杂的，可以用括号注明其中所含的一至二种其他毒品成分，如表述为含氯胺酮（咖啡因、地西泮等）成分的液体等。如果犯罪嫌疑人、被告人供述为“神仙水”等俗称的，可以在文书中第一次表述该类毒品时用括号注明，如表述为含氯胺酮（咖啡因、地西泮等）成分的液体（俗称“神仙水”）等。

5.大麻类毒品。大麻是一年生草本植物，生长在温带和热带地区，大麻植物的果实、花、叶、茎中均含有大麻脂，从大麻脂中可以提炼出大麻油，大麻烟主要利用大麻叶制成。大麻植物中对人体神经系统起作用的主要成分为四氢大麻酚（英文缩写 THC）。人体吸入大麻后可引起一系列生理和心理反应，对感知、思维、情绪、记忆力及运动协调能力都有影响，能产生幻觉，具有成瘾性。大麻植物的不同部位及相应制品中大麻素的含量有差别，故最高人民法院 2000 年制定的《毒品案件解释》对大麻油、大麻脂及大麻叶和大麻烟规定了不同的定罪量刑数量标准，2016 年《毒品犯罪解释》延续了该规定。按照《毒品名称意见》的规定，对于含四氢大麻酚、大麻二酚、大麻酚等天然大麻素类成分的毒品，应当根据其外形特征分别表述为大麻叶、大麻脂、大麻油或者大麻烟等。①

问 如何理解现阶段我国对毒品犯罪的刑事政策？ 011

答：刑事政策是个复杂、宏大的问题，通常认为是“国家和社会依据犯罪态势对犯罪行为和犯罪人运用刑罚和诸多处遇手段以期有效地实现惩罚和预防犯罪目的的方略”②。刑事政策有基本刑事政策和具体刑事政策之分，前者适用于所有犯罪，后者多针对某一类犯罪（如经济犯罪、毒品犯罪、职务

① 我国对大麻的管制力度从未放松，有的国家（如加拿大）放松对大麻的管制后，可能对部分人产生不良示范效应。为此，最高人民法院近年来发布的禁毒宣传案例中多次提及涉大麻犯罪，目的就是发挥警示、教育作用，呼吁社会公众远离包括大麻在内的各类毒品。

② 储槐植：《刑事政策的概念、结构和功能》，载储槐植：《储槐植文选》，北京大学出版社 2022 年版，第 70 页。

犯罪等）。宽严相济刑事政策是现阶段我国的基本刑事政策，该政策的主要精神是对犯罪实行区别对待，做到“该宽则宽、当严则严、宽严相济、罚当其罪”。对于毒品犯罪，司法工作中历来注重贯彻宽严相济刑事政策中“严”的侧面，一直强调要坚持从严惩处的刑事政策，以严为主、以宽济严。本部分从3个层面对这一政策展开分析。

1. 以严为主。厉行禁毒是我国对待毒品问题的一贯立场，对毒品犯罪采取从严惩处的整体刑事政策，是由毒品的严重危害和毒品犯罪的严峻形势决定的，具有现实必要性和正当性，同时，这一政策的形成在观念上也受到近代史上鸦片问题的深刻影响。在毒品犯罪司法工作中，刑事政策对法律适用的影响十分突出。最高人民法院制定的“大连”会议纪要、“武汉”会议纪要、“昆明”会议纪要等多部会议纪要都强调要坚持从严惩处毒品犯罪，其中所提出的规范性指导意见和相关司法解释的规定也充分体现了严惩的刑事政策。

例如，从犯罪类型看，司法实践中十分注重对源头毒品犯罪的惩处。所谓源头毒品犯罪，主要是指走私、制造、大宗贩卖毒品以及走私、非法生产、买卖制毒物品等犯罪。此类犯罪的主要特点是分别导致毒品从无到有、从少到多、从境外走私到境内、从毒源地扩散到消费地，具有相对更大的社会危害性。因而，对这些犯罪要依法严惩，对其中罪行严重、社会危害大的犯罪分子，要依法判处重刑乃至死刑。近年来毒品犯罪的重刑率始终明显高于同期全部刑事案件重刑率，这是体现从严惩处刑事政策的重要指标。①

又如，从严惩的对象看，对具有武装掩护毒品犯罪、以暴力抗拒检查、拘留、逮捕、参与有组织的国际贩毒活动等严重情节的毒品犯罪分子，以及

① 据最高人民法院2022年6月25日发布的《党的十八大以来的人民法院禁毒工作》介绍，2012年至2021年，毒品犯罪案件判处5年有期徒刑以上刑罚的重刑率总体为23.09%，各年度重刑率分别高于同期全部刑事案件重刑率8个至17个百分点，2021年较2015年提升了6个百分点。据最高人民法院2023年6月26日发布的禁毒新闻通稿介绍，2022年的重刑率为23.66%，高出同期全部刑事案件重刑率约15个百分点；2023年1~5月，重刑率达25.38%，高出同期全部刑事案件重刑率约16个百分点。在死刑适用方面，鉴于重大毒品犯罪案件时有发生，为体现对毒品犯罪的从严惩处，实践中对毒品犯罪保持着一定数量的死刑适用。如果毒品犯罪形势没有根本好转，对死刑的观念未发生转变，对毒品犯罪适用死刑的情况在短期内亦难以改变。这可以说是对毒品犯罪坚持严惩政策的最突出体现。

毒枭、职业毒犯、累犯、毒品再犯等罪行严重和主观恶性深、社会危害性大的犯罪分子，该判处重刑至死刑的，坚决依法判处。《2023年毒品纪要》规定，对于累犯、毒品再犯，即使本次毒品犯罪情节较轻，也要体现从严惩处的精神，尤其对于曾因严重暴力犯罪被判刑的累犯、刑罚执行完毕后短期内又实施毒品犯罪的再犯，以及在缓刑、假释、暂予监外执行期间又实施毒品犯罪的再犯，应当严格依法从重处罚。根据2016年《毒品犯罪解释》的规定，对于向多人贩卖毒品或者多次走私、贩卖、运输、制造毒品的，利用、教唆未成年人非法持有毒品或者向在校学生贩卖毒品的，以及国家工作人员走私、贩卖、运输、制造、非法持有毒品的，应认定为相关犯罪"情节严重"，依法升格适用法定刑，以体现对此类犯罪分子的严惩。

再如，在刑罚执行方面，为体现严惩的处遇政策，法院严格规范和限制对毒品犯罪的缓刑、减刑和假释。对毒品再犯一般不适用缓刑；对具有毒品犯罪集团首要分子、累犯、毒品再犯等情节的毒品罪犯从严掌握减刑条件，适当延长减刑起始时间、间隔时间，严格控制减刑幅度；对《刑法》未禁止假释的前述毒品罪犯，严格掌握假释条件。毒品犯罪是贪利型犯罪，法院历来强调加大对毒品犯罪的经济制裁力度，依法追缴毒品犯罪分子的违法所得，充分适用财产刑并加大执行力度，同时依法惩处涉毒洗钱和窝藏毒赃等下游犯罪。

2."依法"从严。刑事政策不同于法律适用规则，其对司法工作而言主要发挥导向作用，这种导向作用需要转化为法律适用规则才能贯彻在案件裁判之中。《刑法》条文、司法解释和指导文件本身就是刑事政策的具体化，多数情况下依据这些具体规定办理案件，就能很好地体现刑事政策的要求。例如，2015年施行的《刑法修正案（九）》根据当时禁毒工作需要，增加了制毒物品犯罪的行为类型并提高了法定刑，《毒品犯罪解释》细化了该罪的定罪量刑标准，分别体现了立法和司法层面对毒品犯罪的严惩政策。但实践情况很复杂，法律、司法解释等的规定在理解方面往往又存在弹性区间，适用中可能得出政策上趋严或趋宽的不同意见。此时，司法者既要考虑对毒品犯罪从严惩处的政策立场，同时也要特别注意裁判结论的合理性，不能违反法律解释学特别是刑法解释学的基本原理，不能造成法律规定之间的冲突、矛盾，更不能违反罪刑法定原则。也就是说，刑事司法环节对毒品犯罪予以从严惩处，应当严之有度、严之有据，必须以“依法”为前提。但这种“依法”不是机械性地解释法律条文，而是要充分考虑相关规定之间的体系协调、不同具体政策（或者法律价值）之间的平衡以及实质的公平正义观念。如果某种结论看似符合法条的字面含义并体现了从严惩处的政策，但该结论明显不合逻辑、与其他条文或价值存在冲突时，则应当考虑修正该结论，从而得出更加合理、更有说服力和公信力的结论。①

例如，实践中曾有意见认为，根据《刑法》第 347 条的规定，贩卖海洛因 50 克，即可以判处死刑，以体现对毒品犯罪的严惩。这里存在某种误解，是未能理顺刑事政策与法律适用规则之间的关系而形成的看法。理由在于，《刑法》规定的是贩卖海洛因 50 克以上的，处 15 年有期徒刑、无期徒刑或者死刑，并不是仅处死刑。按照罪责刑相适应原则，贩卖海洛因 50 克所对应的法定刑应当是 15 年有期徒刑，随着贩毒数量的增加，才能逐步考虑判处无期徒刑乃至死刑。如果贩卖海洛因 50 克便直接判处死刑，势必导致法定刑幅度内的 15 年有期徒刑和无期徒刑没有适用余地，显然违背了法律适用规则，造成刑法适用不协调。②

又如，有意见认为，可以在相关指导文件中明确规定，对毒品再犯不得适用缓刑，对严重的毒品犯罪分子不得假释。从严厉惩处毒品犯罪的角度看，这种意见有一定道理。但是，禁止缓刑、假释的犯罪类型，均由《刑法》总则明确规定，司法文件不得超出《刑法》所规定的范围，否则就等于僭越立法权。而《刑法》只规定了对累犯不得缓刑、假释，没有规定对毒品再犯不得缓刑、假释；只规定了因实施故意杀人、强奸、抢劫、绑架、放火、爆

① 该问题涉及刑事政策与刑法解释的关系，也涉及刑事政策对司法工作的影响（或者说在司法工作中如何科学、合理的贯彻刑事政策），都是十分重大而复杂的问题。近年来该问题也成为刑法理论研究的热点领域。

② 在 1990 年《关于禁毒的决定》施行之初，为体现对毒品犯罪的严厉打击，当时实际掌握的毒品犯罪死刑数量标准较低，此后随着禁毒形势的变化和司法理念的更新，死刑适用标准不断严格。目前基本不太可能出现走私、贩卖、运输、制造 50 克海洛因就被判处死刑的情况，但如果被告人犯罪所涉毒品数量很大，只是查获的毒品数量少，又具有严重累犯、毒品再犯或者武装掩护犯罪、暴力抗拒抓捕等严重情节，综合评价属于罪行极其严重的，也可能判处死刑。

炸、投放危险物质或者有组织的暴力性犯罪等 8 类犯罪被判处 10 年以上有期徒刑、无期徒刑的犯罪分子不得假释，没有规定对毒品犯罪分子不得假释。因此，即使在缓刑、假释问题上体现对毒品犯罪的从严惩处，亦不能突破《刑法》的明文规定。基于这种思路，《2015 年毒品纪要》和《2023 年毒品纪要》在此方面提出了限制性而非禁止性的指导意见：对于毒品犯罪应当从严掌握缓刑适用条件；对于毒品再犯，一般不得适用缓刑；对于具有犯罪集团首要分子、累犯、毒品再犯等情节的毒品罪犯，《刑法》未禁止假释的，应当严格掌握假释条件。这些指导意见既体现了严惩毒品犯罪的政策立场，也坚守了法律底线，值得肯定。

3. 以宽济严。毋庸置疑，刑罚对遏制毒品犯罪具有重要作用，故在刑事政策上要继续坚持厉行禁毒的指导思想，依法从严惩处毒品犯罪，以充分发挥刑罚遏制、预防毒品犯罪的功能。同时，也要从事物的客观规律出发，坚持唯物主义辩证法，理性地看待刑罚的实际作用，防止处理问题片面化、简单化。整体而言，毒品犯罪具有严重的社会危害性，特别是大宗走私、贩卖、运输、制造毒品犯罪，为害尤甚，应当体现从严惩处的刑事政策。但是，毒品问题成因十分复杂，毒品对社会的危害并非完全来自毒品犯罪，对毒品犯罪的预防与治理工作需要纳入毒品问题治理的体系之中进行综合考虑、统筹安排。一方面，犯罪分子为牟取不义之财而实施毒品犯罪，客观上为毒品滥用提供了条件，不少情况下确实会刺激、加剧毒品滥用问题。另一方面，大多数吸毒行为都是自愿发生的，吸毒者多出于“生活无聊”“寻求刺激”等原因而自陷不义，[①] 吸毒人员的大量存在必然支撑对毒品的需求量，从而反过来刺激毒品犯罪的滋生。从毒品输入情况看，“境外毒品的流入和境内毒品消费之间始终存在相互影响、刺激和追求相互平衡的关系，形成了毒品犯罪中所特有的供求互动平衡规律”[②]。这一互动平衡规律同样适用于境内

---

① 从这个角度来说，吸毒是自陷行为，除极少数被强迫或者被欺骗吸毒者外，大多数吸毒者并非毒品犯罪的被害人，故主张毒品犯罪整体上属于无被害人犯罪的观点是有道理的。

② 郑蜀饶：《毒品犯罪规律的新认识与禁毒政策的新思考》，载中华人民共和国最高人民法院刑事审判第一、二、三、四、五庭主办：《中国刑事审判指导案例》（第 5 卷）（增订第 3 版），法律出版社 2017 年版，第 1122 页。这篇文章发表于 2008 年前后，但其中的很多观点至今仍有参考价值。

毒品制造情况。“可以说，毒品对社会的危害是毒品犯罪（供应）和吸毒行为（需求）共同造成的，或者说，毒品对社会的危害正是通过吸毒这一行为来实现的。在这种特殊的危害生成模式下，打击犯罪、判处刑罚对减少毒品供应会有相应的作用，但难以直接减少吸毒人员对毒品的需求。”[①] 近年来我国吸毒人数持续下降，但总数量仍然很大，[②] 隐性吸毒人员很多，这种情况下“市场”对毒品的需求始终存在，刑罚对遏制毒品犯罪也难以取得理想效果。包括毒品犯罪在内，“抑制犯罪并非仅凭刑罚的威慑作用，而是靠社会的全面发展”[③]。与毒品犯罪成因的复杂性相比，刑罚这一事后惩罚性手段的局限性显而易见。从这些年毒品犯罪数量居于高位的情况看，与其寄希望于严刑重罚来遏制毒品犯罪，不如更加注重把治理毒品犯罪与治理吸毒问题结合起来，在理念、投入、措施等方面采取多元化治理手段坚持减少需求与减少供应并重，通过保持刑事政策的适度严厉性，来维持刑事惩罚与毒品犯罪之间的动态平衡，确保毒品犯罪形势处于社会可以承受的范围之内。

根据上述分析，对毒品犯罪需要从整体上贯彻从严惩处的刑事政策，以严为主、依法从严，但不能过度强调毒品犯罪的特殊性，不能不加区分地一味从严，在发挥刑罚的惩罚、威慑功能之外，也要发挥好刑罚的教育、改造功能。正如《2023 年毒品纪要》提出的：“要认真贯彻宽严相济刑事政策，在从严惩处的同时，做到宽以济严、宽严有度、罚当其罪。”据此，对于所犯毒品罪行较轻，或者被告人具有从犯、自首、立功、坦白、初犯等法定、酌定从宽处罚情节的，应当依法体现从宽。这反而有利于体现从严惩处政策的力度和理性，全面发挥刑罚的惩罚、遏制和教育、改造作用，更好地预防和减少毒品犯罪的发生。

例如，对于受人指使、雇用运输毒品的，司法实践中强调要与走私、贩卖、制造毒品以及具有严重情节的运输毒品犯罪有所区别。主要理由在于，

---

① 胡云腾、方文军：《论毒品犯罪的惩治对策与措施》，载《中国青年社会科学》2018 年第 5 期。

② 据了解，截至 2022 年年底，全国现有吸毒人员 112.4 万名，同比下降 24.3%；戒断 3 年未发现复吸人员 379 万名，同比上升 11.4%；新发现吸毒人员 7.1 万名，同比下降 41.7%。现有吸毒人数连续 5 年下降，戒断 3 年未发现复吸人数连续 10 年上升，说明毒品滥用治理成效持续显现。

③ 张明楷：《刑法格言的展开》（第 3 版），北京大学出版社 2013 年版，第 283 页。

运输毒品犯罪的情况较为复杂，要重点打击的是运输毒品犯罪集团首要分子，指使、雇用他人运输毒品的主犯或者毒枭、职业毒犯、毒品再犯，以及具有武装掩护、暴力抗拒查缉、参与有组织的国际毒品犯罪、以运输毒品为业、多次运输毒品或者其他严重情节的运输毒品犯罪分子。对于受指使、雇用的贫民、边民或者无业人员，他们只是为赚取少量运费而为他人运输毒品，不是毒品的所有者、买家或者卖家，与幕后的指使、雇用者相比，在毒品犯罪中处于从属和被支配地位，所起作用和主观恶性相对较小，社会危害性也相对较小，因而量刑上也应当体现区别。正是基于这些考虑，《2023年毒品纪要》提出，对于确属受人指使、雇用运输毒品的被告人，不排除系初次运输毒品的，或者被他人指挥、支配、监视，从属性、辅助性明显的，或者确因急迫生活困难而运输毒品的，即使毒品数量超过实际掌握的死刑适用数量标准，也可以不判处死刑；对于不能排除受人指使、雇用运输毒品的被告人，符合上述条件的，也可以考虑不判处死刑。[①]

又如，对毒品犯罪案件中被告人争取立功表现问题，也应当辩证地看待。一方面，不能为了防止犯罪分子获得从宽处罚，就对该认定为立功的不予认定。毕竟，犯罪分子揭发他人犯罪、协助抓捕其他犯罪嫌疑人等立功行为有助于深挖毒品犯罪，摧毁毒品犯罪团伙和犯罪网络，符合立功制度的立法本意。特别是对于从犯、马仔协助抓获主犯、毒枭的，更应当依法认定并充分体现从宽处罚。另一方面，毒品犯罪具有链条特征，犯罪分子特别是毒枭、主犯往往掌握他人的犯罪信息，容易通过检举他人犯罪获得立功表现。在这种情况下，既要对立功的条件从严掌握，也要严格把握好立功从宽的标准。《2008年毒品纪要》明确提出以“功是否抵罪”作为判断是否从宽处罚的标准，即应结合被告人罪行的严重程度、立功价值大小综合考虑。对于毒枭等严重毒品犯罪分子立功的，如果其检举、揭发的是其他犯罪案件中罪行

① 有的学者甚至主张对运输毒品罪要在事实上停止适用死刑。主要理由是，运输毒品罪只是使毒品发生空间上的位移，行为人一般并非毒品的所有者，也非毒品的销售者，从法益侵害的紧迫性看其不如贩卖毒品罪，从法益侵害的创设看其不如走私和制造毒品罪。司法上对运输毒品罪停止适用死刑也不违背罪刑法定原则。参见高巍：《中国禁毒三十年——以刑事规制为主线》，上海社会科学院出版社2017年版，第153页。

同样严重的犯罪分子，或者协助抓获的是同案中的其他首要分子、主犯，功足以抵罪的，原则上可以从轻或者减轻处罚；如果协助抓获的只是同案中的从犯或者马仔，功不足以抵罪，或者从轻处罚后全案处刑明显失衡的，则不予从轻处罚。《2023 年毒品纪要》重申了上述政策精神和适用规则。这样把握立功的从宽尺度，既没有回避对毒品犯罪分子立功表现的依法认定，又能够较好地防止罪行严重的毒品犯罪分子通过立功获得从宽处罚，较好地体现对从严惩处刑事政策的平衡。

问 当前办理毒品犯罪案件主要适用哪些司法解释和指导文件？ 012

答：禁毒是一项综合系统工程，禁毒工作所涉及的法律、行政法规、部门规章和指导文件数量庞大。司法是禁毒工作的重要环节，为规范法律适用，近年来最高人民法院制定了一系列司法解释和会议纪要，并会同最高人民检察院、公安部制定了惩处毒品犯罪、制毒物品犯罪、互联网涉毒犯罪、规范毒品名称等方面的多部指导文件，覆盖了毒品犯罪政策把握、法律适用、办案程序、证据收集和审查等各方面，形成了较为完备的禁毒司法规范体系。在司法工作中，当前最重要的司法解释和指导文件有 3 部：最高人民法院制定的《2023 年毒品纪要》、2016 年《毒品犯罪解释》和最高人民法院、最高人民检察院、公安部 2016 年制定的《毒品提取、扣押等程序规定》。以下对这 3 份司法文件的整体情况作简要介绍。

1.《2023 年毒品纪要》。这是在全面贯彻落实党的二十大精神，推进新时代新征程人民法院禁毒工作持续高质量发展的背景下制定的会议纪要。法律适用部分的主要内容是对《2008 年毒品纪要》和《2015 年毒品纪要》进行合并、梳理，在保留原有大部分内容的同时，对不符合当前司法实际的规定进行修改、完善（包括调整文字表述），并结合最新司法实践作了一些新规定。《2023 年毒品纪要》对前两份纪要的修改、完善之处主要包括：（1）上级法院对选择性罪名可以附条件地增加罪名；（2）吸毒者代购毒品（特别是代购“蹭吸”）的认定；（3）涉被管制麻醉药品和精神药品行为的定性；（4）未查获实物的毒品数量的认定；（5）混合型毒品的归类标准；（6）涉氯胺酮案件的死刑适用标准；（7）主观明知的认定；（8）隐匿身份人员实施侦查案件的认定处理；（9）追缴违法所得的范围和证据问题；（10）并案审理问题。《2023 年毒品纪要》的新增内容主要包括：（1）用毒品换取财产性利益和互易毒品行为的定性；（2）明知他人实施抢劫、强奸等犯罪而贩卖毒品行为的处理；（3）未查获毒品实物案件的死刑适用；（4）制造毒品罪的死刑适用标准；（5）死刑缓期执行限制减刑的适用条件；（6）自首的处理。

值得注意的是，根据《2023 年毒品纪要》的发文通知，该纪要自 2023 年 6 月 26 日发布，此后《2008 年毒品纪要》《2015 年毒品纪要》等有关毒品犯罪案件审判工作的会议纪要都不再适用。[①] 但是，由于《2023 年毒品纪要》法律适用部分主要是对前两份纪要内容的合并、梳理，除修改增删之外也有文字表述调整，故必要时仍应查阅前两份纪要甚至更早的相关指导文件（如 1994 年《关于禁毒决定的解释》），以准确理解、适用新纪要文本的内容。

2. 2016 年《毒品犯罪解释》。这是当前禁毒司法领域最重要的一部专门性司法解释，系统规定了 28 种毒品的定罪量刑数量标准，根据《刑法修正案（九）》对制毒物品犯罪的定罪量刑标准作出新规定，全面规定了各类毒品犯罪的定罪量刑标准，并对武装掩护毒品犯罪、暴力抗拒查缉情节严重的认定及网络涉毒犯罪的法律适用等问题作出了规定。该解释施行后，2000 年《毒品案件解释》不再适用。

3.《毒品提取、扣押等程序规定》。毒品犯罪案件是刑事案件的一种，公检法三机关分别制定的适用《刑诉法》的司法文件中关于收集、固定物证的规定，都适用于毒品犯罪案件。但毒品作为核心物证，其提取、扣押、称量、取样、送检程序有一定特殊性，为切实规范此项工作，2016 年由公安部牵头，会同最高人民法院、最高人民检察院制定了《毒品提取、扣押等程

---

① 《2000 年毒品纪要》已被《2008 年毒品纪要》废止，《2000 年毒品纪要》之前的会议纪要自然也不再适用，故本次纪要发文通知所说的其他会议纪要指的主要就是《2008 年毒品纪要》和《2015 年毒品纪要》。

序规定》，专门对毒品的提取、扣押、称量、取样等程序问题作了详细规定。不仅如此，为适应推进以审判为中心的刑事诉讼制度改革的需要，近年来最高人民法院会同最高人民检察院、公安部积极采取措施，对毒品犯罪案件中各类证据的收集与审查工作都作了规范，较好地促进了此项工作的规范化、法制化，有利于提高毒品犯罪案件的办理质量。

第二章

走私毒品罪

「本章导读」

走私毒品是常见的毒品犯罪类型，也是刑事政策上应予严惩的源头性犯罪。根据国家禁毒办发布的《2022 年中国毒情形势报告》，我国毒品仍然主要来自境外，其中，“金三角”地区是海洛因、冰毒的主要来源地；境外输入的氯胺酮主要来自柬埔寨和泰国；境外输入的可卡因主要从南美地区海运走私至我沿海地区中转分销，以大宗案件为主；境外输入的大麻多来自北美地区，多通过国际邮包少量、多次、分散入境，涉及多个省份。本章解答的具体问题包括：出于医疗目的违规从境外购买被管制麻醉药品或者精神药品行为的性质，违规邮寄、携带少量麻精药品出入境的如何处理，在走私的货物、物品中夹藏毒品的如何定性，走私毒品案件中主观明知的认定，走私毒品罪与运输毒品罪、走私制毒物品罪及其他走私犯罪的区别等。对走私毒品罪的既未遂认定问题，本书将在第十一章中专门介绍。

问 出于医疗目的违规从境外购买被管制的麻醉药品或者精神药品的，如何定性？ 013

答：近年来发生多起出于医疗目的从境外购买国内未批准进口的药品案件，[①] 其中有些药品属于国内管制的麻醉药品或者精神药品，案发后当事人面临被追究法律责任乃至刑事责任的境况，引起社会广泛关注和公众普遍同情。较为典型的案件，稍远的有2015年发生在湖南的陆某代购抗癌药被不起诉案，[②] 近期有2021年11月河南省中牟县人民检察院作出不起诉决定的李某某等人购买抗癫痫药物氯巴占案和中牟县人民法院2023年3月作出一审判决的胡某某代购氯巴占等药品案（以下简称“氯巴占案”）。[③] 这类案件的处理都涉及重要法律问题，也涉及法理情相统一问题。其中，“氯巴占案”的关键法律问题就是涉案的被管制精神药品氯巴占能否被认定为毒品，出于医疗目

---

① 如果不是出于医疗目的，而是为了自己吸食或者作为毒品出售而从境外购买被管制麻精药品的，则按照走私毒品罪处理。关于如何认定“出于医疗目的”，可参见本书第三章“贩卖毒品罪”中的相关问题。

② 陆某代购的抗癌药不是被管制的麻精药品，不涉及毒品的认定，而涉及“假药”的认定。据“百度百科”介绍，陆某患有白血病，需服用瑞士生产的抗癌药“甲磺酸伊马替尼片”，但该药售价很高，他经济上难以承受。后陆某获悉印度生产的此类仿制药便宜很多且药效良好，遂开始购买该仿制药并为很多病友代购。2014年7月，湖南省沅江市人民检察院以妨害信用卡管理罪和销售假药罪提起公诉，2015年1月撤回起诉，同年2月决定不起诉。陆某成为电影《我不是药神》的原型。对该案法律适用问题的详细分析，可参见卢宇蓉：《对陆某涉嫌妨害信用卡管理罪、销售假药罪不起诉案件及有关法律适用问题研究》，载中华人民共和国最高人民法院刑事审判第一、二、三、四、五庭主办：《刑事审判参考》（总第102集），法律出版社2016年版，第210–221页。

③ 这两起案件存在关联，前者多被称为“毒贩”母亲案，后者多被称为“铁马冰河”（胡某某的网名）代购案。前一案件的简要案情是，李某某（女）等人因孩子患癫痫病，委托胡某某从境外代购药品氯巴占，并应胡某某的请求帮助接收从境外寄来的氯巴占后转寄至胡某某提供的地址。中牟县人民检察院认为李某某等人构成走私、贩卖、运输毒品罪，但犯罪情节轻微，作出不起诉决定（后于2023年3月改为法定不起诉）。后一案件的简要案情是，2019年5月至2021年7月间，胡某某从境外代购氯巴占、喜保宁、雷帕霉素（三者均系境外处方药，其中氯巴占系国内管制的第二类精神药品），加价后向国内病友销售，售药总金额超过50万元。2023年3月，中牟县人民法院作出一审判决，以胡某某犯非法经营罪，判处免予刑事处罚。

的从境外购买、销售此类未经批准进口的被管制麻精药品的行为能否认定为毒品犯罪或者其他犯罪。以下从不同层面进行分析。

1. 首先可以肯定，此类行为不构成毒品犯罪

如前文所述，按照我国目前对麻精药品的管制体系，毒品必然是麻醉药品或者精神药品，但列入麻精药品品种目录的麻精药品未必是毒品，很多麻精药品具有临床药用价值，无论是否通过合法渠道流通，它们作为药品被用于治疗疾病时不应认定为毒品，只有被吸毒人员滥用的，才属于毒品。《禁毒法》第 2 条第 2 款规定："根据医疗、教学、科研的需要，依法可以生产、经营、使用、储存、运输麻醉药品和精神药品。"言下之意，依法正当使用的麻精药品不是毒品。正是考虑到很多麻精药品具有双重属性，为防止把用于医疗的药品不当认定为毒品，最高人民法院在《2015 年毒品纪要》中曾规定："行为人出于医疗目的，违反有关药品管理的国家规定，非法贩卖上述麻醉药品或者精神药品，扰乱市场秩序，情节严重的，以非法经营罪定罪处罚。"该规定虽然主要针对非法倒卖国内生产的麻精药品的情形，但其精神就是表明这种情形下贩卖的麻精药品（包括私自进口的）不属于毒品，至少不应以毒品犯罪论处。《2023 年毒品纪要》重申了上述不以毒品犯罪论处的规定："确有证据证明出于治疗疾病等相关目的，违反有关药品管理的国家规定，未经许可经营国家规定管制的、具有医疗等合法用途的麻醉药品、精神药品的，不以毒品犯罪论处；情节严重，构成其他犯罪的，依法处理。"在"氯巴占案"中，氯巴占是我国管制的第二类精神药品，但涉案人员是为治疗癫痫病而从境外购买该药，或者是将该药销售给患者用于治病，没有证据证明所购买的氯巴占流入非法渠道被吸毒人员滥用，故不能把涉案氯巴占认定为毒品，对托购者（如李某某）和代购者（如胡某某）的行为都不能认定为毒品犯罪。[①]

---

① 据悉，在"氯巴占"案发生之前，国内没有生产、进口该药品，也未听说国内有吸毒人员滥用氯巴占，2016 年《毒品犯罪解释》和其他司法文件都没有规定氯巴占的定罪量刑数量标准，国家禁毒办 2017 年印发的《100 种麻醉药品和精神药品管制品种依赖性折算表》规定，1 克氯巴占相当于 0.1 毫克海洛因，说明其人体危害性极低。另外，"氯巴占案"发生后，2022 年 6 月国家主管部门已批准进口氯巴占，并有国内制药企业获准生产氯巴占，2022 年 10 月国产氯巴占上市。

2. 此类行为如发生在《刑法修正案（十一）》施行前，可能构成销售假药罪、非法经营罪等其他犯罪

在2019年修订《药品管理法》之前，《刑法》没有设立妨害药品管理罪，并保留按照假药、劣药论处的规定。一方面，当时对必须批准而未经批准生产、进口的药品以假药论处，而进口麻精药品必须经过批准，故对出于医疗目的私自从境外购买麻精药品后进行销售的行为，即使该麻精药品是境外正规生产并上市的，也基本按照销售假药罪定罪处罚。2011年施行的《刑法修正案（八）》曾修改生产、销售假药罪的构成要件，删去了作为入罪条件的“足以严重危害人体健康”，使该罪由具体危险犯变为抽象危险犯，从而扩大了该罪的犯罪圈。尽管销售此类麻精药品的行为可能同时构成非法经营罪，但根据最高人民法院、最高人民检察院2014年制定的《关于办理危害药品安全刑事案件适用法律若干问题的解释》（法释〔2014〕14号，以下简称《危害药品安全解释》）对销售假药罪“其他严重情节”和“其他特别严重情节”的界定，不太可能出现认定为非法经营罪导致处罚更重的情况，故对此类行为通常按照销售假药罪定罪处罚。

另一方面，国内正规企业生产的麻精药品不属于假药、劣药，对没有资质非法销售此类药品的不能按照销售假药、劣药犯罪处理，对没有证据证明流入非法渠道被吸毒人员滥用的也不能按照毒品犯罪处理，在符合非法经营罪构成条件的情况下可以按照该罪定罪处罚。2014年《危害药品安全解释》第7条第1款规定，违反国家药品管理法律法规，未取得药品经营许可证或者使用伪造、变造的药品经营许可证，非法经营药品，情节严重的，依照《刑法》第225条的规定以非法经营罪定罪处罚。在此背景下，《2015年毒品纪要》才作出规定，出于医疗目的非法贩卖麻精药品，扰乱市场秩序情节严重的，以非法经营罪定罪处罚。

进一步看，出于医疗目的私自从境外购买麻精药品并在国内销售的行为如发生在2019年《药品管理法》修订之后、2021年《刑法修正案（十一）》施行之前，很可能被认定为非法经营罪。因为在此阶段《药品管理法》已调整对假药的认定思路，改为按照药品的功效区分真药和假药，不再把未经批准进口的药品视为假药。尽管此时2017年《刑法》第141条第2款（“本条

所称假药，是指依照《中华人民共和国药品管理法》的规定属于假药和按假药处理的药品、非药品”）仍未删除，但已经被“釜底抽薪”，不能再适用，故对出于医疗目的私自从境外购买麻精药品后在国内销售的行为不能再认定为销售假药罪，符合非法经营罪构成条件的，以非法经营罪定罪处罚。[①] 同时，不排除有的案件不构成非法经营罪而构成走私普通货物、物品罪，如在海关监管现场就被全部查获，尚未开始在国内销售的。不过，根据2014年《危害药品安全解释》第11条第2款的规定（“销售少量根据民间传统配方私自加工的药品，或者销售少量未经批准进口的国外、境外药品，没有造成他人伤害后果或者延误诊治，情节显著轻微危害不大的，不认为是犯罪。”），对于为亲友治病需要而从境外代购、销售少量此类药品的，即便在2019年修订《药品管理法》之前，也不应认定构成犯罪。

3. 在《刑法修正案（十一）》施行后，此类行为如不构成妨害药品管理罪，则也不宜认定为非法经营罪等其他犯罪

2019年《药品管理法》作了大幅度修订，其中一个亮点就是缩小了假药的认定范围，不再将未经批准生产、进口的药品和未经检验的药品界定为假药。[②] 为适应修订后的《药品管理法》，《刑法修正案（十一）》对药品犯罪的条文也作了较大修改，并增设了妨害药品管理罪，[③] 将以往按假药论处的部分情形及违反药品生产质量管理规范的行为单独规定为犯罪。但从《刑法》的规定和最高人民法院、最高人民检察院2022年制定的《药品刑事案件解释》看，明显存在严格控制妨害药品管理罪适用范围的意图。根据《刑法》第142条之一的规定，妨害药品管理罪属于具体危险犯，对未取得药品相关批准证明文件进口药品或者明知是上述药品而销售等妨害药品管理的行为，要“足以严重危害人体健康”的，才构成该罪。《药品刑事案件解释》第7条进

---

① 根据2014年《危害药品安全解释》第7条的规定，未取得药品经营许可证非法经营药品，非法经营数额在10万元以上或者违法所得数额在5万元以上的，达到非法经营罪的定罪标准。

② 该法第98条第2款规定，下列情形为假药：（1）药品所含成份与国家药品标准规定的成份不符；（2）以非药品冒充药品或者以他种药品冒充此种药品；（3）变质的药品；（4）药品所标明的适应症或者功能主治超出规定范围。

③ 《刑法修正案（十一）》对药品犯罪条文的修改有3个方面：删去了《刑法》中关于“假药”“劣药”界定的规定，增加了“提供”假药、劣药的行为方式，并增设了妨害药品管理罪。

一步规定，涉案药品在境外也未合法上市的，才可以认定为“足以严重危害人体健康”。言下之意，如果涉案药品在境外已合法上市，则不能认定为“足以严重危害人体健康”，不构成妨害药品管理罪。[①] 被管制的麻精药品也是药品,《刑法》和《药品刑事案件解释》的上述规定都没有将麻精药品排除在外。

那么，如果涉案麻精药品因“在境外已经合法上市”而不构成妨害药品管理罪，在经营数额、销售金额或者违法所得数额达到相关标准的情况下，能否以销售伪劣产品罪、走私犯罪或者非法经营罪等其他犯罪定罪处罚？目前对这个问题存在不小的争议。本书认为，单从刑法解释学的角度（非应然角度）看，对此问题宜作否定回答。具体而言：（1）《药品管理法》修订后，此类被管制的麻精药品不再属于拟制的假药、劣药，且因在境外已合法上市而不能认定为“足以严重危害人体健康”，故不能认定为伪劣产品，此类行为也就不构成销售伪劣产品罪。（2）对此类行为也不应认定为走私犯罪。《药品管理法》第 66 条规定：“进口、出口麻醉药品和国家规定范围内的精神药品，应当持有国务院药品监督管理部门颁发的进口准许证、出口准许证。”据此，麻精药品属于限制进出口的物品。《走私刑事案件解释》第 21 条规定，未经许可进出口国家限制进出口的货物、物品构成犯罪的，应当以走私国家禁止进出口的货物、物品罪等罪名定罪处罚；偷逃应缴税额，同时又构成走私普通货物、物品罪的，依照处罚较重的规定定罪处罚。可见，对未取得相关批准文件进口被管制麻精药品或者明知是上述药品而销售的行为，似乎构成走私禁止进出口的货物、物品罪等走私犯罪，但《刑法》第 142 条之一已经明确把此类私自进口被管制麻精药品的行为纳入妨害药品管理罪进行评价，且该罪相对于走私犯罪而言是轻罪，既然不构成轻罪，也就不应构成处罚更重的走私犯罪。（3）对此类行为也不宜认定为非法经营罪。从逻辑上讲，妨害药品管理罪和非法经营罪所保护的宏观法益相同，都是市场管理秩序，二者所保护的具体法益虽有一定差别（前者保护的是药品经营管理秩序，且立足点是“人体健康”），但基本是特殊罪名与普通罪名的关系，不构成前者自然

---

① 《药品刑事案件解释》第 7 条第 2 款规定：“对于涉案药品是否在境外合法上市，应当根据境外药品监督管理部门或者权利人的证明等证据，结合犯罪嫌疑人、被告人及其辩护人提供的证据材料综合审查，依法作出认定。”

不构成后者；并且，妨害药品管理秩序罪同非法经营罪相比是轻罪，既然不构成轻罪，也就不应构成性质更重的非法经营罪。[①]

或许有人会反对上述分析意见特别是不构成非法经营罪的意见。理由可能包括：（1）妨害药品管理罪与非法经营罪的构成要件不同，所保护的客体（法益）也不同，两个罪名"各管一摊""并行不悖"，才能使刑事法网更加严密。即使违规进口被管制麻精药品的行为不构成妨害药品管理罪，在符合相关条件的情况下也仍可以认定为非法经营罪。此理由可称为"并行论"。（2）被管制的麻精药品具有双重属性，是特种药品，也是限制买卖物品，一旦被吸毒人员滥用就属于毒品，其潜在危害大于普通药品（包括处方药），对私自从境外购买此类药品后在国内销售的行为如果不认定为犯罪，会形成不良政策导向，不利于打击毒品犯罪。但为严格适用标准，可以按照最高人民法院 2011 年发布的《关于准确理解和适用刑法中"国家规定"的有关问题的通知》（法发〔2011〕155 号）第 3 条的规定，作为法律适用问题，逐级向最高人民法院请示。[②]

本书认为，上述两项理由均值得商榷。第（1）项理由涉及对增设妨害药品管理罪立法目的的理解。《药品管理法》所列举的违反行政管理的行为很多，但立法机关从中只选择了 4 种涉及公众用药安全的情形作为构成妨害

---

① 很多学者在这个问题上持否定论的观点。例如，陈兴良教授指出，司法实践中有观点认为《刑法》第 142 条之一第 1 款所列举的前两项行为不具备"足以严重危害人体健康"的，可以转而认定为非法经营罪，"这是完全没有理论根据和法律根据的。而且，妨害药品管理罪的刑罚较轻，法定最高刑只有 7 年有期徒刑；非法经营罪的刑罚较重，法定最高刑是 15 年有期徒刑。对同一行为，不符合较轻之罪的构成要件却以较重之罪论处，这明显违反罪刑均衡原则。"参见陈兴良：《妨害药品管理罪：从依附到独立》，载《当代法学》2022 年第 1 期。张明楷教授也指出，未取得药品相关批准证明文件生产、进口药品或者明知是上述药品而销售的行为，如果不足以危害人体健康的，就不以犯罪论处，而不能认定为非法经营罪，否则，《刑法》第 142 条之一第 1 款第 2 项的规定就几乎没有适用余地，从而淹没了《刑法》增设本罪的旨趣。参见张明楷：《刑法学（下）》（第 6 版），法律出版社 2021 年版，第 952 页。

② 该第 3 条规定的原文是："各级人民法院审理非法经营犯罪案件，要依法严格把握刑法第二百二十五条第（四）项的适用范围。对被告人的行为是否属于刑法第二百二十五条第（四）项规定的'其他严重扰乱市场秩序的非法经营行为'，有关司法解释未作明确规定的，应当作为法律适用问题，逐级向最高人民法院请示。"

药品管理罪的基础行为，并规定只有当这4种行为“足以严重危害人体健康”时才追究刑事责任。这种具体危险犯的设置明显体现出立法机关意在防止妨害药品管理罪“打击面过宽”的目的。故增设妨害药品管理罪并不是在非法经营罪之外扩大刑事处罚范围，而是为了与《药品管理法》的修订思路保持一致，对非法经营罪在药品领域的适用范围进行限缩。如果不构成妨害药品管理罪的情形仍可认定为非法经营罪，则显然不符合立法目的。2014年《危害药品安全解释》（第7条）曾明确规定对未取得经营许可证经营药品等行为认定为非法经营罪，但2022年《药品刑事案件解释》却删去了该规定，表明司法解释也认为妨害药品管理罪与非法经营罪之间存在某种排斥关系，不是“并行不悖”。正如《药品刑事案件解释》的起草者所指出的：“在《刑法修正案（十一）》重构药品犯罪的背景之下，‘未取得药品相关批准证明文件生产、进口药品或者明知是上述药品而销售的’行为已被列为妨害药品管理罪的行为类型，对不符合假、劣药犯罪和妨害药品管理罪的无证经营药品行为再行适用非法经营罪，明显不符合当前的药品犯罪罪刑配置结构。”“如果允许所涉情形再行适用处罚更重的非法经营罪，不仅会造成罪刑失衡，也会导致通过刑法修正案增设妨害药品管理罪的立法目的落空，无法合理划定妨害药品管理罪的界限范围。”[①] 第（2）项理由是基于贯彻从严惩处毒品犯罪的刑事政策提出的处理意见，从这个角度考虑，本书并不反对对被管制麻精药品作特殊处理，甚至倾向赞成在相关行为不构成妨害药品管理罪的情况下仍可认定为非法经营罪。但刑事政策不能直接作为裁判依据，需要转换为具体法律适用规则，从刑法解释论上得到支持。妨害药品管理罪所规制的是包括麻精药品在内的所有药品，按照“并行论”的观点，相关行为如果不构成妨害药品管理罪仍可构成非法经营罪，则应当针对所有药品。仅以麻精药品属于行政管理上的特种药品为由作特殊处理，法律依据不足。并且，《药品管理法》提及的特殊药品种类很多（还包括医疗用毒性药品、放射性药品、药品类易制毒化学品），[②] 仅将麻精药品作为“特药”中的“特药”，理由并不充分。

---

① 喻海松：《〈刑法修正案（十一）〉后时代药品犯罪圈的重置》，载《法学》2023年第2期。

② 《药品管理法》第112条规定，国务院对麻醉药品、精神药品、医疗用毒性药品、放射性药品、药品类易制毒化学品等有其他特殊管理规定的，依照其规定。

如果将被管制麻精药品认定为《刑法》第225条第1项中的“限制买卖物品”，不仅这种性质界定存在很大疑问，而且也未能解决同妨害药品管理罪的关系问题。至于向最高人民法院请示，这只是内部工作程序问题，法律适用结论是否合理，最终仍需在解释论上得到足够支持。可见，按照“并行论”的观点对被管制的麻精药品作特殊处理，面临刑法解释论上的诸多难题。在这种情况下，如果从实践需要出发认为应当对麻精药品作特殊处理，需要诉诸立法论，理想方式是修改《刑法》第142条之一，明确作出这方面的特殊规定。

综上，在《刑法修正案（十一）》施行后的现行法律框架下，对出于医疗目的从境外购买、销售未经批准进口的被管制麻精药品的行为，如果不构成妨害药品管理罪，也不宜认定为非法经营罪等其他犯罪。对此类行为可以视情作出合理的行政处罚。[①] 如果认为对此类行为确有必要追究刑事责任，应当及时向立法机关提出建议，对《刑法》第142条之一进行修订，明确对被管制麻精药品的特殊处理规则。[②]

另值得注意的是，根据《药品刑事案件解释》的规定，如果私自从境外购买并在国内销售的麻精药品在境外没有合法上市的，对此类行为可以认定为妨害药品管理罪，符合非法经营罪的构成条件且处罚更重的，可以认定为非法经营罪。同时，为购买者提供帮助（如接收、保管、转寄）的行为可能构成共同犯罪。《药品刑事案件解释》第9条规定，明知他人实施危害药品安全犯罪，而提供资金、贷款、账号或者提供运输、储存、保管、邮寄、销售渠道等便利条件的，以共同犯罪论处。不过，对这些行为的处理也要结合《药品刑事案件解释》第18条的规定，如果购买者、帮助者是出于自救、互助目的实施此类行为，没有明显牟利，即使购买的涉案药品在境外没有合法上市，也不应认定为犯罪。《2023年毒品纪要》也提出：“实施带有自

---

① 即使是作出行政处罚，也涉及法理情相统一问题，即要遵循比例原则与合理性原则。《药品管理法》第124条第3款规定，未经批准进口少量境外已合法上市的药品，情节较轻的，可以依法减轻或者免予处罚。

② 但如何设计修订方案是一个较为复杂的立法技术问题，并且，国家对第二类精神药品的管制程度低于第一类精神药品和麻醉药品，这种区别是否要在修法时加以考虑，也值得研究。

救、互助性质的上述行为（指非法经营具有医疗用途的被管制麻精药品——引者注），一般可不作为犯罪处理；确须追究刑事责任的，应依法充分体现从宽。”

问 对违规邮寄、携带少量麻精药品出入境的，如何处理？[①] 014

答：这类案件在边境口岸时有发生，多为吸毒者从境外（如香港）购买在内地被管制的麻醉药品或者精神药品入境时被查获。对此类行为，实践中的通常做法是认定为走私毒品罪，有的案件能予以从宽处罚。主要理由是，走私毒品属于源头性犯罪，刑事政策上要求体现从严惩处；《刑法》对走私毒品罪没有设定入罪的数量条件，走私毒品“无论数量多少，都应当追究刑事责任，予以刑事处罚”；并且，即使走私少量毒品也侵犯了海关的监管秩序，故不能不作为犯罪处理。但值得注意的是，吸毒本身不是犯罪，为防止变相用刑罚打击吸毒行为，应当适度容许存在动态持有少量毒品的情形。《2008年毒品纪要》和《2015年毒品纪要》都规定，对吸毒者携带少量用于自吸的毒品在运输途中被查获的，不作为犯罪处理。《2023年毒品纪要》重申了该规定。吸毒者邮寄、携带少量毒品进出境，与在境内运输少量毒品的情形相比，虽然“额外”侵犯了海关的监管秩序，但本质上也是吸毒者动态持有少量毒品，是否不加区分地一律按照走私毒品罪定罪处罚，值得研究。此外，如果所携带的麻精药品不是没有药用价值的“纯毒品”，而是境外合法生产、上市的药品（如“止咳水”、曲马多），则还涉及该药品能否认定为毒品的问题。故对此类案件的处理存在进一步“优化”的余地。本书初步认为，宜大体区分为两种情形分别处理：

1. 行为人携带的麻醉药品或者精神药品有医疗用途的情形。《麻醉药品和精神药品管理条例》第44条规定，因治疗疾病需要，个人凭医疗机构出

① 该问题同上一个问题有所交叉，但侧重点不同。

具的医疗诊断书、本人身份证明，可以携带单张处方最大用量以内的麻醉药品和第一类精神药品；携带麻醉药品和第一类精神药品出入境的，由海关根据自用、合理的原则放行。[①]也就是说，行为人在有医疗诊断书的情况下可以携带少量自用的麻精药品出入境。结合《药品刑事案件解释》第 18 条的规定，如果行为人携带境外合法上市的有医疗用途的被管制麻醉药品或者精神药品在入境时被查获，有证据证明是用于治疗疾病的，则不构成犯罪。《2023 年毒品纪要》也明确提出："因治疗疾病需要，在自用、合理数量范围内携带、寄递国家规定管制的、具有医疗等合法用途的麻醉药品、精神药品进出境的，不构成犯罪。"也就是说，即使行为人不能出具有效凭证证明所携带的此类药品是用于医疗目的，但根据其他证据认为行为人高度可能是用于医疗目的的，也不能作为毒品犯罪处理。对这种情形，按照《海关法》第 82 条第 2 款处理即可，没收走私的药品，可以并处罚款。但是，如果行为人携带数量明显超过合理、自用数量的此类被管制麻精药品入境，不能证明是用于医疗目的，特别是曾因此类行为受过行政处罚的，可以认定为走私毒品罪。[②]

2. 携带的麻醉药品或者精神药品没有医疗用途的情形。没有医疗用途的麻精药品可以称为"纯毒品"，虽然《刑法》对走私毒品罪没有规定数量条件，但考虑吸毒本身不构成犯罪，为防止变相用刑罚打击吸毒行为，对此类案件追究刑事责任的，宜在毒品数量和其他情节上适当增加条件。例如，考虑非法持有毒品罪的入罪标准是甲基苯丙胺 10 克以上（不满 10 克则不追究刑事责任），可以规定，对吸毒人员初次携带少于 5 克甲基苯丙胺或者数量相当的其他毒品进出境被查获，经检验此人吸食的毒品种类与被查获毒品种类相同的，可以不追究刑事责任，但应当没收查获的毒品并给予行政处罚。这里涉及 3 个条件：（1）携带者是吸毒人员，且吸食的毒品与被查获的毒品种类相

① 《易制毒化学品管理条例》第 31 条也规定，进出境人员随身携带第一类中的药品类易制毒化学品药品制剂，应当以自用且数量合理为限，并接受海关监管。

② 例如，被告人余某某曾于 2015 年 7 月携带 34 瓶止咳水入境被海关处罚，2016 年 5 月再次携带 56 瓶止咳水入境，未向海关申报，被认定为走私毒品罪。参见晏山嵘：《走私犯罪判例释解与辩点分析》（第 2 版），中国法制出版社 2023 年版，第 439 页。

同。如果携带者不吸毒，或者吸食的毒品与被查获毒品种类不同（如携带者吸食冰毒，但查获的是氯胺酮或者海洛因），均应追究刑事责任。（2）行为人携带的毒品数量少于5克甲基苯丙胺或者数量相当的其他毒品。如果行为人携带的毒品达到甲基苯丙胺5克以上或者是数量相当的其他毒品，则应当追究刑事责任。5克甲基苯丙胺或者数量相当的其他毒品是非法持有毒品罪入罪标准的50%，以此作为数量分界线未必科学，但至少提供了一个相对明确并可以论证的数量界限，有利于实务操作，也有相关司法解释的规定作为参照。如2016年《毒品犯罪解释》第13条规定，依法从事生产、运输、管理、使用国家管制的麻精药品的人员，非法提供麻精药品达到《刑法》第347条第3款规定的“数量较大”标准最低值的50%，不满“数量较大”标准的，以非法提供麻醉药品、精神药品罪定罪处罚。即非法提供麻醉药品、精神药品罪的入罪数量标准是提供相当于甲基苯丙胺5克以上不满10克的麻精药品，未达到该数量标准的，除具有其他较重情节之外，不追究刑事责任。（3）行为人系初次携带少许毒品进出境被查获，如果不是初次，则应当追究刑事责任。这可以防止行为人利用其作为吸毒者的特殊身份进行“蚂蚁搬家”式地走私毒品。

可能有人认为上述做法是“网开一面”，有纵容吸毒人员走私毒品之嫌，其实不然。首先，不追究刑事责任不等于不给予行政处罚，查获的毒品将被没收，海关可以罚款，根据《治安管理处罚法》还可以拘留。《治安管理处罚法》第72条规定，非法持有少量毒品的，处10日以上15日以下拘留，可以并处2000元以下罚款；情节较轻的，处5日以下拘留或者500元以下罚款。可见，这种情形下行为人仍然“得不偿失”。其次，这种“网开一面”有严格的限制条件，限于初次携带少许毒品被查获，此类案件原本也不是刑事政策的惩处重点，不会影响对毒品犯罪的打击力度，而又有利于防止变相用刑罚打击吸毒行为。

综上，如果行为人携带的是用于自吸的较少量“纯毒品”，也存在政策上从宽处理甚至不追究刑事责任的余地。起草《2023年毒品纪要》的过程中，考虑到诸多因素，尚未对此问题作出明确规定。下一步起草相关指导文件时，可以再对该问题进行总结、研究，尽可能作出适当规定。[①]

问 在走私的货物、物品中查获夹藏的毒品的，如何定性？[②] 015

答：实践中走私毒品的情形多种多样，有“货主”自行走私的，也有指使、雇用他人走私的，有通关走私的，也有绕关走私的。毒品是违禁品，走私毒品是严重犯罪，故走私毒品经常采取在其他货物、物品中夹藏毒品的方式。如果“货主”采取夹藏方式自行走私毒品被查获，认定其犯走私毒品罪通常难度不大。但在指使、雇用他人走私毒品的场合，“货主”多不告知他人走私的货物、物品中藏有毒品。当行为人出于走私普通货物、物品的故意而实施走私行为时，从中查获夹藏的毒品应如何定性，实践中存在不小的争议。涉及主观明知的认定，也涉及对认识错误的处理问题。

对此，最高人民法院、最高人民检察检、海关总署2002年印发的《办理走私刑事案件适用法律若干问题的意见》(法〔2002〕139号，以下简称《走私刑事案件意见》)第6条规定：“走私犯罪嫌疑人主观上具有走私犯罪故意，但对其走私的具体对象不明确的，不影响走私犯罪构成，应当根据实际的走私对象定罪处罚。但是，确有证据证明行为人因受蒙骗而对走私对象发生认识错误的，可以从轻处罚。”对这一规定宜辩证看待，前一句既可以从概括故意角度进行解释，也可以用具体事实错误进行说明，[③]但后面的“但书”

---

① 例如，今后可以考虑在指导文件中作出规定：“走私毒品是源头性犯罪，应当体现从严惩处的政策精神。对其中走私大宗毒品或者具有毒品犯罪集团首要分子、武装掩护走私、暴力抗拒查缉等严重情节的，应当严格依法从严惩处。同时，对于走私少量毒品并具有法定、酌定从宽处罚情节的，特别是为自吸而邮寄、携带少量毒品入境的，可以从宽处理，包括依法适用缓刑、定罪免刑；对其中走私毒品数量极少，情节显著轻微危害不大的，可以不追究刑事责任。”

② 本部分的分析和提出的处理意见也适用于夹藏式走私制毒物品案件。

③ 具体的事实错误是指行为人认识的事实与实际发生的事实虽然不一致，但没有超出同一构成要件的范围，即行为人只是在某个构成要件的范围内发生了对事实的认识错误，因而也被称为同一构成要件内的错误。参见张明楷：《刑法学（上）》（第6版），法律出版社2021年版，第352页。具体的事实错误一般不影响故意的成立。

部分则有“客观归罪”之嫌，因为实践中确有行为人不明知所走私的对象中夹藏了特定物品的情况。为扭转该规定引发的质疑，最高人民法院2006年制定的《关于审理走私刑事案件具体应用法律若干问题的解释（二）》（法释〔2006〕9号，已废止）第5条规定，对在走私的普通货物、物品或者废物中藏匿《刑法》第151条、第152条、第347条、第350条规定的货物、物品，构成犯罪的，以实际走私的货物、物品定罪处罚；构成数罪的，实行数罪并罚。2014年制定的《走私刑事案件解释》第22条基本沿用该规定，仅作了个别文字改动，即在走私的货物、物品中藏匿《刑法》第151条、第152条、第347条、第350条规定的货物、物品，构成犯罪的，以实际走私的货物、物品定罪处罚；构成数罪的，实行数罪并罚。相对于《走私刑事案件意见》第6条而言，上述司法解释使用的“藏匿”一词“客观表明了走私犯罪分子的主观故意，在此种故意的支配下实施走私行为，并对实际造成的危害后果承担刑事责任，既符合主客观相一致原则，又不存在客观归罪的嫌疑”①。

根据2002年《走私刑事案件意见》和2014年《走私刑事案件解释》的上述规定，对于在走私的货物、物品中夹藏毒品的案件，可以区别如下情形处理：

1. 如果“货主”本人在走私物中藏匿毒品，而不是为他人走私物品，应当以实际走私的货物、物品定罪处罚；构成数罪的，实行数罪并罚。这种情形下，查获的货物、物品都是走私人的，其不可能不知道其中藏有毒品。但实践中这种情况下可能出现“幽灵抗辩”问题，即行为人提出查获的毒品是“他人”的。如果行为人无法提供“他人”的具体身份情况，辩解明显不成立的，可以认定行为人系毒品的“货主”；如果行为人提出的辩解有较高可信度，但因“他人”在境外而无法查证的，宜按照“事实存疑有利于被告人”的原则处理。

2. 行为人实施走私行为时，对他人委托走私的物品持概括故意或者放任心态，其虽不明知走私的物品具体为何，但为获得报酬而“不管不顾”，在

① 南英主编，裴显鼎、苗有水副主编，最高人民法院刑事审判第二庭编著：《〈最高人民法院、最高人民检察院关于办理走私刑事案件适用法律若干问题的解释〉理解与适用》，中国法制出版社2015年版，第320页。

此情形下查获了夹藏的毒品的，可以按实际走私对象（毒品）定罪处罚；构成数罪的，依法并罚。不过，在概括故意的情况下，确有证据证明行为人因受欺骗而对走私对象发生认识错误，以为走私的是性质不严重的毒品（如大麻），但实际走私的是性质更为严重的毒品（如海洛因）。这在理论上称为具体的事实认识错误，此种错误一般是同一犯罪构成之内的错误，但因行为对象的性质不同可能对量刑产生不同的影响，故这种情况下虽然可以按照实际查获的物品（毒品）定罪处罚，但应适当从轻处罚。

3. 如果行为人实施走私行为时，对他人委托走私的物品有明确认知，以为走私的是普通货物、物品（如冻品、废旧电脑等），而不同意走私武器、文物、毒品等性质严重的特定物品，也不知其中藏有毒品，则属于认识错误，不应完全按照实际查获的物品（如毒品）定罪，仍宜按照其主观故意的范围认定是否构成走私犯罪。这种认识错误下，行为人所认识的事实与现实所发生的事实分别属于不同的构成要件，理论上称为抽象的事实认识错误，影响犯罪故意的认定。[①] 行为人在走私普通货物、物品时受蒙骗一并走私了被他人藏匿的毒品，属于不同犯罪构成要件之间的认识错误，应当在主客观相一致的范围内定罪处罚。[②] 当然，在判断行为人是否明知方面要严格标准，根据走私约定的内容、藏匿毒品的种类、价值、归属、位置、所占体积、行为人有无额外收取报酬等各方面情况综合审查认定。如果综合全案证据，能够认定行为人知道为他人走私的物品中藏有毒品的，则对查获的毒品认定为走私毒品罪，所走私的其他货物、物品构成犯罪的，予以数罪并罚。

---

① 通常认为，不同构成要件之间的错误原则上阻却故意的成立或者仅成立故意犯罪未遂；即使构成要件不同，如果犯罪是同质的，则在重合的限度内成立轻罪的故意既遂犯。参见张明楷：《刑法学（上）》（第 6 版），法律出版社 2021 年版，第 364 页。

② 有的研究者提出，《走私刑事案件意见》第 6 条的规定适用于概括故意和具体的对象认识错误这两种情形，不适用于抽象的对象认识错误，这样解释既与认识错误的刑法基本理论相吻合，也没有完全忽视本条有关对象认识错误规定的字面含义。参见陈鹿林：《走私犯罪司法认定》，法律出版社 2023 年版，第 214 页。

问 走私毒品案件中如何认定行为人的主观明知？[①] 016

答：走私毒品是一种隐蔽性很强的犯罪，犯罪分子大多具有侥幸心理并有反侦查准备，一旦被海关查获即否认有走私故意，辩称为他人携带箱包等物品，不明知其中藏有毒品。在行为人不如实供述的情况下，往往难以取得其他直接证据来证明行为人的主观心态，从而给此类案件的处理带来难度。对毒品犯罪案件中主观明知的认定问题，近年来多部司法文件作了规定。2007年《毒品犯罪意见》列举了8种可以认定明知的情形,《2008年毒品纪要》在此基础上列举了10种可以认定明知的情形,[②]《2023年毒品纪要》则进一步完善了毒品案件中主观明知的认定规则，不仅明确了运用其他证据证明明知的情形，也重新梳理了主要靠推定认定明知的情形。

1. 关于运用其他证据证明明知的情形。《2023年毒品纪要》规定，被告人到案后否认明知是毒品的，应当综合运用在案证据加以证明，必要时可要求检察机关补充提供相关证据。综合被告人供述，相关证人证言，从涉毒场所、物品上提取的痕迹、生物检材，从被告人体内或者贴身隐秘处查获的毒品，从被告人体表、随身物品上提取的毒品残留物，以及调取的物流寄递单据、资金交易记录、通信记录、行程轨迹信息等证据，足以证明被告人明知是毒品的，可以依法认定。据此，被告人到案后否认明知是毒品，但在案其他证据足以证明其明知的，应当依法认定。此类案件中需要注意在审查起诉和审判阶段及时补充能够证明被告人明知是毒品的各类证据，防止侦查阶段因证据收集不全面而沦为主要依靠推定认定明知的案件。

2. 主要依靠推定认定明知的情形。《2023年毒品纪要》提出，被告人到案后否认明知是毒品，又缺乏其他证据证明其明知的，可以根据其实施毒品犯罪的方式、过程及毒品被查获时的情形，结合其年龄、文化程度、生活状

---

① 该问题同上一个问题存在关联，但分析的角度不同。

② 《2008年毒品纪要》与2007年《毒品犯罪意见》相比，前7项基本相同，增加了第8、9项。另外,《立案追诉标准（三）》对明知问题作了与《2008年毒品纪要》大致相同的规定。2002年《走私刑事案件意见》第5条也专门对走私案件中的明知认定问题作了规定。

况、职业背景、是否有毒品违法犯罪经历及与共同犯罪人之间的关系等情况，综合分析判断。具有下列情形之一，被告人不能作出合理解释的，可以认定其明知走私、贩卖、运输、非法持有的是毒品，但有证据证明其确实不知情或者确系被蒙骗的除外：（1）执法人员在口岸、机场、车站、港口、邮局、快递站点等场所检查时，要求申报为他人运输、携带、寄递的物品和其他毒品疑似物，并告知法律责任，但被告人未如实申报，在其运输、携带、寄递的物品中查获毒品的；（2）以伪报、藏匿、伪装等蒙蔽手段逃避海关、边防等检查，或者行程路线故意绕开检查站点，在其运输、携带、寄递的物品中查获毒品的；（3）在执法人员检查时有逃跑、藏匿、丢弃、试图销毁其携带的物品、弃车逃离或者其他逃避、抗拒检查行为，在其携带的物品或者遗弃的车辆中查获毒品的；（4）采用高度隐蔽方式运输、携带、交接物品，明显违背合法物品的惯常运输、携带、交接方式，从中查获毒品的；（5）以虚假的身份、地址或者物品名称办理托运、寄递手续，从托运、寄递的物品中查获毒品的；（6）采用隐匿真实身份、支付不等值报酬等不合理方式，指使、雇用他人运输、携带、寄递物品或者代为接收物流寄递的物品，从中查获毒品的；（7）为获取不同寻常的高额、不等值报酬，为他人运输、携带、寄递物品或者接收物流寄递的物品，从中查获毒品的；（8）其他可以认定被告人明知的情形。

上述 8 种情形是对《2008 年毒品纪要》列举的 10 种情形重新梳理而来。对这些情形认定明知，通常认为采取的是推定方法。所谓推定，是指依照法律或某种法则，基于某一确定事实而推知和确定另一不明事实的存在。推定按其形式可分为法律推定和事实推定。法律推定是指依照法律规定，当确认某一事实存在时，据以认定另一事实存在。① 事实推定是指司法人员基于经验法则和逻辑规则，由某一事实的存在而推定出其他事实。其中，基础事实的成立是认定推定事实成立的前提，而推定事实是司法人员运用推定规则所作的认定，不是直接用证据证明的结果。因此，推定一定程度降低了控方的

① 法律推定以法律有明文规定为前提，可以说是通过法律的明确规定而被类型化的事实推定。最典型的法律推定是《刑法》关于巨额财产来源不明罪的规定。

证明责任，并将部分证明责任转移给被告人。合理运用推定对于认定案件事实特别是认定行为人的主观心态、及时打击犯罪有重要现实意义。实践中有不少走私毒品犯罪案件采取了推定方式认定被告人“明知”是毒品而走私。

例如，巴某姆、木某某扎走私毒品案。2008年二被告人采取在公文箱夹层内隐藏毒品的方式，分别携带甲基苯丙胺740克、746克，拟乘坐航班由北京飞往阿拉伯的迪拜，未向海关申报任何物品。巴某姆在出境时被查获，后海关关员又将等候登机的木某某扎查获。二人到案后均否认明知自己携带的公文箱夹层内藏有毒品。经审理，法院认定二人主观上明知是毒品而走私，均判处15年有期徒刑（附加刑略）。认定二人明知是毒品而走私的主要理由包括：（1）二人采取高度隐蔽的方式携带毒品。二人所携带的公文箱的夹层很隐蔽，必须经过专业检测扫描仪器，在有经验的查验人员的检查下才能查出，一般开箱检查或清晰度不高的黑白扫描检测仪器难以发现。（2）二人未如实交代手提公文箱的来源，未如实供述将公文箱交给他们的黑衣男子的情况，所称来中国办假护照或者旅游的辩解与二人在伊朗从事的工作（分别是地毯市场帮工和卖瓜子的小商贩）不符，二人也无力支付此次行程的高额费用。此外，二人的供述避重就轻、编造谎言，多处情节相互矛盾。[①]

又如，圣某走私毒品案。被告人圣某与他人合谋，由他人以联系业务为名与江苏省张家港的张某取得联系，并以邮寄样品为名，将毒品藏在样品中走私入境。2013年1月16日，藏有可卡因的包裹（可卡因藏在包裹内的菜谱中）从巴西邮寄给张某。同年2月7日，苏州海关查获该包裹，并发现菜谱中所藏可卡因318克。后圣某与张某联系，让张某将该菜谱寄往广州。张某根据民警的指示将毒品替代物邮寄至广州。同月22日，圣某在广州签收邮件后被当场抓获。另查明，2013年1月6日至2月22日，圣某收取相同地址、相同收件人的快件共计7次。本案是一起采取邮寄方式将毒品走私入境，并利用不知情的第三人（张某）将毒品从入境地苏州转寄到广州的案件。被告人圣某到案后辩称不明知包裹内藏有毒品，是“阿酷”让其代收包裹，其没

---

① 参见中华人民共和国最高人民法院刑事审判第一、二、三、四、五庭主办：《刑事审判参考》（总第96集），法律出版社2014年版，第105-110页。本案一审宣判后，二被告人未提出上诉，也印证二人的主观故意。

有参与走私毒品。本案没有直接证据证明圣某明知包裹内藏有毒品，审理过程中主要根据圣某实施的一系列反常行为（包括：圣某在邮包尚未从巴西邮寄之前即已掌握收件人张某的信息，在该邮包进入我国后即与张某联系，并多次催促张某尽快转寄菜谱，在张某提出要其支付远高出正常邮费的汇款后当即应允，在张某转寄后第二天即多次跟踪查询），并分析确认其辩解不真实，最终认定其伙同他人共同故意走私毒品。[①]

在走私毒品案件中认定行为人的主观明知时，还有如下问题值得注意：

1. 2007 年《毒品犯罪意见》在解释"明知"时所说的"应当知道"，[②] 是指行为人实际上知道，并非指其本应当知道而不知道。"应当"不是司法机关对行为人提出的责令性或义务性要求，而是根据行为人的表现认为他实际上知道，只是因其不肯供认，故而认定其"应当知道"。"应当知道"的含义相当于"肯定知道"，是司法人员针对行为人否认明知情形，结合在案证据作出的推定式和肯定性判断。如果行为人实际上不知道，即使其在注意义务上本"应当"知道，也不能认定为明知，进而不符合以明知为构成条件的犯罪，包括走私毒品罪。[③]

2. 要认真审查行为人辩解的合理性。推定虽然是一种允许的事实认定方法，但推定毕竟不同于用证据证明，基础事实与推定事实之间是高度盖然的关系，其结论不具有唯一性，并非确定无疑。如果行为人提出的反证成立，则推定事实不成立。但有的行为人受制于文化程度、表达能力等多种因素，即使其主观上确实不明知，也可能难以自圆其说，不能提出有效辩解，故对

---

① 参见中华人民共和国最高人民法院刑事审判第一、二、三、四、五庭主办：《刑事审判参考》（总第 110 集），法律出版社 2018 年版，第 1–9 页。本案符合推定明知的一些情形，如采取高度隐蔽的方式邮寄毒品，以虚假身份接收毒品，但本案在事实认定上作了大量分析论证，不是单纯的推定方式，可以说是运用间接证据证明案件事实。

② 2007 年《毒品犯罪意见》的表述是：走私、贩卖、运输、非法持有毒品主观故意中的"明知"，是指行为人知道或者应当知道所实施的行为是走私、贩卖、运输、非法持有毒品行为。具有下列情形之一，并且犯罪嫌疑人、被告人不能做出合理解释的，可以认定其"应当知道"，但有证据证明确属被蒙骗的除外：……

③ "应当知道"这种表述方式在司法解释和指导文件中很常见，但确实可能引起误解，以为是行为人本应当知道而实际上不知道。可以参考 2009 年制定的洗钱犯罪司法解释的做法，尽量不使用"应当知道"这种表述。

主要依靠推定认定明知的案件处理上要十分慎重。《2023年毒品纪要》也提出："运用此方法认定明知的，应当认真审查被告人的辩解是否有事实依据、对异常行为的解释是否合理、是否存在被蒙骗的可能等，防止认定错误，在决定对被告人是否适用死刑时更要特别慎重。"大体上，"行为人严重背离生活经验常理的反常情形越多，越有利于判断其主观故意，反之则可能需要比较谨慎的论证"①。司法实务工作中要特别注意克服有罪推定的思维，设身处地分析行为人提出的辩解是否合理，尤其要避免以司法人员个人经验和认知代替常规认知，进而轻易否定行为人辩解的合理性。②对于综合全案证据情况，行为人很可能受到蒙骗、确实可能不明知所携带的物品里藏有毒品的，要按照"疑罪从无"原则处理。③鉴于推定方式所具有的缺陷，办理走私毒品案件要尽可能多地收集和固定物证、书证、证人证言、电子数据等其他证据，尽可能减少主要以推定方式来认定行为人主观明知的情形，避免不当定罪。④

3. 注意概括故意的认定。明知有程度之分，有的行为人确切知道走私的毒品的种类和数量，而有的行为人对走私的毒品仅具有概括性认识，知道所携带的物品很可能是被管制的违禁药品或者异常药品，但不知道具体种类和数量，这种情况通常可以认定其明知是毒品而走私，处理上可以酌予从宽。例如，在傅某光走私毒品案中，其辩称携带的美沙酮片剂（383.5克、2540

---

① 陈鹿林:《走私犯罪司法认定》，法律出版社2023年版，第229页。

② 判断被告人的辩解是否合理，其实是对司法人员自身的生活经验、认知水平提出了要求。对于司法工作而言，丰富的生活阅历和朴素的同情心有时比深厚的专业功底更为重要，更有利于作出"法、理、情"相统一的判决。

③ 例如，童某连走私MDMA片剂（俗称"摇头丸"）案中，2019年2~3月间被告人受他人之托从荷兰携带行李前往泰国，为省钱而绕道途经广州白云机场，拟转机前往泰国，过海关时走无申报通道，海关人员从其携带的两件托运行李中查获8千克余"摇头丸"。公诉机关指控其犯走私毒品罪，但法院经审理认为，在案证明其明知是毒品而走私的证据不足，遂作出无罪判决。参见晏山嵘:《走私犯罪判例释解与辩点分析》（第2版），中国法制出版社2023年版，第423–430页。

④ 这里确实存在两难情况。在走私毒品案件中，主要证据是查获的毒品和行为人供述，其他证据往往不多。如果不采取推定方式认定明知，则相当一部分案件无法定罪，对打击此类毒品犯罪很不利。如果主要采取推定方式认定明知，不排除有的被告人确实不明知，但因"百口莫辩"而被定罪判刑。

片）是“戒毒药”，不知是毒品。法院以其是心智正常、阅历丰富的中年人，有偿为他人携带该“戒毒药”且走无申报通道入境为由，认定其明知是毒品而走私。[①] 从案情介绍看，在案证据似难以认定被告人确切知道美沙酮是毒品，但至少可以认定其知道属于违禁药品或者异常药品，在这种情况下认定其明知是毒品并无明显不当。不过，即使认定行为人出于概括故意走私毒品，也需要根据其实施犯罪时的行为方式、毒品被查获的情境、是否收取报酬，并结合其年龄、文化程度、阅历等情况进行综合判断，而不能简单处理。有的行为人虽然知道为他人携带的药品“不太正常”，但确有可能不知道是被管制的药品，更不知道是毒品，这时不能简单认定为概括故意。因为毒品对很多人来说是罕见之物，遇到此类物品时也难以直接形成认知反应，对于有证据表明行为人如果知道是毒品则拒绝为他人走私的，不应以其出于概括故意为由认定其明知是毒品。

问 如何区分走私毒品罪与运输毒品罪？ 017

答：从犯罪客体看，走私毒品罪与运输毒品罪都侵犯了国家对毒品的管制秩序，但走私毒品罪还侵犯了海关的监管秩序，故二者的区别较为明显。不过，走私毒品也是动态的，不论是通关走私还是绕关走私，都必然使走私的毒品发生空间上的移动，故走私毒品很可能与运输毒品行为存在重叠之处。通常，对于在海关监管现场查获的走私毒品行为，只认定为走私毒品罪一罪即可，不另行评价运输行为。但是，对于既有走私毒品行为又有长距离运输毒品行为的，不论是将毒品走私入境后长距离运输，还是出境前长距离运输毒品的，都应当同时评价运输行为，认定为走私、运输毒品罪，而不能仅定走私毒品罪。例如，在最高人民法院2020年发布的“6・26”禁毒宣传

① 参见中华人民共和国最高人民法院刑事审判第一、二、三、四、五庭主办：《中国刑事审判指导案例》（第5卷）（增订第3版），法律出版社2017年版，第456–459页。美沙酮可作为戒毒药用于海洛因替代治疗，但被滥用时应认定为毒品。

典型案例中，被告人祝某受人雇用前往缅甸将毒品携带至我国境内并进行运输，被认定为走私、运输毒品罪，判处无期徒刑。[①]

实践中，有的毒品在境内运输途中被查获，行为人供述毒品是其从境外走私而来或者在边境向走私人购买所得，但缺少其他证据印证，难以认定其犯走私毒品罪，这种情况下可以仅认定为运输毒品罪，但可以酌予从重处罚。此种处理方式也适用于实为走私、贩卖毒品但因证据问题只能认定为贩卖毒品的案件。

问 如何区分走私毒品罪与走私制毒物品罪？ 018

答：二者的区别主要在于走私的物品性质不同。走私毒品罪的对象是毒品，而走私制毒物品罪的对象是制毒物品，整体上走私毒品罪是比走私制毒物品罪更严重的犯罪。制毒物品也称易制毒化学品，是指醋酸酐、乙醚、三氯甲烷或者其他用于制造毒品的原料、配剂。我国对制毒物品实行目录管理，主要见于《易制毒化学品管理条例》附表和后续专门发布的管制文件。如公安部等相关部门2008年发布公告将羟亚胺列入第一类易制毒化学品进行管理，2012发布公告将邻氯苯基环戊酮（通常简称邻酮）列入第一类易制毒化学品进行管理，2021年发布公告将苯乙腈和 γ－丁内酯列入第三类易制毒化学品进行管理，等等。易制毒化学品分为3类，第一类是可以用于制造毒品的主要原料，如麻黄素、邻酮、羟亚胺等。第二类、第三类是可以用于制造毒品的化学配剂。其中，第二类易制毒化学品包括醋酸酐、三氯甲烷、乙醚、溴素等，第三类易制毒化学品包括甲苯、高锰酸钾、硫酸、盐酸、γ－丁内酯等。

此外，构成走私毒品罪没有毒品数量要求，走私毒品无论数量多少，一般都应当追究刑事责任。而2015年施行的《刑法修正案（九）》对制毒物

① 对该案例的详细介绍，可参见本书“运输毒品罪”一章。

品犯罪的条文作了较大修改，构成走私制毒物品罪要求“情节较重”[①]。根据2016年《毒品犯罪解释》第7条的规定，“情节较重”通常是要求走私的制毒物品达到一定数量，如走私麻黄碱1千克以上不满5千克，走私羟亚胺2千克以上不满10千克，走私邻酮4千克以上不满20千克，走私醋酸酐10千克以上不满50千克，走私高锰酸钾、硫酸、盐酸100千克以上不满500千克。同时，走私制毒物品达到司法解释规定的数量标准最低值的50%，且具有其他特定情形之一的，也应当认定为“情节较重”。例如，曾因制毒物品犯罪受过刑事处罚的，两年内曾因非法生产、买卖、运输制毒物品、走私制毒物品受过行政处罚的，利用、教唆未成年人非法生产、买卖、运输制毒物品、走私制毒物品的，此类行为严重影响群众正常生产、生活秩序的，等等。

对同时走私毒品和制毒物品的，如果走私制毒物品行为单独构成犯罪，则应当数罪并罚，而不能以走私毒品罪吸收走私制毒物品罪。

问 如何区分走私毒品罪与其他走私犯罪？[②] 019

答：走私毒品罪与《刑法》第151~153条规定的其他走私犯罪，都是逃避海关监管、侵犯海关监管秩序的犯罪。主要区别在于走私的物品种类和性质不同。走私毒品罪的犯罪对象是毒品，即鸦片、海洛因、甲基苯丙胺（冰毒）、吗啡、大麻、可卡因及国家规定管制的其他能够使人形成瘾癖的麻精药品，而其他走私罪的犯罪对象则是除毒品以外的国家禁止进出口、限制进出口或者需要缴纳关税的货物、物品，如武器、弹药、核材料、伪造的货币、文物、黄金、白银、珍贵动物及其制品、珍稀植物及其制品、淫秽物品

① 在2015年《刑法修正案（九）》实施以前，《刑法》对走私制毒物品罪没有规定数量条件，2000年《毒品案件解释》规定了入罪的数量条件。《刑法修正案（九）》修改了《刑法》第350条，增加了罪名，提高了法定刑，并把“情节较重”作为入罪条件，把“情节严重”“情节特别严重”作为升格法定刑的条件。

② 这里所说的“其他走私犯罪”指的是《刑法》分则第三章第二节所规定的走私罪，不包括走私制毒物品犯罪。

以及其他普通货物、物品。

这里有3点值得注意:(1)行为人走私毒品,同时又走私其他物品构成犯罪的,应当数罪并罚。《2008年毒品纪要》也曾规定:“走私毒品,又走私其他物品构成犯罪的,以走私毒品罪和其所犯的其他走私罪分别定罪,依法数罪并罚。”(2)对走私过程中进行武装掩护和采取暴力方法抗拒查缉的,《刑法》区分毒品和其他物品规定了不同的法律后果。根据《刑法》第347条第2款的规定,走私毒品过程中进行武装掩护,或者以暴力抗拒检查、拘留、逮捕情节严重的,不实行数罪并罚,而是升格法定刑,判处15年有期徒刑、无期徒刑或者死刑,并处没收财产。[①]但根据《刑法》第157条第2款的规定,走私毒品之外的其他货物、物品过程中以暴力、威胁方法抗拒缉私的,以走私罪和其他相关犯罪实行数罪并罚。其他相关犯罪以往是指妨害公务罪,但在《刑法修正案(十一)》施行后则多为袭警罪,也可能是妨害公务罪。[②](3)根据《刑法》第155条的规定,直接向走私人非法收购走私进境的毒品,或者在内海、领海、界河、界湖运输、收购、贩卖毒品的,也属于走私毒品的行为。例如,在最高人民法院2023年发布的“6·26”禁毒宣传典型案例中,被告人张某森明知向被告人韩某华(走私人)所购买的精神药品系从境外发货,仍提供境内收货地址,共计向韩某华购买溴替唑仑20片、咪达唑仑针剂15支,其行为被认定为走私毒品罪。

---

① 2016年《毒品犯罪解释》第3条规定,在实施走私、贩卖、运输、制造毒品犯罪的过程中,携带枪支、弹药或者爆炸物用于掩护的,应当认定为《刑法》第347条第2款第3项规定的“武装掩护……”;在实施走私、贩卖、运输、制造毒品犯罪的过程中,以暴力抗拒检查、拘留、逮捕,造成执法人员死亡、重伤、多人轻伤或者具有其他严重情节的,应当认定为《刑法》第347第2款第4项规定的“……情节严重”。

② 2021年施行的《刑法修正案(十一)》增设了袭警罪,海关缉私人员属于警察序列,故采取暴力方法抗拒缉私的应以走私罪和袭警罪并罚;对采取威胁方法抗拒缉私的,仍以走私罪和妨害公务罪并罚。值得研究的是,对走私毒品和其他货物、物品过程中采取暴力方法抗拒查缉达到“情节严重”程度的,在对走私毒品罪升格法定刑的同时,是否另定袭警罪,与其他走私罪并罚?本书初步持否定意见,因为暴力抗拒缉私只是一个行为,按照走私毒品罪升格法定刑已十分严厉,能够充分评价,再另定袭警罪则属对同一行为作重复评价。

第三章

贩卖毒品罪

「本章导读」

贩卖毒品罪是最常见的毒品犯罪类型，涉及的具体问题很多，因本书内容安排之需，有的问题（如代购毒品、贩卖毒品罪的既未遂标准等）放入其他章节中进行介绍。本章解答的多是与贩卖毒品罪相关的行为性质认定问题，包括：贩卖毒品罪中“贩卖”的含义，贩卖麻精药品、含麻精药品复方制剂行为的定性，贩卖假毒品、将罂粟壳掺入食品中进行销售的如何处理，用毒品交换财物、用毒品作为质押物借钱、以对方提供性服务为条件免费提供吸食的毒品、用制毒物品换取毒品、互易毒品、把一种毒品当作另一种毒品贩卖、贩卖毒品过程中赠送少量毒品、购买毒品后“退货”等行为如何定性，从贩毒人员的住所、车辆等处查获毒品的如何定性，贩卖少量毒品“情节严重”的认定标准。

问 如何理解贩卖毒品罪中“贩卖”的含义？ 020

答：司法实务中通常认为，这里的“贩卖”包括对外销售毒品和出于销售目的购买毒品，并把出于销售目的而买到毒品的情形认定为犯罪既遂，以体现从严惩处毒品犯罪的刑事政策。这一做法最初源于最高人民法院1994年制定的《关于禁毒决定的解释》，该司法解释首次将贩卖毒品界定为“明知是毒品而非法销售或者以贩卖为目的而非法收买毒品的行为”。此后多部司法文件（如《立案追诉标准（三）》）都延续了这一界定，实务工作中对此也广为适用。

但不少研究者认为，这里的“贩卖”是指卖出，仅买到毒品而没有卖出的不能认定为犯罪既遂，可以认定为犯罪未遂或者预备。从严格分析语义的角度，这种观点确实有道理。“贩卖”就是买进再卖出，通过赚取差价实现牟利，语义的重点在于“卖”而不是“贩”。《刑法》中的一些规定对此有印证作用。《刑法》关于“卖”使用了多种词语，如贩卖、买卖、卖出、拍卖、倒卖、出卖、拐卖等，除“买卖”之外，其他词语含义的重点都是“卖”。有4个罪名的法条使用了“贩卖”一词，包括贩卖毒品罪、走私犯罪（第155条）、拐卖妇女、儿童罪和贩卖淫秽物品罪。其中，走私犯罪和拐卖妇女、儿童罪的条文中将“收买”和“贩卖”并列使用，似乎更能说明“贩卖”不包括“收买”[①]。但是，同一个词语在不同条文中的含义未必完全相同，有的需要作扩张解释，有的需要作限缩解释。就贩卖毒品罪而言，《刑法》条文中不便同时使用“收买”（或“购买”）和“贩卖”两个词语。主要理由是，吸毒行为在我国不构成犯罪，而吸毒人员要获得毒品通常需要购买，条文中一旦写入“购买”，就等于把吸毒行为予以犯罪化，而如果对“购买”附加限制

---

① 《刑法》第155条规定，下列行为，以走私罪论处，依照本节的有关规定处罚：……（2）在内海、领海、界河、界湖运输、收购、贩卖国家禁止进出口物品的，或者运输、收购、贩卖国家限制进出口货物、物品，数额较大，没有合法证明的。第240条第2款规定，拐卖妇女、儿童是指以出卖为目的，有拐骗、绑架、收买、贩卖、接送、中转妇女、儿童的行为之一的。

条件，则又会导致条文表述偏于烦琐，减损立法文字的简短价值。① 正是考虑到这一点，司法实践中才把为出售而购买毒品的行为认定为贩卖毒品罪，对吸毒人员购买少量毒品的情形不认定为犯罪，这就防止了变相用刑罚打击吸毒行为。

贩卖毒品通常是为了牟利，但未必都能实际获利。只要是有偿转让毒品，即使没有实际获利，也应认定为贩卖毒品罪。对于单纯的赠予毒品，不能认定为贩卖毒品罪，这实际上是一种无偿提供毒品的行为，但我国刑法没有规定普通的非法提供毒品罪（非法提供麻醉药品、精神药品罪有特定主体范围），故对此类行为不能直接定罪处罚。② 值得注意的是，实践中存在一些不典型的牟利行为，如代购收费、蹭吸、把毒品当作嫖资、质押毒品借款等，是否认定为牟利，要根据具体情形进行认定。例如，《2023 年毒品纪要》提出，代购者收取、私自截留部分购毒款、毒品，或者通过在交通、食宿等开销外收取“介绍费”“劳务费”等方式从中牟利的，属于变相加价，应以贩卖毒品罪定罪处罚。也就是说，代购者收取少量必要的开支，没有变相牟利的，不能认定为贩卖毒品罪，也不能简单以其行为客观上为卖家提供了帮助，就转而认定是卖家的共犯。但如果代购的毒品数量达到非法持有毒品罪的定罪标准，至少可以认定为非法持有毒品罪，如果在运输毒品途中被查获，则可以认定为运输毒品罪，如果构成其他更为严重的犯罪，也应当依法认定。

---

① 但有学者认为，刑事立法是个极为精细的活动，在走私、贩卖、运输、制造毒品罪一节中立法者有意识地区分“贩卖”与“买卖”，在法定刑远轻于贩卖毒品罪的非法买卖制毒物品罪及非法买卖毒品原植物种子、幼苗罪中使用“买卖”一词，未使用“贩卖”一词，而在第 347 条贩卖毒品罪中立法者使用“贩卖”一词，不使用“买卖”一词，这意味着立法者并不打算处罚单纯的买入毒品行为，因而“贩卖”不含买入的意思。参见李立众：《贩卖毒品罪中“买入毒品即既遂说”之反思》，载《华东政法大学学报》2020 年第 1 期。

② 有研究者认为可以对“贩卖”一词进行扩张解释，把无偿提供毒品的行为认定为贩卖毒品，从而弥补立法疏漏。本书不赞同这种观点。实践中存在一些具备有偿性但难以量化的提供毒品行为，如贩毒团伙的主犯不定期地给跑腿的马仔少量毒品用于吸食，卖淫团伙的主犯时常向卖淫人员提供毒品用于吸食等。这些情形并非完全无偿地提供毒品，但具有附条件赠与性质，难以认定为贩卖毒品。如果某种提供毒品行为明显具有支付报酬性质，如雇主将毒品作为运费支付给运毒人员的，可以认定为贩卖毒品。

问 贩卖被管制的麻醉药品或者精神药品的，是否都构成毒品犯罪？ 021

答：前文在介绍毒品的概念时已经提到，按照我国目前的毒品管制体系，毒品必然是被管制的麻醉药品或者精神药品，但被管制的麻精药品并不必然是毒品，很多麻精药品具有医疗或药用价值，它们被作为药品用于治疗疾病时不应认定为毒品。近年来，司法实践中出现了一些违规从境外购买已上市麻精药品或者违规销售国内企业生产的麻精药品案件，对此类行为如何定性存在一些争议。由于具有药用价值的麻精药品具有双重属性，无论是否通过合法渠道获取还是违规销售，只要是正规企业生产并被患者正常使用发挥医疗作用的，就属于药品；只有被吸毒人员吸食滥用的，才可认定为毒品。因此，并非所有非法贩卖被管制的麻精药品的行为都应当被认定为贩卖毒品罪，而应当具体情况具体分析。

正是考虑到不少被管制的麻精药品具有双重属性，为防止把用于医疗的药品不当认定为毒品，《2015 年毒品纪要》才作出规定："行为人出于医疗目的，违反有关药品管理的国家规定，非法贩卖上述麻醉药品或者精神药品，扰乱市场秩序，情节严重的，以非法经营罪定罪处罚。"《2023 年毒品纪要》也重申："确有证据证明出于治疗疾病等相关目的，违反有关药品管理的国家规定，未经许可经营国家规定管制的、具有医疗等合法用途的麻醉药品、精神药品的，不以毒品犯罪论处……"这些规定虽然主要针对的是非法出售国内生产的麻精药品的情形，但其精神就是表明这种情形下出售的麻精药品（包括私自进口的）不属于毒品，不应以毒品犯罪论处。行为人出于医疗目的向无资质的药品经营人员、私立医院、诊所、药店或者病人非法贩卖被管制的麻醉药品或者精神药品，违反的是《药品管理法》的相关规定，侵犯的是国家对药品的正常经营管理秩序，故而对此类行为不能按照毒品犯罪处理。

上述指导意见的意图很明确，但在司法适用中遇到的突出问题是，如何认定行为人是否"出于医疗目的"？首先可以肯定，认定某种麻精药品是否具有医疗用途，应当以案发时的情况为判断基准。通常是看国内医疗机构是否已经使用该药品治疗疾病，如果国内医疗机构尚未（或者不再）使用该药品但国外已经开始（或者仍然）在使用，且国内销售的对象确实是用于治疗疾病的，则可以认定该药品具有医疗用途。对于没有明确资料证明案发时涉案麻精药品具有医疗用途的，不能简单以其被规定在2013年版麻精药品品种目录中就推定其具有医疗用途。①2013年版麻精药品品种目录对被列管的品种并没有区分是否具有医疗用途，其中很多品种（如海洛因、甲基苯丙胺、甲卡西酮）是没有医疗用途的"纯毒品"，一旦出现，基本就是被滥用。故《2023年毒品纪要》明确规定："走私、贩卖、运输、制造国家规定管制的、没有医疗等合法用途的麻醉药品、精神药品的，一般以走私、贩卖、运输、制造毒品罪定罪处罚。"②

在确认涉案药品已经具有合法医疗用途的前提之下，可以进一步分析行为人违规出售该药品是否出于医疗目的。对此，不能单看销售麻精药品的数量，而要结合所出售药品的类型、临床应用程度、正常获取的难易程度、销售价格、药品流向、购买者的身份、行为人是否进行审核等多种因素。以下从3个方面作进一步分析。

1. 如果某种被管制的麻精药品本身具有医疗用途，但行为人销售的不是正规企业生产的麻精药品，而是"地下"非法制造的，一般可以认定为贩卖毒品罪。例如，氯胺酮属于被管制的精神药品，滥用程度很高，但实践中被滥用的氯胺酮基本都是地下非法制造的，很少有贩卖正规企业生产的氯胺酮的情况，故涉氯胺酮案件基本都是毒品犯罪案件。个别情况下，如果"地下"非法生产的麻精药品确实是作为药品流通（出售给药品从业人员或者个体诊

① 可能有人以2015年相关部门发布了非药用类麻精药品增补目录为由，反推列入2013年版麻精药品目录的品种都具有双重属性，这是一种严重误解。列入麻精药品目录的某一品种是否具有双重属性，需要提供确切证据来证明，不能因其规定在麻精药品目录中就推定具有双重属性。

② 但值得注意的是，某一被管制的麻精药品是否具有医疗用途，具有相对性和动态性。以往临床使用较多的药品可能随着医学进步被淘汰，而现阶段尚不具有临床用途的药品可能日后被发现具有很高医疗价值。从证明责任看，控方需要提供药品监督管理部门出具的资料或者其他证据证明涉案药品没有医疗用途，从而可以认定为毒品犯罪；如果辩方认为涉案药品属于正在研发的新药，被告人是出于医疗目的进行违规销售的，则需要提供专门证据予以证明。

所等医疗机构），而没有证据证明已流入非法渠道被吸毒人员滥用的，也可以定性为药品类犯罪，如果同时触犯多个相关罪名，则按照处罚较重的规定定罪处罚。[①]

2. 如果行为人违规销售的是合法生产（包括境外合法生产）的麻精药品（如美沙酮、吗啡、杜冷丁、地芬诺酯、曲马多、芬太尼等），有证据证明是出售给药品经营者或者医疗机构（包括个体诊所、民营医院等）的，则不能按照毒品犯罪处理。[②]有的情况下，同一个行为人可能将部分药品明确出售给医疗机构，将部分药品出售给吸毒或者贩毒人员，则应当对其行为分别评价，不能全部“打包”认定为贩卖毒品罪。有的案件中药品交易链条很长、交易环节多，上下游行为人的主观故意和行为性质很可能不同，有的是基于倒卖药品的故意，有的是出于贩卖毒品的故意，对此不能“一刀切”地进行司法定性，而应当区别对待。

3. 如果行为人违规销售的是正规企业生产的麻精药品，但有明确证据证明通过该环节的销售，药品已流入非法渠道被吸毒人员滥用，则应当认定为贩卖毒品罪。如果所销售的药品去向不明，没有证据证明流入非法渠道被滥用，考虑到这些药品具有双重属性，根据“事实存疑有利于被告人”的司法认定原则，一般不宜简单以去向不明就认定此类行为构成贩卖毒品罪。可能有人认为，对销售的药品去向不明的情形可以推定流入非法渠道，从而按照贩卖毒品罪处理，这样有利于防范此类行为的发生，也有利于体现对毒品犯罪的严惩政策。这种意见确有一定道理，也减轻了控方的证明责任，但如果未查明去向就推定涉案药品流入非法渠道，将案件定性为贩卖毒品罪，很可能将本不构成犯罪的行为作为犯罪处理，法律效果未必好。按照目前的侦查手段和能力，只要侦查机关认真去侦查，多数情况下都能查明药品的流向，

① 例如，被告人吴某强、黄某荣等人未经批准，在2010年年底至2011年9月间私自生产盐酸曲马多并对外销售，没有证据证明流入非法渠道被吸毒人员滥用，公诉机关指控为毒品犯罪，法院认定为非法生产、销售假药类犯罪，并按照想象竞合规则最终认定为非法经营罪。参见中华人民共和国最高人民法院刑事审判第一、二、三、四、五庭主办：《刑事审判参考》（总第102集），法律出版社2016年版，第13–20页。

② 对于不认定为毒品犯罪也不构成非法经营罪等其他犯罪的案件，可以给予行政处罚，并向相关部门、企业、医疗机构提出加强监督管理的司法建议。

从而实现对案件的准确定性。如果因客观条件限制，对于通过大力侦查仍然无法查明所售药品去向的，也不能简单认定已经流入非法渠道，还要考虑涉案药品被滥用的可能性。如果以往国内并不生产此类药品（如氯巴占），禁毒部门也未发现近年来此类药品有被滥用情况，则不能推定去向不明的此类药品将被滥用。如果涉案药品在国内本有较多滥用情况，且所售药品的价格已经明显高于正常渠道的售价，涉案药品流入非法渠道被滥用的概率很高，考虑行为人对所出售药品的去向持放任态度（特别是通过网络销售时未审查对方的身份），可以认定为贩卖毒品罪。①

另外，值得重视的是，2021 年施行的《刑法修正案（十一）》对药品犯罪体系作出重大修改，特别是增设了妨害药品管理罪，由此对涉麻精药品案件的处理也产生重大影响。根据《刑法》第 142 条之一和 2022 年《药品刑事案件解释》第 7 条的规定，违规销售未经批准进口且在境外也未合法上市的麻精药品的，构成妨害药品管理罪。《2023 年毒品纪要》也强调了违规生产、进口、销售麻精药品可以按照妨害药品管理罪处理的情形。② 不过，如果违规销售的是境外已合法上市的麻精药品或者是境内企业合法生产的麻精药品，则不构成妨害药品管理罪。妨害药品管理罪的法益是非法经营罪的子项，两个罪名之间是特殊与一般关系，且前者与非法经营罪相比是轻罪，在

---

① 最高人民检察院研究室 2002 年曾就贩卖安定注射液案件的定性作过答复，提出：安定注射液临床使用较多，对于明知对方是吸毒人员而多次向其贩卖，或者贩卖数量较大的，认定为贩卖毒品罪。该答复意见发布时间久远，工作中要辩证参考，而不能直接套用。首先，该答复意见所说的麻精药品指的是合法生产的品种，如果是“地下”非法制造的品种，则不适用该答复意见。其次，如果行为人明知对方是吸毒人员仍然向其出售，除确实用于治疗疾病情况外，一般可以直接认定为贩卖毒品罪，无须“多次”贩卖作为入罪条件。例如，在最高人民法院 2023 年发布的“6 · 26”禁毒宣传典型案例中，被告人马某根通过伪造材料，自行或者指使他人多次从医院骗购哌替啶片（度冷丁）共计 744 克，加价出售给贩毒人员，其行为被认定构成贩卖毒品罪。再次，对于“贩卖数量较大的”，也未必一定构成毒品犯罪，如果有证据证实行为人确实是出于医疗目的而贩卖，即使数量很大，也不应作为毒品犯罪处理。

② 《2023 年毒品纪要》规定：“确有证据证明出于治疗疾病等相关目的，违反药品管理法规，未取得药品相关批准证明文件，生产国家规定管制的麻醉药品、精神药品，进口在境外也未合法上市的国家规定管制的麻醉药品、精神药品，或者明知是上述未经批准生产、进口的国家规定管制的麻醉药品、精神药品而予以销售，构成妨害药品管理罪的，依法定罪处罚。”

此情况下，对于不构成毒品犯罪，也不构成妨害药品管理罪的涉麻精药品案件，能否按照非法经营罪等其他犯罪处理也存在很大疑问。[①]《2023 年毒品纪要》提出，未经许可经营具有医疗等合法用途的麻精药品，“情节严重，构成其他犯罪的，依法处理”。这是否意味着对此类行为可以按照非法经营罪等其他犯罪处理，还需要深入总结实践经验。

问 022 贩卖含有被管制麻醉药品或精神药品的复方制剂的，如何定性？

答：该问题可以说是上一个问题的子项，因复方制剂具有一定特殊性，故有必要专门分析。药品的复方制剂是指含有两种以上药品成分的制剂，其对应概念是单方制剂。根据 2013 年版麻精药品品种目录的“说明”，被管制的麻精药品通常包括盐、单方制剂和异构体（麻醉药品还包括其可能存在的酯、醚），但不包括复方制剂。之所以不对此类复方制剂进行大范围管制，是因为复方制剂多为常用药品，一旦被管制则对药品的生产、销售、使用带来很大不便。针对近年来一些含麻精药品的复方制剂被吸毒人员滥用情况，相关部门积极应对，不断采取措施加强对此类复方制剂的管理。例如，2023 年 2 月 13 日，国家药品监督管理局、公安部、国家邮政局印发《关于进一步加强复方地芬诺酯片等药品管理的通知》（药监综药管〔2023〕13 号），要求相关部门对复方地芬诺酯片、复方曲马多片、氨酚曲马多片的生产、销售、寄递等环节加强管理，并禁止网络销售。[②]对滥用情况突出的复方制剂，经综合考虑各方面因素，确有必要明确纳入管制的，相关部门则专门发布文件予以列管。

---

① 本书第二章“走私毒品罪”中对销售未经批准进口的麻精药品是否构成非法经营罪问题作了较为详细的分析，可以参见该章的相关内容。

② 该通知还同时要求对右美沙芬口服单方制剂、依托咪酯注射剂的生产、销售、寄递等环节加强管理，并禁止网络销售。最高人民检察院 2023 年 2 月 24 日发布的第 43 批指导性案例中的“检例第 171 号”案例，涉案未成年人滥用的药物就是右美沙芬。

据统计，目前我国对含麻精药品成分的复方制剂的管制情况如下：（1）2015年5月1日起将含可待因复方口服液体制剂（包括口服溶液剂、糖浆剂）列入第二类精神药品管理。[①]（2）2019年9月1日起将含羟考酮口服固体复方制剂（不含其他麻精药品或药品类易制毒化学品）按其含量（是否超过5毫克）分别列入第一类和第二类精神药品管理，将丁丙诺啡与纳洛酮的复方口服固体制剂列入第二类精神药品管理。[②]（3）2023年7月1日起将曲马多复方制剂列入第二精神药品进行管理，将含氢可酮复方口服固体制剂（不含其他麻精药品或药品类易制毒化学品）按其含量（是否超过5毫克）分别列入第一类和第二类精神药品进行管理。[③]

含麻精药品的复方制剂一旦被明确管制，其生产、经营、使用、储存、运输等活动都会受到比普通药品更加严格的管制。《麻醉药品和精神药品管理条例》对此作了系统规定。例如，该条例第20条规定，定点生产企业应当依照本条例的规定，将麻醉药品和精神药品销售给具有经营资格的企业或者依照本条例规定批准的其他单位。第30条规定，麻醉药品和第一类精神药品不得零售；禁止使用现金进行麻醉药品和精神药品交易，但是个人合法购买麻醉药品和精神药品的除外。第32条规定，第二类精神药品零售企业应当凭执业医师出具的处方，按规定剂量销售第二类精神药品，并将处方保存2年备

---

① 可待因复方口服液体制剂，俗称止咳水或止咳露，有“奥亭”“联邦”等多种品牌。该复方制剂的主要成分是可待因和麻黄碱，起镇咳作用，是常见的止咳药品，但长期、大量服用可能成瘾且会造成内脏和神经系统损伤，或引起身体其他不良反应。

② 羟考酮是一种与吗啡相似的阿片激动剂，能够用于镇痛，其口服固体复方制剂是临床上使用的镇痛药。其中，口服固体制剂每剂量单位含羟考酮碱大于5毫克，且不含其他麻醉药品、精神药品或药品类易制毒化学品的复方制剂列入第一类精神药品管理；口服固体制剂每剂量单位含羟考酮碱不超过5毫克，且不含其他麻醉药品、精神药品或药品类易制毒化学品的复方制剂列入第二类精神药品管理。2022年最高人民法院发布的“6·26”禁毒宣传案例中的周某伟贩卖毒品案，被告人贩卖的多种含麻精药品的成品药中就包括羟考酮复方制剂。丁丙诺啡和纳洛酮复方制剂是针对阿片类物质成瘾进行替代治疗的主要药物之一，其不良反应少，人体耐受性好，但可能被吸毒人员滥用。

③ 其中，将每剂量单位含氢可酮碱大于5毫克，且不含其他麻醉药品、精神药品或药品类易制毒化学品的复方口服固体制剂列入第一类精神药品目录，将每剂量单位含氢可酮碱不超过5毫克，且不含其他麻醉药品、精神药品或药品类易制毒化学品的复方口服固体制剂列入第二类精神药品目录。

查；禁止超剂量或者无处方销售第二类精神药品；不得向未成年人销售第二类精神药品。

含麻精药品的复方制剂被管制后，其法律属性等同于单方制剂，违规销售此类复方制剂导致其流入非法渠道被吸毒人员滥用的，可能构成毒品犯罪。处理此类案件，要准确把握复方制剂与毒品的关系，实践中对此存在一些认识误区。

首先，复方制剂中所含的麻精药品成分被管制，不等于复方制剂本身被管制。对于含麻精药品的复方制剂，除国家相关部门专门发布文件明确对复方制剂本身予以管制的外，对其他未被管制的复方制剂不能以其中含有被管制的麻精药品成分而将该复方制剂认定为毒品。也就是说，如果违规销售的复方制剂本身没有被管制，即使其中含有被管制的麻精药品成分，对该复方制剂也不能认定为毒品，对违规销售该复方制剂的行为不能按照毒品犯罪处理。如果违规销售此类复方制剂符合《刑法》第 142 条之一所规定的情形，足以危害人体健康，构成妨害药品管理罪、非法经营罪等其他犯罪的，可以依法认定，否则，就只能给予行政处罚。①

其次，即使含麻精药品的复方制剂已经被明确管制，违规销售此类复方制剂的行为也不当然就构成毒品犯罪，要根据具体情况分析认定。（1）如果出于医疗目的违规销售此类复方制剂，且确实用于治疗疾病，则对涉案复方制剂不能认定为毒品。（2）如果在非医疗场所违规销售此类复方制剂，一般可以认定为贩卖毒品罪。例如，在夜总会、歌厅等娱乐场所销售此类复方制剂，或者在学校附近向中小学生兜售此类复方制剂。（3）药品生产企业、销售企业（包括药店）、医药销售业务员或者医疗机构（包括个体诊所）违反规定向不具有购买资质的药品企业、个人销售此类复方制剂的，定性时要慎重。如果有证据证实销售者明知所销售的此类复方制剂很可能被吸毒人员滥

① 例如，复方曲马多制剂系 2023 年才被管制，2012 年公安部禁毒局曾作出《关于非法滥用、买卖复方曲马多片处理意见的通知》（公禁毒〔2012〕188 号），主要内容是，对非法买卖复方曲马多片涉嫌构成犯罪的，不宜按照贩卖毒品罪或者非法提供麻醉药品、精神药品罪立案追诉，符合非法经营罪构成条件的，以非法经营案立案追诉。这实际上就是考虑未被管制的复方制剂不能认定为毒品。

用，可以认定为贩卖毒品罪（单位可成为贩卖毒品罪的主体）。[①] 如果相关证据难以证明销售者明知此类复方制剂将被滥用而仍销售，则不能认定为贩卖毒品罪，如果此类行为也不构成其他犯罪，则予以行政处罚。[②]

问 贩卖假毒品的，如何处理？ 023

答：贩卖假毒品案件在实践中偶有发生，有的是用含有微量毒品成分的物质（包括原本用在毒品中掺杂的辅料）冒充毒品，有的是用未被管制的药品（包括处方药）冒充被管制的麻精药品，有的则是用完全无害的物质（如冰糖、白糖、食盐、面粉）冒充毒品。对此类行为的定性，曾有相关规范性文件作出规定。最高人民检察院 1991 年作出的《关于贩卖假毒品案件如何定性问题的批复》（已于 2013 年废止），区分了两种情形：其一，明知是假毒品而贩卖的，定诈骗罪；其二，误以为是真毒品而贩卖的，认定为贩卖毒品罪，可以从轻、减轻处罚。最高人民法院 1994 年制定的《关于禁毒决定的解释》也规定，明知是假毒品而冒充毒品贩卖的，以诈骗罪定罪处罚；不知道是假毒品而当作毒品走私、贩卖、运输、窝藏的，应当以走私、贩卖、运输、窝藏毒品犯罪（未遂）定罪处罚。这些规定的基本精神仍然具有指导意义。但在具体案件的处理上，还要注意如下问题：

1. 关于诈骗数额的认定。最高人民法院、最高人民检察院 2013 年制定的《关于办理盗窃刑事案件适用法律若干问题的解释》（法释〔2013〕8 号）第 1 条第 4 款规定："盗窃毒品等违禁品，应当按照盗窃罪处理的，根据情节轻重量刑。"《2023 年毒品纪要》也规定："盗窃、抢夺或者抢劫毒品，构成盗窃罪、抢夺罪或者抢劫罪的，根据情节轻重依法量刑。"这里提出根据情节

---

① 例如，在最高人民法院 2021 年发布的"6·26"禁毒宣传典型案例中，被告人张某东、郭某聪等 12 名医务人员在各自经营的诊所内向吸毒人员出售可待因口服液，被认定为贩卖毒品罪并判处刑罚。

② 在明知的认定上，不能简单以违规销售为由推定销售者明知或者认定其是出于放任型故意。

轻重量刑，所针对的是真毒品。但故意贩卖假毒品时，所贩卖的物品本身不是毒品，所侵犯的法益不是国家对毒品的管制秩序而是他人的财产权益，故这种情况下认定构成诈骗罪仍应当满足诈骗数额条件。根据最高人民法院、最高人民检察院2011年制定的《关于办理诈骗刑事案件具体应用法律若干问题的解释》（法释〔2011〕7号）的规定，诈骗公私财物价值3千元至1万元以上的，属于数额较大，才构成诈骗罪。如果诈骗数额达不到定罪条件，一般则不能认定为诈骗罪。鉴于毒品是违禁品，行为人实施此类诈骗时也常利用对方不敢报警的心理，可以酌情从重处罚。

2. 犯罪未遂问题。对误以为是真毒品而贩卖的，实际上属于对象不能犯或者手段不能犯，此时行为人贩卖的物品客观上就不是毒品，故不可能造成毒品流入社会，所体现的更多是贩卖者试图贩卖毒品的主观恶性。对交易的上下家都可以认定为犯罪未遂，并且应该比贩卖真毒品未遂给予更大的从宽处理。[①]

问 将罂粟壳掺入食品中进行销售的，如何定性？ 024

答：罂粟壳又名御米壳、米壳，为植物罂粟的干燥成熟果壳，通常是将已割取浆汁或未割汁的成熟果实摘下，破开，除去种子及枝梗，干燥后形成。罂粟壳中含有吗啡、可待因、罂粟碱、蒂巴因、那可汀等30多种生物碱类物质，其中，前三者的含量相对较高。罂粟壳中的生物碱虽然总体含量很低，但长期食用含有罂粟壳的食物会对人体神经系统、消化系统造成不同程度的损害，并可能造成慢性中毒，甚至不排除上瘾。[②]实践中，一些餐饮经营者和食品加工者为增加食物口感，提高顾客“回头率”，在食品中添加罂粟

---

① 也有观点认为，这种情况下不应认定为犯罪未遂，因为客观上贩卖的就不是毒品，该行为侵害法益的危险程度尚不足以评价为犯罪未遂，至多是犯罪预备，甚至不应作为犯罪处理。

② 对从未接触过毒品尤其是对毒品有高度敏感性的人来说，食用含有罂粟壳的食物后可能产生一些生理反应。如产生某种轻快感，有的人可能脸部微红，有的人可能心跳加快，有的人可能容易打瞌睡，而有的人可能不易入睡，有的人会出现发冷、出虚汗、乏力、面黄肌瘦等症状。

壳或者罂粟壳粉，产生了不良影响。

根据麻醉药品品种目录，罂粟壳属于国家管制的麻醉药品，其生产、经营、使用、运输等活动都受到管制。2009 年发布的《食品中可能违法添加的非食用物质和易滥用的食品添加剂名单》中包括罂粟壳，并标注了可能添加的主要食品类别为火锅、火锅底料及小吃类，实践中还可能用于卤味制品甚至饮料中。2009 年原国家食品药品监督管理局发出通知，针对个别餐饮经营者在火锅中使用罂粟壳的违法行为，将严格依法查处。2014 年国家禁毒办、公安部、原国家食品药品监督管理总局、原国家工商行政管理总局联合发出《关于严厉打击在食品中添加罂粟壳行为的通知》，要求严厉打击此类犯罪行为，坚决切断罂粟非法种植、罂粟壳加工、贩卖、使用犯罪链条，切实维护人民群众身体健康和生命安全。

按照《刑法》的规定，在食品中添加罂粟壳可能涉及生产、销售有毒有害食品罪、非法持有毒品罪、引诱、教唆、欺骗他人吸毒罪等罪名。在司法处理上，有以下方面值得注意：

1. 对在食品中添加罂粟壳进行销售的，一般不能以毒品犯罪处理。虽然罂粟壳是被管制的麻醉药品，添加了罂粟壳的食品对人体有害，但罂粟壳中的有毒成分含量很低，添加在食品中的罂粟壳总量也有限，故这种食品与罂粟壳本身有很大区别，销售这种食品与销售罂粟壳不能等量齐观。根据 2016 年《毒品犯罪解释》的规定，贩卖罂粟壳 40 千克为贩卖毒品“数量较大”的起点，这也说明罂粟壳对人体的危害具有一定特殊性。尤其是对于割取浆汁后的罂粟壳，其中有害成分的含量极低，即使是直接贩卖这种罂粟壳，作为毒品犯罪处理时也要慎重。最高人民法院研究室 2010 年曾作出《关于贩卖、运输经过取汁的罂粟壳废渣是否构成贩卖、运输毒品罪的答复》，认为对贩卖、运输这种经过取汁的罂粟壳的行为不宜以毒品犯罪论处。该答复的精神目前仍然具有指导意义。

2. 对此类行为一般可以按照生产、销售有毒有害食品罪定罪处罚。《刑法》对生产、销售有毒有害食品罪没有规定金额、后果等入罪条件，根据最高人民检察院、公安部制定的《关于公安机关管辖的刑事案件立案追诉标准的规定（一）》第 20 条的规定，在生产、销售的食品中掺入有毒、有害的非食品原料的，或者销售明知掺有有毒、有害的非食品原料的，应予立案追诉。最高人民法院、最高人民检察院2002年制定的《关于办理非法生产、销售、使用禁止在饲料和动物饮用水中使用的药品等刑事案件具体应用法律若干问题的解释》（法释〔2002〕26号）第3、4条规定，销售明知是使用盐酸克仑特罗等禁用药品或者是含有该类药品的饲料养殖的供人食用的动物及其制品的，以生产、销售有毒、有害食品罪追究刑事责任。而该司法解释所说的禁用药品包括巴比妥、三唑仑等多种被管制的精神药品。最高人民法院2019年制定的《兴奋剂刑事案件解释》第5条规定，生产、销售含有兴奋剂目录所列物质的食品，符合《刑法》第143、144条规定的，以生产、销售不符合安全标准的食品罪、生产、销售有毒、有害食品罪定罪处罚。最高人民法院、最高人民检察院2021年制定的《关于办理危害食品安全刑事案件适用法律若干问题的解释》（法释〔2021〕24号）第11条也规定，在食品生产、销售、运输、贮存等过程中掺入有毒、有害的非食品原料，或者在保健食品或者其他食品中非法添加国家禁用药物等有毒、有害的非食品原料的，依照《刑法》第144条的规定以生产、销售有毒、有害食品罪定罪处罚。① 参照上述规定的精神，对于在火锅、麻辣烫、卤味等食品中掺入罂粟壳（粉）的，一般以生产、销售有毒、有害食品罪定罪处罚，但情节显著轻微不构成犯罪的，可予以行政处罚。

问 用毒品同他人交换财物（包括枪支）的，是否属于贩卖毒品？ 025

答：这里的财物是指除现金之外的可管理、可支配的有价值物品，不限

---

① 在最高人民法院2016年发布的第70号指导案例（北京某生物技术开发有限公司、习某有等生产、销售有毒、有害食品案）中，被告单位和被告人在食品生产经营中添加的盐酸丁二胍，虽不是我国批准生产或进口的药品，但与《保健食品中可能非法添加的物质名单》中的其他降糖类西药（盐酸二甲双胍、盐酸苯乙双胍）具有同等属性和同等危害，法院认定构成生产、销售有毒、有害食品罪。

于有体物（如手机、首饰、工艺品、汽车等），也包括无体物和财产性利益（如购物卡、提货卡、代金券、免费旅游等）。这种情形下，接受毒品一方所支付的财产性对价与支付钱款没有本质区别，是一种“以物折款”或者“以物换毒”行为，等同于付出了金钱对价，对出卖方而言显然属于有偿转让毒品，故可以认定为贩卖毒品罪。最高人民法院、最高人民检察院 2016 年制定的《关于办理贪污贿赂刑事案件适用法律若干问题的解释》（法释〔2016〕9 号）第 12 条明确规定，贿赂犯罪中的“财物”包括货币、物品和财产性利益；财产性利益包括可以折算为货币的物质利益如房屋装修、债务免除等，以及需要支付货币的其他利益如会员服务、旅游等；后者的犯罪数额，以实际支付或者应当支付的数额计算。参照该规定，《2023 年毒品纪要》也首次在指导文件中明确规定：“用毒品支付劳务报酬、偿还债务或者换取其他财产性利益的，以贩卖毒品罪定罪处罚。”[①] 对于毒品的接受方，如果是为了贩卖毒品而以物换取毒品，则构成贩卖毒品罪；如果是为了吸食，通常不构成犯罪，但换取的毒品达到数量较大以上，则构成非法持有毒品罪。

值得注意的是，实践中存在用毒品换取枪支的情形，对此如何定性值得分析。“枪毒伴生”是实践中的常见样态，不少毒品犯罪案件中都查获了枪支，这是表明毒品犯罪危害大的一个重要特征。枪支是违禁品，也是一种财物，我国法律禁止非法买卖枪支和非法持有枪支。对于用毒品（包括用部分毒品冲抵价款）换取枪支的一方，行为人构成贩卖毒品罪和非法买卖枪支罪，应当数罪并罚。例如，在郑某等人非法买卖枪支、贩卖毒品案中，郑某以 3500 元的价格向刘某平购买 1 把自制手枪和 1 发子弹，其中 1400 元价款用 1.7 克左右的冰毒冲抵，法院判决郑某犯非法买卖枪支罪和贩卖毒品罪。[②] 对于提供枪支以换取毒品的一方，其提供枪支的行为构成非法买卖枪支罪，其换取的毒品如果用于贩卖，则构成贩卖毒品罪，如果没有证据证明用于贩卖，毒品数量达到较大以上，则构成非法持有毒品罪，应当将该毒品犯罪与非法买卖枪支罪并罚，如果毒品数量未达到较大以上，则不构成毒品犯罪。如上述

---

① 在笔者检索到的资料中，以往有关毒品案件审判的指导文件均未就此作出明确规定。

② 参见中华人民共和国最高人民法院刑事审判第一、二、三、四、五庭主办：《中国刑事审判指导案例》（第 5 卷）（增订第 3 版），法律出版社 2017 年版，第 369-373 页。

贩卖枪支案例中，郑某用以冲抵部分价款的1.7克冰毒尚未达到非法持有毒品罪的定罪标准，故法院仅判决刘某平犯非法买卖枪支罪，未涉及毒品罪名。另外，如果用以交换毒品的除枪支外还有子弹的，则相关罪名可能构成非法买卖枪支、弹药罪。[①]

问 用毒品作为质押物借钱或者用毒品抵债的，如何定性？ 026

答：毒品是违禁品，这种质押在民事法律上显然是无效的，对行为人追究刑事责任需区别情况分析。其一，如果质押毒品只是借口，所借钱款数额与毒品的价格相当，出借人拿到毒品后就予以贩卖或者吸食，这种质押实际上就是贩卖毒品，应当认定为贩卖毒品罪。其二，如果钱款出借人既不吸毒也不贩毒，质押人准备在质押一段时间后把毒品赎回，则不宜将质押毒品行为直接认定为贩卖毒品罪。对于质押人，如果其本系贩毒人员（有证据证明以往曾实施贩毒行为），通常可以将其持有被质押毒品的行为认定为贩卖毒品罪；如果其只是吸毒人员，没有证据证明其有贩毒行为，所质押的毒品数量达到较大以上，可以认定为非法持有毒品罪，如果被质押的毒品数量未达到较大标准，则质押人不构成毒品犯罪。对于出借人，如果质押的毒品数量达到较大以上，可以认定其犯非法持有毒品罪，如果毒品数量未达到较大以上，则不构成毒品犯罪，但可以给予行政处罚。[②]

---

① 根据最高人民法院2001年制定、2009年修正的《关于审理非法制造、买卖、运输枪支、弹药、爆炸物等刑事案件具体应用法律若干问题的解释》的规定，非法买卖或者非法持有军用枪支1支以上、以火药为动力发射枪弹的非军用枪支1支以上、以压缩气体为动力的非军用枪支2支以上，构成非法买卖枪支罪或者非法持有枪支罪；非法买卖军用子弹10发以上、气枪铅弹500发以上或者其他非军用子弹100发以上，构成非法买卖弹药罪，非法持有子弹的入罪数量标准是非法买卖子弹的2倍。

② 在这个问题上，最高人民检察院1998年作出的《关于将公务用枪用作借债质押的行为如何适用法律问题的批复》（高检发释字〔1998〕4号）可资参考。该批复规定，依法配备公务用枪的人员违规将公务用枪作借债质押物的，应认定为非法出借枪支罪，接受枪支质押的人员构成犯罪的，以非法持有枪支罪追究刑事责任。

与此类似的另一种情形是用毒品抵债。例如，甲曾向乙借过3000元，后甲提出用毒品抵债，乙表示同意。对此情形，由于甲的行为明显属于有偿转让毒品，故构成贩卖毒品罪。《2023年毒品纪要》也明确规定，用毒品偿还债务的，以贩卖毒品罪定罪处罚。对乙，如果其拿到毒品后进行贩卖，则构成贩卖毒品罪；如果是用于自吸，则看毒品数量是否达到非法持有毒品罪的入罪数量标准，达到的可认定为非法持有毒品罪，未达到的则不构成犯罪，按照吸毒行为处理。

问 以对方提供性服务为条件，向对方提供毒品用于吸食的，是否属于贩卖毒品？ 027

答：接受对方提供的性服务，显然是获得了生活意义上的好处，但性服务本身不属于财产性利益，故以对方提供性服务为条件向对方提供毒品用于吸食的，通常不宜认定为贩卖毒品。这与通常情况下接受性贿赂不构成受贿罪的理由一致。正如有的观点提出，对于以肉体换取毒品的行为，支付毒品一方主观上不具有贩卖目的，其支付毒品行为不同于以毒品偿还债务、支付各种费用或交易物品等“以毒易物”行为，不能视为一种雇用、买卖关系的支付方式，一般不构成贩卖毒品罪，如果毒品数量超过较大以上，则构成非法持有毒品罪。[①]

实践中有的行为人明知对方是吸毒人员且经济条件较差，提出向其免费提供毒品用于吸食，但要求对方提供性服务作为对价，对于偶尔为之的或者以双方具有熟识关系为基础的，不宜认定为贩卖毒品罪。但是，如果提供性服务者本来就是卖淫人员，提供的毒品数量与嫖资金额基本相当，这实际上等于用毒品支付嫖资，可以考虑认定为贩卖毒品罪。对于接受毒品的一方而言，多出于吸食目的，故通常不构成犯罪，但如果所持有的毒品达到数量较大以上，则构成非法持有毒品罪。

---

① 参见高贵君主编：《毒品犯罪审判理论与实务》，人民法院出版社2009年版，第202页。

问 用制毒物品换取毒品的，如何定性？ 028

答：对这种行为要区分交易双方的情况进行分析。对于买方（提供制毒物品的一方），其用制毒物品换取毒品，此时制毒物品等同于财物，是买方支付的对价，买方为贩卖毒品而购买毒品，故构成贩卖毒品罪。例如，麻黄碱是制造冰毒的原料，买方用麻黄碱换取冰毒，利用的是卖方的制毒技术，故买方往往要更多地支付麻黄碱才能换取到相应数量的冰毒。但制毒物品不是普通财物，买方用以交换的制毒物品通常是从他人处购买所得（有时是自行非法生产），其再将制毒物品作为对价提供给毒品卖方，买入和卖出制毒物品的行为可能构成非法买卖制毒物品罪。[①] 如果买方实施的买卖制毒物品行为达到该罪的入罪标准，则应当以非法买卖制毒物品罪和贩卖毒品罪数罪并罚。值得注意的是，《刑法》第 350 条第 2 款规定，明知他人制造毒品而为其生产、买卖、运输制毒物品的，以制造毒品罪的共犯论处。据此，如果买方明知对方是制毒人员，所提供的制毒物品将被对方用于制造毒品，尽管其目的只是换取毒品而不是刻意为对方制造毒品提供帮助，但其行为仍符合上述“以制造毒品罪的共犯论处”的规定，应当以制造毒品罪和贩卖毒品罪并罚。[②]

对于卖方，其用毒品换取制毒物品的行为显然构成贩卖毒品罪。如果其换取制毒物品的目的是转手贩卖，则该行为在达到相关定罪条件的情况下构成非法买卖制毒物品罪，应当数罪并罚。如果其换取制毒物品的目的是自行制造毒品，则其行为构成贩卖、制造毒品罪。实践中，提供毒品的一方多为制毒人员，用以交换的毒品多为自行制造所得，故换取制毒物品的行为是其

---

① 构成非法买卖制毒物品罪对制毒物品的数量有要求，2016 年《毒品犯罪解释》对此作了详细规定，也可参见本书第八章“制毒物品犯罪”的对应部分。

② 可能有人认为，对买方购买制毒物品的行为仍应当认定为非法买卖制毒物品罪，由此对其以非法买卖制毒物品罪、制造毒品罪和贩卖毒品罪三罪并罚。但买入和卖出制毒物品原本只构成非法买卖制毒物品罪一罪，既然对买方提供制毒物品的行为已经认定为处罚更重的制造毒品罪，而制造毒品罪能够吸收相对较轻的非法买卖制毒物品罪，故不宜对其买入制毒物品的行为再另行定罪。

整体制造毒品行为的一部分，不必另定非法买卖制毒物品罪，认定为贩卖、制造毒品罪即可。

问 互易毒品的，如何定性？ 029

答：互易毒品也称互换毒品，就是双方出于贩卖或者吸食目的而交换自己所持有的毒品。交换的毒品多为不同种类，也可能交换同种毒品。[①] 对互易毒品的情形如何定性，涉及对互易行为本身和互易后各自持有毒品行为的定性，也与交换目的有关。《2023 年毒品纪要》对该问题首次作了原则性规定："用毒品向他人换取毒品用于贩卖的，以贩卖毒品罪定罪处罚；双方以吸食为目的互换毒品，构成非法持有毒品罪等其他犯罪的，依法定罪处罚。"但实践中具体情形很复杂，处理规则上争议也较大，这里作初步探讨。

1. 交易双方均为贩毒人员的情形。这种情形下对互易毒品行为本身可以认定为贩卖毒品罪。实践中互易毒品的目的主要是贩卖，互易时双方通常会考虑毒品价格的对等性，即等价交换，故双方难以直接从互易行为本身明显获利，获利的途径主要是互易之后的贩卖。互易的发起，多为一方急需某种毒品而向另一方求购，并以自己所持有的毒品作为对价进行支付。从这个角度看，互易毒品实际上就是一方以 A 毒品（如冰毒）作为支付对价向另一方购买 B 毒品（如"麻古"）。双方都支付（出售）了自己本来持有的毒品，又同时获得（购买）了对方的毒品，故每一方都实施了两次贩卖毒品行为，应当分别认定为贩卖毒品罪，而不能简单采取用购买毒品吸收卖出毒品的做法或者择一重罪处罚。换言之，对于贩毒人员互易毒品的，应当将其支付毒品和收取毒品的数量累计计算，认定为贩卖毒品的数量。例如，甲用 50 克冰毒同乙交换 50 克"麻古"，对双方都应当认定为贩卖冰毒 50 克、"麻古" 50 克。

可能有人质疑上述处理思路有重复评价之嫌，因为双方互换毒品并没有

① 这里的同种毒品是指法律上认定为同种，如成分不完全相同的"摇头丸"、走私入境的"麻古"和国内制造的"麻古"等，虽然种类相同，但"品质"存在差别，故可能被交换。

增加双方原本持有的毒品总量，各方也都不能两次获利，且支付毒品与获取毒品存在牵连关系，不宜累计毒品数量，可以择一重罪处罚。这种观点确实有一定道理。但亦可试想，如果甲与乙不是直接互换毒品，而是甲先向乙贩卖毒品（如冰毒），乙支付购毒款后甲又用此款从乙处购买另一种毒品（如“麻古”）。这种情形因包括先后两次相对独立的贩卖毒品行为，对其累计贩毒数量基本没有争议。但这种情形客观上也没有增加双方持有的毒品总量，与甲乙直接互易毒品情形的唯一区别只是多了付款环节，如果忽略付款环节，则与直接互易毒品并无差别。可以说，互易毒品是时空上被压缩为同步发生的两次贩卖毒品行为，累计贩毒数量看似处罚过重，实则是充分、完整地评价犯罪行为，能够更好地实现处罚的合理性。

另外，实践中有的情况下看似互易毒品，但更多地体现了贩卖毒品罪的特征。（1）互易过程中一方明显吃差价的。例如，甲持有的冰毒市值8000元，而乙持有的“麻古”市值1万元，乙为获得冰毒而愿意交换毒品，甲通过这次互易明显获利，乙看似吃亏，但其以较高价格卖出冰毒后仍能赚钱，故双方都构成贩卖毒品罪，并应累计贩毒数量。（2）互易过程中一方用部分现金补差价的。例如，甲有市值1万元的冰毒，乙有8000元的“麻古”，甲乙交换毒品，乙另给甲2000元差价。对甲乙而言，互易本身都明显构成贩卖毒品罪。[①]

2. 交易双方均为吸毒人员且没有证据证明有贩毒行为的情形。这种情形下对互易毒品行为本身不宜认定为贩卖毒品罪。主要理由是，吸毒不构成犯罪，互易毒品用于吸食的，互易只是吸毒的从属行为，不改变吸毒行为的整体性质。如果将这种互易毒品行为认定为犯罪，则等于在变相用刑罚打击吸毒行为。或许有人认为，可以将互易本身认定为贩卖毒品，但不累计毒品

---

① 在赛某华贩卖毒品、非法持有毒品、王某龙贩卖毒品一案中，被告人王某龙将413.69克含美沙酮的液体及200元同被告人赛某华交换1.93克冰毒，法院认定王、赛二人（均系毒品再犯）的交换行为均构成贩卖毒品罪，且赛某华对换取的美沙酮另构成非法持有毒品罪。参见中华人民共和国最高人民法院刑事审判第一、二、三、四、五庭主办：《刑事审判参考》（总第122集），法律出版社2020年版，第100–106页。从案情介绍看，不清楚赛、王二人是否为贩毒人员，赛某华换取含美沙酮的液体是为了自己缓解毒瘾，但不清楚王某龙交换冰毒的目的，案例编写人也未解释对王某龙换取的少量冰毒如何定性，分析应是不能认定其用于贩卖，故未计入贩卖毒品的数量。

数量。这种观点并不妥当，仍使吸毒人员仅因交换吸食的毒品而转变为贩毒人员。不过，如果吸毒人员持有的毒品数量达到非法持有毒品罪的定罪标准，即使不能证明其有贩卖意图，仍可以认定为非法持有毒品罪。具体而言：（1）如果互易的两种毒品数量都达到非法持有毒品罪的定罪标准，按照互易后各自持有的毒品定罪。其中，互易后持有的毒品处刑重的，按照互易后的毒品数量量刑；互易后持有的毒品处刑轻的，按照互易前持有的毒品数量量刑，可酌予从轻。（2）如果互易的两种毒品中只有一种达到非法持有毒品罪的定罪标准，则互易后双方都达到定罪标准。其中，对互易后持有的毒品数量达到定罪标准的一方，依法定罪量刑；对互易后所持有毒品数量没有达到定罪标准的一方，可以根据其互易前曾经持有达到定罪标准的毒品的事实予以定罪。上述处理思路可以说是“就高不就低”或者“就重不就轻”[①]。但不论对哪一方，都不宜将互易前后所持有的毒品数量进行累计计算，因为互易毒品后双方都只能得到一种可供吸食的毒品，而累计数量会导致重复评价且处罚过重。

3. 交易双方一方为贩毒人员，另一方为吸毒人员的情形。这种情形下对贩毒人员一方所实施的互易行为可以认定为贩卖毒品罪。如上所述，对于贩毒人员互易毒品的，要把其支付的毒品和换取的毒品累计数量，认定构成贩卖毒品罪。对于吸毒人员，如果其持有的毒品数量没有达到非法持有毒品罪的定罪标准，则不能定罪处罚，如果互易前或者互易后的毒品数量达到了非法持有毒品罪的定罪标准，则可以按照非法持有毒品罪定罪处罚。

问 把一种毒品当作另一种毒品贩卖的，如何处理？ 030

答：这种情况在实践中偶有发生，如何定性要视具体情况而定。（1）如

① 对互易后所持有的毒品数量未达到定罪标准的一方，按照互易前的毒品数量定罪处刑，是对曾经持有的毒品追究刑事责任。或许有人不赞同这种做法，但正如本书在第六章“非法持有毒品罪”中的分析，对这种情形必要时也可以定罪处刑。

果行为人明知故为，将低价位的毒品（如掺杂多、纯度低的海洛因、冰毒）冒充高价位的毒品进行贩卖，属于贩卖毒品与诈骗的竞合，在同时构成诈骗罪的情况下可以择一重罪定罪处罚。[①]（2）如果行为人不是出于故意，而是因认识错误把甲毒品（如氯胺酮）当作乙毒品（如冰毒）贩卖，可按照实际贩卖的毒品种类定罪处罚。这种情形属于同一犯罪构成内的具体事实认识错误，不影响定罪，但不宜认定为贩卖乙毒品未遂，因为客观上贩卖的不是乙毒品而是甲毒品，定罪时仍要考虑主客观相统一原则和评价的准确性。这种认识错误所体现的行为人的主观恶性有所区别，对量刑存在一定影响。其中，如果乙毒品价格高、量刑重，说明行为人的主观恶性相对较大，可以酌情从重处罚；如果乙毒品价格低、量刑轻，说明行为人的主观恶性相对小些，可以酌情从宽处罚。

问 贩卖毒品过程中赠送部分毒品的，如何处理？ 031

答：这是司法实践中较为常见的情形。对此，可以区分上下家的不同情况分别处理。

对于上家，其出于贩卖目的购买到毒品后，赠送毒品多是为了促销，是贩卖毒品的附属行为，客观上也造成该部分毒品扩散到社会，故一般可以把赠送的毒品计入上家的贩毒数量。但是，如果贩毒者购买毒品后将多数毒品予以出售，将少量毒品无偿赠送他人，则对赠送的这部分毒品不宜计入其贩卖毒品的数量，该部分毒品构成非法持有毒品罪的，可以依法认定。如果行为人购买毒品后被查获，但辩称其中有部分毒品将被用于赠送，因该赠送行为尚未发生，则不能认定，对查获的毒品均应认定为其贩卖毒品的数量。如果赠送者是吸毒人员，没有证据证明其曾实施贩毒行为，其将所购毒品中的小部分送给他人吸食，对该部分赠送的毒品也不能认定为贩卖毒品罪，但可

① 实践中，只要查获的毒品不是假毒品，即使含量很低、质量较差，买方认为自己上当受骗，司法机关通常也不会认定为诈骗案件，而是把被骗作为量刑情节考虑。

以计入非法持有毒品罪的数量。

对于下家，如果其购买毒品是准备用于贩卖，对于上家赠送的毒品，通常可以一并计入其贩卖毒品的数量。如果上家赠送的少量毒品种类不同，是上家送给其用来吸食的，经检验，其本人确实也吸食此类毒品，可以不认定为下家贩卖毒品的数量。

问 购买毒品后“退货”的，如何处理？ 032

答：这个问题在司法实践中很常见,“退货”的主要原因是毒品质量不好，偶尔也会出于其他原因。对此类情形如何处理，存在一定认识分歧，需要区分交易双方的不同情况予以定性。

1. 对于卖方，即使毒品被“退货”，也应认定为贩卖毒品罪既遂。根据司法实务中的通常认识，只要为贩卖毒品而买到了毒品或者持有毒品准备贩卖的，即使尚未卖出，也构成贩卖毒品罪既遂。“退货”是卖出的毒品又回到卖方手上，故对卖方仍可以认定为贩卖毒品罪既遂。如果卖方收到他人“退货”后，又把这些毒品卖给另一人，属于“卖了两次但成交一次”的情形，对这两次贩卖毒品的数量不能累计，仍宜认定为一次贩卖，因为先前的交易行为因“退货”而未能完成，已恢复到未卖出状态。如果认定此种情形构成两次贩卖，则等于一件物品卖给两个人，逻辑上很难讲通；即使次数上认定为两次贩卖但不累计毒品数量，亦不合逻辑。对“退货”的这次贩卖，可作为酌定量刑情节考虑。当然，如果卖方收到“退货”后又将这些毒品分别卖给不同的两个人，则可以认定是两次贩卖毒品。

2. 对于买方，将毒品“退货”的一般不应认定为犯罪既遂。因为这部分毒品已经退还给卖方，说明买方没有真正买到毒品，属于形式上曾经购买但实际上未买到的情形，不应认定为犯罪既遂。对于买方只有这一笔毒品交易的，可以对买方认定为犯罪未遂。如果买方还有其他已经完成的毒品交易（上家可以是其他人），“退货”的毒品只是其中一笔，则全案属于犯罪既遂，“退货”的这笔可以单独作为犯罪未遂处理。量刑上可以按照“部分既遂部分未遂”的情形对待。实践中，有人出于贩卖意图而购买毒品，但买到后害怕被追究法律责任，又“退货”并要回毒资的，对该情形如何认定？初步认为，如果是初次实施此类行为，涉案毒品数量很少，危害不明显的，可以不追究刑事责任；如果涉及的毒品数量较大以上，有必要定罪的，可以按照犯罪中止处理，以尽量体现从宽政策。[①] 如果是因为毒品质量不好、“市场”行情不好等原因而暂时放弃贩卖意图，则可以按照犯罪未遂处理。

问 从贩毒人员住所、车辆等处查获毒品的，如何定性？ 033

答：“人毒并获”（或称“人赃并获”）是侦破毒品犯罪案件的普遍特点，很多案件中抓获交易双方后又从卖方的住所、汽车等处查获尚未卖出的毒品。对此情形如何定性，《2008 年毒品纪要》有所涉及：“对于以贩养吸的被告人，其被查获的毒品数量应认定为其犯罪的数量，但量刑时应考虑被告人吸食毒品的情节，酌情处理……”该规定侧重解决毒品数量认定问题，隐含了对查获的毒品都认定为贩卖毒品罪的观点。但有的研究者和司法人员提出，对于不在交易现场查获的毒品，要证明确系用于贩卖的才能一并认定，否则应另定非法持有毒品罪。实践中也确有部分司法人员是这样理解的，把贩卖的部分认定为贩卖毒品罪，把从住所、车辆等处查获的毒品另行认定非法持有毒品罪，数罪并罚。

为统一法律适用，《2015 年毒品纪要》对此种情形作了明确规定：“贩毒人员被抓获后，对于从其住所、车辆等处查获的毒品，一般均应认定为其贩

---

① 可能会有人质疑该处理思路，因为司法实务中对出于贩卖目的而买到毒品的通常认定为犯罪既遂，既遂后不应再成立犯罪中止。但是，“买到既遂说”本就是刑事政策上的特殊做法，针对特殊情况可以适当变通，不必机械适用。对此类情形如不认定为犯罪中止，行为人又不具备法定从宽处罚情节，将导致量刑过重，不符合罪责刑相适应原则。

卖的毒品。确有证据证明查获的毒品并非贩毒人员用于贩卖，其行为另构成非法持有毒品罪、窝藏毒品罪等其他犯罪的，依法定罪处罚。”《2023年毒品纪要》重申了上述规定。[①]对这些规定的理解，需注意以下问题：

1. 采取了推定方法。根据行为人实施贩卖毒品犯罪且并非吸毒人员的基础事实，可推定从其住所等处查获的毒品系其以贩卖为目的而购买或者准备用于贩卖；或者根据吸毒人员实施贩卖毒品犯罪且从其住所等处查获的毒品不可能全部用于吸食的基础事实，可推定从其住所等处查获的毒品系其以贩卖为目的而购买或者准备用于贩卖。例如，在张某（女）贩卖毒品案中，被告人张某及其辩护人坚称张某没有贩卖毒品的故意和行为，其随身携带并在暂住地藏匿毒品的行为属于非法持有毒品。法院认为，非法持有毒品罪在客观方面表现为非法藏匿、储存毒品的行为，而贩卖毒品罪有时也包括藏匿、储存的环节，正确认定藏匿、储存毒品行为的性质，关键要看行为人的主观故意。张某向陈某燕、向某分别贩卖海洛因50克、5克的事实和随身携带13.5克海洛因欲贩卖的事实，有证据予以证实，可以认定；对其藏于家中的310.5克海洛因，从查获时被分装成62小包的情况分析，张某如果自己吸食没必要作如此精细的分装，且300多克都用于自吸也不可能，检验报告还证实张某本人并不吸毒，张某藏匿毒品显然是为贩卖做准备。故张某携带和藏匿毒品的行为构成贩卖毒品罪，而不是非法持有毒品罪。[②]又如，在许某义贩卖、运输毒品案中，被告人许某义有贩毒前科，本次指控的3起事实中也有2起贩卖毒品事实，第3次因驾车运输海洛因509.8克被抓获，其到案后辩称被查获的海洛因是捡到的，不明知其中藏有毒品。法院认为，该509.8克海洛因被分装在51个透明小袋中，并分装在10个香烟盒内，系采取高度

---

① 《2023年毒品纪要》规定：“对于从贩毒人员住所、车辆等处查获的毒品，一般应认定为其贩卖的毒品。确有证据证明查获的毒品并非贩毒人员用于贩卖，其行为另构成非法持有毒品罪、窝藏毒品罪等其他犯罪的，依法定罪处罚。”

② 参见中华人民共和国最高人民法院刑事审判第一、二、三、四、五庭主办：《中国刑事审判指导案例》（第5卷）（增订第3版），法律出版社2017年版，第325-327页。实际上，根据《2015年毒品纪要》的规定，从张某家中查获的310.5克海洛因即使没有被分装成62小包，也应当认定为其贩卖的毒品数量。该案发生在1999年，按照当时实际掌握的死刑适用数量标准，张某被判处并核准死刑。

隐蔽方式运输毒品，许某义的辩解不成立。[①] 该案发生在《2015 年毒品纪要》印发之前，实际上对第 3 次查获的毒品完全可以认定为贩卖毒品，对本案可统一认定为贩卖毒品罪。

值得注意的是，运用证据证明待证事实是认定案件事实最稳妥可靠的方法，只有在难以运用证据证明待证事实的情况下，才“不得已”运用已知事实推断待证事实。事实推定是根据已知的基础事实，根据经验法则和常识推断未知的事实存在，并允许当事人提出反证加以推翻的事实认定方法。严谨、规范地运用推定方式认定案件事实通常能够达到与运用证据证明几乎同样的效果。毒品犯罪隐蔽性强，犯罪分子往往具有较强的反侦查意识，贩毒人员多不承认从其住所等处查获的毒品系用于贩卖，尤其是以贩养吸的人员，对于从其住所等处查获的毒品通常辩称系用于吸食。如果严格按照普通刑事案件的证明方法及要求，运用在案证据证明从贩毒人员住所等处查获的毒品系用于贩卖，往往会因为无法收集到足够的证据而出现举证困难的现象。出于有效惩治毒品犯罪的需要，采用事实推定方法认定从贩毒人员住所等处查获的毒品系用于贩卖，有利于降低此类案件司法认定的难度，缓解事实认定上的困难，保证诉讼活动的经济性、高效性。当然，基础事实成立是运用推定法则的前提，用作推定前提的基础事实必须有确凿的证据证明。在推定从贩毒人员住所等处查获的毒品系其用于贩卖时，基础事实应当包括行为人实施了贩卖毒品犯罪且从其住所等处查获了毒品，还应包括行为人不是吸毒人员或者虽系吸毒人员但从其住所等处查获的毒品远超出正常吸食量。上述基础事实均应有确实、充分的证据加以证明。

2. 允许行为人提出反证。推定是根据基础事实与待证事实之间高概率的常态联系，运用经验法则推理得出的，其结论不具有唯一性或者闭合性，故应当允许当事人提出反证加以推翻。行为人既可以就基础事实提出反证，也可以就推定事实提出反证。行为人就基础事实提出的反

① 参见中华人民共和国最高人民法院刑事审判第一、二、三、四、五庭主办：《中国刑事审判指导案例》（第 5 卷）（增订第 3 版），法律出版社 2017 年版，第 446–449 页。

证成立即动摇了推定事实成立的前提，行为人就推定事实提出的反证成立则直接推翻推定事实，导致推定不成立。如果行为人提出反证证实从其住所等处查获的毒品并非其所有，或者证实该部分毒品确实并非用于贩卖，应当将该部分毒品认定为其非法持有或窝藏的毒品，对其以贩卖毒品罪和非法持有毒品罪等罪名数罪并罚。在行为人不能提出反证推翻推定事实，即不能证明该部分毒品并非其所有或者并非用于贩卖的情况下，可以认定从其住所等处查获的毒品系其用于贩卖。“并非用于贩卖”，包括替他人保管用于吸食的毒品、替他人窝藏毒品以及用于自己吸食等情形。

3. 对走私、运输、制造毒品案件不宜直接参照适用上述规定。据悉，在起草《2015 年毒品纪要》的过程中曾对这个问题进行研究，后考虑到贩卖毒品是毒品犯罪中最常见的行为类型，推定的科学性、正当性明显高于走私、运输、制造毒品等其他类型案件，对其他类型案件还是应当立足于证据的直接证明，不宜扩大推定的适用范围。也就是说，对于走私、运输、制造毒品案件的行为人被抓获的，对于从其住所等处查获的毒品，确有证据证明其实施了走私、运输、制造行为或者准备走私、运输的，应当依法认定，如果证据不充分的，可以区别情形认定为非法持有毒品罪、窝藏毒品罪等其他罪名。有证据证明是其准备另行贩卖的，可以认定为贩卖毒品罪，与前行为触犯的罪名（走私毒品罪、运输毒品罪或者制造毒品罪）一并处理。

问 如何掌握贩卖少量毒品“情节严重”的认定标准？ 034

答：《刑法》第 347 条第 4 款规定，走私、贩卖、运输、制造少量毒品的，处 3 年以下有期徒刑、拘役或者管制，并处罚金；情节严重的，处 3 年以上 7 年以下有期徒刑，并处罚金。在零包贩卖毒品案件中，经常涉及这里

“情节严重”的认定。2000年《毒品案件解释》）对此作了规定，[①]但在后续适用过程中逐步暴露出一些问题，2016年《毒品犯罪解释》对此作了修改、完善。2016年《毒品犯罪解释》第4条规定，走私、贩卖、运输、制造毒品具有下列情形之一的，应当认定为《刑法》第347条第4款规定的“情节严重”：（1）向多人贩卖毒品或者多次走私、贩卖、运输、制造毒品的；（2）在戒毒场所、监管场所贩卖毒品的；（3）向在校学生贩卖毒品的；（4）组织、利用残疾人、严重疾病患者、怀孕或者正在哺乳自己婴儿的妇女走私、贩卖、运输、制造毒品的；（5）国家工作人员走私、贩卖、运输、制造毒品的；（6）其他情节严重的情形。现具体说明如下。

1. 关于2016年《毒品犯罪解释》第4条第1项。该项源自2000年《毒品案件解释》第3条第4项规定的“向多人贩毒或者多次贩毒”。此次修改为“向多人贩卖毒品或者多次走私、贩卖、运输、制造毒品”，主要是为了应对实践中存在的其他情形。起草过程中有意见提出，很多零包贩毒案件中被告人虽然具有向多人贩毒或者多次贩毒的情节，但累计贩卖毒品的数量不足1克，如果将这种情况认定为“情节严重”，处3年以上7年以下有期徒刑，会出现罪责刑不相适应，故应当设定最低毒品数量限制。经研究，这种意见虽然有一定道理，但无论设定多大的数量标准，总会出现量刑不平衡的问题，并且，向多人贩卖毒品或者多次走私、贩卖、运输、制造毒品的行为具有较大的社会危害性，也体现了犯罪分子较深的主观恶性，应予以从严惩处，故该司法解释未再设定最低数量限制。[②]

2. 关于2016年《毒品犯罪解释》第4条第2项。该项将2000年《毒品案件解释》第3条第3项中的“戒毒监管场所”修改为“戒毒场所、监管场

---

① 2000年《毒品案件解释》第3条规定，具有下列情形之一的，可以认定为《刑法》第347条第4款规定的“情节严重”：（1）走私、贩卖、运输、制造鸦片140克以上不满200克、海洛因或者甲基苯丙胺7克以上不满10克或者其他数量相当毒品的；（2）国家工作人员走私、制造、运输、贩卖毒品；（3）在戒毒监管场所贩卖毒品的；（4）向多人贩毒或者多次贩毒的；（5）其他情节严重的行为。

② 但本书认为，还是设定毒品数量条件更有利于实现处罚的合理性。例如，可以考虑规定，多次贩卖毒品合计达到海洛因5克以上或者其他毒品数量相当的，才可认定为贩卖少量毒品“情节严重”。

所”，扩大了条文覆盖面。“戒毒场所”包括强制隔离戒毒所、自愿戒毒所、社区戒毒治疗门诊、戒毒医院等，“监管场所”包括拘留所、看守所、监狱等。实践中，在上述场所贩卖毒品的行为严重破坏了场所的管理秩序，也是对禁毒法律法规的严重挑战，应予从严惩处。

3. 关于 2016 年《毒品犯罪解释》第 4 条第 3 项。该项是结合司法实践新增的内容。近年来，毒品逐步向校园蔓延，严重侵害了在校学生的身心健康，也破坏了学校的教学管理秩序。为体现对在校学生的特殊保护，严厉打击向在校学生贩卖毒品的犯罪活动，2016 年《毒品犯罪解释》新增了此项规定。对这里的“在校学生”，通常理解为包括中小学、中等职业学校学生和普通高等学校中的本、专科学生，但不包括研究生。[①] 其中，中等职业学校包括中专、职高、技校，普通高等学校包括全日制大学、学院、职业技术学院、高等专科学校。该项规定与《刑法》第 347 条第 6 款“向未成年人出售毒品的，从重处罚”的规定之间不存在矛盾，如果贩卖对象既是未成年人又是在校学生的，可适用本项的规定处罚。

4. 关于 2016 年《毒品犯罪解释》第 4 条第 4 项。该项也是新增内容。实践中，部分犯罪分子组织、利用残疾人、艾滋病人、乙肝病人、尿毒症患者、癌症病人以及怀孕或者正在哺乳自己婴儿的妇女等特殊群体走私、贩卖、运输、制造毒品，加大了查处工作难度。而且，由于上述人员普遍存在“收押难”问题，经常是“抓了放、放了抓”，流散社会后再次甚至多次实施毒品犯罪，严重影响了打击毒品犯罪的力度和效果。《2008 年毒品纪要》曾对利用特殊群体实施毒品犯罪情形的处理提出指导意见，2016 年修订《毒品犯罪解释》时将此种行为增列为贩卖少量毒品“情节严重”的情形。[②]

5. 关于 2016 年《毒品犯罪解释》第 4 条第 5 项。该项是 2000 年《毒品案件解释》的原有内容。起草过程中有意见认为，国家工作人员没有利用职

---

① 这主要是考虑，研究生通常年龄在 22 岁以上，且已经完成大学本科教育，心智较为成熟，给予特殊保护的必要性不突出。有的人是本科毕业多年后再就读研究生，年龄、心智就更为成熟，更不必给予特殊保护。

② 《2023 年毒品纪要》也对此类情形的处理提出了指导意见，本书在第二十章中专门对该问题作了分析、介绍。

务或工作上的便利实施毒品犯罪的，不应当认定为“情节严重”，建议将该项限定在国家工作人员“利用职务或者工作便利”的条件之下。经研究，毒品犯罪属于严重妨害社会管理秩序、危害人民群众身心健康的犯罪，国家工作人员从职业操守和道德品行出发，本应自觉抵制毒品、积极与毒品犯罪作斗争，而其却实施毒品犯罪，无疑会造成恶劣社会影响和严重社会危害，应当从严惩处，故无须要求其利用职务或者工作便利。

特别需要注意的是，2016 年《毒品犯罪解释》删去了 2000 年《毒品案件解释》第 3 条第 1 项根据毒品数量认定“情节严重”的规定。关于《刑法》第 347 条第 4 款中的“情节严重”是包括毒品数量还是指毒品数量之外的其他情节，起草过程中主要有两种意见。一种意见认为，《刑法》明确规定走私、贩卖、运输、制造少量毒品的处 3 年以下有期徒刑、拘役或者管制，但 2000 年《毒品案件解释》第 3 条第 1 项却规定，走私、贩卖、运输、制造海洛因、甲基苯丙胺 7 克以上不满 10 克或者其他数量相当毒品的情形属于“情节严重”，处 3 年以上 7 年以下有期徒刑，这与《刑法》的规定之间存在逻辑矛盾。这里的“情节严重”应当是指除毒品数量之外的其他情节，不应用毒品数量去解释“情节严重”，建议删去该项规定。另一种意见认为，毒品数量本来就是一种重要的犯罪情节，而《刑法》第 347 条第 3 款与第 4 款的法定刑与毒品数量之间缺乏一档数量标准的衔接，这是立法问题造成的，有必要通过司法解释增设一档数量标准实现与法定刑的一一对应，故可以将毒品数量解释为第 4 款“情节严重”的一个情节；并且，直接将毒品数量作为认定“情节严重”的标准，非常便于执行，也已经为实践普遍接受，故建议保留该项规定。经研究认为，前一种意见更符合现行《刑法》的规定，且征求意见过程中立法机关也赞同第一种意见，故 2016 年《毒品犯罪解释》最终删去了 2000 年《毒品案件解释》第 3 条第 1 项将毒品数量认定为“情节严重”的规定。在当前的司法工作中，不能以司法解释没有明确禁止为由，机械套用 2016 年《毒品犯罪解释》第 4 条第 6 项（“其他情节严重的情形”），将 2000 年《毒品案件解释》规定的毒品数量标准继续作为认定走私、贩卖、运输、制造少量毒品“情节严重”的一项内容。

第四章

运输毒品罪

「本章导读」

运输毒品与走私、贩卖、制造毒品被并列规定在《刑法》的同一个条文中，但通常认为运输毒品具有辅助性、从属性特征，故对此类犯罪的处理也有一定的特殊性。本章解答的具体问题包括：运输毒品罪在毒品犯罪中的体系定位，认定运输毒品罪是否有距离要求，误认为是毒品而运输或者运输毒品的被告人否认明知是毒品的如何处理，为贩卖而运输毒品、接收邮寄或快递的毒品如何定性，运输毒品罪与非法持有毒品罪、转移毒品罪的区分等。因本书内容安排之需，与运输毒品罪相关的其他重要问题（如吸毒者或者代购者运输毒品的定性、运输毒品罪的既未遂标准、运输毒品罪的死刑适用标准）放在其他章节中进行介绍。

问 如何看待运输毒品罪在毒品犯罪中的体系定位？ 035

答： 运输毒品是指明知是毒品而采取携带、寄递、使用交通工具或者利用他人等方法非法运送毒品的行为。《刑法》将运输毒品同走私、贩卖、制造毒品并列规定，形成“走私、贩卖、运输、制造毒品罪”这一选择性罪名，并配置了相同的法定刑，对这 4 种行为的社会危害性似乎应当等量齐观。但这些年来的司法实践表明，运输毒品实际上是走私、贩卖、制造毒品的从属行为，不论是走私毒品还是制造毒品，最终都是为了贩卖，而贩卖就常常需要运输，并没有单纯为运输毒品而运输的情况，故运输毒品的社会危害性与走私、贩卖、制造毒品存在一定差别。特别是受指使、雇用运输毒品的行为人，他们是为赚取运费而为他人运输毒品，不是毒品的所有者、买家或者卖家，不是毒品交易和毒品流通的发起者，与幕后的指使者、雇用者相比，他们在毒品犯罪中多处于从属和被支配地位，所起作用和主观恶性相对较小，社会危害性也相对较小，因而量刑上也应当体现区别。①

鉴于运输毒品行为的上述特殊性，有的研究者认为可以取消运输毒品罪这一罪名。主要理由是，运输毒品行为包括 3 种情况：走私、贩卖、制造毒品者自行运输毒品；明知他人走私、贩卖、制造毒品而帮助运输；利用不明真相的人运输毒品。第一种情形下运输毒品行为不具有独立的价值，只是走私、贩卖、制造毒品行为的前提或者后续，第二种情形下行为人是走私、贩卖、制造毒品者的帮助犯，第三种情形下行为人是走私、贩卖、制造毒品的间接正犯或者间接帮助犯。并且，目前这种立法模式在实践中对运输毒品行为容易造成定罪不准或者量刑偏重等问题，根本的解决方法就是废止运输毒品罪这一罪名。②

---

① 但也有一种观点认为，运输毒品客观上造成了毒品扩散，为毒品流入社会创造了条件，故社会危害性并不小。特别是有的被告人运输毒品时主动性很强，获得的报酬也很高，不应在刑事政策上给予特殊考虑。

② 参见赵秉志、肖中华：《论运输毒品罪和非法持有毒品罪之立法旨趣与隐患》，载彭凤莲编著：《毒品犯罪专题整理》，中国人民公安大学出版社 2007 年版，第 287–292 页。

但是，废止运输毒品罪并不符合实践中的复杂情况。很多受雇用为他人运输毒品者并不知道所运输的毒品是走私所得还是制造所得，也不清楚该毒品由何人卖出或者购买，特别是还存在多层转手型运输毒品的情况，对这些情形都不宜以概括故意为由认定行为人是走私、贩卖、制造毒品罪的共同犯罪。并且，即便行为人是为自己运输毒品，在没有证据证明其将要贩卖这些毒品的情况下也不能简单推定其构成贩卖毒品罪，由此，如果不能认定为运输毒品罪就只能认定为非法持有毒品罪，反而更不利于打击此类犯罪。① 比较务实的做法是修改《刑法》第 347 条，将运输毒品罪剥离出来单独加以规定，并配置不同于走私、贩卖、制造毒品罪的法定刑。例如，可以考虑删去第 347 条第 2 款中关于“运输毒品”的内容，增加一款作为第 347 条第 3 款，规定：“运输毒品，有前款所列情形之一的，处十五年有期徒刑或者无期徒刑，并处罚金或者没收财产；运输毒品数量巨大或者有其他特别严重情节的，处无期徒刑或者死刑，并处没收财产。”② 这样修改有诸多好处。一是能客观评价运输毒品行为的社会危害，有利于在毒品犯罪案件中进一步贯彻落实严格控制、慎重适用死刑的刑事政策。二是增加了“数量巨大”这一法定用语，使毒品数量与法定刑的对应关系更为合理，更有利于对重大毒品犯罪的准确量刑。三是在立法技术上十分便捷，仅涉及对《刑法》第 347 条第 2 款和第 3 款的修改，改动幅度很小。

法律的修订值得期待。在此之前，对运输毒品行为确实需要从社会学、犯罪学、刑事政策学等多角度进行深入分析，以科学、准确评价其社会危害

---

① 根据《刑法》第 348 条的规定，非法持有毒品罪在毒品数量方面“上不封顶”，故不能简单以查获的毒品数量大就推定运输毒品的行为人是贩卖毒品，否则，非法持有毒品罪就将被“架空”。当然，非法持有毒品罪的立法模式也存在问题，本书在“非法持有毒品罪”一章中对此有专门分析。

② 这只是本书的一种初步设计，应该有更好的修改方案。实际上，《刑法》关于毒品犯罪的多个条文都需要修改，如果启动立法计划，需要系统、周密地调研、论证。另外，也有意见认为可以取消运输毒品罪的死刑，但有的自贩自运的行为人因证据问题难以对其认定为贩卖毒品罪，而只能认定为运输毒品罪；有的受雇运输者是职业犯或者惯犯，运费已形成行规，其通过长期或者多次运输毒品获得巨额非法报酬，这种“净利润”甚至可能超过贩毒所得。对这些特殊的运输毒品类型都有必要体现严惩。当然，如果考虑毒品犯罪并非最严重的犯罪类型而主张整体上取消毒品犯罪的死刑配置，则是更高层面的问题。在目前对毒品犯罪保留死刑的情况下，不宜完全取消运输毒品罪的死刑配置。

性，实现处罚的合理性。在政策把握上要坚持辩证思路，重点打击运输毒品犯罪集团首要分子，指使、雇用他人运输毒品的主犯或者毒枭、职业毒犯、毒品再犯，以及具有武装掩护、暴力抗拒检查、拘留或者逮捕、参与有组织的国际毒品犯罪、以运输毒品为业、多次运输毒品或者其他严重情节的运输毒品犯罪分子，该判处重刑乃至死刑的要继续依法判处。如果行为人是为自己运输毒品，其运输行为在逻辑上必然从属于走私、贩卖或者制造毒品，不论其罪名是何种组合方式（如走私、运输毒品罪，贩卖、运输毒品罪，贩卖、运输、制造毒品罪等），此时运输毒品只是其中一个从属环节，对犯罪行为的性质和危害要进行整体评价，不能把运输毒品作为评价的重点。如果行为人是受人指使、雇用运输毒品，认定的罪名通常为运输毒品罪，此时看似针对运输毒品罪进行定罪量刑，实际上也要充分考虑其被指使、雇用的情况以及其他量刑情节，总体上体现从宽处理的政策。司法工作中要继续执行好相关会议纪要等指导文件。例如，最高人民法院印发的《2008 年毒品纪要》提出，对有证据证明被告人确属受人指使、雇用运输毒品，又系初犯、偶犯的，可以从轻处罚，即使毒品数量超过实际掌握的死刑数量标准，也可以不判处死刑立即执行。在此基础上，《2015 年毒品纪要》进一步明确："尤其对于其中被动参与犯罪，从属性、辅助性较强，获利程度较低的被告人，一般不应当判处死刑。对于不能排除受人指使、雇用初次运输毒品的被告人，毒品数量超过实际掌握的死刑数量标准，但尚不属数量巨大的，一般也可以不判处死刑。"《2023 年毒品纪要》基本重申了上述政策精神，但在文字表述方面作了一定调整。[①]

问 认定运输毒品罪是否有距离要求？短距离运输毒品是否构成本罪？ 036

答：构成运输毒品罪是否有距离要求，一直是实践中争议较大的问题，

① 对运输毒品罪的死刑适用问题，详见本书第十七章"毒品犯罪的死刑适用"。

归结起来，主要有两种观点。一种观点认为，《刑法》对运输毒品罪没有规定距离上的要求，无论运输距离长短，只要通过运输行为使毒品发生了空间位移，就应当认定为运输毒品罪。另一种观点认为，构成运输毒品罪应当有距离要求，短距离运输毒品的（如同城运输），一般不应认定为运输毒品罪，宜认定为非法持有毒品罪。对此，应当坚持对《刑法》的相关规定作体系性理解和实质性解释，综合、辩证地看待各种观点。

可以肯定，运输距离的长短不是运输毒品罪的构成要件，但在不同情况下对认定运输毒品罪有重大影响。一方面，有的情况下即使运输毒品的距离很短，但这种短距离在毒品传播、扩散中起到重要作用的，也明显侵害了国家对毒品的监管秩序，仍应当认定为运输毒品罪。例如，甲受他人雇用运输毒品，通过偏僻小路将毒品从边境检查站的一端运至数百米外的另一端，虽然运输毒品的距离很短，但这一绕卡运输环节十分重要甚至具有决定性意义，故甲的行为仍构成运输毒品罪。据了解，在云南边境地区有不少人以此类运输毒品行为为业或者是惯犯，如果因运输毒品的距离很短而不认定为运输毒品罪，则难以有效打击此类毒品犯罪。另一方面，很多情况下运输毒品距离确实是判断运输行为性质的重要因素，对短距离运输毒品的不宜认定为运输毒品罪。例如，吸毒人员甲将 10 克海洛因从其住处运至同城另一住处后被查获，甲提出是为便于吸食而转移毒品，侦查机关未收集到其有贩卖毒品行为的证据，据此可认定其构成非法持有毒品罪而不是运输毒品罪。再如，王某与吸毒人员张某约定在某公园交易 2 克冰毒，该公园距王某住处 2 公里，王某驾车前往，在与张某交易时被抓获。对该案通常认定王某犯贩卖毒品罪而不是贩卖、运输毒品罪。也就是说，在毒品交易链条的末端，对短距离运输毒品的一般不必作出单独评价，无须认定构成运输毒品罪。

那么，如何把握这里“短距离”运输毒品的认定标准？从便于司法操作的角度看，若能对这个标准进行量化是最理想的（如规定 10 公里或者 5 公里之内为“短距离”），但客观上不可能做到。因为法律并没有明确规定“运输毒品距离较长的”才构成犯罪，缺乏量化的前提，并且，实践情况很复杂，也不适宜从距离长短角度对是否构成运输毒品罪进行量化。这恰恰是需要司法人员根据案件具体情况进行裁量的领域，是刑法理论、刑事政策和案件处理效果的交汇处，是对司法能力的考验和挑战。本书认为，短距离运输通常是指同城之内距离相对较短的运输毒品行为。对于为贩卖毒品而在同城之内短距离运输毒品的，一般不宜单独对运输毒品行为单独定罪，整体上认定为贩卖毒品罪即可；对于帮助贩毒者“送货”来赚取少量报酬或者“蹭吸”的，也不宜单独认定为运输毒品罪，认定为贩卖毒品罪的共犯即可。当然，对于北京、上海、重庆、广州等特大城市，行为人为贩卖或者帮助贩卖毒品而将毒品从市区运输到郊县，运输距离可能长达几十公里甚至上百公里，这种情形下通常可以认为运输环节的作用较为突出，有必要单独评价，可以认定为贩卖、运输毒品罪或者运输毒品罪。

总的来看，在办理毒品犯罪案件时，对于被告人短距离运输毒品的行为，应当结合毒品数量、运输距离长短、行为目的、有无牟利等因素，综合认定是构成运输毒品罪还是非法持有毒品罪等犯罪。大体上，对行为人短距离运输毒品，没有证据证明其是为了实施走私、贩卖毒品等其他犯罪，有下列情形之一的，一般可以以运输毒品罪定罪处罚：（1）意图长距离运输毒品，刚起运即被查获的；（2）出于绕过关卡、躲避检查等特定目的而为他人短距离运输毒品的；（3）以牟利为目的多次短距离运输毒品的；（4）其他需要单独评价的短距离运输毒品的情形。

问 误将其他物品当作毒品运输的，如何定性？ 037

答：误将其他物品当作毒品进行运输的案件在司法实践中并不多见。如有，则通常出现于受人指使、雇用运输某种物品的场合，指使者、雇用者故意隐瞒物品的真实性质，明确谎称是毒品或以某种模糊的言行使运输者误认为该物品是毒品。从误解的程度看，有的行为人可能把与毒品存在一定关联的物品（如制毒物品、未管制的麻精药品）当作毒品运输，有的行为人可能将完全与毒品无关的物品（如中药材、工艺品、面粉）当作毒品。无论是何种原因造成的误解，运输者明知是“毒品”而运输，说明其主观上具有运输毒品的故意，但客观上运输的不是毒品。这情形属于抽象的事实认识错误，有的情形可能属于对象不能犯，理论上对这种情形是否具有刑事可罚性存在一定争议，但我国传统刑法理论通常认为不能犯未遂应当承担刑事责任。因为，"在不能犯未遂的情况下，行为人主观上具有明显的犯罪故意并已经外化为犯罪行为，仅仅因为方法不当或者目标错误而未能发生法定的犯罪结果。所以，不能犯未遂同时具备了主观罪过和客观行为这两个犯罪构成中最基本的因素，这就决定了不能犯未遂具有一定的法益侵害性，而这正是不能犯未遂承担刑事责任的根据"①。

司法实践中对此类情形一般按照犯罪未遂处理，如张某筠、张某峰误将尸块当作毒品运输案。该案的基本案情是，1997 年 11 月 29 日被告人胡某为图财在住处将被害人韩某根杀害，并将韩某根的尸体肢解后打包成两个包裹。随后，胡某以包裹内装有毒品为名，指使张某筠和张某峰帮其将两个包裹送往南京。二人于次日中午乘出租车到达南京，将两个包裹寄存于南京火车站小件寄存处，后因尸体腐烂而案发。法院认为，张某筠、张某峰明知是"毒品"仍帮助他人运往异地，均已构成运输毒品罪，但系未遂，应依法从轻处罚。对胡某以故意杀人罪判处死刑（附加刑略），对张某筠、张某峰分别判处有期徒刑 2 年和 1 年 6 个月（附加刑略）。二张行为的特点是，主观上具有运输毒品的故意，但客观上运输的是尸块，运输尸块属于帮助转移、毁灭证据的行为，侵害的法益是司法机关的工作秩序，与运输毒品罪所侵犯的毒品管制秩序明显不同，二人实际上是基于运输毒品罪（重罪）的故意实施了帮助毁灭证据罪（轻罪）的行为，从主客观两方面看都具有社会危害性，故以运输毒品罪未遂处理是有根据的。②

值得注意的是，如果行为人所运输的物品本身就是毒品，只是与行为人认知的种类不同（如实际上运输的是冰毒，但误以为是海洛因），这种认识错误属于具体的事实认识错误，不影响犯罪故意的成立。但如果行为人误以为是性质较轻的毒品（如鸦片）而实际运输的是性质严重的毒品（如海洛因），

① 陈兴良：《规范刑法学》（第 5 版）（上册），中国人民大学出版社 2023 年版，第 301 页。

② 参见中华人民共和国最高人民法院刑事审判第一、二、三、四、五庭主办：《中国刑事审判指导案例》（第 1 卷）（增订第 3 版），法律出版社 2017 年版，第 73-75 页。

则可能对量刑产生一定影响。

问 运输毒品的行为人辩解不明知是毒品的，如何处理？ 038

答： 这是司法实践中的常见情形，尤其是在受人指使、雇用运输毒品案件中，行为人被查获后辩解不明知是毒品的情况较多。为规范此类情形的认定，依法有力打击毒品犯罪，多部司法文件对此作了规定。例如，最高人民法院、最高人民检察院、公安部2007年制定的《毒品犯罪意见》列举了8种可以认定明知的情形。在此基础上，最高人民法院印发的《2008年毒品纪要》又对明知的认定作了规定，列举了10种可以认定明知的情形。《立案追诉标准（三）》也对明知问题作了规定。[①]《2023年毒品纪要》则对明知的认定作了进一步梳理，除完善采取推定方式认定明知的规则外，还增加了被告人不认罪情况下运用证据认定明知的情形。[②]对于主要采取推定方式认定主观明知的案件，有如下问题值得注意：

1. 推定明知是司法证明的补充方式。通常所说的推定是指事实推定，即司法人员基于经验法则和逻辑规则，由某一事实的存在而推断其他事实（包括作为主观心态的明知）。推定是在行为人否认明知且缺少其他证据证明其明知的情况下，替代司法证明而形成的"次优"选择。如果行为人运输毒品有上述文件所列举的情形，到案后否认明知是毒品，但在案的其他证据（如微信聊天记录、短信、证人证言、同案被告人供述等）能证明其明知是毒品而运输的，则属于以证据证明方式认定明知，不是推定明知。如果没有其他证据证明其明知，主要根据其实施犯罪时的行为表现来认定明知，则属于推定明知。推定是建立在基础事实和推定事实之间的高概率联系之上的，结论并非确定无疑，故要慎重使用推定。对涉及明知认定的案件，要尽量全面收

---

① 《2008年毒品纪要》与2007年《毒品犯罪意见》相比，前7项基本相同，增加了第8、9项。《立案追诉标准（三）》的规定与《2008年毒品纪要》基本相同。

② 《2023年毒品纪要》中对明知问题作了详细规定，可参见本书"走私毒品罪"一章。

集、固定各类证据，包括证明行为人的身份、经济状况、一贯表现乃至社会关系的证据，尽可能多地用证据证明而不是推定行为人的主观明知。对于受客观条件限制，确实难以收集到其他更多有效证据的，也应当根据行为人实施毒品犯罪的过程、行为方式、毒品被查获时的情形和环境等证据，结合其年龄、阅历、智力及掌握相关知识的情况，进行综合分析判断，避免主要甚至单纯依靠推定方式认定明知。从这个意义上讲，上述司法文件的规定并非单纯的推定明知，而是以推定方式为主的综合分析认定。[①] 实践中，此类运输毒品案件很多。

例如，李某顺运输毒品案。2007 年 3 月 30 日，被告人李某顺携带毒品乘车途经木康检查站时被抓获，边防人员当场从其携带的木箱夹层内查获海洛因 1388 克。李某顺辩称不知道自己所携带的木箱中藏有毒品，也没有同案犯、证人、书证等证据证明其主观明知所运输的物品是毒品，但法院认定其主观上系明知。主要理由包括：（1）李某顺携带的毒品藏于木箱的夹层之内，属于采用高度隐蔽的方式携带、运输毒品。（2）李某顺携带的木箱内并无贵重物品，但据其本人供述，交付木箱的人约定给其 4000 元报酬，且另付 500 元路费。这符合上述司法文件中“为获取不同寻常的高额、不等值报酬为他人携带、运输物品，从中查获毒品的”情形。（3）在云南边境地区雇人运输毒品的情况比较常见，一般人都能辨别此种不正常的高报酬运输很可能就是运输毒品，但李某顺在边防检查站并没有主动向执法人员申报此种情况。同时，李某顺对自己的行为未作出合理解释，也不能提供自己被蒙骗的证据，故综合分析认定其运输毒品是基于故意。[②]

2. 要高度重视行为人提出的辩解。推定明知不是以确凿证据加以证明，而是根据基础事实与待证事实的常态（高概率）联系，运用社会生活经验、

---

① 当推定方式所起作用被弱化，案件有更多间接证据时，就可以归类为运用间接证据证明犯罪事实，而不是推定。

② 参见中华人民共和国最高人民法院刑事审判第一、二、三、四、五庭主办：《中国刑事审判指导案例》（第 5 卷）（增订第 3 版），法律出版社 2017 年版，第 431–433 页。该案毒品数量明显超过当年实际掌握的死刑适用数量标准，被核准死刑。另外，该合集刊登的龙某明运输毒品案和周某花运输毒品案（第 433–437 页），也涉及明知的认定问题，但这两起案件中都有同案被告人证实被告人明知是毒品而运输，故不是典型的运用推定来认定主观明知的案件。

情理判断和逻辑推理得出的，故可能出现推定结论不正确的情况。行为人否认明知是毒品的，往往会提出辩解甚至提出相关证据来加以证明。但有的行为人受制于文化程度、表达能力等多种因素，即使其主观上确实不明知，也可能“百口莫辩”，不能提出有效辩解，故对主要依靠推定认定明知的案件处理上要十分慎重。要设身处地分析行为人提出的辩解是否合理，避免以司法人员个人经验和认知代替常规认知，尤其不能“强人所难”，进而轻易否定行为人辩解的合理性。对于综合全案证据情况，行为人很可能受到蒙骗、确实可能不明知所携带的物品里藏有毒品的，要按照“疑罪从无”原则处理。

例如，骆某林运输毒品（无罪）案。2008 年 5 月 16 日，被告人骆某林驾驶黑色长安汽车从云南省孟连县经景洪市前往四川省成都市，当晚途经普洱市思茅区时被公开查缉的公安人员查获，当场从其驾驶的汽车后排两扇门夹层中查获冰毒 11 块，净重 5589 克。本案是一起形式上“人毒并获”的案件，但骆某林到案后辩称是受“二哥”的雇用驾车从四川到云南，在孟连县“二哥”用过该汽车，其不知车门夹层内的毒品从何而来。同时，从毒品的外包装上没有检出骆某林的指纹，无法证实骆某林接触过这些毒品，而辩护人提供的证据表明该车从四川前往云南时车上有 4 个人。由于其他 3 人未抓获，不排除是“二哥”等人将毒品藏在车门内的可能性。也就是说，现有证据无法证实骆某林对运输毒品具有主观上的明知，无法排除其他人作案的合理怀疑，不能得出是骆某林故意运输毒品的唯一结论，不能定罪。[①]

又如，陈某雄运输毒品（无罪）案。2013 年 12 月 26 日，出租车司机陈某雄受庄某某雇请，驾驶庄某某的小汽车搭载另一同案人庄某发到广东省惠来县东港镇后旗村。到达后，庄某发让陈某雄将车停在村边，二人坐在车内等候。当晚 20 时许，一男子将一个纸箱和一个布袋放进车辆后排座上。随后，陈某雄驾车搭载庄某发返回普宁市，途中被公安人员拦停，庄某发开

① 通常，涉及明知认定的情形是行为人知道为他人携带或者运输某种物品，但不知其中藏有毒品。而本案的现有证据甚至无法证明骆某林知道车上被人藏了“物品”，故不仅涉及明知的认定，也涉及是否达到定罪所需的证明标准问题。该案一审判处被告人死刑，二审发回重审，重审中两次补充侦查未果，检察机关作出不起诉决定。参见中华人民共和国最高人民法院刑事审判第一、二、三、四、五庭主办：《刑事审判参考》（第 99 集），法律出版社 2015 年版，第 98-102 页。

枪击伤民警后逃离。民警当场控制陈某雄，并在车辆后排座查获冰毒 14,047 克。一审对陈某雄以运输毒品罪判处死刑，二审以事实不清、证据不足发回重审。中级人民法院重审后以运输毒品罪判处陈某雄有期徒刑 10 年（附加刑略），广东省高级人民法院以原判认定事实不清、证据不足，判决陈某雄无罪。主要理由是：（1）不能排除侦查机关以非法方法收集证据，对陈某雄在侦查阶段所作的有罪供述依法予以排除。（2）原判采信的证据仅能证实陈某雄有协助他人运输毒品的行为，不能证实其主观上有参与运输毒品的故意。无足够证据能证明陈某雄明知车上运输的是毒品，也没有相关事实能推定陈某雄应当知道车上运输的是毒品等违禁物品。①

3. 关于放任型故意的认定。从实践情况看，为他人运输毒品的行为人在主观认知程度上有不同情形：（1）有的完全不知道为他人运输了物品，更不用说毒品，如上述骆某林案；（2）有的以为运输的是合法的或者正常的物品，如上述陈某雄案；（3）有的知道运输的物品可能涉及违法或者犯罪，如认为是“不正常的物品”“不好的东西”，但不知道是毒品；（4）有的知道运输的是毒品类的物品，但不知道具体种类和数量；（5）有的明确知道所运输毒品的种类（如冰毒、海洛因）和数量。显然，第（1）、（2）种情形属于不明知，第（4）、（5）种情形属于明知。在第（4）种情形中，有的行为人不直接使用“毒品”这种称谓，而使用“行话”或者“暗语”（如“缅果”“白粉”“黄皮”“飞仔”“神仙水”“开心水”“小树枝”等），按照“外行人领域的平行评价”理论，② 只要行为人知道该物品属于被国家管制的违禁药品，运输该物品会“犯法”“坐牢”，就属于明知是毒品而运输。对第 3 种情形，通常认为属于放任型故意（也称未必故意），即行为人已经意识到所运输的物品可能违法犯罪，即使运输的是毒品也在其可接受的范围内，故而符合主客观相统一的定罪原则。但放任型故意与确定明知所体现的主观恶性有所不同，量刑上可以适当

---

① 参见广东省高级人民法院刑事判决书（2016）粤刑终 321 号。网上亦可检索到该案信息。

② 这是德国学者提出的理论，基本观点是，对行为的社会意义的认识，不要求以刑法上的规范概念进行认识，只要认识到规范概念所指示的与犯罪性相关的意义即可。参见张明楷：《刑法学（上）》（第 6 版），法律出版社 2021 年版，第 340–341 页。

从宽处罚。[①] 上述5种情形是从认知程度进行分析的，最终能否认定行为人明知是毒品而运输，取决于案件的具体情形和证据情况。

4. 对主要采取推定方式认定明知的，适用死刑要特别慎重。如上文所述，推定不同于证据证明，其结论并非确定无疑。实践中证据的充足度表现为一个“域”而不是一条“线”，对于进入这个“域”的案件，即使认定行为人主观上明知是毒品，证据在形式上达到定案要求，但其结论的可靠性也存在差别。死刑是剥夺生命的“极刑”，司法工作中历来强调要坚持最高的证明标准和最严的证据要求，采取推定方式认定明知总体上不符合这一“最高标准”，故应尽量避免对被告人判处死刑。对此，《2023年毒品纪要》首次明确规定：“运用此方法认定明知的，……在决定对被告人是否适用死刑时更要特别慎重。”[②]

例如，祝某走私、运输毒品案。2018年12月，被告人祝某因欠外债使用手机上网求职，在搜索到“送货”可以获得高额报酬的信息后，主动联系对方并同意“送货”。后祝某按照对方安排，从四川省成都市来到云南省孟连县，乘坐充气皮艇偷渡出境到达缅甸。2019年1月下旬，祝某在对方安排下携带一个拉杆箱回到国内，经多次换乘交通工具返回昆明市，并乘坐列车前往山东省济南市。同月27日，公安人员在列车上抓获祝某，当场从其携带的拉杆箱底部夹层内查获海洛因2063.99克。祝某归案后辩称不知道携带的拉杆箱内藏有毒品。法院经审理认为，祝某采取高度隐蔽方式走私、运输毒品，其接受雇用后偷渡到缅甸等待一个月之久，仅携带一个装有衣物的拉杆箱即可获取高额报酬，途中多次更换交通工具，其对这些异常行为不能作出合理解释，故可以认定其明知是毒品。鉴于其受他人雇用走私、运输毒品，

---

① 还有一种特殊情形，行为人参与运输前并不明知要运输毒品，在运输途中被要求独自携带该物品时，才意识到所运输的是毒品。这与事先就明知是毒品而运输的情形有一定区别，主观恶性相对小一些，罪行相对轻一些，在处刑上应有所区别。如1998年发生的马某海运输毒品案（涉案海洛因7214.1克）就是这种情形，一审判处死刑，二审维持，最高人民法院复核阶段改判死缓。参见中华人民共和国最高人民法院刑事审判第一、二、三、四、五庭主办：《中国刑事审判指导案例》（第5卷）（增订第3版），法律出版社2017年版，第321–323页。

② 当然，如果推定在事实认定中不起主要作用，案件还存在其他有力的间接证据，事实认定能够达到确定无疑程度的，则可以依法适用死刑。

且具有初犯、偶犯等从宽情节，判处无期徒刑（附加刑略）。[①]

问 为贩卖而运输毒品的，对运输行为如何定性？ 039

答：为贩卖而运输毒品的行为很常见，这种情形下对运输行为是否认定为运输毒品罪，从而对整个行为是否认定为贩卖、运输毒品罪，关键看运输行为是否有独立评价的意义。可根据不同情形分别处理。

1. 对于行为人购买毒品后自行运输到异地贩卖，如果距离较远，运输毒品环节需要单独评价而不能为贩卖行为所吸收的，应认定构成贩卖、运输毒品罪。但是，如果没有收集到行为人准备贩卖毒品的证据，则只能认定为运输毒品罪，不能简单以运输的毒品数量大就推定其是为了贩卖。[②]有的案件中，行为人到邻近的城市或者省份贩卖毒品，虽然是跨地市甚至跨省份，但运输毒品的距离实际上很短，可以只认定为贩卖毒品罪，而不必对运输环节单独定罪。

2. 在指使、雇用他人运输毒品的案件中，如果运输距离很短，对运输行为没有单独评价意义的，对指使、雇用者可以只认定为贩卖毒品罪，如果运输距离较长、有独立评价意义的，可以对指使、雇用者认定为贩卖、运输毒品罪。

3. 对于受指使、雇用运输毒品的，其行为客观上为贩卖毒品提供了帮助，但不能都认定为贩卖毒品罪的共同犯罪，有时需要对运输行为进行评价。其中，对于为赚取运费而受雇用运输毒品的，如果没有参与贩卖环节（如代收买方支付的购毒款等），一般不能认定为贩卖、运输毒品罪，而通常应认定为运输毒品罪。此类案件在云南、甘肃等省份较多。即使运输距离较短，但如果出于绕过关卡、逃避检查等目的，或者明显是有偿运送，也可以认定为

① 本案系最高人民法院 2020 年发布的“6·26”禁毒宣传典型案例之一。

② 如果行为人长距离运输毒品并非前往住所地，通常就是为了交易，这种情况下侦查机关一般都能收集到其准备贩卖毒品的证据。

运输毒品罪。[①]有的案件中，贩毒者指使、雇用出租车司机在同城之内运送毒品，并按次数计算运费，通常可以认定为运输毒品罪；如果有证据证明出租车司机明知指使者是贩毒人员，对其也可以认定为贩卖毒品罪的共犯，而不必评价运输行为。如果是“马仔”按照贩卖者的指使在同城之内“跑腿”运送毒品，因“马仔”不太可能不知道“老板”是在贩卖毒品，故可以认定为贩卖毒品罪的帮助犯。

问 接收邮寄、快递的毒品，是否构成运输毒品罪？ 040

答：随着物流寄递行业的发展，毒品交易过程中通过邮寄、快递、物流方式交付毒品的情况较为常见。对于贩毒者，因寄递毒品多为长距离运输毒品，故通常应以贩卖、运输毒品罪定罪处罚。但对接收毒品的行为如何定性，实践中存在一定争议，需要区分不同情形认定。

1. 购毒者本人接收邮寄、快递毒品行为的定性

对购毒者本人接收邮寄、快递的毒品，在没有证据证明其是为了实施走私、贩卖毒品等犯罪的情况下，应当认定为运输毒品罪还是非法持有毒品罪，实践中存在不同意见。一种意见认为，贩毒者邮寄、快递毒品的行为是应购毒者的购买、送货要求而发生，购毒者有与贩毒者通过邮寄、快递方式运输毒品的共同故意，应认定为运输毒品罪的共犯。另一种意见认为，贩毒者通过邮寄、快递方式运输毒品应视为其交付毒品行为的组成部分，对购毒者不应再认定为运输毒品罪。购毒者接收邮寄、快递的毒品，没有证据证明其有实施走私、贩卖毒品等犯罪的故意，毒品数量较大的，应认定为非法持有毒品罪。

本书认为，上述第二种意见总体上更为合理。主要理由是：（1）无论贩毒者通过邮寄、快递、物流方式还是其他方式交付毒品，运输毒品行为通常

① 这样，就可能出现对指使者认定为贩卖毒品罪而对受指使者认定为运输毒品罪的情况。因指使者的贩卖毒品行为可以吸收运输行为，故二者实际上在运输毒品罪的范围内成立共同犯罪。

都要在购毒者与贩毒者的联络、配合之下完成，如果因此就要求购毒者对运输毒品行为承担刑事责任，则不仅是接收邮寄、快递毒品的购毒者，其他所有等待接收毒品的购毒者（包括为了吸食而少量购买毒品者）基本都将构成运输毒品罪，无疑会导致打击面过大。实际上，毒品交易的双方是对向犯关系，[①] 双方共同促进毒品交易的完成，但通常不认定为共同犯罪，不能因买方在毒品寄递方面提供了地址、电话或者其他必要的帮助就认定其为运输毒品的共同犯罪。（2）贩毒者通过邮寄、快递等方式向购毒者交付毒品的行为属于其贩卖毒品行为的组成部分，该运输毒品行为通常由贩毒者主导实施，购毒者原则上不应就毒品交付前的运输行为承担责任。（3）在没有证据证明购毒者是为了实施走私、贩卖毒品等犯罪，尤其是不能排除购毒者是以吸食为目的购买毒品的情况下，购毒者接收邮寄、快递的毒品数量达到较大以上的，应当以非法持有毒品罪定罪处罚。基于上述考虑，最高人民法院印发的《2015 年毒品纪要》规定，购毒者接收贩毒者通过物流寄递方式交付的毒品，没有证据证明其是为了实施贩卖毒品等其他犯罪，毒品数量达到《刑法》第 348 条规定的最低数量标准的，一般以非法持有毒品罪定罪处罚。[②]《2023 年毒品纪要》重申了上述规定。

例如，张某英非法持有毒品案。2005 年年初，住在新疆乌鲁木齐的被告人张某英同成都男子（绰号“尕蛋”）电话联系购买 400 克海洛因，并约定采取邮寄方式交付。张某英向“尕蛋”提供了收件人地址、姓名。当张某英接取到邮包离开时被抓获，当场查获海洛因 336 克。对本案，起诉指控的罪名是运输毒品罪，辩护人提出应当认定为非法持有毒品罪。一、二审法院都认定为运输毒品罪，主要理由是，张某英与上家预谋采用邮寄方式运输毒品，并提供了接收人姓名、地址和联系方式，毒品邮寄到乌鲁木齐后又前往

① 对向犯（对立的犯罪）是指以存在二人以上相互对向的行为为要件的犯罪。在对向犯的场合，只有一个人的行为是不可能构成犯罪的，必须存在相对方的行为，而且相对方的行为方式必须与行为人的行为方式相反或者相对，才可能成立对向犯。至于相对方的行为成立犯罪与否，则不影响对向犯的成立。参见张明楷：《刑法学（上）》（第 6 版），法律出版社 2021 年版，第 501 页。

② 之所以使用了“一般”，是为了兼顾实践中可能存在的特殊情况，如果购毒者对贩毒者交付运输毒品的行为起支配作用或者与贩毒者共同将毒品交付运输（特别是明确由买方支付运费的情况），对购毒者、贩毒者可以以运输毒品罪的共犯论处，即上下家在运输环节构成共同犯罪。

领取，完成了运输的全过程。该案报送最高人民法院复核死刑后（2007 年之前），被改判为非法持有毒品罪，判处无期徒刑。主要理由是：（1）张某英提供接收毒品的地址和联系方式，目的是购买毒品，从成都到乌鲁木齐的运输过程本身并不是张某英所追求的。（2）张某英自称是吸毒人员，没有证据证明张某英收到毒品后要实施贩卖毒品等其他犯罪。①

2. 代收者接收邮寄、快递毒品行为的定性

实践中为逃避打击，购毒者经常指使、雇用他人代为接收邮寄、快递的毒品。在代收者没有实施其他毒品犯罪的故意的情况下，其只是代替购毒者临时地占有该毒品，让购毒者通过其代收行为实现对毒品的间接控制。此时，代收者接取毒品的行为从属于购毒者的购买行为，与贩毒者无共同的运输目的，对接收之前的运输环节不承担责任。故《2015 年毒品纪要》提出，代收者明知是物流寄递的毒品而代购毒者接收，没有证据证明其与购毒者有实施贩卖、运输毒品等犯罪的共同故意，毒品数量达到《刑法》第 348 条规定的最低数量标准的，对代收者以非法持有毒品罪定罪处罚。《2023 年毒品纪要》重申了上述规定。

该规定有多层含义：（1）代收者代替购毒者接收邮寄、快递的毒品，没有证据证明购毒者是为了实施走私、贩卖毒品等犯罪，毒品数量达到较大以上的，对代收者与购毒者应当认定为非法持有毒品罪的共同犯罪。（2）没有证据证实代收者明知购毒者是为了实施走私、贩卖毒品等犯罪，毒品数量达到较大以上的，对代收者应当以非法持有毒品罪定罪处罚，对购毒者以其实际实施的犯罪（如走私毒品罪、贩卖毒品罪等）定罪处罚。这种情况下，购毒者与代收者在非法持有毒品罪的范围内构成共同犯罪。（3）代收者因受蒙骗确实不明知接收的包裹里藏有毒品的，则不应当追究刑事责任。这种情形属于间接正犯，对代收者能否认定受到蒙骗，要细致分析在案证据情况，特别是被告人辩解的可信度。如果接收者本是吸毒人员，其辩解不明知的可信度相对就低，如果接收者是从未接触过毒品的未成年人或者老年人，则辩解

① 参见中华人民共和国最高人民法院刑事审判第一、二、三、四、五庭主办：《中国刑事审判指导案例》（第 5 卷）（增订第 3 版），法律出版社 2017 年版，第 502–506 页。该案中辩护人提出的案件定性意见同最高人民法院的认定是一致的。

的可信度就很高。

3. 购毒者、代收者接收毒品后运输行为的定性

购毒者接收毒品后自行运输毒品或者指使代收者运输毒品，如果运输距离较长，需要单独评价运输行为的，对接收毒品后的运输行为通常可以认定为运输毒品罪。如果有证据证明他们是为了走私或者贩卖，可认定为走私、运输毒品罪或者贩卖、运输毒品罪。如果购毒者系吸毒人员，没有证据证明其有走私、贩卖毒品等其他犯罪行为，所运输的毒品数量达到较大以上，也可以认定为运输毒品罪。

例如，2011 年 5 月，被告人张某（吸毒人员）给广州市的“肥仔”（在逃）汇款 54,000 元用于购买毒品，同时提供了收件人姓名、地址和手机号码。5 月 17 日，“肥仔”通过物流将毒品托运至张某所在城市一货运部。当天下午，张某给朋友高某一张假身份证，让高某替自己到货运部接取藏有毒品的包裹，并承诺事后给高某 500 元报酬。高某在接取到包裹后被抓获，公安人员从包裹内查获 144 克冰毒和 50 克“麻古”。[①] 本案中，张某是购毒者，其对毒品收到前的运输环节不承担责任，因没有证据证明其是为了实施走私、贩卖毒品等其他犯罪，故应认定为非法持有毒品罪。高某明知是装有毒品的包裹而代张某接收，与张某构成非法持有毒品罪的共犯。但是，如果张某指使高某接收毒品后进行长距离运输（不包括同城之内的短距离运输），则二人构成运输毒品罪的共犯。

问 如何区分运输毒品罪与转移毒品罪？ 041

答：转移毒品罪在司法实践中较为少见，主要是因为此类案件的数量原本不多，同时，此类行为多被其他犯罪行为（如贩卖毒品罪的共犯、窝藏毒品罪等）吸收，不必单独评价。转移毒品罪是妨害司法活动的犯罪，是指行

---

① 这是笔者在工作中了解到的案例，此处作了改编。

为人明知他人可能受到司法机关的查处而为其将毒品转移到其他场所保管、隐藏。转移毒品的过程必然涉及毒品的空间移动，故很可能同运输毒品行为形成竞合。一般而言，对同城之内转移毒品的不能认定为运输毒品罪。例如，在同一栋楼之内将毒品转移到不同的楼层，在同一小区之内将毒品转移到不同的居民楼，或者将毒品从一个小区转移到附近的其他小区等。[①] 有的案件中转移毒品的距离相对较长（如数十公里），通常也不宜认定为运输毒品罪。实践中很少出现长途转移毒品的情况，如果确实发生，则可以认定为运输毒品罪。

另外，根据《刑法》第 349 条第 3 款的规定，经事先通谋，为走私、贩卖、运输、制造毒品的犯罪分子转移毒品的，以走私、贩卖、运输、制造毒品罪的共犯论处。这是法律的提示性规定。如果贩毒人员尚未受到司法机关的查处，而是为了降低毒品被全部查获的风险，一开始就委托他人代为保管、藏匿毒品，他人将毒品运到其他地方藏匿的，通常认定为贩卖毒品罪的共犯，而不是转移毒品罪。如果此时运输毒品的距离很长，具有独立评价意义的，可以考虑对指使者认定为贩卖、运输毒品罪，对毒品的转移者认定为运输毒品罪。

---

① 例如，在梁某雄、周某杰等人贩卖毒品案中，被告人梁某雄被抓获后，黄某柱（在逃）指使被告人赵某祥从梁某雄的住处（603 室）取出装有 6 包咖啡因（净重 4900 克）的背包拿到楼下，被认定犯转移毒品罪，判处 8 个月有期徒刑。参见中华人民共和国最高人民法院刑事审判第一、二、三、四、五庭主办：《中国刑事审判指导案例》（第 5 卷）（增订第 3 版），法律出版社 2017 年版，第 350–356 页。

第五章 制造毒品罪

▶▶▶ 「**本章导读**」

制造毒品是源头性毒品犯罪，近年来通过持续打击、整治，国内规模性制毒活动得到有效遏制，但部分省份仍有零星散发。本章解答的法律适用问题包括：采取物理方法加工、配制毒品的是否构成制造毒品罪，如何看待制造“麻古”案件中作为制毒原料的冰毒、咖啡因的性质，粗制毒品、毒品半成品的认定及其对量刑的影响，氯代麻黄碱的性质，在非法生产麻黄碱过程中出现甲卡西酮的情形如何定性，废液废料的认定，制造毒品案件中主观明知的认定等。因本书的体例和内容安排之需，与制造毒品罪相关的其他重要问题（如该罪的既未遂标准、死刑适用标准）放在其他章节中进行介绍。

问 采取物理方法加工、配制毒品的，是否构成制造毒品罪？ 042

答：对制造毒品含义的理解和司法认定，有一个演变的过程。在最高人民法院印发《2008年毒品纪要》之前，司法实务中主要认可从植物中提炼毒品和利用化学方法合成毒品两种制造毒品方法。这种认识源于最高人民法院1994年制定的《关于禁毒决定的解释》第2条的规定：制造毒品是指非法用毒品原植物直接提炼或者用化学方法加工、配制毒品的行为。其中，从植物中提炼毒品是传统的制造毒品方法，如对成熟的罂粟果实割汁形成生鸦片，将生鸦片熬制成熟鸦片，从大麻植物中提取大麻脂或者大麻素等。[①]不过，对毒品原植物果实进行收获的行为不属于制造毒品，如采摘罂粟壳，采摘大麻花、大麻叶等。利用化学方法制造毒品包括两种情形，一种是以毒品植物为基础，采取化学方法进行加工、提炼，如用鸦片提炼吗啡、用吗啡加工海洛因、用古柯植物提炼可卡因等；另一种是主要采取化学合成方法制造毒品，如用合成的麻黄碱制造冰毒、用羟亚胺制造氯胺酮等。

但是，对于采用物理方法加工、配制毒品的行为是否认定为制造毒品罪，一度争议较大，以往的司法实践中已经出现此类案件。如将固态海洛因制成水剂并掺入安定，将冰毒和咖啡因碾成粉末后压制成甲基苯丙胺片剂（“麻古”）等。[②]为更加准确、有力地打击制造毒品犯罪，《2008年毒品纪要》结合当时的司法实践情况作出规定：制造毒品不仅包括非法用毒品原植物直接提炼和用化学方法加工、配制毒品的行为，也包括以改变毒品成分和效用为目的，采用混合等物理方法加工、配制毒品的行为。这样，就通过规

---

① 用于提炼毒品的植物，通常为国家明确管制的毒品原植物，但也可能是未被管制的植物。例如，最高人民检察院2022年发布的第37批指导案例中的何某贩卖、制造毒品案（检例第153号），何某通过网络购买某类树皮（不属于被管制的毒品原植物），磨成粉末后按特定方法熬制成水溶液“死藤水”，从查获的树皮粉末和“死藤水”中均能检出二甲基色胺（属第一类精神药品），故其行为也属于从植物中提炼毒品的行为。

② 值得注意的是，“摇头丸”虽然也是片剂，但生成MDMA等主要毒品成分的过程需采取化学方法，后期压制成片剂才是物理方法，故制造“摇头丸”并非完全采取物理方法。如果行为人从其他渠道获得相关固体毒品后，采取压制方法制成“摇头丸”片剂，也应当认定为制造毒品。

范性文件的方式明确了部分采取物理方法加工、配制毒品的行为构成制造毒品罪。《2023年毒品纪要》重申了《2008年毒品纪要》的上述规定，即“制造毒品，除传统、典型的非法利用毒品原植物直接提炼和用化学方法加工、配制毒品的行为以外，还包括以改变毒品的成分和效用为目的用物理方法加工、配制毒品的行为。”

值得注意的是，物理方法毕竟不同于化学方法，化学方法通常使事物发生性质变化，而物理方法一般只是改变事物的存在形态，故对采取物理方法认定为制造毒品罪的范围不能轻易扩大，关键看是否改变毒品的成分和效用。据此判断标准，对如下情形可以认定为制造毒品：（1）利用真空泵、干燥箱等工具将液态毒品转变为晶体、粉末等固体毒品。（2）将甲基苯丙胺粉末、咖啡因粉末及辅料压制成“麻古”。如高某亮、李某望制造“麻古”案。[①]（3）对毒品进行去除杂质等纯化处理，使低品质毒品变为高品质毒品。如把被水或者油浸泡过的“麻古”碾碎后重新进行加工，并掺入香精、色素，属于制造毒品。（4）利用鸦片汁制作“卡苦”，即使不考虑从罂粟果实中提取鸦片汁的环节，考虑其属于物理性深度加工方法，也可以认定为制造毒品。[②]

同时，对简单的物理加工、不明显改变毒品成分和效用的情形不宜认定为制造毒品。《2008年毒品纪要》曾提出，为便于隐蔽运输、销售、使用、欺骗购买者，或者为了增重，对毒品掺杂使假，添加或者去除其他非毒品物质的，不属于制造毒品的行为。这一指导意见总体是妥当的，但对去除非毒品物质的行为不能一概而论，有的可以认定为制造毒品。《2023年毒品纪要》则规定：“为欺骗购毒者或者逃避查缉等，对毒品掺杂使假，通过物理方法使毒品溶解、混合、吸附于某种物质，或者以自用为目的对少量毒品添加其

① 该案发生在2006年，当时《2008年毒品纪要》尚未发布。参见中华人民共和国最高人民法院刑事审判第一、二、三、四、五庭主办：《中国刑事审判指导案例》（第5卷）（增订第3版），法律出版社2017年版，第379–382页。

② “卡苦”也称“卡古”“朵把”，是由芭蕉叶纤维晒干、切丝，浸入鸦片汁后晾干而成的老式烟丝状黑色物，通常卷成黄豆大小放在水烟筒上抽。“卡苦”中起作用的毒品成分是鸦片，主要出现在云南省的德宏、临沧等地。

他物质、改变形态的，不认定为制造毒品。”根据这些指导意见和司法实践情况，对如下情形可不认定为制造毒品：（1）行为人购买毒品后为便于零售而将整块毒品打碎分装的。对于分装毒品，如果是制造毒品过程中对毒品进行分装，属于制造毒品行为的一部分，不用单独评价；如果是购买毒品后为了便于贩卖而自行分装，则属于贩卖毒品的一部分，也不用单独评价。分装并不改变毒品的成分和效用，只是将大包改为小包，不应认定为制造毒品。（2）行为人购买毒品后为增加毒品数量而往毒品中掺入辅料或者杂质的。如张某梅、刘某堂、李某生贩卖毒品案。[①] 对高纯度的毒品掺入其他毒品或者非毒品成分，是实践中的常见做法，有时甚至是必要做法，只要掺杂后的毒品含量不明显低于通常的含量，则对量刑基本没有影响，如果导致毒品含量明显低于正常含量，则影响量刑。（3）为隐蔽走私、运输而将毒品溶解、混合、吸附于其他物质中的。这不是毒品的常规形态，而是临时性改变，故不能认定为制造毒品。（4）将一种或者多种毒品掺入雀巢咖啡、红牛饮料或者其他饮料中卖给娱乐场所，或者用于自吸的。（5）将甲基苯丙胺粉末与其他毒品成分简单混合并掺入辅料后制成小包进行贩卖的。如刘某普、凌某春贩卖、制造毒品案。[②]

---

① 在该案中，被告人刘某堂、李某生在将毒品贩卖给被告人张某梅之前对海洛因进行加工，将130克海洛因掺入辅料后形成657克含海洛因的毒品，对此行为法院没有另行认定为制造毒品罪而是仅认定为贩卖毒品罪。该案发生在2003年，一、二审判处3人死刑，最高人民法院复核后改判3人死缓。参见中华人民共和国最高人民法院刑事审判第一、二、三、四、五庭主办：《中国刑事审判指导案例》（第5卷）（增订第3版），法律出版社2017年版，第344–350页。

② 在该案中，二被告人与“阿发”（在逃）共谋加工“咖啡”牟利，刘某普指使他人将“摇头丸”“Y仔”（硝甲西泮）碾成粉末，并与“K粉”（氯胺酮）混合，“阿发”雇人装入雀巢咖啡袋内，用封口机封口，出售给附近的娱乐场所和吸毒人员。一、二审认定该行为构成制造毒品罪。最高人民法院复核后认为，刘某普、凌某春等人将3种毒品混合后加入袋装雀巢咖啡内进行贩卖，主观目的不是制造新类型毒品，而是通过这种混合形式掩人耳目以便贩卖；混合方式只是简单地将一些毒品与咖啡进行混杂，没有严格的配比和工艺，不足以改变毒品的成分和效用，没有形成新的混合型毒品，故不属于制造毒品，仍应认定为贩卖毒品罪。参见中华人民共和国最高人民法院刑事审判第一、二、三、四、五庭主办：《中国刑事审判指导案例》（第5卷）（增订第3版），法律出版社2017年版，第480–483页。

问 制造“麻古”案件中，对现场查获的作为原料的冰毒、咖啡因等毒品如何定性？ 043

答：制造“麻古”案件有一定特殊性，作为制毒原料的冰毒、咖啡因等本身就是毒品，在尚未完成制毒程序的案件中，对查获的作为制毒原料的冰毒、咖啡因如何定性，实践中存在争议。有的意见认为可以认定为非法持有毒品罪或者贩卖毒品罪。但这种意见存在逻辑上的矛盾，因为整个案件性质属于制造毒品，冰毒、咖啡因虽然不是行为人直接制造的（通常是买来的），但准备用于制造“麻古”，便是制造毒品行为的一部分。并且，如果将这些本属于毒品的制毒原料认定为非法持有毒品罪，会导致此类案件要认定为制造毒品罪和非法持有毒品罪两个罪名。而非法持有毒品罪是在无法认定为走私、贩卖、运输、制造毒品罪的情况下的“兜底”罪名，既然案件性质已经明确属于制造毒品，就不应当再另定非法持有毒品罪。至于认定为贩卖毒品罪，其理由比认定为非法持有毒品罪要充分一些。从逻辑上分析，行为人购买冰毒、咖啡因等毒品制造“麻古”的目的通常是用于贩卖，但其要贩卖的毒品并不是冰毒或者咖啡因，而是自行制造的“麻古”，既然尚未制成“麻古”，则不宜将查获的冰毒、咖啡因等毒品直接认定为贩卖的对象。同时，也不能对其购买冰毒、咖啡因的行为认定为贩卖毒品罪，这种情形下购买毒品是手段，制造毒品是目的，手段行为已经被目的行为所吸收。

本书认为，对此类案件应整体认定为制造毒品罪一罪，对查获的作为制毒原料的冰毒、咖啡因等毒品可以客观表述查获的数量，量刑时要推算查获的冰毒、咖啡因等毒品大致能制造出的“麻古”数量。如果不涉及死刑适用，基本上可直接根据查获的冰毒、咖啡因的数量和已经制出的“麻古”数量量刑；如果涉及死刑适用，就要考虑“麻古”的量刑标准与冰毒存在差别。根据《2015 年毒品纪要》和《2023 年毒品纪要》的规定，“麻古”的死刑数量标准按照冰毒的 2 倍左右掌握。

问 何谓粗制毒品，其对量刑有何影响？ 044

答：粗制毒品不是法定概念，而是司法实务中形成的专门性用语，与精制毒品是对应关系。粗制毒品是指由于制毒技术不成熟而制造出来的品质不高的毒品，因其已经完成了全部制毒工序，故属于毒品成品，只是由于制毒技术不成熟而导致毒品品质不高。例如，制出的冰毒杂质较多，不够干燥，颜色发黄，有异味，吸食口感差等。有的粗制毒品可以通过进一步加工达到更好的品质，有的则没有继续加工的余地，会影响交易价格甚至无法出售。可见，粗制毒品不同于毒品半成品，后者没有完成全部制毒工序，毒品半成品经过继续加工、制造变为成品后，既可能是高品质的精制毒品，也可能是品质较差的粗制毒品。

《2008 年毒品纪要》规定，已经制造出粗制毒品的，以制造毒品罪的既遂论处。《2023 年毒品纪要》重申了这一规定。制造毒品是源头性犯罪，属于刑事政策上应予严厉打击的犯罪类型，即使是制造出粗制毒品的案件，也应体现从严惩处的政策，故原则上认定为犯罪既遂。不过，如果因为毒品品质很差而导致纯度很低甚至难以销售，其所造成的社会危害程度也相应降低，量刑时特别是涉及死刑适用时可以酌情从宽处理。《2023 年毒品纪要》提出，仅制出粗制毒品的，判处被告人死刑应当慎重。如果因技术不成熟，导致制毒失败，所制造的成品无法检测出毒品成分或者仅检测出微量毒品成分，则不属于粗制毒品，可以认定为犯罪未遂。[①]

---

① 在朱某斌等人制造、贩卖毒品案中，朱某斌等多名被告人多次非法制造毒品氯胺酮，其中有 250 余克成品普遍较差，在色泽、味道、功效等方面均不像“K 粉”，其中 140 克被丢弃，其余被吸食。法院对这部分毒品认定为制造毒品罪未遂。参见中华人民共和国最高人民法院刑事审判第一、二、三、四、五庭主办：《中国刑事审判指导案例》（第 5 卷）（增订第 3 版），法律出版社 2017 年版，第 373–376 页。从该案的案情看，这部分认定为犯罪未遂的氯胺酮应该是品质很差的粗制毒品，因成品灭失而毒品含量不明，按照《2008 年毒品纪要》的规定，存在认定为犯罪既遂的余地，但该案发生在《2008 年毒品纪要》印发前，当时本着慎重处理的原则认定为犯罪未遂也是有道理的。

问 何谓毒品半成品，其对量刑有何影响？ 045

答：所谓毒品半成品，是指尚未完成全部制毒工序但能够检测出毒品成分的毒品。利用制毒原料、配剂制造毒品（如冰毒、氯胺酮），往往有多个环节，在技术成熟的条件下，完成全部制毒工序可以形成毒品成品。半成品是形成成品前的中间产品，通常已经部分完成或者全部完成化学反应，能够检出毒品成分，有的甚至毒品含量较高。实践中，一些案件仅完成部分制毒工序即被侦破，此时就会查获毒品半成品以及原料、配剂等。例如，在夏某军等人制造毒品案中，当场查获氯胺酮成品 246.2 千克、含氯胺酮成分的褐色液体 1018 千克以及各种制毒工具、化工原料；[①] 在唐某东等人制造毒品案中，当场查获甲基苯丙胺 8114 克、含甲基苯丙胺成分的固液混合物 16,970 克（半成品）以及大量制毒辅料和制毒工具；[②] 在吴某、吴某柱等人贩卖、运输、制造毒品案中，仅查获的甲基苯丙胺成品就达 1 吨多，另查获 800 余千克毒品半成品。[③]

《2008 年毒品纪要》规定，已经制造出毒品半成品的，以制造毒品罪既遂论处；[④] 购进制造毒品的设备和原材料，开始着手制造毒品，但尚未制造出半成品的，以制造毒品罪的未遂论处。严格说来，制造出毒品成品才能算制造毒品既遂，《2008 年毒品纪要》的这种规定将制造毒品罪的既遂标准予以提前，体现了对制造毒品犯罪从严惩处的政策立场。

在数量认定上，《2015 年毒品纪要》和《2023 年毒品纪要》都规定，毒品成品、半成品的数量应当全部认定为制造毒品的数量。但是，毒品半成品毕竟不同于毒品成品，特别是离成品还有多个环节的半成品，其数量不能等同于成品的数量。量刑时，对于查获少部分成品、大部分半成品的案件，一般可以适当从宽，对于完全没有查获成品而只有半成品的案件，可以给予更

① 该案例的分析重点是如何通过审查证据认定被告人夏某军为制造毒品行为的“幕后老板”。参见中华人民共和国最高人民法院刑事审判第一、二、三、四、五庭主办：《中国刑事审判指导案例》（第 5 卷）（增订第 3 版），法律出版社 2017 年版，第 466–470 页。

② 本案是最高人民法院 2021 年发布的“6 · 26”禁毒宣传典型案例之一。

③ 本案是最高人民法院 2020 年发布的“6 · 26”禁毒宣传典型案例之一。

④《2023 年毒品纪要》重申了这一规定。

大幅度的从宽处理。涉及死刑适用的案件，如果查获的毒品全部为半成品或者大部分为半成品的，一般会对死刑适用产生影响。①

问 何谓氯代麻黄碱，属于制毒物品还是毒品半成品？ 046

答：氯代麻黄碱，化学名称N–甲基–1–苯基–1–氯–2–丙胺，又称β–氯代甲基苯丙胺，俗称“熟麻黄碱”“熟麻”“氯麻”，是由麻黄碱与氯代化学试剂反应形成的制造冰毒的中间体。由于利用氯代麻黄碱制造冰毒的过程较短，且产出的成品率高，一些地方出现了非法买卖氯代麻黄碱的案件，如何准确定性存在不小的争议。如果将氯代麻黄碱直接认定为冰毒半成品，则此类案件可以定性为贩卖毒品，处罚很严厉。如果将氯代麻黄碱认定为制毒物品，则此类案件多构成非法买卖制毒物品犯罪，犯罪性质相对较轻，惩处力度也会相对小些。

据了解，氯代麻黄碱的成分与麻黄碱不完全相同，仅是采取某一种制毒工艺所需要的中间体，不是制造冰毒的必经环节，故不宜将氯代麻黄碱认定为制造冰毒形成的半成品。对这类案件，原则上仍应按照制毒物品犯罪处理。2018年2月，公安部、商务部、原国家卫生和计划生育委员会、海关总署、原国家安全生产监督管理总局和原国家食品药品监督管理总局联合发布公告，将氯代麻黄碱列入第一类易制毒化学品进行管理，由此，也平息了关于氯代麻黄碱的性质之争。今后工作中，对于非法买卖氯代麻黄碱的，通常按照非法买卖制毒物品罪处理，如果为了制造毒品而买入氯代麻黄碱，一般认定为制造毒品罪即可（重罪吸收轻罪），不必对购买氯代麻黄碱的行为另行认定为非法买卖制毒物品罪。②

① 对制造毒品犯罪死刑适用问题的详细分析，可参见本书第十七章“毒品犯罪的死刑适用”。

② 例如，最高人民法院2022年发布的“6·26”禁毒宣传典型案例中的梁某景、黎某都等人制造毒品案，被告人就是从广东省梅州市购买氯代麻黄碱运至广西南宁市制造冰毒，案发时在制毒场地查获甲基苯丙胺晶体419.2千克、含甲基苯丙胺成分的固液混合物143.92千克及氯代麻黄碱148.42千克，法院依法对梁某景、黎某都二人判处并核准死刑。

问 在非法生产麻黄碱的过程中产生甲卡西酮的，是否构成制造毒品罪？ 047

答：甲卡西酮是卡西酮类物质的一种，国外俗称丧尸药、浴盐，一般为粉末状，其对人体的作用与苯丙胺类物质相似，具有兴奋和致幻作用，长期吸食会形成毒品依赖，过量使用易造成不可逆的永久性脑部损伤，造成幻觉、精神错乱、自残或者攻击他人。2005 年我国将甲卡西酮纳入第一类精神药品进行管制，随后又陆续对数量可观的合成卡西酮类物质进行管制。[①] 根据 2016 年《毒品犯罪解释》的规定，甲卡西酮的定罪量刑数量标准与甲基苯丙胺是 4 : 1，即走私、贩卖、运输、制造甲卡西酮 200 克以上为毒品“数量大”。

甲卡西酮在我国不存在合法生产、经营，也没有医疗用途，其滥用范围不大，滥用群体有地域性特征，多被称为“长治筋”（在咖啡因中掺入甲卡西酮进行吸食）。实践中存在专门制造甲卡西酮进行贩卖的案件，对此类案件应当认定为制造毒品罪，同时实施了贩卖行为的，则认定为贩卖、制造毒品罪。

但据了解，在利用溴代苯丙酮制造麻黄碱的过程中必然出现甲卡西酮，这时出现的甲卡西酮只是制造麻黄碱的中间体，不是行为人所追求的目标物，故不能简单以查处现场检验出了甲卡西酮就将案件定性为制造毒品。麻黄碱是制造冰毒的前体，本身不是毒品而是制毒物品，如果行为人的目的是制造麻黄碱而不是甲卡西酮，则不能认定为制造毒品罪，而是构成非法生产制毒物品罪。也就是说，对此类案件的定性，要结合全案证据，按照主客观相统一原则认定，不能单看客观上检验出了甲卡西酮，也不能简单采纳行为人提出的不是制造甲卡西酮的辩解。如果根据现场查获的原料、配剂（特别是存在相应数量的拆分剂、还原剂），结合被告人的供述和其他证据，现场

---

① 甲卡西酮不属于新精神活性物质。目前，我国已经对 56 种合成卡西酮类新精神活性物质进行了管制，其中，2013 年版麻醉药品和精神药品品种目录列管了 4 种，2015 年印发的《非药用类麻醉药品和精神药品列管办法》的附表列管了 26 种，2018 年列管了 20 种，2021 年列管了 6 种。

情况符合制造麻黄碱的工艺和流程的，仍应认定为制造麻黄碱案件。

例如，2013 年至 2014 年，被告人胡某松等人非法购买大量制毒物品后，雇请多人非法生产麻黄碱 762.4 千克，案发时还查获了含有甲卡西酮成分的物质 2054.4 千克。对该行为如何定性，案件办理过程中一度存在争议。胡某松等人供述他们的目的是生产麻黄碱出售。根据现场查获的制毒原料、配剂等情况，结合被告人供述的生产工艺流程，可以认定是生产麻黄碱。现场查获的大量含甲卡西酮成分的物质，属于生产麻黄碱过程中产生的中间体，不能直接证明是为了制造毒品甲卡西酮。根据主客观相一致的定罪原则，胡某松等人出于制造麻黄碱出售牟利的目的，明知制造的麻黄碱系被国家管制的制毒物品仍予以非法生产，构成制毒物品犯罪而不是毒品犯罪。①

问 如何认定制造毒品案件中的废液废料？ 048

答：如何认定废液废料是办理制造毒品案件中一个较为突出且认定难度较大的问题。在此类案件中，通常除查获毒品成品外，现场往往还会查获大量含有毒品成分的液体、固体液体混合物、块状物、膏状物、粉末状物等非常态物质，对这些物质界定为半成品还是废液废料，对于认定毒品数量很重要。从实践情况看，废液废料具备以下几个特征：其一，有可能检出毒品成分但含量极低。其二，因毒品成分含量极低，故不具备进一步提取、加工毒品的条件，即不能再从中提取出毒品成品或者半成品。其三，物理形态上多为液体或者固液混合物。

《2023 年毒品纪要》规定，废液、废料不计入制造毒品的数量；对“制

① 参见南昌市中级人民法院 2017 年 9 月 6 日作出的（2017）赣 01 刑初 24 号刑事判决。该案的犯罪事实包括非法生产麻黄碱和氯代麻黄碱两部分，对前一部分，公诉机关指控为制造毒品罪，法院第一次一审判决也认为构成制造毒品罪，二审法院发回重审后，一审法院改为非法买卖制毒物品罪。另外，胡某松还伙同他人非法生产氯代麻黄碱 440 千克。被告人的行为本属于非法生产制毒物品，但其行为发生在《刑法修正案（九）》施行之前，当时尚没有非法生产制毒物品罪这一罪名，按照“从旧兼从轻”原则，法院认定其行为构成非法买卖制毒物品罪。

毒废液、废料的认定，可以根据其残存毒品成分的含量、外观形态、存放的容器和位置，结合被告人对制毒过程、查获毒品疑似物性质的供述和辩解等证据进行分析判断，必要时可以听取专业机构意见”。该规定源自《2015 年毒品纪要》的相关规定。[①] 这里有两个值得注意的问题：（1）《刑法》虽然规定毒品数量不以纯度折算，但这针对的是毒品成品，对废液废料则不能简单以其中含有毒品成分便都认定为毒品，否则就违反了事物的逻辑和生活常理。[②]（2）在废液废料的认定上，案件与案件之间存在一定区别，司法人员的认识也会存在差异，比较好的解决办法是在规范性文件中明确一个含量数值，低于该数值的即可认定为废液废料。但如何科学合理地设定该数值标准，受到诸多因素影响，需要深入总结司法经验，逐步形成不违背常理常识，又有利于保证案件办理质量的共识。[③]

例如，2008 年 6 月，被告人常某购买制毒设备和麻黄素，在其租住处制造毒品。同年 11 月，常某与被告人王某某经共谋，由王某某出资，通过他人分 3 次购得麻黄素 10 千克，交由常某制毒。同年 12 月 24 日，王某某因怀疑常某偷吸毒品而将制毒设备搬至自己家中继续制毒。同月 26 日，公安人员在王某某家中将常、王二人抓获，从王某某家中、常某租住处查获大量制毒工具及毒品。经鉴定，从王某某家中查获含甲基苯丙胺成分的液体、固体、固液混合物共计 113.6 千克，从常某租住处查获含甲基苯丙胺成分的液体、固体、固液混合物共计 8735 克。其中，很多是甲基苯丙胺含量极低的非常态物

① 《2015 年毒品纪要》规定：“制造毒品案件中，毒品成品、半成品的数量应当全部认定为制造毒品的数量，对于无法再加工出成品、半成品的废液、废料则不应计入制造毒品的数量。对于废液、废料的认定，可以根据其毒品成分的含量、外观形态，结合被告人对制毒过程的供述等证据进行分析判断，必要时可以听取鉴定机构的意见。”

② 实践中有时会存在某种潜意识，为了体现刑事政策上的从重从快，似乎就可以突破法律规则，甚至结论违反惯常逻辑也没关系。近年来司法工作中强调要注重“法理情”相统一，这里的“理”指的就是事理，其中一个重要内容就是逻辑问题。如果司法处理结果违反惯常逻辑，那显然没有正确适用法律，也就谈不上取得良好的司法效果。

③ 实践中有一种说法，对制造毒品案件中查获的毒品成分含量低于 0.2% 的非常态物质可以认定为废液废料，但这一数值标准可能过低，会造成认定的毒品半成品数量远高于毒品原料的不成比例情况，违反常识。工作中仍应根据案件的具体情况认定查获的非常态物质中哪些属于废液废料，尚不宜机械套用 0.2% 的数值标准。

质，如14号乳白色液体2750克，含量0.0052%；15号咖啡色液体5900克，含量0.0045%；22号黄色液体2500克，含量0.0078%；28号乳白色液体和米黄色晶体混合物26,000克，含量0.0071%；38号咖啡色液体和固体混合物64,000克，含量0.0012%；43号紫黑色颗粒状物800克，含量0.236%，等等。如果将这些物质全部认定为制造毒品的数量，显然不符合事实，也有违罪责刑相适应原则，会造成量刑失当。这种情况下，区分哪些属于废液废料，对于准确认定被告人制造毒品的数量进而准确量刑具有重要意义。

又如，在被告人万某某等人制造毒品案中，公诉机关、一审法院将查扣在案的259.35千克甲基苯丙胺液体均认定为毒品数量。二审法院认为，实践中通常将含量低于0.2%的甲基苯丙胺液体认定为废液，故将其中含量等于或小于0.16%的25.3千克液体排除在外，认定被告人制造毒品234.05千克。但是，以0.2%作为认定废液废料的标准尚未形成共识，其科学性也存在疑问。本案查扣的7处共计234.95千克的液体，检验出的甲基苯丙胺含量最高为1.46%，要进一步加工提炼甲基苯丙胺晶体的可能性极小，制毒技师也称这部分液体是尚未处理的废液，故可以将含量低于1.46%的234.95千克液体全部认定为废液，仅认定含量高于25%的24.4千克甲基苯丙胺液体是半成品。这样认定，也使毒品半成品数量与被告人所购买的麻黄碱的数量能够基本对应，避免了认定的毒品半成品数量远远超过制毒原料的不合常理现象。[①]

问 制造毒品案件中如何认定行为人的主观明知？ 049

答：在明知的认定方面，制造毒品案件有一定特殊性，该行为方式决定

① 上述两个案例均是笔者在工作中了解到的，引述时作了简化、调整。另外，在被告人刘某红制造、贩卖冰毒案中，查获的1326.3克褐色液体，经鉴定甲基苯丙胺含量为0.003%，查获的572.7克黄色液体，经鉴定认为含有甲基苯丙胺，但无法鉴定含量值。法院对这两部分液体均认定为废液。参见中华人民共和国最高人民法院刑事审判第一、二、三、四、五庭主办：《刑事审判参考》（总第110集），法律出版社2018年版，第23–28页。

了行为人通常清楚自己所制造物品的性质，否则就谈不上制造。这一点较为明显地区别于走私、运输毒品，而与贩卖毒品类似。2007年《毒品犯罪意见》和《2008年毒品纪要》都没有规定制造毒品罪的明知认定问题，《2023年毒品纪要》对此也没有作出规定。但最高人民检察院、公安部2012年制定的《立案追诉标准（三）》专门规定了制造毒品案件的明知认定问题，即有下列情形之一，结合行为人的供述和其他证据综合审查判断，可以认定其“应当知道”，但有证据证明确属被蒙骗的除外：（1）购置了专门用于制造毒品的设备、工具、制毒物品或者配制方案的；（2）为获取不同寻常的高额或者不等值的报酬为他人制造物品，经检验是毒品的；（3）在偏远、隐蔽场所制造，或者采取对制造设备进行伪装等方式制造物品，经检验是毒品的；（4）制造人员在执法人员检查时有逃跑、抗拒检查等行为，在现场查获制造出的物品，经检验是毒品的；（5）有其他证据足以证明行为人应当知道的。这一规定采取了“应当知道”的表述，总体上是采取推定的方式认定明知。[①] 从实践情况看，制造毒品案件中的明知认定主要有如下问题值得注意：

1. 行为人制造某种新类型毒品尤其是新精神活性物质，被查获后以不知已被列管为由否认明知是毒品的。对此情形，如果制造的是芬太尼类物质或者合成大麻素类物质，由于都已经被整类列管，故以不明知被列管为由否认明知的辩解不成立。如果行为人制造的是尚未被整类列管的新精神活性物质，也不在列管名录之内，即使与已经列管的某种具体麻醉药品或者精神药品的药理作用、化学结构相似，也不能认定为毒品。[②] 相关部门需要及时对此类物质进行列管，使之具备被认定为毒品的法律属性。如果制造的是最近刚被列管的物质，[③] 行为人根据以往认知误以为没有被管制，则可以按照“不知法律不免责”的原则认定为明知，但可以酌情从宽处罚。

---

① 这里的“应当知道”同样是指行为人实际上知道，并非不知道，只是因行为人不肯承认自己知道，故而司法机关认为其“应当知道”。

② 例如，氟胺酮于2021年才被列管，在此之前制造、贩卖氟胺酮的行为不构成毒品犯罪。

③ 例如，依托咪酯（在中国境内批准上市的含依托咪酯的药品制剂除外）自2023年10月1日起作为第二类精神药品被管制。

2. 行为人故意利用某种未被管制的物质，将之与其他物质混同或者溶解时自然生成被管制物质，被查获后否认明知是毒品的，不能支持。这种情形较为罕见，但实践中已经出现。如在四川王某贩卖、制造毒品案中，被告人王某在2016~2017年间利用当时未被管制的γ–丁内酯，委托正规企业生产出含有被管制物质γ–羟丁酸（亦称γ–羟基丁酸）的饮料（俗称“咔哇氿”）对外销售。王某到案后称其使用的原料γ–丁内酯是食品用合成香料，当时尚未被列入易制毒化学品名录，其行为属超限量滥用食品添加剂，不构成毒品犯罪，应以生产、销售不符合安全标准的食品罪定罪处罚。法院认为，王某明知使用γ–丁内酯作为生产原料会产生γ–羟丁酸，购买并使用γ–丁内酯调制成混合原料“香精CD123”，委托他人按照其指定的工艺和配比制成含有γ–羟丁酸的“咔哇氿”饮料并对外销售，其行为构成贩卖、制造毒品罪。分析认为，本案实际上是一种“打擦边球”的行为。γ–丁内酯是列入《食品安全国家标准、食品添加剂使用标准》（GB 2760—2014）的食品添加剂，于2021年5月才作为第三类易制毒化学品被管制，但本案发生时γ–羟丁酸已是被管制的精神药品。根据在案证据，王某是通过长期实验研制出生产“咔哇氿”饮料的配方，其故意利用γ–丁内酯容易生成γ–羟丁酸的自然属性，委托正规企业进行生产，且在委托生产时刻意隐瞒使用γ–丁内酯的事实，名为利用配方生产饮料“咔哇氿”，实际卖点是其中的被管制药物γ–羟丁酸，故而构成贩卖、制造毒品罪而不是生产、销售不符合安全标准的食品罪。[①]

3. 对参与制造毒品者主观明知的认定宜区别情况处理。首先可以肯定，对出资者、掌握制毒技术者、现场组织者、直接实施关键环节制毒活动者，因其不可能不知道所实施的行为性质，故其提出不明知是制造毒品的辩解通

---

① 参见最高人民法院刑事审判第一、二、三、四、五庭主办：《刑事审判参考》（总第134辑），人民法院出版社2023年版，第101–107页。该案是最高人民法院2021年发布的“6·26”禁毒宣传典型案例之一，也是最高人民检察院2022年发布的第37批指导性案例之一（检例第150号）。另外，在最高人民检察院2023年发布的“3·15”检察机关食品药品安全公益诉讼典型案例中，段某某利用γ–丁内酯生产含γ–羟基丁酸的“咔哇潮饮”饮料，被认定犯贩卖、制造毒品罪。该案的性质与四川王某贩卖、制造毒品案相同。

常不成立。同时，因为制造毒品是严重犯罪，组织者通常不希望扩大知悉范围，故对参与制造毒品的辅助人员到案后辩称不明知是制造毒品的，则不能简单采取推定方法认定明知，要综合全案证据进行分析判断。具体而言：（1）对于受雇用仅参与外围工作（如搭建工棚、装卸货物、送水做饭、处理垃圾等），不接触制造毒品的主要环节，行为人到案后始终辩解不明知是在制造毒品，主犯或者其他同案犯亦供称其不知悉行为性质的，结合被告人的生活背景、文化水平和认知能力，可以认定其不明知。不能简单根据所得报酬相对高于常规劳务活动就推定其明知是制造毒品。[①]（2）如果主犯在逃，或者在案主犯供称不清楚帮助者是否知道在制造毒品的，则对帮助者提出的不明知的辩解要细致分析，不能轻易认定明知。（3）对于帮助者辩称知道同案犯从事的可能是非法活动或者“犯法”行为，但不明知是制造毒品的，一般可以按照放任型故意来对待，有必要追究刑事责任的，应当按照从犯处理。（4）对于在案主犯或者其他人员都证明帮助者知道是在制造毒品，为获取相对较高的报酬而从事帮助行为的，可以认定其明知，并按照从犯处理。[②]

① 比如，当地农民从事农业活动打工的报酬通常是每天100元，但参与制毒的外围工作每天报酬是200元，不能简单认定行为人获得了不合理的高额报酬，据此认定其明知是制造毒品。

② 帮助者所实施的帮助行为是否构成犯罪，可能还涉及中立帮助行为的认定，对此目前争议较大。本书初步认为，对于行为人实施的具有职业性质的日常生活行为，没有额外促进犯罪实施的，一般不宜追究刑事责任。如在涉嫌组织卖淫的娱乐场所担任出纳员、厨师、保洁员、服务生等，不能认为是组织卖淫罪的共犯，出租车司机意识到乘客可能前往参加聚众斗殴而未拒载的，一般不能认定为聚众斗殴的共犯。然而，在偏僻之处制造毒品即使从形式上看也不是一种正常的生产经营活动，为制造毒品提供搭建工棚、装卸货物、打扫卫生等外围帮助行为看似具有“中立性”，但其目标和性质是单一的，就是为制造毒品犯罪提供帮助，故而客观上都具有危害性、违法性和可谴责性，当帮助者主观上明知是为制造毒品提供帮助时，一般应当追究刑事责任。不过，对于从事外围工作被认定为从犯的，不宜按照查获的毒品数量量刑（特别是当涉案毒品数量很大时），为实现处罚的合理性，可以考虑只按照犯罪情节轻重量刑，以做到罚当其罪。

第六章

非法持有毒品罪

「本章导读」

非法持有毒品罪在司法实务中很常见，认定、处理上也存在不少问题。因本书内容编排之需，有的问题放在其他章节中解答，如吸毒者实施毒品犯罪涉及非法持有毒品罪的认定、盗抢毒品后非法持有毒品行为的定性等。[①] 本章解答的具体问题包括：非法持有毒品罪在毒品犯罪体系中的定位，间接持有毒品、曾经持有毒品、非法持有毒品半成品或者假毒品的定性，对大量持有毒品的行为如何定性，本罪与走私、贩卖、运输、制造毒品罪的区别，如何区分本罪与窝藏、转移、隐瞒毒品罪，本罪是否存在未完成形态，如何认定本罪的“情节严重”等。

① 对这些问题的介绍，可分别参见本书第七章“吸毒者实施的毒品犯罪”和第十章“其他毒品犯罪的认定与处理”中的相关内容。

问 如何看待非法持有毒品罪在毒品犯罪体系中的定位？ 050

答：1979年《刑法》没有规定非法持有毒品罪。本罪是全国人大常委会1990年12月通过的《关于禁毒的决定》所设立的罪名，1997年纳入《刑法》时作了修改，[①]此后历次刑法修正案均未作改动。通常认为，《刑法》第348条关于非法持有毒品罪的规定是一项兜底条款，是在没有证据证明行为人准备实施走私、贩卖、运输、制造毒品等其他毒品犯罪的情况下，为防止毒品流入社会造成进一步危害而设置的罪名。例如，最高人民法院1994年制定的《关于禁毒决定的解释》第3条第4款规定："根据已查获的证据，不能认定非法持有较大数量毒品是为了进行走私、贩卖、运输或者窝藏毒品犯罪的，才构成本罪。如果有证据能够证明非法持有毒品是为了进行走私、贩卖、运输、窝藏毒品犯罪的，则应当定走私、贩卖、运输或者窝藏毒品罪。"这种立法设置"减轻了缉毒工作人员和司法机关的证明责任，避免了不少来源和去向不明的毒品案件难以定罪处刑"[②]，防止了非法持有毒品的犯罪分子逃避刑事责任。同时，也正由于没有确切证据证明非法持有毒品的犯罪分子将要实施走私、贩卖、运输、制造毒品等更为严重的犯罪，故本罪没有规定死刑，处刑的毒品数量标准也相对高一些。这可以说是非法持有毒品罪在毒品犯罪体系中的基本定位。

此外，非法持有毒品罪的设置较好地实现了与吸毒行为不构成犯罪的立法模式之间的合理衔接。这也是体现本罪在毒品犯罪体系中定位的重要方面。根据《刑法》第348条的规定，持有海洛因、甲基苯丙胺不满10克等少量毒品的，不构成非法持有毒品罪，而是给予治安管理处罚。[③]也就是说，

---

① 这两处修改包括：一是在毒品种类中增加了甲基苯丙胺；二是将非法持有毒品数量较大的法定刑调整为两档。

② 王爱立主编：《中华人民共和国刑法释义与适用（下册）》，中国民主法制出版社2021年版，第1412页。

③ 根据《治安管理处罚法》第11条和第72条的规定，对非法持有少量毒品的或者吸食、注射毒品的，处10日以上15日以下拘留，可以并处2千元以下罚款；情节较轻的，处5日以下拘留或者500元以下罚款。对查获的毒品、吸毒用具应当收缴，按照规定处理。

立法机关正是考虑到吸毒行为不构成犯罪，而吸毒者在吸毒时必然持有毒品，才在非法持有毒品罪的入罪条件上规定了毒品数量下限，即只有行为人非法持有毒品达到数量较大以上的（海洛因、甲基苯丙胺 10 克以上或者其他数量相当的毒品）才构成犯罪。如果不设定入罪的毒品数量条件，无异于将吸毒行为犯罪化。这也正是司法工作中对吸毒者实施毒品犯罪的情形作特殊考虑的立法根据。例如，吸毒者前往异地购买自己吸食的毒品时必然涉及将毒品运输回居住地问题，如果不作区分，简单以《刑法》对运输毒品罪没有规定毒品数量作为入罪条件为由，对吸毒者运输少量毒品的行为也认定为运输毒品罪，则会得出与《刑法》第 348 条不协调的解释结论，既否定了动态持有毒品的可能，也变相对吸毒行为追究了刑事责任。因此，最高人民法院制定的《2008 年毒品纪要》和《2015 年毒品纪要》等指导文件均对吸毒者运输毒品情形的定性作了区别对待,《2023 年毒品纪要》延续了这些规定的精神。从刑法解释学角度看，这也是基于实质解释论并采取体系解释方法所得出的结论，是准确理解上述会议纪要相关规定的“钥匙”。

问 对间接持有毒品的，如何定性？ 051

答：非法持有毒品是没有合法根据而持有毒品的行为，[①] 多表现为毒品所有者直接占有、控制某种毒品。但非法持有毒品不以毒品所有者直接占有为要件，间接持有同样属于持有。间接持有毒品时，行为人将毒品交由他人保管，毒品处于他人的直接占有之下，行为人对毒品的持有表现为空间上人与物的分离，不处于物理性随时可及状态，但行为人能够实际支配、控制该毒品，故不影响其非法持有该毒品的实质属性。实践中，犯罪分子为分散风险，也常会将部分毒品交由亲友保管。

---

① 刑法理论上对持有的行为性质存在一定争议，有的认为是作为方式，有的认为是不作为方式，有的认为是与作为、不作为并列的第三种行为方式。参见张明楷:《刑法学（上）》（第 6 版），法律出版社 2021 年版，第 208 页。本书认为，将持有解释为作为方式的理由更为充分。

在间接持有毒品的情况下，委托者是实际持有者，保管者是直接持有者，对二人的行为如何定性，要看具体情况。（1）如果保管者明知委托者是毒品犯罪人员而为其保管毒品，则构成共同犯罪，具体罪名取决于委托者的罪名。其中，如果委托者被认定为贩卖毒品罪，保管者也知道委托者是贩毒人员的，则构成贩卖毒品罪的共犯（只对其所保管的毒品数量承担刑事责任）；如果委托者被认定为非法持有毒品罪，保管者所保管的毒品数量也达到该罪的定罪数量标准的，则构成非法持有毒品罪的共犯；如果保管者误以为所保管的毒品是委托者用于吸食的，不知道委托者有贩毒行为，在毒品数量达到定罪标准的情况下，保管者仍构成非法持有毒品罪。（2）当委托者因证据问题被认定为非法持有毒品罪时，如果保管者所保管的毒品数量未达到较大以上，对保管者不能认定为非法持有毒品罪的共犯，保管者只对其本人非法持有的毒品数量承担行政违法责任。这种情形下，即便保管者自认为委托者是贩毒人员，也不能对其认定为贩卖毒品罪的共犯，否则，就会出现帮助行为的性质重于主行为的不协调情况。（3）如果委托者对毒品进行严密包装，对保管者说是贵重物品，保管者确实不知道是毒品的，则保管者缺少实施毒品犯罪的主观故意，不能认定为毒品犯罪的共犯，这种情况下委托者属于间接正犯。

问 行为人曾经持有毒品的，是否构成犯罪？ 052

答：所谓曾经持有毒品，是指行为人以往曾持有数量较大的毒品而当时未被发现的情形。这种情形多是行为人后来实施违法犯罪行为被查获后主动交代或者由他人检举揭发而发生。有意见认为，非法持有毒品罪是一种现时犯，构成该罪仅针对行为人被查获时实际持有的毒品，其以往曾经持有的毒品不应计算在内。

本书认为，原则上不宜对行为人曾经持有毒品的行为认定构成非法持有毒品罪。主要理由包括：（1）从法律依据看，《刑法》第 347 条第 7 款规定对多次走私、贩卖、运输、制造毒品未经处理的，毒品数量可以累计计算，但《刑法》并未规定对多次非法持有毒品未经处理的毒品数量也可以累计计算。这说明立法上承认非法持有毒品行为具有特殊性。（2）从生活经验看，持有型犯罪通常是现时犯，认定构成非法持有毒品罪一般针对当下现实持有的毒品，而不是针对过去曾经持有的毒品。但这种状况与证据问题直接相关，因为实践中证明行为人曾经持有毒品的证据常常不充分，难以认定。（3）从刑事政策考虑，在我国吸毒行为不构成犯罪，如果将行为人曾经持有的毒品进行累计计算，那么，大量吸毒人员会因为曾经持有毒品的数量累计达到定罪标准而被认定为非法持有毒品罪，这等于变相将吸毒行为犯罪化，违反罪刑法定原则。综合上述分析，对曾经持有毒品的行为一般不宜认定构成非法持有毒品罪。这是处理此类行为的一项基本原则。

不过，实践情况较为复杂，工作中不能将经验事实等同于规范的完整含义，司法者也不能将自己的有限认知等同于全部生活事实。非法持有虽然多为现实持有，但不能认为仅限于现实持有，曾经持有在逻辑上并没有被排除在“持有”的含义之外，否则，一些曾经大量持有毒品的犯罪分子就很容易逃避刑事处罚。对于确有证据证明行为人曾经购入大量毒品，相关证据显示毒品被其贩卖的可能性很大（如明显超出一段时期内个人合理吸食量），但又尚未达到认定为贩卖毒品罪的证明标准的，可以按照非法持有毒品罪定罪处罚。例如，被告人吸食氯胺酮，本次购进500克氯胺酮被查获，其供述一个月前还曾购进1000克氯胺酮（有运送毒品的人和上家证实），但因故灭失，鉴于该1000克氯胺酮明显超出合理吸食量，被其贩卖的可能性极大，故可以认定为非法持有毒品罪的数量。实践中已经有此类案例。[①] 当然，如果行为人曾经持有的毒品数量较少或者没有明显超出合理吸食量，则宜本着“事实存疑有利于被告人”的原则处理，不计入非法持有毒品罪的数量，以防止变

---

① 例如，被告人王某华在1个月内连续两次购入50克和30克冰毒，被抓捕时将部分冰毒冲入马桶以毁灭罪证，公安人员从其随身物品中查获2.79克冰毒。杭州中院认为在案证据足以证实王某华先后2次持有共计80克冰毒的事实，以非法持有毒品罪判处王某华有期徒刑8年，并处罚金5万元。参见武胜、陆菁：《多次非法持有毒品的数量认定》，载《人民司法（案例）》2020年第26期。

相用刑罚打击吸毒行为。

问 非法持有毒品半成品的，是否构成非法持有毒品罪? 053

答：这种案件并不多见，但在某些制造毒品案件较多的地方确实存在。因毒品半成品不能直接吸食，单纯持有半成品没有实际意义。从逻辑上分析，行为人持有毒品半成品的原因，或是自己制造后持有，或是买来准备继续加工，或是准备倒卖牟利等，故定性上也要区别不同情形处理。具体而言：（1）对于行为人既持有毒品成品又有半成品，成品数量达到定罪标准的，认定为非法持有毒品罪没有问题。（2）如果行为人持有的都是半成品，应当优先做好侦查取证工作查明半成品的来源和去向。其中，如果是行为人自行制造毒品所形成的半成品或者是其买来准备继续加工的半成品，可以认定为制造毒品罪；如果明知是他人制造的毒品而帮助保管，可以认定为制造毒品罪的共犯；如果是明知他人面临司法机关的查处而替他人窝藏半成品，可以认定为窝藏毒品罪；如果行为人买来准备倒卖，则可以认定为贩卖毒品罪，但如果其明知购买者准备继续加工成毒品成品，这种倒卖行为客观上为后续制造毒品提供了帮助，应认定为制造毒品罪的共犯。（3）对于确实查不清毒品半成品的来源和去向的（犯罪嫌疑人不供认，也无其他相关证据证实），结合鉴定机构意见和在案证据，达到非法持有毒品罪的定罪数量标准的，可以认定为非法持有毒品罪。

需要进一步分析的是，对非法持有毒品半成品的，是认定为犯罪既遂还是未遂？实践中对此存在不小争议。本书认为，非法持有毒品罪中的毒品通常是指成品而不是半成品，对于非法持有半成品的，可以按照非法持有毒品罪未遂处理。主要理由在于：（1）毒品半成品不能直接吸食，必须继续加工变为成品之后才能向吸毒人员贩卖，与持有毒品成品的情形相比，持有半成品对社会的现实危害尚不很紧迫，故在犯罪形态的认定上不宜等同视之。（2）根据《刑法》的相关规定，对未遂犯可以比照既遂犯从轻或者减轻处罚，从而为司法机关针对不同的情形（特别是半成品含量很低时）依法量刑提供较大余地，有利于贯彻罪责刑相适应原则。反之，如果认定为犯罪既遂，则只能酌情从宽处罚，在很多情况下会造成量刑畸重，有失公允。（3）就制造毒品而言，其既遂的时点本应是制造出毒品成品（包括粗制毒品），《2008年毒品纪要》和《2023年毒品纪要》之所以规定制造出毒品半成品便可认定为犯罪既遂，是出于严厉打击源头性犯罪所作的特殊规定，不宜简单套用于其他类型的毒品犯罪。况且，即使按照《2023年毒品纪要》的规定，对仅制造出毒品半成品的案件在量刑时也应有所区别，一般要给予从宽处罚。综合上述分析，除制造毒品案件外，不仅对非法持有毒品半成品的案件，对走私、贩卖、运输、窝藏毒品半成品等其他案件，原则上都可按照犯罪未遂处理，但对其中极少数罪行很严重、情节很恶劣的案件，可以不体现从宽处罚。

问 持有假毒品的，是否构成非法持有毒品罪？ 054

答：所谓假毒品，通常指与毒品存在一定关联但不能从中检出有效毒品成分的物质，如制造毒品的废液废料，用于对高纯度毒品进行掺杂的辅料；有时也指完全与毒品无关但可用来冒充毒品的物质，如面粉、食盐、冰糖等。从主观心态看，行为人持有假毒品包括两种情形，一种是故意持有假毒品（“知假持假”），另一种是误将假毒品当作真毒品持有（“误假为真”）。

实践中行为人持有假毒品（多为毒品关联物）总是出于某种目的，准确认定持有假毒品的行为性质需要积极查证该假毒品的来源、去向，特别是查明行为人意图实施的后续行为。具体而言：（1）如果行为人是为了贩卖而故意持有假毒品，说明其是企图通过出售假毒品来骗取财物，符合诈骗罪的特征，可认定为诈骗罪的未遂或者预备。（2）如果行为人明知是假毒品而持有，但没有证据证明其有实施诈骗等其他犯罪的意图（如辩称是出于好奇、吹嘘、炫耀而持有废液废料或者掺杂用的辅料），则不构成犯罪，不宜按照犯罪未遂处理。（3）如果行为人误以为是真毒品而持有，且正在为实施后续犯罪做准备或者已经着手实施后续行为，可以根据具体情况定性。例如，对准备用于贩卖或者已经联系贩卖的，可认定为贩卖毒品罪的预备或者未遂；如果为他人保管假毒品，可能构成贩卖毒品罪、非法持有毒品罪（包括共犯）的未遂或者窝藏毒品罪的未遂；如果无法查明行为人误持假毒品的目的，可以考虑以非法持有毒品罪的未遂论处。①

问 对大量持有毒品的案件，如何定性？ 055

答：所谓大量持有毒品，是指行为人购买了大量毒品（如几百克、数千克海洛因或冰毒），但没有证据证明其将实施贩卖、走私等其他毒品犯罪行为的情形。对这种情形如何定性，实践中存在不同意见。一种意见认为，非法持有毒品罪是在没有证据证实行为人有实施其他毒品犯罪故意的情况下，发挥兜底作用的一个罪名，如果没有证据证明行为人持有大量毒品系用于贩卖等其他犯罪，就应当认定其构成非法持有毒品罪，而不能仅因为行为人持有毒品数量很大就推定其有贩卖毒品的故意，否则非法持有毒品罪的设立也失去了意义。另一种意见认为，毒品是违禁品，没有类似文物、艺术品之类的收藏价值，对于大量购买毒品而本身并不吸毒的人，所购买的毒品除了贩卖、走私之外别无它用；对于吸毒人员，一次性大量购进毒品用于吸食的情况极为罕见，如果顾及这种发生概率极低的情况就会导致对此类犯罪的惩罚力度大为削弱。故对此类案件，即使没有证据证明其系用于贩卖、走私，也可以推定是用于贩卖，从而更好实现从严惩处。

---

① 实践中曾出现行为人意图大量购进冰毒，但被上家欺骗，实际收到的是貌似冰毒的二甲基砜（一种有机硫化物，有治疗疾病和人体保健作用）。对此，有的地方以行为人客观上持有的是假毒品为由，判定不构成犯罪。本书不赞成这种做法，主要理由是，行为人主观上具有持有毒品的故意（实际上是贩卖毒品的故意），客观上支付了大量购毒款，可视为购买毒品行为已经着手，但因意志以外因素（被骗）而未能收到真毒品。这种行为显然具有一定社会危害性，不作为犯罪处理不妥，但可以比照购买真毒品未遂的情形给予更大幅度的从宽处理，如适用缓刑等。

上述两种观点中，第一种是目前实践中的主流观点和惯常做法。[①]主要理由在于：（1）当前我国刑事立法并没有就非法持有毒品罪规定毒品数量上限，非法持有毒品罪与贩卖毒品罪的划分依据不是毒品数量，单纯根据毒品数量认定行为人是否构成贩卖毒品罪缺乏法律依据。（2）非法持有毒品罪的法定最高刑为无期徒刑，严厉性仅次于死刑，说明立法者已经考虑非法持有毒品罪与走私、贩卖、运输、制造毒品罪的差别，造成这种差别的关键不是毒品数量而是犯罪性质。（3）如果在没有确切证据的情况下，仅根据行为人大量持有毒品的事实便推定其具有贩卖意图，也存在操作上的困难，即划分非法持有毒品罪与贩卖毒品罪的毒品数量标准应当如何确定？是海洛因 500 克还是 1000 克？如果允许各地自行探索形成此方面的数量标准，则又会导致法律适用不统一，故不太妥当。

从立法原意看，目前实务工作中宜采取上述第一种观点，即《刑法》对非法持有毒品罪没有规定毒品数量上限，即使查获的毒品数量巨大，也不能直接根据毒品数量推定为贩卖毒品罪。但是，从实践理性分析，上述第二种意见也有相应的合理性，且在当前形势下更有利于打击毒品犯罪，值得进一步探讨。

首先，解决该问题的理想方案是修改《刑法》，从立法上设置推定条款，从而使司法认定获得明确的法律依据。推定是一种根据所证明的基础事实来认定推定事实成立的方法，对司法证明具有替代作用；推定一旦为法律所确立，就变成一种法律规则，即法律推定。[②]例如，我国澳门地区的法律就没有规定非法持有毒品罪，而是规定了吸食毒品罪，实践中司法机关通常把行为人持有 5 日以内吸食量毒品的行为认定为吸食毒品罪，一旦持有超过 5 日吸食量的毒品即认定为贩卖毒品罪。我国澳门地区第 17/2009 号法律《禁止

---

① 例如，在被告人黄某东非法持有毒品案中，黄某东从他人处购得 3000 克海洛因被当场查获，公安人员又从其租住处查获海洛因 7006 克、咖啡因 8200 克。黄某东辩称是为他人有偿保管毒品，辩护人认为黄某东的行为构成窝藏、转移毒品罪。法院认为本案没有足够证据证明黄某东有贩卖毒品或者运输毒品的目的，其所供毒品所有者无法查实，故应认定构成非法持有毒品罪。参见中华人民共和国最高人民法院刑事审判第一、二、三、四、五庭主办：《中国刑事审判指导案例》（第 5 卷）（增订第 3 版），法律出版社 2017 年版，第 499–502 页。

② 参见陈瑞华：《刑事证据法学》，北京大学出版社 2012 年版，第 265–267 页。

不法生产、贩卖和吸食麻醉药品及精神药品》的附件中规定了常见毒品的单日吸食量，如海洛因的单日吸食量为0.25克，甲基苯丙胺为0.2克，氯胺酮为0.6克。我国澳门地区的法律以持有超过一定期间吸食量的毒品来认定贩卖毒品罪的做法，并不要求有确切的贩卖毒品的证据，实际上就是法律推定，较好地体现了对毒品犯罪的严惩立场。又如，在澳大利亚维多利亚州，法律就“少量毒品”“可贩卖数量毒品”“商业数量的混合型毒品”等多层次毒品数量标准作了界定。其中，持有可贩卖数量的毒品这一事实状态，即可作为构成贩卖毒品罪的初步证据，如果被告人不能提出相反证据，法庭将判决贩卖毒品罪成立。[①] 这显然也是一种法律推定。本书认为，中国内地可以借鉴上述立法思路，在《刑法》中明确规定，对持有大量毒品的行为可推定为贩卖毒品罪，但在条件设定上可以结合当前中国内地毒品滥用的实际情况。例如，可以在《刑法》第348条中增加一款作为第2款：“非法持有毒品数量巨大，不能认定构成走私、运输、制造毒品罪的，以贩卖毒品罪定罪处罚，但毒品持有人能够证明并非用于贩卖的除外。”这样修改是以非法持有毒品是否达到数量巨大标准来区别非法持有毒品罪和贩卖毒品罪，属于折中方案，既肯定了非法持有毒品数量大但尚未达到数量巨大的情形仍构成非法持有毒品罪，又加大了对此类非法持有毒品犯罪案件的惩处力度。[②]

其次，在修改《刑法》之前，为准确有力打击毒品犯罪，工作中可以对一些形式上属于非法持有毒品的案件探索认定为贩卖毒品罪的途径。经总结实践情况，对于下列情形可以认定为贩卖毒品罪：（1）对于吸毒人员因贩卖毒品被查获，又从其住所等处查获大量毒品的，可以将查获的毒品全部认定为其贩卖毒品的数量，但被告人确有证据证明查获的毒品并非用于贩卖的除外。这种情形也是《2015年毒品纪要》和《2023年毒品纪要》作出的规定，

---

① 2012年，本人参加最高人民法院考察团赴澳大利亚考察，由此了解到上述法律规定。

② 这里的条文设计只是一种初步考虑，一旦该问题纳入立法议程，则条文表述还需要深入研究。至于何谓数量巨大，可由司法机关通过制定司法解释或者指导文件来解决。当然，也可以不引入“数量巨大”这个概念。

具体理由这里不再赘述。[①]（2）对于曾经贩卖少量毒品（当时未被查获），时隔不久（如数个月）又被查获持有大量毒品的，即使被告人辩称被查获的毒品均用于吸食，通常也可以全部认定为其贩卖毒品的数量。（3）对于因实施贩卖毒品罪被判刑，刑满释放后不久（如一年内）又购进较多毒品的，一般可以认定为贩卖毒品罪。主要理由是，被告人曾因贩卖毒品被判刑，说明其已具有贩卖毒品的故意，而其释放后不久又购进可观数量的毒品，根据生活经验通常系用于贩卖，故可以推定其构成贩卖毒品罪。当然，如果确有证据证明其购进毒品并非用于贩卖，如帮助吸毒人员代为购买毒品且不知他人用于贩卖，则不应认定其行为构成贩卖毒品罪。（4）被告人在短时间内（如数月内）连续购入大量毒品，特别是所购毒品种类不同的，或者借钱购买的，即使被告人辩称均用于吸食的，也可以认定为贩卖毒品罪。实践中已有此方面的案例。[②]

从上述分析可见，非法持有毒品罪的设立是一把“双刃剑”，虽有利于防止此类犯罪分子逃避刑事处罚，但也可能不利于其他毒品犯罪尤其是贩卖毒品罪的查证。对于跨地域犯罪案件，因涉及地域管辖和异地侦查取证，有时难免因为工作难度大而放弃开展更多延伸侦查取证工作，从而导致原本是实施走私、贩卖毒品等更为严重罪行的被告人被“降格”认定为非法持有毒品罪。对于大量购买毒品或者大量持有毒品的犯罪嫌疑人，目前还是应当加强侦查环节的查证力度，尽可能去收集其曾经贩卖毒品或者准备用于贩卖的证据，以减少司法机关因案件缺少贩卖毒品的证据而被迫“降格”认定为非

---

① 《2023年毒品纪要》规定：“对于从贩毒人员住所、车辆等处查获的毒品，一般应认定为其贩卖的毒品。确有证据证明查获的毒品并非贩毒人员用于贩卖，其行为另构成非法持有毒品罪、窝藏毒品罪等其他犯罪的，依法定罪处罚。”这是对《2015年毒品纪要》相关规定的延续，具体分析可参见本书“贩卖毒品罪”一章。

② 例如，笔者在工作中了解到一起案件：被告人潘某多次向方某购买冰毒共计4千克，每千克17万元，还向卢某购买600多克冰毒，花费21万元，案发时从其家中查获1.6万余克的“麻古”成品、半成品、咖啡因。其银行卡内频繁出现大笔资金流动，其辩解家中毒品的来源及资金来源均不成立。对此案，公安机关虽未收集到潘某直接贩卖毒品的证据，但法院最终认定其构成贩卖毒品罪而不是非法持有毒品罪。不过，对此类案件应当优先做好证据收集工作，尽量避免通过分析而不是证据证明来认定构成贩卖毒品罪。

法持有毒品罪的情况。

问 如何区分非法持有毒品罪与走私、贩卖、运输、制造毒品罪？ 056

答：走私、贩卖、运输、制造毒品都必然持有毒品，此时持有毒品作为基底行为被前4种行为自然吸收，不用单独评价。整体上看，非法持有毒品罪是“兜底”罪名，区分该罪与走私、贩卖、运输、制造毒品罪，主要就是看是否收集到行为人走私、贩卖、运输、制造毒品的证据。如果有相应证据，可以认定；对因没有相应证据而不能认定的，如果达到非法持有毒品罪的定罪标准，则可以认定为非法持有毒品罪。具体来看，走私毒品罪和制造毒品罪具有一定特殊性，非法持有毒品罪与二者较容易区分，这里不再展开分析。实践中出现争议较多的是非法持有毒品罪与贩卖毒品罪、运输毒品罪的区分。

1. 关于非法持有毒品罪与贩卖毒品罪的区分。无论行为人是否为吸毒人员，认定其构成贩卖毒品罪，都需要有证明其实施贩卖毒品的具体证据，如本人的供述、客观上已将毒品分成便于销售的小包装、开始联系下家、他人证实曾向其购买过毒品，等等。尤其是对吸毒人员，认定的难点是非法持有毒品数量很大的情形。这种情形从逻辑和生活经验分析肯定也是用于贩卖，但这时仍要看是否有证实其贩卖毒品的有力证据，而不能单纯以持有的毒品数量巨大便推定行为人是用于贩卖。例如，在2003年发生的被告人宋某华贩卖毒品案中，上家江某指使2名女性采取人体藏毒方式从云南运输共计900克海洛因到重庆，分两次交给宋某华，宋某华在第二次接取毒品时被抓获。一、二审认定宋某华的行为构成贩卖毒品罪，并判处死刑。宋某华辩称购买毒品是用于吸食，其父子二人吸毒量大（每天4~5克），因听说缅甸的毒品要涨价，才购买这么多。最高人民法院改判为非法持有毒品罪，主要理由是，所查获的涉嫌贩毒的天平秤、搅拌器等工具锈蚀严重，无法再用，查获的烟酰胺可以掺杂在毒品中使用，也是食品添加剂；宋某华父子二人吸毒量大，不排除所购900克海洛因系用于吸食的；宋某华虽系毒品再犯，但其犯前罪刑满释放后至本次案发已经时隔5年，而公安机关没有收集到其间宋某华曾有贩卖毒品行为的证据。[①]可见，即使有一定证据表明行为人（尤其是吸毒人员）所持有的大量毒品可能是用于贩卖的，也未必能认定为贩卖毒品罪。特别是涉及死刑适用的案件，侦查阶段要及时、全面地收集各类证据，确保案件在后续处理上得到准确定性。同时，如前文所述，由于实践情况很复杂，案件之间的证据充足度常有不同，某一案件是否能认定为贩卖毒品罪容易引发争议，司法工作中要不断探索、总结能够认定为贩卖毒品罪的类型。

2. 关于非法持有毒品罪与运输毒品罪的区分。非法持有毒品多为静态地占有、控制一定数量的毒品，但也存在动态非法持有毒品的情形，最常见的就是在短距离转移、运输毒品途中被查获，由此涉及非法持有毒品罪与运输毒品罪的区分。不能认为只要是在移动或者运输状态下查获毒品的就应认定为运输毒品罪，而是要结合行为人携带毒品的意图、毒品数量大小、距离长短、是否牟利等因素综合判断。实践中有不少具体情形涉及两罪的区分：（1）对于短距离运输、转移的毒品达到数量较大以上，没有证明其实施了贩卖毒品等其他犯罪的证据的，可以认定为非法持有毒品罪。[②]（2）非吸毒人员意图长距离运输毒品，刚起步不久就被查获的，可以认定为运输毒品罪（但可能属于犯罪未遂）。（3）吸毒人员在购买毒品返回途中被查获，毒品数量达

---

① 参见中华人民共和国最高人民法院刑事审判第一、二、三、四、五庭主办：《中国刑事审判指导案例》（第5卷）（增订第3版），法律出版社2017年版，第340–342页。这个案例认定被告人的行为构成贩卖毒品罪有一定道理，因为被告人提出每天吸食海洛因4~5克明显不成立，远远超过日均合理吸食量。但该案发生时间较早，当时对合理吸食量的研究也不够，从严格把握死刑案件证据质量的角度看，改判为非法持有毒品罪体现了慎重处理。

② 例如，张某不是吸毒人员，但其非法持有500克冰毒，在将该冰毒转移到同一城市的另一处住所的途中被查获，由于没有证明张某贩卖毒品的证据，且运输毒品的距离很短（如2公里），对张某仍应认定为非法持有毒品罪而不是运输毒品罪。又如，李某系吸毒人员，其携带15克“麻古”驾车前往同一城市不同区县的吸毒人员刘某家，准备与刘某共同吸食“麻古”，但在刘某家门口被查获。由于没有李某贩卖毒品的证据，且李某系吸毒人员，对李某不能认定为运输毒品罪而是非法持有毒品罪。如果李某携带的“麻古”不到10克，则不构成犯罪。

到较大以上的，一般可以认定为运输毒品罪，但短距离情形除外。[①]（4）行为人接收从异地邮寄、快递的数量较大以上的毒品，没有证据证明其将实施贩卖、走私、运输毒品等犯罪的，应当认定为非法持有毒品罪。如前述张某英非法持有毒品案。[②]

问 如何区分非法持有毒品罪与窝藏、转移、隐瞒毒品罪？[③] 057

答：窝藏毒品是指为走私、贩卖、运输、制造毒品的犯罪分子藏匿、保管毒品；转移毒品是指帮助前述犯罪分子将毒品从一处转移到另一处藏匿。窝藏、转移毒品必然持有毒品，只要有证据证明是为走私、贩卖、运输、制造毒品的犯罪分子窝藏、转移毒品，即使毒品数量很大，也应当认定为窝藏、转移毒品罪而不是非法持有毒品罪。有意见认为，如果窝藏、转移毒品的行为同时构成非法持有毒品罪的，属于想象竞合，应当从一重罪处罚。但非法持有毒品罪是在某一行为不能认定为走私、贩卖、运输、制造毒品时的"兜底"罪名，而窝藏、转移毒品罪有特定的构成要件，是妨害司法活动的行为，相对于非法持有毒品罪而言属于特殊犯罪，不能因窝藏、转移毒品罪的处罚相对较轻便选择作为重罪的非法持有毒品罪定罪处罚。这是非法持有毒品罪与窝藏、转移毒品罪的基本区别。不过，从证据角度看，对于辩称为"他人"窝藏、转移毒品而无法证明"他人"存在的，不能认定是为他人窝藏、转移毒品，符合非法持有毒品罪定罪标准的，可以以该罪定罪处罚。

隐瞒毒品是指负有作证义务的人明知他人实施走私、贩卖、运输、制

---

① 实践中有一种观点认为，《刑法》对运输毒品罪没有规定毒品数量条件，即使是吸毒人员，其运输少量毒品被查获的，仍应当定罪处刑。这是形式、机械地理解法律规定得出的结论，没有充分考虑吸毒不构成犯罪的情况，不符合这些年来通过多部会议纪要所达成的共识。

② 对该案例的详细介绍，可参见本书第四章"运输毒品罪"中的相关内容。

③ 这里侧重对窝藏、转移、隐瞒毒品罪同非法持有毒品罪的关系进行分析。对窝藏、转移、隐瞒毒品、毒赃罪的详细介绍，可参见本书第十章"其他毒品犯罪的认定与处理"。

造毒品而在受到司法机关调查时不如实作证、帮助隐瞒毒品的情形。隐瞒毒品不同于窝藏、转移毒品，相关行为人并不直接为前述犯罪分子保管、藏匿、转移毒品，而是面对调查时知情不举、隐瞒不报，不如实说出毒品的藏匿位置，故不构成非法持有毒品罪（包括共犯）。不过，如果与前述犯罪分子事先通谋，则构成走私、贩卖、运输、制造毒品罪的共犯，如果因证据问题对前述犯罪分子只认定为非法持有毒品罪，则事先通谋的隐瞒者构成非法持有毒品罪的共犯。相对于窝藏、转移毒品罪，隐瞒毒品罪在实践中更为少见，主要因为负有此类作证义务的人员原本较少，且认定其“隐瞒”的难度较大。

值得注意的是，为犯非法持有毒品罪的犯罪分子窝藏、转移、隐瞒毒品的，不能认定为窝藏、转移、隐瞒毒品罪。根据《刑法》第 349 条的规定，窝藏、转移、隐瞒毒品罪中行为人所帮助的对象限于走私、贩卖、运输、制造毒品的犯罪分子，不包括犯非法持有毒品罪的犯罪分子，故当被帮助者因证据问题被认定为非法持有毒品罪时，对帮助者不能认定为窝藏、转移、隐瞒毒品罪。同时，对帮助者也不能认定为非法持有毒品罪，否则会导致处理上不协调，即为走私、贩卖、运输、制造毒品的犯罪分子窝藏、转移、隐瞒毒品的构成窝藏、转移、隐瞒毒品罪，而为非法持有毒品的人窝藏、转移、隐瞒毒品的反而构成处罚更重的非法持有毒品罪，逻辑上存在矛盾。对这种情形，可以适用《刑法》第 312 条规定的掩饰、隐瞒犯罪所得罪处理。当然，如果行为人与非法持有毒品者事先通谋，则不适用第 312 条，可以认定为非法持有毒品罪的共犯。

问 非法持有毒品罪是否存在未完成形态？ 058

答：非法持有毒品罪通常以现实持有毒品为定罪条件，对于因被提前抓获等客观原因未能实际拿到毒品的如何定性，实务中存在一定争议。有意见认为这种情形不构成犯罪，自然谈不上犯罪未遂问题。但是，实践中很多被认定为非法持有毒品罪的案件实际上本属于贩卖毒品，只是因没有及时收集相关证据导致被“降格”认定为非法持有毒品罪，这种情况下行为人不仅实施了支付购毒款、前往接取毒品等行为，主观上也至少具有非法持有毒品的故意，故其行为有明显的社会危害性，如果仅因其提前被抓获、没有实际拿到毒品就不认定为犯罪，不仅在法律适用的逻辑上讲不通，也不符合从严惩处毒品犯罪的刑事政策。

本书认为，持有是一种作为方式，非法持有毒品罪存在未完成形态。虽然非法持有毒品罪以现实持有毒品为常态，大多数此类案件中均查获了毒品，但不能用经验事实取代犯罪构成，不能认为只要没有实际持有毒品的就不构成非法持有毒品罪。经总结实践经验，对非法持有毒品罪的未完成形态可以区分不同情况进行认定。

1. 约定现场交易情形。行为人与上家约定现场交易毒品，尚未拿到毒品即被抓获，如果其准备购买的毒品数量达到较大以上，但没有证据证明其是为了实施贩卖、运输毒品等其他犯罪的，多可以认定为非法持有毒品罪未遂。其中，双方已经谈好价格、数量，上家准备交付毒品的，对行为人（买方）可以认定为非法持有毒品罪既遂；行为人刚到达交易现场，尚未验货或商谈即被抓获的，可以认定为犯罪未遂；如果行为人到达交易现场后因担心毒品不好出售而主动停止交易的，可以认定为非法持有毒品罪中止；[①]如果在前往交易现场的途中就被抓获的，可以认定为非法持有毒品罪的预备。如果有证据证明行为人是购买毒品后准备贩卖的，则多可以认定为贩卖毒品罪的未遂或者预备。[②]

2. 异地邮购情形。行为人从异地购买数量较大以上的毒品，上家通过邮寄、快递方式交付毒品，若无证据证明行为人有实施走私、贩卖毒品等其他犯罪的故意，其拿到毒品后可以认定为非法持有毒品罪既遂。如果该毒品在运输途中被侦查人员“调包”，因行为人不可能拿到该毒品，可以认定为非法持有毒品罪未遂。如果行为人已经支付购毒款，但上家尚未发货即被抓获，

① 非法持有毒品罪的中止形态较为罕见。行为人购买数量较大的毒品后，因家庭变故、自身醒悟等原因停止吸毒并将毒品主动交给公安机关的，不宜认定为犯罪中止，而应认定为自首。

② 对贩卖毒品罪未完成形态的分析，可参见本书第十一章。

对行为人可以认定为非法持有毒品罪预备。

如果上家交寄毒品后被侦查机关发现并监控，但未“调包”，而是在行为人来物流点或者找快递人员取包裹（毒品）时将其抓获的，考虑到行为人即将取到毒品的紧迫性，可以认为其事实上已经控制该毒品，认定为非法持有毒品罪既遂。具体包括如下情形：（1）行为人到达收货现场门口或进入收货现场，即将拿到毒品时被抓获的。此时，即使行为人察觉到现场情况异常（怀疑有公安人员布控），放弃收取毒品而准备离开时被抓获的，也应认定为既遂。（2）物流寄递人员送货至指定地点，并已打电话联系，行为人即将拿到毒品时被抓获的。（3）快递人员将藏有毒品的包裹送到行为人住处门口（视为签收），行为人外出返回途中被抓获的。

3. 其他情形。行为人持有毒品半成品的，或者误将假毒品当作真毒品持有的，如果没有证据证明其准备实施走私、贩卖毒品等其他犯罪行为，通常可以认定为非法持有毒品罪未遂。

问 如何认定非法持有毒品罪的“情节严重”？ 059

答：《刑法》第 348 条规定，非法持有毒品数量较大的，处 3 年以下有期徒刑、拘役或者管制，并处罚金；情节严重的，处 3 年以上 7 年以下有期徒刑，并处罚金。可见，这里的“情节严重”是在非法持有毒品数量较大的前提下升格法定刑的条件。2000 年《毒品案件解释》规定了贩卖少量毒品“情节严重”的认定标准，但没有规定非法持有毒品罪“情节严重”的认定标准。2016 年《毒品犯罪解释》第 5 条结合司法实践，从犯罪主体、犯罪情节等方面对该问题作了规定，即非法持有毒品达到《刑法》第 348 条或者《毒品犯罪解释》第 2 条规定的“数量较大”标准，且具有下列情形之一的，应当认定为非法持有毒品罪的“情节严重”：（1）在戒毒场所、监管场所非法持有毒品的；（2）利用、教唆未成年人非法持有毒品的；（3）国家工作人员非法持有毒品的；（4）其他情节严重的情形。

其中，第1项从非法持有毒品的场所角度作出规定。在强制隔离戒毒所、看守所、监狱等特定场所非法持有毒品的，破坏了上述场所的监管秩序，具有更大的社会危害性，也体现了行为人较大的主观恶性，故规定为非法持有毒品罪“情节严重”的情形。第2项是针对利用、教唆未成年人非法持有毒品的情况作出的规定。起草过程中对该问题主要有两种不同意见。一种意见认为，此类行为在实践中时有发生，既增加了查缉难度，又对未成年人的权益造成了侵害，应当从严惩处，建议作出明确规定。另一种意见认为，《刑法》第347条第6款将“利用、教唆未成年人走私、贩卖、运输、制造毒品”规定为从重处罚情节，本条却将“利用、教唆未成年人非法持有毒品”规定为加重处罚情节，逻辑上存在矛盾，建议删去。经研究认为，该项规定与《刑法》第347条第6款之间并无实质性冲突，且对利用、教唆未成年人非法持有毒品的行为确有从严惩处的必要，故保留了该项规定。[①]第3项是从非法持有毒品主体的特殊身份角度作出的规定，其理由同2016年《毒品犯罪解释》第4条第5项将“国家工作人员走私、贩卖、运输、制造毒品”规定为《刑法》第347条第4款的“情节严重”情形是一致的。

值得注意的是，关于能否单独将毒品数量规定为非法持有毒品罪“情节严重”的情形，起草2016年《毒品犯罪解释》过程中也存在分歧意见。以往，司法实践中多参照2000年《毒品案件解释》关于贩卖少量毒品“情节严重”的认定标准，对于非法持有毒品达到数量较大标准上限70%以上的（海洛因、冰毒35克以上不满50克），认定为非法持有毒品罪的“情节严重”。但2016年《毒品犯罪解释》最终放弃了该做法，不再将毒品数量规定为非法持有毒品罪“情节严重”的情形之一，其理由与《毒品犯罪解释》第4条未将毒品数量作为认定走私、贩卖、运输、制造少量毒品“情节严重”的理由相同，

① 但客观地看，司法解释将利用、教唆未成年人非法持有毒品的行为规定为非法持有毒品罪的“情节严重”，同《刑法》第347条将利用、教唆未成年人走私、贩卖、运输、制造毒品规定为从重处罚情节之间确实存在一定冲突，因为前者是“加重”处罚，后者是“从重”处罚。其根源在于《刑法》第347条本没有必要作出这种从重处罚的规定，或者将“从重处罚”改为“从严处罚”，从而更好地体现对未成年人的保护。

在此不再赘述。[①] 因此，工作中不能引用《毒品犯罪解释》第5条第4项（“其他情节严重的情形”），把上述70%以上的毒品数量标准作为认定非法持有毒品罪“情节严重”的条件。至于哪些可以认定为“其他情节严重的情形”，可以继续在工作中总结经验。

① 对该理由的详细分析，可参见本书第三章“贩卖毒品罪”。

第七章

吸毒者实施的毒品犯罪

「本章导读」

吸毒者实施毒品犯罪的情形十分常见，由于吸毒本身不构成犯罪，而吸毒必然涉及购买、持有毒品，且常涉及运输毒品，为防止变相用刑罚惩处吸毒行为，司法政策上历来注重对此类犯罪给予一定特殊考虑。此类犯罪与非吸毒者实施的毒品犯罪在很多方面具有共性，本章集中分析、解答更多体现此类犯罪特殊性的法律问题。具体包括：司法政策上对此类犯罪予以特殊对待的理由，合理吸食量的认定与案件处理，以贩养吸的认定与案件处理，吸毒情节对认定贩毒数量的影响，吸毒者运输毒品的定性，为吸毒者代购毒品的定性，代购“蹭吸”行为的处理等。

问 对吸毒者实施毒品犯罪的，司法政策上有何特殊考虑？ 060

答：有意见认为，《刑法》并没有规定对吸毒者实施的毒品犯罪要给予区别对待，司法工作中对此类犯罪给予特殊处理的法律依据不足。这里或许存在某种误解。《刑法》作为成文法，其特质是简洁明了、纲举目张，不可能事无巨细、面面俱到。《刑法》条文就像人体骨骼，奠定了《刑法》的基本框架，而司法解释、指导文件和刑法理论就像血肉组织，塑造了《刑法》的气质精神，使《刑法》文本鲜活生动起来，以适应纷繁芜杂的社会生活。《刑法》的适用并非简单地查阅、套用法条和望文生义地解读文字，而是有严密的解释理念、规则和内在逻辑，是法律技术与理念的有机结合，由此刑事司法工作也能在冷峻的特质之外不失惩恶扬善、照应人性的温情。就惩治毒品犯罪而言，司法者不仅需要熟悉《刑法》及相关司法解释、指导文件，也需要注意禁毒领域相关法律法规（如《禁毒法》《治安管理处罚法》《麻醉药品和精神药品管理条例》等）之间的协调，必要时还需要运用刑法理论。[①]

吸毒在我国不构成犯罪，如何在有力惩处毒品犯罪的同时，又避免用刑罚变相惩处吸毒行为，始终是一个重要司法问题。吸毒必然持有毒品，《刑法》第 348 条规定非法持有数量较大以上的毒品才追究刑事责任，实际上已经考虑到吸毒行为的非犯罪性质，给吸毒者留出了一定余地。这不是对吸毒行为或者毒品犯罪的纵容，而是《刑法》同《禁毒法》等其他法律之间合理衔接的需要和立法理性的体现。为此，在制定具体司法规则时有必要对吸毒者实施的毒品犯罪给予适当特殊考虑，使刑罚在惩处毒品犯罪时不“误伤”吸毒行为。最高人民法院制定的《2023 年毒品纪要》对此提出了多项具体规则。例如，吸毒者因购买、存储毒品被查获，没有证据证明其有实施贩卖毒品等其他犯罪的故意，毒品数量达到《刑法》第 348 条规定的最低数量标准的，以非法持有毒品罪定罪处罚；吸毒者因运输毒品被查获，没有证据证明

① 这只是就适用实体法而言，办理毒品犯罪案件还需要适用《刑诉法》及相关司法解释、指导文件，必要时也需要运用刑诉法理论。

其有实施贩卖毒品等其他犯罪的故意，毒品数量达到上述最低数量标准的，一般以运输毒品罪定罪处罚。又如，《2023 年毒品纪要》规定，对于有吸毒情节的贩毒人员，一般应当按照其购买的毒品数量认定其贩毒数量，量刑时酌情考虑其吸食毒品的情节；购买的毒品数量无法查明的，按照能够证明的贩卖数量及查获的毒品数量认定其贩毒数量；确有证据证明其购买的部分毒品并非用于贩卖的，不计入其贩毒数量。这些规则早期在《2000 年毒品纪要》中已有所体现，后经《2008 年毒品纪要》和《2015 年毒品纪要》的丰富、完善，形成了现阶段的司法处理规则，并在实务工作中得到广泛认可和深入贯彻。

问 何谓合理吸食量，它对定罪量刑有何影响？ 061

答：合理吸食量也称正常吸食量，不是法定概念，也没有明确出现在毒品犯罪司法解释和会议纪要等指导文件中。它指的是吸毒者在某个时间段内（如一天、一周、一个月等）较为合理、正常的吸食毒品的数量。之所以使用"合理吸食量"这个概念，是因为吸毒者到案后对其所购买的毒品常辩称用于个人吸食，在以往或者将来某个时间段内能否吸食如此大数量的毒品，便涉及合理性判断问题，进而影响对其行为性质的认定。

《2008 年毒品纪要》在起草过程中加入了"合理吸食量"的概念，作为区分吸毒者犯非法持有毒品罪与运输毒品罪的界限，但《2008 年毒品纪要》的文本中没有直接写明"合理吸食量"。该纪要的相关规定是："吸毒者在购买、运输、存储毒品过程中被查获的，如没有证据证明其是为了实施贩卖等其他毒品犯罪行为，毒品数量未超过刑法第三百四十八条规定的最低数量标准的，一般不定罪处罚；查获毒品数量达到较大以上的，应以其实际实施的毒品犯罪行为定罪处罚。"起草者在撰写的解读性文章中使用了"正常吸食量"作为定性条件："……如果其（指吸毒者。——引者注）在运输毒品过程中被当场查获，毒品数量大，明显超出其个人正常吸食量的，可以以运输毒品罪定罪处罚。”[①] 据此，在理解《2008年毒品纪要》的上述规定时实际上还应加上是否超出合理吸食量作为认定条件。吸毒者在运输毒品过程中被查获，如果毒品数量达到《刑法》第348条规定的最低数量标准，但没有超过其合理吸食量，以非法持有毒品罪定罪处罚；如果毒品数量达到较大以上且超过合理吸食量，则以运输毒品罪定罪处罚。由于“合理吸食量”这一概念的出现，《2008年毒品纪要》印发后，各地对如何理解“合理吸食量”的认识和做法不太统一，由此造成对吸毒者运输毒品的案件究竟何时定非法持有毒品罪、何时定运输毒品罪，司法认定的标准也不太统一。

从理想角度看，如果能科学地界定吸毒者的合理吸食量，对于准确认定吸毒者购买、运输、储存毒品行为的性质，准确界定罪与非罪、轻罪与重罪是很有意义的。但从实践情况看，办案中认定吸毒者的合理吸食量存在操作上的难度。主要涉及两个具体问题：（1）吸毒者个体每天的合理吸食量是多少；（2）吸毒者一次购买多少天的吸食量属于合理。关于第1个问题，据有关药学专家介绍，海洛因的单次用量通常为0.05~0.08克，致死量为0.75~1.2克；甲基苯丙胺的单次用量通常为0.02~0.03克，致死量为1.2~1.5克（以上均以纯品计）；大体上，每天吸食不超过2克海洛因或者冰毒都算合理；但由于毒品吸食量的个体差异较大，且可能随着对毒品耐受力的增强而不断增加用量，故吸食量也常会因人而异，需要结合毒品种类、纯度及吸毒时间长短、瘾癖程度等因素，合理确定吸毒者的单日吸食量。而实践中几乎没有专门收集证据证明犯罪嫌疑人每天吸毒量的做法，直接证据基本是犯罪嫌疑人的供述，有的犯罪嫌疑人所供每天吸食量明显高于前述标准（如每天4~5克甚至更多），故难以准确地判断吸毒者每天的吸食量。较为妥当的做法是通过指导文件或者指导案例确定一个相对明确的数值作为单日合理吸食量的认定标准（如每天2克海洛因或者冰毒），从而便于司法实务操作。关于第2个问题，一次性购买可供吸食多长时间（如一个

---

① 高贵君、王勇、吴光侠：《〈全国部分法院审理毒品犯罪案件工作座谈会纪要〉的理解与适用》，载中华人民共和国最高人民法院刑事审判第一、二、三、四、五庭主办：《中国刑事审判指导案例》（第5卷，增订第3版），法律出版社2017年版，第983页。

月、一年）的毒品才算合理，涉及毒品的种类、价格、紧俏程度、吸毒者每天的吸食量、经济能力等诸多因素。[①] 生活经验表明，吸毒者购入大量毒品用于自己长时间吸食的情况极为罕见，但逻辑上不能完全排除这种可能性，故对吸毒者所购用于吸食的毒品数量也很难设定一个“合理”的期间标准。[②]

由上可见，如果纠结于个体吸食量与合理的吸食期间问题，就会增加认定合理吸食量的不确定性，给司法工作带来困难。如果确实需要“合理吸食量”这个概念，比较好的做法是以案件为单位直接明确“合理吸食量”的数值标准（如海洛因或者冰毒 50 克），吸毒者所运输的毒品达到较大以上但没有超过这个数量标准的，仍定非法持有毒品罪，超过这个数量标准的，就定运输毒品罪。在起草《2015 年毒品纪要》的过程中，鉴于当时毒品滥用问题十分严重，且部分犯罪分子以吸毒为由寻求获得从宽处罚，为加大对毒品犯罪的整体惩处力度,《2015 年毒品纪要》在吸毒者运输毒品问题上取消了“合理吸食量”的概念，直接以毒品数量较大（海洛因 10 克）作为性质认定的界限，即只要吸毒者运输的毒品数量达到较大以上，一律认定为运输毒品罪。由此，对吸毒者实施的运输毒品犯罪的处罚力度大为增强。《2023 年毒品纪要》延续了《2015 年毒品纪要》的相关规定，理解和适用这些规定时不必再像适用《2008 年毒品纪要》那样考虑吸毒者的合理吸食量问题。但不能据此说“合理吸食量”概念已经完全没有作用，在有的案件中仍需要适当考虑合理吸食量的问题。

---

① 所需考虑的因素实际上还涉及毒品是否有保质期问题。由于冰毒、海洛因、氯胺酮等常见毒品多为化学方法加工、制造而成，长时间储存可能产生氧化反应，影响毒品品质，故购买大量毒品用于长时间吸食的做法违反常理。但这个问题尚缺乏专业论证，在司法实务中也未引起较多关注。

② 在非法持有毒品罪的毒品数量“上不封顶”的情况下，合理吸食量的期间标准问题似乎不太重要，但如果修改立法，对超出一定时期合理吸食量的部分推定用于贩卖，则确定该标准就有现实意义。

问 什么是“以贩养吸”，它对案件处理有何影响？ 062

答：以贩养吸不是《刑法》中的规范概念，而是司法实践中形成的类型化术语，是指吸毒者通过少量贩卖毒品获得利润以维持其吸毒需求的情形。以贩养吸通常具有以下特征：（1）吸毒者没有其他稳定的经济来源，贩卖毒品的主要目的是满足其自身吸毒需求，也包括将部分违法所得用于日常基本生活开支。（2）贩卖毒品的总量不大，通常是少量多次地贩卖毒品，违法所得不多。如果是大量贩卖毒品，违法所得数额巨大，明显超出吸毒所需的（如购买贵重首饰、高档电器，甚至汽车、房产），则不应当认定为以贩养吸，而应归类为具有吸毒情节的贩毒人员。二者在从宽政策上的区别是，对于以贩养吸的被告人原则上要适当从宽处理，而对于有吸毒情节的贩毒人员则未必体现从宽，特别是当其具有毒枭、职业毒贩、毒品再犯、大宗贩卖等严重情节时，不能因具有吸毒情节而体现从宽。当然，对以贩养吸情形中的少量贩卖毒品不宜局限于零包贩卖，[①] 也不必限于《刑法》第 347 条规定的“少量毒品”（冰毒不满 10 克），因为贩毒数量过少则谈不上以贩“养”吸。鉴于贩卖毒品数量大（冰毒 50 克以上）所对应的最低法定刑为 15 年有期徒刑，故大致可以考虑把累计贩卖冰毒 50 克以内（或数量相当的其他毒品）的情形认定为以贩养吸。当吸毒者贩毒数量所对应的刑罚达到无期徒刑以上时，一般不宜认定为以贩养吸。

正是鉴于以贩养吸的上述特征，以往相关司法文件规定对以贩养吸情形的处理要考虑被告人吸食毒品的情节，实践中也多予从宽处理。例如，《2000 年毒品纪要》提出：“对于以贩养吸的被告人，被查获的毒品数量应认定为其犯罪的数量，但量刑时应考虑被告人吸食毒品的情节。”《2008 年毒品纪要》基本延续了这一规定，提出：“对于以贩养吸的被告人，其被查获的毒品数量应认定为其犯罪的数量，但量刑时应考虑被告人吸食毒品的情节，酌情处理”。上述指导意见的出发点是好的，但在适用过程中存在对以贩养吸作

---

① “零包贩卖”是含义不太明确的实践用语，通常是指向吸毒者贩卖毒品数量很小的情形，少则低于 1 克，多则数克，都可称为零包贩卖。

宽泛理解的情况，即把以贩养吸等同于有吸毒情节的贩毒人员，并在认定其贩毒数量时扣除可能被其吸食的毒品数量，导致即使不是以贩养吸的被告人（包括贩毒数量很大的情形），也因有吸毒情节而在量刑时获益。特别是有的行为人购买的毒品数量很明确，抓获时大部分毒品去向不明（多为已经贩卖但辩称被吸食），也仅按照查获的毒品实物认定贩毒数量，导致部分贩毒人员因具有吸毒情节而获得不应有的从宽处理。

为纠正上述误解和做法，《2015 年毒品纪要》在处理规则上作了一定调整，提出："对于有吸毒情节的贩毒人员，一般应当按照其购买的毒品数量认定其贩卖毒品的数量，量刑时酌情考虑其吸食毒品的情节"。这样，就把需要在量刑时适当从宽处罚的范围从"以贩养吸的被告人"修改为"有吸毒情节的贩毒人员"，有利于防止对以贩养吸作泛化理解。同时，规定对"有吸毒情节的贩毒人员"一般按照购买的毒品认定贩毒数量，有利于防止不加区分地对此类人员都按照查获的毒品认定贩毒数量，加大了对此类犯罪的惩处力度。《2023 年毒品纪要》延续了该规定。对该规定的理解，还要注意以下两个问题：

1. 对于涉案毒品数量达到上一个法定刑幅度的，不应以行为人具有吸毒情节为由降档量刑。例如，被告人购买了 50 克冰毒后被查获，辩称所购买的毒品中有部分毒品将用于吸食，在此情况下能否因其系吸毒人员而判处低于 15 年有期徒刑？有意见认为，既然这 50 克毒品中有部分将用于吸食，扣除吸食的部分后毒品数量自然少于 50 克，本着有利于被告人的处理原则，应当在有期徒刑 15 年的幅度之下量刑。这种意见虽有一定道理，但并不妥当。因为上述指导文件规定的"酌情考虑"是对从宽政策的倡导，是酌情处理的，不是硬性要求。如查获海洛因 100 克，可以在相应的法定刑幅度内就低判处 15 年有期徒刑，但当查获的是海洛因 50 克时，所对应的法定刑最低为 15 年有期徒刑，量刑上便没有再从宽处罚的余地。被告人辩称被查获的毒品中有部分将用于吸食，只是一种可能性而非现实情况，这些毒品也存在日后被贩卖的可能性；并且，如果认为查获的毒品中有部分可能被吸食便降低法定刑幅度量刑，那么，当查获的毒品为 51 克、55 克或者更多时，是否也应按照被告人供述的吸食量而降低法定刑幅度量刑？如果持肯定回答，又会导致《2015年毒品纪要》所淡化的合理吸食量问题又凸显出来，造成新的法律适用标准不统一。因此，对于上述“酌情考虑”的规定不能绝对化，更不能在量刑时降低法定刑幅度以体现从宽处理。

2. 对于涉案毒品数量大，特别是涉及死刑适用的，量刑时一般不再把吸毒情节作为酌定从宽处罚情节。上文已述，以贩养吸是指为获取吸食毒品所需资金而贩卖少量毒品，并将贩毒所得主要用于购买毒品吸食的情形。有吸毒情节的毒枭、职业毒犯及大量贩卖毒品的被告人，其贩毒目的已不是满足自身吸毒需求，而是获取高额非法利润，故原则上不能把吸毒情节作为从宽情节来把握。这里值得注意的是，《2008年毒品纪要》提出，对于以贩养吸的被告人，被查获的毒品数量刚达到实际掌握的死刑数量标准的，可以不判处死刑立即执行。这里使用“以贩养吸”的表述不够准确，因为当被告人面临判处死刑时说明其贩毒数量已达到了实际掌握的死刑数量标准，其贩毒目的显然不是仅满足自身的吸毒需求，故不符合以贩养吸的特征。《2023年毒品纪要》没有明确写入该项规则，但这一指导意见的精神仍然具有参照性，当查获的毒品数量刚达到实际掌握的死刑数量标准，其中有部分毒品很可能是被告人用于吸食的，扣除该部分毒品后则没有达到判处死刑的数量标准，对这种情形可以不判处死刑立即执行。这种情形与第一点中所说的查获毒品刚达到“数量大”标准时不能降低法定刑幅度量刑的情形存在区别，适用死刑的毒品数量标准是司法经验总结，不是法定标准，且实践中对毒品犯罪采取的是“毒品数量+其他情节”的综合量刑标准，不是唯数量论，故本着慎重适用死刑的原则，对这种情形可不判处死刑立即执行。实践中存在此类案例。[①] 不过，如果查获的毒品数量明显超过实际掌握的死刑适用数量标准，即使被告人是吸毒人员，也不能因其具有吸毒情节而不判处死刑。

---

① 例如，被告人郑某昌走私海洛因365克被海关查获，一、二审判处死刑。最高人民法院复核认为，郑某昌是吸毒人员，没有证据证明其携带毒品是准备出境贩卖，不能排除其中有部分毒品是用于吸食，且郑某昌有悔罪表现，主观恶性不很大，故改判死缓。参见中华人民共和国最高人民法院刑事审判第一、二、三、四、五庭主办：《中国刑事审判指导案例》（第5卷）（增订第3版），法律出版社2017年版，第327–330页。

问 吸毒情节对认定贩卖毒品数量有何影响?[①] 063

答: 吸毒者贩卖毒品有很多情形，其中一些在认定贩毒数量上并没有争议，如吸毒者购买到毒品后在出售过程中被全部查获，或者虽未开始出售但吸毒者供认准备全部出售。容易引发争议的情形是吸毒与贩毒并存且数量不明的情形。例如，吸毒者购买了一定数量的毒品（100 克冰毒）后，有证据证明已经卖出了部分毒品（30 克冰毒），又从其身边或者住处查获了部分毒品（10 克冰毒），但查获的毒品与贩卖的毒品数量之和明显少于其购买的毒品数量，即购买的毒品数量 = 能够证明的卖出毒品数量 + 查获的毒品数量 + 去向不明的毒品数量，而去向不明的毒品数量系主要部分。对这部分去向不明的毒品，被告人通常辩称已被其吸食。因吸毒不构成犯罪，如果确有证据证明这部分去向不明的毒品已被吸食，即使数量很大，也不应计入被告人贩卖的数量或者认定为非法持有毒品罪。这是《2008 年毒品纪要》明确提出了处理意见的情形:“被告人购买了一定数量的毒品后，部分已被其吸食的，应当按能够证明的贩卖数量及查获的毒品数量认定其贩毒的数量，已被吸食部分不计入在内。”[②] 而实践情况往往是，证明这部分毒品被吸食的证据仅有被告人的供述，没有其他证据印证。如果去向不明的毒品数量不大，没有明显超出被告人一段时期内的合理吸食量，则对这部分毒品均认定为已被其吸食亦属合理。但如果去向不明的毒品数量很大，明显超出一段时期内的合理吸食量，若仍把这部分毒品都认定为已被吸食，不计入贩毒数量，实际上不利于打击吸毒者实施的毒品犯罪。[③] 对于这一问题,《2008 年毒品纪要》没有明确提出解决方案，实践中有的地方对《2008 年毒品纪要》的上述规定作了

---

① 该问题与上一个问题存在关联，但侧重点不同。

② 这一指导意见是对最高人民法院 1995 年 11 月 9 日作出的《关于办理毒品刑事案件适用法律几个问题的答复》(法函〔1995〕140 号）第 2 条的吸收，即 “对被告人购买了一定数量的毒品，但只查明其贩卖了其中一部分，其余部分已由被告人吸食的，应当按已查明的销售数额确定其贩毒的数量”。

③ 可见，尽管《2015 年毒品纪要》在吸毒者购买、运输、持有毒品问题上淡化了 “合理吸食量” 概念，但在有的情形下仍需要适当考虑合理吸食量问题。

扩大适用，即使不能确认去向不明的毒品已被被告人吸食的，也按照被告人的辩解认定为已被其吸食，不计入其贩毒数量。

鉴于上述做法存在的弊端，经总结实践经验，《2015 年毒品纪要》对此问题的处理思路作出调整，规定："对于有吸毒情节的贩毒人员，一般应当按照其购买的毒品数量认定其贩卖毒品的数量，量刑时酌情考虑其吸食毒品的情节；购买的毒品数量无法查明的，按照能够证明的贩卖数量及查获的毒品数量认定其贩毒数量；确有证据证明其购买的部分毒品并非用于贩卖的，不应计入其贩毒数量。"这一指导意见针对的是吸毒者贩卖毒品的情形如何认定毒品数量问题，有多层含义，但关键点在于，将吸毒人员贩毒数量的认定基准从以往的行为末端改为前端（或者说从"出口"改为"入口"）。[①] 也就是说，只要有证据能够证明被告人所购买毒品的确切数量，不论能够证明的贩卖数量及查获的毒品数量与其购买的毒品数量之间存在多大差距，都按照其购买的毒品数量认定贩毒数量，量刑时酌情考虑去向不明的毒品可能有部分被其吸食的情节。例如，张某购买 180 克冰毒后向多名吸毒人员贩卖了共计 30 克，公安机关抓获张某时从其住处查获 10 克冰毒。对于去向不明的 140 克冰毒，张某辩称被其吸食，但张某系在被查获一个月前购买上述冰毒，这意味着其在一个月内吸食了 140 克冰毒，平均每天超过 4 克，明显不合理。对于本案，应当按照张某购买的毒品数量（180 克冰毒）认定贩毒数量，量刑时酌情考虑去向不明的毒品可能有部分被其吸食的情节，从而使对张某的量刑不低于有期徒刑 15 年。这样处理，既有利于解决实践中难以证明去向不明的毒品是否用于吸食的问题，也更加有利于打击吸毒者实施的此类犯罪行为。《2023 年毒品纪要》重申了上述规定。

理解和适用该规定时还要注意以下问题：

其一，由于实践情况较为复杂，一些案件中没有充分证据证明被告人所购买毒品的确切数量（如上家未到案，被告人对购买毒品数量的供述不稳定，在案证据不能证明全部毒品的去向），在这种情况下还是应当按照能够证明

---

① 该规定还将《2008 年毒品纪要》中的"以贩养吸的被告人"修改为"有吸毒情节的贩毒人员"，对这一修改的背景和目的，可参见前一问题中的分析。

的贩卖数量及查获的毒品数量认定其贩毒数量。这样处理与《2008 年毒品纪要》原规定的精神是一致的。但是，如果去向不明的毒品数量大，明显超出被告人一段时期内的合理吸食量，考虑这部分毒品被其贩卖的可能性很大，量刑时可酌予从重处罚。

其二,《2015 年毒品纪要》对于不计入贩毒数量的认定问题，在证明标准上比《2008 年毒品纪要》提高了要求。《2008 年毒品纪要》提出，被告人购买一定数量的毒品后，已被吸食的部分不计入在内。这一规定没有在证明标准方面提出明确要求，实践中一些地方对此放宽了证明标准。《2015 年毒品纪要》明确规定要“确有证据证明”被告人购买的部分毒品并非用于贩卖的，才不计入贩毒数量。“确有证据证明”包含了推定贩卖的思路，也具有一定转移证明责任的性质，要求被告人提供确切证据证明部分毒品并非用于贩卖的才不计入贩毒数量，故仅有被告人本人辩解，没有其他证据印证的，不属于“确有证据证明”。这实际上也从证明标准方面加大了对此类犯罪的打击力度。[①] 但是，由于该问题较为复杂，实践中对如何把握这里的“确有证据证明”可能会产生争议。例如，吸毒者购入的毒品数量刚超过上一量刑幅度（如 55 克冰毒），而查获的毒品和贩卖的毒品数量低于该量刑幅度（45 克），被告人辩称去向不明的少部分毒品（10 克）被其吸食，这种情况下能否基于量刑合理性的考虑而不按照购买的数量认定？这涉及对《2015 年毒品纪要》确立的认定原则（一般应当按照购买的数量认定贩毒数量）的突破。对此，本书认为，考虑到《2023 年毒品纪要》仍然采取的是“一般应当”的表述，故对个别理由充分的案件可以按照查获和卖出的毒品数量认定贩毒数量，但在条件的把握上要严格：（1）去向不明的部分毒品与查获和卖出的相比，应当占较小比例，如果数量很大，明显超出一段时期的合理吸食量的，则应当

---

① 例如，在姚某跃等人贩卖毒品案中，公诉机关指控被告人姚某跃连续多次买入的冰毒共计 205 克，但有证据证实卖出的数量为 20.35 克，姚某跃辩称其他 184.65 克冰毒均被其吸食。据此推算，姚某跃在 4 个月内每天吸食 1 克冰毒，显然超过合理吸食量，不能成立，法院认定其贩卖的毒品数量为购入的 205 克，量刑时酌情考虑其吸食毒品的情节。该案的审理发生在《2015 年毒品纪要》发布前，但完全符合该纪要的精神。参见中华人民共和国最高人民法院刑事审判第一、二、三、四、五庭主办:《刑事审判参考》(总第 112 集)，法律出版社 2018 年版，第 86–93 页。

认定为贩卖的数量。（2）在证据上，除被告人供述外，还应有一定证人印证，且供述、证实的吸食量较为合理。如果仅有被告人一人的供述，倾向不应排除这部分毒品数量。通过这两个条件，对例外情形的范围加以控制，以免法律适用方面出现新的不确定局面。

其三，所谓“并非用于贩卖”，包括已经消耗的，也包括查获了实物但能够甄别的。具体有多种情形，如该部分毒品已经被被告人吸食或者已经被其赠与他人吸食的；[①] 查获的毒品中有少量不同种类的毒品（如主要为冰毒，少量毒品为海洛因），而被告人正是吸食该少量毒品（如海洛因）的；不以牟利为目的为吸毒者代购少量用于吸食的毒品的。但是，有证据证明是已经丢失或者为逃避查处而销毁的毒品，则不能认定为“并非用于贩卖”，因为被告人购买的这部分毒品虽有可能用于吸食，但也完全可能用于贩卖，故无论是否卖出，均应计入其贩卖毒品的数量。如果灭失的这部分毒品数量很大，特别是占毒品总数量的比重很大时，鉴于这部分毒品不可能再用于贩卖产生实际社会危害，应在量刑时予以考虑，对死刑适用也产生一定影响。

问 吸毒者运输毒品被查获的，如何定性？[②] 064

答：吸毒者携带毒品在运输途中被查获，是实践中的常见情形。对这种情形如何处理，司法工作中的认识有个演变过程。《2000年毒品纪要》）规定：

---

① 实践中有人认为，对于已经被吸食的毒品，如果数量达到较大以上，也可以对吸毒者认定为非法持有毒品罪。但本书认为，如果确定是已被吸食的毒品，即使数量达到较大以上（如冰毒10余克），也不能追究刑事责任，因为吸毒不构成犯罪。如果行为人辩称被吸食的毒品数量明显超出一段时期的合理吸食量，实际上被贩卖的可能性大但相关证据不足，才可以考虑作为特殊情况认定为非法持有毒品罪。

② 该问题同“合理吸食量”的认定问题关系密切，阅读时可以将两个问题结合起来。另外，本部分所说的运输毒品，是指运输行为本身可认定为运输毒品罪的情形，所涉运输毒品罪与非法持有毒品罪的区分是因吸毒者身份引发的政策把握问题。至于从运输距离长短角度对两罪的区分，可参见本书“非法持有毒品罪”一章中的对应问题。

“吸毒者在购买、运输、存储毒品过程中被抓获的，如没有证据证明被告人实施了其他毒品犯罪行为的，一般不应定罪处罚，但查获的毒品数量大的，应当以非法持有毒品罪定罪；毒品数量未超过刑法第三百四十八条规定数量最低标准的，不定罪处罚。”据此指导意见，即使吸毒者运输毒品数量大且明显超出个人合理吸食量的，也应认定为非法持有毒品罪而不是运输毒品罪。由此可能造成吸毒者运输毒品数量很大的情形也没有受到应有惩处。

为解决这一问题，《2008 年毒品纪要》对上述指导意见作了调整，提出："吸毒者在购买、运输、存储毒品过程中被查获的，如没有证据证明其是为了实施贩卖等其他毒品犯罪行为，毒品数量未超过刑法第三百四十八条规定的最低数量标准的，一般不定罪处罚；查获毒品数量达到较大以上的，应以其实际实施的毒品犯罪行为定罪处罚。”该规定与《2000 年毒品纪要》的上述规定相比，主要修改在于，对于运输毒品过程中被查获且毒品数量达到较大以上的，以“实际实施”的毒品犯罪而不是非法持有毒品罪定罪处罚。“实际实施”的毒品犯罪包括走私毒品、贩卖毒品、运输毒品等，认定的罪名既可能是单一行为，也可能是不同行为的组合，如走私、运输毒品罪，贩卖、运输毒品罪等。但是，根据《2008 年毒品纪要》的制定初衷，为防止用刑罚变相打击吸毒行为，对吸毒者在运输毒品过程被查获的情形认定为运输毒品罪，并非只要满足运输毒品数量较大即可，还要求毒品数量明显超过行为人的合理（或正常）吸食量，如果毒品数量达到较大以上但没有超过合理吸食量，则仍认定为非法持有毒品罪。[①]《2008 年毒品纪要》一定程度解决了《2000 年毒品纪要》相关规定造成的处罚力度不够的问题，但在实践中又造成了新的问题。由于毒品吸食量的个体差异较大，办案中又难以收集到证明吸毒者合理吸食量的确切证据，各地司法机关对如何把握合理吸食量的标准不尽统

① 《2008 年毒品纪要》的起草者在撰写的解读性文章中使用了“正常吸食量”作为定性条件：“……如果其（指吸毒者——引者注）在运输毒品过程中被当场查获，毒品数量大，明显超出其个人正常吸食量的，可以以运输毒品罪定罪处罚。”参见高贵君、王勇、吴光侠：《〈全国部分法院审理毒品犯罪案件工作座谈会纪要〉的理解与适用》，载中华人民共和国最高人民法院刑事审判第一、二、三、四、五庭主办：《中国刑事审判指导案例》（第 5 卷）（增订第 3 版），法律出版社 2017 年版，第 983 页。

一，由此对吸毒者运输毒品行为在认定为运输毒品罪的数量条件上也存在一些差异，一定程度影响了法律适用的统一性。

鉴于此，《2015 年毒品纪要》在该问题上作了调整，提出："吸毒者在购买、存储毒品过程中被查获，没有证据证明其是为了实施贩卖毒品等其他犯罪，毒品数量达到刑法第三百四十八条规定的最低数量标准的，以非法持有毒品罪定罪处罚。吸毒者在运输毒品过程中被查获，没有证据证明其是为了实施贩卖毒品等其他犯罪，毒品数量达到较大以上的，以运输毒品罪定罪处罚。"与《2008 年毒品纪要》的上述规定相比，本次修改主要有两方面：一是将运输毒品行为与购买、储存毒品行为分开规定，明确对于吸毒者运输毒品数量较大的情形认定为运输毒品罪，而不再采取《2008 年毒品纪要》中"实际实施的毒品犯罪行为"的表述，以减少适用中的误解。二是不再把合理吸食量作为对吸毒者实施的运输毒品行为认定为运输毒品罪的额外条件，即吸毒者运输毒品被查获，只要毒品数量达到较大以上，除有证据证明构成走私毒品罪、贩卖毒品罪等其他犯罪的情形之外，都认定为运输毒品罪，而不再认定为非法持有毒品罪。也就是说，《2015 年毒品纪要》进一步放宽了对吸毒者运输毒品行为认定为运输毒品罪的数量条件。这样规定的理由主要有 3 点：（1）《刑法》设置非法持有毒品罪的定罪标准时已考虑合理吸食量因素，可以把数量较大视为合理吸食量的界限，超过数量较大标准的应视为超出了合理吸食量。（2）不在数量较大标准之上设定更高的合理吸食量标准，可以加大对吸毒者实施的毒品犯罪的打击力度，有利于减少毒品流通。（3）合理吸食量目前尚难以准确界定，直接以毒品数量较大作为区分标准更便于实践操作。①

在理解《2015 年毒品纪要》的上述指导意见时，还有两个值得注意的

① 这些理由参见高贵君、马岩、方文军、李静然：《〈全国法院毒品犯罪审判工作座谈会纪要〉的理解与适用》，载中华人民共和国最高人民法院刑事审判第一、二、三、四、五庭主办：《中国刑事审判指导案例》（第 5 卷）（增订第 3 版），法律出版社 2017 年版，第 1000–1001 页。相关案例如 2013 年 12 月被告人张某宣携带 259 克冰毒从东莞乘坐长途汽车到达杭州市下沙服务区时被查获，因其系吸毒人员且无证据证明其有走私、贩卖、制造毒品等其他犯罪行为，故认定为运输毒品罪。该案发生在《2015 年毒品纪要》印发前，处理结果完全符合该纪要的精神。参见中华人民共和国最高人民法院刑事审判第一、二、三、四、五庭主办：《刑事审判参考》（总第 102 集），法律出版社 2016 年版，第 86–91 页。

问题：（1）从文字表述看，《2008 年毒品纪要》没有明确把合理吸食量作为认定吸毒者构成运输毒品罪的条件，《2015 年毒品纪要》也没有写明不再把合理吸食量作为认定条件，但司法工作中适用上述规定时有必要认真阅读起草者撰写的解读性文章，充分了解这两份纪要的起草背景和制定意图。可以说，只要不再把合理吸食量作为认定吸毒者构成运输毒品罪的额外条件，便是对《2015 年毒品纪要》上述规定的正确理解。（2）上述规定中的“吸毒者在运输毒品过程中被查获”只是一种提示，是指吸毒者所实施的是运输毒品行为，并非要求吸毒者必须在运输毒品途中被查获才能认定为运输毒品罪，对于确有证据证实从吸毒者住处查获的毒品是从外地购买来的，属于已经完成运输毒品行为，当然可以认定为运输毒品罪。如果有证据证实吸毒者准备将这些买来的毒品对外出售的，则应当认定为贩卖、运输毒品罪。

《2023 年毒品纪要》基本延续了上述规定，但在文字表述上作了调整。例如，将“吸毒者在购买、存储毒品过程中被查获”改为“吸毒者因购买、存储毒品被查获”，将“吸毒者在运输毒品过程中被查获”改为“吸毒者因运输毒品被查获”，这更有利于防止出现理解不当问题。同时，在“以运输毒品罪定罪处罚”之前增加“一般”二字，有利于应对实践中的复杂情况。

问 为吸毒者代购毒品的人因运输毒品被查获的，如何处理？① 065

答：吸毒者委托他人代为购买毒品的情形在实践中很常见。对于代购者因运输毒品被查获的情形如何定性，相关指导文件经历了一个不断修订、完善的过程。《2000 年毒品纪要》没有明确涉及该问题，只是笼统提出：“有证据证明行为人不是以营利为目的，为他人代买仅用于吸食的毒品，毒品数量超过刑法第三百四十八条规定数量最低标准，构成犯罪的，托购者、代购者

① 该问题与前后问题都有直接关联。前一问题解答的是吸毒者本人运输毒品行为的定性，该问题则是分析吸毒者委托他人代为购买、运输毒品情形的定性。同时，该问题也是代购毒品方面的“子问题”，对代购行为本身如何定性，后文专门进行分析、介绍。

均构成非法持有毒品罪。”据此，代购者因运输数量较大以上的毒品被查获的，对托购者和代购者均只认定为非法持有毒品罪而不是运输毒品罪，这与该会议纪要对吸毒者本人运输毒品被查获情形的定性思路是一致的。其弊端在于，当代购者受委托购买、运输的毒品数量很大时，仅认定为非法持有毒品罪，定性不够准确，也降低了对此类犯罪的惩处力度。

《2008 年毒品纪要》修改了《2000 年毒品纪要》的相关规定，提出：对吸毒者运输数量较大以上的毒品被查获的，按照吸毒者“实际实施的毒品犯罪”定罪处罚。“实际实施的毒品犯罪”包括走私、贩卖、运输毒品等犯罪行为，更多的是指运输毒品罪。但《2008 年毒品纪要》对代购者因运输毒品被查获的情形却基本延续了《2000 年毒品纪要》的思路：“有证据证明行为人不以牟利为目的，为他人代购仅用于吸食的毒品，毒品数量超过刑法第三百四十八条规定的最低数量标准的，对托购者、代购者应以非法持有毒品罪定罪。”也就是说，吸毒者本人运输数量较大以上的毒品被查获的认定为运输毒品罪，而当其委托他人代购数量较大以上的毒品在运输毒品途中被查获的，则对托购者和代购者均只认定为非法持有毒品罪，由此造成吸毒者本人运输毒品和委托他人代购毒品情形在处理上不协调、不平衡。这应该是起草《2008 年毒品纪要》过程中考虑不够充分的地方。

为解决这一问题，《2015 年毒品纪要》明确提出：“行为人为吸毒者代购毒品，在运输过程中被查获，没有证据证明托购者、代购者是为了实施贩卖毒品等其他犯罪，毒品数量达到较大以上，对托购者、代购者以运输毒品罪的共犯论处。”这便理顺了单独犯罪与共同犯罪在定性上的关系。该规定有多层含义：（1）如果代购者运输的毒品没有达到数量较大以上，对托购者、代购者一般不应定罪处罚。因为吸毒不构成犯罪，代购者是受吸毒者委托购买少量毒品，既然对委托者（吸毒者）不定罪处罚，对受托者（代购者）也不应定罪处罚。[①] 但是，如果有证据证明托购者、代购者实施的是走私、贩卖

① 据悉，个别地方出于严厉打击毒品犯罪的考虑，以《刑法》对运输毒品罪没有规定毒品数量条件为由，认为即使查获的毒品数量没有达到较大以上标准，对吸毒者和代购者也可以定运输毒品罪。这是对《刑法》的机械理解和简单套用，违反了刑事政策和《2023 年毒品纪要》等指导文件的规定。

毒品等其他犯罪，即使查获的是少量毒品，也应依法定罪处罚。（2）如果代购的毒品达到了数量较大的标准，对托购者、代购者一般以运输毒品罪定罪处罚，而不是认定为非法持有毒品罪。如果托购者、代购者实施的是走私、贩卖毒品等其他犯罪，则可以分别认定为走私、运输毒品罪或者贩卖、运输毒品罪。[①] 值得注意的是，对于代购的毒品是否仅用于吸食，应当以相关证据证明的事实来认定，不能单纯根据毒品的数量大小作出判断。即使毒品数量大，明显不可能全部用于吸食的，如果没有证据证明托购者、代购者有实施走私、贩卖毒品等其他犯罪的共同故意，对托购者、代购者仍只能按照运输毒品罪的共同犯罪处理，但可以酌情从重处罚。（3）在毒品达到数量较大以上的情况下，如果托购者购买毒品不仅是为了吸食，还准备用于贩卖，但代购者对此不明知，以为托购者购买的毒品都用于吸食，则对托购者应以贩卖、运输毒品罪定罪处罚，对代购者仍应认定为运输毒品罪，二者在运输毒品罪的范围内成立共同犯罪。

《2023 年毒品纪要》基本延续了《2015 年毒品纪要》的上述规定，但在文字表述上作了调整："没有证据证明代购者明知他人实施毒品犯罪而为其代购毒品，代购者亦未从中牟利，代购毒品数量达到刑法第三百四十八条规定的最低数量标准，代购者因购买、存储毒品被查获的，以非法持有毒品罪定罪处罚；因运输毒品被查获的，一般以运输毒品罪定罪处罚。"在理解、适用该规定时，有如下问题值得注意：（1）该规定将代购的委托者从以往的吸毒者扩大到"他人"，而"他人"要么吸毒，要么不吸毒，不能因为"他人"不吸毒就推定其购买毒品是为了贩卖，从而认定代购者构成贩卖毒品罪的共犯。即使"他人"实际上是为了贩卖毒品而委托行为人代购毒品，如果没有证据证明其将要实施贩卖毒品行为的，对其购买毒品的行为一般只能认定为非法持有毒品罪或者运输毒品罪，对代购者通常也只能认定为这些犯罪的共犯。（2）如果代购的毒品数量达到较大以上，但确有证据证明这些毒品都已被吸食的，则一般不应当再追究托购者和代购者的刑事责任。因为吸毒不构

---

① 据了解，有的地方出现了出租车司机代为购买毒品的案件，如果出租车司机明知委托者系贩卖毒品，而代为购买、运输并收取运费，可以认定为贩卖、运输毒品罪的共犯（而非上家），如果因距离很短，不宜认定构成运输毒品罪，可以认定为贩卖毒品罪的共犯。

成犯罪，既然托购的毒品都已经被吸食，就不存在今后用于实施贩卖毒品等其他犯罪的风险。《2023 年毒品纪要》的上述规定针对的主要是查获毒品实物的情形，查获毒品实物意味着所购毒品的用途存在不确定性，即便托购者辩称用于吸食，亦不能保证这些毒品必然都用于吸食，故在运输毒品达到数量较大以上的情况下以运输毒品罪定罪处罚才是正当的。（3）如果多名吸毒人员同时委托某一人代购毒品，每人托购的毒品数量不到海洛因或者冰毒 10 克（如甲托购 3 克冰毒，乙托购 2 克，丙托购 6 克），但累计达到了数量较大以上，对托购者不能定罪处罚，但对代购者可以按照代购的毒品数量之和，以运输毒品罪定罪处罚。如果此种情形不是被当场查获，而是事后查获，毒品实物已经灭失，但代购者和托购者均证实所购毒品已被他们吸食，公安机关也未收集到证明涉案人员贩卖毒品的证据，则对代购者一般也不能定罪处罚。

问 何谓代购毒品，对为吸毒者代购毒品的行为如何定性？ 066

答：这是当前实践中较为突出且争议较大的问题。代购毒品有广义、狭义和最狭义之分。具体而言：（1）广义的代购毒品是指受他人委托代为购买毒品，委托者不限于吸毒者，也可能是贩毒者（包括有吸毒情节的贩毒者）。根据共同犯罪认定原理，代购者明知委托者是贩毒人员而为其代购毒品，是一种帮助行为，构成贩卖毒品罪的共犯；如果代购过程中加价或者变相加价牟利，虽然客观上也是起帮助作用，但对该情形通常应认定为相对独立的贩卖毒品罪，不再以共犯论处。可以说，代购者是否加价牟利是判断代购毒品行为性质（上下家或者共犯关系）的最重要标准。（2）狭义的代购毒品是指受吸毒者委托代为购买仅用于吸食的毒品，托购者是吸毒人员，代购者多为吸毒人员，也可能不吸毒。这是实践中通常所说的代购毒品，也是本部分要重点分析的问题。狭义代购分为有偿代购和无偿代购，有偿代购是指代购者从中牟利进而构成贩卖毒品罪的情形，而无偿代购是指代购者在代收毒资之外未收取额外费用，不构成贩卖毒品罪（但可能构成其他犯罪）的情形。

（3）最狭义的代购毒品是指为吸毒者无偿代购仅用于吸食的少量毒品，这种代购不构成任何犯罪（包括非法持有毒品罪、运输毒品罪）。这正是实践中很多零包贩卖毒品案件的被告人据以提出无罪辩解的着力点。

司法实践中总结形成代购毒品（特别是无偿代购）这个概念，是为了同贩卖毒品相区别。代购毒品不是独立罪名，自然也没有独立的犯罪构成要件，但涉及此罪与彼罪甚至罪与非罪的认定，故而具有重要实践意义。为吸毒者代购毒品的情况在司法实践中很常见，具体原因很多，如吸毒者的原上家因故（如被抓获）无法联系，原上家的毒品售价偏高或者毒品质量不好，有“毒友”恰好要前往异地购买毒品等，遂委托他人帮助购买毒品。在代购的类型上，有的吸毒者事先联系或者指定上家，有的则不问毒品来源，任由代购者自行联系购买；有的吸毒者事先付款，有的则事后付款；有的是在本地代购，有的前往外地代购（该情形涉及运输毒品罪的认定）；有的是购买少量毒品，有的则购买数量较大以上的毒品（该情形涉及非法持有毒品罪等罪名的认定）。

《2008 年毒品纪要》和《2015 年毒品纪要》在代购问题上侧重于就狭义代购的处理提出指导意见，主要解决代购者是否从中牟利进而是否构成贩卖毒品罪问题。《2023 年毒品纪要》在代购问题上采取了广义概念，所提出的指导意见并非仅针对狭义代购毒品，但实践中的代购问题集中在狭义代购方面，故工作中可以以该纪要的规定为基础，结合前两份纪要来分析、解决代购的定性问题。[①]《2023 年毒品纪要》提出的指导意见包括如下几个方面：（1）以“是否明知+是否牟利”作为组合标准来判断代购者是否构成共犯。“明知他人实施毒品犯罪而为其代购毒品，未从中牟利的，以相关毒品犯罪的共犯论处”。申言之，“没有证据证明代购者明知他人实施毒品犯罪而为其代购毒品，代购者亦未从中牟利，代购毒品数量达到刑法第三百四十八条规定的最低数量标准，代购者因购买、存储毒品被查获的，以非法持有毒品罪定罪处罚；因运输毒品被查获的，一般以运输毒品罪定罪处罚”。但是，“代购者加价或者变相加价从中牟利的，以贩卖毒品罪定罪处罚。”（2）明确了“变相

① 如本书第一章所述，《2008 年毒品纪要》和《2015 年毒品纪要》虽然已经不再适用，但对于正确理解《2023 年毒品纪要》仍有很强的参考价值。

加价”的认定规则。“代购者收取、私自截留部分购毒款、毒品，或者通过在交通、食宿等开销外收取‘介绍费’‘劳务费’等方式从中牟利的，属于变相加价。”但是，“代购者从托购者事先联系的贩毒者处，为托购者购买仅用于吸食的毒品，并收取、私自截留少量毒品供自己吸食的，一般不以贩卖毒品罪论处”。（3）提出了加强证据审查的规则。“对于辩称系代购毒品者，应当全面审查其所辩称的托购者、贩毒者身份、购毒目的、毒品价格及其实际获利等情况，综合判断其行为是否属于代购，并依照前述规定处理。向购毒者收取毒资并提供毒品，但购毒者无明确的托购意思表示，又没有其他证据证明存在代购行为的，一般以贩卖毒品罪定罪处罚。”

《2023年毒品纪要》提出的指导意见的内容很丰富，较之《2008年毒品纪要》和《2015年毒品纪要》，作了不少修改、调整，目的在于加大对代购牟利行为的惩处力度。理解、适用时有如下问题值得注意：

1.《2023年毒品纪要》延续了以往指导文件的思路，对代购者行为性质的界定以是否从中牟利作为区分点。具体而言：（1）不论托购者是吸毒人员还是贩毒人员，只要代购者从中牟利的，就不再认定为共同犯罪，而是相对独立的贩卖毒品罪。《2008年毒品纪要》曾提出：“明知他人实施毒品犯罪而为其居间介绍、代购代卖的，无论是否牟利，都应以相关毒品犯罪的共犯论处。”该规定总体上是妥当的，语义上想强调的是，即使行为人不牟利的也构成共犯，但是，如果明知他人实施毒品犯罪而为其代购毒品，且暗中“吃差价”的，看似受委托代购毒品而具有共犯性质，但认定为相对独立的贩卖毒品罪更妥当。[①]（2）如果代购者明知他人（包括吸毒者）实施毒品犯罪（指走私、贩卖、制造毒品等其他犯罪）而代购毒品，但未从中牟利，对代购者和托购者一体评价，以共犯论处。（3）如果代购者不明知他人实施其他毒品

---

① 例如，被告人齐某贺受信某1、信某2二人委托，从辽宁前往广东省陆丰市购买冰毒，在返回途中被查获，共计冰毒近7000克（其中4000克系信某1、信某2所购，另外3000克齐某贺辩称是其购买用于吸食）。一审认为齐某贺与二委托者构成共同犯罪，二审认为齐某贺属于加价贩卖毒品（购买价格每克40元，出售价格为80元），不构成共同犯罪。最高人民法院复核阶段同意二审的观点，核准齐某贺死刑。参见中华人民共和国最高人民法院刑事审判第一、二、三、四、五庭主办：《刑事审判参考》（总第124集），法律出版社2020年版，第149–155页。

犯罪而代购毒品，亦未从中牟利，则不以其他毒品犯罪的共犯论处。但如果代购者的行为构成非法持有毒品罪或者运输毒品罪的，依法处理，此时代购者与托购者在非法持有毒品罪、运输毒品罪的范围内仍然是共犯。不过，如果有证据证明托购者购买毒品是为了贩卖、走私，则托购者的罪名构成贩卖、运输毒品罪、走私、运输毒品罪等。这种情形下代购者与托购者仍然属于共同犯罪，而不是说代购者是单独犯罪。如果对托购者认定走私、贩卖毒品等其他罪名的证据不足，则托购者与代购者至少在非法持有毒品罪或者运输毒品罪的范围内成立共犯。

要特别注意的是，《2008 年毒品纪要》和《2015 年毒品纪要》将代购者、托购者认定为非法持有毒品罪或者运输毒品罪的情形，所针对的托购者是吸毒者（还有其他条件），但《2023 年毒品纪要》采取了广义代购概念，文本表述上将托购者表述为“他人”。“他人”显然包括吸毒者和非吸毒者，当“他人”指吸毒者时，上述指导意见的处理思路同以往是一致的。当“他人”是非吸毒者时，这一指导意见总体上也是成立的，但是，当代购者从异地为非吸毒者无偿代购少量毒品（如 8 克冰毒），因运输行为被查获的，如何处理？从上述指导意见看，似乎对此种情形也可不定罪处罚，但本书不赞成这种理解。理由在于：（1）长期以来代购者为吸毒者无偿代购少量毒品后因运输行为被查获的（典型情况是运输途中被查获），对代购者和托购者均不定罪处罚，是基于吸毒行为不构成犯罪而作出的特殊考虑。如果代购者为非吸毒者代购少量毒品在运输环节被查获，则不应适用该特殊处理规则。即使代购者不明知托购者购买毒品的真实意图，至少也应当认定为运输毒品罪，对托购者则应当按照实际实施的毒品犯罪（如贩卖毒品罪）定罪处罚。（2）实践情况表明，非吸毒者托购少量毒品通常是为了贩卖（偶尔会出于其他动机），如果代购者明知托购者不吸毒仍为其代购少量毒品，极可能构成贩卖毒品罪的共犯。对此类案件，需要切实做好侦查取证工作，查明托购者购买毒品的真实目的和代购者的主观明知，防止简单因代购者辩解不明知托购者的真实意图且属无偿代购而逃避刑事处罚。

2. 对代购者“从中牟利”的情形，《2023 年毒品纪要》扩大了认定范围。《2008 年毒品纪要》提出：“代购者从中牟利，变相加价贩卖毒品的，对代购者应以贩卖毒品罪定罪”，但未具体解释何谓“从中牟利”“变相加价”。《2015年毒品纪要》对此作了解释，列举了两种情形：一是在交通、食宿等必要开销之外收取“介绍费”“劳务费”，二是以贩卖为目的收取部分毒品作为酬劳。[①]《2023年毒品纪要》保留了第一种牟利情形，并将第二种情形修改为“代购者收取、私自截留部分购毒款、毒品”。“收取”是指经托购者同意后支付，“私自截留”是指未经托购者同意的暗中截留。这种情形又包含了4种具体行为类型：收取部分购毒款，[②]收取部分毒品，自私截留部分购毒款，私自截留部分毒品。显然，这4种行为的覆盖面明显宽于“以贩卖为目的收取部分毒品作为酬劳”，由此，代购者“从中牟利”的认定范围被大大扩展，加大了对末端毒品犯罪的打击力度。至于《2023年毒品纪要》规定的对代购者“一般不以贩卖毒品罪论处”的情形，因附加条件较多，且实践中此类情形较为少见（更多的是代购者自寻毒品上家），故该除外情形基本不影响对代购者“从中牟利”的扩大认定趋势。[③]

3.《2023年毒品纪要》没有将代购毒品限定为托购者指定上家的情形。近年来司法实践中遇到的突出问题是，一些贩毒人员被查获后往往辩称是为

---

① 《2015年毒品纪要》把出于贩卖目的收取少量毒品作为酬劳的情形认定为变相加价，是为了区别于“蹭吸”情形，后文将专门分析“蹭吸”的定性问题。

② 但将“收取部分购毒款”规定为变相加价情形，在表述上可能引发误解。它应当是指代购者以购毒款名义收取额外费用的情形。例如，购毒款本应该是500元，但代购者让托购者支付600元，多出的100元实际上是代购者“吃差价”。也就是说，应当将这里“收取部分购毒款”理解为在正常购毒款之外“额外”收取部分购毒款。在徐某贩卖毒品（含合成大麻素成分的电子烟）案中，徐某收取黄某凡购毒款2579元，将其中2479元转给上家孙某婷，“吃差价”100元，因孙某婷未发货，毒品交易未成功，徐某将毒资退回黄某凡，徐某被认定犯贩卖毒品罪未遂。参见中华人民共和国最高人民法院刑事审判第一、二、三、四、五庭主办：《刑事审判参考》（总第134辑），人民法院出版社2023年版，第108–117页。

③ 值得注意的是，《2023年毒品纪要》和以往的纪要都没有对代购牟利的数额作出限制，认定时不能过于机械、绝对。牟利在这里起到区分罪与非罪（无偿代购与贩卖毒品）的作用，故其在价值量上应当具有一定可观性，并要考虑牟利数额与代购的毒品价值之间的比例。对代购过程中极小数额的牟利，不宜认定为“变相加价”。同时，对托购者自愿支付少量毒品或者小额钱款作为报酬的，也未必都认为是变相加价，因为代购者原本也是“跑腿者”，获得少量报酬不应导致代购者由“跑腿者”升级为贩卖毒品的上家。当今社会生活中，为买卖双方提供“跑腿”服务已成为一种职业，运费基本都是买家支付，但几乎没有人把“跑腿”取货送货的人视为商品的卖家。毒品虽然是违禁品，但也是一种特殊商品，在认定代购毒品的性质时不宜违背生活常理。

吸毒人员无偿代购毒品，而侦查机关难以收集到有效证据否定这种辩解，从而导致难以以贩卖毒品罪追究刑事责任，特别是在代购少量毒品的情形下甚至无法定罪，导致有的犯罪分子逃避了应有惩处。对此，实务中有意见认为，可以缩小为吸毒者无偿代购毒品的认定范围，将此类代购毒品一般限于吸毒者事先联系或者指定上家的情形，且代购者应当提供未从中牟利的具体线索或者材料以供核查。① 本书认为，这种意见对加强毒品末端犯罪的惩处力度有一定的现实意义，但将代购毒品限于吸毒者事先联系或者指定上家的情形，是对毒品代购行为的过度限缩，看似体现了严惩政策，实际上不利于与吸毒行为不构成犯罪的政策之间保持平衡。

实践中确实存在吸毒者事先联系或者指定毒品上家后再委托他人代为前去购买毒品的情形，但此类情况实际上相对较少，更多的情况是吸毒者由于失去以往购毒渠道（如上家被抓）或者原上家售价高等原因转而委托他人从其他途径购买毒品，而代购者并没有加价或者变相加价。特别是，有的代购者本身也是吸毒人员，系顺带为他人代购仅用于吸食的少量毒品，并没有直接从中牟利。在这种情形下，托购者并未事先联系或者指定上家，但不能据此否认这种情形不是代购毒品，如果对此类代购行为按照贩卖毒品罪处理，则不符合人们对“贩卖毒品”的惯常理解，逻辑上也难以自圆其说。② 正如

① 例如，浙江省高级人民法院、人民检察院、公安厅2018年印发的《关于办理毒品案件中代购毒品有关问题的会议纪要》（浙高法〔2018〕40号）第1条规定：“行为人向吸毒者收取毒资并给付毒品的，应当认定为贩卖毒品的行为。确属为吸毒者代购毒品且未从中牟利构成其他犯罪的，也应依法定罪处罚。前款所称的代购毒品，一般是指吸毒者与毒品卖家联系后委托代购者前去购买仅用于吸食的毒品，或者虽未联系但委托代购者到其指定的毒品卖家处购买仅用于吸食的毒品，且代购者未从中牟利的行为。”第2条规定：“行为人提出系代购毒品未从中牟利的，应当提供具体线索或者材料。侦查机关应当对相关线索或者材料进行调查核实。”

② 有学者提出，只要行为人有偿地将毒品交付给他人（包括特定的个人），不管毒品来源于何处，也不问行为人是否以牟利为目的以及客观上是否牟利，就属于贩卖毒品。参见张明楷：《代购毒品行为的刑法学分析》，载《华东政法大学学报》2020年第1期。但问题是，何谓“有偿交付”？对未牟利的代购行为而言，“有偿”体现在何处？托购者支付毒资有偿获得毒品不等于代购者就是有偿交付毒品，只要代购者没有“吃差价”或者额外收取报酬的，就是无偿代购，将该行为认定为“有偿交付”毒品并构成贩卖毒品罪难以成立。持相反观点的学者认为，“有偿交付”和“有偿交易”虽然只有一字之差，但含义存在重大差别，不能等同视之；贩卖的本质是有偿交易，只有毒品的交付体现交易关系时，才能被认定为毒品贩卖。参见何荣功：《毒品代购与代购牟利的行为定性》，载《法学》2022年第9期。

有的学者所说，“强调毒品代购必须以托购者联系或者指定买家为必要，实际上将其理解为‘毒品代取’，人为地窄化了代购概念的本来意义，这不仅难以符合国民对代购的一般理解，也背离代购者对自身行为性质的认知”[①]。

《2023 年毒品纪要》经深入调研、论证后，虽然扩大了代购“牟利”的认定范围，但没有从托购者是否事先指定上家角度对“代购”本身进行限缩。从该纪要的前述规定可以看出，即使托购者未事先联系或者指定联系上家，由代购者自行寻找购毒渠道，但未从中牟利的，也应当认定为代购毒品。其中，代购者无偿为吸毒者代购少量用于吸食的毒品且未从中牟利的，不构成犯罪。这种政策精神同《2008 年毒品纪要》和《2015 年毒品纪要》是一脉相承的。实际上，对行为人辩称无偿代购毒品案件的处理出现困难，并不是以往指导文件在法律适用上对代购行为的定性不当，而是证据收集难、证明难所导致的，故不宜将证据问题转化为实体认定问题，但可以从更加合理分配证明责任的角度来解决。在代购者自行联系毒品上家的情况下，其构成贩卖毒品罪的嫌疑相应增大，对此需要加强证据收集和审查判断。

4.《2023 年毒品纪要》强化了代购毒品案件中控辩双方证明责任的分配。《2023 年毒品纪要》提出的该项指导意见包括两方面内容，一是对被告人辩称系代购毒品的案件，要通过审查全案证据情况综合判断是否属于代购；二是明确了一项具体判断规则，即被告人“向购毒者收取毒资并提供毒品，但购毒者无明确的托购意思表示，又没有其他证据证明存在代购行为的，一般以贩卖毒品罪定罪处罚”。虽然该项指导意见没有明确提出让被告人承担更多证明责任，但由于被告人在证明其是否属于代购且是否从中牟利方面具有明显优势，故对其提出的属无偿代购的辩解将不可避免地需要承担更多的证明责任。这种做法符合法律和司法解释的相关规定。

《刑诉法》第 51 条规定，公诉案件中被告人有罪的举证责任由人民检察院承担。这意味着“在刑事诉讼中，控方承担证明被告人有罪的责任，必须排除一切合理怀疑地证明犯罪构成的一切要件。如果其中任何一项构成要件不能成立或者法官根据现有的证据对是否有罪存在合理怀疑，则被告人有

---

① 何荣功:《毒品代购与代购牟利的行为定性》，载《法学》2022 年第 9 期。

罪的指控不能成立”[①]。从理想角度看，对被告人提出是代购毒品且未从中牟利的案件，应由公诉机关举证否定被告人的辩解。但毒品交易十分隐蔽，很多案件受客观条件限制，侦查机关难以收集到行为人代购且未牟利的具体证据，[②]公诉机关自然也就难以举证否定。代购毒品是一种特殊的行为类型，也是一种涉及出罪的抗辩事由，但不是独立罪名，没有独立的犯罪构成，故公诉机关不必围绕“有偿代购”进行证明。贩卖毒品罪的基本行为模式是“收取毒资＋给付毒品”（或者相反），公诉机关只要针对贩卖毒品罪的常态模式证明被告人向吸毒人员收取了毒资并给付了毒品，基本就完成了对被告人犯贩卖毒品罪的证明责任。被告人如果提出其行为属于“无偿代购”，属于积极抗辩事由，应当就此提出证据加以证明，这正如被告人对正当防卫、紧急避险、患有精神病等减免责任事由负有证明责任一样。《刑诉法》第37条规定：“辩护人的责任是根据事实和法律，提出犯罪嫌疑人、被告人无罪、罪轻或者减轻、免除其刑事责任的材料和意见，维护犯罪嫌疑人、被告人的诉讼权利和其他合法权益。”这虽然不是关于证明责任分配的直接规定，但已经包含辩方应对自己的积极主张收集、提供证据的要求。并且，我国《刑诉法》没有赋予被告人沉默权，被告人有义务如实回答司法人员提出的问题，包括犯罪事实和抗辩事由，如果被告人拒不供述或者放弃辩解，则要承担对其不利的法律后果。

由上述分析可见，办理涉及代购毒品的案件，犯罪嫌疑人、被告人提出其行为是无偿代购的，实际上需要提供托购者和上家身份、毒品来源、毒品价格、交通方式、食宿地点、具体开支、是否牟利等信息，以便支持其辩解。[③]如果被告人直接向购毒者收取毒资并提供毒品，但购毒者证明（或供称）是找被告人购买毒品、没有明确的托购意思（不问毒品来源、不管是否“吃差价”），只有被告人本人辩称是无偿代购毒品，又得不到其他证据印证的，

① 黄永：《证明责任分配的基本理论》，中国法制出版社2019年版，第329页。

② 对涉案毒品数量很少的“小”案件，侦查机关也很可能因警力有限而难以收集证明被告人牟利的证据。

③ 从这个角度看，前述浙江省公检法三机关2018年印发的会议纪要加重代购者证明责任的做法，有一定合理性。

一般可直接认定构成贩卖毒品罪。不过，对于毒品上家在逃或者身份不明、没有毒资转账记录、没有在外食宿等情形，主要依靠代购者的供述和托购者的证言来判断的，只要二者供证基本吻合，托购者承认是委托被告人购买毒品，而被告人系无偿代购毒品的可能性很大的（达到优势证据标准），本着慎重处理的原则，宜认定被告人属于无偿代购，其行为不构成贩卖毒品罪。①

问 对代购者“蹭吸”毒品的，如何定性？ 067

答：“蹭吸”是常见于吸毒群体之间的一种现象，通常是指在他人吸毒时免费吸食少量毒品而无须支付对价的情形。代购“蹭吸”是“蹭吸”的一种，是指代购者将所购毒品交付给托购者后免费吸食少量毒品的情形。代购“蹭吸”多为当场发生，即代购者买到毒品后便与托购者一起共同吸食，但也可能事后发生，即代购者将毒品交给托购者时拿走少量毒品准备日后吸食。对代购“蹭吸”行为是否认定为贩卖毒品罪，关键在于能否把“蹭吸”认定为代购毒品中的“牟利”行为。以下从不同层面进行分析。

1. 对代购“蹭吸”行为性质的整体分析

本书认为，对代购“蹭吸”行为，应当以不追究或者少追究刑事责任为原则，以定罪处罚为例外。主要理由在于：

（1）从生活意义上看，确实可以把“蹭吸”理解为一种牟利行为，因为吸毒人员获得毒品通常需要支付金钱等对价，而“蹭吸”的代购者省去了该笔费用。但是，能否把“蹭吸”认定为变相加价，取决于“蹭吸”是否会导致代购行为“升格”为贩卖毒品。“蹭吸”对托购者而言是其对代购者付出劳

① 例如，在刘某芳贩卖毒品案中，被告人刘某芳两次为共同居住人杨某双代购冰毒共计 0.8 克，一审以没有证据证明其未从中牟利为由认定构成贩卖毒品罪，二审则认为没有证据证明刘某芳从中牟利，故属于无偿代购，不构成贩卖毒品罪。这实际上就是如何看待代购者是否牟利的证明责任分配问题。参见中华人民共和国最高人民法院刑事审判第一、二、三、四、五庭主办：《刑事审判参考》（总第 99 集），法律出版社 2015 年版，第 89–97 页。

动（“跑腿”）的一种回报、赠予，对代购者而言是自己吸食、消耗毒品，不会造成该部分毒品传播、扩散，与贩卖毒品的性质（有偿提供且造成毒品传播、扩散）存在明显区别。特别是在代购者交付毒品之后临时起意“蹭吸”的情况下（有时是托购者主动邀请代购者“蹭吸”），“蹭吸”是代购完成之后的事后行为，更不应以该事后行为反过来影响前行为的定性，从而将代购认定为贩卖毒品罪。同时，也不能因“蹭吸”导致托购者可供自己吸食的毒品数量减少，间接增加了托购者的购毒成本，转而将“蹭吸”认定为变相加价。实践中，有的托购者购得毒品后会召集其他毒友共同吸食，其他毒友的“蹭吸”也会导致托购者可供吸食的毒品数量减少，如果唯独将代购者的“蹭吸”认定为变相加价牟利，结果是付出了“跑腿”劳动的代购者“蹭吸”反而受到刑事处罚，其他毒友却仅是参与吸毒这一违法活动，处理结果显然不平衡，也不合逻辑。

（2）从与贩卖者的关系看，“蹭吸”者的代购行为虽然客观上为贩卖者提供了帮助，但不能直接将代购行为认定为贩卖者的共犯，因为吸毒者自行购买毒品时客观上也为贩毒者提供了帮助，这种帮助与代购者所起的帮助作用完全相同，但司法实务中历来认为此时吸毒者属于购买毒品的下家，不能将吸毒者认定为贩毒者的共犯。同理，代购者受托购者的指使代为购买毒品，其在交易关系中也属于下家一方，不能因为有“蹭吸”这一事后行为（即便事先已约定可以“蹭吸”）就导致前面的代购行为转变为贩卖者的共犯。

（3）从与托购者的处理平衡看，托购者是代购者的指使者，在促成代购毒品行为上所起作用更大，如果托购者因所购毒品数量少而不追究刑事责任，却对代购者以“蹭吸”为由追究代购行为的刑事责任，逻辑上难以自洽，也有变相用刑罚打击吸毒行为之嫌。

2. 对指导文件相关规定的分析

《2008 年毒品纪要》没有涉及“蹭吸”问题，只是笼统地提出：“代购者从中牟利，变相加价贩卖毒品的，对代购者应以贩卖毒品罪定罪。”《2015 年毒品纪要》则对牟利作了一定解释，提出：“行为人为他人代购仅用于吸食的毒品，在交通、食宿等必要开销之外收取‘介绍费’‘劳务费’，或者以贩卖为目的收取部分毒品作为酬劳的，应视为从中牟利，属于变相加价贩卖毒品，以贩卖毒品罪定罪处罚。”这一规定强调以贩卖为目的收取部分毒品作为酬劳的，以贩卖毒品罪定罪处罚，实际上包含了对“蹭吸”行为原则上不作为犯罪处理的意图，只是因为起草过程中争议较大而未直接对代购“蹭吸”行为的定性作出明确规定。

《2023 年毒品纪要》对代购“蹭吸”的性质认定作出了较为明确的规定：“代购者加价或者变相加价从中牟利的，以贩卖毒品罪定罪处罚。代购者收取、私自截留部分购毒款、毒品，……属于变相加价。代购者从托购者事先联系的贩毒者处，为托购者购买仅用于吸食的毒品，并收取、私自截留少量毒品供自己吸食的，一般不以贩卖毒品罪论处。”按照该项指导意见，至少可以得出如下具体结论：（1）代购者购买到毒品后当场“蹭吸”的，不论托购者是否事先指定购毒渠道，都不属于代购牟利，不构成贩卖毒品罪。（2）代购者购买到毒品后，不是当场“蹭吸”，而是收取、私自截留部分毒品的，一般认定为变相加价牟利，构成贩卖毒品罪。（3）但是，在托购者事先联系贩毒者的情形下，代购者为托购者购买仅用于吸食的毒品后，收取、私自截留少量毒品供自己吸食的，一般不以贩卖毒品罪论处。

本书认为，《2023 年毒品纪要》的上述指导意见为代购“蹭吸”的性质认定提供了较为明确的法律适用规则，有利于统一实务工作中的认定标准，相比以往会议纪要的做法是一种进步，值得肯定。特别是以间接方式明确了对当场“蹭吸”的行为一般不予定罪处罚，这是对近年来司法实践经验的有效总结，[①] 较好地体现了打击毒品犯罪与吸毒行为不构成犯罪之间的平衡。但是，在理解、适用上述指导意见时，有如下问题值得注意：

其一，《2003 年毒品纪要》总体否定了当场“蹭吸”的刑事可罚性，但不排除个别情况下仍可以对此类代购者追究刑事责任，即不能认为当场“蹭吸”的一律不作为犯罪处理。例如，当场“蹭吸”者多次从同一上家为他人代购仅用于吸食的毒品，上家为此赠送少量毒品给其吸食，这种情形下代购

① 例如，在孙某柱贩卖毒品、容留他人吸毒案中，被告人孙某柱曾接受曲某的委托帮忙购买 0.5 克冰毒，并与曲某及他人将该毒品一起吸食。对此节事实，法院以没有证据证明孙某柱从中牟利为由，未认定构成犯罪。参见中华人民共和国最高人民法院刑事审判第一、二、三、四、五庭主办：《刑事审判参考》（总第 124 集），法律出版社 2020 年版，第 144–148 页。

者具有惯犯性质，其代购行为具有较强的帮助上家贩卖毒品的性质，故可以考虑对这种代购者认定为毒品上家的共犯（地位上属于从犯）。又如，当场“蹭吸”者受他人之托代购毒品后，发现其原购毒渠道失联，遂找到没有贩毒记录的其他吸毒人员，经反复劝说后成功“拿货”，这种代购行为客观上起到教唆他人犯罪的作用，与被教唆者构成贩卖毒品罪的共犯（甚至可能是主犯）。

其二，代购者自寻购毒渠道为托购者购买了仅供吸食的毒品后，收取、私自截留少量毒品用于自吸的，是否一律认定为变相加价牟利，进而认定构成贩卖毒品罪？如果形式地理解《2023 年毒品纪要》的上述指导意见，对该问题似乎可以得出肯定结论，但本书认为对这种情形仍应当慎重处理，不宜得出完全肯定结论。理由在于：（1）无论是托购者事先联系毒品上家，还是代购者自己寻找上家，“蹭吸”都是托购者对代购者的一种赠予或者酬劳（代购者自寻上家的更应获得酬劳），都是代购者自己吸食、消耗毒品，这种性质不因托购者是否事先指定、联系上家而改变。也就是说，在托购者事先联系上家的情况下，代购者购得毒品后收取、私自截留少量毒品供自己吸食的，不属于变相加价牟利，在代购者自寻购毒渠道的情形下，这种做法也不属于变相加价牟利。（2）按照上述指导意见，即使在代购者自寻购毒渠道的情况下，当场“蹭吸”的也不属于牟利，那为何代购者收取少量毒品日后“蹭吸”的就属于牟利？当场“蹭吸”与日后“蹭吸”有何本质区别？其中的逻辑应该很难解释。[①] 因此，可以把上述指导意见理解为一种提示性而非排除性规定，只要证据上能确认，代购者为托购者购买的是仅用于吸食的毒品，且其收取、私自截留的少量毒品是用于自己吸食的，就一般不认定为变相加价牟利，不构成贩卖毒品罪。

当然，如果代购者收取、私自截留少量毒品不是用于自吸，而是准备贩卖，则可以参照《2015 年毒品纪要》中“以贩卖为目的收取部分毒品作为酬

---

① 可能有人认为，日后“蹭吸”具有不确定性，增加了贩卖毒品的风险。但对此不能假设或者推定，而应当收集证据予以证明。如果事后查明，有的案件中代购者自寻购毒渠道代购后，并未当场“蹭吸”，而是数日后拿出以往截留或者收取的少量毒品，邀请其他毒友一起吸食的，能认定为牟利吗？显然也不应认定。

劳”的情形，将收取、截留少量毒品的行为认定为变相加价牟利，对代购行为可以认定构成贩卖毒品罪。但这种情形在证据认定上较为困难，因为大多数情况下代购者不会承认自己有贩卖毒品的意图。如果代购者多次收取、截留的毒品累计达到数量较大以上并被查获，可以认定为非法持有毒品罪（实践中非常罕见）；如果这些毒品已被其吸食，即使累计数量达到较大以上，一般也不能认定为非法持有毒品罪，因为吸毒不构成犯罪。①

① 有学者提出，代购者私自截留或者克扣毒品属于盗窃行为，如果克扣毒品数量较多的，同时构成盗窃罪和非法持有毒品罪，属于想象竞合犯，从一重罪处罚。参见何荣功:《毒品代购与代购牟利的行为定性》，载《法学》2022 年第 9 期。但实践中为吸毒者代购的毒品数量都很少，私自截留的毒品数量就更少，通常难以达到盗窃罪的定罪标准。

第八章

制毒物品犯罪

「本章导读」

制毒物品是制造毒品的原料或者配剂，近年来此类犯罪形势有所好转，但案件数量仍较为可观，[①] 且多出现在相关化工企业较多的地区。本章解答的司法适用问题包括：制毒物品与毒品的区别，《刑法》对制毒物品犯罪的修订情况，司法解释对制毒物品犯罪定罪量刑标准的规定，对尚无定罪量刑数量标准的制毒物品如何处理，制毒物品犯罪案件中行为人主观明知的认定，对多层转卖制毒物品的案件如何认定共同犯罪，麻黄碱类复方制剂的性质及此类犯罪案件的处理，涉麻黄草刑事案件的处理，如何区分制毒物品犯罪与走私、贩卖、运输、制造毒品罪、非法经营罪、妨害药品管理罪等关联犯罪。[②]

---

① 根据国家禁毒办发布的 2020 年和 2022 年中国毒情形势报告，2014 年以来中国破获制毒物品案件数呈现稳中有降的态势，国内制毒活动总体上呈现萎缩。2022 年全国破获制毒物品案件 287 起，同比上升 24.8%，缴获各类制毒物品 660.2 吨，同比下降 48.5%。

② 关于制毒物品犯罪的未完成形态问题，可参见本书第十一章的分析、介绍。

问 何谓制毒物品，它与毒品有何区别？ 068

答： 制毒物品，也称易制毒化学品，是指《刑法》第 350 条第 1 款规定的醋酸酐、乙醚、三氯甲烷或者其他用于制造毒品的原料或者配剂，[①] 具体品种范围按照国家关于易制毒化学品管理的规定确定。《刑法》第 350 条中没有直接使用"制毒物品"这一术语（但使用了"物品"一词），该术语首见于最高人民法院 1997 年发布的《关于执行〈中华人民共和国刑法〉确定罪名的规定》，该司法解释将 1997 年《刑法》第 350 条第 1 款的罪名确定为走私制毒物品罪和非法买卖制毒物品罪。可以说，制毒物品与易制毒化学品虽然所指相同，但前者多用于刑事司法工作中，后者多用于行政管理方面。[②]

在管制方式方面，我国对制毒物品实行目录管理，只有被相关部门发布文件明确加以管制的才属于易制毒化学品或者制毒物品，没有被管制的化学品即使被用于制造毒品，也不属于法律意义上的易制毒化学品或者制毒物品。[③] 这便是制毒物品的法定性，该特征与毒品的法定性类似。当然，如果实践中发现某种未被管制的化学品流入非法渠道被用于制造毒品的情况严重，相关部门可以及时将其纳入易制毒化学品范畴进行管制。目前，我国对易制毒化学品进行管制的基本文件是《易制毒化学品管理条例》及其附表。《易制毒化学品管理条例》制定于 2005 年，此后作了数次修订，其附表所列易制毒化学品共 3 类 23 种（麻黄素类物质合并算一种）。自 2008 年开始，公安部、商务部、卫生部（现国家卫健委）、海关总署等部门陆续发布了多份增补管制公告。截至 2023 年 10 月，这些被增补管制的易制毒化学品包括：

---

① 原料或者配剂俗称主料或者辅料，但辅料不限于配剂，也包括其他未被管制的化学品。

② 有观点认为，"制毒物品"这一概念含义宽泛，不仅包括被管制的易制毒化学品和未被管制的可用于制毒的化学品，也包括用于制造毒品的机器、设备等工具（如反应釜、离心机、压片机），建议作出调整。这种观点有一定道理，从文义上看，"制毒物品"一词确实含义很宽，但经过这些年使用，《刑法》中的制毒物品指的就是被管制的易制毒化学品已经达成普遍共识并广为接受，尚不影响司法适用。

③ 例如，高锰酸钾和氯化铵在制造海洛因过程中具有不同作用，高锰酸钾已被管制，而氯化铵尚未被作为易制毒化学品进行管制。

（1）2008年8月1日起将羟亚胺列入第一类易制毒化学品进行管理；（2）2012年9月15日起将邻氯苯基环戊酮（邻酮）列入第一类易制毒化学品进行管理；（3）2014年5月14日起将1-苯基-2-溴-1-丙酮（溴代苯丙酮）和3-氧-2-苯基丁腈列入第一类易制毒化学品进行管理；（4）2018年2月1日起将N-苯乙基-4-哌啶酮（英文缩写NPP）、4-苯胺基-N-苯乙基哌啶（英文缩写4—ANPP）、N-甲基-1-苯基-1-氯-2-丙胺（氯代麻黄碱）列入第一类易制毒化学品进行管理，将溴素、1-苯基-1-丙酮列入第二类易制毒化学品进行管理；（5）2021年9月20日起将3-氧-2-苯基丁酸甲酯、3-氧-2-苯基丁酰胺、2-甲基-3-［3，4-（亚甲二氧基）苯基］缩水甘油酸和2-甲基-3-［3，4-（亚甲二氧基）苯基］缩水甘油酸甲酯列入第二类易制毒化学品进行管理，将苯乙腈和γ-丁内酯列入第三类易制毒化学品进行管理。上述5次公告共新增15种易制毒化学品，包括7种第一类易制毒化学品、6种第二类易制毒化学品和2种第三类易制毒化学品。至此，我国管制的易制毒化学品共计38种。①

根据《易制毒化学品管理条例》，我国将易制毒化学品分为三类。第一类易制毒化学品是可以用于制造毒品的主要原料，共19种，包括：（1）1-苯基-2-丙酮；（2）3，4-亚甲基二氧苯基-2-丙酮；（3）胡椒醛；（4）黄樟素；（5）黄樟油；（6）异黄樟素；（7）N-乙酰邻氨基苯酸；（8）邻氨基苯甲酸；（9）麦角酸；（10）麦角胺；（11）麦角新碱；（12）麻黄素、伪麻黄素、消旋麻黄素、去甲麻黄素、甲基麻黄素、麻黄浸膏、麻黄浸膏粉等麻黄素类物质；（13）羟亚胺；（14）邻氯苯基环戊酮；（15）1-苯基-2-溴-1-丙酮；（16）3-氧-2-苯基丁腈；（17）N-苯乙基-4-哌啶酮（NPP）；（18）4-苯胺基-N-苯乙基哌啶（4-ANPP）；（19）N-甲基-1-苯基-1-氯-2-丙胺（氯代麻黄碱）。第二类、第三类是可以用于制造毒品的化学配剂。其中，第二类易制毒化学品有11种，包括：（1）苯乙酸；（2）醋酸酐；（3）三氯甲烷；（4）乙醚；（5）哌啶；（6）溴素；（7）1-苯基-1-丙酮；（8）3-氧-2-苯

① 从行政管制看，在计算易制毒化学品品种数量时通常将7种麻黄素类物质合并作为一种看待，另将氯代麻黄碱单独计算。但在刑事司法中，2016年《毒品犯罪解释》和其他文件在计算制毒物品品种数量时，均把7种麻黄素类物质分开计算。

基丁酸甲酯；（9）3- 氧 -2- 苯基丁酰胺；（10）2- 甲基 -3-［3，4-（亚甲二氧基）苯基］缩水甘油酸；（11）2- 甲基 -3-［3，4-（亚甲二氧基）苯基］缩水甘油酸甲酯。第三类易制毒化学品有 8 种，包括：（1）甲苯；（2）丙酮；（3）甲基乙基酮；（4）高锰酸钾；（5）硫酸；（6）盐酸；（7）苯乙腈；（8）γ- 丁内酯。在行政管理上，对第一类易制毒化学品的管理很严格，其生产、经营、购买、运输和进出口都要求取得许可证，而第二类和第三类易制毒化学品的管理有所不同，其进出口和第二类易制毒化学品的运输实行许可制，其生产、经营、购买和第三类易制毒化学品的运输则实行备案制。另外，在 38 种易制毒化学品中，只有第一类易制毒化学品中的麦角酸、麦角胺、麦角新碱和麻黄素类物质属于药品类易制毒化学品（包括原料药及其单方制剂），其他的品种都属于非药品类。

制毒物品与毒品既有密切联系，又有显著区别。二者的联系在于，制毒物品是制造毒品的原料或配剂，利用化学合成方法制造毒品离不开制毒物品，没有制毒物品就无法制造海洛因、冰毒、可卡因等常见毒品。甚至，非法生产某些制毒物品过程中还可能出现毒品成分。例如，用溴代苯丙酮（1- 苯基 -2- 溴 -1- 丙酮）非法生产麻黄碱过程中会出现甲卡西酮，但该甲卡西酮只是一种中间产物，经拆分、还原后会形成麻黄碱，对此类案件仍应当定性为非法生产制毒物品而不是制造毒品。制毒物品与毒品的区别在于，制毒物品只是用于制造毒品的原料或配剂（其中的制毒原料可称为毒品的前体，有的甚至是前体的前体），而不是毒品本身。例如，麻黄碱是制造甲基苯丙胺的原料，溴代苯丙酮是合成麻黄碱的原料，而溴素和 1- 苯基 -1- 丙酮可以用于合成溴代苯丙酮；羟亚胺是制造氯胺酮的原料，而邻酮则是非法生产羟亚胺的原料。[①]

① 也有一些毒品在制造过程中，其原料本身就是毒品而不是制毒物品。如用来制造“麻古”的冰毒粉末和咖啡因都是毒品，从鸦片中提取吗啡再制造海洛因的过程中，鸦片和吗啡本身也都是毒品。

问 《刑法修正案（九）》对制毒物品犯罪作了哪些修改？ 069

答： 1979年《刑法》没有规定制毒物品犯罪。1990年全国人大常委会通过的《关于禁毒的决定》首次就制毒物品犯罪作出规定。该决定把制毒物品界定为“醋酸酐、乙醚、三氯甲烷或者其他经常用于制造麻醉药品和精神药品的物品”，在罪名上只规定了走私制毒物品罪（非法运输、携带制毒物品进出境），还规定了“以制造毒品罪的共犯论处”的情形和单位犯罪，奠定了制毒物品犯罪的立法基础。1997年全面修订《刑法》时，对制毒物品犯罪的条文作了修改完善，主要是：（1）在行为类型上增加非法买卖制毒物品行为；（2）完善制毒物品的表述，将“经常用于制造麻醉药品和精神药品的物品”改为“用于制造毒品的原料或者配剂”。此后，《刑法》关于毒品犯罪的规定在很长时期内没有作任何修订，直至2015年施行的《刑法修正案（九）》修改了制毒物品犯罪的条文。[①]

《刑法修正案（九）》对制毒物品犯罪条文的修改主要有4个方面。（1）丰富了犯罪行为类型和罪名。根据司法实践的情况，增加了非法生产、运输制毒物品罪，使该条的罪名由以往的走私制毒物品罪、非法买卖制毒物品罪变为非法生产、买卖、运输制毒物品、走私制毒物品罪。（2）完善了入罪标准。修订前的《刑法》第350条并没有规定制毒物品犯罪的入罪条件，形式上看本罪是行为犯，似乎只要实施了走私制毒物品或者非法买卖制毒物品的行为，不论数量多少都构成该罪。但实践中考虑到易制毒化学品在工农业生产和日常生活中有多种合法用途，故在入罪问题上仍设置了一定条件。《禁毒法》第64条也规定：“在易制毒化学品的生产、经营、购买、运输或者进口、出口活动中，违反国家规定，致使易制毒化学品流入非法渠道，构成犯罪的，依法追究刑事责任；尚不构成犯罪的，依照有关法律、行政法规的规定给予处罚。”《刑法修正案（九）》则明确将“情节较重”作为入罪条件，使制毒物品犯罪由行为犯变为情节犯。（3）加大了惩处力度。将该罪的法定

---

① 2021年施行的《刑法修正案（十一）》也对毒品犯罪一节的条文作了调整，增加了妨害兴奋剂管理罪（第355条之一）。

刑从两档调整为三档，即“情节较重”“情节严重”“情节特别严重”，并将该罪的法定最高刑从有期徒刑10年提高为15年，财产刑方面还增加了没收财产。这样修改的主要理由是，《刑法修正案（九）》起草过程中有关方面提出，目前我国禁毒形势严峻，制毒物品犯罪社会危害性严重，有些制毒物品（如麻黄碱、羟亚胺等）与毒品在成分上接近，转化率很高；同时，制毒物品犯罪获利很大，应当加大财产处罚力度，提高制毒物品犯罪的刑期并增加没收财产刑，以更加有效打击毒品犯罪。[①]（4）对“以制造毒品罪的共犯论处”的情形作了更为明确的规定。

具体修订情况可对照表1。

表1　具体修订情况

1997年《刑法》条文	2015年修订后的条文
第三百五十条　违反国家规定，非法运输、携带醋酸酐、乙醚、三氯甲烷或者其他用于制造毒品的原料或者配剂进出境的，或者违反国家规定，在境内非法买卖上述物品的，处三年以下有期徒刑、拘役或者管制，并处罚金；数量大的，处三年以上十年以下有期徒刑，并处罚金。 明知他人制造毒品而为其提供前款规定的物品的，以制造毒品罪的共犯论处。 单位犯前两款罪的，对单位判处罚金，并对其直接负责的主管人员和其他直接责任人员，依照前两款的规定处罚。	**第三百五十条**　违反国家规定，非法生产、买卖、运输醋酸酐、乙醚、三氯甲烷或者其他用于制造毒品的原料、配剂，或者携带上述物品进出境，情节较重的，处三年以下有期徒刑、拘役或者管制，并处罚金；情节严重的，处三年以上七年以下有期徒刑，并处罚金；情节特别严重的，处七年以上有期徒刑，并处罚金或者没收财产。 明知他人制造毒品而为其生产、买卖、运输前款规定的物品的，以制造毒品罪的共犯论处。 单位犯前两款罪的，对单位判处罚金，并对其直接负责的主管人员和其他直接责任人员，依照前两款的规定处罚。

① 参见王爱立主编：《中华人民共和国刑法释义与适用（下册）》，中国民主法制出版社2021年版，第1420页。当时司法实践中存在非法买卖制毒物品数量巨大、非法获利很高，但受制于法律规定导致处罚明显偏轻的案件。如2006年房某安、许某财将3吨盐酸伪麻黄碱出售给港台人员，非法获利1060万元，均被判处有期徒刑9年，分别并处罚金50万元和40万元。参见中华人民共和国最高人民法院刑事审判第一、二、三、四、五庭主办：《中国刑事审判指导案例》（第5卷）（增订第3版），法律出版社2017年版，第516–519页。

值得注意的是，修订后的制毒物品犯罪的条文在文字表述上仍有一些瑕疵，实践中可能引发争议。例如，第350条第1款对走私制毒物品罪的行为方式采取的文字表述是“携带上述物品进出境”，这是以往表述习惯的沿袭，但“携带”一词的字面含义较为狭窄，通常是指行为人随身携带物品或者乘坐交通工具时托运物品，不包括邮寄、快递或者利用物流运输物品。目前实践中的普遍认识和做法是对“携带”进行扩大解释或者逻辑解释，将“携带上述物品进出境”解释为包括携带、邮寄、运输等各种将制毒物品走私进出境的行为。但可能仍会有人基于文字的字面含义，认为采取非携带方式（如邮寄、物流）将制毒物品走私进出境的，不构成走私制毒物品罪。[①]尽管这种不同意见会被有的人认为是故意“咬文嚼字”“挑毛病”，但从立法用语准确性的角度看，这种意见也并非完全没有道理。又如，对第350条第2款以制造毒品罪共犯论处的情形，条文表述上只规定了“生产、买卖、运输”制毒物品三种行为，实际上还包括走私、无偿提供等各种提供制毒物品的行为。并且，该款的规定只是提示性的注意规定而不是法律拟制，故所有符合共犯认定条件的情形都可以认定为制造毒品罪的共犯。但也可能有人机械理解条文的文字表述，主张只有“生产、买卖、运输”制毒物品这三种行为构成共犯，其他提供制毒物品的行为不构成制造毒品罪的共犯。因此，对上述两处文字表述都存在进一步完善的余地。

问 司法解释对制毒物品犯罪的定罪标准是如何规定的？ 070

答：在2016年制定《毒品犯罪解释》之前，相关司法解释和指导文件已经规定了当时管制的33种制毒物品的定罪量刑数量标准。[②]其中，2000年《毒品案件解释》规定了醋酸酐、三氯甲烷、乙醚等7种制毒物品的定罪量刑数量标准；2009年《制毒物品犯罪意见》规定了1–苯基–2–丙酮等22种制

① 参见晏山嵘：《走私犯罪判例释解与辩点分析》（第2版），中国法制出版社2023年版，第460页。

② 这些司法文件是将7种麻黄素类物质分别计算品种数量的。

毒物品的定罪量刑数量标准；2012年最高人民法院、最高人民检察院、公安部制定的《关于办理走私、非法买卖麻黄碱类复方制剂等刑事案件适用法律若干问题的意见》（法发〔2012〕12号）规定了消旋麻黄碱的定罪量刑数量标准；2014年最高人民法院、最高人民检察院、公安部发布的《关于办理邻氯苯基环戊酮等三种制毒物品犯罪案件定罪量刑数量标准的通知》（公通字〔2014〕32号）规定了邻酮、1–苯基–2–溴–1–丙酮和3–氧–2–苯基丁腈等3种制毒物品的定罪量刑数量标准。2016年《毒品犯罪解释》结合《刑法修正案（九）》对制毒物品犯罪的修订和近年来司法实践，对上述33种制毒物品的定罪量刑标准作了系统、详细规定。与以往规定不同的是，该司法解释整体下调了当时列管的大多数制毒物品的定罪量刑数量标准，以进一步加大对制毒物品犯罪的惩处力度，这也符合《刑法修正案（九）》修订制毒物品犯罪的精神。[①] 本部分主要介绍制毒物品犯罪的定罪标准，包括数量标准和其他标准。

1. 关于定罪的数量标准

2016年《毒品犯罪解释》第7条第1款规定了全部33种已列管制毒物品的定罪数量标准，即违反国家规定，非法生产、买卖、运输制毒物品、走私制毒物品，达到下列数量标准的，应当认定为《刑法》第350条第1款规定的“情节较重”：（1）麻黄碱（麻黄素）、伪麻黄碱（伪麻黄素）、消旋麻黄碱（消旋麻黄素）1千克以上不满5千克；（2）1–苯基–2–丙酮、1–苯基–2–溴–1–丙酮、3，4–亚甲基二氧苯基–2–丙酮、羟亚胺2千克以上不满10千克；（3）3–氧–2–苯基丁腈、邻氯苯基环戊酮、去甲麻黄碱（去甲麻黄素）、甲基麻黄碱（甲基麻黄素）4千克以上不满20千克；（4）醋酸酐10千克以上不满50千克；（5）麻黄浸膏、麻黄浸膏粉、胡椒醛、黄樟素、黄樟油、异黄樟素、麦角酸、麦角胺、麦角新碱、苯乙酸20千克以上不满100千克；（6）N–乙酰邻氨基苯酸、邻氨基苯甲酸、三氯甲烷、乙醚、哌啶50千克以上不满250千克；（7）甲苯、丙酮、甲基乙基酮、高锰酸钾、硫酸、盐酸100千克以上不满500千克；（8）其他制毒物品数量相当的。

---

① 2009年《制毒物品犯罪意见》中与2016年《毒品犯罪解释》相冲突的部分，不再适用。

2016年《毒品犯罪解释》在确定制毒物品的上述定罪数量标准时，所考虑的因素包括：一是在制造毒品过程中发挥的作用，包括该类制毒物品属于主要原料还是配剂，是否具有不可替代性，制造毒品的用量、比例等。二是当时的犯罪形势，包括该类制毒物品流入制毒渠道的数量、走向，在制造毒品犯罪中出现的比例等。三是制成毒品的种类、危害，如制造甲基苯丙胺的主要原料麻黄碱与制造氯胺酮的主要原料羟亚胺在定罪量刑标准上应体现一定差别。四是合法用途和管制级别，包括该类制毒物品是否存在合法用途，在工农业生产和日常生活中是否广泛使用，行政管制级别的高低等。该司法解释对制毒物品定罪数量标准的规定，是在综合考虑上述因素的基础上，会同最高人民检察院、公安部、原食药监总局、原安监总局等相关单位经反复研究，并请中国食品药品检定研究院、中国化学品安全协会的多位专家充分论证后确定的。[①]

上述定罪数量标准表明，2016年《毒品犯罪解释》下调了麻黄碱、羟亚胺等25种制毒物品的定罪数量起点，以加大对制毒物品犯罪的惩处力度。同时，为防止《刑法》设定的较高幅度法定刑出现虚置，该解释将适用3年有期徒刑以下刑罚（“情节较重”）的制毒物品数量标准上限，从以往定罪数量起点的10倍下调至5倍。例如，考虑到麻黄碱是制造甲基苯丙胺的主要原料，在制毒犯罪中应用广泛，将非法生产、买卖、运输麻黄碱或走私麻黄碱的定罪数量标准从5千克以上不满50千克下调为1千克以上不满5千克；考虑到羟亚胺在制造氯胺酮犯罪中起到重要作用，且出品率较高，将非法生产、买卖、运输羟亚胺或走私羟亚胺的定罪数量标准从10千克以上不满100千克下调为2千克以上不满10千克。

2. 关于其他“情节较重”的认定

除单纯的数量标准外，2016年《毒品犯罪解释》第7条第2款还从“数量+其他情节”的角度规定了制毒物品犯罪的定罪标准，即违反国家规定，非法生产、买卖、运输制毒物品、走私制毒物品，达到前款规定的数量标准

---

① 参见叶晓颖、马岩、方文军、李静然：《〈关于审理毒品犯罪案件适用法律若干问题的解释〉的理解与适用》，载中华人民共和国最高人民法院刑事审判第一、二、三、四、五庭主办：《中国刑事审判指导案例》（第5卷）（增订第3版），法律出版社2017年版，第970页。

最低值的50%，且具有下列情形之一的，应当认定为《刑法》第350条第1款规定的“情节较重”：（1）曾因非法生产、买卖、运输制毒物品、走私制毒物品受过刑事处罚的；（2）二年内曾因非法生产、买卖、运输制毒物品、走私制毒物品受过行政处罚的；（3）一次组织5人以上或者多次非法生产、买卖、运输制毒物品、走私制毒物品，或者在多个地点非法生产制毒物品的；（4）利用、教唆未成年人非法生产、买卖、运输制毒物品、走私制毒物品的；（5）国家工作人员非法生产、买卖、运输制毒物品、走私制毒物品的；（6）严重影响群众正常生产、生活秩序的；（7）其他情节较重的情形。

上述几种情形分别从违法犯罪经历、犯罪情节、犯罪主体、危害后果等方面作出规定。值得注意的是，在第1项情形中，如果形式上符合累犯的条件，因前罪已经作为本次定罪的条件，为防止重复评价，则不能再认定为累犯。第3项将一次组织5人以上实施犯罪和在多个地点非法生产规定为“情节较重”，是考虑到该罪涉案人员、加工窝点众多的具体情况。第6项主要是指生产制毒物品过程中污染水源或者土壤，导致养殖的鱼类、牲畜或者种植的农作物大量死亡等严重影响群众生产、生活秩序的情形。

另外，在制毒物品数量认定方面值得注意的是，对多次非法买卖制毒物品，但每次或者前几次均未达到定罪数量标准，也未被处理的，是否可以累计制毒物品数量，从而定罪处刑？本书认为，对这种情形累计制毒物品数量应当以《刑法》或者司法解释有明确规定为前提，对于《刑法》和司法解释没有作出这种规定的，不宜累计数量。根据2016年《毒品犯罪解释》第7条，对于2年内曾因制毒物品违法行为受过行政处罚，再次实施此类行为的涉案制毒物品数量达到入罪标准最低值50%的，可以定罪处刑。

问 司法解释对涉易制毒化学品案件的出罪情形，有何特殊规定？ 071

答：2016年《毒品犯罪解释》第7条第3款规定了非法生产、买卖、运输制毒物品不以制毒物品犯罪论处的例外情形，即易制毒化学品生产、经营、购买、运输单位或者个人未办理许可证明或者备案证明，生产、销售、购买、运输易制毒化学品，确实用于合法生产、生活需要的，不以制毒物品犯罪论处。

该规定吸收了2009年《制毒物品犯罪意见》的相关规定，并对原规定作了文字调整。[①] 主要考虑是，大部分易制毒化学品尤其是第二、三类易制毒化学品具有双重性，既可能被用于制造毒品，也可大量应用于工农业生产和人们的日常生活。因此，对制毒物品违法犯罪活动的打击，不能影响正常的生产、生活需要。根据《禁毒法》和《易制毒化学品管理条例》，我国对易制毒化学品的生产、经营、购买、运输和进出口实行严格的分类管理和许可、备案制度。但实践中确实存在未办理许可证明或者备案证明而生产、销售、购买、运输易制毒化学品，且实际用于合法生产、生活需要的情形。对于此类行为，不应以制毒物品犯罪论处。鉴于实践中对此类行为的定性还存在认识偏差，2016年《毒品犯罪解释》专门作出了上述明确规定。值得注意的是，此类行为不以制毒物品论处，不等于一定不构成犯罪，如果符合非法经营罪等其他犯罪的构成条件的，可以依法定罪处罚。[②]

---

① 2009年《制毒物品犯罪意见》的规定是，易制毒化学品生产、经营、使用单位或者个人未办理许可证明或者备案证明，购买、销售易制毒化学品，如果有证据证明确实用于合法生产、生活需要，依法能够办理只是未及时办理许可证明或者备案证明，且未造成严重社会危害的，可不以非法买卖制毒物品罪论处。2012年《立案追诉标准（三）》重申了这一规定。

② 关于如何认定非法买卖制毒物品行为，2009年《制毒物品犯罪意见》作了规定，即违反国家规定，实施下列行为之一的，认定为《刑法》第350条规定的非法买卖制毒物品行为：（1）未经许可或者备案，擅自购买、销售易制毒化学品的；（2）超出许可证明或者备案证明的品种、数量范围购买、销售易制毒化学品的；（3）使用他人的或者伪造、变造、失效的许可证明或者备案证明购买、销售易制毒化学品的；（4）经营单位违反规定，向无购买许可证明、备案证明的单位、个人销售易制毒化学品的，或者明知购买者使用他人的或者伪造、变造、失效的购买许可证明、备案证明，向其销售易制毒化学品的；（5）以其他方式非法买卖易制毒化学品的。这种对非法性的认定是以违反行政管理规定为基础的，对认定非法生产、运输制毒物品行为也有参考意义。

问 如何认定制毒物品犯罪的“情节严重”？ 072

答：2016年《毒品犯罪解释》第8条第1款规定，违反国家规定，非法生产、买卖、运输制毒物品、走私制毒物品，具有下列情形之一的，应当认定为《刑法》第350条第1款规定的“情节严重”：（1）制毒物品数量在该解释第7条第1款规定的最高数量标准以上，不满最高数量标准5倍的；（2）达到该解释第7条第1款规定的数量标准，且具有该解释第7条第2款第3项至第6项规定的情形之一的；（3）其他情节严重的情形。

上述第1项规定了认定该罪“情节严重”的数量标准，该数量标准的起点为定罪数量标准的上限（定罪数量起点的5倍），该数量标准的上限为起点的5倍（定罪数量起点的25倍）。第2项规定了认定“情节严重”的“数量＋其他情节”标准，即达到“情节较重”的数量标准，同时具有第7条第2款第3项至第6项情形之一的，应当认定为“情节严重”。之所以未将第7条第2款第1项情形规定在内，主要考虑被告人“曾因非法生产、买卖、运输制毒物品、走私制毒物品受过刑事处罚”后又实施同类犯罪的，可能构成累犯，对累犯只能从重处罚，若将该情形规定为“情节严重”，则该情形同时成为从重处罚情节和加重处罚情节，既存在重复评价问题，也存在逻辑上的矛盾。根据“举重以明轻”的刑法解释原理，既然曾受刑事处罚的情形不属于该罪的“情节严重”，曾受行政处罚的情形自然也不应当被认定为“情节严重”。

问 如何认定制毒物品犯罪的“情节特别严重”？ 073

答：2016年《毒品犯罪解释》第8条第2款规定，违反国家规定，非法生产、买卖、运输制毒物品、走私制毒物品，具有下列情形之一的，应当认定为《刑法》第350条第1款规定的“情节特别严重”：（1）制毒物品数量在该解释第7条第1款规定的最高数量标准5倍以上的；（2）达到前款第1项规定的数量标准，且具有该解释第 7 条第 2 款第 3 项至第 6 项规定的情形之一的；（3）其他情节特别严重的情形。

上述第 1 项规定了认定该罪“情节特别严重”的数量标准，即达到“情节严重”一档的最高数量标准（定罪数量起点的 25 倍）以上的，就属于“情节特别严重”。第 2 项规定了认定“情节特别严重”的“数量 + 其他情节”标准，即达到“情节严重”的数量标准，同时具有第 7 条第 2 款第 3 项至第 6 项情形之一的，应当认定为“情节特别严重”。

例如，2016 年 5 月被告人鲁某平与周某（另案处理）共谋生产邻酮，商定由周某提供资金，鲁某平负责联系工厂、组织人员。同年 6 月，鲁某平选定河南省平顶山市一生化公司车间作为生产邻酮的地点，并安排王某某（另案处理）作为技术员。周某向王某某支付 10 万元定金，并安排蔡某某、陈某某参与生产邻酮。至同年 7 月 25 日被查获时，鲁某平等人利用该公司设备、人员生产邻酮 4 批次，共计 231.5 千克。法院认为，被告人鲁某平的行为构成非法生产制毒物品罪，且属于情节特别严重，并系主犯、累犯，对鲁某平判处有期徒刑 8 年 6 个月（附加刑略）。①

又如，2017 年 3 月被告人吕某春为生产麻黄素，通过网络联系被告人郑某购买 1– 苯基 –2– 溴 –1– 丙酮（溴代苯丙酮）200 千克。后吕某春雇用被告人高某成参与生产，并购买制毒工具和其他原材料。2018 年 1 月 20 日，公安人员将吕某春、高某成抓获，并查获麻黄素 5.65 千克、含有麻黄素的液体 104.65 千克及其他化学制剂。后郑某被抓获归案。法院认为，被告人吕某春犯非法生产、买卖制毒物品罪，被告人高某成犯非法生产制毒物品罪，被告人郑某非法买卖制毒物品罪，三人犯罪均属情节特别严重。吕某春、高某成在共同犯罪中均系主犯，且均系累犯、毒品再犯，应依法从重处罚。三人均如实供述主要犯罪事实，酌予从轻处罚。据此，对三名被告人分别判处有期徒刑 10 年 5 个月、9 年 6 个月、8 年 6 个月（附加刑略）。②

① 该案是最高人民法院 2017 年发布的“6·26”禁毒宣传典型案例之一。

② 该案是最高人民法院 2020 年发布的“6·26”禁毒宣传典型案例之一。

问 对司法解释和指导文件没有规定定罪量刑数量标准的制毒物品，如何处理？ 074

答：2016年《毒品犯罪解释》对当时列管的全部制毒物品都规定了定罪量刑数量标准。此后，公安部等相关部门又于2018年和2021年列管了11种易制毒化学品。其中，第一类易制毒化学品有3种：N-苯乙基-4-哌啶酮（NPP）、4-苯胺基-N-苯乙基哌啶（4—ANPP）、N-甲基-1-苯基-1-氯-2-丙胺（氯代麻黄碱）。第二类易制毒化学品有6种：溴素、1-苯基-1-丙酮、3-氧-2-苯基丁酸甲酯、3-氧-2-苯基丁酰胺、2-甲基-3-［3，4-（亚甲二氧基）苯基］缩水甘油酸和2-甲基-3-［3，4-（亚甲二氧基）苯基］缩水甘油酸甲酯。第三类易制毒化学品有2种：苯乙腈和γ-丁内酯。

对这些没有定罪量刑数量标准的易制毒化学品，最好的办法是由最高司法机关尽快制定司法解释或者指导文件，明确其定罪量刑数量标准。在此之前，如果司法实务中遇到此类案件，认定是否属于“情节较重”，要考虑多种因素，如该类制毒物品属于制毒原料还是配剂，是否具有不可替代性，在制造毒品中的用量、比例，当前流入制毒渠道的数量、形势，所制造出毒品的危害大小，是否存在合法用途，在工农业生产和日常生活中是否广泛使用，行政管制级别的高低，等等。在认定构成制毒物品犯罪的基础上，如果要进一步认定为“情节严重”和“情节特别严重”，则要十分慎重，确有必要且理由充分的，可以认定。

问 办理制毒物品犯罪案件，如何认定行为人的主观明知？ 075

答：主观明知的认定是办理制毒物品犯罪案件中较为常见的问题。不少行为人到案后会辩解不知道所生产、买卖、运输或者走私的是制毒物品，这一点同行为人辩解不知道涉案物品是毒品具有共性。但制毒物品的特殊性在于，其是制造毒品的原料或者配剂，很多制毒物品在工农业生产和日常生活中有较为广泛的合法用途，故对制毒物品认定主观明知要比毒品更为慎重。最高人民法院、最高人民检察院、公安部2009年制定的《制毒物品犯罪意见》对认定制毒物品刑事案件中行为人的主观明知问题作了较为系统的规定。对于走私或者非法买卖制毒物品行为，有下列情形之一，且查获了易制毒化学品，结合犯罪嫌疑人、被告人的供述和其他证据，经综合审查判断，可以认定其“明知”是制毒物品而走私或者非法买卖，但有证据证明确属被蒙骗的除外：（1）改变产品形状、包装或者使用虚假标签、商标等产品标志的；（2）以藏匿、夹带或者其他隐蔽方式运输、携带易制毒化学品逃避检查的；（3）抗拒检查或者在检查时丢弃货物逃跑的；（4）以伪报、藏匿、伪装等蒙蔽手段逃避海关、边防等检查的；（5）选择不设海关或者边防检查站的路段绕行出入境的；（6）以虚假身份、地址办理托运、邮寄手续的；（7）以其他方法隐瞒真相，逃避对易制毒化学品依法监管的。①

值得注意的是，上述对主观明知的认定并不是简单的推定方式，而是综合分析判断，即要综合考虑在案的各类证据，根据实施制毒物品犯罪的具体过程、行为方式、涉案制毒物品的来源和去向、制毒物品被查获时的情形，结合行为人的年龄、阅历、文化程度等进行综合分析判断。要特别重视对行为人辩解的分析，对所提不明知的辩解较为合理且有证据支持的，不能认定行为人明知是制毒物品；对行为方式异常，所提出的辩解明显不成立的，可以认定其明知是制毒物品。另外，《刑法修正案（九）》对制毒物品犯罪的条文作了重大修改，增加了非法生产、运输制毒物品罪，如何认定新罪名下（特别是非法生产制毒物品罪）行为人的主观明知问题，还需要深入总结经验。工作中遇到此类案件，可以适当参考《制毒物品犯罪意见》的上述规定。

例如，曹某运输制毒物品案。2016年11月一天晚上，被告人曹某受他人委托，驾车运输300余千克羟亚胺从江苏省盐城市出发，沿G40沪陕高速向南行驶。次日凌晨1时许，其途经六合东收费站时被查获。审理过程中，曹某及其辩护人提出，曹某不明知所运输的物品系制毒物品。司法机关认定

① 2012年制定的《立案追诉标准（三）》基本重申了上述规定。

其明知的主要理由包括：第一，曹某系江苏盐城人，2016 年 5 月至该案案发前，盐城市开展了大规模的整治制毒原料羟亚胺的活动，曹某所居住的社区亦开展了相关宣传教育活动，曹某应当了解该情况。第二，曹某自 2016 年 8 月起在派出所担任巡防队员，其所在派出所是查处从事制毒原料制造、运输等非法活动的职能单位，亦承担整治制毒原料的宣传教育工作，其平时从事的巡防工作也包含查处羟亚胺等制毒原料，故其对羟亚胺的性质应当有较为明确的认识。第三，曹某受他人委托运输制毒物品，但其从盐城出发时不知具体的送达地址和收货人，而是携带 2 部手机等待收货人与其联系，违背合法物品的惯常交接方式。第四，相关证人证言及执法视频记录证实，曹某在接受检查时将车窗只开了一条缝，检查人员要求其下车后，其过了很长时间才下车，下车后亦很不情愿打开后备箱接受检查，虽然曹某没有实施激烈的对抗检查行为，亦未采用逃跑等方式逃避检查，但从其接受检查的整个过程看，具有明显的回避检查的意图。综上，一审认定被告人曹某犯非法运输制毒物品罪，判处有期徒刑 12 年，并处罚金人民币 10 万元。曹某提出上诉，二审维持原判。①

问 对多层转卖制毒物品的，是否以制造毒品罪的共犯论处？ 076

答：《刑法》第 350 条第 2 款规定："明知他人制造毒品而为其生产、买卖、运输前款规定的物品的，以制造毒品罪的共犯论处。"实践中非法买卖制毒物品或者为制毒活动提供帮助的情形多种多样。有的是直接将制毒物品出售给制毒人员，有的制毒物品是经多层转卖后才到达制毒人员手中；有的提供帮助者是受制毒者的雇用、指使而为，原本就是共同犯罪人，有的双方只是交易关系，但这种直接向制毒人员出售制毒物品的行为客观上为制毒活动提供了帮助。对于直接帮助制毒人员生产、运输和购买制毒物品的，或者

① 该案是笔者在工作中了解到的案例。

明知对方制造毒品而向其出售制毒物品的，认定为制造毒品罪的共犯基本没有争议，实践中此类案例也较多。[①]容易出现处理困难的是多层转卖制毒物品的案件。如甲将制毒物品出售给乙，乙转手卖给丙，丙用来制造毒品，或者丙又卖给丁，丁用来制造毒品。对此类案件如何处理，实践中存在不小争议。有意见认为，对于多层倒卖制毒物品的案件，行为人对这些制毒物品最终用于制造毒品是心知肚明的，至少有概括故意，为加大对毒品犯罪的源头打击力度，对多层转卖制毒物品的，都应当依照《刑法》第350条第2款的规定，以制造毒品罪的共犯论处。

本书认为，对《刑法》第350条第2款的规定宜作严格解释，不能轻易扩大共同犯罪的认定范围。主要理由在于，该款基本上是注意规定而不是法律拟制，故应当符合《刑法》总则关于共同犯罪的认定条件。所谓注意规定，就是在《刑法》已作出基本规定的前提下，提示司法人员注意以免司法人员忽略的规定。注意规定并不改变基本规定的内容，只是对基本规定的重申，即使不设置注意规定，也存在相应的法律适用根据。法律拟制是将原本不符合某种规定的行为也按照该规定处理，法律拟制的内容并非“理所当然”，只是立法者基于特别理由才将并不符合某种规定的情形赋予该规定的法律效果，因而对法律拟制的内容不能“推而广之”，不能进行类比推理。[②]典型的法律拟制，如《刑法》第267条关于携带凶器抢夺按照抢劫罪定罪处罚的规定，第269条关于盗窃、诈骗、抢夺转化为抢劫罪的规定。《刑法》中有多个条文采取了“以某某罪的共犯论处”的表述，如第156条“以走私罪的共犯论处”，第349条“以走私、贩卖、运输、制造毒品罪的共犯论处”，第198条“以保险诈骗的共犯论处”等。从这些规定看，都属于对司法人员进行提醒的注意规定而不是有特别理由的法律拟制。同理，对第350条第2款也应

① 例如，被告人郑某涛明知张某明等人购买溴代苯丙酮、苯丙酮等用于制造毒品，仍多次向张某明等人介绍购买或者贩卖此类制毒原料，并介绍李某加入张某明等制贩毒团伙。张某明等利用从郑某涛处购买的制毒原料生产甲卡西酮至少28.23千克。法院认定郑某涛的此项行为构成制造毒品罪（此人另犯有非法生产、买卖制毒物品罪）。这是最高人民法院2022年发布的“6·26”禁毒宣传典型案例之一。

② 参见张明楷：《刑法学（下）》（第6版），法律出版社2021年版，第862–866页。

当理解为注意规定，从而应当符合认定共同犯罪的基本条件，即主观上有共同实施某一犯罪的意思联络，客观上有相互配合完成该犯罪的行为。在该款规定的“明知他人”中，“明知”是指确定地知道而不是分析、猜测，“他人”是指某个具体、明确的人。如果行为人有与“他人”制造毒品的共同故意，便会帮助其获得制毒物品，如果明知“他人”要制造毒品而向其出售制毒物品，客观上也提供了直接帮助。

就多层转卖制毒物品的案件而言，直接向制毒人员出售制毒物品的，事先肯定有联络，但这种联络不是为了共同完成制造毒品活动，而是完成买卖制毒物品的交易。同时，行为人出售制毒物品虽然客观上为制造毒品提供了帮助，但这通常不是出售者所追求的，更多是放任其发生。[①]故而，对于直接将制毒物品出售给制毒人员的，如果其知道对方购买制毒物品的目的是制造毒品，则认定其构成制造毒品罪的共犯尚有一定合理性，这可以说是贯彻从严惩处源头性毒品犯罪的需要。[②]但是，如果直接出售者并不知道购买者是用于制造毒品，以为此人将继续倒卖或者另有用途（特别是当所销售的是第二、三类易制毒化学品时，对方购买的目的更难以准确判断），则对直接出售者不能认定为制造毒品罪的共犯，仍应以非法买卖制毒物品罪定罪处罚。对于直接出售者之前层层转卖制毒物品的人，他们与制毒者没有意思联络（大多数情况下互不认识），他们实施的是非法买卖制毒物品的行为，即使他们“心知肚明”地知道涉案制毒物品最终很可能会被用于制毒，也不属于《刑法》第350条第2款中的“明知他人制造毒品”，不应认定为制造毒品罪的共犯。从法律效果看，如果对制毒物品的转手倒卖者都不加区分地认定为制造毒品罪的共犯，看似体现了从严惩处，实际上等于架空了《刑法》关于非法买卖制毒物品罪的规定，显然不符合立法目的和司法逻辑。

---

① 个别情况下，出售者也可能应制毒者请求而想办法找到制毒物品出售给制毒者，这种情形下帮助制毒的性质更明显一些。

② 值得注意的是，直接向制毒人员出售制毒物品的，实际上是交易行为的上家，严格说来不应当认定为制造毒品的共同犯罪。因为在贩卖毒品案件中，就历来认为毒品交易的双方是上下家关系而不是共同犯罪。但考虑到《刑法》第350条第2款作了明确规定，为体现对源头性毒品犯罪的严厉打击，可以把直接向制毒人员出售制毒物品的情形认定为共同犯罪，从这个角度看，第350条第2款的规定又具有一定的法律拟制性质，但这种认定共犯的情形不应再扩大。

综上，对于多层转手倒卖制毒物品的案件，原则上可以将直接向制毒人员出售制毒物品的人（逆向的第一手转卖者）认定为制造毒品罪的共犯，对其之前的多层转卖者，则不应认定为制造毒品罪的共犯。因制毒物品数量未达到司法解释规定的定罪标准等原因，不能按照制毒物品犯罪或者其他犯罪追究刑事责任的，可以给予相应的行政处罚。

问 什么是麻黄碱类复方制剂，对非法买卖、走私麻黄碱类复方制剂的案件如何处理？ 077

答： 麻黄碱亦称麻黄素，为拟肾上腺素药，能兴奋交感神经，松弛支气管平滑肌，具有减轻鼻黏膜充血、扩张支气管的作用，被广泛应用于制药领域。麻黄碱类复方制剂是含有麻黄碱类物质和其他药物成分的药品复方制剂，是用于治疗感冒和咳嗽的常用药品，常见的如新康泰克胶囊、麻黄碱苯海拉明片、消咳宁等。同时，麻黄碱类物质也是制造甲基苯丙胺等苯丙胺类合成毒品的主要原料，属于《易制毒化学品管理条例》所附品种目录列管的第一类易制毒化学品。2005 年《易制毒化学品管理条例》施行后至 2012 年，非法买卖麻黄碱复方制剂或者利用该复方制剂提取麻黄碱制造冰毒的问题一度较为突出，由于麻黄碱复方制剂本身不是被管制的易制毒化学品，而是正规企业生产的常见日常用药，如何处理此类案件成为当时禁毒领域的突出问题。

为此，最高人民法院、最高人民检察院、公安部经深入研究，于 2012 年 6 月 18 日印发了《关于办理走私、非法买卖麻黄碱类复方制剂等刑事案件适用法律若干问题的意见》(法发〔2012〕12 号，以下简称《走私、非法买卖麻黄碱类复方制剂意见》)。该指导文件的起草思路是，麻黄碱类复方制剂本身不属于国家管制的制毒物品，对走私、非法买卖此类复方制剂等行为不能直接按照制毒物品犯罪处理，但是，涉案行为往往与制毒物品犯罪、制造毒品犯罪密切相关，行为人或是为其本人实施这两种犯罪创造条件，或是为他人实施这两种犯罪提供帮助，故该指导文件着重从行为人实施涉案行为的目的出发，区分情形作出不同的定性处理。例如，行为人以其本人制造毒品或者走私、非法买卖制毒物品为目的，实施走私、非法买卖、加工提炼麻黄碱类复方制剂等行为的，实际是为制造毒品犯罪或者制毒物品犯罪创造条件，应分别按照相应犯罪定罪处罚。如果行为人是明知他人实施相关犯罪而提供麻黄碱类复方制剂，帮助其利用麻黄碱类复方制剂加工、提炼制毒物品，或者提供其他帮助的，应分别按照相关犯罪的共犯论处。又如，如果没有证据证明行为人非法买卖或者运输、携带、寄递麻黄碱类复方制剂进出境是用于制造毒品或者走私、非法买卖制毒物品，但其行为构成非法经营罪或者走私普通货物、物品罪等其他犯罪的，应依法定罪处罚。[①] 这是以往实践中处理此类案件的常见做法。再如，如果行为人走私、非法买卖的是已经拆除包装、改变形态的麻黄碱类复方制剂，由于此类复方制剂已不可能再作为药品使用，故对此类行为应当按照走私制毒物品罪、非法买卖制毒物品罪处理。[②]《走私、非法买卖麻黄碱类复方制剂意见》按照上述思路，对走私、非法买卖、加工提炼麻黄碱类复方制剂等行为的定性以及共同犯罪的认定问题作了规定；同时，考虑此类复方制剂的特殊性，对犯罪形态、主观目的与明知、制毒物品数量认定以及定罪量刑数量标准等问题也作了规定。[③]

---

① 例如，2006—2010 年间被告人张某明先后向他人非法销售新康泰克 700 余箱，经营数额共计 137 万余元，非法获利 21 万余元，被认定构成非法经营罪，判处有期徒刑 1 年 10 个月，并处罚金 30 万元。又如，2011 年被告人王某平借用某医药公司资质购入 755 万余元的消咳宁片（麻黄碱类复方制剂）销售给他人，被认定构成非法经营罪，判处有期徒刑 9 年，并处没收个人财产 700 万元。参见中华人民共和国最高人民法院刑事审判第一、二、三、四、五庭主办：《中国刑事审判指导案例》（第 5 卷）（增订第 3 版），法律出版社 2017 年版，第 523-530 页。

② 例如，2009—2010 年间被告人杨某先为贩卖麻黄碱牟利，利用购买的复方茶碱麻黄碱片提炼出大量麻黄碱进行销售，被认定构成非法买卖制毒物品罪，判处有期徒刑 8 年 6 个月，并处罚金 400 万元。参见中华人民共和国最高人民法院刑事审判第一、二、三、四、五庭主办：《中国刑事审判指导案例》（第 5 卷）（增订第 3 版），法律出版社 2017 年版，第 519-523 页。

③ 有关毒品犯罪的司法解释或者指导文件很少对犯罪形态问题作出规定，《走私、非法买卖麻黄碱类复方制剂意见》之所以专门对犯罪预备、未遂问题作出规定，是因为麻黄碱类复方制剂的性质较为特殊，需要经过加工、提炼才能提取出制毒物品用以实施制造毒品或者制毒物品犯罪，故处理此类案件时应当依法认定犯罪形态，包括犯罪预备、未遂，不能为了体现从严惩处而对犯罪形态不加区分、不予认定。

据悉,《走私、非法买卖麻黄碱类复方制剂意见》的发布起到了有力的震慑作用，加上相关部门同步加强了对麻黄碱类复方制剂的行政管控，非法买卖麻黄碱类复方制剂案件大幅减少，[①]不法分子转而寻求获取麻黄碱的新方式（如利用麻黄草提取麻黄碱），并探索制造冰毒的新工艺。2013 年之后利用溴代苯丙酮合成麻黄碱逐渐成为非法生产麻黄碱的常见方式。同时，2015 年施行的《刑法修正案（九）》对制毒物品犯罪作了大幅度修订，最高人民法院 2016 年制定的《毒品犯罪解释》对制毒物品犯罪的定罪量刑标准作出系统规定,《走私、非法买卖麻黄碱类复方制剂意见》的作用由此逐步淡化，司法实务工作中很少适用，但其中不少内容对办理涉制毒物品的药品复方制剂案件仍具有一定参考意义。[②]

问 什么是麻黄草，办理涉麻黄草刑事案件要注意哪些问题？ 078

答：麻黄草，也叫草麻黄、麻黄，是多年生草本植物，原产于内蒙古、宁夏、新疆、河北、山西等地，是国家重点保护管理的固沙植物，对稳定和改善生态环境具有积极作用。同时，麻黄草所含生物碱具有发汗散寒、宣肺平喘、利水消肿等功能，在药品领域广泛使用。[③]20 世纪 90 年代，麻黄草曾作为提取麻黄碱类原料药的主要原料。近年来，麻黄碱类原料药合成技术不断成熟，采用麻黄草生产麻黄碱类原料药的成本增加，麻黄碱类原料药的生

① 但实践中仍偶有此类案件。最高人民法院 2023 年发布的“6·26”禁毒宣传典型案例中的吴某剡等非法生产制毒物品案发生在 2022 年，被告人吴某剡用以提炼麻黄碱的原料就是含麻黄碱的片剂，分析属成品药的可能很大，但从案件材料中看不出这些药品从何渠道获得。

② 2016 年《毒品犯罪解释》修改了麻黄碱类物质的定罪量刑数量标准，故《走私、非法买卖麻黄碱类复方制剂意见》中的相关规定不再适用。

③ 据悉，麻黄全草及种子有毒，大量服用中毒后初表现为中枢兴奋、神经过敏、焦虑不安、烦躁、心悸、心动过速、头痛、眩晕、震颤、出汗及发热，有的有恶心、呕吐、上腹胀痛、瞳孔散大，或有排便困难、心前区疼痛等症状，重度中毒者则视物不清、呼吸困难、惊厥，甚至因呼吸衰竭、心室纤颤而死亡。

产已经被合成方式替代。目前，麻黄草在药品领域主要用于中成药和中药饮片的生产。

但是，由于麻黄草中所含有的麻黄碱类物质可作为制造冰毒的原料，一度被不法分子大量用于提炼麻黄碱以制造冰毒。为防止麻黄草被非法利用，相关职能部门不断加强对麻黄草的种植、收割、经营、加工、出口等环节的监管。2013 年 5 月 21 日，最高人民法院、最高人民检察院、公安部、农业部、原食品药品监督管理总局共同发布了《关于进一步加强麻黄草管理严厉打击非法买卖麻黄草等违法犯罪活动的通知》（公通字〔2013〕16 号，以下简称《打击麻黄草违法犯罪通知》），要求严格落实对麻黄草的采集、收购许可证制度，加强对药品企业经营使用麻黄草的监督检查，依法严惩违法犯罪行为。在此基础上，2013 年 10 月原食品药品监督管理总局印发了《关于进一步加强麻黄草药品生产经营管理的通知》（食药监办药化监〔2013〕84 号），进一步细化管理要求，规定只能由具备收购资质的药品生产经营企业收购、经营麻黄草，并只能将麻黄草销售给药品生产企业；使用麻黄草作为原料的中药饮片生产企业、中成药生产企业必须从有麻黄草收购资质的单位购买麻黄草；中药材专业市场不得经营麻黄草类药材。近年来，一些地方也陆续制定地方性法规加强对麻黄草的管理，如 2021 年 10 月宁夏回族自治区制定了《麻黄草管理办法》，2023 年 5 月内蒙古自治区发布了《麻黄草收购许可证管理办法》。

尽管目前人工合成麻黄碱已经成为不法分子非法获取麻黄碱的主要渠道，但非法利用麻黄草提炼麻黄碱的案件仍偶有发生，故《打击麻黄草违法犯罪通知》中关于追究刑事责任的规定仍有一定指导意义。该通知在此方面共规定了 5 项内容：（1）以制造毒品为目的采挖、收购麻黄草的，以制造毒品罪定罪处罚。（2）以提取麻黄碱类制毒物品后进行走私或者非法贩卖为目的，采挖、收购麻黄草，涉案麻黄草所含的麻黄碱类制毒物品达到相应定罪数量标准的，分别以走私制毒物品罪、非法买卖制毒物品罪定罪处罚。（3）明知他人制造毒品或者走私、非法买卖制毒物品，向其提供麻黄草或者提供运输、储存麻黄草等帮助的，分别以制造毒品罪、走私制毒物品罪、非法买卖制毒物品罪的共犯论处。（4）违反国家规定采挖、销售、收购麻黄草，没有证据证明以制造毒品或者走私、非法买卖制毒物品为目的，构成非法经营罪的，依法定罪处罚。（5）实施以上行为，以制造毒品罪、走私制毒物品罪、非法买卖制毒物品罪定罪处罚的，涉案制毒物品的数量按照300千克麻黄草折合1千克麻黄碱计算；以制造毒品罪定罪处罚的，无论涉案麻黄草数量多少，均应追究刑事责任。

值得注意的是，麻黄草只是含有麻黄碱的原植物，本身不是被管制的易制毒化学品，无论是利用麻黄草提炼麻黄碱还是进而制造冰毒，都需要后续提炼、加工行为，故对于上述行为符合犯罪预备、未遂等未完成形态的，应当依法认定，不能为了体现从严惩处而都按照犯罪既遂处理。此外，《刑法修正案（九）》对制毒物品犯罪作了重大修改，要结合《刑法》的修订情况准确理解、参考适用上述指导意见。

问 如何区分制毒物品犯罪与走私、贩卖、运输、制造毒品罪？ 079

答： 制毒物品犯罪包括非法生产、买卖、运输制毒物品和走私制毒物品4种行为类型，这与走私、贩卖、运输、制造毒品罪的行为类型基本一致。二者的区别主要是行为对象不同，前者的行为对象是制造毒品的原料或者配剂，后者则是毒品本身。多数情况下，两罪的界限是清晰的，区分难度不大。但从司法实践和有关指导文件的规定看，也有一些情形中需要注意两罪的区分和认定。

1. 为制造毒品而自行获取制毒物品的情形。这种获取方式主要是非法购买、运输制毒物品，有时会涉及自行生产、走私制毒物品。这些行为形式上触犯的是制毒物品犯罪，但目的行为是制造毒品，故涉及制造毒品罪的认定。如果行为人除准备制毒物品之外，尚没有为制造毒品做其他准备，通常可以按照制毒物品犯罪从重处罚；如果已经为制造毒品做了其他准备（如纠集人员、租赁场地、购买制毒设备等），则可以按照制造毒品罪（预备或者未遂）处理；如果行为人已经着手制造毒品，但尚未制出毒品成品或者半成品，可以按照制造毒品罪的未遂处理。值得注意的是，对于认定为制造毒品罪的案件，行为人之前实施的非法生产、购买、运输制毒物品等行为，属于为制造毒品做准备，是制造毒品这一目的行为的手段行为，不宜单独认定为制毒物品犯罪。如果行为人另外还实施了不是为其制造毒品做准备的其他制毒物品犯罪行为（如将自己非法生产、购买的多余制毒物品出售给他人），则应当另行定罪，同其实施的制造毒品罪数罪并罚。

2. 明知他人制造毒品而提供制毒物品的情形。在《刑法修正案（九）》施行前，《刑法》第 350 条第 2 款原本使用的是“提供”一词，“提供”包括非法生产、买卖、运输和走私制毒物品等行为，一般是有偿的，偶尔也可能是无偿的。按照前文分析，对第 350 条第 2 款“以制造毒品罪的共犯论处”的规定要严格解释，一般只能将直接向制毒者出售制毒物品的行为人认定为制造毒品罪的共犯，对其之前的多层转卖者，应当按照制毒物品犯罪处理，以免架空第 350 条第 2 款的适用。

3. 非法生产制毒物品过程中出现毒品成分的。此种情形较为典型的例证是在非法生产麻黄碱过程中产生甲卡西酮。对此应当按照主客观相一致的定罪原则，认定为非法生产制毒物品罪而不是制造毒品罪。如果除行为人的辩解外，在案没有其他证据印证行为人的目的是生产制毒物品，则可以认定为制造毒品罪。

问 如何区分制毒物品犯罪与非法经营罪、妨害药品管理罪等关联犯罪？ 080

答：多数易制毒化学品在工农业生产和日常生活中有不同程度的合法用途，违规生产、运输、销售、出口易制毒化学品等行为并非在任何情况下都构成制毒物品犯罪，如果有确切证据证实涉案的易制毒化学品将被用于工农业生产或者日常生活，则不能按照制毒物品处理，在符合相关条件的情况下，可以认定为非法经营罪、走私普通货物、物品罪等其他犯罪。

例如，最高人民法院、最高人民检察院、公安部2009年制定的《制毒物品犯罪意见》规定："走私、非法买卖制毒物品行为同时构成其他犯罪的，依照处罚较重的规定定罪处罚。"这里的"其他犯罪"就是指非法经营罪、走私普通货物、物品罪等关联犯罪。最高人民法院、最高人民检察院、公安部2012年制定的《走私、非法买卖麻黄碱类复方制剂意见》明确提出："非法买卖麻黄碱类复方制剂或者运输、携带、寄递麻黄碱类复方制剂进出境，没有证据证明系用于制造毒品或者走私、非法买卖制毒物品，或者未达到走私制毒物品罪、非法买卖制毒物品罪的定罪数量标准，构成非法经营罪、走私普通货物、物品罪等其他犯罪的，依法定罪处罚。"相关部门2013年制定的《打击麻黄草违法犯罪通知》也提出，违反国家规定采挖、销售、收购麻黄草，没有证据证明以制造毒品或者走私、非法买卖制毒物品为目的，依照《刑法》第225条的规定构成犯罪的，以非法经营罪定罪处罚。可见，对于非法买卖、走私制毒物品等行为，在不构成制毒物品犯罪的情况下，仍有可能构成非法经营罪、走私普通货物、物品等其他犯罪。

值得注意的是，《刑法修正案（十一）》增设了妨害药品管理罪（《刑法》第142条之一），其中所规定的4种实行行为不包括违规销售合法生产的药品，且要求"足以严重危害人体健康的"才构成该罪，这说明立法机关严格限制了该罪的适用范围。妨害药品管理罪与非法经营罪、走私普通货物、物品罪相比是轻罪，故某一行为在不构成妨害药品管理罪的情况下，通常也不应认定构成更重的犯罪。对于非法生产、销售、走私药品类易制毒化学品（包括此类复方制剂）的行为，如果不构成制毒物品犯罪和妨害药品管理罪，能否认定为法定刑更重的非法经营罪等其他犯罪，目前存在不小疑问。如果以药品类易制毒化学品属于特殊药物为由，认为对违规销售此类正规药品的行为可以认定为非法经营罪，这种观点看似有一定合理性，但在解释论上存在较大困难，论证难度较大，宜通过修改《刑法》的相关规定来解决。[①]

① 该问题同违规进口、销售被管制麻精药品行为的定性问题类似，本书第二章"走私毒品罪"中对后者作了较为详细的分析、论证，可以结合起来阅读。

第九章 容留他人吸毒罪

「本章导读」

容留他人吸毒是发生在吸毒环节的常见犯罪行为，构成要件认定上的关键问题是如何理解“容留”的含义，实践中遇到的很多具体问题都是该问题的演绎。本章解答的问题包括：司法解释关于本罪的定罪标准是如何规定的；客人在旅馆房间吸毒的，经营者是否构成本罪；提供身份证给他人开房吸毒的是否构成本罪；客人在娱乐场所包间吸毒的，经营管理者是否构成本罪；租客在租住房内吸毒的，出租者是否构成本罪；合租者在租住房内吸毒的，另一方是否构成本罪；乘客在出租车上吸毒的，司机是否构成本罪；对利用信息网络组织吸毒活动的行为如何定性。

问 2016 年《毒品犯罪解释》对容留他人吸毒罪作了哪些规定，如何理解？ 081

答：《刑法》第 354 条对容留他人吸毒罪没有设定入罪条件，[①] 最高人民法院 2000 年制定的《毒品案件解释》也没有作出规定，理论上多认为容留他人吸毒罪是行为犯。《禁毒法》第 61 条规定，容留他人吸食、注射毒品，尚不构成犯罪的，可以由公安机关给予拘留、罚款等行政处罚。为给行政执法保留一定空间，最高人民检察院、公安部 2012 年制定的《立案追诉标准（三）》对容留他人吸毒罪的入罪标准作了规定，[②] 对该罪的定罪处罚起到了规范作用。但实践情况表明，《立案追诉标准（三）》为容留他人吸毒罪设定的入罪条件有的偏低，加上一些地方机械执行这一标准，导致一些不完全符合该罪构成要件的行为，以及一些原本可以通过行政处罚手段处理的容留他人吸毒行为，也被按照犯罪处理。个别地方甚至还出现了“以刑抵戒”的现象，即一些吸毒人员主动交代自己容留他人吸毒的犯罪事实，以规避长达两年的强制隔离戒毒，这实际上不利于有效遏制毒品犯罪。为此，最高人民法院 2016 年制定的《毒品犯罪解释》吸收了《立案追诉标准（三）》的部分合理内容，也结合司法实践情况，完善了容留他人吸毒罪的定罪标准。

《毒品犯罪解释》第 12 条第 1 款规定，容留他人吸食、注射毒品，具有下列情形之一的，应当依照《刑法》第 354 条的规定，以容留他人吸毒罪定罪处罚：（1）一次容留多人吸食、注射毒品的；（2）二年内多次容留他人吸食、注射毒品的；（3）二年内曾因容留他人吸食、注射毒品受过行政处罚的；

---

① 1979 年《刑法》没有规定容留他人吸毒罪，全国人大常委会 1990 年通过的《关于禁毒的决定》也没有规定容留他人吸毒罪，而是规定了容留他人吸食、注射毒品并出售毒品行为的刑事责任，即按照走私、贩卖、运输、制造毒品罪的定罪量刑标准处罚。1997 年修订《刑法》，单独规定了容留他人吸毒罪，此后一直未作修改。

② 《立案追诉标准（三）》第 11 条规定，提供场所，容留他人吸食、注射毒品，涉嫌下列情形之一的，应予立案追诉：（1）容留他人吸食、注射毒品两次以上的；（2）一次容留三人以上吸食、注射毒品的；（3）因容留他人吸食、注射毒品被行政处罚，又容留他人吸食、注射毒品的；（4）容留未成年人吸食、注射毒品的；（5）以牟利为目的容留他人吸食、注射毒品的；（6）容留他人吸食、注射毒品造成严重后果或者其他情节严重的。

（4）容留未成年人吸食、注射毒品的；（5）以牟利为目的容留他人吸食、注射毒品的；（6）容留他人吸食、注射毒品造成严重后果的；（7）其他应当追究刑事责任的情形。

上述第1项保留了《立案追诉标准（三）》中“一次容留三人以上吸食、注射毒品”的规定，但在表述上将“三人以上”调整为“多人”。[①]第2项对《立案追诉标准（三）》中“容留他人吸食、注射毒品两次以上”的规定作了修改，增加了“二年内”作为时间限制，并要求多次容留他人吸食、注射毒品的才入罪，即二年内第三次容留他人吸食、注射毒品的才作为犯罪处理。第3项在《立案追诉标准（三）》原有规定的基础上增加了“二年内”的时间限制。第4、5、6项保留了《立案追诉标准（三）》的内容，因这三项均属于社会危害大、应予依法惩处的情形，故未在时间、次数上设定条件。值得注意的是，第5项中的“以牟利为目的”主要是指为赚取场所使用费或者为了招揽生意而容留他人吸食、注射毒品的情形，如专门开设地下烟馆容留他人吸食、注射毒品并收取场地使用费，或者娱乐场所经营者、管理者为招揽生意而容许顾客在场所内吸食、注射毒品。另外，司法工作中可以将行为人“曾因容留他人吸食、注射毒品受过刑事处罚的”认定为第7项中“其他应当追究刑事责任的情形”。如果行为人不构成累犯，依法定罪处罚；如果行为人构成累犯，则不能认定为累犯，以免违反“禁止重复评价”原则。[②]

① 有的案件中，被告人在自己住处容留多人吸毒，但被容留者不是同时到达的，而是间隔半小时或者更长时间陆续前来此处吸毒，对此种情形能否适用《毒品犯罪解释》第12条第1款第1项“一次容留多人吸食、注射毒品的”规定，存在一定争议。本书认为，对该规定的理解不能机械化，所谓“一次容留”并非要求必须完全在相同时间段，时间上有所间隔也符合实践情况，不影响行为性质认定。如果前后时间间隔较长，如连续数天每天容留不同的人吸毒，则可按照“二年内多次容留他人吸食、注射毒品的”情形处理。

② 起草者曾在该司法解释的解读文章中提出，对该情形可以认定为累犯，但不予从重处罚，以免违反“禁止重复评价”原则。参见叶晓颖、马岩、方文军、李静然：《〈关于审理毒品犯罪案件适用法律若干问题的解释〉的理解与适用》，载中华人民共和国最高人民法院刑事审判第一、二、三、四、五庭主办：《中国刑事审判指导案例》（第5卷）（增订第3版），法律出版社2017年版，第972页。但本书认为，认定为累犯本身就是一种重复评价，既然曾受刑事处罚已经完全作为入罪情节进行评价，则不必再认定为累犯，更不能再据此从重处罚。

《毒品犯罪解释》第12条第2款规定，向他人贩卖毒品后又容留其吸食、注射毒品，或者容留他人吸食、注射毒品并向其贩卖毒品，符合容留他人吸毒罪的定罪条件的，以贩卖毒品罪和容留他人吸毒罪数罪并罚。主要考虑是，实践中对于向他人贩卖毒品后容留其吸食、注射毒品，或者容留他人吸食、注射毒品并向其贩卖毒品的，有的地方予以数罪并罚，有的地方以贩卖毒品罪一罪定罪处罚。通常情况下，贩卖毒品行为与容留他人吸毒行为并不具有刑法上的牵连关系，故原则上应单独评价，在容留他人吸毒行为达到定罪标准的情况下，与贩卖毒品罪数罪并罚。[①]对于实践中常见的让他人在相关场所"试吸"毒品后又向其贩卖毒品的，因让他人"试吸"毒品属于对毒品质量进行检测，是贩卖毒品行为的组成部分，故不宜单独定罪，不能实行数罪并罚。

《毒品犯罪解释》第12条第3款规定了容留近亲属吸食、注射毒品情形的从宽处理原则，即容留近亲属吸食、注射毒品，情节显著轻微危害不大的，不作为犯罪处理；需要追究刑事责任的，可以酌情从宽处罚。主要考虑是，吸毒是违法行为而不是犯罪行为，容留近亲属吸食、注射毒品的多系不得已而为之，吸毒者的近亲属在某种程度上也是受害人，对此类情形从宽处罚，既能够彰显司法的人性化，也符合宽严相济刑事政策。因此，对于情节显著轻微危害不大的，不作为犯罪处理。如成年别居的子女在父母家中吸毒，父母明知而未予制止的，或者已结婚别居的姐姐容许弟弟在其家中吸毒的，一般可认定为"情节显著轻微危害不大"，不以容留他人吸毒罪定罪处罚。[②]容留近亲属吸食、注射毒品确实需要追究刑事责任的，除极少数情节恶劣的情形外，一般也应酌情从宽处罚，包括判处缓刑、定罪免刑等。

---

① 例如，被告人孙某柱一次性向车某、单某、孙某某3人提供0.1克冰毒、吸毒工具和吸毒场所，被认定构成贩卖毒品罪和容留他人吸毒罪。参见中华人民共和国最高人民法院刑事审判第一、二、三、四、五庭主办:《刑事审判参考》(总第124集)，法律出版社2020年版，第144-148页。

② 值得注意的是，与父母共同居住的子女在家中吸毒，即使房子是父母的财产，也不能认定父母有容留行为，因为这种情况下子女对房屋也有使用权，无须父母容留。

问 082 旅馆经营者放任他人在旅馆房间内吸毒的，是否构成容留他人吸毒罪？

答：容留是一种提供场所的行为，只有当行为人对是否提供场所具有支配权时，才足以对其实施的容留行为追究法律责任乃至刑事责任。单纯为吸毒人员指示无人管理的隐蔽场所（如废弃的工厂、老宅），不属于容留。容留行为可以主动实施，也可以被动实施，可以是有偿的，也可以是无偿的，行为人的主观心态包括直接故意和间接故意。容留他人吸毒案件中，为吸毒人员提供的场所不仅包括行为人拥有所有权、经营权的住房或者营业场所，也包括行为人临时使用、支配的场所。住宿、餐饮、休闲、娱乐等场所的经营者、管理者明知他人在其经营管理的场所吸食、注射毒品而放任不管的，属于《刑法》上的容留行为，符合《毒品犯罪解释》规定的入罪条件的，可以以容留他人吸毒罪定罪处罚。

例如，聂某凯容留吸毒案。2013 年 2 月至 8 月，吸毒人员宋某等 5 人（其中 1 人未成年）先后入住被告人聂某凯经营的平安旅馆吸食毒品。聂某凯在送毛巾等物品到上述人员入住的房间时，看见他们吸食毒品未予制止。法院以聂某凯犯容留他人吸毒罪，判处拘役 5 个月，并处罚金人民币 1000 元。对该案的定性有两种意见。一种意见认为，聂某凯事先并不明知客人前来登记入住是为了吸食毒品，也未从入住客人处收取除应收房费之外的其他费用，其行为不同于主动为吸毒人员提供场所甚至以此非法获利的情形，聂某凯对入住客人的吸毒行为也没有义务制止或者报告公安机关，故其行为不构成容留他人吸毒罪。另一种意见认为，聂某凯发现入住客人吸食毒品后不予制止，其行为属于放任他人吸毒，且聂某凯对于入住客人的吸毒行为有义务进行制止或者报告公安机关，对聂某凯应以容留他人吸毒罪论处。分析认为，后一种意见是正确的。聂某凯作为旅馆的经营者，其对于旅馆房间拥有管理权和支配权。5 名吸毒人员（含 1 名未成年人）先后入住聂某凯经营的旅馆并在房间内吸食毒品，尽管聂某凯事先并不明知该 5 人入住的真实目的是吸食毒品，但其发现这 5 人在房间吸毒后既未制止也未向公安机关报告，放任吸毒行为继续发生，其行为客观上为他人吸食毒品提供了场所，符合容留他人吸毒罪的构成要件。该案同时具有容留他人吸毒两次以上、容留未成年人吸毒等情形（发生在 2016 年《毒品犯罪解释》实施之前），应当依法追究刑事责任。不过，考虑此种情形不同于事先明知他人吸毒而提供场所的行为，旅馆经营者也没有收取额外费用，故量刑时可以酌情从轻处罚。[①]

问 提供身份证给他人开房间吸毒的，是否构成容留他人吸毒罪? 083

答：这包括两种情形，一种是吸毒人员中的某个人提供身份证开房间，供自己和其他人一起吸毒；另一种是提供身份证的人不参与吸毒，系吸毒人员临时借用其身份证。对这两种情形，有意见认为，提供身份证是在旅馆登记房间的必要条件，提供身份证就相当于提供了房间，故而可以认定为容留吸毒行为。

分析认为，吸毒是一种违法行为，任何时候都需要借助于一定空间才能实现。提供身份证对于在旅馆登记开房属于必要条件，[②]但提供身份证只是客人与旅馆达成临时居住协议的形式要件之一，还需要支付预付款（含押金），故不能将提供身份证直接等同于提供场所。提供身份证登记开房客观上为吸毒活动提供了一定帮助，但提供身份证的人未必对登记的房间具有支配权、管理权，从这个角度看，也不应将提供身份证的行为直接认定为容留吸毒。有的案件中，多名吸毒人员分别（或轮流）提供身份证、支付房费、提供吸食的毒品（AA 制的一种方式），这种情况下提供身份证或毒品和支付房费都是实现吸毒的手段（也可能是分散风险的手段），不宜认定其中某个人为容留

① 参见中华人民共和国最高人民法院刑事审判第一、二、三、四、五庭主办：《刑事审判参考》（总第 100 集），法律出版社 2015 年版，第 78–82 页。

② 《治安管理处罚法》第 56 条第 1 款规定，旅馆业的工作人员对住宿的旅客不按规定登记姓名、身份证件种类和号码的，或者明知住宿的旅客将危险物质带入旅馆，不予制止的，处 200 元以上 500 元以下罚款。

他人吸毒，更不宜都认定为容留他人吸毒。不过，如果其中某一名吸毒人员的经济条件较好，经常用自己的身份证登记开房并支付房费，邀约不同的人前来吸毒，因此种情形下其对登记的房间具有支配权，可以认定为容留他人吸毒。另外，如果身份证的出借者不参与吸毒，但其知道他人借用身份证是用于在旅馆开房吸毒的，必要时（如多次出借身份证）可以给予行政处罚。

问 在娱乐场所的包间内容留他人吸毒的，经营管理者是否构成容留他人吸毒罪？ 084

答：容留是一种提供场所的行为，不论行为人对该场所是具有所有权、承租权还是经营管理权，因其对该场所能进行支配、管理，当其明知他人在该场所吸毒而纵容、放任的，就应承担相应的法律责任。实践中，发生在娱乐场所的吸毒情况较为突出。为此，《禁毒法》的多个条文规定了娱乐场所经营管理者的禁毒责任。例如，该法第 15 条规定："飞机场、火车站、长途汽车站、码头以及旅店、娱乐场所等公共场所的经营者、管理者，负责本场所的禁毒宣传教育，落实禁毒防范措施，预防毒品违法犯罪行为在本场所内发生。"第 27 条规定："娱乐场所应当建立巡查制度，发现娱乐场所内有毒品违法犯罪活动的，应当立即向公安机关报告。"第 65 条规定："娱乐场所及其从业人员实施毒品违法犯罪行为，或者为进入娱乐场所的人员实施毒品违法犯罪行为提供条件，构成犯罪的，依法追究刑事责任；尚不构成犯罪的，依照有关法律、行政法规的规定给予处罚。娱乐场所经营管理人员明知场所内发生聚众吸食、注射毒品或者贩毒活动，不向公安机关报告的，依照前款的规定给予处罚。"可见，娱乐场所的经营管理者或者租赁使用者如果不积极履行禁毒职责，就可能成为容留他人吸毒的主体。①

---

① 对于娱乐场所包间的服务人员，发现包间内有人吸毒而未制止或者未向公安机关报告的，一般不宜认定为容留他人吸毒，因为服务人员是受雇用在此从事劳务工作，对该娱乐场所不具有经营管理权。

例如，高某容留他人吸毒案。2014 年 10 月 16 日，被告人高某应聘到珠海市香洲区南湾南路 4017 号东方星会所任经理，负责会所的经营、订房等全面工作。同年 12 月 1 日零时许，高某在明知有客人要在该会所内吸毒的情况下，仍然将两个房间提供给客人娱乐消费。当日 3 时许，公安人员在该会所的两个房间内查获 55 名吸毒人员。当日 16 时许，高某被抓获归案。法院认为，被告人高某作为涉案娱乐场所的管理者，明知有顾客要在其会所包房内吸食毒品，但其为了增加营业收入，仍为他人提供吸食毒品的场所，且一次性容留 55 人吸毒，其行为已构成容留他人吸毒罪。高某归案后如实供述自己的罪行，认罪态度较好，依法可以从轻处罚。据此，依法对被告人高某判处有期徒刑 2 年，并处罚金人民币 5 万元。①

又如，利某青等容留他人吸毒案。2016 年 1 月，被告人利某青、蔡某堂等人出资租赁广东省东莞市长安镇一 KTV 的 2 间包房用于容留他人吸毒，被告人邬某泉等人负责包房的收费、记账等工作。同年 2 月 29 日 18 时许，陈某等数人来到上述包房吸食氯胺酮（俗称“K 粉”），次日 19 时许公安人员到场抓获利某青、蔡某堂、邬某泉、陈某等 10 余人，当场缴获氯胺酮 0.58 克。经现场检测，利某青、蔡某堂、陈某等 15 人均吸食了毒品。至案发时，上述 2 间包房营业约 15 天，收入约 8 万元。法院认为，被告人利某青、蔡某堂、邬某泉结伙容留他人吸毒，其行为均已构成容留他人吸毒罪。利某青、蔡某堂伙同他人出资租赁包房，负责经营管理，在共同犯罪中起主要作用，均系主犯，应当按照其二人参与的全部犯罪处罚。邬某泉在共同犯罪中起次要作用，系从犯，依法应当从轻处罚。三被告人为牟取非法利益，利用娱乐场所容留他人吸毒，人数众多，可酌情从重处罚。蔡某堂、邬某泉归案后如实供述自己的罪行，认罪态度较好，依法可以从轻处罚；利某青当庭如实供述自己的罪行，可以酌情从轻处罚。据此，依法对被告人利某青、蔡某堂和邬某泉分别判处有期徒刑 1 年 10 个月、1 年 8 个月和 1 年，并处罚金。②

---

① 该案是最高人民法院 2016 年发布的“6 · 26”禁毒宣传典型案例之一。

② 该案是最高人民法院 2017 年发布的“6 · 26”禁毒宣传典型案例之一。

问 吸毒者在租住房内吸毒的，出租者是否构成容留他人吸毒罪？ 085

答：出租者对出租的房屋通常具有一定程度维护治安的责任，发现承租人利用出租房进行违法犯罪活动的，应当及时举报、制止。如《治安管理处罚法》第57条第2款规定，房屋出租人明知承租人利用出租房屋进行犯罪活动，不向公安机关报告的，处200元以上500以下罚款；情节严重的，处5日以下拘留，可以并处500元以下罚款。《北京市住房租赁条例》第19条规定，出租人发现承租人涉嫌利用出租住房从事违法犯罪活动的，应当及时向公安机关等有关部门报告。《广东省租赁房屋治安管理规定》第13条第1款规定，出租人发现治安安全隐患和出租的房屋内有涉嫌违法犯罪活动或者犯罪嫌疑人的，应当及时报告公安机关，并配合公安机关查处。但这种举报责任或者义务，与《刑法》上不作为犯的先行义务不同，如果出租者没有履行这种义务，不能直接作为构成犯罪的理由。出租者对发生在出租房内的违法犯罪行为是否承担刑事责任，仍要看其是否符合某一犯罪的构成要件。

承租人在租住房内吸毒，实践中有多种情形。有的承租人系租房正常生活，其对租住房具有正常使用权，除承租人损坏租住房的财物、侵犯相邻权等特殊情况外，出租人不能随意干扰承租人的生活，即使出租人知道承租人偶尔吸毒而未及时举报的，也不能据此认定出租人构成容留他人吸毒罪。承租人容留其他人在租住房内吸毒的，因其对该场所具有支配权，在符合司法解释规定的情况下，可以构成容留他人吸毒罪。值得注意的是，如果吸毒者租房的目的并不是正常生活，而主要是吸毒，其对出租房的使用明显不符合正常生活状态，出租者对此明知，但为了获得较高的租金而未举报或者未解除租赁合同，则对出租者存在认定为容留他人吸毒罪的余地。

问 两人以上合租房屋，一方吸毒的，其他人是否构成容留吸毒犯罪？ 086

答： 合租在社会生活中较为常见，多为两人或者多人共同租赁一套房屋，分别住在不同房间，也有两人或者多人合租一个房间的情况。构成容留他人吸毒罪，要求容留者对场所拥有支配权、控制权，而被容留者未经容留者允许不能使用该场所。在合租情况下，不论是分别住在不同房间还是住在同一房间，吸毒者作为合租人对房间有使用权，其在该房间吸毒并不需要征得其他合租者的同意，其他人可以举报其吸毒行为，但即使未举报也不构成容留他人吸毒罪。

有的情况下，合租者是恋爱关系，二人在出租房同居，按照生活观念，双方都对该场所具有使用权，故不能简单以哪一方签订租赁合同或者支付房租来认定是否构成容留吸毒犯罪。例如，房屋租赁合同由男方签署，房租也由男方支付，如果女方在房间内吸毒，男方未制止的，不能以男方签了合同、实际支付房租为由，对男方认定构成容留他人吸毒罪。反之，如果吸毒者是男方，对此类情形的女方也不应认定为容留他人吸毒罪。另外，如果其中一方邀约他人前来吸毒，可以认定邀约者构成容留他人吸毒，另一方即使未制止的，一般也不能认定为容留他人吸毒。

问 出租车司机明知他人在车上吸毒而不拒载的，是否构成容留他人吸毒罪？ 087

答： 出租车是一种较为特殊的公共交通运输工具，出租车司机作为特殊职业群体，其对发生在出租车上的违法犯罪活动有举报责任。如《北京市出租汽车管理条例》规定，出租汽车驾驶员不得利用车辆为违法犯罪提供方便，发现违法犯罪嫌疑人应当及时向公安机关或者本单位报告；禁止运载违禁和易燃、易爆等物品，对乘客携带此类物品的，可以拒绝载客或者中途终止客运服务。

吸毒人员乘坐出租车时吸毒的情况，在有的地方曾经出现。出租车是一个移动的“场所”，在出租车上吸毒具有“动态”的隐蔽性。对此类案件追究出租车司机的刑事责任，要十分慎重。如果是正常载客活动，行程目的地明确，也没有额外收取费用，即便出租车司机发现乘客在车上吸毒，但出于自身安全、不想惹事等考虑而没有举报，也不能认定为容留他人吸毒。不过，实践中可能存在某些特殊情况，可以考虑追究刑事责任。例如，吸毒人员打车就是为了在车上吸毒，没有明确目的地，让司机驾车“兜圈子”，吸完就下车，这显然不是正常的载客运营活动，如果司机明知乘客在车上吸毒仍予以配合的，可以把司机的行为定性为容留他人吸毒。如果当地此类情况较多，出租车司机对乘客在车上吸毒心知肚明，并多次配合吸毒人员实施此类行为的，可以认定构成容留他人吸毒罪。也就是说，对此类情形追究刑事责任是少数的、例外的情况。

需要注意的是，对出租车司机认定为容留他人吸毒罪，以其明知乘客在车上吸毒为前提。但从证据上看，取证难度往往较大，出租车司机通常会否认明知，并且由于吸毒方式多种多样，有的时间很短，很多情况下司机也确实难以准确判定乘客是否在吸毒。因此，对于偶尔为之、没有额外牟利的情形，不应（也很难）追究司机的刑事责任。只有对多次实施此类行为，特别是司机与吸毒人员相识，多次相互配合完成吸毒的情形，在证据上更有可能认定司机构成容留他人吸毒罪。

问 利用信息网络组织吸毒活动的，如何定性？ 088

答：信息网络技术促进了经济发展，极大地便利了社会生活，但网络自身的快速、大量传播等特点也容易被一些不法分子利用，使网络平台成为实施违法犯罪活动的场所和工具。近年来，有的地方出现了利用网络视频聊天室等虚拟空间聚集、组织他人吸毒的情况。有的案件中参与人数众多，达到几十人甚至几百人，且分散在全国各地。由于吸毒本身不构成犯罪，对此类案件如何处理，存在一定争议。有意见认为，网络是一种虚拟空间，对此类行为的发起者、组织者可以认定为容留他人吸毒罪。

分析认为，容留他人吸毒以提供现实的场所为前提，而这些吸毒者分散在不同地域的各自场所中吸毒，发起者、组织者对参与者没有实施现实的容留行为，网络聊天室等虚拟空间不是现实场所，只是传播现实场所各人吸毒的实时画面并集中起来，故对此类案件不能认定为容留他人吸毒罪。就其行为特征来看，对此类行为认定为组织吸毒或者聚众吸毒更为准确，但《刑法》没有规定此类犯罪。《2015 年毒品纪要》曾对此类情形的处理作出提示性规定："行为人开设网站、利用网络聊天室等组织他人共同吸毒，构成引诱、教唆、欺骗他人吸毒罪等犯罪的，依法定罪处罚。"该规定意在表明，对此类行为不能直接认定为容留他人吸毒罪。当然，如果部分吸毒者用以吸毒的现实场所由组织者提供，对组织者可以认定为容留他人吸毒罪，如果组织者在组织他人吸毒的过程中另外实施了引诱、教唆、欺骗他人吸毒或者贩卖毒品罪行，可以依法定罪处罚。

值得注意的是，2015 年 11 月 1 日起施行的《刑法修正案（九）》增设了第 287 条之一，规定了非法利用信息网络罪，即利用信息网络实施下列行为之一，情节严重的，处 3 年以下有期徒刑或者拘役，并处或者单处罚金：（1）设立用于实施诈骗、传授犯罪方法、制作或者销售违禁物品、管制物品等违法犯罪活动的网站、通讯群组的；（2）发布有关制作或者销售毒品、枪支、淫秽物品等违禁物品、管制物品或者其他违法犯罪信息的；（3）为实施诈骗等违法犯罪活动发布信息的。[①]2016 年《毒品犯罪解释》第 14 条据此作出规定，利用信息网络，设立用于实施组织他人吸食、注射毒品等违法犯罪活动的网站、通讯群组，或者发布组织他人吸食、注射毒品的违法活动信息，情节严重的，应当依照《刑法》第 287 条之一的规定，以非法利用信息网络罪定罪处罚。也就是说，在《刑法修正案（九）》施行后，从刑法解释论

① 该条同时规定："单位犯前款罪的，对单位判处罚金，并对其直接负责的主管人员和其他直接责任人员，依照第一款的规定处罚。有前两款行为，同时构成其他犯罪的，依照处罚较重的规定定罪处罚。"

看，对利用视频聊天室等组织网上吸毒的行为，可以认定为非法利用信息网络罪，实践中也有此类案例。[①]

但是，最高人民法院、最高人民检察院2019年制定的《关于办理非法利用信息网络、帮助信息网络犯罪活动等刑事案件适用法律若干问题的解释》（法释〔2019〕15号，自2019年11月1日起施行）第7条明确规定，《刑法》第287条之一规定的“违法犯罪”，包括犯罪行为和属于《刑法》分则规定的行为类型但尚未构成犯罪的违法行为。据此，对于《刑法》未作出规定而仅在《治安管理处罚法》或者其他法律法规中规定的行政违法行为，即使是利用信息网络实施的，也不应当构成非法利用信息网络罪。这种界定限制了对非法利用信息网络罪中“违法犯罪”的认定范围，体现了刑法的谦抑性。因《刑法》没有规定组织吸毒罪或聚众吸毒罪，故对利用网络视频组织吸毒活动的，不能再根据2016年《毒品犯罪解释》第14条的规定认定为非法利用信息网络罪。正是基于这种考虑，《2023年毒品纪要》又规定：“利用信息网络，组织他人吸毒，构成引诱、教唆、欺骗他人吸毒罪等犯罪的，依法定罪处罚。”这实际上又回到了《2015年毒品纪要》的处理思路。[②]

---

① 例如，梁某元非法利用信息网络、非法持有毒品，汪某贩卖毒品案。这是最高人民法院2019年发布的“6·26”禁毒宣传典型案例之一。2016年年底至2017年年初，被告人梁某元加入名流汇、CF中国网络平台，在平台中以视频方式与他人共同吸食冰毒。2017年3月，梁某元主动联系网络技术员“OV”，重新架设名流汇视频网络平台，通过名流汇的QQ群及QQ站务群对平台进行管理，交付网络维护费、服务器租赁费等，发展平台会员，并对平台内的虚拟房间进行管理。经查，该平台在此期间以虚拟房间形式组织大量吸毒人员一起视频吸毒，居住在苏州的陆某、梁某（已另案判刑）等人通过该平台达成毒品买卖意向并在线下交易毒品。2017年5月9日，梁某元在吉林省白山市被抓获，公安人员从其汽车内查获甲基苯丙胺2包，净重11.28克。被告人汪某自2016年起在组织吸毒活动的名流汇视频平台等非法网络中进行活动，并结识吸毒人员刘某某。2016年12月至2017年2月间，汪某先后3次通过微信收取刘某某支付的毒资共计4500元，向刘某某贩卖甲基苯丙胺共24克，从中获利900元。法院认为，被告人梁某元利用信息网络设立用于组织他人吸食毒品等违法犯罪活动的网站、通讯群组，情节严重，其行为已构成非法利用信息网络罪，且另犯非法持有毒品罪。被告人汪某的行为构成贩卖毒品罪，且系毒品再犯，应依法从重处罚。据此，依法对被告人梁某元数罪并罚，决定执行有期徒刑1年6个月，并处罚金人民币1万2千元；对被告人汪某判处有期徒刑9年，并处罚金人民币2万元。

② 但这种处理方式的弊端在于，未能对非法利用信息网络组织吸毒行为本身作出评价，不利于对此类行为的准确处理。这也从侧面印证，有必要修改《刑法》，增设组织吸毒罪或者聚众吸毒罪。

第十章 其他毒品犯罪的认定与处理

「本章导读」

前面八章（第一章除外）分别对走私毒品罪、贩卖毒品罪、运输毒品罪、制造毒品罪、非法持有毒品罪、吸毒者实施的毒品犯罪、制毒物品犯罪、容留他人吸毒罪司法适用中的具体问题作了详细解答。本章是关于毒品犯罪认定方面的“兜底”章，涉及的问题在司法实践中相对较少，故合并分析、介绍。具体包括：包庇毒品犯罪分子罪及情节严重的认定，窝藏、转移、隐瞒毒品、毒赃罪及情节严重的认定，窝藏毒品罪认定方面的特殊问题，窝藏、转移、隐瞒毒品、毒赃罪与洗钱罪等关联犯罪的区分，非法种植、买卖毒品原植物情节较轻的如何处理，引诱、教唆、欺骗他人吸毒罪的定罪量刑标准，非法提供麻醉药品、精神药品罪的定罪量刑标准，单位实施毒品犯罪的情形，利用信息网络实施毒品犯罪的处理，盗窃、抢夺、抢劫毒品的定性等。

问 如何认定包庇毒品犯罪分子罪及其“情节严重”？ 089

答：包庇毒品犯罪分子罪是行为犯,《刑法》第 349 条没有设定入罪条件，《立案追诉标准（三）》和 2016 年《毒品犯罪解释》也都没有对该罪规定入罪条件。[①]

包庇的实质是通过某种行为（如作假证明、伪造或毁灭证据、提供藏身处所或财物、通风报信等）使犯罪分子不受法律追究，广义的包庇包括窝藏行为。《刑法》第 310 条规定了一般情形的窝藏、包庇罪，并把包庇限于作假证明包庇的情形。但《刑法》第 349 条仅规定了包庇毒品犯罪分子罪，而没有规定窝藏毒品犯罪分子罪，这里的包庇是否包括窝藏犯罪分子？分析认为，虽然《刑法》第 310 条已经明确将包庇界定为“作假证明”的情形，通常情况下对这里的包庇宜作相同解释，以保持《刑法》用语含义的统一性。但考虑广义的包庇能够涵括窝藏行为，且包庇毒品犯罪分子罪是特殊罪名，故可以将为毒品犯罪分子提供藏身处所、财物等窝藏行为认定为这里的包庇。[②] 值得注意的是，构成包庇毒品犯罪分子罪，应当要求行为人认识到被包庇者实施了走私、贩卖、运输、制造毒品行为，但不需要该认识与最终被判决确定的罪名一致。如果被包庇者最终被认定的罪名是非法持有毒品罪，则对行为人不能认定为包庇毒品犯罪分子罪，而应认定为《刑法》第 310 条规定的包庇罪。包庇作为妨害司法的犯罪，是一种事后行为，对事先通谋的，根据《刑法》第 349 条第 3 款，应当按照走私、贩卖、运输、制造毒品

---

① 但不能据此认为，任何包庇走私、贩卖、运输、制造毒品的犯罪分子的行为都构成犯罪，对情节显著轻微危害不大的，可以不作为犯罪处理。另外，亲属之间的“顶罪”（如父亲为儿子）也是一种包庇行为，这种情况会误导侦查，甚至造成冤错案件，故危害较大，应依法定罪处刑，但考虑“亲亲相隐”的文化观念，可以适当从宽处理。

② 立法机关组织编写的刑法释义书也认为，包庇走私、贩卖、运输、制造毒品的犯罪分子，是指采取窝藏犯罪分子或者作假证明等方法，帮助犯罪分子逃避法律追究的行为。参见王爱立主编：《中华人民共和国刑法释义与适用（下）》，中国民主法制出版社 2021 年版，第 1413 页。《立案追诉标准（三）》第 3 条则规定，帮助隐藏、转移或者毁灭证据，帮助取得虚假身份或者身份证件的，都属于包庇毒品犯罪分子。

罪的共犯论处。[①]

关于如何认定包庇毒品犯罪分子罪的“情节严重”，以往司法解释和指导文件均未作出规定，2016年《毒品犯罪解释》第6条第1款对此从不同角度作了规定，即包庇走私、贩卖、运输、制造毒品的犯罪分子，具有下列情形之一的，应当认定为《刑法》第349条第1款规定的“情节严重”：（1）被包庇的犯罪分子依法应当判处15年有期徒刑以上刑罚的；（2）包庇多名或者多次包庇走私、贩卖、运输、制造毒品的犯罪分子的；（3）严重妨害司法机关对被包庇的犯罪分子实施的毒品犯罪进行追究的；（4）其他情节严重的情形。

其中，第1项是从包庇对象的角度加以规定。走私、贩卖、运输、制造毒品罪是性质最严重的毒品犯罪，15年有期徒刑以上刑罚是该罪的最高法定刑幅度，包庇因犯该罪依法应当判处15年有期徒刑以上刑罚的毒品犯罪分子，体现了包庇行为的严重性，故属于“情节严重”。第2项从包庇情节的角度加以规定，包括多次实施包庇行为和虽未达多次但包庇人数达到多人的情形。第3项从包庇行为的后果角度加以规定。“严重妨害”是指包庇者毁灭重要证据导致司法机关难以认定犯罪，作伪证严重影响司法机关准确认定犯罪事实，以及帮助犯罪分子藏匿、潜逃致使其无法及时到案等情形。

问 如何认定窝藏、转移、隐瞒毒品、毒赃罪及其“情节严重”？ 090

答：《刑法》第349条没有对窝藏、转移、隐瞒毒品、毒赃罪设定入罪条件，《立案追诉标准（三）》和《毒品犯罪解释》也没有作出规定。[②]

---

① 另外，《刑法》第349条第2款规定，缉毒人员或者其他国家机关工作人员掩护、包庇走私、贩卖、运输、制造毒品的犯罪分子的，依照前款的规定从重处罚。该规定与《刑法》第417条规定的帮助犯罪分子逃避处罚罪之间存在交叉。两罪的主要区别是，前者是妨害司法活动的犯罪，后者属于渎职犯罪，故当行为主体是负有查禁本次毒品犯罪活动职责的国家机关工作人员（如缉毒警察）时，应按照渎职犯罪（帮助犯罪分子逃避处罚罪）处理。

② 但不能据此认为，任何窝藏、转移、隐瞒毒品、毒赃的行为都构成犯罪，对情节显著轻微危害不大的，可以不作为犯罪处理。

窝藏是指为走私、贩卖、运输、制造毒品的犯罪分子隐藏、保管毒品或毒赃。转移是指将毒品或毒赃从一处转移到他处。转移和窝藏行为很可能同时发生，如果行为人帮助转移毒品、毒赃后再予以窝藏，且转移行为较为突出的，可以对窝藏、转移行为同时认定。[①] 隐瞒是指行为人明知毒品、毒赃的藏匿位置，但在接受司法机关调查时不如实作证，意在帮助犯罪分子逃避查处。实践中隐瞒毒品、毒赃的主体通常是与犯罪分子关系密切的亲友，特别是共同生活者。窝藏或者转移毒品、毒赃的人实施隐瞒行为的，对隐瞒行为也可以一并评价。窝藏、转移、隐瞒毒品、毒赃作为妨害司法的犯罪，是一种事后行为，如果事先通谋的，根据《刑法》第 349 条第 3 款，应当按照走私、贩卖、运输、制造毒品罪的共犯论处。

关于窝藏、转移、隐瞒毒品、毒赃罪“情节严重”的认定，2016 年《毒品犯罪解释》第 6 条第 2 款从不同角度作了规定，即为走私、贩卖、运输、制造毒品的犯罪分子窝藏、转移、隐瞒毒品或者毒品犯罪所得的财物，具有下列情形之一的，应当认定为《刑法》第 349 条第 1 款规定的“情节严重”:（1）为犯罪分子窝藏、转移、隐瞒毒品达到《刑法》第 347 条第 2 款第 1 项或者该解释第 1 条第 1 款规定的毒品“数量大”标准的;（2）为犯罪分子窝藏、转移、隐瞒毒品犯罪所得的财物价值达到 5 万元以上的;（3）为多人或者多次为他人窝藏、转移、隐瞒毒品或者毒品犯罪所得的财物的;（4）严重妨害司法机关对该犯罪分子实施的毒品犯罪进行追究的;（5）其他情节严重的情形。

窝藏、转移、隐瞒毒品、毒赃罪与包庇毒品犯罪分子罪对应的法定刑相同，但犯罪对象不同，故对该罪“情节严重”的认定，既要体现两罪量刑情节的相当，也要考虑到两罪犯罪对象的差异。上述第 1 项是从窝藏、转移、隐瞒毒品数量的角度加以规定。考虑到该项中的犯罪对象是毒品，危害性大

---

① 例如，在智某梅、蒋某峰贩卖、窝藏、转移毒品案中，被告人蒋某峰获悉被告人智某梅被抓后，骑摩托车到智某梅住处，准备将 88.5 克含有海洛因的粉末转移到其他处所藏匿，途中被查获。该行为被认定为窝藏、转移毒品罪。参见中华人民共和国最高人民法院刑事审判第一、二、三、四、五庭主办:《中国刑事审判指导案例》（第 5 卷）（增订第 3 版），法律出版社 2017 年版，第 510–512 页。

于一般的窝藏赃物行为，故设定的毒品数量标准不宜过高。同时，从不同罪名法定刑衔接的角度考虑，走私、贩卖、运输、制造毒品“数量大”判处15年有期徒刑、无期徒刑或者死刑，非法持有毒品“数量大”判处7年以上有期徒刑或者无期徒刑，将窝藏、转移、隐瞒毒品“数量大”规定为“情节严重”，判处3年以上10年以下有期徒刑，较好地体现了不同罪名之间犯罪性质的差异。并且，这也与被包庇的毒品犯罪分子依法应当判处15年徒刑以上刑罚的情形才属于该罪“情节严重”相对应。第2项是从窝藏、转移、隐瞒毒赃数额的角度加以规定。毒赃不同于毒品，窝藏、转移、隐瞒毒赃的危害性要小于针对毒品实施这些行为，但大于一般的掩饰、隐瞒犯罪所得行为。最高人民法院2015年制定的《关于审理掩饰、隐瞒犯罪所得、犯罪所得收益刑事案件适用法律若干问题的解释》（法释〔2015〕11号，以下简称《掩饰、隐瞒犯罪所得解释》）[①]第3条规定，一般情况下，掩饰、隐瞒犯罪所得及其产生的收益价值总额达到10万元以上的属于“情节严重”，但掩饰、隐瞒救灾、扶贫等特定款物价值达5万元的即为“情节严重”。最高人民法院、最高人民检察院2011年制定的《关于办理危害计算机信息系统安全刑事案件应用法律若干问题的解释》第7条也规定，涉及此类犯罪而掩饰、隐瞒违法所得5万元以上的属于“情节严重”。考虑到毒品犯罪的特殊性，为体现依法严惩，将窝藏、转移、隐瞒毒赃“情节严重”的标准规定为5万元以上。第3项是从犯罪情节的角度加以规定，第4项是从行为后果角度作出规定。

问 认定窝藏毒品罪要注意哪些特殊问题？[②] 091

答：窝藏毒品罪在司法认定上有不少值得研究的具体问题，这里专门加以分析。

---

① 该司法解释2021年被修订，但修订内容不涉及第3条。起草2016年《毒品犯罪解释》时涉及的是被修订前的司法解释。

② 关于窝藏毒品罪与非法持有毒品罪的区别，可参见本书“非法持有毒品罪”一章。

1. 认定窝藏毒品罪要注意窝藏的时间节点和行为人的主观目的。窝藏毒品罪虽然规定在“走私、贩卖、运输、制造毒品罪”一节中，但本质上属于赃物犯罪，侵犯的客体主要是司法机关的正常活动，行为人的主观目的是帮助走私、贩卖、运输、制造毒品的犯罪分子逃避司法机关的查处。因此，如果指使者尚未受到查处，行为人不是出于帮助指使者逃避查处的目的为犯罪分子保管毒品，则该行为构成相应犯罪的共犯，而不是窝藏毒品罪。即使行为人是出于帮助指使者逃避查处的目的而代为保管毒品，但事后发现委托者并没有受到追查，委托者仍在实施相关毒品犯罪，此时，行为人的目的发生变化，仍可以认定构成相关犯罪的共犯。

例如，蒋某源贩卖毒品案。一审法院认定，2010 年 9 月间被告人蒋某源先后两次将吴某（另案处理）用于贩卖的 262 克甲基苯丙胺放在家中窝藏，后将其中 95 克卖给“阿虎”。此前，蒋某源还 4 次向他人贩卖共计 2.8 克甲基苯丙胺。蒋某源被抓获后，公安机关从其住处查获甲基苯丙胺 30 克、氯胺酮 8.01 克。一审法院对蒋某源的行为分别认定为贩卖毒品罪和窝藏毒品罪。二审法院认为，蒋某源明知吴某系贩毒人员，且明知吴某尚未受到追查，在一周之内两次应吴某的请求代为保管 262 克冰毒，主观上不是为了帮助吴某逃避司法机关的查处，故不构成窝藏毒品罪，而是贩卖毒品罪的共犯，且系从犯；同时，一审认定蒋某源贩卖 95 克冰毒的证据不足。对蒋某源改判为贩卖毒品罪一罪，将刑罚从并罚的有期徒刑 16 年 6 个月改为 8 年（附加刑略）。①

2. 要注意审查“他人”是否真实存在。窝藏毒品都是为他人窝藏，这里的“他人”应当真实存在，至少高度可能存在，且涉嫌走私、贩卖、运输、制造毒品罪，在案证据证明行为人与此人有某种关联，为其窝藏毒品的可能性很大，才可以考虑认定为窝藏毒品罪。有的案件中，行为人辩称是为“他人”窝藏毒品，但“他人”无法查证的，这属于“幽灵抗辩”，对此种情形不能简单根据“事实存疑有利于被告人”的原则认定为窝藏毒

① 参见中华人民共和国最高人民法院刑事审判第一、二、三、四、五庭主办：《中国刑事审判指导案例》（第 5 卷）（增订第 3 版），法律出版社 2017 年版，第 474–476 页。

品罪。[①]

3. 要注意窝藏毒品罪与隐瞒毒品罪的区别。隐瞒毒品罪这个罪名在实践中很少出现，主要是指行为人明知走私、贩卖、运输、制造毒品的犯罪分子将毒品藏在某处，而在司法机关向其取证时故意隐瞒，帮助犯罪分子逃避处罚的情形。由于《刑法》第349条没有限制主体范围，理论上任何了解毒品藏匿地点的人似乎都可以构成此罪，但实践中此类主体应当是与毒品犯罪分子关系密切的亲友，有说出毒品藏匿地的条件和义务，才能对其隐瞒不报的行为追究责任。窝藏毒品罪是行为人帮助毒品犯罪分子藏匿、保管毒品，是一种积极作为方式，而隐瞒毒品罪是对他人藏匿的毒品知情不举，是一种不作为方式，故认定隐瞒毒品罪在证据上难度很大、要求更高。[②]

例如，甲（女）与乙（男）系同居关系，共同居住在甲购买的房子里，二人均吸毒，乙还是贩毒人员。某日乙购买500多克冰毒后藏在与甲共同居住的房子里，甲知道此事。乙被他人举报后，公安机关向甲调查了解情况，甲始终回避自己与乙有住房以及该房子里有毒品的情况，后公安机关通过其他途径找到该处的毒品。对于甲的行为如何定性，有一定争议。因甲并不参与乙的贩毒行为，只是对乙放任不管，故不构成贩卖毒品罪的共犯。因藏匿毒品的房子是乙购买且毒品是乙藏匿的，甲只是与乙在此同居，甲对乙藏匿的毒品并不具有控制权，也谈不上为乙窝藏毒品，故甲也不构成窝藏毒品罪。甲的行为实际上较为符合隐瞒毒品罪的特征，她是乙的同居女友，明知乙把毒品藏在共同住所却在公安机关调查时故意隐瞒真相。考虑其隐瞒的毒品数量达冰毒500克，乙可能被判处无期徒刑以上刑罚，故可以认定甲的行为构成隐瞒毒品罪且属于情节严重。

---

① 如在黄某东非法持有毒品案中，被告人提出查获的大量毒品是为他人保管，但无法查实，法院认定其犯非法持有毒品罪。参见中华人民共和国最高人民法院刑事审判第一、二、三、四、五庭主办：《中国刑事审判指导案例》（第5卷）（增订第3版），法律出版社2017年版，第499-502页。

② 隐瞒毒品实际上也同时触犯《刑法》第305条规定的伪证罪，但相比之下，隐瞒毒品罪是特殊罪名，且法定刑更重，故一般按照隐瞒毒品罪处理。

问 近亲属包庇毒品犯罪分子或者为其窝藏、转移、隐瞒毒品的，如何处理？ 092

答：我国法律文化中有“亲亲相隐”的传统。对于近亲属实施的包庇、窝藏类犯罪甚至近亲属之间实施的盗窃、诈骗等犯罪，司法上也多有从宽处理的做法。最高司法机关近几年公布的有关掩饰、隐瞒犯罪所得犯罪、盗窃犯罪和诈骗犯罪等司法解释，对于近亲属间实施相关犯罪的，均规定了不作为犯罪处理或者可以免予刑事处罚的特别条款。如《掩饰、隐瞒犯罪所得解释》第2条规定，为近亲属掩饰、隐瞒犯罪所得及其产生的收益，系初犯、偶犯，认罪、悔罪并退赃、退赔，可以认定为犯罪情节轻微，免予刑事处罚。最高人民法院、最高人民检察院《关于办理盗窃刑事案件适用法律若干问题的解释》（法释〔2013〕8号）第8条规定，偷拿家庭成员或者近亲属的财物，获得谅解的，一般可不认为是犯罪；追究刑事责任的，应当酌情从宽。

2016年《毒品犯罪解释》从“亲亲相隐”的文化观念出发，参考上述司法解释的规定，对近亲属实施《刑法》第349条规定的犯罪行为的，在第6条第3款规定了可以免予刑事处罚的情形，即“包庇走私、贩卖、运输、制造毒品的近亲属，或者为其窝藏、转移、隐瞒毒品或者毒品犯罪所得的财物，不具有本条前两款规定的‘情节严重’情形，归案后认罪、悔罪、积极退赃，且系初犯、偶犯，犯罪情节轻微不需要判处刑罚的，可以免予刑事处罚”。这一规定考虑到严惩毒品犯罪的政策要求，对适用条件作了严格限制，即需要同时具备以下几个条件：一是不具有该条前两款规定的“情节严重”情形，即被告人犯罪情节较轻，论罪应当判处3年以下有期徒刑、拘役或者管制。二是归案后认罪、悔罪并积极退赃。设置该条件是为了鼓励被告人如实交代犯罪事实，积极退缴毒品、毒赃，以便依法追究走私、贩卖、运输、制造毒品犯罪分子的刑事责任，突出毒品犯罪的打击重点。三是属初犯、偶犯，即可以免予刑事处罚者仅限于初犯、偶犯情形，对于再次犯罪者则应依法惩处。四是经综合评价，其行为属于《刑法》第37条规定的“犯罪情节轻微不需要判处刑罚”的情形。

问 如何界定窝藏、转移、隐瞒毒品、毒赃罪与洗钱罪和掩饰、隐瞒犯罪所得、犯罪所得收益罪的关系？ 093

答：目前，一般认为这三个罪名都是我国《刑法》中洗钱犯罪体系的组成部分，三者关系密切。其中，《刑法》第191条规定的洗钱罪是该体系中的核心罪名，第349条规定的窝藏、转移、隐瞒毒品、毒赃罪是补充，第312条规定的掩饰、隐瞒犯罪所得、犯罪所得收益罪是兜底罪名。[①]但严格说来，第349条规定的仍然是赃物犯罪，该条文自1997年全面修订《刑法》之后未作修改，犯罪构成和犯罪性质没有变化，其行为类型仍仅限于物理性窝藏、转移毒品、毒赃和相关证人受到调查时隐瞒不报的情形，并不直接涉及通常意义上的洗钱问题。第312条规定的原本也是赃物犯罪，经过修订以后转变为洗钱犯罪，但仍然规定在“妨害司法罪”一节中。

对于窝藏、转移、隐瞒毒品、毒赃罪与第191条、第312条规定的犯罪如何区别，实际上取决于如何界定后二者之间的关系。对此，不少研究者继续沿用传统思路，认为第191条规定的洗钱罪所保护的法益主要是金融管理秩序，不仅上游犯罪仅限于毒品犯罪等7种犯罪，而且所实施的掩饰、隐瞒行为都应当借助与金融有关的方式，最终对犯罪所得及其收益起到“漂白”效果；而第312条规定的掩饰、隐瞒犯罪所得、犯罪所得收益罪仍然是赃物犯罪，且掩饰、隐瞒的是犯罪所得及其收益本身（而不是来源和性质），故该罪名与洗钱罪不是一般与特殊的关系，而是存在交叉，当某一行为同时构成这两种犯罪时可择一重罪处罚。但是，如上文所述，立法机关的工作人员

① 参见王爱立主编：《中华人民共和国刑法释义与适用（上册）》，中国民主法制出版社2021年版，第709页。另外，通常认为，1990年通过的《关于禁毒的决定》第4条中规定的“掩饰、隐瞒出售毒品获得财物的非法性质和来源的，处七年以下有期徒刑、拘役或者管制，可以并处罚金”是我国刑事法律中首次规定洗钱问题。

认为，第312条虽然还放在“妨害司法罪”中，实际上已被修订为洗钱犯罪，只是不称为洗钱罪。最高人民法院2009年制定的《关于审理洗钱等刑事案件具体应用法律若干问题的解释》（法释〔2009〕15号，以下简称《洗钱解释》）也是按照这一思路起草的。该解释第3条规定，明知是犯罪所得及其产生的收益而予以掩饰、隐瞒，构成《刑法》第312条规定的犯罪，同时又构成《刑法》第191条或者第349条规定的犯罪的，依照处罚较重的规定定罪处罚。[①]该解释的起草者指出，该条的制定目的不仅在于解决相关法条竞合处理的问题，更在于借助一般法与特别法的适用原则间接说明：《刑法》第312条是洗钱犯罪的一般条款，三个法条的主要区分在于犯罪对象，以此淡化三者在行为方式和行为性质上的差异，“区分第191条和第312条规定犯罪的关键在于上游犯罪，而非具体的行为方式”[②]。

按照这种逻辑，只要上游犯罪是《刑法》第191条所列举的7种犯罪，行为人实施了掩饰、隐瞒犯罪所得及其收益的来源和性质的行为，就构成洗钱罪，而当上游犯罪不属于这7种犯罪时，行为人掩饰、隐瞒犯罪所得及其收益的，按照第312条的规定处理。但是，对不具有“漂白”作用的物理性窝藏、转移犯罪所得行为能否认定为洗钱罪，目前仍存在较大争议。本书认为，即使按照《洗钱解释》的思路尽可能扩大对洗钱罪中掩饰、隐瞒行为的认定范围，但对单纯的物理性窝藏、转移犯罪所得的行为，仍不宜认定为洗钱罪，否则，第349条就几乎没有适用空间。现阶段，对第349条与另两个洗钱犯罪之间的关系可以作如下两个层面的区分：（1）当行为人采用物理性方法窝藏、转移毒品、毒赃时，按照上游罪名区分。其中，帮助走私、贩卖、运输、制造毒品的犯罪分子窝藏、转移毒品、毒赃的，适用第349条；帮助其他毒品犯罪分子窝藏、转移毒品、毒赃的，适用第312条。至于相关

---

① 最高人民法院2015年制定、2021年修订的《掩饰、隐瞒犯罪所得解释》第7条也规定，明知是犯罪所得及其产生的收益而予以掩饰、隐瞒，构成《刑法》第312条规定的犯罪，同时构成其他犯罪的，依照处罚较重的规定定罪处罚。该条与《洗钱解释》第3条的精神是一致的。

② 刘为波：《〈关于审理洗钱等刑事案件具体应用法律若干问题的解释〉的理解与适用》，载中华人民共和国最高人民法院刑事审判第一、二、三、四、五庭主办：《中国刑事审判指导案例》（第3卷）（增订第3版），法律出版社2017年版，第921–922页。

证人在接受调查时隐瞒毒品、毒赃的，也可以按照这种区分标准分别适用第349条和第312条。（2）当行为人采取的是《洗钱解释》明确规定的各种洗钱方法（特别是与金融有关的方法）掩饰、隐瞒毒赃（不包括毒品）的来源和性质时，不论上游犯罪是哪种具体的毒品犯罪，都按照第191条处理。

值得一提的是，洗钱（包括自洗钱）在毒品犯罪中很常见，近年来禁毒部门很重视反洗钱工作，不断探索完善反洗钱工作机制。《禁毒法》第29条专门规定了禁毒反洗钱问题："反洗钱行政主管部门应当依法加强对可疑毒品犯罪资金的监测。反洗钱行政主管部门和其他依法负有反洗钱监督管理职责的部门、机构发现涉嫌毒品犯罪的资金流动情况，应当及时向侦查机关报告，并配合侦查机关做好侦查、调查工作。"最高人民法院先后制定的《2008年毒品纪要》《2015年毒品纪要》和《2023年毒品纪要》都提出要重视做好涉案财物追缴工作。《刑法修正案（十一）》的一个亮点就是将自洗钱行为入罪。但是，对自洗钱行为如何认定、是否都予以并罚，目前认识和做法还不统一。本书初步认为，行为人在毒品犯罪过程中实施的接收购毒款行为是毒品犯罪的组成部分，对其中不太典型或者情节较轻的自洗钱行为（如借用他人银行卡或微信账户收取少量毒资），不必单独定罪处罚，[①] 但对毒品犯罪过程中或者犯罪之后实施的较为典型或者情节严重的自洗钱行为（如将大额毒赃分散转移到他人账户或者转移到境外，用毒赃购买汽车、房产或者进行投资等），则可以单独定罪处罚。同时，洗钱行为对上游犯罪具有依附性，其危害大小与上游犯罪关系密切，对洗钱罪的认定处理要注意与上游犯罪的认定处理保持均衡，尽量防止出现处理结果"倒挂"情况。另外，对为毒品犯罪分子的洗钱行为提供帮助的，如果出于明知，一般可认定为洗钱罪的共犯（有的可能构成上游犯罪的共犯），但对于近亲属实施的帮助洗钱行为，从"亲亲相隐"的文化观念和刑罚人道主义角度考虑，宜从宽处理。

---

① 自洗钱原本就是行为人对犯罪所得的处理，传统刑法理论认为不具有可罚性，自洗钱入罪后虽然相关立案追诉标准对洗钱罪未设定入罪条件，但对数额不大、情节较轻的自洗钱行为不宜定罪处罚。

问 对非法种植、买卖毒品原植物情节较轻的，如何处理？ 094

答：毒品原植物有广义和狭义之分，广义的毒品原植物泛指一切可以用来提炼毒品的植物，而狭义的毒品原植物仅指被国家明确管制的品种，如罂粟、大麻、古柯等。通常所说毒品原植物是狭义的。首先可以肯定，罂粟、大麻作为毒品原植物，禁止非法种植，也禁止非法买卖、运输、携带、持有其幼苗或种子。此类行为即使不构成犯罪，也属于行政违法。[①]《刑法》第351~352条和2016年《毒品犯罪解释》第9~10条分别规定了非法种植毒品原植物罪的定罪量刑数量标准和非法买卖、运输、携带、持有毒品原植物幼苗罪的定罪数量标准。根据这些规定，非法种植罂粟500株以上不满3000株的，或者非法种植大麻5000株以上不满30,000株的，处5年以下有期徒刑、拘役或者管制，并处罚金；非法种植罂粟3000株以上或者大麻30,000株以上的，处5年以上有期徒刑，并处罚金或者没收财产；非法买卖、运输、携带、持有罂粟幼苗5000株以上或者大麻幼苗50,000株以上的，处3年以下有期徒刑、拘役或者管制，并处或者单处罚金。可见，非法种植罂粟等毒品原植物和出售罂粟苗的行为性质不同，前者比后者严重，故定罪量刑的数量标准也不同。对于没有达到前述定罪数量标准的情形，《治安管理处罚法》第71条规定了行政处罚措施，即非法种植罂粟不满500株或其他少量毒品原植物的，或者非法买卖、运输、携带、持有少量毒品原植物幼苗的，处10日以上15日以下拘留，可以并处3000元以下罚款；情节较轻的，处5日以下拘留或者500元以下罚款。另外，根据《刑法》第351条，对经公安机关处理后又种植的，或者抗拒铲除的，不需要毒品原植物数量作为入罪条件。[②]

---

① 《禁毒法》第19条规定："国家对麻醉药品药用原植物种植实行管制。禁止非法种植罂粟、古柯植物、大麻植物以及国家规定管制的可以用于提炼加工毒品的其他原植物。禁止走私或者非法买卖、运输、携带、持有未经灭活的毒品原植物种子或者幼苗。地方各级人民政府发现非法种植毒品原植物的，应当立即采取措施予以制止、铲除。村民委员会、居民委员会发现非法种植毒品原植物的，应当及时予以制止、铲除，并向当地公安机关报告。"

② 对这两种情形如何理解，2016年《毒品犯罪解释》没有作出规定。从形式上看，只要具备这两种情节的，都可以定罪处罚，但考虑实践情况的复杂性，尚不能说对这两种情形一律追究刑事责任。对再次种植数量极少，或者"抗拒铲除"情节很轻的，未必定罪处罚。

之所以将非法种植、买卖毒品原植物等行为作为违法犯罪处理，主要是因为这些原植物或者果实成熟后可以提炼、加工毒品，需要从源头上进行管控。不过，实践中非法种植、买卖毒品原植物并非都是为了日后制造毒品用于贩卖，而很可能是为了自用。例如，有的行为人种植罂粟是为了日后制成鸦片供自己或者家人治病（也有的是供自己吸食），有的行为人是将罂粟苗当作蔬菜进行种植或者出售（也有的是用于喂养家禽、牲畜），[①] 有的行为人种植罂粟是为了收获罂粟壳用作火锅等食品的调味剂，有的行为人种植大麻是为了供自己吸食。在这些情形中，行为人非法种植、买卖毒品原植物不是为了日后提炼毒品用于贩卖，行为的社会危害性也相对较小，尤其是对于初犯、偶犯，即使涉案原植物数量达到定罪数量标准，也应予以从宽处理。对此，《2023 年毒品纪要》首次以指导文件形式作出规定："不以提炼毒品或者非法买卖为目的，种植罂粟、大麻等毒品原植物，构成非法种植毒品原植物罪的，可以酌情从宽处罚；犯罪情节轻微不需要判处刑罚的，可以免予刑事处罚。"

种植毒品原植物在收获前自动铲除的，属于法定从宽处理情形。《刑法》第 351 条第 3 款规定，对非法种植罂粟或者其他毒品原植物，在收获前自动铲除的，可以免除处罚。《立案追诉标准（三）》对此情形规定可以不予立案追诉。《治安管理处罚法》也规定，非法种植少量罂粟，在成熟前自行铲除的，不予处罚。对此类案件如确有必要追究刑事责任或者予以行政处罚，也要充分考虑案件的各项具体情节，作出公正、合理的处理。[②]

值得注意的是，对于种植少量罂粟苗准备自行食用或者从他人处"进货"准备作为蔬菜出售，被查获后辩称不明知是毒品原植物的（如以为是野菜、其他蔬菜或者蔬菜新品种），宜区别不同情况处理。其一，如果在案证据证明行为人知道是罂粟苗，只是辩称不知道是毒品原植物或者行为违法的，属于违法性认识错误，仍然应当认定为明知。因为"法律帮助的是时刻警觉的

---

① 实践中一些查获的种植罂粟苗案件，当事人辩称是作为蔬菜食用。从外观看，罂粟苗同多种常见蔬菜（如苦菊、荠菜、雪里红）近似，可能发生混淆。

② 有学者认为，《刑法》规定非法种植毒品原植物在收获前自动铲除的可以免除处罚，如果根据案件情况不应免除处罚时，可以下降一个或者两个量刑幅度减轻处罚。参见张明楷：《刑法学（下）》（第 6 版），法律出版社 2021 年版，第 1524 页。

人，而不是懒惰的人”[①]，“即使不知道构成要件要素中记述的概念本身，但知道其要素的形状、机能、效果、法益侵害性时，也能认定故意”[②]。“罂粟苗”是生活用语、事实性描述，“毒品原植物”是法律用语、规范性描述，只要行为人知道所种植或者贩卖的是罂粟苗，就说明事实认识没有发生错误，不阻却主观故意。其二，如果行为人由于文化水平低，加上受人蒙骗，确实以为所种植或者贩卖的是野菜、其他蔬菜或者蔬菜新品种，则属于事实认识错误，不应认定为明知，不能追究刑事责任。具体而言，可以结合行为人的年龄、文化程度、种植动机、种子来源、种植规模和场所、是否采取遮盖或隐藏措施、毒品原植物的实际用途或去向、当地种植情况是否较多、是否曾因种植罂粟苗被处罚等因素，综合判断行为人是否明知所种植的是毒品原植物。

问 如何把握引诱、教唆、欺骗他人吸毒罪和强迫他人吸毒罪的定罪量刑标准？ 095

答： 引诱、教唆他人吸毒，是指通过向他人宣扬吸食、注射毒品后的感受等方法，诱使、唆使他人吸食、注射毒品。欺骗他人吸毒，是指用隐瞒真相或者制造假象等方法使他人吸食、注射毒品。引诱与教唆的区分较为困难，因为引诱实际上是教唆的一种方式，但教唆不限于引诱。引诱与欺骗有时存在交叉，行为人向他人谎称吸毒有解酒、健体等特殊功效的，通常属于引诱；如果谎称是“保健品”“快乐果”“减肥药”等，导致当事人误认为不是毒品，或者乘人不备将毒品投放在饮料中让被害人喝下，则属于欺骗他人吸毒。引诱、教唆、欺骗他人吸毒罪是选择性罪名，实施引诱、教唆、欺骗他人吸食、注射毒品行为之一的，即以实际行为确定罪名。实施了其中两种以上行为的，以所实施的行为并列确定罪名，不实行并罚，如引诱、教唆他

---

① ［英］丹尼斯·贝克：《格兰维尔·威廉姆斯刑法学教科书Ⅱ：抗辩论编》，李立丰译，法律出版社2023年版，第1页。

② 张明楷：《刑法学（上）》（第6版），法律出版社2021年版，第421页。

人吸毒罪，引诱、欺骗他人吸毒罪。

《刑法》和《立案追诉标准（三）》均没有对引诱、教唆、欺骗他人吸毒罪设定入罪条件，故实施此类行为的一般应追究刑事责任。但引诱、教唆、欺骗有程度问题，对于言语上虽有引诱、教唆、欺骗的成分，但他人所受影响不大，主要还是其本人自行决定尝试吸毒的，不宜对行为人按照引诱、教唆、欺骗他人吸毒罪定罪处罚。[①] 2016年《毒品犯罪解释》第11条规定了引诱、教唆、欺骗他人吸毒罪"情节严重"的认定标准，即具有下列情形之一的，应当认定为《刑法》第353条第1款规定的"情节严重"：（1）引诱、教唆、欺骗多人或者多次引诱、教唆、欺骗他人吸食、注射毒品的；（2）对他人身体健康造成严重危害的；（3）导致他人实施故意杀人、故意伤害、交通肇事等犯罪行为的；（4）国家工作人员引诱、教唆、欺骗他人吸食、注射毒品的；[②]（5）其他情节严重的情形。

上述各项分别从犯罪情节、危害后果、犯罪主体等角度作出规定。其中，第2项中"对他人身体健康造成严重危害"的认定，可以参照《药品刑事案件解释》第2条的规定，即生产、销售、提供假药具有下列情形之一的，应当认定为《刑法》第141条规定的"对人体健康造成严重危害"：（1）造成轻伤或者重伤的；（2）造成轻度残疾或者中度残疾的；（3）造成器官组织损伤导致一般功能障碍或者严重功能障碍的；（4）其他对人体健康造成严重危害的情形。起草2016年《毒品犯罪解释》时参照的是最高人民法院、最高人民检察院2014年制定的《危害药品安全解释》，该解释2022年作了大幅修订，但第2条的主要内容没有变化。值得注意的是，"对他人身体健康造成严重危害"也包括引诱、教唆、欺骗他人吸食、注射毒品，导致其自伤、自残对身体健康造成严重危害的情形。行为人对上述结果的发生应属过失心态，如果

---

① 《治安管理处罚法》第73条规定，教唆、引诱、欺骗他人吸食、注射毒品的，处10日以上15日以下拘留，并处500以上2000元以下罚款。据此，并非所有引诱、教唆、欺骗他人吸毒的行为都构成犯罪，情节轻微的，可以作为行政违法处理。

② 例如，最高人民检察院2022年发布的第37批指导性案例中的郭某某欺骗他人吸毒案（检例第152号），郭某某作为国企工作人员，明知三唑仑、γ－羟丁酸为国家管制的精神药品，仍在酒水饮料中掺入含上述成分的药物，欺骗多人吸食，其行为构成欺骗他人吸毒罪，且属情节严重，被判处有期徒刑3年6个月，并处罚金人民币3000元。

是故意通过引诱、教唆、欺骗他人吸毒的手段实施伤害、杀人等犯罪，构成故意伤害罪、故意杀人罪的，应依法定罪处罚。如果引诱、教唆、欺骗他人吸毒后趁被害人意识不清另行实施伤害、杀害、强奸等行为，则属于牵连关系，一般按照后续实施的重罪定罪处罚，个别情况下也可以数罪并罚。《毒品犯罪解释》第 11 条第 3 项是指他人因吸毒致幻而实施杀人、伤害、危害公共安全、交通肇事等犯罪的情形。

强迫他人吸毒，是指采取暴力、胁迫、麻醉等违背被害人意志的方式，迫使被害人吸食、注射毒品。此类案件在实践中偶有发生，由于明显违背被害人意志，故设置的法定刑重于引诱、教唆、欺骗他人吸毒罪。因强迫他人吸毒造成被害人重伤、死亡的，应当以故意伤害罪或者故意杀人罪定罪处罚；强迫他人吸毒后实施强奸、猥亵行为的，一般应当实行数罪并罚。

办理引诱、教唆、欺骗他人吸毒和强迫他人吸毒案件，还要注意的是：（1）引诱、教唆、欺骗或者强迫他人吸毒，只要他人吸食、注射了毒品，不论是否产生毒瘾，均构成既遂。（2）致使他人吸毒成瘾的，可以认定为引诱、教唆、欺骗他人吸毒罪“情节严重”，或者作为强迫他人吸毒罪的从重处罚情节。（3）引诱、教唆、欺骗不能辨认和控制自己行为的精神病患者吸食、注射毒品的，应认定为强迫他人吸毒罪。（4）根据《刑法》第 353 条第 3 款，引诱、教唆、欺骗或者强迫未成年人吸食、注射毒品的，从重处罚。实践中此类案件并不少见。[①] 但如果引诱、教唆、欺骗的是婴幼儿，因其基本没有辨别、抵制能力，应认定为强迫吸毒罪，并从重处罚。（5）对于在火锅、麻辣烫等食物中添加少量罂粟壳以增强口感、吸引回头客的行为，鉴于罂粟壳中毒品成分含量极低，不宜以欺骗他人吸毒罪定罪处罚，可以认定为生产、销售有毒有害食品罪。[②]

---

① 例如，在最高人民法院 2022 年发布的“6 · 26”禁毒宣传典型案例中，被告人古某通过向他人宣扬吸食毒品后的感受等方法诱使、教唆他人吸食毒品，并多次提供场所容留吸毒人员及未成年人严某某、李某某吸食毒品。古某系累犯，但到案后如实供述自己的主要犯罪事实。据此，对古某以引诱、教唆他人吸毒罪和容留他人吸毒罪并罚，决定执行有期徒刑 3 年 4 个月，并处罚金 6000 元。

② 对该问题的详细分析，可参见本书“贩卖毒品罪”一章。

问 对非法提供麻醉药品、精神药品罪的认定和处理，要注意哪些问题？ 096

答：我国《刑法》没有规定一般意义上的非法提供毒品罪，故普通主体无偿向吸毒人员提供毒品的，通常不构成犯罪。非法提供麻醉药品、精神药品罪是一种由特殊主体实施的提供毒品犯罪，其犯罪构成的特殊性主要体现在：其一，行为主体是依法从事生产、运输、管理、使用麻精药品的人员，实践中主要是可以开具、使用麻精药品的医务人员。[①]其二，提供的对象是吸毒人员。这说明提供的麻精药品将被吸毒人员滥用，如果是出于治疗疾病目的向患者开药，即使存在违规情况，也不构成此罪。其三，不以牟利为目的。不牟利不是指免费提供麻精药品（从医疗机构开药都需支付正常对价），而是指提供者没有额外收取费用，是无偿提供。如果是以牟利为目的提供给吸毒人员，则构成贩卖毒品罪；如果明知对方是走私、贩卖毒品人员而提供，则构成贩卖毒品罪或者相关犯罪的共犯。[②]《2023 年毒品纪要》重申了对

---

① 在最高人民检察院 2023 年 6 月 26 日发布的依法惩治麻醉药品、精神药品失管涉毒犯罪典型案例中，被告人张某、周某是医生，另二人是护士，周某受张某指使，利用其泌尿外科医生的身份，多次向张某提供盐酸哌替啶和地佐辛；被告人赫某森、康某受张某指使，多次将盐酸哌替啶、地佐辛提供给张某使用。周某、赫某森、康某三人被认定犯非法提供麻醉药品、精神药品罪。张某因是自己滥用麻精药品，对其自行开具和指使他人开具麻精药品行为未追究刑事责任，但对其利用患者账户结算费用的行为以诈骗罪定罪处罚。这个案件的处理实际上涉及指令行为、被害人承诺等刑法理论问题，有研究价值。

② 例如，在最高人民法院 2021 年发布的“6 · 26”禁毒宣传典型案例中，被告人张某东等 12 名医务人员在各自经营的诊所内向吸毒人员出售可待因口服液，被认定为贩卖毒品罪。在最高人民法院 2023 年发布的“6 · 26”禁毒宣传典型案例中，被告人夏某欢身为戒毒医院执业医师，利用职业便利，冒用患者名义虚开处方套取盐酸丁丙诺啡舌下片，多次加价贩卖给多名吸贩毒人员牟利，犯罪情节严重，其行为构成贩卖毒品罪，被判处有期徒刑 6 年，并处罚金 12 万元。在最高人民检察院 2023 年 6 月 26 日发布的依法惩治麻醉药品、精神药品失管涉毒犯罪典型案例中，方某等多名医务人员违规将大量可待因口服液出售给贩毒人员，被认定构成贩卖毒品罪；喻某才（云南某医院外科兼神经科主任）明知涉案麻醉药品并非用于治疗疾病，仍以虚构病患的名义套出、提供给贩毒人员，最终导致涉案盐酸二氢埃托啡舌下片流入毒品市场，被以贩卖毒品罪追究刑事责任；被告人肖某锋、肖某芳、曹某作为湖南某医院美沙酮维持药物治疗中心的医生、护士，为牟取非法利益，违规将美沙酮非法提供给吸毒人员并平分获利，均被认定为贩卖毒品罪。

医务人员等特殊主体非法提供麻精药品的行为应区别情形处理，即“依法从事生产、运输、管理、使用国家规定管制的麻醉药品、精神药品的人员，实施刑法第三百五十五条规定的行为的，区分不同情形，分别以非法提供麻醉药品、精神药品罪或者贩卖毒品罪定罪处罚”。如果医务人员不明知对方是贩毒人员，以为对方获取药品是为了倒卖药品的，则不应认定为贩卖毒品罪。[①]

《刑法》对非法提供麻醉药品、精神药品罪没有设定入罪条件，《立案追诉标准（三）》对该罪的定罪标准作了规定，[②]2016年《毒品犯罪解释》结合司法实践情况，对《立案追诉标准（三）》的规定加以完善。以下从三个层面进行分析。

1. 关于非法提供麻醉药品、精神药品罪的定罪标准。2016年《毒品犯罪解释》第13条第1款规定，依法从事生产、运输、管理、使用国家管制的麻精药品的人员，违反国家规定，向吸食、注射毒品的人提供国家规定管制的能够使人形成瘾癖的麻精药品，具有下列情形之一的，应当依照《刑法》第355条第1款的规定，以非法提供麻醉药品、精神药品罪定罪处罚：（1）非法提供麻精药品达到《刑法》第347条第3款或者该解释第2条规定的数量较大标准最低值的50%，不满数量较大标准的；（2）二年内曾因非法提供麻精药品受过行政处罚的；（3）向多人或者多次非法提供麻精药品的；（4）向吸食、注射毒品的未成年人非法提供麻精药品的；（5）非法提供麻精药品造成严重后果的；（6）其他应当追究刑事责任的情形。

---

① 在此情况下，如果对该医务人员不能追究刑事责任，则就其违规、有偿提供麻精药品行为给予行政处罚。

② 《立案追诉标准（三）》第12条规定，依法从事生产、运输、管理、使用国家管制的麻醉药品、精神药品的个人或者单位，违反国家规定，向吸食、注射毒品的人员提供国家规定管制的能够使人形成瘾癖的麻醉药品、精神药品，涉嫌下列情形之一的，应予立案追诉：（1）非法提供鸦片20克以上、吗啡2克以上、度冷丁（杜冷丁）5克以上、盐酸二氢埃托啡0.2毫克以上、氯胺酮、美沙酮20克以上、三唑仑、安眠酮1千克以上、咖啡因5千克以上、氯氮卓、艾司唑仑、地西泮、溴西泮10千克以上，以及其他麻醉药品和精神药品数量较大的；（2）虽未达到上述数量标准，但非法提供麻醉药品、精神药品两次以上，数量累计达到前项规定的数量标准80%以上的；（3）因非法提供麻醉药品、精神药品被行政处罚，又非法提供麻醉药品、精神药品的；（4）向吸食、注射毒品的未成年人提供麻醉药品、精神药品的；（5）造成严重后果或者其他情节严重的。

上述第 1 项规定了非法提供麻醉药品、精神药品罪的定罪数量标准。因该罪系向吸毒人员无偿提供麻精药品，社会危害要小于贩卖毒品罪，故在设定其定罪量刑数量标准时，需要注意与贩卖毒品罪的协调、衔接问题。《立案追诉标准（三）》将该罪的定罪数量标准设定为《刑法》第 347 条中“数量较大”标准最低值的 10%，但这样一来，在少量毒品（或者麻精药品）数量相同的情况下，该罪的量刑就与走私、贩卖、运输、制造毒品罪基本相当，这便与两类犯罪的罪行严重程度不相适应。基于上述考虑，《毒品犯罪解释》将该罪的定罪数量标准上调至数量较大标准最低值的 50%。第 2 项至第 5 项规定的是该罪的定罪情节标准，即虽未达到定罪数量标准，但具有二年内曾因非法提供麻精药品受过行政处罚，向多人或者多次非法提供，向吸食、注射毒品的未成年人非法提供，造成严重后果等情形之一的，也应当定罪处罚。值得注意的是，按照第 2 项的逻辑，曾因该罪受过刑事处罚又非法提供麻精药品的，即使数量未达到第 1 项规定的标准，也应当构成非法提供麻醉药品、精神药品罪，但符合累犯条件的不能认定为累犯，以免重复评价。实践中出现这种情况的可能性极小，因为受过刑事处罚的人不太可能再从事麻精药品的生产、管理、运输、使用工作。另外，第 5 项所说造成严重后果主要是指被提供者因吸毒受伤、死亡或者肇事肇祸等情形。

2. 关于非法提供麻醉药品、精神药品罪“情节严重”的认定标准。《毒品犯罪解释》第 13 条第 2 款规定了非法提供麻醉药品、精神药品罪“情节严重”的认定标准，即具有下列情形之一的，应当认定为《刑法》第 355 条第 1 款规定的“情节严重”：（1）非法提供麻精药品达到《刑法》第 347 条第 3 款或者该解释第 2 条规定的“数量较大”标准的；（2）非法提供麻精药品达到前款第 1 项规定的数量标准，且具有前款第 3 项至第 5 项规定的情形之一的；（3）其他情节严重的情形。

《毒品犯罪解释》第 13 条第 2 款第 1 项规定了认定“情节严重”的数量标准。同样是考虑到该罪与贩卖毒品罪的量刑标准衔接问题，将该罪的“情节严重”数量标准设定为数量较大标准。这样规定，非法提供麻精药品达到数量较大标准的，处 3 年以上 7 年以下有期徒刑；走私、贩卖、运输、制造毒品达到数量较大标准的处 7 年以上有期徒刑，两个罪名的法定刑之间实现了较好衔接。《毒品犯罪解释》第 13 条第 2 款第 2 项规定了认定非法提供麻醉药品、精神药品罪"情节严重"的麻精药品"数量 + 其他情节"标准。达到前款规定的定罪数量标准，同时具有向多人或者多次非法提供，向吸食、注射毒品的未成年人非法提供，造成严重后果等情形之一的，即可认定为"情节严重"。之所以不包括前款第 2 项，是因为《刑法》规定对累犯、毒品再犯只能从重处罚，而认定为非法提供麻醉药品、精神药品罪的"情节严重"属于加重处罚，故不能将二年内曾因非法提供麻精药品受过行政处罚这一情节作为认定该罪"情节严重"的条件。

3. 其他问题。设立该罪的初衷，是防止医生、生产企业人员、医疗研究单位人员等特定人员出于牟取非法利益等动机而违规向吸毒人员提供麻精药品造成危害，[①] 实践中也很少直接适用该罪名。以往，与此类行为关系较为密切的犯罪行为多按照贩卖毒品罪等其他罪名处理。例如，医务人员为牟取非法利益，开出被管制的麻精药品尤其是复方制剂后加价向吸毒人员甚至贩毒人员出售，构成贩卖毒品罪；药品生产、销售企业违反规定销售被管制的麻精药品，被认定为非法经营罪。不过，《刑法修正案（十一）》增设了妨害药品管理罪，如何界定该罪与非法经营罪的关系目前争议较大，个人或者企业违规销售被管制麻精药品的行为如果不构成妨害药品管理罪，能否认定构成非法经营罪，还需要探索总结实践经验。

问 单位实施毒品犯罪的，有哪些情形？ 097

答：按照《刑法》规定，有三种毒品犯罪的犯罪主体包括单位：走私、贩卖、运输、制造毒品罪，非法生产、买卖、运输制毒物品、走私制毒物品罪，非法提供麻醉药品、精神药品罪。整体上看，实践中单位实施毒品犯罪的情况很少见，但确实存在此类案件，主要是药品生产或销售企业违规销售

① 参见王爱立主编：《中华人民共和国刑法释义与适用（下册）》，中国民主法制出版社 2021 年版，第 1431 页。

被管制的麻精药品触犯走私、贩卖毒品罪，或者化工企业违规生产、销售易制毒化学品触犯非法生产、买卖制毒物品、走私制毒物品罪等。

例如，发生在1992—2002年间的武汉同济药业有限公司（以下简称同济药业）等4单位及孙某民等人贩卖、运输、制造、转移毒品案，该案时间跨度长，涉及多家药品企业和众多被告人，行为类型是非法买卖正规企业生产的咖啡因。其中，同济药业先后18次向四川省乐山中西制药有限责任公司（以下简称乐山制药）购买了38,350千克咖啡因（金额达190余万元）后转售他人。一审认定同济药业和乐山制药都构成贩卖毒品罪。二审维持对同济药业的罪名，将乐山制药的销售行为改为非法经营罪。主要理由是，同济药业虽然有经营咖啡因的资质，但在没有取得许可证的情况下从乐山制药骗购大量咖啡因，改变包装后直接出售给贩毒人员，故构成贩卖毒品罪；而乐山公司作为咖啡因的合法生产企业，曾派人考察同济药业的资质，履行了一定审查义务，且证实其明知同济药业将所购咖啡因转售他人的证据不足，但其超期限、超数量违规销售咖啡因，严重扰乱市场秩序，构成非法经营罪。[①]

办理毒品犯罪案件涉及单位的，在认定是否构成单位犯罪时要十分慎重。对于个人为实施毒品违法犯罪活动而专门成立的公司实施犯罪的，或者公司成立后以实施毒品犯罪为主要活动的，都不能认定为单位犯罪；对于药品企业中的个别人冒用本单位名义实施毒品犯罪，违法所得归个人所有的，或者个人挂靠某药品企业，盗用该单位名义实施犯罪的，或者个人违规租用化工企业的生产车间非法生产制毒物品，租金归该企业少数管理人员私分

① 参见中华人民共和国最高人民法院刑事审判第一、二、三、四、五庭主办：《中国刑事审判指导案例》（第5卷）（增订第3版），法律出版社2017年版，第382–388页。另据网络报道，近期二审宣判的“武汉绝命毒师案”也涉及单位犯罪。二审法院将案件定性由毒品犯罪改为非法经营罪，主要理由是，武汉凯门公司从成立之初即开始进行药品的研发、制造、销售，2014年《精神药品品种目录》发布后，该公司制造、销售的部分药品被列为国家管制的第一类精神药品，但被告人杨某辉、张某波为了获取利润，仍继续组织生产、销售列管的精神药品。鉴于在案证据不足以证明武汉凯门公司和杨某辉等人有将国家管制的精神药品当作毒品替代物销售的主观故意，也不能证明该公司销售的精神药品流入了毒品市场，武汉凯门公司和相关人员的行为构成非法经营罪。参见王选辉：《武汉“绝命毒师案”终审宣判：撤销涉毒罪名，改判非法经营罪》，载百度官网2023年5月25日，https://baijiahao.baidu.com/s?id=1766838419215792018&wfr=spider&for=pc。

的，都不构成单位犯罪。对于依法认定构成单位犯罪的，要注意准确认定犯罪性质。当涉案的被管制麻精药品和易制毒化学品系正规企业生产且具有双重属性时，要尽力查明涉案药品和化学品的来源、去向，对没有证据证明将流入非法渠道的，不能简单以销售、运输环节存在违规情况为由直接认定为毒品犯罪或者制毒物品犯罪。对于不构成毒品犯罪但构成非法经营罪等其他犯罪的，可以依法认定。

问 对利用信息网络实施毒品违法犯罪的，如何定性？ 098

答：利用信息网络实施毒品违法犯罪活动，是随着信息网络技术的兴起而出现的新情况。实践中此类违法犯罪活动主要有三种类型：一是利用信息网络进行交易，包括贩卖毒品、买卖制毒物品、出售毒品原植物及其种子、幼苗。[①] 此类网络交易常涉及网上收付款甚至洗钱行为。二是利用信息网络传授犯罪方法，包括传授制造毒品、非法生产制毒物品、种植毒品原植物的方法。三是利用信息网络实施与吸毒有关的违法犯罪活动，包括传授吸毒方法，引诱、教唆他人吸毒，组织多人视频吸毒等。这三类行为之间有时会出现交织，如贩卖毒品者同时传授吸毒方法、组织多人进行视频吸毒，出售制毒物品的同时传授相关毒品的制造方法，出售毒品原植物种子的同时传授种植方法等。另外，近年来快速发展的快递、物流行业也成为不法分子利用的工具，形成“网络交易 + 物流寄递”的新型犯罪模式，这种模式之下交易双方不见面、人毒分离、收付款隐蔽，增加了案件侦破难度。

为应对网络违法犯罪逐步加剧问题，将防范、打击端口前移，2015 年施

---

① 例如，在最高人民法院 2022 年发布的“6·26”禁毒宣传典型案例中，被告人万某昊通过微信兜售含有合成大麻素成分的电子烟油，被认定构成贩卖毒品罪；被告人梁某立通过网络从境外购买大麻后在境内转卖，被认定构成走私、贩卖毒品罪；被告人周某伟明知艾司唑仑片、泰勒宁（氨酚羟考酮片）等系国家管制的精神药品，仍在微信、抖音、百度贴吧等网络社交平台寻找联系买家，并通过闲鱼交易平台下单结算，再通过物流方式向各地买家寄送，其行为构成贩卖、运输毒品罪。

行的《刑法修正案（九）》在《刑法》第287条之后增加了两条（第287条之一、之二），对利用信息网络实施违法犯罪活动和相关帮助行为的定性作出明确规定，其中包括涉毒违法犯罪的一些情形。这为打击利用信息网络实施贩卖毒品、传授制毒方法、引诱、教唆他人吸毒等违法犯罪行为提供了直接法律依据。在此之前，最高人民法院制定的《2015年毒品纪要》曾对利用信息网络实施毒品犯罪问题作出提示性规定。[①]2016年《毒品犯罪解释》根据《刑法修正案（九）》的上述新增条文，结合网络涉毒犯罪的实践情况，在第14条中分两款对此类行为的定性作出提示性规定。[②]《2023年毒品纪要》对上述两份司法文件的相关规定作了合并、梳理，表述上略有调整，即“利用信息网络，设立用于实施贩卖毒品，非法买卖制毒物品，引诱、教唆、欺骗他人吸毒或者传授制造毒品、非法生产制毒物品的方法等违法犯罪活动的网站、通讯群组，或者发布实施上述违法犯罪活动的信息，情节严重的，以非法利用信息网络罪定罪处罚。实施上述行为，同时构成贩卖毒品罪、非法买卖制毒物品罪、引诱、教唆、欺骗他人吸毒罪、传授犯罪方法罪等犯罪的，依照处罚较重的规定定罪处罚。利用信息网络，组织他人吸毒，构成引诱、教唆、欺骗他人吸毒罪等犯罪的，依法定罪处罚”[③]。对如何认定这里的“情节严重”,《毒品犯罪解释》和《2023年毒品纪要》都没有直接作出规定，工作中可以参照最高人民法院、最高人民检察院2019年制定的《关于办理非法利用信息网络、帮助信息网络犯罪活动等刑事案件适用法律若干问题的解

---

① 即“行为人利用信息网络贩卖毒品、在境内非法买卖用于制造毒品的原料或者配剂、传授制造毒品等犯罪的方法，构成贩卖毒品罪、非法买卖制毒物品罪、传授犯罪方法罪等犯罪的，依法定罪处罚。行为人开设网站、利用网络聊天室等组织他人共同吸毒，构成引诱、教唆、欺骗他人吸毒罪等犯罪的，依法定罪处罚”。

② 即“利用信息网络，设立用于实施传授制造毒品、非法生产制毒物品的方法，贩卖毒品，非法买卖制毒物品或者组织他人吸食、注射毒品等违法犯罪活动的网站、通讯群组，或者发布实施前述违法犯罪活动的信息，情节严重的，应当依照刑法第二百八十七条之一的规定，以非法利用信息网络罪定罪处罚。实施刑法第二百八十七条之一、第二百八十七条之二规定的行为，同时构成贩卖毒品罪、非法买卖制毒物品罪、传授犯罪方法罪等犯罪的，依照处罚较重的规定定罪处罚”。

③ 有关利用信息网络组织他人吸毒行为的定性，可参见本书“容留他人吸毒罪”一章。

释》（法释〔2019〕15号）第10条、第12条等规定。[①]

从实践情况看，办理利用信息网络实施的毒品犯罪案件，有一些值得注意的问题。有的行为人利用信息网络贩卖毒品、传授制造毒品方法、引诱他人吸毒，既可能构成非法利用信息网络罪，也同时构成贩卖毒品罪、传授犯罪方法罪、引诱他人吸毒罪等其他犯罪，按照《刑法》和相关司法解释、指导文件的上述规定，对这种情形应当依照处罚较重的规定定罪处罚。由于非法利用信息网络罪的法定刑较轻，故对此类犯罪竞合的情形多按照贩卖毒品罪等其他犯罪处理。有的情况下，即使利用信息网络发布违法犯罪信息的行为本身未达到入罪条件，但仍可能因该信息内容所涉及的行为（如贩卖毒品）而构成其他犯罪（包括预备等未完成形态）。有的情况下，行为人可能出于“博眼球”“挣流量”“恶作剧”等动机发布虚假的贩卖毒品、传授制造毒品方法等信息，如经查证发现行为人确实没有条件实施信息内容所指向的违法犯罪行为，则可考虑从宽处理（包括缓刑、免刑），甚至不追究刑事责任。当然，如果行为人发布此类虚假信息是为了诈骗他人财物，构成诈骗罪的，应当依法定罪处罚。

问 盗窃、抢夺、抢劫毒品的，如何定性？ 099

答：此类案件在司法实践中偶有发生，有的是吸毒人员或者贩毒人员之间故意为之，有的是误盗误抢。[②]对于此类行为如何处理，相关司法解释和指导文件作了一些原则性规定。例如，最高人民法院制定的《2000年毒品纪要》曾规定：“盗窃、抢劫毒品的，应当分别以盗窃罪或者抢劫罪定罪。认定

① 该司法解释第10条规定了非法利用信息网络罪“情节严重”的情形，第12条规定了帮助信息网络犯罪活动罪“情节严重”的情形。

② 另外，实践中偶有盗窃制毒物品和毒品原植物案件，由于这些物品本身并不是毒品，此类行为的危害小于盗窃毒品，故基本可按照盗窃普通财物的情形来把握定罪量刑标准。但实施了此类盗窃行为之后，又实施其他犯罪行为的（如制造毒品，非法种植毒品原植物），则可以考虑数罪并罚。

盗窃犯罪数额，可以参考当地毒品非法交易的价格。认定抢劫罪的数额，即是抢劫毒品的实际数量。盗窃、抢劫毒品后又实施其他毒品犯罪的，则以盗窃罪、抢劫罪与实施的具体毒品犯罪，依法实行数罪并罚。"《2008年毒品纪要》在此基础上作了调整，提出："盗窃、抢夺、抢劫毒品的，应当分别以盗窃罪、抢夺罪或者抢劫罪定罪，但不计犯罪数额，根据情节轻重予以定罪量刑。盗窃、抢夺、抢劫毒品后又实施其他毒品犯罪的，对盗窃罪、抢夺罪、抢劫罪和所犯的具体毒品犯罪分别定罪，依法数罪并罚。"又如，最高人民法院2005年制定的《关于审理抢劫、抢夺刑事案件适用法律若干问题的意见》（法发〔2005〕8号）规定："以毒品、假币、淫秽物品等违禁品为对象，实施抢劫的，以抢劫罪定罪；抢劫的违禁品数量作为量刑情节予以考虑。抢劫违禁品后又以违禁品实施其他犯罪的，应以抢劫罪与具体实施的其他犯罪实行数罪并罚。"根据上述规定，对盗窃、抢夺、抢劫毒品行为的定性，可以从两个层面来具体分析。

1. 盗窃、抢夺、抢劫毒品的，应当先对盗窃、抢夺、抢劫行为本身进行评价。这里又包括两个方面的问题。

（1）盗窃、抢夺、抢劫毒品的，是否不论数量多少一律构成相应犯罪？在这个问题上，相关司法解释和指导文件之间存在一定矛盾。按照上述会议纪要等指导文件，似乎只要盗抢了毒品，不论数量多少，都构成犯罪。但最高人民法院1998年制定的《关于审理盗窃案件具体应用法律若干问题的解释》（以下简称《1998年盗窃解释》）第5条曾规定：盗窃违禁品，按盗窃罪处理的，不计数额，根据情节轻重量刑。2013年实施的最高人民法院、最高人民检察院《关于办理盗窃刑事案件适用法律若干问题的解释》（以下简称《2013年盗窃解释》）基本延续了该规定：盗窃毒品等违禁品，应当按照盗窃罪处理的，根据情节轻重量刑。《2023年毒品纪要》也规定："盗窃、抢夺或者抢劫毒品，构成盗窃罪、抢夺罪或者抢劫罪的，根据情节轻重依法量刑。"[①] 据此，又似乎并非所有盗抢毒品的行为都构成犯罪。之所以出现这种

① 《2023年毒品纪要》的这一表述，与《2008年毒品纪要》的相关表述相比，增加了弹性，应该是受到《2013年盗窃解释》的影响。

看似矛盾的情况，主要是因为实践中盗抢毒品类案件的数量总体上较少，上述司法解释和指导文件的规定都只是原则性、粗线条的。本书认为，考虑实践情况的复杂性，尚不宜认为盗抢毒品的行为一律构成犯罪。具体而言，对于抢劫毒品的，由于抢劫罪没有以数额作为入罪条件，故此类行为原则上都构成抢劫罪。但对于盗窃罪、抢夺罪，通常要求有“数额较大”作为入罪条件，[①] 根据相关司法解释，盗窃罪和抢夺罪“数额较大”的标准都是 1000~3000 元以上。鉴于毒品的严重危害性和国家对毒品严格管制的情况，对于盗窃、抢夺毒品的，即使所盗抢毒品的黑市价格尚未达到“数额较大”标准，也可以视情定罪处罚。但如果盗窃、抢夺毒品的情节很轻，如熟识的吸毒人员之间盗窃、抢夺价值不大的少量毒品用于自吸，则可以不追究刑事责任。

（2）对此类犯罪量刑时是否要考虑犯罪数额？《2008 年毒品纪要》之所以规定不计犯罪数额，是因为《2000 年毒品纪要》的上述规定与《1998 年盗窃解释》第 5 条的规定之间存在一定矛盾。毒品是违禁品，不存在合法交易，故不宜在正式司法文件中确认其价格问题。但盗窃罪、抢夺罪和抢劫罪都是侵犯财产的犯罪，盗抢财物的数额原本就是定罪量刑的重要根据，故处理此类案件完全不考虑被盗抢毒品的价值也不现实。相关司法解释和《2023 年毒品纪要》规定对此类行为“根据情节轻重量刑”，而毒品的价值是重要情节，自然应适当考虑。实际上，量刑时首先要考虑的仍是被盗抢毒品的种类、数量和非法价格，同时也要考虑行为人盗抢毒品的原因、目的（自吸或者贩卖）和手段，盗抢者与被盗抢者的关系，盗抢者是否吸贩毒人员、是否有犯罪前科，盗窃毒品是否造成其他后果等诸多情节。[②]

2. 盗抢毒品的后续行为是否构成其他毒品犯罪，视具体情形而定。如果盗窃、抢夺、抢劫的是普通财物（如汽车、电脑、手机等），盗抢之后的占

---

① 根据《刑法》第 264 条，对于多次盗窃、入户盗窃、携带凶器盗窃、扒窃的，不要求“数额较大”作为盗窃罪的入罪条件。根据《刑法》第 267 条，对于多次抢夺的，也不以“数额较大”作为抢夺罪的入罪条件。

② 例如，在薛某军等人盗窃案中，被告人薛某军等 5 人盗窃 MDA 片剂（一种“摇头丸”）4 万余片，共计 10 余千克，被认定为盗窃数额特别巨大，判处相应刑罚。薛某军因有自首情节，上诉后二审对其减轻处罚。参见中华人民共和国最高人民法院刑事审判第一、二、三、四、五庭主办：《中国刑事审判指导案例》（第 4 卷）（增订第 3 版），法律出版社 2017 年版，第 234–237 页。

有、销赃行为通常认为属于“不可罚的事后行为”，不另行定罪。[①]但毒品是违禁品，不允许非法持有，行为人明知是毒品而盗抢的，多出于贩卖目的，即使尚未实施贩卖行为，也处于非法持有毒品状态，而《刑法》专门规定了非法持有毒品罪这一兜底罪名，故盗抢毒品后的持有状态可能又构成非法持有毒品罪。[②]在这个问题上,《2023年毒品纪要》延续了以往会议纪要的规定，提出:“盗窃、抢夺或者抢劫毒品后实施贩卖毒品等毒品犯罪的，依法数罪并罚。”据此，对此类情形原则上予以数罪并罚。具体而言，可区分不同情况处理。

（1）如果行为人盗窃、抢夺、抢劫毒品构成犯罪后，又实施走私、贩卖、运输毒品行为，由于明显存在前后两个犯罪阶段和行为，后行为与前行为侵犯的是不同法益，且后行为难以被前行为吸收或者合并评价，故可以另定走私、贩卖、运输毒品罪，并与所犯盗窃罪、抢夺罪或者抢劫罪并罚。

（2）如果行为人出于贩卖毒品的目的盗窃、抢夺、抢劫毒品后，尚未实施贩卖毒品行为就被查获，不应认定其构成贩卖毒品罪。通常情况下，为贩卖毒品而买到毒品就构成贩卖毒品罪，这是把“购买”理解为“贩卖”的一部分，但对于为贩卖而盗抢毒品的，盗抢行为已经单独构成犯罪，而贩卖毒品行为尚未开始实施，故不能另行认定构成贩卖毒品罪。并且，这种情况下，盗抢毒品后的非法持有毒品是一种自然状态，属于不可罚的事后行为，也不应另行认定为非法持有毒品罪。

（3）如果行为人盗抢毒品是为了自己吸食，且该行为已构成相应犯罪的，其后续非法持有毒品的状态可以为前面的盗抢犯罪所吸收，无须另行定罪。但如果盗窃的毒品数量较大，行为人在一段时期内持有的毒品数量达到定罪标准的，也可以另行认定为非法持有毒品罪。

（4）如果行为人出于获取普通财物的目的进行盗窃、抢夺或者抢劫，事

---

① 《刑法修正案（十一）》施行后，对于上游犯罪不属于《刑法》第191条规定的7种犯罪，犯罪嫌疑人、被告人自己实施的掩饰、隐瞒犯罪所得及收益的行为（“自洗钱”行为）能否按照第312条追究刑事责任，目前争议很大，尚无定论。

② 有的学者认为，这种情况下不应另定非法持有毒品罪。参见张明楷:《刑法学（下）》(第6版)，法律出版社2021年版，第1520页。

后发现所盗抢的是毒品仍继续非法持有，鉴于非法持有毒品是在新的犯意支配下所实施的新行为，故可以另行评价。如果毒品数量达到非法持有毒品罪的定罪标准（海洛因 10 克以上或者其他数量相当的毒品），可以以非法持有毒品罪定罪处罚，并与所犯盗窃罪、抢夺罪或者抢劫罪并罚。如果盗抢的毒品数量很少，没有达到非法持有毒品罪的定罪标准，则只定盗窃罪、抢夺罪或者抢劫罪（有的情况下可能也不构成盗抢类犯罪）。

（5）如果行为人明知是毒品而盗窃、抢夺或者抢劫但未遂的，可以区别情况决定是否定罪处罚。对于抢劫毒品的未遂犯，一般可以追究刑事责任。对于抢夺毒品的未遂犯，如果目标毒品数量大，或者具有其他严重情节，可以追究刑事责任。对于盗窃毒品的未遂犯，少数情况下可以追究刑事责任。《2013 年盗窃解释》第 12 条规定，盗窃未遂，但以数额巨大的财物为盗窃目标或者具有其他情节严重的，应当追究刑事责任。据此，如果行为人明知某处藏有大量毒品而盗窃未遂，或者试图盗窃的毒品数量不很大，但具有其他严重情节的（如盗窃行为对公安机关正在布控的案件“打草惊蛇”，导致毒贩转移毒品或者外逃，严重影响后续侦查工作），可以追究盗窃毒品犯罪未遂的刑事责任。

第十一章

毒品犯罪的既遂与未完成形态

「本章导读」

毒品犯罪的未完成形态，是毒品犯罪司法领域的特殊问题，不仅相关司法解释和指导文件较少涉及，实践中认定的案件也相对较少。但毒品犯罪的未完成形态客观存在，在从严惩处毒品犯罪的刑事政策之下如何合理认定此类犯罪的未完成形态，有很强的理论和现实意义。走私、贩卖、运输、制造毒品罪是毒品犯罪中的主要罪名，也是分析、认定未完成形态的重点。制毒物品犯罪也包括四种行为类型，本章一并分析该罪的未完成形态。本章介绍的相关问题还有：毒品犯罪未遂的从宽处罚标准，部分既遂部分未遂的情形如何处理，毒品犯罪中止、预备的认定。[①]

① 非法持有毒品罪的未遂问题，可参见本书“非法持有毒品罪”一章。对其他较为少见的毒品犯罪的未完成形态（如窝藏毒品罪、引诱他人吸毒罪、容留他人吸毒罪等），本书不作专门分析。

问 如何理解毒品犯罪既遂与未完成形态认定的特殊性？ 100

答：在不少司法人员观念中，毒品犯罪很少有未完成形态，甚至认为可以不区分既遂和未遂。在这种观念之下，毒品犯罪的既遂时点被提前、较少认定未完成形态，成为司法实务中普遍认可和接受的做法。最典型的是贩卖毒品罪，当行为人为贩卖毒品而买到毒品时，就认为构成贩卖毒品罪的既遂。

对于司法实务中将毒品犯罪既遂时点提前的做法，需要辩证看待。毒品犯罪的隐蔽性很强，一旦毒品流入社会，就很难查获，侦查工作的普遍做法是事先布控、人毒并获，故对毒品犯罪既遂形态的认定，应当充分考虑毒品犯罪的复杂性和特殊性。同时，近年来我国毒品犯罪形势总体上向好发展，但仍不容乐观，[①]刑事政策上历来强调从严惩处，如果对“人毒并获”案件因当场查获毒品而普遍认定为犯罪未遂并从宽处罚，不利于发挥刑罚的威慑作用。这可以说是刑事政策对形成法律规则的直接影响，正如国外学者所说：“刑事政策给予我们评价现行法律的标准，它向我们阐明应当适用的法律，它也教导我们从它的目的出发理解现行法律，并按照它的目的具体适用法律。”[②]上述两点可以说是实践中对毒品犯罪的未完成形态认定采取特殊做法的主要理由。可见，从现实情况出发，确实需要充分考虑毒品犯罪本身及侦破工作的特点，慎重对待毒品犯罪未完成形态的认定，有些案件在经过深入分析、对比论证后，“具体判定时如产生争议、把握不准的，应按照从严打击犯罪的要求，认定为既遂”[③]。

但也要看到，尽管毒品犯罪整体上危害严重，对毒品犯罪应当坚持从严惩处的刑事政策，但毒品犯罪同样有罪行轻重之分（且轻罪占多数），同

① 三年抗击新冠疫情（2020—2022年）对遏制毒品犯罪也起到了重要作用，但随着社会面管控措施取消、社会生产生活逐步恢复正常，毒品犯罪形势有可能重新加剧。

② ［德］弗兰茨·冯·李斯特：《德国刑法教科书》，徐久生译，法律出版社2000年版，第2页。

③ 张军：《在全国部分法院审理毒品犯罪案件工作座谈会上的讲话（节录）》，载中华人民共和国最高人民法院刑事审判第一、二、三、四、五庭主办：《中国刑事审判指导案例》（第5卷）（增订第3版），法律出版社2017年版，第1077页。

样有复杂的行为样态，即使将毒品犯罪的既遂时点提前，仍然存在一些较为典型的犯罪未完成形态。例如，准备将毒品走私出境的，刚携带毒品离开暂住处即被查获；为了贩卖而购买毒品，但尚未买到即被查获；准备通过快递运输毒品的，交寄时就被快递公司人员发现并报警；制造毒品的，尚未制造出半成品即被查获；非法生产制毒物品的，尚未生产出来就被查获；引诱他人吸毒的，经多次引诱，对方仍拒绝尝试；等等。对这些较为典型的未完成形态，如果为了体现从严惩处的刑事政策而不予认定，看似严格执行刑事政策，实则导致《刑法》关于犯罪未完成形态的规定在司法工作中被虚化，造成刑事政策与刑法文本之间的关系失去平衡甚至过度紧张，既影响《刑法》的实施效果，也使司法机关承担了过重的职能负荷，不利于维护司法公信力。[①] 因此，为体现罪刑相称、罚当其罪，对于实践中出现的极为典型的未遂案件，应当按照犯罪未遂来处罚。这既无损于整体上坚持对毒品犯罪的从严惩处，又能贯彻《刑法》的相关规定，是符合实事求是指导思想的“双赢”之举。[②]

目前，只有《2008 年毒品纪要》曾对制造毒品罪的既未遂问题作了初步规定，《2023 年毒品纪要》延续了其中部分规定，还没有司法解释或者指导文件对走私、贩卖、运输毒品罪的既未遂问题作出系统规定。对此，需要深入总结实践经验后，结合刑法理论，提出总体从严但严之有度、言之成理的指导意见。[③]

---

① 对毒品犯罪未完成形态的认定，实际上涉及如何看待、界定刑事政策与刑法规范（或者刑法体系）之间的关系这一重大理论问题。对此，我国刑法学者近年来作了不少深入研究，形成了一批很有价值的学术成果。感兴趣的读者可以查阅这方面的资料。

② 实际上，将毒品犯罪的既遂标准提前，会导致法律适用上出现自相矛盾的地方。例如，行为人为贩卖毒品而买入毒品的就是犯罪既遂，那么，在已经既遂后的出售毒品阶段有的人才介入提供送毒品、收款等帮助行为的如何定性？显然，通常会认为这是共同犯罪，但既遂后才介入提供帮助的为何还能认定为共同犯罪，理由如何论证？事实上，如果按照刑法理论，毒品卖出后才是既遂，则对后期介入提供帮助者认定为共同犯罪，逻辑上就十分顺畅。如果要维护毒品犯罪的特殊既遂标准，只能对此类帮助行为也作特殊处理，“硬性”认定为共同犯罪。

③ 《2023 年毒品纪要》作为毒品犯罪司法领域的最新指导文件，仍没有对毒品犯罪的未完成形态作出系统规定。

问 如何认定走私毒品罪的既遂与未遂？ 101

答：走私毒品有多种行为类型，从不同角度可作多种分类，如走私出境、走私入境，通关走私、绕关走私，携带式走私、邮寄式走私、集装箱夹藏式走私，陆路走私、水路走私、航空走私，等等。对走私毒品罪的既未遂认定问题，理论上一直有争议，实践中也存在不同认识和做法。最高人民法院、最高人民检察院2014年制定的《走私刑事案件解释》第23条对走私罪的既遂标准作了规定，即实施走私犯罪，具有下列情形之一的，应当认定为犯罪既遂：（1）在海关监管现场被查获的；（2）以虚假申报方式走私，申报行为实施完毕的；（3）以保税货物或者特定减税、免税进口的货物、物品为对象走私，在境内销售的，或者申请核销行为实施完毕的。这对统一司法实务的做法起到了较好的规范作用，其中，前两项对走私毒品罪既未遂的认定也有一定参考作用。[①]但由于实践情况的复杂性，在一些具体问题上仍然存在认定的难点和意见分歧。这里结合司法实践对走私毒品罪的既未遂问题，从不同角度作初步分析。

1. 通关走私。即通过设立海关的地点进出国（边）境，但采取隐匿、伪装、假报等欺骗手段将毒品运输、携带、邮寄进出境的行为。参照《走私刑事案件解释》的上述规定，对于采用通关方式走私毒品的，一般以是否申报完毕作为区分既未遂形态的标准，虚假申报行为实施完毕被查获的应当认定为犯罪既遂，虚假申报行为尚未实施完毕就被查获的，可以认定为走私毒品未遂。如果采取无申报通关的方式走私毒品，在海关监管现场被查获的，应当认定为走私毒品罪既遂。[②]值得注意的是，海关监管现场不同于海

---

① 该司法解释第23条第3项不适用于走私毒品罪，且前两项只涉及通关走私。

② 例如，巴某姆、木某某扎二人采取箱包藏毒方式准备走私毒品出境，未向海关申报任何物品，巴某姆在出境安检时被查获，木某某扎在候机处被查获，均属犯罪既遂。参见中华人民共和国最高人民法院刑事审判第一、二、三、四、五庭主办：《刑事审判参考》（总第96集），法律出版社2014年版，第105-110页。但该案在处理上的主要问题是主观明知的认定，详见本书“走私毒品罪”一章。

关监管区，前者的范围比后者更大，使用前者认定犯罪既遂，对打击走私犯罪有利。[①]

另外，邮寄型走私毒品作为通关走私中的一种特殊类型，其既遂标准有所不同。《邮政法》第25条规定，邮政企业应当依法建立并执行邮件收寄验视制度。[②]第26条规定："邮政企业发现邮件内夹带禁止寄递或者限制寄递的物品的，应当按照国家有关规定处理。进出境邮件中夹带国家禁止进出境或者限制进出境的物品的，由海关依法处理。"根据《海关法》第48条，进出境邮袋的装卸、转运和过境，应当接受海关监管；邮政企业应当向海关递交邮件路单，并应当将开拆及封发国际邮袋的时间事先通知海关，海关应当按时派员到场监管查验。从这些规定可以看出，通过邮寄方式走私的，办理交寄手续时首先要接受邮政企业的检查，此后还要接受海关的查验。如果邮政企业没有发现邮件中夹藏了毒品，海关人员的抽检也没有发现，则邮件将必然寄递出境。鉴于海关的查验多采取抽检方式，故邮政企业的"首检"十分重要。同时，对于走私者而言，其在毒品交寄后就完成了自己能够支配的所有行为，后续是否被查获不取决于其个人意志。故而，在犯罪既遂的认定标准上采取"交寄完成说"比"越过国境说"更为合理并具有现实操作性。据此标准，行为人在邮政部门办理完毕邮寄手续后被查获的，一般可以认定为走私毒品罪既遂；如果在交寄过程中被邮政人员发现，或者在交寄途中被事

① 根据《海关法》第100条，海关监管区是指设立海关的港口、车站、机场、国界孔道、国际邮件互换局（交换站）和其他有海关监管业务的场所，以及虽未设立海关，但是经国务院批准的进出境地点。根据《海关法》第6条，对海关可以行使执法权的4个场所都可以理解为海关监管现场：（1）海关监管区；（2）海关附近沿海沿边规定地区，具体范围由海关总署和国务院公安部门会同有关省级人民政府确定；（3）在海关监管区和海关附近沿海沿边规定地区以外，海关有权调查的涉嫌走私的运输工具和除公民住处以外的涉嫌藏匿走私货物、物品的场所；（4）进出境运输工具或者个人违抗海关监管逃逸的，海关可以连续追至海关监管区和海关附近沿海沿边规定地区以外，将其带回处理。

② 《邮政法》第25条的原文是："邮政企业应当依法建立并执行邮件收寄验视制度。对用户交寄的信件，必要时邮政企业可以要求用户开拆，进行验视，但不得检查信件内容。用户拒绝开拆的，邮政企业不予收寄。对信件以外的邮件，邮政企业收寄时应当当场验视内件。用户拒绝验视的，邮政企业不予收寄。"

先布控的侦查人员抓获，则属于走私毒品罪未遂。[①] 对于通过邮寄方式走私毒品入境的案件，被海关检查时发现的，虽然此时邮件尚未到达收件人手中，仍可以认定为犯罪既遂。实践中，侦查机关往往待收件人前来取件时抓捕，人赃并获，此时属于犯罪既遂。[②]

2. 绕关走私。即未经国务院或其授权部门批准，不经过设立海关的地点，非法运输、携带国家禁止或限制进出境的货物、物品以及应当依法缴纳关税的货物、物品进出国（边）境的行为。绕关走私的，行为人的目的就是逃避海关监管，一般应以是否跨越国（边）境作为区分既未遂形态的标准。（1）就走私入境而言，行为人携带、运输毒品刚进入国（边）境即被查获的，应当认定为走私毒品罪既遂。其中，对于通过海路走私入境的，当行为人携带、运输毒品进入我国领海（尚未登陆）时，便可认定为既遂。至于后续如何过驳，是走私既遂后实现走私目的的具体方式，不影响犯罪既遂的成立。不过，毗连区不属于领海，对在毗连区查获的走私毒品案件，应当认定为犯罪未遂。（2）就走私出境而言，行为人携带、运输毒品尚未出境即被查获的，宜认定为走私毒品罪未遂。但即使认定为未遂，是否从宽处罚以及从宽的幅度可根据案件具体情况而定。[③] 其中，对于通过海路走私出境的，当行为人携带、运输毒品离开陆地进入领海时就已构成走私毒品罪既遂。

3. 间接走私。《刑法》第 155 条规定了两类涉及毒品的间接走私行为：（1）直接向走私人非法收购国家禁止进口物品的；（2）在内海、领海、界河、界湖运输、收购、贩卖国家禁止进出口物品的。《走私刑事案件解释》

---

① 客观地看，以“交寄完成说”作为认定邮寄型走私毒品出境行为的既遂标准偏于严厉，对此类案件在量刑时可酌情从宽处理，涉及死刑适用的一般应留有余地。

② 如圣某走私毒品入境案，详见本书“走私毒品罪”一章。

③ 有意见认为，对走私出境的，只要在海关监管区（主要是海关附近沿海沿边规定地区）被查获，就属于犯罪既遂。如果以国边境为标准认定走私出境的既未遂，因一国的执法权不能延伸到境外，要么对走私出境的行为无法查实，要么对于境内查获的案件只能认定为犯罪未遂，有违法律惩处犯罪既遂为常态的立法初衷。参见陈鹿林：《走私犯罪司法认定》，法律出版社 2023 年版，第 173 页。这种意见有一定道理，值得慎重对待。走私出境刑事案件确实有其特殊性，但对走私出境行为作为犯罪处理与认定为犯罪未遂之间并不矛盾，也未必对认定为犯罪未遂的情形都要从宽处理。

第 20 条规定，直接向走私人非法收购走私进口的货物、物品，在内海、领海、界河、界湖运输、收购、贩卖国家禁止进出口的物品，或者没有合法证明，在内海、领海、界河、界湖运输、收购、贩卖国家限制进出口的货物、物品，构成犯罪的，应当按照走私货物、物品的种类，分别依照《刑法》第 151~153 条、第 347 条、第 350 条的规定定罪处罚。上述涉及毒品的间接走私情形实际上是买卖毒品，其中一部分具有赃物犯罪性质，因与走私行为存在某种关联，被立法拟制为走私毒品罪。①

就第一种间接走私（直接向走私人收购毒品）而言，对于收购方，应当以在境内买到毒品作为走私毒品罪既遂的时点，准备购买而未买到的，一般认定为犯罪未遂（也有犯罪预备的情况）；对于贩卖方，只要其将毒品运输、携带至我国国（边）境线之内的，就可以认定为走私毒品罪既遂。

就第二种间接走私（在内海、领海、界河、界湖运输、收购、贩卖毒品）而言，又有必要区分在内海、领海和在界河、界湖两种情形进行分析认定。② 其一，在内海、领海进行交易。因买卖双方都已在我国境内，以是否交付毒品作为既未遂的认定标准较为合理。卖方属于持毒待售，可以认定是走私、贩卖毒品罪既遂。买方拿到毒品的，是走私毒品罪既遂；没有拿到毒品时被查获的，原则上是走私毒品罪未遂。其二，在界河、界湖进行交易。如果是走私毒品入境，对于贩卖方，以越过国（边）境线作为认定走私犯罪既遂的时点；对于收购方，以买到毒品并回到国（边）境线之内作为认定走私毒品罪既遂的时点。如果是走私毒品出境，对于贩卖方，以跨越国（边）境线或者在境内向收购方交付毒品作为走私毒品罪既遂的时点；对于收购方，以拿到毒品作为犯罪既遂的时点。

---

① 间接走私行为中的收购型走私，实际上是以往的赃物犯罪即知赃买赃行为。如果按照赃物犯罪定性，多适用《刑法》第 312 条之规定（掩饰、隐瞒犯罪所得、犯罪所得收益罪），法定最高刑为 7 年徒刑，但按照走私毒品罪处理，则多面临重刑甚至死刑。即使不是涉毒品案件，因走私犯罪中不少罪名所配置的法定刑很高，其处理结果也会很重，由此造成一种"倒挂"现象：间接走私犯罪很可能比上游犯罪处理更重。这种做法是否合理，值得研究。

② 《刑法》第 155 条中的界河、界湖，是 2002 年施行的《刑法修正案（四）》新增的内容。

问 如何认定贩卖毒品罪的既遂与未遂？ 102

答：贩卖毒品罪是司法实践中最为常见的毒品犯罪类型，其既未遂标准问题受到的关注最多，争议也最大。

1. 相关理论观点

在刑法理论上，关于贩卖毒品罪既遂与未遂的标准，主要有以下观点：（1）契约说。该说认为贩卖毒品的双方当事人就毒品交易事项达成一致时即构成贩卖毒品罪的既遂，而不管毒品是否实际交付。（2）毒品交易说。该说强调应以毒品是否进入交易环节作为区分贩卖毒品罪既遂和未遂的标准，至于是否实际成交、是否获利，不影响贩卖毒品罪既遂的成立。（3）毒品买入或卖出说。该说认为只要实施了低价购买和高价售出行为之一的，就是既遂，无须卖出获利。（4）毒品交付说。该说认为应以毒品是否实际交付作为认定犯罪既遂的标准。即使已经支付购毒款，只要尚未实际交付毒品，就不是既遂；即使交易款尚未支付，只要毒品已交付也构成既遂。[①]（5）毒品转移说。该说认为贩卖毒品罪应以毒品实际上被转移给买方为既遂，在毒品未转移之前，即使买卖双方已达成转让协议或者已先行获取经济利益，也不能认定为贩卖毒品罪既遂。行为人以贩卖为目的购买了毒品但未能出售给他人的，可认定为贩卖毒品的预备行为。[②]

从贩卖毒品罪的行为类型来看，“贩卖”的语义重心在“卖出”而不是购买，故以毒品卖出作为认定犯罪既遂的标准原本是较为合理的。在这个意义上，毒品交付说和毒品转移说都有较为突出的合理性，但与长期以来司法实践的做法差异较大。契约说在认定既遂的时点上过于提前，有的案件中达成交易契约时卖方甚至都还没有买入毒品。毒品交易说在司法实务中得到很多体现，但也可能存在时点过于提前的问题，因为即使进入交易环节也可能因价格、毒品质量等问题未必能够最终成交。毒品买入或者卖出说基本符合

① 前4种观点可参见彭凤莲编著：《毒品犯罪专题整理》，中国人民公安大学出版社2007年版，第45页。

② 参见张明楷：《刑法学（下）》（第6版），法律出版社2021年版，第1514页。

司法文件的相关规定和实践做法，本书原则上赞成这一标准，但在很多具体情形中需要进一步明确如何认定“买入”毒品的标准。

2. 司法实务的认定标准

最高人民法院1994年制定的《关于禁毒决定的解释》规定，贩卖毒品是指明知是毒品而非法销售或者以贩卖为目的而非法收买毒品的行为。该解释出台后，这一定义不仅成为司法实务中认定贩卖毒品罪成立的标准，也成为认定犯罪既遂的标准，即为贩卖毒品而购买到毒品的，就是犯罪既遂。尽管这一做法因将既遂标准大为提前而不符合刑法理论对贩卖毒品罪既遂标准的教义学分析，[①]但充分考虑了毒品犯罪的特殊性，有其现实合理性，有利于打击毒品犯罪，而如果以交付或者转移毒品为既遂标准，则毒品犯罪案件中认定为犯罪未遂的比例将会很高。

本部分立足于司法实务的做法来分析贩卖毒品罪的既遂标准。为贩卖而购买到毒品就是既遂，这一标准在很多案件中较为清晰，认定犯罪既遂没有困难。但是，司法实践中的情况较为复杂，不少情形下能否认定行为人“买到”了毒品，存在很大争议。例如，双方约定当面交易，在宾馆房间“验货”过程中被抓获的，买方是否属于“买到”毒品？上家驾车送货给下家，刚到达下家所在城市或者小区就被抓获的，下家是否“买到”毒品？上家将毒品寄递给下家，下家到快递点准备取包裹时被抓获的，是否认定为“买到”毒品？等等。对这些尚未实际拿到毒品的情形，如果认定为已经买到毒品，就是犯罪既遂；如果认定是尚未买到毒品，就不应认定为犯罪既遂。在这个问题上，既不能以侦查人员的抓捕是外在介入因素而都认定为犯罪既遂，也不能以行为人客观上尚未实际拿到毒品而都认定为犯罪未遂。

鉴于以买到毒品作为认定贩卖毒品罪的既遂标准已经是一种将既遂时点明显提前的做法，是司法实务中对毒品犯罪的特殊考虑，故在“买到”毒品的认定上不宜再度提前。“买到”毒品通常是指行为人已经实际拿到所购买的

---

① 例如，有学者提出：“无论是贩卖的日常含义还是其规范含义，抑或从比较法出发，以贩卖为目的而买入毒品的行为都不构成贩卖毒品罪的实行行为，故对此不得以贩卖毒品罪既遂论处。无论从哪个角度看，买入即既遂说都难以成立。”参见李立众：《贩卖毒品罪中“买入毒品即既遂说”之反思》，载《华东政法大学学报》2020年第1期。

毒品，能够物理性占有、控制该毒品。例如，由购毒者的亲友或者其指定的其他人代为接收寄递的毒品，属于“买到”毒品；在购毒者委托他人前往外地购买毒品的情况下，受托者拿到毒品就是购毒者“买到”了毒品。例外情况下，行为人即将拿到所购买的毒品，只是因侦查人员及时或者提前抓捕而未实际拿到的，也可以视为“买到”毒品，认定为既遂。但对这种尚未实际拿到毒品而视为“买到”的情形，认定标准要严格，应当是时间上“迫在眉睫”、空间上“近在咫尺”。换句话说，从生活经验出发，只要没有侦查人员进行抓捕，行为人就能在很短时间内迅速拿到所购买的毒品。[①]

3. 可以认定为犯罪既遂的情形

经总结近年来实践中各种案件情况，尤其按照以贩卖为目的“买入便是既遂”的实务观点，本书初步认为，对下列情形可以认定为贩卖毒品罪既遂：（1）双方在毒品交易现场被抓获的，尤其是已经验货，商谈好价格、数量，正准备交付毒品的情形，对持有毒品的卖方无疑应当认定为犯罪既遂，而对买方一般也可认定为犯罪既遂，因为这种情形下买方即将或者正在取得对所购毒品的占有，只是因为侦查人员的及时抓捕而未能实际拿到毒品。[②]当然，如果确有证据证明毒品质量有问题，买方发现真实情况后会放弃购买或者退货，则仍有认定为犯罪未遂的余地。[③]（2）买方同卖方联系好购买毒品的数量、价格后，卖方驾车从外地送毒品到买方所在城市，双方见面时即被

① 抓捕时点是影响犯罪形态的介入因素，也是重要因素，包括毒品案件在内的很多刑事案件都会因为侦查人员的及时或提前抓捕而影响犯罪形态。例如，侦查人员及时赶到，制止了正在发生的杀人、绑架、抢劫、盗窃、诈骗等行为，导致这些犯罪处于未遂状态。

② 例如，在唐某新、蔡某兵贩卖毒品案中，被告人蔡某兵从天津前往湖南购买毒品，蔡某兵对彭某根从广东带来的冰毒进行验货、称重并议定了价格，在准备前往住处取购毒款时被提前“收网”的公安人员抓获。对上家认定为犯罪既遂没有争议，但对作为买家的蔡某兵是否构成犯罪既遂，争议较大。应当说，考虑蔡某兵尚未实际拿到毒品且未付款，认定为犯罪未遂是有理由的，但法院考虑该交易原本必然完成，只是因公安机关提前“收网”导致未完成毒品交付，故仍认定为犯罪既遂。参见中华人民共和国最高人民法院刑事审判第一、二、三、四、五庭主办：《刑事审判参考》（总第117集），法律出版社2018年版，第49–56页。该案对买家认定为犯罪既遂，基本到了“买入说”标准的极限。

③ 发生这种情况的概率很低，但有可能出现，比如，上家用来验货的毒品样品质量较好，但实际贩卖的毒品质量很差。

抓获的，对卖方应当认定为犯罪既遂；对买方，即使其尚未拿到毒品，鉴于其即将拿到毒品，一般也可以认定为既遂。如果双方见面后还需要验货，商谈价格、数量，交易能否完成具有不确定性的，对买方可以考虑认定为犯罪未遂。（3）下家与上家约定通过物流、快递方式交付毒品，但运输途中被发现，公安机关对毒品流转情况进行监控，并在买方到物流点取货时将其抓获，此时买方尚未拿到毒品，但因其即将拿到毒品，仍可以认定为贩卖毒品罪既遂。即使买方还没有支付购毒款，约定待毒品售出后再支付的，这时也是犯罪既遂。（4）行为人因贩卖毒品被当场查获，另从其住所、车辆等处查获部分未及售出的毒品的，全案应认定为贩卖毒品既遂，量刑时可以酌情考虑从其住所等处查获的毒品尚未售出的情节。①（5）对于非通过购买方式取得的毒品（如他人赠与，祖辈留存等），不适用“买入说”作为认定既遂的标准。行为人产生贩卖毒品意图后，与他人约定进行交易的，即使尚未进入交付环节便被查获，也可以认定为犯罪既遂。因为此时其行为性质已经发生变化，从原来的非法持有毒品（有定罪数量条件）转为贩卖毒品，而对于持毒待售的，可以认定为犯罪既遂。如果行为人产生贩卖意图后尚没有与他人联系交易，是被人举报持有毒品后向公安人员供称自己有贩卖意图的，因其毒品不是购买取得，且贩卖意图尚未外化为客观行为，故不宜认定为贩卖毒品罪，数量较大以上的可以认定为非法持有毒品罪。

4. 可以认定为犯罪未遂的情形

经总结司法实践，对下列情形，可以认定为犯罪未遂：（1）买卖双方约定至交易地点当面验货、付款，买方在前往交易地点途中即被查获的，对买方通常可以认定为贩卖毒品罪未遂。这种情况与在交易现场被抓获不同，买方距“买到”毒品尚有距离，也未验货，是否能成交尚有不确定性。（2）对于已经支付购毒款，但因上家被抓获等原因而没有拿到毒品的下家（特别是上家自己还没有拿到毒品的），应当认定为犯罪未遂。有意见认为，对事先支付了购毒款的可以认定为犯罪既遂，这实际上是混同了支付购毒款与交付

---

① 以往，有的地方对这种情形认定为贩卖毒品罪和非法持有毒品罪两罪，或者认为不在交易现场查获的其他毒品属于犯罪未遂，这是不妥当的做法，故《2015 年毒品纪要》提出，对这种情形通常只认定为贩卖毒品罪一罪，并且全案都是犯罪既遂。《2023 年毒品纪要》延续了该规定。

毒品对认定犯罪形态的意义。事先支付购毒款只是一种支付方式，体现了一定的人身信任关系，但不能成为认定犯罪既遂的标准。即使约定事后付款，买方拿到毒品就是犯罪既遂。（3）将假毒品误认为真毒品而贩卖的，对卖方可以认定为贩卖毒品未遂，对买方可以认定为贩卖毒品预备。明知是假毒品而贩卖的（如以冰糖充当冰毒），对卖方应认定为诈骗行为，对被骗的买方可以认定为犯罪预备。[①]（4）行为人本有贩卖毒品的意图，公安人员或者特情获得线索后充当交易上家，在行为人携带毒资前来交易时被抓获的，可以认定为犯罪未遂。如被告人苏某清找许某（特情人员）购买毒品，公安机关获悉后决定派民警充当卖家，当苏某清携带巨额毒资前往交易时被抓获。一审以贩卖毒品罪未遂，判处被告人无期徒刑，二审维持原判。[②]（5）行为人本没有贩毒意图，受特情引诱才产生犯意，在自行购买到毒品后或者准备同特情交易时被抓获的，可以认定为犯罪未遂或者预备。对其中情节较轻的，可以大幅度减轻处罚，有的可以适用缓刑甚至定罪免刑。[③]

问 如何认定运输毒品罪的既遂与未遂？ 103

答：根据最高人民法院 1994 年制定的《关于禁毒决定的解释》，运输毒品是指明知是毒品而采用携带、邮寄、利用他人或者使用交通工具等方法非法运送毒品的行为。对于运输毒品罪的既遂标准，有起运说、合理位移说、到达说等观点。（1）起运说认为，运输毒品罪属于即成犯，行为人只要开始

① 对掺杂掺假过多导致毒品含量极低，基本起不到毒品作用的物质，可以认定为假毒品。

② 参见中华人民共和国最高人民法院刑事审判第一、二、三、四、五庭主办：《中国刑事审判指导案例》（第 5 卷）（增订第 3 版），法律出版社 2017 年版，第 333–334 页。该书刊登的马某坚等人贩卖毒品案与苏某清案类似，也是在找特情人员购买毒品过程中被抓获，法院对 3 名居间介绍的被告人认定为从犯且属犯罪未遂。参见该书第 335–338 页。

③ 该问题涉及如何认定犯意引诱的法律后果，较为复杂，本书第十六章“特情介入的认定和处理”对此作了详细分析。另外，控制下交付对犯罪形态也有不同程度的影响，特别是在替代物交付情形下认定为犯罪未遂的可能性较大，相关介绍也可参见本书第十六章。

运输毒品，其运输毒品行为即已达于既遂。[①]也有学者提出，运输毒品行为使毒品离开原处或者转移了存放地，为既遂；由于行为人意志以外的原因未能使毒品离开原处或者未能转移毒品存放地的，属于未遂。[②]（2）合理位移说认为，运送行为使毒品实际发生了一定程度的位置移动，造成了毒品的合理位移时，即构成运输毒品罪既遂，行为人是否到达预期之目的地，则非所问。[③]至于运输多长距离才能被视为达到了既遂程度的合理位移，则只能依据运输工具的特点、运输距离的远近、运输毒品数量的多少、法益受到现实侵害的程度等因素在个案中进行具体判断。[④]（3）到达说认为，行为人将毒品运抵目的地时，运输毒品罪才达于既遂。因为运输毒品罪的本质在于禁止已经制造出或已经持有的毒品转移出原所在位置的范围，向消费终端靠近，只有当毒品到达下线控制范围内时，运输毒品罪的法益危害才能得以实现，故应以毒品到达目的地为运输毒品罪的既遂标准。[⑤]支持到达说的学者还提出，只有当行为人运送毒品的行为蕴含着导致毒品流通和扩散的抽象危险，对国民健康造成了与走私、贩卖、制造毒品相当的危险性时，才能认为其实现了运输毒品罪的刑事不法，构成犯罪既遂。[⑥]

在上述三种观点中，到达说是最符合刑法教义学的既遂标准，也是一种较为理想的认定标准，但不完全符合打击毒品犯罪的工作实际，也会对侦查取证工作提出过高要求。起运说能充分体现从严惩处毒品犯罪的政策要求，也具有较强的可操作性，在司法实务中得到广泛采纳。合理位移说有相应的道理，在部分案件的处理中也得到一定体现，但难点在于如何判断位移距离的“合理性”。实际上，司法实务中采纳起运说，也并非认为只要毒品移动了就是犯罪既遂，很多情况下也需要适当考虑位移的距离。在这个意义上，合理位移说与起运说并不是存在本质差别的两种观点，起运说能够包容合理位

① 参见赵秉志主编：《毒品犯罪研究》，中国人民大学出版社 1993 年版，第 132 页。

② 参见张明楷：《刑法学（下）》（第 6 版），法律出版社 2021 年版，第 1514 页。

③ 参见曲新久：《刑法学》（第 4 版），中国政法大学出版社 2017 年版，第 558 页。

④ 参见杨高峰：《贩卖、运输毒品罪既遂标准探讨》，载《江西公安专科学校学报》2005 年第 3 期。

⑤ 参见莫洪宪、薛文超：《“厉行禁毒”刑事政策下运输毒品罪的死刑废止》，载《广西大学学报（哲学社会科学版）》2016 年第 2 期。

⑥ 参见王钢：《运输毒品行为的限缩解释》，载《华东政法大学学报》2020 年第 1 期。

移说的“合理”成分，而合理位移说可以视为被修正的起运说。本书总体上认可起运说的观点，但也吸收合理位移说的部分内容。据此思路，结合司法实践情况，对不同类型的运输毒品行为可以分情形认定为犯罪既遂或者未遂。

1. 自行驾车或者雇用他人驾车运输毒品。驾驶汽车、摩托车等交通工具运输毒品，刚接触或者刚启动交通工具，或者刚行驶很短距离（如尚未离开小区或者村庄），就被查获的，可以认定为运输毒品罪的未遂。如果在起运一段时间后的运输途中被查获，即使离目的地还很远，也可以认定为犯罪既遂。[①]对于边境地区驾车接续（分段）运输毒品的，因每段运输距离都不长，在运输途中被查获的，属于犯罪既遂；对下一阶段准备接到毒品后继续运输，尚未接到毒品就被抓获的，通常可以认定为犯罪未遂或者预备（但事先通谋，被认定为共同犯罪的除外）。

2. 乘坐公共交通工具运输毒品。携带毒品（包括体内藏毒）准备乘坐长途汽车、火车或者飞机进行运输，在汽车或火车开动前、飞机起飞前被查获的，一般可以认定为犯罪未遂。具体包括多种情形，如刚离开住处就被查获的，在汽车站、火车站、机场安检时被查获的，刚登上汽车、火车或者飞机就被抓获的，等等。有的案件中，行为人离开住处前往汽车站、火车站、机场的路程较长（几十公里甚至近百公里），这段路程实际上是后续正式运输阶段的“引路”，是为正式运输毒品做准备，在这段路上被查获且后续路程较长的，可以认定为犯罪未遂；如果后续路程不长（特别是准备前往乘坐长途汽车的情形），则可以认定为犯罪既遂。

3. 利用物流、快递方式运输毒品。这种运输毒品方式在办理交寄手续时有检查环节，而物流、快递企业在运输途中不会再有检查。如果行为人在交寄毒品时被查获的（包括侦查人员采取“调包”方式），因毒品尚未起运，可以认定为运输毒品未遂。如果毒品已经到达目的地（包括被全程监控），不论接收人是否拿到毒品，对交寄方而言，都属于运输毒品既遂；对接收方而

---

① 这里要注意运输毒品与动态非法持有毒品的区别，对该问题的详细介绍可参见本书“运输毒品罪”一章。

言，如果有证据证明其拿到毒品后将实施走私、贩卖、运输毒品等犯罪的，应当依法认定，如果没有此类证据，毒品数量达到较大以上的，可以认定为非法持有毒品罪既遂。

问 如何认定制造毒品罪的既遂与未遂？ 104

答：与走私毒品罪、贩卖毒品罪和运输毒品罪相比，理论上对制造毒品罪的既未遂形态争论较少。通常认为，实际制造出毒品的，不论数量多少、纯度高低，都是犯罪既遂；着手制造毒品后，因方法不当等原因未制造出毒品的，是犯罪未遂。[①]根据《关于禁毒决定的解释》，制造毒品是指非法用毒品原植物直接提炼或者用化学方法加工、配制毒品的行为。《2008 年毒品纪要》将制造毒品的方法从植物提炼、化学合成扩展到物理加工，并规定了制造毒品罪的既未遂标准："已经制造出粗制毒品或者半成品的，以制造毒品罪的既遂论处。购进制造毒品的设备和原材料，开始着手制造毒品，但尚未制造出粗制毒品或者半成品的，以制造毒品罪的未遂论处。"《2023 年毒品纪要》在"关于制造毒品罪的死刑适用"部分重申："已经制出粗制毒品或者半成品的，以制造毒品罪的既遂论处。"这些指导意见将制出半成品视为制造毒品既遂，实际上是将既遂标准予以提前，体现了从严打击毒品犯罪的政策要求。

根据上述指导意见，结合司法实践的具体情况，本书认为，对下列情形可以分别认定为制造毒品的既遂或未遂、预备。

1. 从毒品原植物中提炼、加工毒品。只要行为人实际制造出了毒品，就

① 例如，张明楷教授持此观点，但他同时认为，行为人采取的方法客观上没有制造出毒品的危险的，不能以犯罪论处。参见张明楷：《刑法学（下）》（第 6 版），法律出版社 2021 年版，第 1515 页。还有持此观点的研究者提出，如果制成一部分毒品即被查获，应根据原料存量推算，按重度行为吸收轻度行为的原则确定既遂还是未遂；原料消耗过半的，应以既遂论，反之，以未遂论；或者在认定既遂的同时，将尚未制成部分进行推算，比照既遂数量处罚。参见曾粤兴、贾凌：《走私、贩卖、运输、制造毒品罪形态研究》，载《公安大学学报》2002 年第 2 期。

构成既遂；由于原料、技术、工具等意志以外的原因未制造成功即被查获的，一般属于犯罪未遂。[①]例如，从罂粟果实中可以割汁加工出鸦片，从鸦片中可以提炼吗啡，而利用吗啡可以制造海洛因。在这些环节中，如果行为人的最终目的是制造海洛因，查获时已经提炼出鸦片或者制出了吗啡，则都应当认定为制造毒品罪既遂，不能单看其主观目的是否实现。

2. 用化学方法合成毒品。以制造毒品为目的，购买了制毒原料、设备，随时可以开始制造毒品，或者已经开始加工、生产制毒物品，尚未制造毒品的，可以认定为制造毒品罪的未遂。如果只准备了一部分原料、设备，尚不具备开工条件的，因这种情形下制造毒品罪所保护的法益面临的侵害还不十分紧迫，可以认定为制造毒品罪的预备。如果行为人的目标是制造毒品，但尚处在买卖制毒物品阶段，没有为制造毒品做其他准备，则可以直接认定为非法买卖制毒物品罪，而不宜认定为制造毒品罪的预备。对于查获时主要制毒工序已经完成，制毒所形成的化合物正在进行后期化学反应，且在被依法扣押期间自主结晶形成毒品成品的，应当认定为犯罪既遂，公安机关的提前侦破行为不影响此种情形犯罪形态的认定。

3. 制造甲基苯丙胺片剂（“麻古”）。这种案件的突出特点是，作为制毒原料的冰毒和咖啡因本身就是毒品，故认定犯罪形态也有一定特殊性。（1）对于把甲基苯丙胺、咖啡因和香料混合在一起加工成粉末，尚未压制成片剂的，属于“麻古”的半成品，可以认定为犯罪既遂；同时，对于现场查获的冰毒，可推定用于制造“麻古”，且一旦制成“麻古”，毒品数量会大为增加，故不能另行认定为非法持有毒品罪，全案应当认定为制造毒品罪，且属于既遂。（2）对于刚购买到冰毒和咖啡因，尚未开始制造“麻古”的，可以认定为制造毒品罪未遂，而不宜认定为贩卖毒品罪既遂。（3）对于为制造“麻古”而购买冰毒、咖啡因，在运输途中被查获的，可以认定为运输毒品罪，不宜认定为制造毒品罪的预备或者未遂，因为此时制造毒品行为尚未着手，作为制造毒品手段的前行为已经单独构成完整的运输毒品罪，量刑时可以考虑其

---

① 不排除极个别情况下，行为人出于严重认知错误，所采取的方法和原料完全不能制造出所谓的毒品。这种情形是否有必要作为犯罪处理，存在探讨余地。

准备制造毒品的情节，适当从重处罚。[①]

4. 制造、贩卖毒品半成品。此类情形是犯罪分子为规避严惩而采取的做法。如果行为人制造出毒品半成品后就进行贩卖的，可认定为制造、贩卖毒品罪，比照制造、贩卖毒品成品的情形从宽处理。对于中间环节的贩卖者，如果其认为对方购买后是继续倒卖的，可认定为贩卖毒品罪；如果其明知对方购买后是为了加工成毒品成品的，可认定为制造毒品罪的共犯。对于最后环节的购买者，如果其尚未开始进行后续加工的，可以认定为制造毒品罪未遂；已经开始后续加工行为，特别是即将形成成品的，可以认定为制造毒品罪既遂。[②]

问 如何认定制毒物品犯罪的既遂与未遂？ 105

答：对于制毒物品犯罪的既未遂问题，相关司法解释和指导文件均未作出明确规定，理论研究上也很少关注。2015 年施行的《刑法修正案（九）》根据司法实践的需要，将非法生产、运输制毒物品行为入罪，制毒物品犯罪的罪名由此也被修改为非法生产、买卖、运输制毒物品、走私制毒物品罪（原为走私制毒物品罪、非法买卖制毒物品罪）。制毒物品犯罪的既未遂问题与走私、贩卖、运输、制造毒品犯罪有相通之处，但也有差别。考虑制毒物品是制造毒品的原料、配剂，不是毒品本身，故认定既未遂的标准宜宽于走私、贩卖、运输、制造毒品罪，更好体现刑法理论与司法实践的统一。由于制毒物品犯罪通常有定罪数量标准，以下对 4 种行为既未遂形态的讨论，均以其已经达到定罪数量标准为前提。

---

① 例如，2007 年被告人彭某升接受他人雇请，租车从广东运送冰毒和咖啡因前往河南准备制作“麻古”，在湖南境内被拦截，当场查获冰毒 6000 克、咖啡因 37,000 克。法院对该行为认定为运输毒品罪，未认定为制造毒品罪未遂或者预备。参见中华人民共和国最高人民法院刑事审判第一、二、三、四、五庭主办：《中国刑事审判指导案例》（第 5 卷）（增订第 3 版），法律出版社 2017 年版，第 449–452 页。

② 本书第六章“非法持有毒品罪”中分析了非法持有毒品半成品问题，其中也涉及犯罪形态的认定。

1. 关于非法生产制毒物品罪的既未遂标准。应当以生产出制毒物品成品为既遂，生产出的制毒物品质量较差的（粗制成品），也属于犯罪既遂。《2008年毒品纪要》规定制造出毒品半成品的就属于制造毒品罪既遂，但制毒物品只是毒品的原料，不宜把生产出制毒物品半成品的情形认定为犯罪既遂。[①]值得注意的是，在利用溴代苯丙酮制造麻黄碱的过程中会出现甲卡西酮，此时的甲卡西酮只是制造麻黄碱的中间体，故不能将此类案件认定为制造毒品，而仍应认定为非法生产制毒物品。[②]

2. 关于非法买卖制毒物品罪的既未遂标准。"买卖"包括买和卖两种行为，[③]对于购买制毒物品的，买到就是既遂；对于销售制毒物品的，卖出就是既遂。对于正在进行现场交易的，即使尚未完全交付制毒物品或者未完全付款，对买卖双方一般也可视为犯罪既遂。对于卖方负责将制毒物品运输给买方，在买方收到之前被查获的，即使买方已经付款，一般也可以认定买方为犯罪未遂；买方即将接取到卖方运来的制毒物品，因公安机关提前抓捕而未能实际拿到的，可以认定为犯罪既遂。此时，对卖方可认定为非法买卖、运输制毒物品罪既遂。

3. 关于非法运输制毒物品罪的既未遂标准。从逻辑上讲，对该问题仍然可能出现"起运说""合理距离说""到达目的地说"等观点。大体上，可以参照运输毒品罪的既未遂标准，以"起运说"来认定非法运输制毒物品罪的既未遂。对于已经起运并行驶了一段距离，在定罪上具有评价意义的，可以认定为非法运输制毒物品罪既遂；对于刚起步不久，行驶距离不长就被查获的，可以认定为非法运输制毒物品罪未遂。

4. 关于走私制毒物品罪的既未遂标准。这方面，总体上可以参考前述走私毒品罪的既未遂认定标准。（1）通关走私情形。一般应当以是否申报完

---

① 实践中非法生产的制毒物品基本都是原料（如麻黄碱、溴代苯丙酮、邻酮、羟亚胺），很少有非法生产配剂的情况，因为配剂的合法用途广泛，相对容易买到。

② 对该问题的详细介绍，可参见本书"制造毒品罪"一章。

③ 正如有的学者所说，在该规定中，立法者没有使用"贩卖"一词，而是使用"买卖"一词，因此清楚地表明要处罚买卖双方。参见李立众：《贩卖毒品罪中"买入毒品即既遂说"之反思》，载《华东政法大学学报》2020 年第 1 期。

毕作为区分既未遂的标准，虚假申报行为实施完毕被查获的，应当认定为走私制毒物品罪既遂；虚假申报行为尚未实施完毕就被查获的，可以认定为未遂。采用无申报通关的方式走私，在海关监管现场被查获的，应当认定为走私制毒物品罪既遂。（2）绕关走私情形。一般应以是否跨越国（边）境作为区分既未遂形态的标准。行为人携带、运输制毒物品刚进境即被查获的，应当认定为走私制毒物品罪（入境）既遂。行为人携带、运输制毒物品尚未出境即被查获的，宜认定为走私制毒物品罪（出境）未遂。（3）间接走私的两种情形。首先，就直接向走私人收购制毒物品而言，对于收购方，应当以在境内买到制毒物品作为既遂的时点，准备购买而未买到的，一般认定为犯罪未遂（也有犯罪预备的情况）；对于贩卖方，只要其将制毒物品运输、携带至我国国（边）境线之内的，就可以认定为犯罪既遂。其次，就在内海、领海、界河、界湖运输、收购、贩卖制毒物品而言，又可分在内海、领海和在界河、界湖两种情形进行分析。其一，在内海、领海交易。因买卖双方都已在我国境内，可以以是否交付制毒物品作为既未遂的认定标准。买方拿到制毒物品的，是犯罪既遂；没有拿到制毒物品时被查获的，原则上是犯罪未遂。其二，在界河、界河交易。如果是走私制毒物品入境，对于贩卖方，以越过国（边）境线作为认定犯罪既遂的时点；对于收购方，以买到制毒物品并回到国（边）境线之内作为认定犯罪既遂的时点。如果是走私制毒物品出境，对于贩卖方，以跨越国（边）境线或者在境内向收购方交付制毒物品作为犯罪既遂的时点；对于收购方，以拿到制毒物品作为犯罪既遂的时点。

问 对毒品犯罪未遂如何把握从宽处罚标准？ 106

答：《刑法》第 23 条第 2 款规定，对于未遂犯可以比照既遂犯从轻或者减轻处罚。由于犯罪未遂的社会危害程度通常小于犯罪既遂，故一般要体现从宽政策，根据具体情况予以从轻或者减轻处罚。最高人民法院、最高人民检察院 2021 年制定的《量刑指导意见》提出，对于未遂犯，综合考虑犯罪行为的实行程度、造成损害的大小、犯罪未得逞的原因等情况，可以比照既遂犯减少基准刑的 50% 以下。对于毒品犯罪，刑事政策上历来强调从严惩处，故司法实务中在认定犯罪未遂的标准上有特殊性，一些理论上认为属于犯罪未遂的情形在司法实务中没有认定为未遂。对于认定了犯罪未遂的，实务中多予以从轻处罚，很少减轻处罚，但不排除个别情况下可以减轻处罚。例如，把假毒品误当作真毒品贩卖的，有的学者认为不构成犯罪，[①] 但司法实务中多作为犯罪未遂处理，如果对卖方予以从轻处罚，对买方则可以减轻处罚。[②] 再如，受特情引诱实施犯罪的，毒品交易通常不可能完成，对有的被引诱者的行为可以认定为犯罪未遂并减轻处罚，从而实现处罚的合理性。

总的看，对毒品犯罪未遂的被告人确定从宽处罚幅度时，需要注意以下问题：（1）犯罪的类型与性质。是否属于刑事政策上需要体现严惩的类型，如是否是走私毒品、制造毒品等源头性犯罪，是否大宗贩卖毒品，是否受人指使、雇用运输毒品等。（2）犯罪的手段与方式。是否长途自贩自运，是否携带枪支、管制刀具实施犯罪，是否有暴力抗拒检查、拘留、逮捕情节，是否组织、雇用他人实施犯罪等。（3）未遂形态距离犯罪完成的远近程度。是刚着手犯罪就被查获，还是即将完成犯罪时被查获；是典型的犯罪未遂，还是介于未遂与预备之间。（4）被告人的素行和主观恶性。是否是初犯、偶犯、惯犯、职业犯、累犯、毒品再犯，出于何种犯罪动机，经济条件如何，是否以贩养吸，是否认罪悔罪等。

在涉及死刑适用方面，对于走私、贩卖、运输、制造毒品案件认定为犯罪未遂的，一般不应当判处死刑。如果行为人多次实施毒品犯罪，只是其中部分犯罪未遂，未遂部分的危害性与既遂部分相比权重较小，对其罪行整体评价仍属于罪行极其严重的，仍然可以判处死刑；如果未遂部分在全案中占主导部分，明显影响其罪行的整体危害程度的，则不应判处死刑。

---

① 参见张明楷：《刑法学（下）》（第 6 版），法律出版社 2021 年版，第 1514 页。

② 对于买到假毒品的案件，如果行为人试图购买的毒品数量很大（50 克以上），对应的法定刑为 15 年有期徒刑、无期徒刑或者死刑。有意见认为，这种情况下社会危害程度很小，只减轻一档量刑仍然偏重，建议不参照毒品数量标准，而仅根据犯罪情节量刑，从而可以选择最低的法定刑幅度量刑。这种思路值得重视，有参考价值。

问 两次以上实施毒品犯罪，部分既遂、部分未遂的，如何量刑？ 107

答：两次以上实施犯罪（乃至惯犯、职业犯）是毒品犯罪中的常见情形，有的案件中存在部分既遂、部分未遂的情况，最典型的是贩卖毒品罪。例如，行为人贩卖5克冰毒既遂，贩卖10克冰毒未遂（尚未买到），如何量刑？有的意见认为，应当累计毒品数量认定为贩卖冰毒15克，再适当考虑未遂情节予以从轻处罚，必要时可以减轻处罚；有的认为，可以只认定贩卖既遂的5克，把未遂的部分作为从重量刑情节对待；有的认为应当比较既遂部分与未遂部分，按照量刑重的部分处理，并酌情考虑另一部分。由于涉及法定刑升格问题，不同处理意见的量刑结果差别较大。如果毒品数量很大（如几百克、几千克），就可能涉及无期徒刑、死缓或者死刑的适用，对被告人的影响就更大。实践中为了体现对毒品犯罪的严惩，很多案件在处理时并未认真研究该问题，而多是采取累计毒品数量并酌情从宽的做法。但这种做法容易导致处理结果过于严厉，也会造成处理上的不平衡。仍以前述情况为例，对贩卖5克冰毒既遂和贩卖10克冰毒未遂的案件，如果累计毒品数量为15克，对应的法定刑为有期徒刑7年以上不满15年，即使从轻处罚，至少仍然判处7年徒刑，这与贩卖15克冰毒既遂的情形在量刑上就没有差别，显然不符合罪责刑相适应原则。如果减轻处罚，则又与行为人所犯贩卖毒品罪已经既遂（只是部分事实未遂）的情况形成矛盾，不符合实际情况，难以自圆其说。

对这个问题，目前办理毒品犯罪案件的相关司法解释或者指导文件都没有直接作出规定。但其他司法解释和指导文件对一些犯罪案件中部分既遂、部分未遂的情形如何处理作了规定。如最高人民法院、最高人民检察院2010年制定的《关于办理非法生产、销售烟草专卖品等刑事案件具体应用法律若干问题的解释》（法释〔2010〕7号）第2条第2款规定："销售金额和未销售货值金额分别达到不同的法定刑幅度或者均达到同一法定刑幅度的，在处罚较重的法定刑幅度内酌情从重处罚。"最高人民法院、最高人民检察院、公安部2011年制定的《关于办理侵犯知识产权刑事案件适用法律若干问题的意见》（法发〔2011〕3号）第8条针对销售假冒注册商标的商品犯罪案件中部分销售的情形作出规定：销售金额和未销售货值金额分别达到不同的法定刑幅度或者均达到同一法定刑幅度的，在处罚较重的法定刑或者同一法定刑幅度内酌情从重处罚。最高人民法院、最高人民检察院2011年制定的《关于办理诈骗刑事案件具体应用法律若干问题的解释》（法释〔2011〕7号）第6条规定："诈骗既有既遂，又有未遂，分别达到不同量刑幅度的，依照处罚较重的规定处罚；达到同一量刑幅度的，以诈骗罪既遂处罚。"最高人民法院、最高人民检察院2013年制定的《关于办理盗窃刑事案件适用法律若干问题的解释》（法释〔2013〕8号）第12条第2款针对盗窃刑事案件中部分既遂部分未遂的情形作出相同的处理规定。不仅如此，2016年最高人民法院发布的第62号指导案例（王某明合同诈骗案）专门就该问题进一步明确了处理规则。[①]

上述司法解释、指导文件和指导案例的规定是起草过程中充分研究了各种不同意见后作出的，既考虑了打击犯罪的要求，也考虑了罪责刑相适应原则和案件之间处理的平衡，是较为可取的处理方案。特别是第62号指导案例，"进一步明确了犯罪既遂与未遂并存情况下的量刑规则，解决了仅因存在部分未遂就认定整个犯罪属于未遂的困境，又避免了因对全案运用部分行为未遂的情节减轻处罚导致量刑畸轻问题，也解决了如何确定未遂部分对应的法定刑幅度，以及如何减轻处罚等具体问题，也是最高人民法院发布的首个与量刑规范化紧密相关的指导性案例，对类似案件的处理具有较强的指导意义"[②]。因此，在办理毒品犯罪案件时完全可以参照适用，实践中也已经出现

---

① 该指导案例的解读文章提出：在数额犯中，犯罪既遂部分与未遂部分分别对应不同法定刑幅度的，应当先决定对未遂部分是否减轻处罚，确定未遂部分对应的法定刑幅度，再与既遂部分对应的法定刑幅度进行比较，选择适用处罚较重的法定刑幅度，并酌情从重处罚；二者在同一量刑幅度的，以犯罪既遂酌情从重处罚。参见吴光侠等：《〈王新明合同诈骗案〉的理解与参照——数额犯中既遂与未遂并存的量刑》，载《人民司法（案例）》2017年第23期。

② 吴光侠等：《〈王新明合同诈骗案〉的理解与参照——数额犯中既遂与未遂并存的量刑》，载《人民司法（案例）》2017年第23期。

此类毒品案例。[①] 在具体适用时，首先要分别根据行为人毒品犯罪的既遂部分和未遂部分判定其各自所对应的法定刑幅度，对未遂部分还需同时考虑可以从轻或者减轻处罚。之后根据比较结果，如果既遂部分所对应的量刑幅度较重，或者既、未遂所对应的量刑幅度相同，以既遂部分所对应的量刑幅度为基础酌情从重处罚；反之，如未遂部分对应的量刑幅度较重，则以该量刑幅度为基础，酌情从重处罚。另值得注意的是，“在适用量刑规范化办理此类案件时，根据上述原则，应先根据既遂部分或者未遂部分在相应的法定刑幅度内确定量刑起点和基准刑，如果是以既遂部分确定基准刑的，在以未遂部分酌情从重处罚时，要考虑未遂部分可以从轻或者减轻处罚的因素；如果是以未遂部分确定基准刑的，首先要以未遂情节调节基准刑，在此基础上，再考虑既遂部分酌情从重处罚”[②]。

对于上述处理思路，可能会有意见认为，毒品犯罪较为特殊，上述做法不如整体认定为既遂后再酌情考虑未遂情节更有利于从严打击毒品犯罪。但本书不赞成这种观点，主要理由是：第一，从严打击毒品犯罪是刑事政策的总体要求，毒品犯罪在认定既未遂标准上已经采取了“提前既遂”的做法，充分体现了特殊性和严厉性，在部分既遂、部分未遂情形的处理上不能再采取“严上加严”或“特殊加特殊”的思路。既然已经有多部司法解释、指导文件和相关指导案例对此种情形明确规定了处理规则，说明这种处理方式已经得到广泛认可，是较为成熟解决方案，理应参照适用。第二，对诈骗罪、盗窃罪等其他犯罪整体上也应当严厉打击，而毒品犯罪本身也有轻重之分，故不能简单以毒品犯罪的特殊性来否定上述方案的可参照适用性。第三，司法实务中惯常采用的“整体认定既遂、酌情从宽处罚”的“估堆”做法不符合案件事实，也容易导致量刑过重，违反罪责刑相适应原则。另外，鉴于实

① 例如，2016 年 4 月 28 日被告人顾某明同张某约定贩卖 12 克冰毒，因顾某明手中冰毒数量不够，当场只交付了 6 克冰毒，但张某当天下午被抓获，后续交易未完成。一审法院认定顾某明贩卖 6 克冰毒既遂、6 克未遂，并考虑顾某明系毒品再犯，判处徒刑 2 年 3 个月，并处罚金 5000 元。检察机关提出抗诉，认为应认定顾某明贩卖冰毒 12 克，在 3~7 年的幅度内量刑。二审法院驳回抗诉，维持原判。参见江苏省南京市中级人民法院（2017）苏 01 刑终 270 号刑事裁定书。

② 陈学勇:《同种犯罪部分未遂的定罪处罚问题探讨》，载《人民法院报》2012 年 7 月 25 日，第 6 版。

践情况的复杂性，在具体案件处理上需要充分关注量刑平衡问题，确保处罚的公正性、合理性。

问 毒品犯罪是否存在犯罪中止与犯罪预备形态？ 108

答： 毒品犯罪案件中犯罪中止的情形较为少见，但有时可能出现。例如，行为人为了贩卖而购买毒品，已经联系了上家并预付部分款项，但考虑最近查处很紧或者毒品行情不好，又放弃购买计划，找上家要回了预付款。又如，行为人受他人雇用运输毒品，开车行驶不久认为路上风险太大，一旦被查获，家里孩子无人照顾，遂放弃运输，将毒品交还雇主。这都可以认定为犯罪中止。值得注意的是，行为人出于贩卖目的购买到毒品后，经家人劝说产生悔意，主动将毒品交给公安机关的，属于自首，不宜认定为犯罪中止。因为，按照司法实务的通常标准，为了贩卖而购买到毒品的，就是犯罪既遂，既遂的情况下不能再认定为犯罪中止。[①]

犯罪预备的情形在司法实践中客观存在，但出于严厉打击毒品犯罪的政策考虑，明确认定为犯罪预备的情形不多，有的本属于犯罪预备的情形可能被“从严”认定为犯罪未遂甚至既遂。例如，为走私毒品而改装行李箱或者物色“带货”人员，为购买毒品进行贩卖而找人借钱或者寻找购毒渠道，为运输毒品而找人借车或者寻找“伴行者”，为制造毒品而购买制毒物品或者承租废弃的厂房等，都是犯罪预备行为。最高人民法院、最高人民检察院、公安部2012年制定的《关于办理走私、非法买卖麻黄碱类复方制剂等刑事案件适用法律若干问题的意见》（法发〔2012〕12号）中，有一些行为包含犯罪预备的情形。如以制造毒品为目的，利用麻黄碱类复方制剂加工、提炼制毒物品的，以制造毒品罪定罪处罚；以走私或者非法买卖为目的，利用麻黄碱类复方制剂加工、提炼制毒物品的，分别以走私制毒物品罪、非法买卖制毒

① 当然，如果认为应以售出毒品为贩卖毒品罪的既遂标准，那行为人主动上交毒品的，就可以认定为犯罪中止。

物品罪定罪处罚。这实际上都是犯罪预备行为。[①] 值得注意的是，刑法理论通常认为预备犯原则上不可罚，“对犯罪预备的成立范围必须进行严格限制，即只能将实质上值得处罚的预备行为作为犯罪处罚”[②]。毒品犯罪虽然整体危害很大，但也有轻重之分且较轻犯罪占比很大，对典型的犯罪预备情形应依法认定并从宽处理。

① 该文件制定时《刑法修正案（九）》尚未施行，《刑法修正案（九）》增加了非法生产、运输制毒物品罪，此后对利用麻黄碱类复方制剂加工、提炼制毒物品的，可以认定为非法生产制毒物品罪，从而可以避免认定为制造毒品罪等其他犯罪预备或者未遂的情况。

② 张明楷：《刑法学（上）》（第 6 版），法律出版社 2021 年版，第 434 页。

第十二章 毒品共同犯罪的认定

▶▶▶ **「本章导读」**

共同犯罪是毒品案件中的常见形态，既有犯罪集团、犯罪团伙也有临时组成的共同犯罪，既有实行犯也有帮助犯、教唆犯，各个毒品罪名均可能涉及共同犯罪，但最常见的仍是走私、贩卖、运输、制造毒品。本章解答的具体问题包括：贩卖毒品的上下家是否属于共同犯罪，对毒品共同犯罪如何区分主从犯，居间介绍买卖毒品的行为性质、与代购毒品的区别、如何认定共犯关系，受雇用、指使实施毒品犯罪的主从犯认定，同行运输毒品特别是“体内藏毒”同行运输毒品的是否构成共同犯罪，部分共同作案人在逃的案件如何认定主从犯等。

问 贩卖毒品的上下家是否属于共同犯罪？ 109

答：对毒品交易的买卖双方（俗称上家和下家，或者上下家）是否构成共同犯罪，以往司法实践中一度存有不同认识。一种意见认为，毒品交易的买卖双方缺乏共同行为，各买各卖，一般不构成共同犯罪。另一种意见认为，毒品交易的双方事先联络，相互配合，有共同行为和意思联络，可以构成共同犯罪。最高人民法院印发的《2000年毒品纪要》曾规定："仅在客观上相互关联的毒品犯罪行为，如买卖毒品的双方，不一定构成共犯，但为了诉讼便利可并案审理。"《2008年毒品纪要》在此基础上进一步规定："没有实施毒品犯罪的共同故意，仅在客观上为相互关联的毒品犯罪上下家，不构成共同犯罪，但为了诉讼便利可并案审理。"

会议纪要作出上述规定的主要理由是，区分是上下家关系还是共同犯罪有助于认定行为人在毒品交易链条中的地位作用，进而影响责任大小的认定。如果认定为上下家关系，则行为人各自对自己的贩卖和购买行为独立负责（通常也要比较在交易链条中的责任大小）；如果认定为共同犯罪，则可能出现主从犯的认定或者比较主犯中的罪责大小，进而影响量刑（包括死刑适用）。贩卖毒品罪属于刑法理论上的对向犯（或对合犯），通常需要交易双方配合完成犯罪，多数情况下是必要的对向犯（交易双方都构成犯罪），但有的情况下属于片面的对向犯（如买方购买少量仅用于自吸的毒品不构成犯罪）。根据我国《刑法》规定的共同犯罪构成条件，毒品犯罪的上下家虽然在交易前相互联络，交易时相互配合（下家有时提前支付毒资以便上家购买到可供贩卖的毒品），但主观上通常没有实施毒品犯罪的共同故意，上下家的犯罪目标不同，各自获利的方式不同（在不同地点贩卖给不同对象），即使贩卖同一宗毒品的获利数额也多寡不一，故一般不构成共同犯罪。《2008年毒品纪要》印发后，司法实务中对毒品交易上下家原则上不构成共犯的认识，逐步趋于一致。[①] 也正因此，最高人民法院最新印发的《2023年毒品纪要》对该问题没有重申以往规定。

值得注意的是，实践中毒品交易的情况较为复杂，存在上下家关系与共同犯罪交织、重叠的情况，定性处理上容易引发争议。[②] 有的案件中，行为人之间看似是上下家关系，但双方配合程度高，共同犯罪性质超过上下家关系的，可以认定为共同犯罪。例如，甲前往毒源地找乙购买毒品，乙自己当时没有毒品，遂带领甲前往当地人丙处购买毒品。丙对陌生人警惕性很高，未与甲见面，而是通过乙收取毒资并将毒品转交给甲，甲收到毒品（如1000克冰毒）后给乙2000元报酬。在这种情形中，乙的作用既像居间介绍毒品交易，也像为甲代购毒品。尽管甲也到了交易现场，但未能与上家丙见面，毒品交易实际上是乙代为完成的，故认定乙是为甲代购毒品也完全成立。乙明知甲是贩毒人员而应甲的要求为其代购毒品并获得了一定报酬，仍可以认定为贩卖毒品罪的共犯，并且，考虑乙是应邀为甲提供联系上家、转交毒品和毒资等帮助，故其作用相对小于甲。[③] 有的案件中，上下家在部分环节上可能构成共同犯罪。例如，甲从长沙前往广州找乙购买毒品，但携带的毒资不够，乙为及时拿到剩余毒资，便搭乘甲的汽车一道运输毒品返回长沙，但在长沙被查获。这种情况下乙仍然是甲的上家，二人分别构成贩卖毒品罪，但

---

① 例如，张某梅等人贩卖毒品案发生在2003年底，审理时法院对共同犯罪的认定有误，刘某堂、李某生是上家，张某梅是下家，但法院认定三人属于共同犯罪。参见中华人民共和国最高人民法院刑事审判第一、二、三、四、五庭主办：《中国刑事审判指导案例》（第5卷）（增订第3版），法律出版社2017年版，第344–350页。

② 《刑法》第350条第2款的规定也涉及非法买卖制毒物品案件中上下家关系和制造毒品共同犯罪的认定。本书“制毒物品犯罪”一章中对该问题作了详细解答，这里不再赘述。

③ 对这种情形的定性可能会存在争议。《2008年毒品纪要》曾提出，明知他人实施毒品犯罪而为其居间介绍、代购代卖的，无论是否牟利，都应以相关毒品犯罪的共犯论处。但《2023年毒品纪要》对此作了调整，提出：代购者通过在交通、食宿等开销外收取“介绍费”“劳务费”等方式从中牟利的，属于变相加价，以贩卖毒品罪定罪处罚。本书认为，这种规则调整有其合理性，一般应当参照适用，但实践情况较为复杂，对该项指导意见的理解也不能绝对化，有的情况下代购者虽然收取了一定报酬，但“吃差价”性质不明显的，可不认定为“变相加价”，认定为共同犯罪更有利于案件的均衡处理。

在运输毒品环节上又构成共同犯罪，故二人的罪名都是贩卖、运输毒品罪。有的案件中，上家贩卖毒品后明知下家利用毒品实施其他犯罪行为（如迷奸）而传授毒品使用方法的，可能与下家实施的后续犯罪构成共同犯罪（如强奸罪的帮助犯）。[①] 对此类情形，《2023 年毒品纪要》首次提出了指导意见："明知他人利用麻醉药品、精神药品实施抢劫、强奸等犯罪仍向其贩卖，同时构成贩卖毒品罪和抢劫罪、强奸罪等犯罪的，依照处罚较重的规定定罪处罚。案件存在其他情形，符合数罪并罚条件的，依法定罪处罚。"

另外，值得注意的是，有的案件中下家购买毒品的行为本不构成犯罪（如下家为自吸而购买少量毒品，不构成贩卖毒品罪、非法持有毒品罪或者运输毒品罪的），但其为买到毒品而教唆本无贩卖意图的上家向其出售毒品。如果没有证据证实上家曾有贩毒经历，本次出售毒品是因下家反复劝诱的初次贩毒，则下家的劝诱行为实际上属于教唆他人犯罪，对下家存在认定为教唆犯的余地。类似地，如果上家手中没有毒品，下家为买到毒品而借款或者借车给上家，上家购得毒品后再卖给下家，这种情形中下家的借款或者借车行为无疑为上家实施毒品犯罪提供了直接帮助，故下家构成上家的帮助犯。但实践中对此类情形很少认定为上家的教唆犯或者帮助犯，主要是因为吸毒行为不构成犯罪，对此类购毒者（吸毒者）认定为上家的教唆犯或者帮助犯，有变相打击吸毒行为之嫌，司法人员对此类情形的处理也多持谨慎态度。[②]

---

① 此类案件在实践中已经出现。例如，在最高人民法院 2023 年发布的"6·26"禁毒宣传典型案例中，被告人韩某华明知向其购买毒品的被告人张某森正在实施强奸行为，仍实时指导张某森如何使用相关精神药品，张某森根据韩某华的指导再次欺骗被害人梁某服用三唑仑、注射咪达唑仑等，致梁某失去意识，进而对梁某实施奸淫。韩某华的该项帮助行为构成强奸罪的共犯，但作用相对较小，被认定为从犯。

② 从刑法理论看，这种情形涉及片面对向犯中本不构成犯罪一方的可罚性问题（能否按照《刑法》总则的规定认定为共同犯罪后进行处罚），目前的普遍观点是原则上不可罚、例外才可罚，至于何种例外情形下可罚，在判断标准上分歧较大。

问 毒品共同犯罪中如何准确区分主犯、从犯并适用刑罚？ 110

答：毒品共同犯罪是指二人以上共同故意实施走私、贩卖、运输、制造毒品等犯罪行为。对于主从犯的认定和处罚，《2000年毒品纪要》作了一些规定，《2008年毒品纪要》完善了相关规定，《2023年毒品纪要》总体延续了这些规定，并在文字表述上作了调整。具体涉及4个方面的问题。

1. 应当依法区分主犯和从犯。实践中，有的案件因涉案毒品数量巨大或者部分涉案人员在逃，能区分主从犯的而未作区分，影响了案件的准确处理。为此，《2023年毒品纪要》在梳理《2008年毒品纪要》相关规定的基础上重申了“不回避区分主从犯”原则，具体包括3点：（1）对于毒品共同犯罪，根据现有证据能够区分主从犯的，应当依法认定，不能因为涉案毒品数量巨大，就不加区分地一律将在案被告人认定为主犯，或者实际上都按主犯处罚。（2）部分涉案人员未到案，根据现有证据能够认定系共同犯罪，或者能够认定在案被告人系共同犯罪中的主犯的，应当依法认定。（3）确有证据证明在案被告人起次要或者辅助作用的，不能因为部分共同犯罪人未到案而不认定为从犯，甚至认定为主犯或者实际上按主犯处罚。

2. 主犯和从犯的认定标准。总体上，应当以各共同犯罪人在毒品犯罪中的地位和作用为根据区分主犯和从犯。具体而言，应当从犯意提起、分工、出资或者占有毒品的比例、约定或者实际分得毒赃的多少及共犯之间的相互关系等方面，准确认定共同犯罪人的地位和作用。其一，为主出资者、毒品所有者或者起意、策划、纠集、组织、指使、雇用他人参与犯罪等起主要作用的，是主犯。毒品案件中常出现多名主犯的情形，在处罚时应进一步比较地位作用的大小，确实无法区分的，可以同等处罚。其二，在共同犯罪中起次要或者辅助作用的，是从犯。如贩卖毒品案件中负责“验货”的，[①] 跑腿给

① 例如，在韦某全、韦某坚贩卖、运输毒品案中，被告人韦某坚受韦某全雇用，在购买毒品时“验货”并携带毒品同韦某全一起从广东返回福建。一、二审以韦某全到案后协助抓获上家黄某全，有重大立功表现，判处死缓，对黄某全、韦某坚判处死刑。最高人民法院复核认为，韦某坚不是毒品货主，在贩卖毒品环节是从犯（在运输毒品环节不是从犯），且到案后认罪态度较好，对韦某坚改判死缓。参见中华人民共和国最高人民法院刑事审判第一、二、三、四、五庭主办：《中国刑事审判指导案例》（第5卷）（增订第3版），法律出版社2017年版，第343–344页。

买家送毒品的，负责收款的，制造毒品案件中负责装卸货物、望风的，运输毒品案件中为雇主开车的等，都可认定为从犯。实践中偶尔会出现教唆他人实施毒品犯罪的情形（特情引诱除外），对确实符合教唆犯认定条件的可以依法认定（并视情认定为主犯或者从犯），对于看似符合但未必符合教唆犯认定条件的，处理上则要十分慎重。① 另外，实践中有的行为人本属于从犯，但因系累犯、毒品再犯或者认罪态度不好而被"升格"认定为主犯。这是不正确的做法。为此《2023 年毒品纪要》专门提出："对于在共同犯罪中起次要或者辅助作用的被告人，不能因其具有累犯、毒品再犯等从重处罚情节，而认定为主犯或者实际上按主犯处罚。"其三，受指使、雇用实施毒品犯罪的，应当根据其在共同犯罪中具体发挥的作用准确认定为主犯或者从犯。不能认为只要是受指使、受雇用的就是从犯，有的受雇用、受指使者的独立性很强，甚至转而指使、雇用其他人实施犯罪，这种情况应当依法认定为主犯。

值得注意的是，一个案件中主犯和从犯的数量多寡不同，主从犯数量的组合方式差别很大，甚至有的案件中只有主犯没有从犯。这是"因为主犯是处罚的基准型，所以，各共同犯罪人作用不相上下，难以区分的，可以均按主犯处罚"②。换言之，"只要根据案情不能证明某个同案犯在共同犯罪中起次要作用，就应认定其为起主要作用的主犯"③。这里涉及一个争论很久但目前仍没有完全解决的问题：共同犯罪案件中是否可以只有主犯而没有从犯？一种意见认为，主犯和从犯是对应概念，没有从犯也就无所谓主犯，对于没有从犯的共同犯罪案件则不必认定为主犯，直接根据被告人的罪行轻重量刑即

---

① 例如，在章某贩卖毒品、容留他人吸毒案中，邵某（贩毒人员）欠被告人章某车辆维修费未还，章某让人将邵某带至宾馆房间，怂恿邵某通过贩毒方式还款。公诉机关指控章某此举构成贩卖毒品罪，一审认为不构成该罪，检察机关抗诉，二审认为构成教唆犯。参见中华人民共和国最高人民法院刑事审判第一、二、三、四、五庭主办：《刑事审判参考》（总第 110 集），法律出版社 2018 年版，第 29–33 页。但该案叙述的事实不很清楚，首先，如果邵某的毒品是其自己用来贩卖的，则属于犯罪既遂，此时如何进行教唆？其次，章某究竟如何进行教唆，对邵某马上出售毒品起到多大作用？再次，章某派人跟着邵某，是帮助贩卖毒品还是防止他逃跑？在这些重要事实都未叙述清楚的情况下认定章某的行为构成贩卖毒品罪的教唆犯，理由不太充分。

② 阮齐林、耿佳宁：《中国刑法总论》，中国政法大学出版社 2019 年版，第 243 页。

③ 刘明祥：《犯罪参与论》，中国人民大学出版社 2023 年版，第 228 页。

可。另一种意见认为，即便共同犯罪案件中没有从犯，对在案被告人也都可以认定为主犯。总体上看，自2007年统一行使死刑案件核准权以来，最高人民法院在刑事审判工作中基本都按照后一种意见办理，而有的地方对此仍然没有形成统一认识。但是，不会出现一个案件中只有从犯而没有主犯的情况，即便是主犯在逃、只有从犯在案的案件，也属于主从犯同时存在。

3. 主犯和从犯的毒品数量认定。《2023年毒品纪要》提出："应当准确认定共同犯罪人的涉案毒品数量，并非对所有共同犯罪人均按照涉案毒品的总数量认定处罚。"具体而言，（1）对于毒品犯罪集团的首要分子，应当按集团毒品犯罪的总数量处罚。所谓首要分子，就是在犯罪集团中起组织、策划、指挥作用的犯罪分子。首要分子多为一人，但有的案件中可能为2人以上。首要分子应当对集团实施的全部犯罪承担责任，但如果有的集团成员超出计划私自实施毒品犯罪且利益归其个人，则不属于集团的罪行，首要分子对此不承担责任。实践中，要注意准确认定毒品犯罪集团，对于不符合法定条件的情形不应为了体现从严惩处政策而"升格"认定为犯罪集团。例如，在练某明、练某伟等贩卖毒品案中，一审认定被告人练某明是犯罪集团的首要分子，二审未予认定，最高人民法院复核死刑案件时也未认定。主要理由是，该犯罪团伙尚不完全具备犯罪集团的特征，练某明对其他人不存在领导和被领导的服从关系，各被告人之间也缺乏犯罪集团所应有的组织约束。①（2）对一般共同犯罪中的主犯，应当按其所参与的或者组织、指挥的毒品犯罪的数量进行处罚。同一个毒品案件中的多名主犯所参与的罪行不

① 参见中华人民共和国最高人民法院刑事审判第一、二、三、四、五庭主办：《中国刑事审判指导案例》（第1卷）（增订第3版），法律出版社2017年版，第133–138页。但也有一些明确认定为毒品犯罪集团的案件。如在李某、王某亚等人贩卖、运输毒品案中，法院认定被告人李某系犯罪集团首要分子，王某亚系积极参加的主犯，对二人均判处并核准死刑。参见中华人民共和国最高人民法院刑事审判第一、二、三、四、五庭主办：《中国刑事审判指导案例》（第5卷）（增订第3版），法律出版社2017年版，第443–446页。在最高人民法院2023年发布的"6·26"禁毒宣传典型案例张某川走私、运输毒品案中，以被告人张某川为首要分子的毒品犯罪集团盘踞在境外，以高额回报为诱饵，通过网络招募人员，组织、指挥数十人将大量、多种毒品走私入境后运往全国多个省份，张某川被判处并核准死刑。

同，认定的毒品数量也就很可能不同。例如，被告人阿某某呷与女友阿某某某牛是共同犯罪，二人贩卖、运输海洛因344克，同时，阿某某呷为阿某某某尾代购2块海洛因共计693克，也构成贩卖毒品罪的共犯，且均系主犯，但作用相对小于阿某某某尾。阿某某呷犯罪的毒品数量为1037克海洛因，阿某某某牛犯罪的毒品数量为344克海洛因，阿某某某尾的毒品数量为693克海洛因。[①]（3）对于从犯，应当按照其所参与的毒品犯罪的数量进行处罚。这里值得一提的是，《2000年毒品纪要》曾规定，对于从犯应按其个人直接参与实施的毒品犯罪数量处罚。这一规定与其他一些司法解释和指导文件相矛盾，[②]故《2008年毒品纪要》对此作了修改，规定对从犯应当按照其所参与的毒品犯罪的数量处罚。《2023年毒品纪要》重申："对从犯，应当按照其所参与的毒品犯罪的数量认定处罚。"另外，同一案件中有多名从犯的，各自所参与的毒品犯罪数量也可能差别较大。

4. 主犯和从犯量刑的特殊规则。主要包括如下三点：（1）共同犯罪中能分清主从犯的，不能因为涉案的毒品数量特别巨大，就不分主从犯而一律将被告人认定为主犯或者实际上都按主犯处罚，一律判处重刑甚至死刑。在这方面，既涉及对毒品犯罪从严惩处刑事政策的贯彻，也涉及"严格控制、慎重适用"的死刑政策在毒品犯罪中的准确执行。（2）对一案中有多个主犯的，处罚上也应尽可能做到区别对待。《2023年毒品纪要》在《2008年毒品纪要》的基础上继续提出："毒品共同犯罪中有多个主犯的，应当在全面考察各主犯实际发挥作用的差别、具体犯罪情节、危害后果的差异及主观恶性、人身危险性不同的基础上，对其中罪行更为严重者依法判处更重的刑罚。"这样规定，有利于贯彻宽严相济刑事政策和"严格控制、慎重适用"的死刑政策，也符合量刑个别化的要求。例如，两人合作贩卖毒品，一人负责联系上

① 参见中华人民共和国最高人民法院刑事审判第一、二、三、四、五庭主办：《刑事审判参考》（总第96集），法律出版社2014年版，第111–114页。

② 例如，《1998年盗窃解释》第7条第3项规定："对共同犯罪中的从犯，应当按照其所参与的共同盗窃的数额确定量刑幅度，并依照刑法第二十七条第二款的规定，从轻、减轻处罚或者免除处罚。"最高人民法院2003年印发的《全国法院审理经济犯罪案件工作座谈会纪要》提出："对共同贪污犯罪中的从犯，应当按照其所参与的共同贪污的数额确定刑罚幅度，并依照刑法第二十七条第二款的规定，从轻、减轻处罚或者免除处罚。"

家购买毒品，另一人负责在当地销售毒品，都是主犯，但不能简单认为购买者掌握毒品来源，故其作用一定大于销售者，要从多角度进行比较以确定何人的作用更大。特别值得注意的是，不能因为罪行更重的主犯有立功等法定从宽处罚情节未被判处死刑，转而对罪行相对较轻的主犯“升格”判处死刑。（3）对于从犯的处罚，不同的毒品犯罪案件不能简单类比。本案从犯的涉案毒品数量可能大于其他案件中的主犯，但对本案从犯的处罚并非必然重于他案主犯。这种情况很常见，恰恰说明毒品犯罪的量刑不能唯数量论。对依法认定为从犯的，无论主犯是否到案，也无论其涉案毒品数量是否大于他案主犯，均应根据案件具体情况依法从轻、减轻或者免除处罚。对于认定为胁从犯的，应当依法减轻或者免除处罚。对于被认定为从犯或者胁从犯的未成年人，则应当给予更大幅度的从宽处理（包括缓刑、免除处罚或者对“情节显著轻微危害不大的”不追究刑事责任）。

问 何谓居间介绍买卖毒品，如何区分该行为与居中倒卖毒品？ 111

答：居间介绍买卖毒品，是指行为人“受购毒者或者贩毒者委托，为其提供交易信息、介绍交易对象、居中协调交易数量、价格，或者提供其他帮助，促成毒品交易的”情形。《2023 年毒品纪要》首次就此作了明确界定。居间介绍买卖毒品在司法实践中很常见，也有一些犯罪分子为减轻罪责，到案后辩称自己是居间介绍者，不是真正的购毒者或者贩毒者。对居间介绍买卖毒品行为如何认定，以往多部指导文件曾作出不同程度的规定。例如，最高人民检察院 1988 年作出的《关于向他人出卖父辈、祖辈遗留下来的鸦片以及其他毒品如何适用法律的批复》指出：……帮助出卖的中介人，应以共犯论处。最高人民法院 1994 年制定的《关于禁毒决定的解释》第 2 条第 4 款规定，居间介绍买卖毒品的，无论是否获利，均以贩卖毒品罪的共犯论处。《2008 年毒品纪要》则拓展了该规定：“明知他人实施毒品犯罪而为其居间介绍、代购代卖的，无论是否牟利，都应以其实施的毒品犯罪的共犯论处。”[①]

《2015 年毒品纪要》对居间介绍买卖毒品行为的认定作了较为详细的规定，即“办理贩卖毒品案件，应当准确认定居间介绍买卖毒品行为，并与居中倒卖毒品行为相区别。居间介绍者在毒品交易中处于中间人地位，发挥介绍联络作用，通常与交易一方构成共同犯罪，但不以牟利为要件；居中倒卖者属于毒品交易主体，与前后环节的交易对象是上下家关系，直接参与毒品交易并从中获利”。《2023 年毒品纪要》在此基础上新增了前述对“居间介绍买卖毒品”的界定，并调整了对“居中倒卖”的文字表述：“居中倒卖者则属于毒品交易主体，与前后环节的交易对象是上下家关系，直接与上家、下家联系，自主决定交易毒品的数量、价格并赚取差价。”居间介绍买卖毒品的性质认定主要涉及与居中倒卖毒品行为的区分，《2015 年毒品纪要》和《2023 年毒品纪要》的上述规定，从二者在毒品交易中所处的地位、发挥的作用、是否成立共同犯罪、有无获利及获利方式等方面作了区分。也就是说，在界定居间介绍买卖毒品的行为性质方面，关键是要与居中倒卖毒品行为进行区别。有如下几点值得注意。

1. 介绍者在毒品交易中的地位特殊。居间介绍包括三种类型：为贩毒者介绍购毒者，为购毒者介绍贩毒者，同时为毒品买卖双方牵线搭桥促成毒品交易。居间介绍者在毒品交易中独立于交易双方，并不是毒品交易的一方主体，也不是交易一方的代理人，而是处于中间人地位，发挥沟通媒介作用，对促成毒品交易起帮助作用。居中倒卖者虽然也处于毒品交易链条的中间环节，但其是相对独立的交易主体，对交易的发起和达成起重要作用。

2. 介绍者参与犯罪的方式特定。居间介绍者有的参与程度较浅，仅帮助交易双方牵线搭桥；有的参与程度较深，帮助商谈价格，约定交易时间、地点、方式，甚至出现在毒品交易现场。但介绍者本身并不拥有毒品也无意购买毒品，不是倒卖毒品的中间人。如果行为人向贩毒者购买毒品后加价转卖给购毒者的，其行为属于居中倒卖毒品，构成独立的贩卖毒品罪，不应认定

① 现在看，这一规定不很准确。在代购毒品情形下，如果代购者的牟利行为属于变相加价的（如暗中“吃差价”），通常认定为独立的贩卖毒品行为，而不是认定为托购者的共同犯罪。对该问题的详细分析，可参见本书“吸毒者实施的毒品犯罪”一章。

为居间介绍买卖毒品。

值得注意的是，对于仅介绍毒品交易双方认识，但没有帮助联络毒品交易，亦未从中牟利的，能否认定为居间介绍买卖毒品？对此，实践中存在较大争议。一种意见认为，毒品交易很隐蔽，熟人之间的牵线搭桥对促成交易作用很大，即使仅介绍双方认识，客观上也为毒品交易提供了机会甚至促成了本不会发生的交易，故应当追究刑事责任。另一种意见认为，介绍者仅介绍双方认识，并没有帮助联络或者参与毒品交易，介绍环节所起作用很有限，后续双方是否进行交易、交易数量多少取决于很多因素，也存在不确定性，故原则上不应追究刑事责任。分析认为，毒品交易不同于合法物品交易，这种情形下介绍者明知双方是买卖毒品的人员，一方求购而另一方有毒品可售，介绍双方认识的目的就是为毒品交易创造机会，故而存在一定社会危害性，性质上属于介绍买卖毒品。但是，实践中的具体情况较为复杂，后续双方是否实际进行毒品交易存在不确定性，介绍者对后续情况可能都不知情（不能简单认定行为人对后续发生的任何交易都具有概括故意），故对此类介绍行为并非都有必要定罪处罚。如果后续毒品交易数量很大或者多次进行毒品交易，鉴于居间介绍行为与后续毒品交易之间客观上存在因果关系，可以对介绍者按照从犯追究刑事责任，但不宜直接把交易的毒品数量都认定为介绍者参与的贩毒数量，宜根据情节轻重量刑。如果后续双方没有实际交易或者交易数量很小，交易双方所受的刑事处罚也不重的，则对此类居间介绍者应当充分体现从宽处理，包括判处缓刑、免刑，有的甚至可以不追究刑事责任。

3. 介绍者未必获利。居间介绍者未必以牟利为目的，有的是出于朋友关系无偿进行介绍，如果获利，并非来自低价买进、高价卖出的差价，而是来自其因促成毒品交易而从买卖一方或者双方得到的酬劳。但居中倒卖者必然具有牟利目的，其获利方式是“吃差价”，对于既拿报酬又明里暗里“吃差价”的，通常应认定为居中倒卖，构成相对独立的贩卖毒品罪。有的案件中，毒品交易的链条很长、中间环节多，居中倒卖者与居间介绍者很可能出现在同一案件中，这时就要更加注意准确区分处理。

例如，2012 年被告人陈某欲贩卖毒品并让张某为其寻找购毒渠道，张某随即介绍陈某向丁某购买冰毒，陈某向张某支付酬金1000元。丁某又与赵某商定以每克260元的价格向赵某购买冰毒，但丁某告知陈某的价格为每克300元。同年6月，陈某筹集18万元毒资与丁某一同驾车到大广高速公路某服务区，丁某让陈某在车内等候，其单独与赵某进行交易。后丁某、陈某、赵某被当场抓获，公安人员从赵某处缴获现金15万元，从丁某处缴获冰毒596克、现金3万元。该案中，张某明知陈某欲贩卖毒品而为其介绍购买渠道（贩毒者），并从中收取报酬，其行为属于居间介绍买卖毒品，与陈某构成贩卖毒品罪的共犯。丁某虽然介于购毒者陈某与贩毒者赵某之间，但其没有让陈某与赵某直接接触，而是自己与赵某进行交易，并从中“吃差价”，故丁某属于居中倒卖毒品而不是居间介绍者，其行为构成独立的贩卖毒品罪。[①]又如，在孙某志、王某林、梁某久等人贩卖毒品案中，被告人王某林居中联络、协调毒品交易，梁某久等人支付的购毒款和孙某志出售的毒品均通过王某林转交，王某林从中“吃差价”，被法院认定为居中倒卖毒品而非居间介绍毒品交易。[②]

问 如何区分居间介绍买卖毒品与代购毒品？[③] 112

答：如前所述，居间介绍买卖毒品是为贩毒者或者购毒者提供交易机会或媒介服务，在两者之间发挥桥梁和纽带作用，促成双方的毒品交易。代购毒品是接受购毒者委托帮忙购买毒品，常见情形是接受吸毒者委托代为购买仅用于吸食的毒品（狭义代购）。为购毒者介绍贩毒者的居间行为与代购毒品行为，都可能是无偿或者有偿的，行为方式上也有一些相似之处，但二者也

① 这是笔者在工作中了解到的案例。

② 参见中华人民共和国最高人民法院刑事审判第一、二、三、四、五庭主办：《刑事审判参考》（总第112集），法律出版社2018年版，第77-85页。

③ 实践中偶有代卖毒品情况，如外地的甲将毒品留在乙处，由乙帮助贩卖，此类案件在定性上基本没有争议（无论是否牟利，代卖者都是贩卖者的共犯），这里不专门作比较分析。

存在一些区别。

1. 介绍者和代购者的地位作用不同。居间介绍者在毒品交易中起中间人的作用，不是一方交易主体，真正的交易主体是贩毒者与购毒者。毒品代购者是购毒者的代理人，是实际参与毒品交易的一方主体，托购者通常不参与具体的交易环节。特别是在托购者不认识毒品上家的情况下（代购者自寻上家），代购者作为交易参与者的性质就更为明显。

2. 交易双方的关系不同。居间介绍买卖毒品的，贩毒者、购毒者是由居间介绍者提供信息或者介绍认识，居间介绍者肯定同双方都认识，但贩毒者、购毒者通常此前并不认识或者可能认识但无直接联系。代购毒品情形下，代购者可以向托购者指定或者事先联系的贩毒者购买毒品，也可以主动为托购者寻找毒品上家，故代购者必然认识托购者，但未必认识毒品上家，托购者与贩毒者之间事先可能有联系，也可能并不认识。

3. 是否实际持有毒品不同。居间介绍者只是对毒品交易双方起介绍、撮合作用，不是一方交易主体，故通常不会持有本次交易的毒品。而代购者受托前往购买毒品，通常会临时持有所购毒品（卖家采取物流寄递方式交付毒品的除外），并将所购毒品交给托购者。如果代购者从异地购买毒品后运回本地的，代购者和托购者的行为就可能触犯运输毒品罪。如果是上家寄递毒品的，可能会以托购者或其指定的人为收件人，此时代购者不实际接触毒品，但上家也可能将毒品寄给代购者，此时代购者、托购者可能触犯非法持有毒品罪。如果托购者是贩毒人员，代购者明知托购者贩卖毒品仍为其代购毒品，则代购者至少构成贩卖毒品罪的共犯。

或许有人提出，居间介绍买卖毒品和代购毒品都是按照共同犯罪处理，区分二者的意义不大，无须在该问题上强调区别。但是，居间介绍买卖毒品的行为人多是起介绍认识、撮合交易等辅助作用，多为从犯（少数情况下可能是主犯），而代购者直接参与、实施毒品交易，在构成共同犯罪的情况下多为主犯，在“吃差价”情况下还构成相对独立的贩卖毒品罪，故二者的区分很可能影响案件的最终处理结果，仍有现实意义。

问 对居间介绍买卖毒品的，如何认定共同犯罪？ 113

答：这涉及两方面的问题，一是居间介绍买卖毒品者与交易的哪一方构成共同犯罪，二是对居间介绍者应当认定为主犯还是从犯。

1. 居间介绍者的共犯认定思路

认定居间介绍者与贩毒者还是购毒者构成共犯，主要看其与毒品交易双方的哪一方关系更为直接、紧密。“因为作为第三人的参与者，完全有可能是站在对向犯某一方的立场为这一方的利益而参与其中的，只有将其认定为与这一方构成共同犯罪，才符合案件的事实情况，也才能揭示其有与之犯罪的共同行为和共同故意。”[①] 根据《2015 年毒品纪要》，原则上居间介绍者受哪一方委托，与哪一方存在共谋，就认定其与哪一方构成共同犯罪。《2023 年毒品纪要》延续了这种认定思路。具体而言，（1）居间介绍者受贩毒者委托，为其居间介绍贩卖毒品的，与贩毒者构成贩卖毒品罪的共同犯罪。（2）明知购毒者以贩卖为目的购买毒品，受委托为其介绍联络贩毒者的，与购毒者构成贩卖毒品罪的共同犯罪。（3）受以吸食为目的的购毒者委托，为其介绍联络贩毒者，毒品数量达到非法持有毒品罪的定罪数量标准的，一般与购毒者构成非法持有毒品罪的共同犯罪。（4）同时与贩毒者、购毒者共谋，联络促成双方交易的，通常认定与贩毒者构成贩卖毒品罪的共同犯罪。

这里值得注意是：（1）行为人受以吸食毒品为目的的购毒者委托，为其介绍贩毒者的，不能简单因其行为客观上促进了贩毒者的贩卖毒品行为而认定为贩毒者的共犯，一般仍应按照购毒者的行为性质认定。因为“对这种两面对向犯之参与者中的第三人，在能够证明其是站在某一方的立场为这一方的利益而实施参与行为时，就应认定其与该方构成共同犯罪，而不论该方所成立之罪是两面对向犯中的重罪还是轻罪”[②]。作为购毒者的吸毒者持有较大数量的毒品，可以认定为非法持有毒品罪，此时对居间介绍者可以认定为非法持有毒品的共犯。如果托购者购买的毒品数量很少，未达到定罪数量标

① 刘明祥：《犯罪参与论》，中国人民大学出版社 2023 年版，第 156 页。

② 刘明祥：《犯罪参与论》，中国人民大学出版社 2023 年版，第 157 页。

准，除极少数特殊情况外，一般也不能为了追究刑事责任转而将该居间介绍者认定为上家的共犯。[①]（2）居间介绍者同时受贩毒者、购毒者双方委托，为其联络、促成交易的，为便于司法认定和处理，一般认定其与贩毒者构成共同犯罪。但例外情况下，如果以贩卖为目的的购毒者对毒品交易的发起、达成起更大作用，且整体罪行比贩毒者更重，而介绍者同该购毒者的关系更为紧密，可以认定其与该购毒者构成共同犯罪。《2015 年毒品纪要》对居间介绍者同时与贩毒者、购毒者共谋，联络促成双方交易的情形，采取的表述是“通常认定与贩毒者构成贩卖毒品罪的共同犯罪”，而《2023 年毒品纪要》删去了“通常”二字，改为“与贩毒者构成贩卖毒品共同犯罪”。对此不能机械理解，仍宜作为原则性规定看待。

2. 居间介绍者的主从犯认定和处罚

在这方面，《2023 年毒品纪要》基本延续了《2015 年毒品纪要》的规定：“居间介绍者实施帮助行为，对促成毒品交易起次要或者辅助作用，一般应当认定为从犯。以居间介绍者的身份介入毒品交易，但在交易中实际已超出居间介绍者的地位，对交易的发起和达成起重要作用的，可以认定为主犯。”申言之，居间介绍者并非毒品所有者或者购买者，对于促成毒品交易起提供信息、协调联络的帮助作用，其本身对能否达成交易没有决定权，在贩卖毒品共同犯罪中通常起次要、辅助作用，一般应当认定为从犯。只要认定为从犯，即使介绍买卖的毒品数量超过实际掌握的死刑数量标准，也不应适用死刑。

例如，在陈某有、庄某思贩卖毒品案中，被告人庄某思从特情人员罗某某处获悉其想购买毒品的意图后便将其介绍给陈某有，陈某有与罗某某商量交易毒品的种类、数量、价格，并在交易当天持毒品进入酒店同罗某某介绍

① 在这方面还要注意的是，《2023 年毒品纪要》修改了《2015 年毒品纪要》的相关表述，将为吸毒者“提供购毒信息”增加为同“介绍认识贩毒者”并列的情形，规定这两种情形下，当“毒品数量达到刑法第三百四十八条规定的最低数量标准的，一般与购毒者构成非法持有毒品共同犯罪”。但是，如果行为人只是单纯提供贩毒者的信息（如告知甲可以找乙购买毒品），而没有介绍双方认识或者实施其他帮助交易的行为，则不属于居间介绍买卖毒品，且作用很小，一般可不认定为帮助犯。故对《2023 年毒品纪要》的该项规定不能机械理解。

的买家进行交易，结果被抓获。法院认定庄某思系居间介绍，与陈某有构成共同犯罪，且系从犯，予以减轻处罚；陈某有系主犯，考虑该案存在特情引诱问题，判处死缓（附加刑略）。[①]

又如，在马某坚等人贩卖毒品案中，被告人马某坚（广西人）在云南结识罗某排后与其经常谈论贩卖毒品牟利之事，后罗某排偶然结识了王某富（特情人员），并提及此事，王某富表示可以提供海洛因。罗某排遂将此事告诉马某坚，马某坚随即找到广西人胡某川联系买主，胡某川便联系了“亚龙”（在逃）。5 人见面后，“亚龙”与王某富商定交易价格为每千克 13 万元，“亚龙”向王某富支付了 1 万元定金。后“亚龙”交给胡某川 5 万元，让其前往南宁交易，胡某川、马某坚、罗某排三人赶到南宁后都被抓获。对该案，一审法院认为马某坚、罗某排、胡某川三人从中介绍、联系并协助进行交易，均构成贩卖毒品罪，属于帮助犯、从犯，均减轻处罚，分别判处有期徒刑 11 年、11 年和 10 年（附加刑略）。二审法院认为三人不仅是从犯，也属于犯罪未遂，但维持原判。[②]

但是，有的居间介绍者介入交易程度很深，主动为双方介绍、联络交易对象，积极参与商谈交易毒品的种类、价格、方式，努力促成毒品交易并收取报酬，对毒品犯罪的发起和交易的达成起到重要作用，已经超出居间介绍者的地位作用，在这种情况下可以认定为主犯，对其中罪行极其严重的，可以依法适用死刑。

---

① 参见中华人民共和国最高人民法院刑事审判第一、二、三、四、五庭主办：《刑事审判参考》（总第 108 集），法律出版社 2017 年版，第 100–105 页。亦可参见胡晓明：《居间介绍者与毒品交易方构成共同犯罪》，载《人民司法（案例）》2016 年第 17 期。

② 参见中华人民共和国最高人民法院刑事审判第一、二、三、四、五庭主办：《中国刑事审判指导案例》（第 5 卷）（增订第 3 版），法律出版社 2017 年版，第 335–338 页。这个案件对三人的行为定性是准确的，属于居间介绍贩卖毒品，但对三人的量刑偏重。正如案例编写者所说，三被告人具有两个法定从宽处罚情节（从犯、未遂）和一个酌定从宽处罚情节（特情引诱），“减轻的幅度仍可以大些”。不仅如此，所谓的犯罪未遂实际上基本等同于犯罪预备，因为毒品上家自始不存在，毒品也不存在，交易不可能完成，三人的联络、筹钱等行为都是为毒品交易而做准备。另外，该案事实并不很清楚，下家“亚龙”的身份不明，如果此人也是特情人员，那该案就是双套引诱，对三名被告人而言则属于“圈套”型引诱。

问 受雇用、指使实施毒品犯罪的，是主犯还是从犯？[①] 114

答：这是实践中没有得到很好解决的老问题。《2000 年毒品纪要》提出，受雇于他人实施毒品犯罪的，应根据其在犯罪中的作用具体认定为主犯或从犯；受他人指使实施毒品犯罪并在犯罪中起次要作用的，一般应认定为从犯。显然，《2000 年毒品纪要》对受雇用与受指使实施毒品犯罪的情形作了一定区别。《2008 年毒品纪要》则调整了认定思路，合并规定：受雇用、受指使实施毒品犯罪的，应根据其在犯罪中实际发挥的作用具体认定为主犯或者从犯。《2023 年毒品纪要》基本延续了该规定："受指使、雇用实施毒品犯罪的，应当根据其在共同犯罪中具体发挥的作用准确认定为主犯或者从犯。"该项指导意见文字不多，但涉及多个层面的内容。

1. 受雇用者与受指使者的区别。受雇用实施毒品犯罪是一种领取报酬的有偿行为，典型的是受雇用长途运输毒品（如从云南运到甘肃，从广东运到浙江），受雇用参与制造毒品等。在某些地方，受雇用运输毒品的报酬已经基本形成行规，有大致明确的价格，其金额有时甚至超过贩卖毒品的利润。这主要是因为运输毒品途中被查获的风险很大，相应地，运输毒品的报酬也较高。受指使实施毒品犯罪未必是有偿行为，可能出于亲友关系而为，经常受他人指使实施毒品犯罪的人很可能与指使者存在某种利益关联，包括领取报酬、提供食宿等。总体上看，受雇用者必然是受指使者，但受指使者未必是受雇用者；同一案件中可能存在多名受雇用者，受雇用者也可能转雇用其他人运输毒品，从而具有双重身份（既是雇用者也是受雇者）。

2. 受雇用者与受指使者的主从犯认定。可以肯定，受指使者和受雇用者经常可以认定为从犯，但并非都是从犯，要根据其在共同犯罪中的独立性和

---

① "雇佣"和"雇用"两个词的含义接近，《2008 年毒品纪要》使用的是"雇佣"，而《2015 年毒品纪要》和《2023 年毒品纪要》使用的是"雇用"，这主要是考虑到"雇佣"侧重长期受雇，带有职业性质，而"雇用"可以是临时性使用，更符合毒品犯罪的司法实践情况。另外，《刑法》第 244 条之一（雇用童工从事危重劳动罪）和第 373 条（雇用逃离部队军人罪）中也都使用的是"雇用"。本书除直接引用指导意见的原文等特殊情况使用"雇佣"外，其他场合基本使用"雇用"一词。

主动性进行判断。譬如，聚众斗殴或者雇凶杀人案件中，一些受雇用、受指使参与犯罪者是施暴者，直接造成伤亡后果，不能因其是受指使、受雇用参与犯罪就认定为从犯，常可认定为主犯。毒品犯罪也一样，如果受指使、受雇用者积极主动实施走私、贩卖、运输、制造毒品等犯罪行为，犯罪过程中自主性很强，获得的报酬也很高，应当认定主犯。例如，制造毒品案件中的"技师"，多是受出资者雇用而提供制造毒品技术，但通常认定为主犯；运输毒品案件中的受雇者自行驾车运输毒品或者转而雇用、指使他人参与犯罪，成为运输毒品的"中间商"或者转雇用者，一般也应认定为主犯。[①]有的案件中，贩毒者雇用他人驾车前往毒源地购买毒品，受雇者只负责驾车，且全程听从指挥，这种情形下对受雇驾车者可以认定为从犯（如缺乏明知则不构成犯罪）。

3. 要认真审查是否存在雇用者、指使者。从事实判断角度看，认定受人指使、雇用有证据上的要求，并非行为人提出这种辩解就予以采纳。一些案件尤其是运输毒品案件中，行为人到案后多辩称是受人指使、雇用参与毒品犯罪，以减轻自己的罪责。此时，对犯罪嫌疑人及其交代的雇用者、指使者的情况均应及时进行核查，主要查明以下情况：（1）犯罪嫌疑人供述的雇主身份信息是否准确，是否确有其人，与犯罪嫌疑人是何关系；（2）犯罪嫌疑人供述的雇主是否属于涉毒人员，包括有无毒品犯罪前科、是否系正在侦查的毒品案件的犯罪嫌疑人、是否系吸毒人员等；（3）犯罪嫌疑人供述的雇主的平时表现、经济状况等，如有无正当职业和合法收入，有无异常致富情况，是否与境外或者外地身份不明人员有密切联系等；（4）犯罪嫌疑人的职业、平时表现、家庭经济状况，如有无因贫困而受雇用参与犯罪的可能，有无组织毒品货源和出资能力等。对能够确认或者不排除受人指使、雇用参与毒品犯罪的，根据其参与犯罪的具体情节，分别认定为主犯或者从犯。

例如，被告人李某贩卖毒品案。2010 年 8 月 4 日，李某在一饭店房间内

① 例如，被告人彭某升接受他人雇请运输毒品，在得到报酬后自行租车，邀约朋友帮忙开车运输毒品，从犯意形成到运输毒品均由其独立完成，不受雇主支配，故不是从犯。参见中华人民共和国最高人民法院刑事审判第一、二、三、四、五庭主办：《中国刑事审判指导案例》（第 5 卷）（增订第 3 版），法律出版社 2017 年版，第 449–452 页。

以 26.4 万元的价格向谢某贩卖 3 块海洛因，以 17.6 万元的价格向温某贩卖 2 块海洛因。次日，谢某、温某二人携带各自所购毒品搭乘长途客车返回途中被抓获。侦查人员从谢某的座位下查获海洛因 3 块，净重 1044 克，从温某的座位下查获海洛因 2 块，净重 688 克。谢某到案后协助抓获李某。李某归案后始终辩称其受他人雇用贩卖毒品，该情节涉及该案是否属于共同犯罪及李某在共同犯罪中的地位作用，影响对全案事实的准确认定以及能否对李某适用死刑。经审查，李某是否受雇贩卖毒品的事实不清，无法排除合理怀疑。具体体现在：（1）涉案毒品的来源不清。李某作案时年仅 19 岁，没有固定职业，经济情况一般，无吸毒史，也没有毒品犯罪前科，从其年龄、阅历及社会关系看，其缺乏从境内外联系大宗毒源的途径和能力，而且李某无法说清涉案毒品从何处购得，在案证据均不能证实涉案毒品的具体来源。（2）涉案巨额毒资及剩余毒品的去向不明。李某、谢某、温某供述，本次交易的金额达 44 万元，李某归案后侦查人员仅从其身上查获 4 万余元现金，并没有查询其银行账户，也未对其暂住处进行搜查。李某则始终交代涉案毒资已全部交给雇主，缴获的 4 万余元是其劳务报酬。同时，李某及谢某证实交易后还剩余 2 块毒品，侦查人员也未能从李某处查获该 2 块毒品，李某供称剩余毒品已交给雇主。在案没有证据证实涉案毒资和剩余毒品的下落。（3）何人与买家联系交易的事实不清。谢某、温某均供称系受“高佬”雇用向李某购毒，“高佬”已事先与卖家谈妥购毒数量及交易价格，故二人均未再与李某商谈毒品的数量和价格。但李某否认认识“高佬”，坚称系其雇主与买家商定毒品数量和价格，且其通话清单中也没有与“高佬”的通话记录。目前没有证据证实是李某与“高佬”事先商定毒品交易事宜，也无法查明系何人与买家联系交易毒品。但是，李某在侦查和一、二审阶段因害怕打击报复而未如实供述雇用者的真实身份，一、二审以其辩解不成立，判处死刑。李某在死刑复核阶段供称货主姓农，当天还有许某同其一道参与贩卖毒品。经补充查证，李某交代的雇主农某及许某确有其人，且均系涉毒人员；所交代的受雇贩卖毒品的部分情节得到在案证据印证；李某的家庭经济情况一般，没有证据证实李某有异常收支情况及大额账户资金往来。据此，最高人民法院认为李某受他人雇用贩卖毒品的可能性很大，应在量刑上留有余地，遂裁定不核准死刑，发回重新审判。[1]

问 同行运输毒品的，是否构成共同犯罪？ 115

答：两人以上同行运输毒品，既可能是自贩自运，也可能是受人雇用运输毒品，且后者更为常见。此类案件能否认定为共同犯罪，实践中存在认识分歧。有的认为构成共同犯罪，有的认为不构成共同犯罪，有的认为要根据具体情形而定。《2008 年毒品纪要》对该问题没有作出明确规定。在起草《2015 年毒品纪要》过程中，因考虑该问题关系到各被告人运输毒品数量的认定及共同犯罪中的地位作用问题，故作出规定。《2023 年毒品纪要》重申了这些规定。这些指导意见涉及以下几个层面的问题。

1. 共同犯罪与同时犯的区别

这是理解《2015 年毒品纪要》和《2023 年毒品纪要》相关规定的理论基础。对于共同犯罪，各犯罪人主观上有共同的犯罪故意，存在愿意共同实施某种犯罪的意思联络；客观行为具有共同性，有互相依存、互相推动的互动关系；在责任承担上，各共同犯罪人之间有一种不可分割的共同责任，适用“部分行为全体责任”的原则。但“所谓同时犯，是指二人以上没有共同的犯罪故意而同时在同一场所实行同一性质的犯罪”[2]。在同时犯情形下，各行为人因某种原因而导致犯罪行为出现在同一时空环境中，他们不论是否相识，主观上都没有共同犯罪的故意，不存在共同犯罪性质的意思联络；客观行为也不具有共同性，即不具有明显的相互依赖性、促进性；在责任承担上，各行为人实质上是单独犯罪，不存在共同责任，不能适用“部分行为全体责任”的原则，而应在各自的行为范围内分别承担各自的刑事责任。

---

① 参见中华人民共和国最高人民法院刑事审判第一、二、三、四、五庭主办：《中国刑事审判指导案例》（第 5 卷）（增订第 3 版），法律出版社 2017 年版，第 487–491 页。

② 高铭暄、马克昌主编：《刑法学》（第 10 版），北京大学出版社、高等教育出版社 2022 年版，第 164 页。

2. 同行运输毒品是否构成共同犯罪的判断标准

准确认定同行运输毒品的情形属于共同犯罪还是同时犯，直接关系到被告人是仅对各自运输的毒品数量承担刑事责任，还是对他人运输的毒品数量也要承担刑事责任。《2023 年毒品纪要》提出："二人以上同行运输毒品的，应当从是否明知他人带有毒品、有无共同运输毒品的犯意联络、有无实施配合、掩护他人运输毒品的行为等方面，综合审查认定是否构成共同犯罪。"据此，可以从主客观两个方面进行审查：（1）审查各被告人有无运输毒品的共同犯罪故意。主要应当从各被告人是否明知对方带有毒品，有无事先通谋，有无相互配合、掩护对方运输毒品的意思联络等方面审查其有无共同犯罪故意。各被告人的犯意正是通过意思联络才结成一体，转化为共同的犯罪故意。对于虽然同行运输毒品但不知道对方带有毒品的，或者虽然知道对方带有毒品但就共同运输毒品没有事先通谋，在运输过程中也没有形成共同犯罪的意思联络，[①] 各自对个人行为负责，无意对他人行为给予配合、掩护的，不能认定为共同犯罪。（2）审查有无实施配合、掩护他人运输毒品的行为。这可以结合下列因素进行综合判断：一是运输毒品的起运地、目的地、路线是否相同；二是交通、生活费用是否共同使用；三是在途中有无配合、掩护他人运输毒品的具体行为；四是是否由其中部分人员统一与交货人或者接货人进行交接；五是是否共同获取、统一分配报酬。按照上述多种角度分析，对于符合共同犯罪构成条件的，可以依法认定。[②] 对于运输路线客观上重合，但各被告人的行为相对独立，既无配合、照应、掩护行为，又与交货人、接货人单线联系，且单纯按照个人运输毒品的数量领取报酬的，不应认定为共同犯罪。

---

① 行为人在运输毒品过程中就与犯罪无直接关联的问题（如天气情况、家乡风土人情、本次行程路线、到达时间等）进行交流，不能认定为形成了共同犯罪的故意。

② 例如，2010 年被告人邱某清与吉某某格受人雇用，在他人带领下从缅甸接取到毒品后步行进入我国云南省境内，3 名男子在前探路，该二人分别携带毒品乘客车前往目的地，途中在执勤点被查获。二人分别携带海洛因 2825 克、2820 克（共计 5645 克），被认定为共同犯罪。一、二审对邱某清判处死刑，最高人民法院裁定不予核准，发回重审。参见中华人民共和国最高人民法院刑事审判第一、二、三、四、五庭主办：《中国刑事审判指导案例》（第 5 卷）（增订第 3 版），法律出版社 2017 年版，第 496–499 页。

实践中，既有较为明显的同行运输毒品不构成共同犯罪的情形，也有共同犯罪与同时犯交织的运输毒品案件。例如，被告人吕某军、曾某龙相互认识，一起在云南购买毒品，出发地和目的地相同，且曾某龙购买毒品的费用是向吕某军所借，公诉机关指控二人构成运输毒品的共同犯罪。但法院经审理认为，二人没有共同犯罪故意，运输途中没有相互配合、掩护，准备在到达目的地后各自将毒品带回家处理，是运输毒品的同时犯而不是共同犯罪，仅对各自运输的毒品数量负责。[①] 又如，被告人艾某生向冯某义购买了 2 块海洛因，并受雇为冯某义运输 3 块海洛因，冯某义则自行运输另 5 块海洛因，二人一同出发前往湖南，但在贵州境内被查获。法院经审理认为，二人对艾某生为冯某义运输的 3 块海洛因构成共同犯罪，但艾某生对冯某义自行运输的 5 块海洛因不承担责任，冯某义对艾某生所购买的 2 块海洛因也不承担运输毒品罪的责任。一、二审对二人均判处死刑，最高人民法院复核后对艾某生改判死缓。[②] 该案中，二被告人之间具有多层关系，既是毒品交易的上下家，又在运输 3 块海洛因的环节上构成共同犯罪，还是各自运输自己毒品的同时犯。

3. 受雇于同一雇主运输毒品但不认定为共同犯罪的情形

实践中对受雇于同一雇主运输毒品的，容易出现不严格区分主客观要件就认定为共同犯罪的问题。鉴此，《2023 年毒品纪要》延续了《2015 年毒品纪要》的做法，规定了两种不认定为共同犯罪的情形。（1）受雇于同一雇主同行运输毒品，但受雇者之间没有共同犯罪故意，或者虽然明知他人受雇运输毒品，但各自的运输行为相对独立，既没有实施配合、掩护他人运输毒品的行为，又分别按照各自运输的毒品数量领取报酬的，不应认定为共同犯罪，受雇者对各自运输的毒品承担刑事责任。实践中，雇主为保证毒品的安全，往往不会介绍受其雇用的多名运输者相互认识，且与不同受雇者之间保持单线联系，以降低所运输毒品被同时查获的风险。各运毒人相互间不知道

---

① 参见中华人民共和国最高人民法院刑事审判第一、二、三、四、五庭主办：《中国刑事审判指导案例》（第 5 卷）（增订第 3 版），法律出版社 2017 年版，第 356–358 页。

② 参见中华人民共和国最高人民法院刑事审判第一、二、三、四、五庭主办：《中国刑事审判指导案例》（第 5 卷）（增订第 3 版），法律出版社 2017 年版，第 429–431 页。

对方的存在，或者虽然知道对方同样是受雇运输毒品，但没有相互配合的意思，客观上也没有实施相互帮助、掩护的行为，故不属于共同犯罪。这种同行运输毒品，可以称为结伙或结伴运输，相互之间有一定的精神鼓励、支持的作用（可谓互相“壮胆”），但不是共同犯罪。（2）受雇于同一雇主分段运输同一宗毒品，但受雇者之间没有共谋的，也不应认定为共同犯罪。如果说二人以上同时运输毒品是平行模式，分段运输毒品则是承接模式。在分段运输毒品情形中，各运毒人之间通常没有犯罪共谋（且很可能不认识），只是按照雇主安排分别完成自己的运输毒品行为，由于其只是主观上认识到其他人与自己分段运输，各人之间缺乏共同运输的意思联络，客观上也不可能实施相互配合、相互掩护的行为，故通常不构成共同犯罪。

值得注意的是，《2015 年毒品纪要》和《2023 年毒品纪要》所规定的不构成共同犯罪的情形仅限于受雇者之间，雇主当然与各个受雇者分别构成共同犯罪，对运输的全部毒品数量承担刑事责任。受雇者中对其他受雇人员起到组织、指挥作用的人，也与其他受雇人员分别构成共同犯罪，并对相关人员运输的毒品总数量承担责任。

问 体内藏毒者同行运输毒品的，是否属于共同犯罪？① 116

答：体内藏毒，也称人体藏毒，通常是将包装密封好的毒品通过吞服进入胃肠，待藏毒者到达目的地后再排出体外的运输毒品方式。有的走私毒品案件也采取体内藏毒方式。体内藏毒会给藏毒者带来身体不适甚至危险，故采取这种方式运输毒品者多为弱势群体，如经济条件困难的无业人员、农民、边民等。若干年前，体内藏毒案件发案率一度较高，但受毒品价格下降、利润减少、公共交通场所安检技术水平提高等多种因素影响，近年来体内藏毒案件已经较为少见。

① 该问题是上一个问题衍生出来的，但有一定特殊性，故专门介绍。

本书认为，对体内藏毒者同行运输毒品的，一般不宜认定为共同犯罪。主要理由是，各行为人均通过自己的身体这一专属工具运输毒品，根据自己的身体承受能力决定运输毒品的数量，并根据吞服、填塞的毒品数量领取报酬，责任范围较为特定。如仅因各人客观上同行或者路途上有所照应就认定为共同犯罪并累计毒品数量，显然会导致处罚过重，有失公允。而且，通过体内藏毒方式受雇运输毒品的，是运输毒品犯罪中最弱势的群体，从政策把握角度看，处理上也不宜过于严厉，故一般不宜认定为共同犯罪。当然，如果运毒者之间为保证毒品安全、顺利完成运毒任务而有明显的相互配合、掩护行为，可以考虑认定为共同犯罪，并累计毒品数量；如果其中有人起组织、指挥作用的，此人也应对其组织、指挥的各体内藏毒者运输的全部毒品数量承担刑事责任。

问 部分共同犯罪人在逃的，如何区分主犯和从犯？ 117

答：部分共同犯罪人在逃，在毒品犯罪案件中十分常见，具体情形复杂多样。有的是在犯罪过程中遇到查缉时逃跑，有的是获悉“马仔”或者合作者被抓获后逃跑，有的作为幕后老板原本就没有暴露在侦查视线中。

主从犯认定直接关涉罪责大小和处理结果，是十分重要的法律适用问题。部分共同犯罪人在逃会对案件事实认定特别是对在案被告人的罪责认定产生不同程度的影响，但司法工作中不能回避这种认定。《2023年毒品纪要》在延续《2008年毒品纪要》相关规定的基础上提出：“部分涉案人员未到案，根据现有证据能够认定系共同犯罪，或者能够认定在案被告人系共同犯罪中的主犯的，应当依法认定。确有证据证明在案被告人起次要或者辅助作用的，不能因为部分共同犯罪人未到案而不认定为从犯，甚至认定为主犯或者实际上按主犯处罚。”据此，对于部分共同作案人在逃的案件，审理过程中仍应当尽可能根据在案证据区分主从犯以便准确认定其罪责大小。具体而言，（1）对于在案证据情况较好、能够确认在逃者和在案者罪责大小的案件

（如少数人在逃、多数人在案，其他物证、书证、证人证言也较多），应当在判决中确认在案者的主从犯地位和罪责大小。一旦认定为从犯，就应当适用从犯的法律后果，依法从轻、减轻或者免除处罚。（2）根据在案证据，在案者虽然是主犯，但其罪责高度可能小于在逃者的，对在案被告人的处罚就要慎重，应当留有余地，以免在逃者到案后出现量刑结果倒挂现象。[①] 待在逃者归案后，发现在案者的罪责更大，原判决结果确实明显畸轻的，必要时可以启动审判监督程序，但这应当作为例外情形掌握。

值得注意的是，有的案件中行为人到案后为减轻自己的罪责而谎称有共同作案人在逃，这在走私、贩卖、运输、制造毒品案件中都可能出现，多为谎称查获的毒品另有其主，自己只是受雇用、受指使参与犯罪。对此类案件要辩证对待。如果这种辩解的内容不具体、不合逻辑，没有其他证据支持，所供“他人”也无法查证（所谓“幽灵抗辩”），则不能认定是有共犯人在逃的情形，不影响对在案被告人的罪责认定和依法处理。不过，如果审理当时无法排除“他人”存在的可能性，进而影响对在案被告人的处理，则要慎重对待，留有余地。

---

① 对于部分关联犯罪人在逃案件的死刑适用问题，可参见本书“毒品犯罪的死刑适用”一章。

第十三章 毒品的数量、含量与折算

「本章导读」

毒品数量是毒品犯罪定罪量刑的重要情节，而毒品的含量（纯度）与折算问题同毒品数量认定直接相关，即使不影响毒品数量认定的，也常对量刑产生不同程度的影响。本章解答的具体问题包括：毒品数量与定罪量刑的关系，司法解释规定了哪些毒品的定罪量刑数量标准，对司法解释没有规定数量标准的毒品如何定罪量刑，一人实施多种毒品犯罪行为的如何认定罪名和毒品数量，一案涉及多种毒品的如何认定毒品数量，混合型毒品的定性与数量认定，液体毒品的数量认定，未查获实物的混合型毒品片剂的数量认定，对掺杂掺假的毒品如何认定数量，为逃避查缉而临时改变毒品形态的如何认定毒品数量，合法生产的麻精药品被认定为毒品时如何认定数量，毒品含量与纯度的关系，对毒品含量明显偏低的能否在法定刑以下判处刑罚等。

问 如何看待毒品数量对毒品犯罪定罪量刑的影响？ 118

答： 毒品数量对毒品犯罪的定罪量刑有直接、重要的影响，《刑法》也多以毒品数量为基准设立罪刑关系。走私、贩卖、运输、制造毒品是最常见的毒品犯罪类型，根据《刑法》第347条，该罪没有入罪的毒品数量条件，无论涉案毒品数量多少都应当追究刑事责任，予以刑事处罚。在法定刑幅度上，该罪的四档法定刑主要以毒品数量为基准设立：（1）走私、贩卖、运输、制造少量毒品的，处3年以下有期徒刑、拘役或者管制，并处罚金；情节严重的，处3年以上7年以下有期徒刑，并处罚金。（2）走私、贩卖、运输、制造毒品数量较大的，处7年以上有期徒刑，并处罚金。（3）走私、贩卖、运输、制造毒品数量大的，处15年有期徒刑、无期徒刑或者死刑，并处没收财产。该条同时规定，对走私、贩卖、运输、制造毒品集团的首要分子，武装掩护走私、贩卖、运输、制造毒品的，以暴力抗拒检查、拘留、逮捕情节严重的，参与有组织的国际贩毒活动的，处15年有期徒刑、无期徒刑或者死刑，并处没收财产，不要求毒品数量作为量刑条件。非法持有毒品罪也是常见毒品犯罪类型，《刑法》对其规定了入罪条件，并主要以毒品数量为基准确定罪刑关系：（1）非法持有毒品数量较大的，处3年以下有期徒刑、拘役或者管制，并处罚金；情节严重的，处3年以上7年以下有期徒刑，并处罚金。（2）非法持有毒品数量大的，处7年以上有期徒刑或者无期徒刑，并处罚金。其他一些毒品犯罪，如非法生产、买卖、运输制毒物品、走私制毒物品罪，非法种植毒品原植物罪，非法买卖、运输、携带、持有毒品原植物种子、幼苗罪等，制毒物品、毒品原植物及其种子、幼苗的数量都直接影响定罪量刑。

在司法实务中，历来强调毒品数量对定罪量刑尤其是量刑的作用，但同时要求辩证看待毒品数量。例如，《2008年毒品纪要》提出："毒品数量是毒品犯罪案件量刑的重要情节，但不是唯一情节。对被告人量刑时，特别是在考虑是否适用死刑时，应当综合考虑毒品数量、犯罪情节、危害后果、被告人的主观恶性、人身危险性以及当地禁毒形势等各种因素，做到区别对待。……量刑既不能只片面考虑毒品数量，不考虑犯罪的其他情节，也不能只片面考虑其他情节，而忽视毒品数量。”《2015 年毒品纪要》在多个方面尤其是死刑适用问题上充分体现了以毒品数量为基础但综合考虑其他情节的量刑原则。《2023 年毒品纪要》重申：“毒品数量是量刑的重要情节，但不是唯一情节。在对被告人决定死刑适用时，应当坚持‘毒品数量＋其他情节’的标准，不能仅因涉案毒品数量远超过实际掌握的死刑适用数量标准，就不加区分地判处一案多名被告人死刑，还应充分考虑不同被告人的不同犯罪情节。”

对于纳入量刑规范化范围的走私、贩卖、运输、制造毒品罪和非法持有毒品罪，最高人民法院、最高人民检察院 2021 年制定的《量刑指导意见》规定，主要按照毒品数量确定量刑起点，在量刑起点的基础上根据毒品犯罪次数、人次、毒品数量等其他影响犯罪构成的犯罪事实增加刑罚量，确定基准刑；再根据量刑情节调节基准刑，并综合考虑全案情况，依法确定宣告刑。在缓刑适用方面，《量刑指导意见》要求对走私、贩卖、运输、制造毒品罪和非法持有毒品罪从严把握缓刑的适用，这与《2015 年毒品纪要》相关规定的精神是一致的。

问 司法解释规定了哪些毒品的定罪量刑数量标准？ 119

答：2000 年《毒品案件解释》、2007 年《毒品犯罪意见》共规定了 16 种毒品的定罪量刑数量标准（除甲基苯丙胺之外的其他苯丙胺类毒品被归为一类）。2016 年《毒品犯罪解释》在此基础上系统规定了 28 类毒品的定罪量刑数量标准。其中，保留了原有司法解释和规范性文件中规定的 15 类，下调了 1 类，新增了 12 类。

1. 关于保留的 15 类毒品的定罪量刑数量标准。其中，可卡因、苯丙胺类（甲基苯丙胺除外）、吗啡、二氢埃托啡、哌替啶（度冷丁）、大麻类、咖啡因、罂粟壳等 8 类毒品的定罪量刑数量标准，来自 2000 年《毒品案件解释》

的规定。美沙酮、三唑仑、安眠酮、氯氮卓、艾司唑仑、地西泮、溴西泮等7类毒品的定罪量刑数量标准，来自2007年《毒品犯罪意见》。

2. 关于下调的1类和新增的12类毒品的定罪量刑数量标准。2016年《毒品犯罪解释》对氯胺酮的定罪量刑数量标准作了调整，并新规定了芬太尼、甲卡西酮、曲马多、γ-羟丁酸、可待因、丁丙诺啡、阿普唑仑、恰特草、巴比妥、苯巴比妥、安钠咖、尼美西泮等12类毒品的定罪量刑数量标准。

在适用上述定罪量刑数量标准时，有如下问题值得注意：（1）对2016年《毒品犯罪解释》已经明确规定了定罪量刑数量标准的28类毒品，应当适用该司法解释的规定，其他指导文件或者折算文件（如《非法药物折算表》）有不同规定的，不再适用。（2）“麻古”是甲基苯丙胺片剂的俗称，主要成分是甲基苯丙胺和咖啡因，性质上归类为甲基苯丙胺，对判处有期徒刑以下刑罚的案件，应当按照上述数量标准定罪量刑。但对涉及判处死刑的，根据《2023年毒品纪要》，对“麻古”的死刑适用标准可以按照冰毒的2倍左右掌握。同时，本书认为，考虑死缓和无期徒刑都是十分严厉的刑罚，在判处这两种刑罚时对“麻古”的量刑数量标准也可以适当高于冰毒，对此需要司法工作中认真总结经验。（3）氯胺酮（俗称“K粉”）的定罪量刑数量标准经历了一个变化的过程，目前对死刑案件和非死刑案件，定罪量刑数量标准已经基本一致，即对非死刑案件，适用司法解释的上述规定，500克以上为“数量大”，对涉及死刑适用的，可以按照海洛因的死刑数量标准的10倍以上掌握。①

问 对司法解释尚未规定定罪量刑数量标准的毒品，如何定罪量刑？ 120

答：如上所述，2016年《毒品犯罪解释》规定了28种毒品的定罪量刑

① 对氯胺酮的定罪量刑数量标准的演变过程和涉氯胺酮犯罪的死刑适用问题，本书第一章和第十七章分别作了较为详细的介绍。

数量标准。但我国麻醉药品和精神药品种类繁多，截至2023年10月，我国已列管了459种麻醉药品和精神药品（其中，麻醉药品123种，精神药品162种，非药用类麻精药品174种），并整类列管了芬太尼类物质、合成大麻素类物质。那么，对司法解释没有作出规定的其他毒品，如何确定定罪量刑数量标准？对此，《2008年毒品纪要》和《2015年毒品纪要》从不同角度作了大致相同的规定，《2023年毒品纪要》基本延续了这些规定。参照这些规定，并结合当前司法工作实际，对《刑法》和司法解释没有规定定罪量刑数量标准的毒品，可以采取如下解决方案。

1. 参考已经正式印发的药物依赖性折算表。截至2023年10月，这种正式印发的依赖性折算表共5份。（1）2016年6月24日国家禁毒办印发的《104种非药用类麻醉药品和精神药品管制品种依赖性折算表》（禁毒办通〔2016〕38号）。这是针对2015年10月1日起施行的《非药用类麻醉药品和精神药品列管办法》所附增补目录而制定的。该增补目录列管了116种新精神活性物质，其中12种苯丙胺类新精神活性物质的定罪量刑数量标准已由2016年《毒品犯罪解释》作出规定，[①] 另外104种新精神活性物质的定罪量刑数量标准可以参照适用《104种非药用类麻醉药品和精神药品管制品种依赖性折算表》。（2）2017年10月20日国家禁毒办印发的《100种麻醉药品和精神药品管制品种依赖性折算表》（禁毒办通〔2017〕52号）。该折算表对2013年版麻醉药品和精神药品品种目录中尚未明确定罪量刑数量标准的100种麻精药品明确了其与海洛因或者甲基苯丙胺的折算标准。（3）2019年1月16日国家禁毒办印发的《3种合成大麻素依赖性折算表》（禁毒办通〔2019〕6号）。该折算表对AMB-FUBINACA、ADB-FUBINACA、5F-ADB等3种合成大麻素的依赖性折算标准作了规定，它们与海洛因的折算比例分别为1：5.5、1：2.5、1：14。（4）2021年11月12日国家禁毒办印发的《氟胺酮和7种合成大麻素依赖性折算表》（禁毒办通〔2021〕4号）。该折算表对氟胺酮和ADB-4en-PINACA等7种合成大麻素类物质与海洛因的折算比例作了规定。（5）2023年9月25日国家禁毒办印发的《依托咪酯依赖性折算表》（禁毒办

① 这12种苯丙胺类新精神活性物质与甲基苯丙胺（冰毒）的定罪量刑数量标准的比例为2：1。

通〔2023〕15号）。该折算表规定依托咪酯与海洛因的折算比例为1∶0.4，即1克海洛因相当于2.5克依托咪酯。

值得注意的是，《2008年毒品纪要》和《2015年毒品纪要》都提出可以“参照”或“按照”药物依赖性折算表规定的折算标准定罪量刑，而《2023年毒品纪要》考虑这些依赖性折算表的效力低于司法解释和指导文件，仅具有参考价值，故强调“对于刑法、司法解释未规定定罪量刑数量标准的毒品”，可以“参考已有折算标准”，并“综合考虑其毒害性、滥用情况、受管制程度、纯度及犯罪形势、交易价格等因素，依法定罪量刑”。也就是说，如果直接按照药物依赖性折算表设定的数量标准量刑会明显导致罪刑不均衡的，可以进行适当调整，不唯数量论。

2. 参考《非法药物折算表》。对于《刑法》、2016年《毒品犯罪解释》和上述5份药物依赖性折算表都没有作出规定的，可以适当参考原国家食品药品监督管理总局2004年制定的《非法药物折算表》（非正式文件），其中列举了156种麻精药品与海洛因的折算比例。之所以将该折算表单独对待，是因为该折算标准不是正式印发的文件，且制定时间较早，有的折算标准未必科学。工作中遇到此类案件仍需要征求相关科研机构和药学专家的意见，对于确实不符合当前实际情况的折算标准，可以不再直接参考，根据案件的具体情况定罪量刑。

3. 其他方式。对于上述司法解释和药物依赖性折算表（包括2004年《非法药物折算表》）都没有作出规定的，应当委托有关专业机构确定涉案毒品的致瘾癖性、毒害性、纯度等，综合考虑其滥用情况、受管制程度及犯罪形势、交易价格等因素，依法定罪量刑。也就是说，办案中对于没有明确折算标准的麻精药品，一般宜在第一档法定刑幅度内确定刑罚，不能轻易升格法定刑幅度。但是，如果涉案毒品与上述司法解释或者药物依赖性折算表有明确规定的毒品品种类似（成瘾性、危害性相当），参考其定罪量刑数量标准认定涉案毒品达到“数量较大”或者“数量大”标准并无不当的，也可以作出相应认定。

问 121 一人实施走私、贩卖、运输、制造毒品等多种行为的，如何认定罪名和毒品数量？

答：对此问题，最高人民法院1994年制定的《关于禁毒决定的解释》曾作出规定："本罪是选择性罪名。凡实施了走私、贩卖、运输、制造毒品行为之一的，即以该行为确定罪名。凡实施了其中两种以上行为的，如运输、贩卖海洛因，则定为运输、贩卖毒品罪，不实行并罚。运输、贩卖同一宗毒品的，毒品数量不重复计算；不是同一宗毒品的，毒品数量累计计算。"《2000年毒品纪要》重申了上述规定并强调，罪名不以行为实施的先后、危害后果的大小排列，一律以《刑法》条文规定的顺序表述，但不实行并罚；对不同宗毒品分别实施了不同种犯罪行为的，应对不同行为并列确定罪名，累计计算毒品数量，也不实行数罪并罚。

《2008年毒品纪要》在充分吸收《2000年毒品纪要》上述规定的基础上提出了更为系统的指导意见，《2023年毒品纪要》基本延续了这些规定，但在上级法院能否改变罪名方面作了修改、完善。具体规则包括如下内容：（1）走私、贩卖、运输、制造毒品罪是选择性罪名，确定罪名时不以行为实施的先后、毒品数量或者危害大小排列，一律按照《刑法》条文规定的顺序表述。例如，对同一宗毒品制造后又运输、走私的，以走私、运输、制造毒品罪定罪，而不是认定为制造、运输、走私毒品罪。（2）对同一宗毒品实施了不同种犯罪行为且有确凿证据证明的，应当按照犯罪行为的性质并列确定罪名，毒品数量不重复计算，不实行数罪并罚。例如，张某制造冰毒2000克，并将该冰毒从广东省运输至浙江省进行贩卖，认定为贩卖、运输、制造冰毒2000克，而不是6000克。（3）对同一宗毒品可能实施了不同种犯罪行为，但根据证据只能认定其中一种或者几种行为，认定其他行为的证据不属确实、充分的，按照依法能够认定的行为性质定罪。例如，行为人在运输毒品途中被查获，涉嫌将毒品走私入境或者为贩卖而运输毒品，但认定其走私或贩卖毒品的证据不充分的，则只认定为运输毒品罪。这种情形多因跨地域管辖问题或者侦查力度不够而造成，量刑时未必体现从宽处理。（4）对不同宗毒品分别实施了不同种犯罪行为的，应对不同行为并列确定罪名，累计毒品数量，不实行数罪并罚。例如，刘某制造冰毒 1000 克卖给他人，后又另行购买 800 克冰毒卖出，则其行为构成贩卖、制造毒品罪，毒品数量合计为冰毒 1800 克。这里所说的“累计毒品数量”，指的是符合累计数量条件的情形，特别是《刑法》和相关司法解释规定了定罪量刑数量标准的毒品，如海洛因、甲基苯丙胺、氯胺酮等。对此，可以同《2023 年毒品纪要》规定的一案涉及两种以上毒品时如何累计毒品数量的规定结合起来理解。（5）在上级法院能否改变罪名问题上，《2023 年毒品纪要》结合《刑诉法解释》的最新规定，修改了《2008 年毒品纪要》的相关规定，即：“检察机关起诉指控或者原审法院判决确定的选择性罪名不准确或顺序不当的，审理法院可以减少部分罪名或者改动罪名顺序；检察机关指控了相关犯罪事实，但未适用相应选择性罪名的，在充分听取控辩双方意见的基础上，可以根据审理认定的事实，增加或者变更为相应选择性罪名，但上诉案件不得加重刑罚或者对刑罚执行产生不利于被告人的影响。”[①]

另外，《2015 年毒品纪要》规定了一种特殊情形下的罪名和毒品数量认定问题，《2023 年毒品纪要》对此作了重申，即对于从贩毒人员住所、车辆等处查获的毒品，一般应认定为其贩卖的毒品；确有证据证明查获的毒品并非贩毒人员用于贩卖，其行为另构成非法持有毒品罪、窝藏毒品罪等其他犯罪的，依法定罪处罚。也就是说，这种情况下不论毒品是否一次性购得，通常认定为贩卖毒品罪一罪，并累计毒品数量。[②]

---

① 《2008 年毒品纪要》的规定是：“下级法院在判决中确定罪名不准确的，上级法院可以减少选择性罪名中的部分罪名或者改动罪名顺序，在不加重原判刑罚的情况下，也可以改变罪名，但不得增加罪名。”对改变罪名问题的详细分析，可参见本书第二十章。

② 对该问题的详细解答，可参见本书“贩卖毒品罪”一章。

问 一案涉及多种毒品的，如何认定毒品数量？ 122

答：一案涉及多种毒品是司法实践中的常见情形，[①]《刑法》和相关司法解释没有规定应当如何计算毒品数量。实践中理解不统一，有的认为应当累计毒品数量，有的认为可以按照主要毒品（如海洛因、冰毒）的数量量刑，把其他毒品作为量刑情节考虑。为统一法律适用，《2008 年毒品纪要》规定："对被告人一人走私、贩卖、运输、制造两种以上毒品的，不实行数罪并罚，量刑时可综合考虑毒品的种类、数量及危害，依法处理。"这一指导意见是对最高人民法院 1995 年 11 月 9 日作出的《关于办理毒品刑事案件适用法律几个问题的答复》（法函〔1995〕140 号）中相关规定的吸收，[②]但《2008 年毒品纪要》没有明确规定量刑过程中如何具体操作。该纪要的起草者认为，量刑时可以将不同种类毒品统一折算成海洛因的相当量，如被告人走私、贩卖海洛因 500 克、鸦片 2000 克，鉴于鸦片与海洛因是 20:1 的比例关系，可以折算为相当于海洛因 600 克（500 克 +100 克）予以量刑，但在裁判文书中不明确表述数量折算问题，仍表述为被告人走私、贩卖海洛因 500 克、鸦片 2000 克。[③]2009 年，最高人民法院研究室作出《关于被告人对不同种毒品实施同一犯罪行为是否按比例折算成一种毒品予以累加后量刑的答复》（法研〔2009〕146 号），认为根据《2008 年毒品纪要》的上述规定，应当将涉案的不同毒品按一定比例折算后予以累加进行量刑。这就较好地解决了相关纪要的上述指导意见不够明确的问题。[④]

---

① 例如，最高人民法院 2020 年发布的"6 · 26"禁毒宣传案例中的刘某等人贩卖、制造毒品案，查获了芬太尼、呋喃芬太尼、阿普唑仑、去甲西泮、4– 氯甲卡西酮、3，4– 亚甲二氧基乙卡西酮等多种新型毒品（部分属于新精神活性物质），在认定毒品数量时需要对不同种类的毒品进行折算。

② 该答复第 1 条规定："对被告人一人走私、贩卖、运输、制造或者非法持有两种以上毒品并已构成犯罪的，不应实行数罪并罚，可综合考虑毒品的种类、数量及危害，依法处理。"

③ 参见高贵君、王勇、吴光侠：《〈全国部分法院审理毒品犯罪案件工作座谈会纪要〉的理解与适用》，载中华人民共和国最高人民法院刑事审判第一、二、三、四、五庭主办：《中国刑事审判指导案例》（第 5 卷）（增订第 3 版），法律出版社 2017 年版，第 982 页。

④ 最高人民检察院、公安部 2012 年制定的《立案追诉标准（三）》第 2 条第 2 款也规定："非法持有两种以上毒品，每种毒品均没有达到本条第一款规定的数量标准，但按前款规定的立案追诉数量比例折算成海洛因后累计相加达到十克以上的，应予立案追诉。"

为更好解决认识分歧、统一法律适用,《2015年毒品纪要》对一案涉及多种毒品的数量认定问题作了系统规定，包括如下几方面:（1）明确提出把折算后累计毒品数量作为基本原则。即“走私、贩卖、运输、制造、非法持有两种以上毒品的，可以将不同种类的毒品分别折算为海洛因的数量，以折算后累加的毒品总量作为量刑的根据”。主要理由是，不采取折算后累计数量的方法就难以准确认定涉案毒品总量，从而不利于科学量刑，特别是在海洛因、甲基苯丙胺等毒性大的毒品比例低、数量少的情况下，如果只将其他毒品作为量刑情节而不累计数量，会导致量刑偏轻。（2）在折算的具体方法方面，其一，对于《刑法》、司法解释和其他规范性文件明确规定了定罪量刑数量标准的毒品，[①]可以分别折算为海洛因后进行累加，累加后毒品数量达到更高法定刑幅度的，可以依法适用。其二，对于《刑法》、司法解释和其他规范性文件没有规定定罪量刑数量标准，但《非法药物折算表》规定了与海洛因的折算比例的毒品，可以折算后进行累加数量。其三，对于既未规定罪量刑数量标准，又不具备折算条件的毒品，综合考虑其致瘾癖性、社会危害性（滥用情况)、数量、纯度等因素依法量刑。这种情形下不宜累计毒品数量，原则上就最低档量刑，确有必要且理由充分的，可以升格法定刑幅度量刑。（3）在裁判文书中应当客观表述涉案毒品的种类和数量，并综合认定为数量大、数量较大或者少量毒品，不明确表述将不同种类毒品折算后累加的毒品数量。即使对于种类相同但量刑标准存在差异的毒品（如冰毒、“麻古”)，在事实认定部分也应当分开表述，在说理部分可以笼统表述（如甲基苯丙胺)，但在涉及死刑适用时应当分开表述并说明理由。

《2023年毒品纪要》总体上延续了《2015年毒品纪要》上述规定的精神，重申对于《刑法》、司法解释明确规定了定罪量刑数量标准的毒品，可以将不同种类的毒品分别折算为海洛因的数量，以折算后累加的毒品总量作为定罪

① 值得注意的是,《2015年毒品纪要》在这里所说的“其他规范性文件”指的是2007年《毒品犯罪意见》，但2016年《毒品犯罪解释》出台后，就没有“其他规范性文件”规定毒品的定罪量刑数量标准了，但不排除日后根据禁毒工作需要仍会在“其他规范性文件”中规定新类型毒品的定罪量刑数量标准。

量刑的根据，同时，在裁判文书中应当客观表述涉案毒品的种类和数量，不表述折算后的毒品数量。但是，对于《刑法》、司法解释未规定定罪量刑数量标准的毒品能否折算后累计，《2023 年毒品纪要》作出了较为原则性的规定：“参照前述规定，综合考虑相关因素，依法定罪量刑。”该规定意即，涉案麻精药品的依赖性折算标准并非严格意义上的定罪量刑数量标准，只有“参考”价值，这些不同种类的毒品如果不具备折算条件，则不应累计毒品数量，但也不排除有的案件中仍可累加毒品数量。这就比《2015 年毒品纪要》的相关规定增加了弹性，有利于司法人员根据案件的具体情况作出灵活处理。

另外，在毒品数量的累计方面还有两个值得注意的问题：（1）对一案涉及多种毒品的案件适用死刑要十分慎重，并区别情况处理。如果查获的毒品多为危害严重的传统毒品（如海洛因、冰毒），累计数量后达到实际掌握的死刑适用标准的，可以依法判处。如果涉案毒品多为新类型毒品，且都已有明确的死刑适用标准（如“麻古”、氯胺酮），累计数量后达到死刑适用标准的，也可以依法判处。如果涉案的新类型毒品占多数且没有死刑适用数量标准的，则不宜判处死刑，即使判处死缓也要慎重。（2）对一案涉及多种制毒物品的，是否应折算后累计数量？这是直接影响定罪量刑的问题。《立案追诉标准（三）》第 5~6 条规定，走私、非法买卖两种以上制毒物品，每种制毒物品均没有达到立案追诉数量标准，但按比例折算成一种制毒物品后累计相加达到追诉数量标准的，应予立案追诉。本书认为，制毒物品与毒品存在较大差别，不同种类的制毒物品往往用于制造不同的毒品，且制毒物品本身也有原料（前体）和配剂之分，故不宜轻易对不同种类的制毒物品进行折算后累计数量，此方面需要作出严格限制。例如，当查获的不同种类的制毒物品都属于制毒原料（不是配剂）且都可用于制造同一种毒品（如冰毒或者氯胺酮）时，才可以考虑折算后累计数量；对于涉案的制毒物品中部分是原料、部分是配剂，或者是制造不同种类毒品的原料，或者都是配剂的，则不应折算后累计数量。

问 对混合型毒品，如何认定毒品的种类、数量和定罪量刑标准？ 123

答：混合型毒品是指将两种以上毒品成分混合加工形成的毒品。近年来出现的新类型毒品很多是混合型毒品，既有固态的也有液态的，如“摇头丸”“麻古”“神仙水”“开心水”等。[①] 对这些毒品如何确定其性质或者种类，以往司法实践中存在不同认识和做法。有的主张计算出混合型毒品中所含各种毒品的成分以及各自所占比例，然后累加得出毒品数量。这种思路较为精确，但对毒品成分和含量鉴定工作提出了很高要求，并且较为琐碎，实践中很难操作。

为规范此类毒品的性质和数量认定，《2008 年毒品纪要》提出了按照其中所含毒性较大的毒品成分确定毒品性质的思路。具体而言，对于含有二种以上毒品成分的毒品混合物，应作出成分鉴定，[②] 以确定所含的不同毒品成分及比例；对于毒品中含有海洛因或者甲基苯丙胺的，应以海洛因、甲基苯丙胺分别确定其毒品种类；[③] 对于不含海洛因、甲基苯丙胺的，以其中毒性较大的毒品成分确定其毒品种类，如果毒性相当或者难以确定毒性大小的，以其中所占比例较大的毒品成分确定毒品种类，并在量刑时综合考虑其他毒品成分、含量和全案所涉毒品数量。这样规定的主要理由是，毒性较大的毒品

---

① “神仙水”“开心水”都是不同混合型毒品的俗称，所含毒品成分不固定，有时二者混用。“神仙水”中一般含有 γ－丁内酯（GBL）、γ－羟丁酸（GHB）等成分（也有案件中称此类毒品为“开心水”），而“开心水”一般含有氯胺酮、甲基苯丙胺或者其他苯丙胺类物质（也有案件中称此类毒品为“神仙水”）。

② 根据最高人民法院、最高人民检察院、公安部 2016 年制定的《毒品提取、扣押等程序规定》第 33 条，具有下列情形之一的，公安机关应当委托鉴定机构对查获的毒品进行含量鉴定：（1）犯罪嫌疑人、被告人可能被判处死刑的；（2）查获的毒品系液态、固液混合物或者系毒品半成品的；（3）查获的毒品可能大量掺假的；（4）查获的毒品系成分复杂的新类型毒品，且犯罪嫌疑人、被告人可能被判处 7 年以上有期徒刑的；（5）人民检察院、人民法院认为含量鉴定对定罪量刑有重大影响而书面要求进行含量鉴定的。

③ 例如，在最高人民法院2018年发布的“6·26”禁毒宣传典型案例中，被告人石某美贩卖20瓶“神仙水”，净重 396.52 克，均检出甲基苯丙胺、氯胺酮成分，应当按照甲基苯丙胺的定罪量刑标准量刑，被判处有期徒刑 15 年（附加刑略）。

（首先指海洛因或者甲基苯丙胺）的定罪量刑数量标准较低，以该毒品成分确定混合型毒品的性质所对应的法定刑较重，不会轻纵此类毒品犯罪，同时也较好操作。[①]

按照上述思路确定混合型毒品的性质和种类，其定罪量刑标准便迎刃而解。根据前文的介绍，对混合型毒品的定罪量刑标准可以区分下列情形处理：（1）对于《刑法》和2016年《毒品犯罪解释》已规定了定罪量刑数量标准的毒品，按照《刑法》、司法解释的规定执行。（2）对于《刑法》和司法解释没有规定定罪量刑数量标准的毒品，有条件折算为海洛因或者冰毒的，可以参考（不是参照）国家禁毒办发布的前述5份药物依赖性折算表和原国家食品药品监督管理总局2004年起草的《非法药物折算表》，折算成海洛因或者冰毒的数量后适用刑罚。量刑时不唯折算标准论，而要考虑前述多种因素，保证量刑公正、合理。（3）对于上述司法解释和依赖性折算表都没有作出规定的，应当委托有关专业机构确定涉案毒品的致瘾癖性、毒害性、纯度等，综合考虑其滥用情况、受管制程度、犯罪形势、交易价格等因素，依法定罪量刑。

《2023年毒品纪要》在总体延续上述规定的基础上，吸收了最高人民法院、最高人民检察院、公安部2014年制定的《毒品名称意见》的相关内容，提出："对于含有两种以上毒品成分的混合型毒品，应当根据相关成分和含量鉴定，确定其所含不同毒品的成分及比例，并根据主要毒品成分和具体形态认定毒品种类、确定名称。混合型毒品中含有海洛因或者甲基苯丙胺（冰毒，下同）成分的，一般以海洛因或者甲基苯丙胺分别认定毒品种类；不含海洛因、甲基苯丙胺成分，或者海洛因、甲基苯丙胺含量极低的，可以根据混合型毒品中其他定罪量刑数量标准较低且含量较高的毒品成分认定毒品种类，并在量刑时综合考虑其他毒品的成分、含量和全案毒品数量。"主要修改之处有两点，一是将作为定性基准的毒品成分，由《2008年毒品纪要》表述的"毒性较大的毒品成分"改为"主要毒品成分"（即定罪量刑数量标准较低

① 国外也有类似做法。如美国量刑指南指出，管制药品的重量是指含有可觉察管制药品的任何混合物或药品的全部重量，如果混合物或药品包含不止一种管制药品，则按照导致较高犯罪等级的管制药品计算全部混合物或该药品的重量。

且含量较高的毒品成分)；二是对含有海洛因或者甲基苯丙胺的情形，改为“一般”（而不是“应当”）以海洛因或者甲基苯丙胺分别认定毒品种类。

问 对液体毒品，如何认定毒品数量？[①] 124

答： 液体毒品通常是指完成制造工序后以液体形式存在并可直接以口服、注射等方式吸食、使用的毒品。液体毒品既有不法分子专门制造的，也有贩卖环节勾兑的，还有正规企业生产但被不法分子作为毒品滥用的含麻精药品成分的液体制剂。制造毒品过程中出现的液体状半成品和废液废料，不是这里所说的液体毒品。常见的液体毒品有“神仙水”、“开心水”、“犀牛液”[②]、海洛因针剂、杜冷丁针剂、可待因口服溶液等。近年来还出现了伪装成正规饮料形式的毒品，如含有 γ－羟丁酸成分的饮料。[③] 由于这些液体毒品多是不法分子专门配制的，可直接吸食，故一般应当将查获的液体数量都认定为毒品的数量，而不能将其中所含毒品成分折算后认定毒品数量。对其中毒品成分含量很低的，可作为量刑情节酌情考虑。[④]

在认定液体毒品的数量时，有两个值得注意的问题：其一，如果是正规企业合法生产的麻精药品液体制剂流入非法渠道被认定为毒品的，根据2016年《毒品犯罪解释》的相关规定，应当以其中所含麻精药品成分的数量作为

---

① 该问题与上一个问题联系密切，但有一定特殊性，故专门分析。

② “犀牛液”是含有“N, N- 二异丙基 -5- 甲氧基色胺”（英文缩写 5-Meo-DiPT）成分毒品的俗称，该毒品成分是 2015 年发布的非药用类麻精药品增补目录所列管的新精神活性物质，属色胺类衍生物。

③ γ－羟丁酸也称 γ－羟基丁酸，是同一种物质的两种名称。例如，在被告人范某宇贩卖毒品案中，其贩卖的毒品是含有 γ－羟丁酸成分的饮料，共计 1.8 万余瓶、5000 余千克，平均含量为 2.86mg/ml，认定的毒品数量未以含量折算，被判处无期徒刑。参见白春子：《新型液态毒品的数量认定与刑罚适用》，载《人民司法（案例）》2022 年第 17 期。该期还刊登了蔡茂撰写的《使用化学原料生产含毒品成分饮料并销售构成贩卖、制造毒品罪》一文，介绍被告人王某制造、贩卖含 γ－羟丁酸成分的“卡哇氿”饮料案的审理情况。参见该期《人民司法》，第 56-59 页。

④ 对于含量很低的液体毒品能否进行纯度折算以及如何量刑，可参见本章后文的分析。

毒品的数量，而不能按照查获的全部液体数量认定。[1]其二，实践中有的吸食者购买某种固体毒品（如“摇头丸”、氯胺酮）或者液体毒品后，为便于吸食而将之投入到饮料中溶解、稀释，再供自己饮用或者无偿提供给他人饮用的，对这种简单加工行为不能定性为制造毒品，也不能将含有毒品成分的相关液体都认定为毒品数量，仍应按照有证据证明的原毒品数量认定涉案毒品数量。[2]《2023 年毒品纪要》也明确提出：“以自用为目的对少量毒品添加其他物质、改变形态的，不认定为制造毒品。”但不能据此认为，以贩卖为目的对少量毒品添加其他物质、改变形态的就一定属于制造毒品，仍要看该行为是否改变了毒品成分和效用，是否足以评价为制造毒品。

问 对未查获毒品实物的案件，如何认定毒品数量？[3] 125

答：未查获毒品实物包括全案未查获毒品实物和部分事实中未查获毒品实物两种情形，尤以后者为常见。对未查获毒品实物的案件如何认定毒品数量，一直是困扰司法实务的棘手问题。《2015 年毒品纪要》曾就未查获实物的“麻古”等毒品片剂的数量认定问题作出规定，《2023 年毒品纪要》则对此类问题提出了更为丰富的指导意见。主要包括如下几项内容。

1. 明确了处理此类问题的基本原则。对此，《2023 年毒品纪要》提出：“根

---

① 本章后文对该问题专门作了分析、解答。

② 例如，在梅某苁容留他人吸毒案中，被告人梅某苁将少量固体毒品投入饮料或饮用水中并加热，供自己和公司其他人员饮用。经鉴定，查获的液体中 MDMA 含量为 0.2%，氯胺酮含量小于 0.1%。公诉机关将涉案液体均认定为毒品，数量为 MDMA219.86 克，据此指控梅某苁犯非法持有毒品罪，一审法院支持该罪名，判处 7 年有期徒刑，并处罚金 2.8 万元。二审法院认为一审对毒品数量认定有误，应只认定投入液体之前的固体毒品数量（不到 20 克），据此梅某苁的行为不构成非法持有毒品罪，但可能构成容留他人吸毒罪，遂以事实不清发回重审，并指定其他法院重新审理。公诉机关重新指控梅某苁犯容留他人吸毒罪，梅某苁认罪认罚，法院以该罪判处 7 个月 18 日有期徒刑，并处罚金 2000 元。参见方勇、孙彭聃：《添加非毒品物质时毒品数量的认定》，载《人民司法（案例）》2020 年第 29 期。

③ 本书第十九章还专门对未查获毒品实物案件的事实认定问题作了分析。

据现有证据能够认定被告人实施了毒品犯罪，但未查获毒品实物的，应当根据在案证据依法认定毒品数量。”这是一项原则性规定。毒品是毒品犯罪案件中的核心物证，查获了毒品实物显然有利于事实认定，故办理毒品案件多追求“人毒并获”。实践中未查获毒品实物的情形很多，如果行为人实施某种毒品犯罪的基本事实能够认定，便会涉及毒品数量的认定问题。这就需要根据犯罪行为类型和证据情况灵活处理。

2. 可以根据交易金额认定毒品数量的情形。《2023年毒品纪要》提出：“有确实、充分的证据证实毒品交易金额和单价的，可以据此认定毒品数量。”这种情形通常是案件中存在较为完整、清晰的转账记录（包括银行账户转账记录、微信或支付宝等网络支付工具的转账记录等），且能与被告人供述、证人证言等其他证据相印证，形成完整证据链。[①] 如果是使用现金交易或者没有完整、清晰的转账记录，特别是在犯罪事实较多、毒品交易与转账记录不完全对应的情况下，则难以根据交易金额和单价认定毒品数量。故《2023年毒品纪要》同时提出：“无法根据现有证据认定涉案毒品具体数量的，可以在事实部分客观表述毒品交易的金额、次数或者制毒原料的数量等，表明其实施毒品犯罪的情节、危害。”

3. 制造毒品案件中未查获毒品实物的，如何认定毒品数量。制造毒品案件中未查获毒品实物的原因很多，有的是尚未制出毒品成品或者半成品就被查获，有的是已将制出的毒品成品全部售出，有的是查获了制出的部分成品或半成品。对此，《2023年毒品纪要》没有正向提出毒品数量认定规则，而是提出了警示性指导意见：“制造毒品的，不应单纯根据制毒原料制成毒品率估算毒品数量。”因为，制成毒品率受到制毒技术水平等多种因素影响，即便制毒工具和原料、配剂齐全，制出的成品数量也会因人（案）而异，有的案件中甚至会因技术差而导致制毒失败。对于已经制出部分成品的，可以根据制成毒品率推算查获的制毒原料可能制成的毒品数量，以之作为量刑的参

---

① 例如，在张某勇贩卖毒品案中，未查获毒品实物，毒品数量系根据其持有的农行账户所转入的金额推算（共转入190笔合计4.86万元毒资，按每克400元计算，折合甲基苯丙胺121.5克）。被告人张某勇不认罪，系通过分析间接证据认定其贩毒事实。对该案情况的详细介绍，可参见本书第十九章。

考，但对于无法确定制成毒品率的，则不能进行这种推算。因此，《2023年毒品纪要》同时提出："无法根据现有证据认定涉案毒品具体数量的，可以在事实部分客观表述毒品交易的金额、次数或者制毒原料的数量等，表明其实施毒品犯罪的情节、危害。"

值得注意的是，上述指导意见主要是针对采取化学合成方法制造毒品的情形。对于采取物理方法制造毒品（如"麻古"），现场查获的制毒原料本身就是毒品的（如冰毒、咖啡因），可以客观表述查获的毒品数量，量刑时可推算查获的冰毒、咖啡因等毒品大致能制造出的毒品片剂数量。如果不涉及死刑适用，可直接根据查获的冰毒数量和已制出的"麻古"数量量刑；如果涉及死刑适用，则要考虑"麻古"量刑标准的特殊性，按照冰毒的2倍左右掌握。①

4. 未查获实物的混合型毒品片剂的数量认定。实践中被告人对未查获实物的"麻古""摇头丸"等混合型毒品，常供述涉案毒品的粒数（末端交易通常按粒计价），但办理案件特别是定罪量刑时考虑的是涉案毒品的重量。对于未查获实物的混合型毒品片剂如何计算数量，《2008年毒品纪要》没有作出规定，各地做法也不统一。为此，《2015年毒品纪要》提出了指导意见，《2023年毒品纪要》基本延续了该规定。根据《2023年毒品纪要》，对于未查获实物的混合型毒品片剂，"可以根据在案证据证明的毒品粒数，参考相关案件中查获的同类毒品的一般重量计算出毒品数量"②。这是个便于司法操作的办法。据了解，1粒"麻古"的重量一般为0.09克左右，10粒不到1克。但由于这种计算方法是为便于量刑而采用的一种特殊认定方法，未必很准确，故《2023年毒品纪要》同时提出："在裁判文书中，则只客观表述根据在案证据认定的毒品粒数。"从实际工作看，必要时可以用括号注明据此计算出的毒品约重，以便更加直观地从判决书中看到毒品数量与量刑的对应关系。另外，需要注意的是，在大部分涉案混合型毒品未被查获，主要根据上述方法计算出毒品数量的情况下，决定适用死刑时应当格外慎重，一般不宜判处死刑。

---

① 对该问题的详细分析，可参见本书第五章"制造毒品罪"中的相关问题。

② 《2023年毒品纪要》的文字表述有所修改，主要是将《2015年毒品纪要》中查获的同类毒品的"平均重量"改为"一般重量"。

问 为增加毒品重量而掺杂掺假的，如何认定毒品数量？ 126

答： 掺杂掺假是毒品制售中的常见现象（某种意义上是“行规”），[①] 海洛因、冰毒、“麻古”、氯胺酮等常见毒品都存在掺杂掺假问题。在毒品交易链条的上游，通常需要进行某种程度的掺杂掺假以使毒品便于吸食，而在毒品交易的下游，掺杂掺假多是为了增加毒品重量以便赚取更多非法利润。因此，越是在交易链条的上游，毒品的含量或者纯度就越高，随着交易链条往后延伸，毒品的纯度也会不断下降。

相关司法解释和指导文件均未明确规定对掺杂掺假情况如何认定毒品数量，但间接涉及该问题。如《2008 年毒品纪要》提出：“为便于隐蔽运输、销售、使用、欺骗购买者，或者为了增重，对毒品掺杂使假，添加或者去除其他非毒品物质，不属于制造毒品的行为。”《2015 年毒品纪要》也规定：“办理毒品犯罪案件，无论毒品纯度高低，一般均应将查证属实的毒品数量认定为毒品犯罪的数量，并据此确定适用的法定刑幅度，但司法解释另有规定或者为了隐蔽运输而临时改变毒品常规形态的除外。”《2023 年毒品纪要》则强调：为欺骗购毒者或者逃避查缉等，对毒品掺杂使假的，不认定为制造毒品；除司法解释另有规定或者为了逃避查缉等临时改变毒品常规形态的情形外，一般均应将查证属实的毒品数量认定为毒品犯罪的数量，并据此确定适用的法定刑幅度。根据《刑法》关于毒品不以纯度折算的规定，并结合这些指导意见，对于被掺杂掺假的毒品，一般均应按照涉案毒品的全部数量认定，因掺杂掺假导致毒品含量明显偏低的，可以作为酌定从宽情节考虑。

值得注意的是，有的案件中所检出的毒品成分含量极低，基本丧失毒品效用的，可认定为假毒品，此时不宜按照查获的物品数量认定毒品数量，案

---

① “掺杂掺假”是约定俗成的表述，也有人表述为“掺杂使假”。掺杂与掺假的含义接近，“杂物”相对于毒品而言自然也是“假物”，但二者又不完全相同。毒品掺杂物包括本毒品之外其他价值不高的毒品、处方药、普通药品和香精、色素等，而参假物可能对毒品品质没有任何促进作用，纯粹是为了增加毒品重量，甚至可能降低毒品品质，具有一定欺骗性。

件定性方面多涉及毒品犯罪未遂或诈骗罪的认定。[①]有的案件中查获了行为人准备用来掺杂掺假用的辅料，从这些辅料中也可能检出含量极低的毒品成分，如果根据在案证据（被告人供述、证人证言、购买价格等）可以确认是辅料的，则不应计入查获的毒品总数量，但可作为酌定从重情节考虑。例如，在张某梅等人贩卖毒品案中，上家刘某堂和李某生卖给张某梅的海洛因原本只有 130 克，经掺入辅料变为 657 克，上家同时将 103.5 克未及掺入的辅料提供给张某梅，法院对该 103.5 克辅料未计入毒品总数量。[②]

问 为逃避查缉而临时改变毒品常规形态的，如何认定毒品数量？ 127

答：为防止毒品被查获，在走私、运输过程中对毒品进行深度藏匿和伪装的情况较为常见，如将毒品混杂于水果、木材等其他大宗物品中，将毒品藏于汽车后备箱夹层、两侧车门夹层或者油箱中，将毒品藏于手提行李箱的内层，甚至采取人体藏毒方式。也有的行为人将固体毒品（如海洛因、冰毒、可卡因）溶解、吸附到其他物品中（如红酒、地毯、棉衣），从而进一步增加查验难度。这种伪装、藏匿方式是为逃避查缉而对毒品常规形态的临时改变，犯罪分子到达目的地后仍需要将毒品分离出来，恢复常规形态，故不能将查获的物品重量认定为毒品的数量。《2015 年毒品纪要》提出："办理毒品犯罪案件，无论毒品纯度高低，一般均应将查证属实的毒品数量认定为毒品犯罪的数量，并据此确定适用的法定刑幅度，但司法解释另有规定或者为了隐蔽运输而临时改变毒品常规形态的除外。"《2023 年毒品纪要》基本重申了该指导意见："除司法解释另有规定或者为了逃避查缉等临时改变毒品常规形态的情形外，一般均应将查证属实的毒品数量认定为毒品犯罪的数量，并据此确定适用的法定刑幅度。"主要修改之处是将"为了隐蔽运输"改为"为

---

① 对该问题的详细介绍，可参见本书第三章"贩卖毒品罪"。

② 参见中华人民共和国最高人民法院刑事审判第一、二、三、四、五庭主办：《中国刑事审判指导案例》（第 5 卷）（增订第 3 版），法律出版社 2017 年版，第 344–350 页。

了逃避查缉等”，由此更符合司法实践的复杂情况。

或许有人认为，根据《刑法》第357条第2款“毒品的数量……不以纯度折算”的规定，可以将溶解物或者吸附物的重量认定为涉案毒品数量，以体现对毒品犯罪的严厉打击。但《刑法》的该项规定是针对以常规形态存在的毒品，不包括为了逃避查缉而临时改变存在形态的毒品。对此类案件，应根据被告人供述等证据，将被溶解或者被吸附之前的毒品数量作为涉案毒品数量，无法确认之前毒品数量的，可以由被告人将毒品分离出来再认定毒品数量，确实无法分离的，可以根据在案证据就低认定毒品数量。

问 对合法生产的麻精药品流入非法渠道的，如何认定毒品数量？ 128

答：对具有医疗用途的麻精药品被用于毒品犯罪的如何认定毒品数量，一度是实践中较为突出的问题。2000年《毒品案件解释》通过括号标注的方式规定，对医用度冷丁和盐酸二氢埃托啡针剂及片剂，要按照其中所含该类药品成分的数量认定涉案毒品数量。考虑到由正规企业生产的被管制麻精药品流入非法渠道时，都应当采用这种认定方法，2016年《毒品犯罪解释》第1条第2款作出明确、统一规定：“国家定点生产企业按照标准规格生产的麻醉药品或者精神药品被用于毒品犯罪的，根据药品中毒品成分的含量认定涉案毒品数量。”

这样规定主要是基于以下几点考虑：（1）药品中水分、淀粉、糖分、色素等成分占有相当大的比重，而有效药物成分（毒品成分）的含量较低，如根据药品的总重量认定涉案毒品数量，势必同毒品成分的实际数量有明显差距，难以体现罚当其罪。（2）对于不同厂家生产或者同一厂家生产的不同规格的同类药品，在总重量相同的情况下，其有效药物成分的含量可能存在较大差异，如根据药品的总重量认定涉案毒品数量，会影响量刑平衡。（3）从药品生产、使用单位流入非法渠道的麻精药品，其有效药物成分的含量有严格标准，不涉及毒品的含量鉴定问题，不会给司法操作带来困难。

值得注意的是，司法解释的上述规定仅适用于国家定点企业正规生产的流入非法渠道的麻精药品，“地下”非法生产的麻精药品以及海洛因、甲基苯丙胺、甲卡西酮等没有医疗用途的麻精药品不在此列。同时，上述规定不仅适用于含被管制麻精药品的单方制剂，也包括复方制剂。近几年受多种因素影响，合法生产的麻精药品复方制剂被滥用情况有增多之势，办理贩卖此类复方制剂等毒品犯罪案件也应当按照其中所含麻精药品成分的含量认定涉案毒品数量。

问 毒品含量与纯度是何关系，办理毒品犯罪案件是否应进行纯度折算？ 129

答：毒品的含量与纯度含义相近，是对同一事物从不同角度所作的描述。某一种毒品中所含被管制麻精药品成分的含量高，说明该毒品的纯度高，反之，所含被管制药品成分的含量低，说明该毒品的纯度低。对单一成分的毒品（如海洛因、冰毒）而言，衡量其品质多使用“纯度”一词，而对含有两种成分以上的混合型毒品，认定其毒品属性则多使用“含量”一词。另外，毒品“纯度”是法律用语，《刑法》第357条第2款明确使用了“纯度”一词，而司法文件中多使用“含量”一词，办理案件中对涉案毒品所作的通常是成分鉴定和含量鉴定。从毒品交易链条看，越是接近源头，毒品的含量（纯度）就越高，越是接近终端消费环节，毒品的含量（纯度）就越低。据悉，通常情况下海洛因的纯度为5%~60%左右，甲基苯丙胺（冰毒）的纯度为50%~99%左右，氯胺酮的纯度为60%~99%左右，“麻古”中甲基苯丙胺的含量为5%~30%左右（咖啡因的含量为70%左右）。

应当说，毒品的含量（纯度）过低，对毒品的性质认定可能产生影响。例如，有的案件中，行为人对毒品大量掺杂掺假，含量仅为千分之几甚至万分之几，以至于失去毒品的应有功效。这种情况下实际上可能已沦为假毒品，即使不认定为假毒品，其对人体的危害也显著低于正常含量的毒品。故

《2015 年毒品纪要》提出，涉案毒品纯度明显低于同类毒品的正常纯度的，量刑时可以酌情考虑。另外，在制造毒品案件中，有些查获的液体数量很大但毒品含量极低，实际上是废液废料而不是毒品成品或者半成品，一旦认定为废液废料，则不应计入制造毒品的数量。

“折算”是办理毒品犯罪案件中的常见语词，通常在两种意义上使用。一个是纯度折算，另一个是种类折算。种类折算也称为换算，就是把不同种类的毒品折算为海洛因或者冰毒，以便累计毒品数量，从而准确定罪量刑。对这个问题，前文已作详细介绍。纯度折算，就是在同一种毒品之内把低纯度或者高纯度的毒品折算成某一最常见的数值，实践中主要是指将低纯度的毒品折算为高纯度的毒品。纯度折算的观念主要来自《关于禁毒决定的解释》。其中第 19 条规定，海洛因的含量在 25%以上的，可视为《关于禁毒的决定》和该解释中所指的海洛因；含量不够 25%的，应当折合成含量为 25%的海洛因计算数量。此后，虽然 1997 年《刑法》作出了毒品数量不以纯度折算的明文规定，但不少司法人员仍在执行对海洛因按照 25% 的纯度进行折算的做法，有的地方甚至对海洛因之外的其他毒品也按照 25% 的纯度进行折算，并将折算后的毒品数量作为定罪量刑的依据。

可以肯定，在现行《刑法》框架内不应进行毒品纯度折算。《刑法》第 357 条第 2 款明确规定：“毒品的数量以查证属实的走私、贩卖、运输、制造、非法持有毒品的数量计算，不以纯度折算。”这可以说是对《关于禁毒决定的解释》中上述纯度折算规定的直接否定。立法机关这样做，主要是考虑无论是何种纯度的毒品，犯罪分子在主观状态上并无实质区别，对人体都会造成伤害；并且，不折算有助于及时高效地从严打击毒品犯罪。①《刑法》的效力高于司法解释，故司法实务中应当认真执行《刑法》的上述规定，不得突破。况且，行为人对查获的毒品的性状和数量是明知的，有的被告人就是直接掺杂掺假增加毒品数量的人，对此类毒品根据纯度折算等于人为改变涉案毒品的数量，与行为人的主观认知实际上并不相符，反而有悖于主客观相统

---

① 参见王爱立主编：《中华人民共和国刑法释义与适用（下册）》，中国民主法制出版社 2021 年版，第 1439 页。

一原则。因此，《2023年毒品纪要》在《2015年毒品纪要》相关规定的基础上继续提出："除司法解释另有规定或者为了逃避查缉等临时改变毒品常规形态的情形外，一般均应将查证属实的毒品数量认定为毒品犯罪的数量，并据此确定适用的法定刑幅度。"意即不能进行纯度折算。不过，《2023年毒品纪要》也重申："涉案毒品纯度明显低于同类毒品的正常纯度的，量刑时可酌情考虑。"

问 对涉案毒品含量明显偏低的，能否在法定刑以下判处刑罚？ 130

答：根据《2015年毒品纪要》和《2023年毒品纪要》，对涉案毒品纯度明显低于同类毒品的正常纯度的，量刑时可以"酌情考虑"，即在相应的法定刑幅度内对被告人酌情从轻处罚。《量刑指导意见》也提出，对于毒品含量明显偏低的，可以减少基准刑的30%以下。但是，有的案件中虽然查获的毒品数量大（如500克），但毒品含量明显偏低甚至极低（如千分之几甚至万分之几），纯毒品成分只有很少数量（如2~3克），即使在对应的法定刑幅度内就低量刑仍显过重。对此，有意见认为可以适用《刑法》第63条第2款之规定在法定刑以下判处处罚。

应当说，《刑法》并未禁止对毒品犯罪适用《刑法》第63条第2款在法定刑以下判处刑罚。对于毒品含量明显偏低甚至极低的，考虑到其中的有效毒品成分远远低于正常纯度的毒品，毒品的现实危害较小，完全按照查获的毒品数量量刑可能导致罪刑不相适应，理论上可以在法定刑以下判处刑罚。但是，这种做法也会面临一些难题。首先，对毒品犯罪历来强调从严惩处，对没有法定减轻处罚情节，仅因毒品含量明显偏低就在法定刑以下判处刑罚，似乎不太符合从严惩处毒品犯罪的政策要求。其次，《刑法》第357条第2款明确规定对毒品数量不以纯度折算，体现了立法导向的严厉性，以毒品含量明显偏低在法定刑以下判处刑罚，是否违反立法精神？再次，从操作层面看，由于目前还没有认定毒品含量明显偏低的数值标准，对毒品含量偏低到何种程度的案件可以在法定刑以下判处刑罚，是司法实务中一个比较棘手的问题。在近年来司法实践中，对此类毒品含量极低的案件多在法定刑幅度内从宽处罚。涉及死刑适用时，根据《2008年毒品纪要》和《2023年毒品纪要》的规定，对于毒品数量达到实际掌握的死刑适用数量标准，但经鉴定毒品纯度明显低于同类毒品正常纯度的，或者有证据表明毒品纯度明显偏低但因客观原因无法鉴定的，可以不判处被告人死刑。

例如，在赵某贵贩卖毒品案中，被告人赵某贵贩卖的毒品为168支海洛因针剂（共计308.65克）以及1支杜冷丁针剂，但海洛因针剂的平均含量只有0.064%，纯海洛因共计只有0.205克。如果按照查获的海洛因针剂的数量量刑，则最低判处15年徒刑，如果按照0.205克纯海洛因量刑，则对应的法定刑为3年以下有期徒刑、拘役或者管制。两种处理方案的结果差别巨大，故审理过程中存在较大争议，有意见认为可以报请最高人民法院核准在法定刑以下判处刑罚。审理法院最终考虑《刑法》明确规定毒品数量不以纯度折算等因素，对赵某贵在法定刑幅度内从轻处罚，判处有期徒刑15年（附加刑略）。[①] 又如，在李某元贩卖毒品案中，被告人李某元共计贩卖海洛因598.2克，查获448克，其中302克经鉴定含量为3.98%（另146克失去鉴定条件），一、二审判处死刑。最高人民法院复核后认为，涉案毒品均来自同一上家，可认定含量相同，鉴于涉案毒品掺假严重、含量较低，改判为死缓（附加刑略）。[②]

总体上看，目前对此类案件尚不宜单纯以毒品含量明显偏低就在法定刑以下判处刑罚，但对此也不能绝对化。如果此类案件除毒品含量极低之外，被告人还有其他某些较为突出的酌定从宽处罚情节（如毒品刚达到“数量大”标准，尚未牟利或者牟利极少，初犯、偶犯，生活困难，身体残疾，受人蛊惑、教唆实施犯罪等），则可以考虑在法定刑以下判处刑罚。

---

① 参见中华人民共和国最高人民法院刑事审判第一、二、三、四、五庭主办：《中国刑事审判指导案例》（第5卷）（增订第3版），法律出版社2017年版，第376-378页。

② 参见中华人民共和国最高人民法院刑事审判第一、二、三、四、五庭主办：《中国刑事审判指导案例》（第5卷）（增订第3版），法律出版社2017年版，第338-340页。

第十四章 量刑情节的认定和处理

「本章导读」

毒品犯罪的量刑情节同其他犯罪相比，既有共性也有一定特殊性。本章介绍的量刑情节包括《刑法》分则“走私、贩卖、运输、制造毒品罪”一节所规定的量刑情节和《刑法》总则所规定的常见量刑情节，如武装掩护实施毒品犯罪，暴力抗拒检查、拘留、逮捕情节严重，毒品再犯、累犯的认定及其对量刑的影响，未成年人实施毒品犯罪的是否构成毒品再犯，自首、如实供述的认定和处理，常见酌定从宽处罚情节的认定和处理，量刑情节冲突的处理等。立功是毒品犯罪中十分重要的量刑情节，涉及的具体问题很多，内容体量大，故本书设专章（第十五章）进行系统介绍。同时，对于毒品犯罪案件中其他一些常见量刑情节（如走私、贩卖、运输、制造毒品集团的首要分子，贩卖少量毒品情节严重，非法持有毒品情节严重，毒品含量偏低等），本书在其他章节中已作专门解答，本章不再重复介绍。[①]

① 另外，对法律适用问题不很突出的量刑情节，本书不再作专门介绍，如参与有组织的国际贩毒活动，向未成年人贩卖毒品，教唆、指使未成年人实施毒品犯罪等。

问 如何认定“武装掩护”实施走私、贩卖、运输、制造毒品犯罪? 131

答: 武装掩护走私、贩卖、运输、制造毒品,是《刑法》第347条第2款规定的应当判处15年有期徒刑以上刑罚的量刑情节。对这个情节如何认定,以往司法解释和指导文件一直没有作出规定,实践中也存在模糊认识,2016年《毒品犯罪解释》对此作了规定。根据该司法解释,“武装掩护”是指携带枪支、弹药或者爆炸物用于掩护毒品犯罪的情形。这里涉及对“武装”“携带”“掩护”三个关键词的界定。其中,“武装”的工具限定于枪支、弹药、爆炸物,不包括弓弩、尖刀、棍棒等普通器械。“携带”包括随身携带、随包携带、随车携带等,也包括在制毒场所存放等。考虑到该行为具有高度的危险性,故既不要求显示、出示、使用,对枪支、弹药或者爆炸物的数量亦无要求,携带装有1发子弹的手枪或者1枚手榴弹,就可以认定为“武装掩护”。[①] 之所以强调“用于掩护”,旨在从用途和目的上加以限制,对于只携带枪支而没有子弹,或者只有子弹而没有携带枪支的,不可能实现掩护目的,故不能认定为“武装掩护”。[②] 同时,如果查获的枪支明显失去效能,没有杀伤力的,也不应认定为“武装掩护”。

2016年制定《毒品犯罪解释》时考虑,对于枪支、弹药、爆炸物种类的认定可以参照最高人民法院2009年修订的《关于审理非法制造、买卖、运输枪支、弹药、爆炸物等刑事案件具体应用法律若干问题的解释》。例如,枪支包括军用枪支、以火药为动力发射枪弹的非军用枪支、以压缩气体等为动力的其他非军用枪支等。但2018年最高人民法院、最高人民检察院作出了《关于涉以压缩气体为动力的枪支、气枪铅弹刑事案件定罪量刑问题的批复》(法释〔2018〕8号),涉及对上述枪支弹药司法解释有关内容的修改,即对

① 在最高人民法院2016年发布的“6·26”禁毒宣传典型案例中,被告人莫某友贩卖少量毒品,却在实施毒品交易时随身携带枪支、弹药,并向追赶的公安人员开枪射击,虽未造成人员伤亡,但仍应认定为武装掩护贩卖毒品。法院对其判处有期徒刑15年(附加刑略)。

② 对于只有枪支而没有子弹的情形,因不能正常发挥枪支的功能,不能认定为“武装掩护”,但可以认定为非法买卖枪支罪或者非法持有枪支罪等犯罪,与所实施的毒品犯罪并罚。

涉及以压缩气体为动力且枪口动能比较低的枪支，在定罪量刑时要综合考虑包括枪支数量、致伤力大小、主观认知等在内的各方面因素综合评估社会危害性，坚持主客观相统一，确保罪责刑相适应。据此，对于在走私、贩卖、运输、制造毒品过程中持有致伤力较小的以压缩气体为动力的枪支，能否认定为“武装掩护”实施毒品犯罪，存在进一步探讨的余地，似不能认为仍一律构成“武装掩护”。

另值得注意的是，《刑法》第 347 条将武装掩护作为升格法定刑的情节，是仅针对走私、贩卖、运输、制造毒品罪所作的特殊规定，如果行为人实施的是其他毒品犯罪（包括非法持有大量毒品的情形），同时查获了枪支、弹药的，一般实行数罪并罚，而不将非法持有枪支、弹药行为作为法定刑升格条件。

问 132 实施毒品犯罪过程中以暴力抗拒检查、拘留、逮捕的，如何认定“情节严重”？

答： 以暴力抗拒检查、拘留、逮捕情节严重，也是《刑法》第 347 条规定的应当判处 15 年有期徒刑以上刑罚的量刑情节。对这个情节如何认定，原有司法解释和指导文件没有作出规定，实践中也存在模糊认识。有的论著提出，情节严重是指对执法人员造成伤害，或是有预谋、有组织、社会影响恶劣等严重情节。[①]2016 年《毒品犯罪解释》考虑到该情节对应的法定刑为 15 年有期徒刑、无期徒刑或者死刑，为体现罚当其罪，将“情节严重”规定为造成执法人员死亡、重伤、多人轻伤或者具有其他严重情节的情形。“其他严重情节”主要是指严重程度与所列举情形相当的其他情节，如造成执法人员 2 人轻伤、多人轻微伤或者造成公私财产重大损失等。

对上述规定的理解，涉及如下具体问题：（1）这种情形下的“情节严重”没有毒品数量要求。即使涉案毒品数量不大，抗拒检查、拘留、逮捕，造成

① 参见高贵君主编：《毒品犯罪审判理论与实务》，人民法院出版社 2009 年版，第 151 页；赵秉志主编：《毒品犯罪研究》，中国人民大学出版社 1993 年版，第 99 页。

执法人员死亡、重伤或者多人轻伤的，也属于“情节严重”。（2）对故意杀害执法人员或者故意伤害执法人员造成重伤的情形，可以被涵括进来认定为走私、贩卖、运输、制造毒品罪一罪，无须另定故意杀人罪或者故意伤害罪。这主要是考虑该情节对应的法定刑是15年有期徒刑、无期徒刑至死刑，罪质很重，能够涵盖故意杀人、故意伤害致人重伤等严重犯罪。例如，2011年被告人易某元运输毒品（冰毒98.04克、麻古2.59克）时遇到检查，加速撞杆冲出收费站，造成1名民警重伤。公诉机关指控易某元犯运输毒品罪和故意伤害罪，一审法院仅认定为运输毒品罪，判处无期徒刑。检察机关提出抗诉。二审法院维持原判，主要理由就是认为造成重伤后果属于“以暴力抗拒检查、拘留、逮捕，情节严重”的范畴。[①] 又如，2017年被告人冯某国等三人携带毒品驾乘摩托车由云南省镇康县南伞镇前往云南省保山市，途中遇设卡检查，冯某国遂将毒品丢弃在路边，执法人员沿三人驶来方向搜查，在路边处查获海洛因1777克。冯某国见罪行败露，持刀捅刺追捕的执法人员昝某后逃跑，致昝某重伤二级。冯某国的行为属于暴力抗拒检查“情节严重”的情形，且曾因犯拐卖妇女罪被判刑，刑满释放后短期内再次实施犯罪，系累犯，被判处并核准死刑。[②]（3）对于暴力抗拒造成执法人员一人轻伤的，不宜认定为“情节严重”。因为这种情形与该情节对应的法定刑幅度不相适应，会导致适用范围不当扩大。对此情形应以所实施的毒品犯罪同袭警罪或者妨害公务罪并罚。

另外，工作中还有如下问题值得重视。

1. 行为人在实施走私、贩卖、运输、制造毒品罪之外的其他毒品犯罪过程中采取暴力、威胁方式抗拒检查、拘留、逮捕的，不能适用法定刑升格的规定，而应当实行数罪并罚。这同《刑法》第157条第2款规定的对走私过程中以暴力、威胁方法抗拒缉私的情形实行数罪并罚的做法一致。该款规定：“以暴力、威胁方法抗拒缉私的，以走私罪和本法第二百七十七条规定的阻碍国家机关工作人员依法执行职务罪，依照数罪并罚的规定处罚。”不过，2021年施行的《刑法修正案（十一）》增设了袭警罪，此后对实施其他毒品

① 参见中华人民共和国最高人民法院刑事审判第一、二、三、四、五庭主办：《中国刑事审判指导案例》（第5卷）（增订第3版），法律出版社2017年版，第491–493页。

② 本案系最高人民法院2022年发布的“6·26”禁毒宣传典型案例之一。

犯罪过程中暴力袭击执法警察的，一般应当以相关毒品犯罪和袭警罪并罚。如果袭警造成执法民警重伤、死亡，构成故意伤害罪或者故意杀人罪等其他更严重犯罪，则以相关毒品犯罪和其他更严重的犯罪并罚。[①] 如果行为人采取的是威胁方法（指以实施暴力相威胁）而不是暴力方法，则仍以相关毒品犯罪和妨害公务罪并罚。

2. 关于走私、贩卖、运输、制造毒品过程中以暴力抗拒检查、拘留、逮捕情节严重与武装掩护的区别。使用枪支、爆炸物显然是一种暴力抗拒查缉行为，由此使二者出现竞合。具体而言，如果行为人在犯罪过程中携带枪支以备抗拒查缉，但未实际使用，或者实施了开枪射击行为，则都应认定为“武装掩护”而不是“以暴力抗拒检查、拘留、逮捕”。这是法律和司法解释的特殊规定。如果行为人在犯罪过程中采取驾车冲撞、持刀捅刺、殴打等其他暴力手段抗拒查缉，且携带了枪支、爆炸物，不论是否实际使用，在前者符合司法解释规定的“情节严重”的条件下，可以认定行为人同时具有武装掩护和以暴力抗拒检查、拘留、逮捕情节严重两种升格法定刑的情节，并在量刑时体现比只有一种情节时更大的处罚幅度。如果暴力抗拒查缉行为不属于“情节严重”，但符合袭警罪、妨害公务罪或者其他犯罪的认定条件，则在认定行为人具有“武装掩护”情节的情况下实行数罪并罚。

问 如何认定毒品再犯，其与累犯有何区别？ 133

答：《刑法》第 356 条规定了毒品再犯，即因走私、贩卖、运输、制造、非法持有毒品罪被判过刑，又犯本节规定之罪的，从重处罚。这一规定来源

---

① 《刑法》第 277 条第 5 款规定：“暴力袭击正在依法执行职务的人民警察的，处三年以下有期徒刑、拘役或者管制；使用枪支、管制刀具，或者以驾驶机动车撞击等手段，严重危及其人身安全的，处三年以上七年以下有期徒刑。”对涉及袭警罪的罪名认定等法律适用问题，可以结合最高人民法院、最高人民检察院、公安部《关于依法惩治袭警违法犯罪行为的指导意见》（公通字〔2019〕32 号）来理解。

于全国人大常委会1990年制定的《关于禁毒的决定》。从该规定可以看出，毒品再犯有如下两个显著特点：（1）前后罪的范围不同，前罪仅限两个罪名5种行为（走私、贩卖、运输、制造毒品罪和非法持有毒品罪），后罪则包括《刑法》分则第六章第七节的全部毒品罪名。对于前罪不属于这两个罪名的，如窝藏毒品罪，不能以窝藏毒品是一种变相持有毒品行为为由而认定符合毒品再犯的前罪条件。（2）从前后罪间隔时间看，只要是在前罪“判过刑”之后实施后罪即可，不论前罪判处何种刑罚，也不论前罪的刑罚是否执行完毕或者是否实际执行。对比《刑法》关于累犯的规定，累犯与毒品再犯的构成条件有明显区别。根据《刑法》第65条，构成累犯须符合4项条件：（1）犯罪主体年满18周岁；（2）前罪与后罪均为故意犯罪；（3）前罪与后罪均被判处有期徒刑以上刑罚；（4）后罪发生于前罪所判处的刑罚执行完毕或者赦免后的5年之内。可见，构成毒品再犯，不需要具备上述第3、4项条件。故《2023年毒品纪要》在总体延续《2008年毒品纪要》相关规定基础上强调：“根据刑法规定，因走私、贩卖、运输、制造、非法持有毒品罪被判过刑的被告人，无论是在刑罚执行完毕或者赦免后，还是在缓刑、假释、暂予监外执行期间或者缓刑考验期满后，又犯刑法分则第六章第七节规定之罪的，均应认定为毒品再犯。”

在《刑法》第356条限定的犯罪类型和条件下，一些不符合累犯构成条件的情形也可以构成毒品再犯。例如，有的行为人先前犯贩卖毒品罪，因罪行较轻仅被判处有期徒刑缓刑或者拘役，5年内又实施毒品犯罪，或者犯后罪是在前罪刑罚执行完毕5年之后。这些情形显然都不构成累犯，但可以构成毒品再犯。[①]不仅如此，《刑法》对毒品再犯规定的构成条件，其严厉性甚至超过特殊累犯。根据《刑法》第66条，构成特殊累犯所要求的时间条件是

① 实践中还有较为特殊的不构成累犯但构成毒品再犯的情形。例如，被告人周某敏因犯贩卖毒品罪被判处有期徒刑1年6个月，在二审期间其先行羁押期限届满一审所判刑期，法院对其取保候审。其在取保候审期间再次贩卖毒品，但直到二审裁定送达后才发现其新犯罪情况。对此，法院以周某敏犯后罪时前罪的刑罚尚未执行为由（二审裁定尚未送达，先行羁押期限折抵刑期不等于刑罚执行），认为周某敏不构成累犯，但构成毒品再犯。参见中华人民共和国最高人民法院刑事审判第一、二、三、四、五庭主办：《刑事审判参考》（总第102集），法律出版社2016年版，第82–85页。

在前罪的“刑罚执行完毕或者赦免以后”再实施三类特定犯罪（危害国家安全犯罪、恐怖活动犯罪、黑社会性质的组织犯罪），而构成毒品再犯的时间条件是因前罪“判过刑”，无须刑罚执行完毕。《刑法》对毒品再犯构成条件的“从宽”设置，充分表明立法上对毒品犯罪从严惩处的特殊要求。

在毒品再犯的认定与处理上，还有如下问题值得重视。

1. 对毒品再犯不能适用累犯的法律后果。这是因为，“累犯和毒品再犯是两种不同的制度，在法律后果也有所不同，累犯不得缓刑、假释，对判处死缓的累犯可以限制减刑，而毒品再犯并未规定上述法律后果”[①]。也许有人认为，毒品再犯是累犯的特殊形式，从而在解释论上可以适用累犯的法律后果。但是，《刑法》第356条没有采取“以累犯论处”的表述，这与第66条关于特殊累犯的表述明显不同，也没有规定对毒品再犯可适用累犯的法律后果，故不能通过解释论的途径将累犯的法律后果套用于毒品再犯。从完善立法角度看，如果认为毒品再犯能体现比累犯更为严厉的惩罚，则应当明确规定对毒品再犯适用累犯的法律后果。在现行法律框架下，为保持与《刑法》相关规定的衔接，又体现对毒品再犯的从严惩处，《2015年毒品纪要》提出，对于毒品再犯一般不得适用缓刑，并应当从严掌握减刑、假释条件。《2023年毒品纪要》重申了该规定的精神。

2. 在数罪并罚情形下可以认定毒品再犯。从《刑法》规定看，数罪并罚是在前罪刑罚尚未执行完毕时发现漏罪或者犯新罪所采取的并罚制度，而累犯是在前罪刑罚执行完毕以后5年内又犯新罪所作出的法律评价，二者角度不同，故基本不会出现同时适用情况。但毒品再犯则不然，有可能出现同时适用的情况。根据上文分析，一些毒品犯罪分子在刑罚尚未执行或者尚未执行完毕的情况下（包括缓刑、假释或暂予监外执行期间）又实施毒品犯罪的，很可能构成毒品再犯，此时能否先认定为毒品再犯又予以数罪并罚，以往司法实践中一度存在较大争议。有意见认为，对此类被告人先按照毒品再犯从重处罚后再数罪并罚，有重复评价之嫌，也会导致处罚过重，建议只进行并

---

① 王爱立主编：《中华人民共和国刑法释义与适用（下册）》，中国民主法制出版社2021年版，第1436页。

罚而不认定为毒品再犯。对此，起草《2008年毒品纪要》时作了深入研究，认为在数罪并罚的情形下仍可以认定为毒品再犯。主要理由是：（1）毒品再犯是《刑法》的一项特别规定，不是累犯的特殊形式，无须遵循累犯的认定条件。（2）只要曾因犯《刑法》第356条所列毒品犯罪被判过刑，无论何时再实施毒品犯罪，均应适用该条规定从重处罚。此类犯罪分子在缓刑、假释或暂予监外执行期间再次实施毒品犯罪，说明其不思悔改，主观恶性较深，人身危险性较大，理应从重处罚。（3）在认定为毒品再犯的情况下又予以数罪并罚，只在极少数特定情形下可能出现一定程度的重复评价问题，但对刑罚的实际执行影响很小。[①]综合上述分析，《2008年毒品纪要》明确规定了“先从重处罚再数罪并罚”的规则，即因走私、贩卖、运输、制造、非法持有毒品罪被判刑的犯罪分子，在缓刑、假释或者暂予监外执行期间又犯《刑法》分则第六章第七节规定的犯罪的，应当在对其所犯新的毒品犯罪适用《刑法》第356条从重处罚的规定确定刑罚后，再依法数罪并罚。《2023年毒品纪要》重申了该项指导意见。

3. 同时构成累犯和毒品再犯的认定和处理。对符合累犯条件的毒品再犯如何认定，《2000年毒品纪要》规定只认定为毒品再犯，而不认定为累犯。但累犯不得缓刑、假释，而毒品再犯没有这种法律后果，只认定为毒品再犯不利于准确适用法律。故《2008年毒品纪要》对此作出修改，要求同时认定为累犯和毒品再犯，即“对同时构成累犯和毒品再犯的被告人，应当同时引用刑法关于累犯和毒品再犯的条款从重处罚”。此后，刑事裁判文书中对这种情形的表述多是：“被告人某某某曾因某某毒品罪被判刑，在刑罚执行完毕后五年内又犯某某毒品罪，系累犯和毒品再犯，应当依法从重处罚。”但有的地方认为，既然同时引用累犯和毒品再犯的条文，就可以两次予以从重处罚。这是一种误解，因为对同一个情节不能两度从重处罚。为统一认识，《2015年毒品纪要》明确规定：“对于因同一毒品犯罪前科同时构成累犯和毒品再犯的被告人，在裁判文书中应当同时引用刑法关于累犯和毒品再犯的条

---

① 对该问题的详细分析，可参见高贵君、方文军：《数罪并罚情形中毒品再犯的认定问题》，载中华人民共和国最高人民法院刑事审判第一、二、三、四、五庭主办：《中国刑事审判指导案例》（第5卷）（增订第3版），法律出版社2017年版，第1119–1121页。

款，但在量刑时不得重复予以从重处罚。”《2023年毒品纪要》重申了上述规定。[①]

问 未成年人实施毒品犯罪的，是否构成毒品犯罪的再犯？ 134

答：这是一个较长时间悬而未决且目前意见分歧仍然较大的“老大难”问题。从犯罪时的年龄看，未成年人实施毒品犯罪涉及毒品再犯的认定主要有两种情形：（1）犯前罪和后罪时均未成年；（2）犯前罪时未成年但犯后罪时已成年。显然，第1种情形较为罕见，第2种情形相对而言出现的概率更高。对这个问题，主要有肯定论和否定论两种意见。

肯定论认为，未成年人实施毒品犯罪，符合《刑法》第356条规定的条件的，构成毒品再犯，应当从重处罚。主要理由在于：（1）毒品再犯是《刑法》分则对毒品犯罪所作的特殊规定，不是累犯的特殊形式，不用遵循累犯的认定条件，而应当适用《刑法》分则的特别条款。（2）2011年施行的《刑法修正案（八）》修改了第65条关于累犯的规定，将不满18周岁的未成年人排除在累犯的范围之外，但没有一并修改第356条，应当有其特殊考虑，对未成年人实施毒品犯罪的情形认定为毒品再犯符合立法本意。（3）毒品犯罪属于再犯罪率较高的一类犯罪，对此类情形认定为毒品再犯也符合当前严厉打击毒品犯罪的政策精神。肯定论多为司法实务工作者所主张，甚至立法机关工作人员编写的书籍中也认为未成年人构成毒品再犯。如相关论者指出：“毒品再犯是针对毒品犯罪形势严峻，毒品犯罪屡禁不止的情况作出的从严惩处的特别规定，并没有排除未成年人毒品犯罪构成毒品再犯的情况。司法实践中，应当依法执行，未成年人成立毒品再犯的，需综合考虑未成年人的年龄等因素后，在刑法规定的幅度内予以处罚。”[②] 实践中也有一些未成年人

---

① 也有学者认为，对于符合累犯条件的毒品再犯，应当适用《刑法》关于累犯的规定，而不再适用《刑法》第356条。参见张明楷：《刑法学（下）》（第6版），法律出版社2021年版，第1517页。本书认为这种观点较为合理。

② 王爱立主编：《中华人民共和国刑法释义与适用（下册）》，中国民主法制出版社2021年版，第1436页。

实施的毒品犯罪被认定为毒品再犯。①

否定论认为，未成年人实施毒品犯罪的不应认定为毒品再犯。主要理由有3点：（1）从社会危害看，未成年人实施的杀人、抢劫、强奸等严重暴力犯罪的社会危害要大于毒品犯罪，而未成年人实施这些暴力犯罪并不构成累犯，故不能以毒品犯罪形势严峻就放宽对毒品再犯的认定条件。（2）从法律后果看，累犯的法律后果比毒品再犯要重，累犯不得缓刑、假释，而《刑法》对毒品再犯没有作出这种规定。根据“举重以明轻”的刑法解释原理，既然未成年人犯罪不构成累犯，当然也不应构成毒品再犯。（3）把犯罪时未成年的情形认定为毒品再犯，不符合对未成年罪犯实行的“教育、感化、挽救”的方针和宽大处理的刑事政策。否定论多为刑法学者所主张。②

肯定论和否定论都有各自的道理，实务中按照肯定论认定和处理案件形式上有一定法律依据。肯定论注重的是形式合理性，注重对法条的直观理解，既然立法机关没有修改《刑法》第356条，则对未成年人实施毒品犯罪的情形认定为毒品再犯形式上符合法律规定，也符合严厉打击毒品犯罪的政策精神。否定论注重的是实质合理性，注重体系解释方法的运用，认为在适用第356条时要与《刑法》关于累犯的规定保持内在协调、一致，并注重“教育、感化、挽救”方针的贯彻执行。但总的来看，否定论的理由比肯定论更充分。按照肯定论的思路，实际上始终会面临几个需要解释而又难以解释的问题。

1. 关于法律后果。毫无疑问，累犯的法律后果比毒品再犯严重，累犯不能缓刑、假释，判处死缓的累犯可以限制减刑，而毒品再犯没有这些法律后果，既然未成年人实施毒品犯罪不构成法律后果更严重的累犯，为什么却构

---

① 例如，被告人李某耀1992年因犯运输毒品罪判处死刑缓期执行（犯罪时未成年），2006年10月释放，2009—2010年间再伙同他人实施贩卖、运输毒品罪。该案一、二审发生在《刑法修正案（八）》实施前，死刑复核期间《刑法修正案（八）》生效。认定李某耀构成毒品再犯的主要理由：一是毒品再犯属于特殊规定，不是特殊累犯；二是有利于体现严厉打击毒品犯罪的政策要求。参见中华人民共和国最高人民法院刑事审判第一、二、三、四、五庭主办：《中国刑事审判指导案例》（第5卷）（增订第3版），法律出版社2017年版，第494-496页。

② 参见何荣功：《未成年人不应构成毒品犯罪再犯》，载《检察日报》2016年1月13日，第3版；袁登明：《毒品再犯制度适用问题研究》，载《法律适用》2014年第9期；张明楷：《刑法学（下）》（第6版），法律出版社2021年版，第1517页。

成法律后果相对较轻的毒品再犯？这应该是肯定论最难以解释的一个显性逻辑问题。或许有人提出，正因为毒品再犯不是特殊累犯，既不适用累犯的法律后果，也不适用累犯的认定条件，从而可以认定未成年人构成毒品再犯。这种观点看似体现了逻辑上的一惯性，但违反了实质合理性。毒品再犯虽不是法定特殊累犯，但也是因再次犯罪而对行为人作出的不利评价，与累犯在解释论上具有很大共性。对法律没有明确规定的事项，一般应当作出有利于被告人的推论，而非相反。如果认为毒品再犯不适用累犯的法律后果却又认为未成年人可以构成毒品再犯，显然导致毒品再犯成为一个该严不严、该轻未轻的“另类”矛盾结合体。

2. 关于犯罪性质。毒品犯罪整体上是严重犯罪，但杀人、抢劫、绑架、危害国家安全犯罪、恐怖活动犯罪、黑社会性质的组织犯罪也是严重犯罪，其严重性应当不亚于甚至超过毒品犯罪（其中很多属于较轻犯罪），对这些犯罪肯定也都应当严厉惩处，但为什么《刑法》仍规定未成年人实施这些犯罪不构成累犯？《刑法》在这些严重犯罪的累犯认定上都能将未成年人排除在外，有必要在毒品犯罪的再犯认定上格外体现特殊性吗？况且，实践中未成年人多为“马仔”，所实施的毒品犯罪通常相对较轻或者罪责较小，并非刑事政策上的打击重点。可见，以毒品犯罪的性质严重为由认定未成年人构成毒品再犯，逻辑上也难以自洽。

3. 关于“教育、感化、挽救”方针的贯彻。我国对犯罪的未成年人实行“教育、感化、挽救”方针由来已久，《刑诉法》第 277 条第 1 款明确规定，对犯罪的未成年人实行教育、感化、挽救的方针，坚持教育为主、惩罚为辅的原则。《刑法》的多个条文都体现了对未成年人犯罪的特殊保护，特别是在死刑适用上都能网开一面，[①] 为何唯独在毒品再犯的认定上不能落实该方针？

---

① 《刑法》第 49 条第 1 款规定，犯罪的时候不满 18 周岁的人，不适用死刑。这里的死刑包括死缓，也就是说，未成年人无论犯下多么严重的罪行，最高只能判处无期徒刑。最高人民法院 2010 年制定的《宽严相济意见》第 20 条还规定：对于未成年人犯罪，坚持“教育为主、惩罚为辅”的原则和“教育、感化、挽救”的方针进行处理；对于犯罪情节严重的未成年人，也应当依照《刑法》第 17 条第 3 款的规定予以从轻或者减轻处罚；对于已满 14 周岁不满 16 周岁的未成年犯罪人，一般不判处无期徒刑。

如果说从严惩处毒品犯罪的刑事政策是特殊政策，“教育、感化、挽救”的方针难道不也是特殊政策吗？当二者发生冲突时，为何要优先考虑前者？实际上，对犯罪的未成年人体现从宽政策是有科学根据的，[①]《刑法》完全没有必要在毒品再犯的认定上对未成年人“破例”或“格外”体现从严惩处，进而造成《刑法》对未成年人犯罪的从宽政策体系在此处出现“缺口”或留下“遗憾”。

4. 关于立法本意。如果说《刑法修正案（八）》没有一并修改《刑法》第356条体现了立法机关严惩毒品犯罪的政策立场，那为什么当时不在第356条中直接明确毒品再犯适用累犯的法律后果？若此，毒品再犯也不得缓刑、假释，判处死缓的毒品再犯可以限制减刑，这更能体现政策的严厉性，但立法并没有这样做。可见，“立法本意”很难把握，把立法本意作为认定未成年人构成毒品再犯的根据，理由并不充分甚至较为牵强。[②]

上述问题使得肯定论的说服力大为下降。为统一认识，建议下一步在制定司法文件时明确规定未成年人不构成毒品犯罪的再犯。但最理想的途径是由立法机关修订《刑法》第356条，明确规定未成年人实施毒品犯罪的不构成毒品再犯，但毒品再犯可适用累犯的法律后果（不得缓刑、假释等）。

另外，值得注意的是，未成年人是否构成毒品再犯还涉及犯罪记录封存问题。《刑诉法》第286条第1款规定，犯罪的时候不满18周岁，被判处5年有期徒刑以下刑罚的，应当对相关犯罪记录予以封存。《刑法》第100条规定，犯罪时不满18周岁被判处5年有期徒刑以下刑罚的人，免除入伍、就业时的前科报告义务。实践中有的案件就以未成年人犯罪记录被封存为由不认

① 例如，在世界范围内有重大影响的漂流理论认为，犯罪少年有时遵从合法的价值体系，有时反抗合法的价值体系，但并不完全否定合法的价值体系，只是在合法价值体系与非法价值体系之间来回漂流。实证研究证明，即使有的青少年在某个时期实施犯罪，但连续实施犯罪或者持续犯罪生涯的现象极为罕见；绝大多数都是一时性的犯罪，即使不科处刑罚，他们在成年后也会从非法的价值体系社会转移到合法的价值体系社会，过着遵纪守法的生活。参见［日］濑川晃：《犯罪学》，成文堂1998年版，第103–105页。转引自张明楷：《〈刑法修正案（十一）〉对口袋罪的限缩及其意义》，载《当代法学》2022年第4期。

② 立法工作人员编写的专业书并不能真正代表“立法本意”，在集体立法的模式下，参与立法的工作者不仅人数较多，且也是流动变化的，不同人员对同一个条文的理解也很可能不尽相同。

定为毒品再犯。[①] 但是，《刑诉法》对未成年人犯罪的前科封存没有规定解封条件，当未成年人在成年以后又故意实施犯罪特别是严重犯罪（包括毒品犯罪）时，对其未成年时的前科记录是否有必要继续封存，存在很大争议。分析认为，犯罪记录封存制度主要是为了保护初次犯罪的未成年人作出的制度安排，以利于其成长和后续社会生活，如果未成年人在成年后再次故意犯罪特别是再次犯下严重罪行（甚至面临判处死刑），说明其具有较大的主观恶性和人身危险性，在这种情况下继续封存其前科犯罪记录已经没有实际意义，一定程度上还与公众对某些严重犯罪分子（如抢劫、强奸的惯犯）的知情权存在冲突。鉴此，对成年后再次故意实施犯罪的，至少可以将其中部分情形作为对未成年人前科记录解封的条件。例如，可以考虑规定，未成年人在成年后再次故意犯罪且判处 10 年有期徒刑以上刑罚的，对其未成年时的犯罪记录不再封存。主要理由是，故意犯罪体现了较大的主观恶性，而判处 10 年徒刑是《刑法》第 81 条规定的对 8 种犯罪不得假释的刑罚界限，二者结合（因故意犯罪被判处 10 年徒刑以上刑罚）可以适当控制对未成年人犯罪记录的解封范围。[②] 由此，即使认为未成年人可以构成毒品再犯，前科记录封存也不能作为"一律"不构成毒品再犯的理由。对这个问题的解决方式，最好是由立法机关修订《刑诉法》或者制定立法解释，明确某些再次犯罪的情形可以对未成年人的犯罪记录予以解封，必要时也可由最高司法机关制定司法解释或者指导文件作出规定。

---

① 例如，被告人姚某所犯前后罪都是贩卖毒品罪，均被判刑 6 个月，犯前罪时未成年，前后罪之间相隔 1 年半。公诉机关指控姚某系毒品再犯，一审法院未认定，检察机关抗诉。二审法院维持原判，主要理由就是，前科被封存意味着前科不能作为认定毒品再犯的依据。参见胡红军、王彪：《未成年人毒品犯罪记录不能作为毒品再犯的依据》，载《人民司法（案例）》2014 年第 12 期。该案的另一篇分析文章见中华人民共和国最高人民法院刑事审判第一、二、三、四、五庭主办：《刑事审判参考》（总第 100 集），法律出版社 2015 年版，第 91–96 页。

② 有的论著没有限制后罪的范围，认为未成年人犯罪记录封存后再次犯罪的，应当对犯罪记录予以解封，并在裁判文书中引用、评价。参见喻海松编著：《实务刑法评注》，北京大学出版社 2022 年版，第 356 页。有的意见则认为，即便被告人所犯前后毒品犯罪都很轻，前科封存制度也不能作为不认定为毒品再犯的理由。参见高蕴嵘、周玉玲：《未成年人毒品犯罪记录应作为毒品再犯的依据》，载《人民法院报》2016 年 2 月 24 日，第 6 版。

问 对毒品犯罪的再犯和累犯，量刑时如何体现从重处罚？ 135

答：对毒品犯罪的再犯和累犯，《刑法》均规定从重处罚，至于如何体现从重处罚，是通过司法实践的积累逐步形成具体规则的。经总结相关司法文件和实践经验，对毒品再犯和累犯从重处罚，要注意如下问题。

1. **整体坚持从严惩处。**毒品犯罪的再犯、累犯曾因故意犯罪受刑罚的惩罚、教育，却不思悔改，仍再次实施犯罪特别是毒品犯罪，表明其主观恶性和人身危险性较大，有的难以改造甚至不堪改造，故要更多发挥刑罚的惩罚功能，以实现对此类犯罪分子的特殊预防。司法实践中对毒品再犯和累犯的惩罚通常都很严厉，一般都予以从重处罚。最高人民法院 2010 年印发的《宽严相济意见》第 11 条中专门规定："要依法从严惩处累犯和毒品再犯。凡是依法构成累犯和毒品再犯的，即使犯罪情节较轻，也要体现从严惩处的精神。"《2015 年毒品纪要》和《2023 年毒品纪要》先后重申了这一政策精神。《2008 年毒品纪要》则规定，毒品数量达到实际掌握的死刑数量标准，并具有毒品再犯、累犯等法定从重处罚情节的，可以判处死刑；对于毒品数量接近实际掌握的死刑适用标准，但具有从重处罚情节（包括毒品再犯、累犯）的被告人，也可以判处死刑。这就是说，对于具有毒品再犯、累犯等法定从重处罚情节的，死刑适用数量标准可以适当降低，从而体现惩罚的严厉性。对于纳入量刑规范化处理的案件，最高人民法院、最高人民检察院 2021 年发布的《量刑指导意见》规定了"从重"的具体幅度：（1）对于累犯，综合考虑前后罪的性质、刑罚执行完毕或赦免以后至再犯罪时间的长短以及前后罪罪行轻重等情况，应当增加基准刑的 10%~40%，一般不少于 3 个月。（2）对于毒品再犯，可以增加基准刑的 10%~30%。（3）对于有前科的，综合考虑前科的性质、时间间隔长短、次数、处罚轻重等情况，可以增加基准刑的 10% 以下。前科犯罪为过失犯罪和未成年人犯罪的除外。[①]

---

① 不过，有些案件即使具有累犯、毒品再犯情节，也未必能体现从重处罚。例如，行为人贩卖冰毒 55 克，曾因贩卖少量毒品或故意伤害罪被判刑一年，属毒品再犯或者累犯，由于贩卖冰毒 55 克对应的法定刑为 15 年徒刑，即使有毒品再犯或者累犯情节，也不能"从重"至无期徒刑以上刑罚，仍应判处 15 年徒刑。

2. "从重"程度要体现区别。在对毒品再犯和累犯从重处罚的前提下，从重的程度要根据前罪和本罪的具体情况体现区别。（1）《宽严相济意见》第11条中提出，对于前罪为暴力犯罪或被判处重刑的累犯，更要依法从严惩处。《2023年毒品纪要》在重申《2015年毒品纪要》相关规定的基础上提出："尤其对于曾因严重暴力犯罪被判刑的累犯、刑罚执行完毕后短期内又实施毒品犯罪的再犯，以及在缓刑、假释或者暂予监外执行期间又实施毒品犯罪的再犯，应当严格依法从重处罚。"（2）《2015年毒品纪要》和《2023年毒品纪要》都提出，对于因不同前罪（两个犯罪以上）分别构成累犯和毒品再犯的，从重处罚幅度"一般应大于"因一个前罪而同时构成累犯和毒品再犯的情形。① 因为两个以上前罪所体现的主观恶性和人身危险性通常要大于前罪为一个犯罪的情形。当然，由于实践情况的复杂性，并非任何情况下对具有不同前罪的被告人都能体现出给予了更大幅度的从重处罚。（3）《2023年毒品纪要》提出，对于因不同现行犯罪分别构成累犯和毒品再犯的，应当对其所犯各罪分别予以从重处罚。"现行犯罪"是指本次正在接受审判的犯罪，前罪可以是一个犯罪，也可以是两个甚至多个犯罪，不同现行犯罪（如贩卖毒品罪、盗窃罪）既可能与同一个前罪（如运输毒品罪）分别构成毒品再犯和累犯，也可能与不同前罪（如非法持有毒品罪、诈骗罪）分别甚至交叉构成毒品再犯和累犯。总体上，前罪和现行犯罪的数量越多，所体现的主观恶性和人身危险性就越大，从重处罚的幅度也应更大。

问 毒品犯罪案件中如何认定、处理自首情节？ 136

答：自首是办理刑事案件中常见的法定从宽处罚情节，在毒品犯罪案件

① 在最高人民法院2016年发布的"6·26"禁毒宣传典型案例中，被告人林某武在家中多次向吸毒人员贩卖海洛因共计0.7克，案发时从家中查获0.7克，属于《刑法》第347条第4款规定的"情节严重"；林某武有3次犯罪前科，且两次因犯贩卖毒品罪被判刑，属累犯和毒品再犯，对其从重判处有期徒刑4年8个月，并处罚金人民币3000元。

中也偶有出现。以往三份毒品会议纪要都没有专门规定自首的认定和处理问题。《2023 年毒品纪要》首次对此作出倡导性规定："毒品犯罪中的自首情节具有较高司法价值，对于自首的被告人，一般应当依法从宽处罚。对于积极响应司法机关发布的敦促涉毒在逃人员投案自首通告，在通告期限内自行或者经亲属劝说、陪同投案，并如实供述犯罪事实的被告人，从宽处罚的幅度应当更大；有的虽不构成自首，量刑时也应充分考虑其自动投案情节，尽可能地兑现政策。"① 这段指导意见主要对敦促涉毒品犯罪在逃人员投案自首起政策指引作用。

在自首的认定、处理上，最高人民法院 1998 年制定的《自首立功解释》和 2010 年制定的《自首立功意见》作了较为系统的规定，办理毒品犯罪案件认定、处理自首问题也应当适用好这些司法解释和指导文件。司法实践中涉及自首认定、处理的具体情形和问题很多，多数已经形成较为明确的司法规则，这里只介绍在毒品犯罪案件中相对较为重要的问题。②

1. 关于形迹可疑型自动投案的认定。形迹可疑通常是指行为人因其所处的时空环境、衣着、言行举止、携带的物品等情况，被执法人员怀疑具有实施违法犯罪行为的可能性。这种判断是泛化、抽象的，经验性和主观性较

① 在最高人民法院 2023 年发布的"6·26"禁毒宣传典型案例中，被告人蔡某雄、林某波贩卖、运输毒品数量巨大，二人均系主犯，林某波的作用相对小于蔡某雄。鉴于二人从境外自动回国投案，投案意愿坚定，且如实供述主要罪行，认罪悔罪态度良好，均依法从宽处罚，对蔡某雄判处死刑缓期二年执行，对林某波判处无期徒刑（二人附加刑略）。

② 例如，在薛某军等人盗窃毒品（MDA 片剂，一种"摇头丸"）案中，薛某军作案后主动联系公安人员未果，后又委托他人同公安人员联系准备去投案，在此期间被抓获。其行为属于在投案过程中被抓获，可视为自动投案，且如实供述所犯罪行，可认定为自首。一审未明确认定其有自首情节，其上诉后二审明确认定为自首，对其减轻处罚。参见中华人民共和国最高人民法院刑事审判第一、二、三、四、五庭主办：《中国刑事审判指导案例》（第 4 卷）（增订第 3 版），法律出版社 2017 年版，第 234–237 页。该案涉及《自首立功解释》所规定的"准备去投案"的认定，在毒品案件中较为罕见。另外，在梁某雄、周某杰等贩卖毒品案中，被告人刘某明被抓获后，在协助公安机关抓捕毒品下家过程中脱管，后带着从下家处取回的部分毒品回到公安机关，被认定构成自首。参见中华人民共和国最高人民法院刑事审判第一、二、三、四、五庭主办：《中国刑事审判指导案例》（第 5 卷）（增订第 3 版），法律出版社 2017 年版，第 350–356 页。但本书认为，这种先被抓获归案，因故脱管后自动返回的情形不应认定为自首，可以作为酌定从宽处罚情节考虑。

强，多出现在某一具体犯罪被发现之前。如果行为人持有的物品能与某一具体犯罪之间建立起直接、明确的关联，则基本属于犯罪嫌疑而不是形迹可疑，从而就不能认定为自动投案。[①]根据《自首立功意见》，罪行未被有关部门、司法机关发觉，仅因形迹可疑被盘问、教育后，主动交代了犯罪事实的，应当视为自动投案；但有关部门、司法机关在其身上、随身携带的物品、驾乘的交通工具等处发现与犯罪有关的物品的，不能认定为自动投案。例如，被告人杨某保等二人采取人体藏毒方式从缅甸为毒贩运输毒品入境，在芒市机场被盘查时交代了体内藏毒事实，后二人从体内分别排出海洛因 486 克、441 克。一、二审对二人均以走私毒品罪判处死刑，最高人民法院复核后认为二人属于"形迹可疑"型自首，均改判死缓。[②]但是，行为人因形迹可疑被盘查，在执法人员已经查获了毒品疑似物、尚未鉴定毒品性质之前，行为人主动交代毒品性质的，不构成形迹可疑型自动投案。例如，在杨某博非法持有毒品案中，公安机关设卡检查时发现杨某博随身携带的挎包内有 4 袋白色晶体，遂将其带至公安机关，杨某博交代 4 袋白色晶体系冰毒，是其从网上购买用来自吸的。法院认为杨某博不构成自首，但可认定为如实供述主要犯罪事实。[③]

2. 自首与犯罪中止的区别。有的毒品案件中，犯罪人员主动投案并上交毒品，在如实供述所犯罪行的情况下显然构成自首。如果其犯罪行为尚未既遂，则存在与犯罪中止的竞合，如果其罪行已经既遂，则不能认定为犯罪中止。由于毒品犯罪的既遂时点总体上被提前（如为贩卖而购入毒品就是贩卖

---

① 对形迹可疑与犯罪嫌疑的区别，可参见《刘兵故意杀人案——如何认定自动投案中的"形迹可疑"》和《刘长华抢劫案——如何判断行为人是属于"形迹可疑"还是"犯罪嫌疑"》，载中华人民共和国最高人民法院刑事审判第一、二、三、四、五庭主办：《中国刑事审判指导案例》（第 1 卷）（增订第 3 版），法律出版社 2017 年版，第 334–336 页、第 387–390 页。

② 参见中华人民共和国最高人民法院刑事审判第一、二、三、四、五庭主办：《中国刑事审判指导案例》（第 1 卷）（增订第 3 版），法律出版社 2017 年版，第 296–298 页。类似案例还有周某波体内藏毒运输毒品案，认定为形迹可疑型自首，参见曾粤兴主编：《刑事案例诉辩审评——走私、贩卖、运输、制造毒品罪》（第 2 版），中国检察出版社 2014 年版，第 75–78 页。

③ 参见中华人民共和国最高人民法院刑事审判第一、二、三、四、五庭主办：《刑事审判参考》（总第 100 集），法律出版社 2015 年版，第 111–115 页。但从该文的案情介绍中看不出是否对杨某博吸毒情况进行检验，如果吸毒，吸食的种类是否为冰毒。

毒品罪的既遂，将毒品运输一段距离后尚未到达目的地的多认定为运输毒品罪的既遂，短时间非法持有毒品罪的亦构成该罪的既遂），故多数情况下难以按照犯罪中止处理。例如，被告人周某龙曾多次因贩卖毒品罪被判刑，在其母亲的劝导下，于2013年9月向公安机关投案，并上交了其藏有的113克冰毒。一审以周某龙犯非法持有毒品罪，系毒品再犯，但具有自首情节且当庭自愿认罪，对其减轻处罚，判处有期徒刑6年（附加刑略）。二审以周某龙主动上交毒品，体现了与毒品决裂的悔改决心，改判免予刑事处罚。[①]对于周某龙主动上交毒品的行为是构成自首还是犯罪中止，审理过程中有不同意见。因非法持有毒品罪已经既遂，不宜再认定为犯罪中止，其主动上交毒品的行为不仅是自动投案，还避免了毒品流入社会造成进一步危害，故宜大幅从宽处理。

3. 行为人主动投案后仅交代涉毒违法行为而没有交代毒品犯罪事实的，不具备如实供述所犯罪行条件，不能认定为自首。[②]例如，被告人康某清在其父亲陪同下，主动到禁毒大队交代自己吸食氯胺酮并自愿接受强制戒毒，但没有交代自己贩卖毒品的事实。随后，康某清举报多人吸毒，其中，周某淇被抓获后检举康某清曾向其3次贩卖氯胺酮。法院认为，康某清未如实供述贩毒行为，同时，其所检举的是他人吸毒而非犯罪行为，故不具有自首和立功表现，以贩卖毒品罪判处有期徒刑3年，并处罚金3000元。[③]

4. 行为人因某一毒品犯罪行为投案后，主动交代该选择性罪名中的其他犯罪行为或者所交代的罪行同司法机关已掌握的罪行在法律、事实上密切关联的，不能认定为自首。《自首立功解释》第2条规定，被采取强制措施的犯罪嫌疑人、被告人和已宣判的罪犯，如实供述司法机关尚未掌握的罪行，与司法机关已掌握的或者判决确定的罪行属不同种罪行的，以自首论。《自首

① 参见吴炯、顾飞：《非法持有毒品后主动上交的刑罚裁量》，载《人民司法（案例）》2015年第10期。

② 与此相关的一个问题是，行为人因涉毒违法行为（如吸毒，容留他人吸毒）被查获后，主动交代公安机关尚未掌握的毒品犯罪行为（如贩卖毒品）的，一般可以认定为自首。

③ 参见中华人民共和国最高人民法院刑事审判第一、二、三、四、五庭主办：《中国刑事审判指导案例》（第1卷）（增订第3版），法律出版社2017年版，第505-508页。

立功意见》进一步提出，犯罪嫌疑人、被告人在被采取强制措施期间如实供述本人其他罪行，该罪行与司法机关已掌握的罪行属同种罪行还是不同种罪行，一般应以罪名区分；虽然如实供述的其他罪行的罪名与司法机关已掌握犯罪的罪名不同，但如实供述的其他犯罪与司法机关已掌握的犯罪属选择性罪名或者在法律、事实上密切关联，应认定为同种罪行。例如，被告人彭某升因运输毒品（冰毒 6000 克、咖啡因 37,000 克）被查获，到案后又交代了 2 次贩卖毒品（共计氯胺酮 2700 克）的事实，因属于选择性罪名、不实行数罪并罚，认定为如实交代同种罪行，不构成自首。[①] 又如，被告人王某龙将 413.69 克含美沙酮的液体（200 克以上不满 1000 克为“数量较大”）及 200 元钱同被告人赛某华交换 1.93 克冰毒，法院认定二人的交换行为均构成贩卖毒品罪，且赛某华对换取的美沙酮另构成非法持有毒品罪。公安机关虽然是根据赛某华的主动供述查获了其非法持有的美沙酮，但该罪行与公安机关已经掌握的其贩卖毒品行为在法律上、事实上存在密切关联，属于如实供述同种罪行，而不构成自首。[②]

5. 对自首情节的从宽处罚。自首是法定从宽处罚情节，但并非一律从宽处罚。根据《自首立功意见》，在具体操作上要注意如下几点：（1）对具有自首情节的被告人是否从宽处罚、从宽处罚的幅度，应当考虑其犯罪事实、性质、情节、危害后果、社会影响、被告人的主观恶性和人身危险性，以及投案的主动性、供述的及时性和稳定性等。（2）具有自首情节的，一般应依法从轻、减轻处罚；犯罪情节较轻的，可以免除处罚。类似情况下，对具有自首情节的被告人的从宽幅度要适当宽于具有立功情节的被告人。2021 年《量刑指导意见》规定，对于自首情节，综合考虑自首的动机、时间、方式、罪行轻重、如实供述罪行的程度以及悔罪表现等情况，可以减少基准刑的 40% 以下；犯罪较轻的，可以减少基准刑的 40% 以上或者依法免除处罚。（3）虽

---

① 该案发生在 2010 年《自首立功意见》出台之前。参见中华人民共和国最高人民法院刑事审判第一、二、三、四、五庭主办：《中国刑事审判指导案例》（第 5 卷）（增订第 3 版），法律出版社 2017 年版，第 449-452 页。

② 参见中华人民共和国最高人民法院刑事审判第一、二、三、四、五庭主办：《刑事审判参考》（总第 122 集），法律出版社 2020 年版，第 100-106 页。

然具有自首情节，但犯罪情节特别恶劣、犯罪后果特别严重、被告人主观恶性深、人身危险性大，或者在犯罪前即为规避法律、逃避处罚而准备自首的，可以不从宽处罚。（4）对于具有自首情节，同时又有累犯、毒品再犯等法定从重处罚情节的，既要考虑自首的具体情节，又要考虑被告人的主观恶性、人身危险性等因素，综合分析判断，确定从宽或者从严处罚。累犯的前罪为非暴力犯罪的，一般可以从宽处罚，前罪为暴力犯罪或者前、后罪为同类犯罪的，可以不从宽处罚。（5）在共同犯罪案件中，对具有自首情节的被告人的处罚应注意共同犯罪人以及首要分子、主犯、从犯之间的量刑平衡。

问 毒品犯罪案件中如何认定、处理如实供述情节？ 137

答：如实供述自己的罪行，也称坦白，是2011年施行的《刑法修正案（八）》新增的法定从宽处罚情节，是“坦白从宽”刑事政策的规则化、具体化。坦白与自首的主要区别是行为人是否主动投案，主动投案并如实供述自己罪行的是自首，被动归案后如实供述罪行的是坦白。由于坦白是被动归案后的如实供述，故从宽处罚的力度小于自首。根据《刑法》第67条第3款，犯罪嫌疑人如实供述自己罪行的，可以从轻处罚（没有“减轻处罚”）；因其供述自己罪行，避免特别严重后果发生的，可以减轻处罚（没有“免除处罚”）。毒品犯罪案件中涉及坦白认定和处理的情形较多，结合《自首立功解释》《自首立功意见》等规定，工作中要注意如下问题。

1. 关于如实供述自己罪行的认定。如实供述自己的罪行是指如实供述自己的主要犯罪事实，包括对认定行为性质有决定意义的定罪事实、情节和对量刑有重大影响的事实、情节。具体而言，其一，如实供述自己的罪行，除供述自己的主要犯罪事实外，还应包括姓名、年龄、职业、住址、前科等情况；犯罪嫌疑人供述的身份等情况与真实情况虽有差别，但不影响定罪量刑的，应认定为如实供述自己的罪行；犯罪嫌疑人自动投案后隐瞒自己的真实身份等情况，影响对其定罪量刑的，不能认定为如实供述自己的罪行。这种情形在毒品犯罪案件中主要是指行为人隐瞒自己的毒品犯罪前科或者涉毒品犯罪在逃犯身份，进而逃避累犯、毒品再犯的认定或者被追究其他毒品罪行。其二，犯罪嫌疑人多次实施同种罪行的（如多次贩卖毒品，多次运输毒品），应当综合考虑已交代的犯罪事实与未交代的犯罪事实的危害程度，决定是否认定为如实供述主要犯罪事实。虽然归案后没有交代全部犯罪事实，但如实交代的犯罪情节重于未交代的犯罪情节，或者如实交代的犯罪数额多于未交代的犯罪数额，一般应认定为如实供述自己的主要犯罪事实。无法区分已交代的与未交代的犯罪情节的严重程度，或者已交代的犯罪数额与未交代的犯罪数额相当，一般不认定为如实供述自己的主要犯罪事实。其三，犯罪嫌疑人归案时虽然没有交代自己的主要犯罪事实，但在司法机关掌握其主要犯罪事实之前主动交代的，应认定为如实供述自己的罪行。例如，甲因向乙贩卖 8 克冰毒被查获，被羁押一段时间后在乙交代之前其又交代了数月前曾经向乙贩卖 20 克冰毒的事实，应认定为如实供述自己的罪行。其四，共同犯罪案件中的犯罪嫌疑人，除如实供述自己的罪行，还应当供述所知的同案犯，主犯则应当供述所知其他同案犯的共同犯罪事实，才能认定为坦白。根据《2008 年毒品纪要》，共同犯罪中同案犯的基本情况，包括同案犯的姓名、住址、体貌特征、联络方式等信息，属于被告人应当供述的范围。

2. 如实供述同种余罪也是坦白。毒品犯罪案件中经常出现行为人多次实施同一种犯罪的情况，如多次贩卖毒品，多次运输毒品等。行为人被动归案后除如实供述本次犯罪外，还主动交代司法机关尚不掌握的其他同种罪行的，应当认定为坦白同种余罪。《自首立功解释》第 4 条规定："被采取强制措施的犯罪嫌疑人、被告人和已宣判的罪犯，如实供述司法机关尚未掌握的罪行，与司法机关已掌握的或者判决确定的罪行属同种罪行的，可以酌情从轻处罚；如实供述的同种罪行较重的，一般应当从轻处罚。"《自首立功解释》制定于 1998 年，当时《刑法修正案（八）》尚未施行，实践中是把坦白作为酌定从宽处罚情节来处理的。目前，上述规定的精神仍然具有参照性，但在从轻处罚的力度上应当更大一些。值得注意的是，根据 2010 年《自首立功意见》，犯罪嫌疑人、被告人在被采取强制措施期间如实供述的其他犯罪与司法机关已掌握的犯罪属选择性罪名或者在法律、事实上密切关联的，应认定为同种罪行。这种情况在毒品犯罪案件中较为常见。例如，甲因贩卖毒品被抓获后主动供述了从异地购买并运输该毒品的事实，或者主动供述自己曾经受他人雇用运输其他毒品的事实，对这些情形都只能认定为如实供述而不是自首。

3. 关于"避免特别严重后果发生"的认定。对该问题，目前没有司法解释或者指导文件作出明确解释，实践中认定的情况总体较少。一般认为，"避免特别严重后果发生"是指因犯罪嫌疑人到案后及时供述，避免、阻止了本来发生概率很高的重大人员伤亡、重大财产损失或者其他情形。在毒品犯罪案件中，行为人到案后如实供述，也有可能出现"避免特别严重后果发生"的情况。例如，甲参与制造毒品被查获，但有部分主犯在逃，甲到案后及时主动带领公安人员查获了被藏匿的大量毒品，防止了这些毒品被在逃犯取走；乙参与运输毒品被查获后，及时供述其他同案犯的藏身之处，防止了这些人外逃。对这些情形，都可以根据供述的价值大小、所避免后果的严重程度来认定是否属于"避免特别严重后果发生"。如果带领查获的毒品数量确实很大，特别是涉及死刑适用的，可以考虑认定；如果行为人到案后带领公安人员查获的毒品数量仅仅涉及法定刑升格，而不涉及判处无期徒刑以上刑罚的，一般不宜认定。值得注意的是，行为人供述的内容应当是其所参与犯罪事实的一部分，如果所供内容与其本人的罪行无关，则涉及立功的认定。

4. 如实供述与认罪认罚从宽制度的关系。认罪认罚从宽是2018年修订《刑诉法》增设的诉讼制度，因其对量刑产生直接影响，故与如实供述情节发生关联。如实供述只能发生在侦查阶段，至迟在侦查机关掌握其主要罪行之前，如果在侦查阶段不供述罪行，进入审查起诉或者审判阶段再供述的，不能认定为如实供述。而认罪认罚可以发生在侦查、审查起诉和一、二审的各个阶段，越早认罪认罚，对量刑的积极影响就越大。从逻辑上看，如实供述和认罪认罚有多种组合模式：如实供述并认罪认罚，如实供述（认罪）但不认罚，未如实供述但审判阶段认罪认罚，等等。这些不同组合情形在毒品犯罪案件中都可能出现。把握二者关系时要注意的是:(1)认罪认罚的从宽幅度一般应当大于仅有坦白或者虽认罪但不认罚的从宽幅度。对有坦白情节且认罪认罚的,应当在法定刑幅度内给予相对更大的从宽幅度,但认罪认罚与坦白不作重复评价。(2)行为人犯数罪,仅如实供述其中部分事实的,全案不作“认罪”的认定,不适用认罪认罚从宽制度,但对如实供述的部分,检察机关可以提出从宽处罚的建议,法院可以从宽处罚。(3)对于毒品共同犯罪案件,主犯认罪认罚,从犯不认罪认罚的,应当注意主从犯之间的量刑平衡,防止量刑明显失当。

5. 如实供述的从宽处罚幅度。2021 年《量刑指导意见》规定,对于坦白情节,综合考虑如实供述罪行的阶段、程度、罪行轻重以及悔罪表现等情况,确定从宽的幅度:(1)如实供述自己罪行的,可以减少基准刑的 20% 以下;(2)如实供述司法机关尚未掌握的同种较重罪行的,可以减少基准刑的 10%~30%;(3)因如实供述自己罪行,避免特别严重后果发生的,可以减少基准刑的 30%~50%。

在如实供述对死刑适用的影响方面,值得注意的是,其一,《2023 年毒品纪要》在延续《2008 年毒品纪要》相关规定的基础上提出,已查明的毒品数量未达到实际掌握的死刑适用数量标准,被告人到案后坦白司法机关尚未掌握的其他毒品犯罪,累计数量达到实际掌握的死刑适用数量标准的,可以不判处死刑。例如,被告人古某被抓获时公安机关查获的毒品数量为海洛因 258.6 克,在侦查过程中其主动交代卖出的海洛因实际数量为 415 克,达到了当时实际掌握的死刑适用数量标准。据此,最高人民法院不核准死刑。[①] 其二,对于罪行本很严重,但归案后主动交代犯罪事实,对全案破获起到积极作用,认罪悔罪态度好的被告人,可以不判处死刑。例如,在被告人吴某、常某平、信某明等人贩卖毒品案中,常某平多次贩卖毒品,数量达 3600 余克,涉案毒品通过其“批发”向社会扩散,社会危害性大,罪行极其严重,在犯罪链条中的地位作用仅次于吴某。鉴于常某平归案后认罪、悔罪,主动

① 该案发生在 2007 年,当时实际掌握的死刑适用数量标准较低。参见中华人民共和国最高人民法院刑事审判第一、二、三、四、五庭主办:《中国刑事审判指导案例》(第 5 卷)(增订第 3 版),法律出版社 2017 年版,第 463–466 页。

交代犯罪事实和同案犯，包括公安机关原未掌握的重要犯罪线索和事实，对查清全案犯罪事实和固定重要证据起到重要作用，主观恶性有所降低，对其判处死刑，可不立即执行。[①] 这样把握，有利于树立良好的政策导向，鼓励犯罪分子悔过自新，也有利于深挖余罪，节约司法成本。

问 毒品犯罪案件中有哪些酌定从重和从宽处罚情节？ 138

答： 上述讨论的都是法定从重和从宽处罚情节。毒品犯罪案件中也有一些影响量刑的酌定量刑情节，包括从重和从宽处罚情节。酌定从重处罚情节包括（但不限于）：（1）前科劣迹多。主要指多次实施吸毒、容留吸毒、非法持有毒品、盗窃、斗殴等违法犯罪行为，有的甚至有严重犯罪前科（如被判处无期徒刑或者死缓），但不构成累犯和毒品再犯。《量刑指导意见》规定，对于有前科的，综合考虑前科的性质、时间间隔长短、次数、处罚轻重等情况，可以增加基准刑的10%以下，但前科犯罪为过失犯罪和未成年人犯罪的除外。（2）毒品犯罪的惯犯或者职业犯。惯犯是指多次实施毒品犯罪的情形，职业犯则是指以实施毒品犯罪为主要谋生方式。职业犯通常也是惯犯，但惯犯未必是职业犯。二者都体现了较大的主观恶性和人身危险性，故都是司法实务中历来强调较多的应当予以严厉惩处的罪犯类型。（3）到案后认罪态度不好。如在证据面前拒不认罪、供述反复或者明显推卸责任，甚至在法庭上斥责同案被告人、用言语侮辱司法人员。

---

① 该案发生在2003—2004年间，参见中华人民共和国最高人民法院刑事审判第一、二、三、四、五庭主办：《中国刑事审判指导案例》（第5卷）（增订第3版），法律出版社2017年版，第388-391页。另外，在罗某贩卖、运输毒品案中，被告人罗某邀约他人从重庆驾车前往广东购买冰毒2983.9克，在回到重庆境内时被查获。就毒品数量而言，该案已经达到判处死刑的标准，法院鉴于罗某主动交代冰毒藏于汽车后备箱两侧夹层内且如实供述犯罪事实，对其判处死缓（附加刑略）。该案的上家刘某凯在一审期间被判处死刑，二审考虑其作用相对小于下家罗某，且不能完全排除有共同犯罪人情况，改判死缓（附加刑略）。参见刘桂华、吴仕春：《毒品共同犯罪中的死刑适用》，载《人民司法（案例）》2016年第14期。

酌定从宽情节包括（但不限于）：（1）犯罪动机具有一定可宽宥性或可同情。如因身体残疾找不到工作、做生意失败欠下巨额债务或者急需筹钱给家人治病，而受人教唆、蛊惑贩卖、运输毒品。（2）初犯、偶犯。如已满 16 岁的未成年人为购买手机而帮贩卖者运送毒品，女友应男友反复请求代为保管、藏匿贩卖的毒品等。《宽严相济意见》第 19 条规定，对于较轻犯罪的初犯、偶犯，应当综合考虑其犯罪的动机、手段、情节、后果和犯罪时的主观状态，酌情予以从宽处罚；对于犯罪情节轻微的初犯、偶犯，可以免予刑事处罚；依法应当予以刑事处罚的，也应当尽量适用缓刑或者判处管制、单处罚金等非监禁刑。根据《2023 年毒品纪要》等指导文件，对受人指使、雇用运输毒品，又系初犯、偶犯的，可以从轻处罚，即使毒品数量超过实际掌握的死刑数量标准，也可以不判处死刑。（3）以贩养吸或者有吸食毒品情节。鉴于吸毒本身不构成犯罪，司法实务中对认定为以贩养吸的或者具有吸毒情节的，在认定毒品数量时要酌情考虑被查获的毒品中可能有部分毒品会用于吸食的情节，从而对行为人给予适当的从宽处罚。对于毒品数量刚达到实际掌握的死刑适用数量标准，不排除其中有部分毒品会被用于吸食的，可以不判处死刑。（4）毒品含量明显偏低。《2023 年毒品纪要》等指导文件提出，涉案毒品纯度明显低于同类毒品的正常纯度的，量刑时可以酌情考虑。《量刑指导意见》也规定，对毒品含量明显偏低的，可以减少基准刑的 30% 以下。（5）亲属扭送归案。这种情形是亲属强制犯罪嫌疑人前往基层组织或者司法机关，不具备投案的自动性，不构成自首，但可以作为酌定从宽处罚情节。《宽严相济意见》第 17 条规定，对于亲属以不同形式送被告人归案或协助司法机关抓获被告人的，有的虽然不能认定为自首，但考虑到被告人亲属支持司法机关工作，促使被告人到案、认罪、悔罪，在决定对被告人具体处罚时，也应当予以充分考虑。（6）亲属协助“立功”。《2008 年毒品纪要》提出，被告人亲属为了使被告人得到从轻处罚，检举、揭发他人犯罪或者协助司法机关抓捕其他犯罪人的，不能视为被告人立功。《自首立功意见》也作了类似规定。这种情形不符合立功的亲为性条件，不构成立功，但可以作为酌定从宽处罚情节。[①]

实践中，行为人常常因具有多个酌定从宽处罚情节而得到从宽处理。例如，被告人岳某保运输海洛因 2401 克，已超过当时实际掌握的判处死刑数量标准。岳某保没有法定从宽情节，但具有多个酌定从轻处罚情节：（1）在案证据不能排除岳某保系受他人雇用运输毒品。（2）岳某保没有毒品犯罪前科，也没有其他违法犯罪记录，系初犯，主观恶性和人身危险性相对较小。（3）岳某保运输的毒品被现场查获，未流入社会造成进一步危害。（4）岳某保归案后即供述了自己运输毒品的犯罪事实，且供述基本稳定，认罪态度较好。（5）岳某保妻子下落不明已有 6 年，女儿 16 岁，尚读中学。综合考虑这些情节，最高人民法院依法裁定不核准死刑，发回重审。[②] 又如，被告人唐某珍运输毒品 420 克被查获，没有法定从宽处罚情节，但不排除受人雇用运输毒品，系初犯，认罪态度好，毒品均被查获，没有进一步流向社会，故改判死缓。[③]

问 毒品犯罪案件同时具有从重和从宽处罚情节的，如何处理？[④] 139

答：毒品犯罪案件中被告人同时具有从重处罚情节和从宽处罚情节的情

① 另值得注意的是，《反有组织犯罪法》第 33 条规定了对犯罪嫌疑人、被告人可以依法从宽处罚的 5 种具体情形：（1）为查明犯罪组织的组织结构及其组织者、领导者、首要分子的地位、作用提供重要线索或者证据的；（2）为查明犯罪组织实施的重大犯罪提供重要线索或者证据的；（3）为查处国家工作人员涉有组织犯罪提供重要线索或者证据的；（4）协助追缴、没收尚未掌握的赃款赃物的；（5）其他为查办有组织犯罪案件提供重要线索或者证据的情形。其中，第（2）、（4）、（5）三种情形可能涉及毒品犯罪，行为人可能分别构成立功、自首或者如实供述，但也可能只属于酌定从宽处罚情节。即使原本只是酌定从宽处罚情节，也因该条的明确规定而成为“法定”情节。

② 参见高贵君主编：《毒品犯罪审判理论与实务》，人民法院出版社 2009 年版，第 382–384 页。该案案发时间为 2006 年，当时如实供述罪行还不是法定从宽处罚情节。

③ 该案发生在 1998 年，当时实际掌握的死刑适用数量标准较低。参见中华人民共和国最高人民法院刑事审判第一、二、三、四、五庭主办：《中国刑事审判指导案例》（第 5 卷）（增订第 3 版），法律出版社 2017 年版，第 316–318 页。

④ 毒品死刑案件中涉及量刑情节冲突的处理，可参见本书“毒品犯罪的死刑适用”一章的介绍。

形很常见，如被告人既是累犯或者毒品再犯，又有坦白情节或者重大立功表现。对这种量刑情节冲突的情形如何处理，相关司法文件提出了一些指导意见。如《宽严相济意见》第28条规定，对于被告人同时具有法定、酌定从严和法定、酌定从宽处罚情节的案件，要在全面考察犯罪的事实、性质、情节和对社会危害程度的基础上，结合被告人的主观恶性、人身危险性、社会治安状况等因素，综合作出分析判断，总体从严或者总体从宽。2010年《自首立功意见》进一步规定，对于被告人具有自首、立功情节，同时又有累犯、毒品再犯等法定从重处罚情节的，既要考虑自首、立功的具体情节，又要考虑被告人的主观恶性、人身危险性等因素，综合分析判断，确定从宽或者从严处罚；累犯的前罪为非暴力犯罪的，一般可以从宽处罚，前罪为暴力犯罪或者前、后罪为同类犯罪的，可以不从宽处罚。2021年《量刑指导意见》提出，具有多个量刑情节的，一般根据各个量刑情节的调节比例，采用同向相加、逆向相减的方法调节基准刑。

司法实务中判断是否从宽处罚，首先立足于被告人本次犯罪的严重程度，然后比较从重处罚情节和从宽处罚情节中的突出者（“逆向相减”法），如果从重处罚情节突出，则仍然要体现从重处罚，如果从宽处罚情节突出，则可以体现从宽处罚。例如，被告人徐某妙2003年因犯合同诈骗罪被判处有期徒刑12年，并处罚金10万元，2015年刑罚执行完毕。2016年年底，徐某妙在浙江省永嘉县一处田地种植罂粟。2017年4月8日，公安人员在上述地点查获该批罂粟，共计2243株。在附近务农的徐某妙在接受公安人员排查性询问时主动交代罂粟系其种植。法院根据徐某妙犯罪的事实及具有累犯、自首等量刑情节，对其判处有期徒刑二年，并处罚金8000元。[①] 又如，被告人李某耀1992年因犯运输毒品罪判处死刑缓期执行，2006年10月释放，2009—2010年间伙同他人先后4次贩卖、运输海洛因共计4577克（最后一次贩卖、运输海洛因1737克被查获）。其到案后主动交代前三次犯罪事实，但鉴于其贩卖、运输毒品数量大，系主犯、累犯、毒品再犯，且前罪很严重，被判处并核准死刑。[②]

① 这是最高人民法院2018年发布的“6·26”禁毒宣传典型案例之一。

② 参见中华人民共和国最高人民法院刑事审判第一、二、三、四、五庭主办：《中国刑事审判指导案例》（第5卷）（增订第3版），法律出版社2017年版，第494–496页。

第十五章 立功的认定和处理

▶▶▶「**本章导读**」

立功是毒品犯罪案件中最常见的法定从宽处罚情节，所涉及的具体问题较多，故单作一章进行分析、介绍。本章解答的问题包括：认定立功涉及的主要司法文件，检举他人犯罪的线索来源是否影响立功的认定，如何看待“抽象立功”的性质，交代上下家情况或者辨认上下家的照片是否构成立功，检举正在或者即将发生的犯罪是否构成立功，提供线索查获大量毒品的是否构成立功，协助抓捕型立功的认定，“到案前”是否符合认定立功的时间条件，对间接“立功”或者亲友代为“立功”的如何处理，重大立功的认定，立功的从宽处罚，认定立功的证据材料，立功情况短期内无法查实的如何处理等。

问 毒品犯罪案件中对立功的认定和处理涉及哪些司法文件？ 140

答： 立功是司法实践十分常见的法定从宽处罚情节，在法律适用上争议问题也不少。最高人民法院为规范立功的认定与处理，先后制定了多个司法规范性文件。如1998年制定了《自首立功解释》，2009年会同最高人民检察院制定了《关于办理职务犯罪案件认定自首、立功等量刑情节若干问题的意见》（法发〔2009〕13号，以下简称《职务犯罪自首立功意见》），2010年又制定了《自首立功意见》。此外，在最高人民法院2010年制定的《宽严相济意见》，最高人民法院、最高人民检察院2021年制定的《量刑指导意见》等其他规范性指导文件中，也对立功问题作了一些规定。

与毒品犯罪案件中立功认定直接相关的指导文件是《2008年毒品纪要》，该文件继《自首立功解释》之后对立功的认定和处理作了较为系统的规定，也影响了《自首立功意见》等后续相关文件的内容。《2023年毒品纪要》对《2008年毒品纪要》的相关内容作了吸收，办理毒品犯罪案件认定、处理立功问题，首先要适用上述司法解释的规定，对于司法解释没有规定的，可以适用《2023年毒品纪要》《自首立功意见》等其他指导文件的规定。《职务犯罪自首立功意见》虽然主要针对职务犯罪作出规定，但其中不少内容对毒品犯罪案件中立功的认定和处理也具有参考意义。

问 揭发他人犯罪线索的来源是否影响立功的认定？ 141

答： 在以往的司法实践中，一度存在着“立功不问线索来源”的观念和做法，即使揭发他人犯罪的线索来源不正当，也不影响立功的认定。有的犯罪嫌疑人到案后，其本人及亲属想方设法甚至采取违法手段（如贿买、引诱他人犯罪等）获取立功线索，扰乱了监管秩序，影响了案件的公正处理，也违背了设立立功制度的立法目的。因此，起草《2008年毒品纪要》时经广泛征求意见和深入研究，在立功线索来源问题上作出重要规定，凡被告人从非法渠道获得立功线索的，一律不认定为立功。具体规定包括：（1）被告人亲属为使被告人得到从轻处罚，检举、揭发他人犯罪或者协助司法机关抓捕其他犯罪人的，不能视为被告人立功。①（2）同监犯将本人或者他人尚未被司法机关掌握的犯罪事实告知被告人，由被告人检举揭发的，如经查证属实，虽可认定被告人立功，但是否从宽处罚、从宽幅度大小，应与通常的立功有所区别。（3）通过非法手段或者非法途径获取他人犯罪信息，如从国家工作人员处贿买他人犯罪信息，通过律师、看守人员等非法途径获取他人犯罪信息，由被告人检举揭发的，不能认定为立功，也不能作为酌情从宽处罚情节。

上述规定改变了以往“只要从被告人嘴里说出犯罪线索就是立功”的情况，严格了立功的认定条件，尤其有利于防止违法“买功”现象。此后，相关指导文件都延续了《2008年毒品纪要》上述规定的精神。如2009年《职务犯罪自首立功意见》规定，据以立功的线索、材料来源有下列情形之一的，不能认定为立功：（1）本人通过非法手段或者非法途径获取的；（2）本人因原担任的查禁犯罪等职务获取的；（3）他人违反监管规定向犯罪分子提供的；（4）负有查禁犯罪活动职责的国家机关工作人员或者其他国家工作人员利用职务便利提供的。2010年《自首立功意见》也规定：（1）犯罪分子通过贿买、暴力、胁迫等非法手段，或者被羁押后与律师、亲友会见过程中违反监管规定，获取他人犯罪线索并“检举揭发”的，不能认定为有立功表现；（2）犯罪分子将本人以往查办犯罪职务活动中掌握的，或者从负有查办犯罪、监管职责的国家工作人员处获取的他人犯罪线索予以检举揭发的，不能认定为有立功表现；（3）犯罪分子亲友为使犯罪分子“立功”，向司法机关提供他人犯罪线索、协助抓捕犯罪嫌疑人的，不能认定为犯罪分子有立功表现。

例如，2013年7月，被告人邱某喜（毒品再犯）从广东省购得毒品后驾车返回安徽省临泉县，途中被抓获，公安人员当场查获海洛因3481.4克。邱某喜被抓获后，其亲属通过贿买手段获取范某某贩卖毒品犯罪的线索，交由其检举揭发。一审法院根据当时公安机关出具的立功材料，错误认定邱某喜

① 该项规则涉及立功的亲为性问题，后文专门作了分析。

具有重大立功表现，据此从轻判处邱某喜无期徒刑，二审维持原判。裁判生效后，安徽省高级人民法院发现邱某喜检举范某某贩卖毒品的线索系通过贿买的非法手段获取，依法不能认定具有立功表现，原裁判认定事实和适用法律确有错误，经再审，改判邱某喜死刑，最高人民法院予以核准。[①]

值得注意的是，立功线索"来源非法"的证明责任在司法机关，如没有证据证明立功线索来源非法的，就应当认定为立功。对于有关部门提供的证明被告人立功的书面材料，应当立足于《刑法》关于立功的规定，以有关材料是否足以证实被告人有立功表现为判断标准。例如，看守所、公安机关、检察机关或者纪检监察机关提供书面材料证明被告人有检举、揭发他人犯罪等表现的，必须同时提供被检举者犯罪的具体情况。对于只出具被告人有立功表现的书面证明，不能提供或者不补充具体材料，致使法院无法作出准确判断的，不能认定为立功。[②]

问 142 抽象地揭发他人实施毒品犯罪或者其他犯罪的，是否构成立功？

答：实践中有的毒品犯罪分子到案后为争取立功，根据自己曾经听闻的信息进行检举揭发。例如，听说张某是吸毒人员，最近出手阔绰，应该是贩卖毒品所得；听说黄某经济条件不好，经常赌博、盗窃；听说公务人员江某经常"吃拿卡要""不给钱不办事"；等等。此类揭发他人犯罪的情形缺少具体内容，在司法工作中通常称为"抽象立功"。揭发他人犯罪应当以具体事实为前提，如果抽象地进行检举、揭发，即便侦查机关经过侦查，确认某人确有犯罪行为，也不能认为系犯罪嫌疑人、被告人揭发的结果，依法不能认定

---

① 本案是最高人民法院 2022 年发布的"6·26"禁毒宣传典型案例之一。

② 参见高贵君、王勇、吴光侠：《〈全国部分法院审理毒品犯罪案件工作座谈会纪要〉的理解与适用》，载中华人民共和国最高人民法院刑事审判第一、二、三、四、五庭主办：《中国刑事审判指导案例》（第 5 卷）（增订第 3 版），法律出版社 2017 年版，第 988 页。

为立功。对此问题，2009年《职务犯罪自首立功意见》的相关规定有参照价值：据以立功的他人罪行材料应当指明具体犯罪事实；犯罪分子揭发他人犯罪行为时没有指明具体犯罪事实的，或者揭发的犯罪事实与查实的犯罪事实不具有关联性的，不能认定为立功表现。

当然，如果行为人提供的信息或者线索具体、明确，公安机关据此成功破获相关案件的，则可以认定为立功。如贩毒人员甲到案后检举“毒友”张某曾在本月初向吸毒人员刘某贩卖5克冰毒，或者声称最近该市某小区发生的多起入室盗窃案都是吸毒人员黄某所为，等等。可见，工作中需要注意区分“抽象立功”与提供线索型立功，对于符合后者认定条件的，可以依法认定。

问 交代毒品交易的上家或下家的情况是否构成立功？ 143

答：毒品交易具有明显的链条特征，很多案件中同一宗毒品会经过多层转卖，形成多层上下家关系。行为人到案后交代上家或者下家的身份和涉嫌犯罪情况在司法实践中很常见，是否构成立功不能一概而论。以下进行具体分析。

1. 交代上家或下家的身份信息等基本情况，通常认定为如实供述，而不是立功。这是当前司法实务中的普遍认识和做法。《2008年毒品纪要》曾提出，共同犯罪中同案犯的基本情况，包括同案犯姓名、住址、体貌特征、联络方式等信息，属于被告人应当供述的范围；公安机关根据被告人供述抓获同案犯的，不应认定其有立功表现。[①]2010年《自首立功意见》则进一步提出，犯罪分子提供同案犯姓名、住址、体貌特征等基本情况，或者提供犯罪前、犯罪中掌握、使用的同案犯联络方式、藏匿地址，司法机关据此抓捕同案犯的，不能认定为协助司法机关抓捕同案犯。这些指导意见中都使用了“同案

---

① 值得一提的是，1994年《关于禁毒决定的解释》第15条曾规定，检举、揭发同案犯（包括共同犯罪人、窝藏包庇者）的罪行属于立功，1998年《自首立功解释》才明确规定此类行为属于如实供述，不再认定为立功。

犯”一词，结合《自首立功解释》的相关规定，[①]“同案犯”一般是指共同犯罪人。毒品犯罪的上下家不属于共同犯罪，实践中有人认为，行为人到案后主动交代上家或下家情况的，属于揭发“同案犯”之外的其他人犯罪，可以认定为立功。但实际上“同案犯”一词的含义很宽，既可以解释为共同犯罪人（狭义），也可以从诉讼程序角度理解为在同一个案件中接受侦查、起诉、审判的犯罪分子，包括毒品犯罪的上家或下家、窝藏包庇者，而不限于共同犯罪人（广义）。实践中更为常见的做法是对“同案犯”采取广义概念。不仅如此，还有意见从其他角度提出，即使行为人交代的不是“同案犯”而是同本人犯罪密切相关的犯罪，一般也不认定为立功，典型情形是行贿与受贿、出售毒品与购买毒品等对向犯。

《2023年毒品纪要》在这个问题上没有采取“同案犯”的概念，而是在吸收上述规定的基础上提出：“被告人提供毒品共同犯罪人、上下家的姓名、住址、体貌特征等基本情况，或者提供犯罪前、犯罪中使用、掌握的上述人员的联络方式、藏匿地址，公安机关据此抓获该人员的，虽不认定有立功表现，但量刑时可酌情考虑。”这就进一步明确了上下家的身份信息等基本情况属于如实供述的内容，而不能认定为立功。但值得注意的是，如何理解这里的量刑时“酌情考虑”？显然，自《刑法修正案（八）》施行后，如实供述已经成为法定从宽处罚情节，对认定为如实供述的被告人，要“依法”从宽而不是“酌情”从宽。这里实际上是把如实供述区分为标准型供述和溢出型供述，前者仅指如实供述自己的罪行，后者不仅包括如实供述自己的罪行，还包括提供同案犯或者上下家的身份信息、联络方式、藏匿地址。量刑时“酌情考虑”恰恰针对的是溢出型供述的“溢出”部分。也就是说，对溢出型供述虽不能认定为立功，但要比标准型供述体现更大的从宽幅度（但小于“溢出”部分构成立功的情形），否则就不足以评价这种行为的价值。

或许有人认为，对如实供述的这种分类恰恰说明，交代上下家的情况已

---

① 《自首立功解释》中的“同案犯”也针对的是共同犯罪。例如，该解释第1条中规定：“共同犯罪案件中的犯罪嫌疑人，除如实供述自己的罪行，还应当供述所知的同案犯，主犯则应当供述所知其他同案犯的共同犯罪事实，才能认定为自首。”第6条规定：“共同犯罪案件的犯罪分子到案后，揭发同案犯共同犯罪事实的，可以酌情予以从轻处罚。”

经超出了如实供述的范围，既然如此，就可以考虑对主动交代上下家的情况认定为立功。在杨某博非法持有毒品案中，撰稿者认为："在所携带毒品数量尚未明显超过自吸合理范围的前提下，只要行为人如实交代了其非法持有毒品状态的事实，即可认定其交代了主要犯罪事实。至于毒品来源与去向，因不属于本罪的构成要件事实，可以排除于主要犯罪事实之外。"① 这种观点表明，实务中也有人认为认定如实供述不需要被告人交代毒品的来源和上家情况。有学者则进一步提出，单纯交代自己贩卖毒品的事实是自首与坦白的要求，而所谓交代"上家"实际上属于揭发"上家"贩卖毒品的犯罪事实，当然属于立功。② 但是，如果对交代毒品上下家的情况可以认定为立功，则毒品犯罪案件中立功的情况将十分普遍，对贯彻从严惩处毒品犯罪的刑事政策不利。《2023 年毒品纪要》等文件提出的上述指导意见属于较为务实的折中方案。

2. 行为人提供上下家或者其他同案犯的信息超出"基本情况"范围的，可能构成协助抓捕型立功。《2008 年毒品纪要》提出，被告人提供了不为有关机关掌握或者有关机关按照正常工作程序无法掌握的同案犯藏匿的线索，有关机关据此抓获了同案犯，构成立功。这一指导意见总体是合理的，但涵盖的范围偏宽，与如实供述的范围存在重合。③2010 年《自首立功意见》则提出，犯罪分子提供同案犯姓名、住址、体貌特征等基本情况，或者提供犯罪前、犯罪中掌握、使用的同案犯联络方式、藏匿地址，司法机关据此抓捕同案犯的，不能认定为协助司法机关抓捕同案犯。这是因为，犯罪前、犯罪中掌握、使用的同案犯联络方式、藏匿地址属于犯罪预谋、实施犯罪的范畴，也是应当供述的内容，④ 不能认定为立功。也就是说，如果行为人交代上下家没有超出"基本情况"的范围，客观上对于抓捕上下家也会有一定作用，

① 中华人民共和国最高人民法院刑事审判第一、二、三、四、五庭主办：《刑事审判参考》（总第 100 集），法律出版社 2015 年版，第 115 页。

② 参见张明楷：《刑法学（下）》（第 6 版），法律出版社 2021 年版，第 1518 页。

③ 正因如此，《2023 年毒品纪要》没有重申这一规定。

④ 参见周峰、薛淑兰、孟伟：《〈关于处理自首和立功若干问题的意见〉的理解与适用》，载中华人民共和国最高人民法院刑事审判第一、二、三、四、五庭主办：《中国刑事审判指导案例》（第 1 卷）（增订第 3 版），法律出版社 2017 年版，第 769 页。

但不能认定为立功；只有供述的内容超出上下家“基本情况”的范围（如供述了犯罪后才掌握的上家或下家的藏身处），且对抓捕上下家起到实质性重要作用的，才能认定为立功。[①] 这样从严把握此类情形认定为立功的条件，既能体现行为人为抓捕上下家付出的真诚努力，也能把交代上下家情况构成立功的情形限定在相对较小的范围，保证司法认定的公正性、严肃性。

3. 对交代上下家实施的其他毒品犯罪的，属于揭发型立功。《自首立功解释》第5~6条规定，共同犯罪案件中的犯罪分子揭发同案犯共同犯罪事实的（属于如实供述），可以酌情予以从轻处罚，但揭发同案犯共同犯罪以外的其他犯罪经查证属实的，应当认定为立功。这一规定虽然针对的是共同犯罪中的同案犯，但其结论可以扩展适用到毒品犯罪的上下家。通常认为，揭发他人犯罪指的是与揭发者无关的犯罪，如果揭发的是他人参与本起共同犯罪的事实，或者是与揭发者本人犯罪密切相关的犯罪事实（包括对向犯），则不能认定为立功。但是，实践中有的行为人到案后除交代上下家的基本情况外，还供述出上家或下家的其他毒品犯罪行为（也包括非毒品犯罪），如果这些其他犯罪与揭发者无关（不是其中的买家或者卖家，也不是共同犯罪人），则可以认定揭发者构成立功，符合重大立功认定条件的也应依法认定。

问 辨认出毒品交易上家或下家照片的，是否构成立功？[②] 144

答：毒品案件中犯罪嫌疑人对上家或下家的情况未必都很熟悉，有的只知道绰号和电话号码，通过中间人购买的，甚至连电话号码也不知道。有的

① 例如，在李某杰、刘某贩卖毒品案中，被告人李某杰指使刘某向他人贩卖毒品，李某杰被抓获后打电话联系刘某，获悉其在某网吧的详细位置并告诉公安机关，法院认定该行为构成立功。参见中华人民共和国最高人民法院刑事审判第一、二、三、四、五庭主办：《刑事审判参考》（总第100集），法律出版社2015年版，第97–102页。李某杰与刘某是共同犯罪，如果二人是上下家，则李某杰的行为也应认定为立功。后文对该案例作了更为详细的介绍。

② 这里的下家仅指下家购买毒品构成犯罪的情形，不包括以自吸为目的购买少量毒品的违法行为。

即便同上下家较为熟悉，但受认知、表达能力等诸多因素影响，所描述的上下家的体貌特征未必准确，甚至偏差很大。[①] 故犯罪嫌疑人交代上下家的基本情况后，仍很可能不足以让公安机关确定上下家的具体身份，此时常需要辨认上下家的照片（包括视频截图）。对于辨认出上下家照片的情形是否认定为立功，实践中存在不同认识和做法。有的认为是超出如实供述之外的重要协助行为，构成立功；有的则认为是以辨认图像方式对供述的内容进行确认，属于如实供述的一部分，不构成立功。

《2008 年毒品纪要》和《自首立功意见》都提出，按照司法机关的安排，当场指认、辨认其他犯罪嫌疑人（包括同案犯）的，应当认定为立功。《2023 年毒品纪要》结合近年来实践情况提出，按照公安机关的安排，经现场或即时视频通讯方式指认、辨认其他犯罪嫌疑人（包括同案犯），公安机关据此抓获该人员的，可以认定为立功。显然，“当场”指认、辨认不包括辨认照片，但经“即时视频通讯”方式指认、辨认既可能是动态的，也可能是视频截图，而视频截图实际上就是照片。因此，《2023 年毒品纪要》的此项规定包含了辨认照片构成立功的可能性。

本书认为，对辨认上家或者下家的照片是否构成协助抓捕型立功，不能一概而论。一方面，行为人辨认上家或下家的照片是对其所交代的上下家的体貌特征进行确认的行为，故可以认为是如实供述上下家基本情况的一部分，不宜单纯以辨认出照片为由认定为立功。特别是有的案件中上家或下家到案后被判处无期徒刑以上刑罚，一旦以辨认出照片为由认定为重大立功，行为人由此得到的宽大处理与其付出的努力不成比例，很可能造成案件处理的不平衡。另一方面，辨认照片（包括户籍材料照片、因曾经违法犯罪所留照片、公共场所监控视频截图等）与现场辨认本质上都属于协助公安机关确定犯罪嫌疑人身份的行为，二者之间的区别并不大，且是否能进行现场指认

① 从实践情况看，不同的人对他人体貌特征等基本情况的描述很可能与实际情况有较大出入，如称 1.7 米左右的人“个头很高”，称体型中等的人“很胖”或“很瘦”，称头发不多的人“头发浓密”，把湖南口音误作四川口音，等等。故对供述或证言的可信度需要结合其他证据综合分析判断。

并非行为人能自主决定的事项，而是由公安机关决定。[①] 在辨认照片对确定上下家身份所起作用很大的情况下，认定为立功亦有其正当性。因此，对行为人供述上下家的体貌特征后辨认照片的，宜区分具体情况判断是否构成立功，不宜一律认定构成或者不构成立功。

1. 不宜认定立功的情形。如果行为人交代的上下家身份情况具体详实（包括真实姓名、手机号码、银行账户、住址、体貌特征等），公安机关据此能够确定具体人员的，对辨认照片行为不宜认定立功。因为这种情形下即使行为人不辨认照片，公安机关也不会对上下家的身份发生混淆、错误，行为人辨认照片只是起到辅助性作用。这种情形属于前文所说的溢出型如实供述，可在量刑时酌情考虑。

2. 可以认定立功的情形。如果行为人对上家或者下家的情况并不熟悉，所供述的信息较为笼统甚至虚实混杂（如只知道绰号或者相同姓名人员较多，手机号码非实名制，不能提供银行账户，住址不详细或者不真实等），公安机关据此不能确定具体人员身份的，此时辨认出照片所起的作用就很大。当公安机关按照行为人提供的信息，想方设法找到此人的照片（包括视频截图）后，行为人经辨认确定其身份的，可以对该辨认照片的行为认定为立功。因为这种情况下，如果行为人辨认不出照片或者故意不配合，都无法确定上下家的身份，也就无法抓捕被揭发者。例如，陈某到案后交代上家的绰号叫“肥仔”，并提供其曾因吸毒与“肥仔”一起被关押的线索，公安机关经查询档案，找到“肥仔”（孙某）的照片，经陈某辨认，确认孙某就是“肥仔”，后公安人员将孙某抓获。该案中，陈某对上家了解不多，不知其真实姓名，公安机关无法找到具体的人，但陈某提供了其曾因吸毒与上家一起关押的重要信息，由此找到上家的照片，经陈某辨认后得以确定上家的具体身份，故

---

① 正如《梁某兵等贩卖、运输毒品案——如何认定被告人协助公安机关抓获同案犯构成立功问题》一文中，撰稿者分析梁某兵提供同案犯的藏匿地线索是否构成立功时所说的：“梁某兵归案后被采取强制措施，其人身自由受到限制，能否带领公安人员前去抓捕同案犯，不是由其自己决定，而是由公安机关决定。……如公安机关认为犯罪嫌疑人或被告人提供的线索已足够清晰，即使没有其带领亦不影响抓捕工作，或者在不便于押解的情况下，就没有必要让犯罪嫌疑人或被告人带领前去抓捕。”参见中华人民共和国最高人民法院刑事审判第一、二、三、四、五庭主办：《中国刑事审判指导案例》（第1卷）（增订第3版），法律出版社2017年版，第433–434页。

对陈某的行为可以认定为立功。①

3. 辨认照片与其他行为共同发挥作用的情形。如果行为人除辨认照片之外，还实施了其他协助抓捕行为，综合评价这些协助行为对抓捕上下家起到实质性协助作用的，可以认定为立功。这种情形在司法实践中较为常见，并非单纯因辨认上家或下家的照片而认定其有立功表现。例如，被告人李某到案后交代了上家“宾哥”的手机号码及体貌特征，并在公安机关的安排下给“宾哥”打电话报平安。同时，公安人员赶赴异地展开抓捕，经技侦等工作确定“宾歌”的真实姓名为刘某，后让李某辨认照片，确定刘某就是其上家。公安人员在异地将刘某抓获归案。对这种情况，李某并非只辨认了上家的照片，还有打电话“报平安”等稳控行为，是综合评价李某的行为后认定其构成立功。②

问 检举他人正在发生或者即将发生的毒品犯罪，是否构成立功？ 145

答：毒品犯罪侦破工作的一个突出特点是人毒并获，对于已经完成的毒品犯罪，常因无法抓现行而难以侦破。对多次实施的毒品犯罪，往往都是最后一起人毒并获，再倒查出行为人以往的毒品犯罪行为。犯罪分子到案后检举、揭发他人实施毒品犯罪，常会提供线索称某人长期贩毒，从该人处可以买到毒品，或者某人曾经同他联系，准备下周过来购买毒品等。显然，这种情况与检举、揭发他人已完成的毒品犯罪有所不同，相关线索指向的毒品犯罪正在发生或者尚未发生。对这种情形能否认定为立功，要根据检举、揭发的内容特别是对侦破相关案件所起的作用来认定。

其一，行为人检举、揭发他人犯罪有明确具体的内容，公安机关按照行为人提供的信息就得以侦破对应的犯罪的，可以认定为揭发他人犯罪型立

① 这是笔者在工作中了解的案例。实际上，该案认定陈某构成立功并不是单纯考虑陈某辨认出了上家的照片，还考虑了陈某积极提供上家曾因吸毒同其一起被抓获的情况。

② 这也是笔者在工作中了解的案例。

功。例如，张某检举称，其本次被查获的毒品是从刘某处购买，刘某说最近刚购进大量毒品，让张某和朋友需要毒品时前去购买。公安机关据此抓获刘某，并从其家中查获上周从广东购入的500余克冰毒。这种情形下，张某所提供的他人犯罪线索具体、明确，与公安机关查获的情况相符，且揭发的内容已超出如实供述上家基本情况和对向犯的范围，可以认定为揭发他人犯罪型立功。

或许会有人认为这种情形并不构成立功，而仍属于行为人如实供述上家"基本情况"的范围。但是，当张某供出其毒品系从刘某处购买时就属于如实交代了上家的基本情况，无须再交代刘某最近购进大量毒品的情况。这种溢出型供述客观上使公安机关更多地掌握了刘某的犯罪信息。如果刘某将最近购买的毒品藏于隐蔽处而公安机关事先不掌握该信息，很可能无法查获这些毒品，从而使刘某逃避应有惩处。恰恰是张某的主动交代，使公安机关提前掌握了刘某的更多犯罪情况，才能有针对性地进行侦查，全面查明刘某的罪行，故对张某可以认定为揭发他人犯罪型立功。

其二，行为人提供了他人实施某种毒品犯罪的具体线索，公安机关据此侦破的案件超出该线索对应的犯罪的，该检举行为可能构成提供线索型立功，而不是揭发他人犯罪型立功。例如，李某因零包贩毒被查获后，检举毒友陈某曾从"王麻子"（不知真实姓名）处购买毒品，公安人员据此抓获陈某，陈某供认曾从罗某（绰号"王麻子"）处购买过一次毒品，公安人员又抓获罗某，并从罗某住处查获尚未出售的300余克海洛因，但罗某否认曾向陈某贩卖毒品，法院认定罗某犯非法持有毒品罪。该案中，李某检举的是陈某从"王麻子"处购买毒品的行为，该起事实因证据问题不能认定，但公安机关据此破获了罗某非法持有毒品案。李某的检举行为（经由陈某的供述）与破获罗某非法持有毒品案之间建立起因果关系，故可认定为提供线索型立功。

但对李某的检举行为认定为立功可能引发一定争议，因为提供线索行为与"抽象立功"较难区分，实践中认定提供线索型立功的情形也较为少见。对于如何认定侦破其他案件的"重要线索"，《自首立功解释》和《自首立功意见》都没有作出规定。从《刑法》第68条和《职务犯罪自首立功意见》的规定看，提供线索行为构成立功应当具备3个条件：（1）线索本身有足够价值，是“重要”线索而不是一般线索；（2）提供的线索与侦破其他案件之间存在因果关系，即对侦破其他案件有“实际作用”；（3）线索来源合法，且经查证属实。根据这些认定条件，如果行为人提供他人实施毒品犯罪的线索具体、明确，所侦破的毒品犯罪与该线索的内容能够对应的，可认定为揭发他人犯罪型立功；如果侦破的毒品犯罪超出该线索范围，但该线索与侦破的案件之间存在因果关系的，可以考虑认定为提供线索型立功。有的情况下，提供他人犯罪的线索与揭发他人犯罪之间形成竞合，如果是正在发生或者即将发生的犯罪，可以更多考虑认定为提供线索型立功。但是，如果行为人提供的他人犯罪的线索很抽象，没有具体内容，对公安机关日后侦破的毒品犯罪没有实际作用或者作用不明显，则不宜认定为立功。

其三，行为人提供他人实施毒品犯罪的线索后，又在公安机关的安排下充当买家向此人约购毒品，从而得以抓获此人的，可能构成揭发他人犯罪型或者协助抓捕型立功。例如，周某向任某出售 0.4 克冰毒被当场抓获。周某到案后检举胡某可能贩卖毒品，后在公安人员安排下打电话向胡某约购毒品，并到现场同胡某进行交易。公安人员随后将胡某抓获。法院认定周某的行为构成立功。[①] 此类情形在司法实践中很常见，既是揭发他人犯罪行为，也具有协助公安机关抓捕其他犯罪嫌疑人的性质。对此类案件的处理，要特别注意审查行为人是否存在引诱他人犯罪问题。如果确认或者不排除对他人进行犯意引诱的，则不能认定为立功。[②]

问 向公安机关提供线索从而得以查获大量毒品的，是否构成立功？ 146

答：这种情形主要有两种。一种是行为人到案后，揭发其上家或者“老板”的贩毒行为，但后者拒不认罪，公安机关也未从后者的住处查获毒品，

① 参见陈超：《检举他人尚未发生的犯罪与立功认定》，载《人民法院报》2013 年 12 月 19 日，第 7 版。

② 本书第十六章对引诱犯罪与立功认定之间的关系作了详细分析。

案件陷入“瓶颈”，此时行为人提供了后者可能藏匿毒品的隐蔽地址（如承租房、亲友住房等），公安机关据此展开排查，找到了上家或者“老板”藏匿的大量毒品。另一种情形是，行为人到案后带领公安人员查获了藏于某隐蔽处（如边境山区一山洞里或者某废弃厂房）的大量毒品，但不能查明这些毒品的所有者。

对于前一种情形，由于查获的毒品存在明确的所有者，行为人的检举使得上家或者“老板”贩卖毒品的证据得到强化，并且，查获的毒品不属于对向犯或者共同犯罪的范围，故可以认定为提供了侦破其他案件的重要线索，构成立功。但是，如果行为人并不是“老板”的“马仔”，而是共同犯罪中的主犯，查获的毒品是共同犯罪之物，则其供述毒品藏匿地点的行为不构成立功，而是如实供述的一部分。

对于后一种情形，由于无法查明毒品的所有者，不符合揭发犯罪型、提供线索型和协助抓捕型立功的条件。根据《自首立功解释》，行为人到案后具有其他有利于国家和社会的突出表现的，应当认定为有立功表现，对国家、社会有其他重大贡献等表现的，应当认定为重大立功。这些“其他突出表现”“其他重大贡献”通常包括规劝同案犯自动投案，制止同监室犯人自杀，制止在押犯脱逃，在自然灾害中抢险救灾表现突出等。行为人提供线索使公安机关得以查获大量毒品，防止了这些毒品流入社会，可认定为有“其他突出表现”或者“其他重大贡献”的立功表现。《2023年毒品纪要》经总结实践经验，对此作了明确规定：“具有到案后规劝其他犯罪嫌疑人（包括同案犯）投案、提供线索协助公安机关查获大量案外毒品等情形之一的，可以认定为其他有利于国家和社会的突出表现。”

例如，被告人魏某强伙同他人走私、运输冰毒2700余克被查获，其到案后协助公安人员在中缅边境一山洞内查获了9643克冰毒。据魏某强供述，该批毒品系一姓杨的男子告诉他的，并准备雇用其运输到云南保山，但其没有答应。法院认为，现有证据无法证明魏某强与这批毒品的关系，以及是否准备对这批毒品实施犯罪行为，不属于如实供述自己的罪行，但他有效防止了这批毒品继续流入社会，是有利于国家和社会的行为；鉴于该批毒品数量巨大，相关犯罪嫌疑人如果被抓获，应当判处无期徒刑以上刑罚，故可以认定属于司法解释规定的对国家、社会有“其他重大贡献”，属于重大立功。[①]

问 毒品犯罪案件中如何认定协助抓捕型立功? 147

答:《刑法》第 68 条列举了 2 种立功情形：揭发他人犯罪，提供侦破其他案件的重要线索，《自首立功解释》第 5 条在此基础上增加规定了 3 种立功情形：阻止他人犯罪，协助司法机关抓捕其他犯罪嫌疑人，具有其他有利于国家和社会的突出表现。在毒品犯罪司法实践中，最为常见的立功方式是协助抓捕同案犯和其他犯罪分子。《自首立功意见》和《2023 年毒品纪要》等文件对“协助抓捕”的具体情形作了较为详细的规定。根据这些指导意见，办理毒品犯罪案件认定协助抓捕型立功，有下列问题值得注意。

1. 判断某一协助行为是否构成立功，主要是看该行为对抓捕其他犯罪嫌疑人是否起到实际作用。《2008 年毒品纪要》曾提出，被告人在公安机关抓获同案犯过程中确实起到协助作用的，应认定为立功。2009 年《职务犯罪自首立功意见》也提出，协助行为对于抓捕犯罪嫌疑人要有实际作用，才能认

---

① 参见中华人民共和国最高人民法院刑事审判第一、二、三、四、五庭主办:《中国刑事审判指导案例》(第 5 卷)(增订第 3 版)，法律出版社 2017 年版，第 471–473 页。实践中也有案件因行为人协助公安机关追回自己卖出的毒品而对其认定为有“其他重大贡献”的立功表现。例如，在被告人梁某雄等人贩卖毒品案中，被告人刘某明在梁某雄等人被抓后，伙同梁某雄的女友将梁某雄留下的毒品（海洛因 3250 克、咖啡因 4900 克）卖给黄某柱（在逃）。刘某明被抓获后，在公安人员安排下同黄某柱取得联系，谎称有朋友要买 1 块海洛因，后从黄某柱手中拿回 1 块海洛因并上交公安机关。同时，公安人员根据刘某明提供的黄某柱的手机号码和活动情况，查明了黄某柱的住处，并从该处查获刘某明等人卖给黄某柱的 4 块计 2710 克海洛因和 6 包计 4900 克咖啡因。法院认为，刘某明到案后及时提供下家黄某柱的手机号码和活动情况，使公安人员从黄某柱住处查获了卖给黄某柱的毒品，使已经卖出的毒品被全部追回，刘某明的行为属于司法解释规定的对国家和社会有其他重大贡献的表现，构成重大立功。参见前引《中国刑事审判指导案例》(第 5 卷)(增订第 3 版)，第 350–356 页。该案件发生在 2002 年，审判时间在 2003 年，当时《2008 年毒品纪要》和《自首立功意见》均未出台。从现在的视角看，刘某明提供下家黄某柱的手机号码和活动情况宜认定属于如实供述，即使公安机关据此追回了被卖出的毒品，也不能认定为立功，宜作为重大酌定从宽处罚情节考虑。

定为立功。据此，应以是否起到实际作用作为认定协助抓捕其他犯罪嫌疑人（包括同案犯）的行为是否构成立功的判断标准，对没有起到实际作用的不能认定为立功。客观地看，行为人到案后提供同案犯（包括共同犯罪人、上下家）的基本信息，包括姓名、住址、体貌特征，以及其在犯罪前、犯罪中掌握、使用的同案犯的联络方式、藏匿地址等信息，对抓捕同案犯也有协助作用，有的甚至能据此直接抓获同案犯。但根据《自首立功意见》和《2023 年毒品纪要》，犯罪分子到案后提供上述信息属于如实供述范围，司法机关据此抓获同案犯的，不能认定为立功；只有行为人实施的行为超出如实供述的范围，且对协助抓捕其他犯罪嫌疑人起到实际作用的，才可以认定为立功。[①]

2. 可以认定为协助抓捕型立功的几种具体情形。根据《自首立功意见》和《2023 年毒品纪要》，下列 5 种协助情形构成立功：（1）按照司法机关的安排，以打电话、发信息、即时通信等方式将其他犯罪嫌疑人（包括同案犯）约至指定地点的；（2）按照司法机关的安排，以当场或者即时视频通信方式指认、辨认其他犯罪嫌疑人（包括同案犯）的；（3）带领侦查人员抓获其他犯罪嫌疑人（包括同案犯）的；（4）提供司法机关尚未掌握的其他案件犯罪嫌疑人的联络方式、藏匿地址的；（5）通过打电话、发信息、即时通信等方式稳控其他犯罪嫌疑人（包括同案犯），对抓获该人员起到实质性协助作用的。

例如，被告人陈某嵘从赵某文手中购买 709 克海洛因后被抓获（陈某嵘的贩毒总数量为 909 克）。公安机关为防止赵某文发觉陈某嵘被抓获而逃匿，先后两次安排陈某嵘给赵某文打电话“报平安”，并提出再购买 1000 克海洛因，以此稳住赵某文，后公安机关顺利抓获了赵某文。对此，一、二审法院

---

① 例如，在梁某兵等贩卖、运输毒品案中（该案的审理发生在 2002 年），被告人梁某兵到案后供称共同犯罪人陈某虎可能藏身于其姐姐陈某容的租住房，公安人员据此线索在该处抓获陈某虎。一、二审认为该行为不构成立功，但最高人民法院复核时依据《2000 年毒品纪要》的规定，认为梁某兵提供了同案犯陈某虎的具体藏身地，该线索不为公安机关所掌握，且公安机关正是根据该线索抓获陈某虎，故应当认定为重大立功，据此对梁某兵改判死缓。参见中华人民共和国最高人民法院刑事审判第一、二、三、四、五庭主办：《中国刑事审判指导案例》（第 1 卷）（增订第 3 版），法律出版社 2017 年版，第 430–434 页。但根据《自首立功意见》和《2023 年毒品纪要》，对犯罪嫌疑人交代共同犯罪过程中了解的同案犯的藏身地，不再认定为立功，而是作为酌定从宽处罚情节考虑。

均认为陈某嵘的行为不构成重大立功。最高人民法院复核后认为，赵某文归案前公安机关虽然对其采取了电话监控措施，但这种监控措施力度有限，不足以防止其脱离监控而逃匿，一旦其察觉或怀疑陈某嵘被公安机关抓获，其完全可能逃匿，增加抓捕难度。正是出于这种考虑，公安机关才在陈某嵘归案后让其给赵某文打电话“报平安”，并提出再购买毒品。客观上，陈某嵘的行为对于稳住赵某文，防止其逃匿及对公安机关顺利实施抓捕均起到了积极作用，符合协助抓捕型立功的条件，应当认定为立功。赵某文因所犯罪行被判处死刑，故陈某嵘的行为属于重大立功，对陈某嵘依法改判死缓。①

值得注意的是，在前述5种协助情形中，第4种情形来自《自首立功意见》的规定，其中所说的“其他案件犯罪嫌疑人”不包括共同犯罪人和上下家。《2008年毒品纪要》曾规定，被告人提供了不为有关机关掌握或者有关机关按照正常工作程序无法掌握的同案犯藏匿的线索，有关机关据此抓获了同案犯的，应当认定为立功。该规定与第4种情形之间存在冲突，不能再直接适用。第5种情形是《2023年毒品纪要》在《2008年毒品纪要》相关规定的基础上修改而来。《2008年毒品纪要》曾规定，被告人交代了与同案犯的联系方式，又按要求与对方联络，积极协助公安机关抓获了同案犯的，应当认定为立功。与该规定相比，第5种情形增加了即时通信方式，且强调该稳控行为要对抓捕工作起到实质性协助作用，应当说在表述上更为严谨。

问 到案前揭发他人犯罪或者协助抓捕同案犯的，是否构成立功？ 148

答：这个问题涉及认定立功的时间条件，实践中争议较大。《刑法》第68条没有明确规定该问题，但1998年《自首立功解释》第5条规定，犯罪分子“到案后”有检举、揭发他人犯罪行为等有利于国家和社会的突出表现的，应当认定为立功。加上《刑法》条文使用的主语也是“犯罪分子”（广义

① 参见高贵君主编：《毒品犯罪审判理论与实务》，人民法院出版社2009年版，第346–351页。

上包括犯罪嫌疑人、被告人和判决发生法律效力的犯罪分子），由此实务中普遍认为，立功应当是犯罪分子“到案后”的行为，“到案前”检举揭发他人犯罪或者协助抓捕其他犯罪分子不属于立功。但对于如何理解“到案后”，存在一定争议，有狭义说和广义说之别。狭义说认为，“到案后”是指侦查机关刑事立案之后。广义说通常认为，“到案后”是指侦查人员因行为人涉嫌犯罪而将其传唤（包括口头传唤）或抓捕到案之后，不限于刑事立案之后；有的广义说则认为，行为人因行政违法行为被采取控制、管束之后，也属于“到案后”。本书赞成通常意义上的广义说。

实践中，大多数情况下行为人都是作为犯罪嫌疑人在“到案后”才有立功表现，但也有少数情况下存在行为人“到案前”揭发他人犯罪、协助抓获同案犯等情况。例如，王某是吸毒人员，公安机关找其谈话了解毒品来源，王某遂交代毒品源于张某，称张某还多次向他人贩卖毒品，并提供了张某向他人贩卖毒品的具体情况，张某被抓获后反过来检举王某，称王某也向其他吸毒人员零包贩卖毒品，公安机关遂将王某抓获归案。显然，王某揭发张某的贩毒行为时只是涉毒违法人员而不是犯罪嫌疑人，其交代毒品来源时不属于“到案后”，而是“犯罪后”“到案前”。①

对此，很多人认为王某的行为不构成立功，实践中也基本是这样处理的。但本书认为，对此类情形能否认定为立功，仍存在进一步探讨的余地。主要理由是：（1）《刑法》条文本身并没有对立功的条件作时间上的限定，即没有把犯罪分子的立功表现限定于“到案后”。同时，条文中使用的“犯罪分子”一词是广义的，不限于判决已经生效、正在服刑的人，也包括犯罪后正

---

① 实践中还存在共同犯罪人之间互相检举对方所犯毒品罪行的情况，如果先检举者并未向公安机关交代自己的罪行，而是以案外人身份检举揭发对方，则既不构成自首，也不构成检举揭发型立功。相反，被举报者到案后如实供述共同犯罪的罪行的，可以认定为如实供述。例如，被告人刘某良、周某春二人合作制造毒品，刘某良制出一定数量的毒品后不愿继续制造，周某春（出资者）不同意，遂举报刘某良制造毒品，刘某良被抓获后供述周某春参与制毒，并举报周某春非法持有枪支，周某春否认参与制毒。法院对刘某良认定为如实供述和立功（立功仅针对非法持有枪支），对周某春未认定自首、立功和如实供述。参见中华人民共和国最高人民法院刑事审判第一、二、三、四、五庭主办：《刑事审判参考》（总第 101 集），法律出版社 2015 年版，第 121–126 页。

在被侦查、审查起诉和审判的人，还可以理解为包括已经犯罪但尚未被发现的人。（2）《自首立功解释》第5条使用的“到案后”一词，不是对《刑法》第68条第1款作出的限缩解释，不是对“到案前”立功的否定，而是对实践中犯罪分子立功的大多数情形的总结和概括，是提示性而非拟制性规定，并未否定犯罪分子在“到案前”的相同表现不构成立功。（3）从实质合理性角度看，行为人“到案前”立功与“到案后”立功并无本质区别，都有利于分化、瓦解犯罪分子，有利于节约国家打击犯罪的成本，又不致于使犯罪分子免于受到应得的处罚。这种效应并不因行为人争取立功时其罪行是否已被司法机关发现而发生改变。正如有的学者所说，行为人犯罪后所实施的有利于预防、查获、制裁犯罪的行为，都在某种程度上表明行为人对犯罪行为持否定态度，其犯罪的可能性减少；而不是只有在到案后所实施的有利于预防、查获、制裁犯罪的举止，才能成为从宽处罚的根据。[①] 因此，实然不等于应然，即使实践中立功通常发生在行为人“到案后”，但没有必要将犯罪分子的立功表现仅限定于“到案后”。

有些持否定意见的人认为，将立功开始的时间限定在犯罪分子到案之后是科学、合理的，“因为犯罪分子在到案以前对自己的行为是否构成犯罪不一定有清醒的认识。只有在到案后，他才会清楚地认识到自己的行为已经涉嫌犯罪，并进而基于将功赎罪的心理去实施立功行为”[②]。或者说，“‘到案后’一般情况下，意味着犯罪分子的人身自由已受到一定程度的控制，犯罪分子将功赎罪的主观愿望才明晰化，也能防止立功制度的滥用”[③]。但这种观点未必成立。实际上，多数情况下行为人实施犯罪行为（特别是杀人、强奸、盗窃等自然犯）后，基本都知道自己是否涉嫌犯罪，涉毒人员作为“圈内人”对哪些行为构成毒品犯罪也往往较为清楚，并不需要等到司法机关作出判

① 参见张明楷：《刑法学（上）》（第6版），法律出版社2021年版，第741页。

② 江瑾：《到案前协助抓捕犯罪嫌疑人不构成立功》，载《人民法院报》2016年11月17日，第6版。

③ 侯天柱：《李虎、李向东等故意伤害案——故意隐瞒自己参与共同犯罪的事实而以“证人”身份按照司法机关安排指认同案犯的行为是否构成立功》，载中华人民共和国最高人民法院刑事审判第一、二、三、四、五庭主办：《刑事审判参考》（总第105集），法律出版社2016年版，第66页。

决。一个人如果没有完全丧失良知，即使尚未被作为犯罪嫌疑人对待，也很可能在“到案前”形成“将功赎罪”的心理。换个角度看，在司法机关发现其罪行前，行为人在仍有人身自由的情况下愿意检举、揭发他人犯罪，恰恰表明其已有“将功赎罪”的心理。况且，严格意义上的定罪通常需由审判机关作出有罪判决，而立功行为多发生在侦查阶段，此时其行为是否构成犯罪并没有正式确定（有些行为是否构成犯罪，司法人员之间也认识不一）。因此，以“到案后”才会形成“将功赎罪”的心理来论证把“到案后”作为认定立功时间条件的合理性，说服力并不够。另外，从实践情况看，很多犯罪分子争取立功并非出于“将功赎罪”心理，而是为了给自己争取从宽处理的机会，故有立功表现未必证明行为人认罪悔罪，这也是立功同自首的重大差别。

从上述分析可见，对行为人在犯罪后、到案前实施的检举揭发他人犯罪、协助抓捕其他犯罪分子等有利于打击犯罪的行为，存在认定为立功的余地。不过，为了防止不当扩大“到案前”立功的认定范围，在立功的时间和行为类型方面确实有必要附加一些限制条件。首先，应当是“犯罪后”“到案前”。如果行为人尚未实施犯罪行为，就不是任何意义上的“犯罪分子”，当然谈不上刑法意义上的立功问题。此时，不论行为人是违法人员、证人还是被害人，都可以检举揭发他人犯罪或者协助公安机关抓捕其他犯罪分子。其次，“到案前”立功应当是揭发他人犯罪、协助抓获同案犯等打击犯罪方面的有益行为，而不是泛泛地做好事。如到案前救助落水儿童，参与抢险救灾，积极向灾区捐款，定期无偿献血，从事发明创造等，都不能认定为有立功表现，而只能作为酌定从宽情节考虑。再次，对“到案前”立功的，原则上比“到案后”立功的从宽幅度要小，有的情况下甚至可不予从宽处罚。这样把握，可以防止“到案前”立功的范围过于扩大，以维护立功认定的公正性和严肃性。[①]

---

① 这里只是本书对该问题的初步探讨，尝试扩大“到案后”的认定范围也是一种具有可行性的处理思路。

问 对间接“立功”的，如何处理？ 149

答：间接“立功”是相对于常态（直接）立功而言的，可以从多个角度进行理解，在这里是指行为人检举揭发他人犯罪或者协助抓获其他犯罪分子后，因该人到案后的供述或者协助行为，在打击犯罪方面产生更大效果的情形。间接“立功”有多种类型：（1）轻罪→重罪型。行为人检举他人犯轻罪（如零包贩毒），但他人到案后供认自己实施了更为严重的毒品犯罪（如贩卖大宗贩毒，参与制造毒品）。（2）单罪→多罪型。行为人检举他人犯某一种罪行（如贩卖毒品），但他人到案后供认自己实施了多种毒品犯罪（如走私、贩卖毒品，容留他人吸毒）。（3）人数拓展型。行为人检举1人实施毒品犯罪或者协助抓获1人，但抓获该人时一并抓获了其他犯罪嫌疑人，或者该人到案后又检举其他1人或2人以上（包括同案犯）实施毒品犯罪或其他犯罪。（4）无罪+有罪型。行为人检举他人实施毒品犯罪，此人的罪行因证据不足未被认定，但此人到案后检举其他人实施的毒品犯罪经查证属实。

可见，间接“立功”通常超出行为人的认知范围，所产生的扩大打击犯罪效果多是行为人事先未预料到的。在后续案件被告人被判处无期徒刑以上刑罚的情况下，能否认定行为人构成重大立功，存在不同意见。有人认为，间接“立功”行为人的检举故意是概括性的，扩大的打击犯罪效果并不违背其主观意志，且其检举、协助行为同后续扩大效果之间存在因果关系，故可以认定为重大立功。本书认为，立功的认定同样要遵循主客观相统一原则，不能因检举或协助行为同后续案件之间存在客观关联就将一般立功升格认定为重大立功；扩大的打击效果虽不违背行为人的主观意志，但显然超出其认知和预期，是其始料未及的“额外收获”，如果认定为重大立功，将导致司法评价同行为人的协助行为之间不成正比（“奖励超出贡献”），故原则上不能直接将扩大效果认定为行为人构成重大立功（但不排除个别情况下可以认定）。同时，也应承认，扩大的效果与行为人的检举或协助行为之间客观上存在关联，故可以把扩大的效果作为行为人立功情节之外的酌定从宽处罚情节（“客观奖励条件”）考虑，对行为人通常按照“一般立功+扩大效应”情形给予更大幅度的从宽处罚。不过，对于前述第 4 种情形，因行为人直接检举的人不构成犯罪，故不能认定其有立功表现，但后者又检举揭发他人犯罪经查证属实，仍可作为酌定情节对行为人适当从宽处理。

问 对亲友代为“立功”的，如何处理？ 150

答： 毒品犯罪案件中，被告人亲友为使被告人获得从宽处理，积极寻找破案线索或协助公安机关抓捕其他犯罪嫌疑人的情况并不少见。对这种情况是否认定为立功，若干年前曾有争议。立功应当是犯罪分子本人实施的行为，不能把其亲友实施的行为简单认定为犯罪分子的行为。为此，《2008 年毒品纪要》明确规定，被告人亲属为了使被告人得到从轻处罚，检举、揭发他人犯罪或者协助司法机关抓捕其他犯罪人的，不能视为被告人立功。2009 年《职务犯罪自首立功意见》也提出：“立功必须是犯罪分子本人实施的行为。为使犯罪分子得到从轻处理，犯罪分子的亲友直接向有关机关揭发他人犯罪行为，提供侦破其他案件的重要线索，或者协助司法机关抓捕其他犯罪嫌疑人的，不应当认定为犯罪分子的立功表现。”2010 年《自首立功意见》重申：“犯罪分子亲友为使犯罪分子‘立功’，向司法机关提供他人犯罪线索、协助抓捕犯罪嫌疑人的，不能认定为犯罪分子有立功表现。”[①] 也就是说，亲友代为“立功”不符合立功的亲为性要求，一般不能认定为被告人本人立功，[②] 但考虑此举有利于打击犯罪，也是被告人将功赎罪的一种表现，在有的案件中可以对被告人从轻处罚。

例如，2006 年 3 月，被告人魏某芝经与被告人马某波联系，取到所购毒品返回时被抓获，公安人员当场从魏某芝的口袋内查获海洛因 1032.3 克。后

---

① 《2023 年毒品纪要》虽然没有重申上述指导意见，但办理毒品犯罪案件可以继续参照适用这些指导意见。

② 个别情况下，被告人向亲属提供了其他人的犯罪线索或者明确的藏身地址，亲属据此协助公安机关侦破相关案件或者抓获其他犯罪嫌疑人的，也可以考虑认定被告人构成立功。

马某波也被抓获。对此案，一审对二被告人均判处死刑，二审改判魏某芝死缓。最高人民法院复核期间，马某波提供了其他案件在逃犯罪嫌疑人的一个藏匿地点，公安机关最终在其亲属的协助下在其他地点抓获了该人；此外，马某波还交代了向其贩卖海洛因的上家，并提供了他人涉嫌故意杀人的线索。最高人民法院认为，马某波提供的犯罪嫌疑人（该人涉嫌多起抢劫、盗窃犯罪）的藏匿地点与最终抓获地点相差较远，依其提供的线索并不能直接将该人抓获，故其行为不能认定为立功；公安人员在马某波亲属的协助下在其他地点抓获了在逃的犯罪嫌疑人，而其亲属不是立功的主体，故不能认定马某波本人构成立功。但是，马某波的亲属是出于减轻其罪责、使其获得从轻处罚的目的，并冒着一定风险协助公安机关抓获其他犯罪嫌疑人，这种协助“立功”的行为对维护社会治安、有效打击犯罪客观上有一定积极作用。从政策上权衡，根据案件的具体情节，可以考虑对被告人酌予从轻处罚。同时，马某波所交代的毒品上家及其提供的他人涉嫌故意杀人的线索也尚需继续查证，故裁定不核准死刑。[①]

又如，在田某、崔某林等贩卖毒品案中，被告人田某、孔某将4480克冰毒卖给黄某舟、李某波，黄某舟、李某波二人又转卖给崔某林，崔某林接到毒品后即被抓获。后田某、孔某二人携带4500克冰毒准备再次卖给黄某舟、李某波，四人先后被抓获。田某、孔某到案后，二人亲属分别向公安机关提供他人犯罪线索，得以抓获犯罪嫌疑人各1人，并各查获海洛因11.78千克和11.06千克。二审法院认定这种亲属“代立功”行为不构成立功，只是酌定量刑情节。鉴于田某罪行极其严重，维持对其死刑判决，对孔某从无期徒刑改判为有期徒刑15年。[②]

需要注意的是，被告人亲友协助“立功”与亲友扭送、“带抓”的处理原则存在区别。亲友采取捆绑方法将被告人送交司法机关（扭送）或者带领

---

① 参见高贵君主编：《毒品犯罪审判理论与实务》，人民法院出版社2009年版，第351–354页；中华人民共和国最高人民法院刑事审判第一、二、三、四、五庭主办：《中国刑事审判指导案例》（第1卷）（增订第3版），法律出版社2017年版，第452–454页。

② 参见中华人民共和国最高人民法院刑事审判第一、二、三、四、五庭主办：《中国刑事审判指导案例》（第1卷）（增订第3版），法律出版社2017年版，第441–444页。

公安人员抓获被告人（“带抓”），因不符合自动投案的认定条件而不认定自首，但扭送和“带抓”体现了大义灭亲的精神，是值得鼓励的，因而在量刑时要充分考虑。《宽严相济意见》提出，对于亲属以不同形式送被告人归案或协助司法机关抓获被告人的，有的虽然不能认定为自首，但考虑到被告人亲属支持司法机关工作，促使被告人到案、认罪、悔罪，在决定对被告人具体处罚时也应当予以充分考虑。《自首立功意见》也提出，犯罪嫌疑人被亲友采用捆绑等手段送到司法机关，或者在亲友带领侦查人员前来抓捕时无拒捕行为，并如实供认犯罪事实的，虽然不能认定为自动投案，但可以参照法律对自首的有关规定酌情从轻处罚。但是，犯罪分子亲友代为“立功”则存在很多弊端，容易引发不良效果，如贿买立功线索、引诱他人犯罪等，故不能鼓励、提倡，不能作为原则性从宽处罚情节，只能根据案件的具体情况酌情考虑。

问 毒品犯罪案件中如何认定重大立功？ 151

答：《自首立功解释》第 7 条规定，犯罪分子有检举、揭发他人重大犯罪行为，或者提供侦破其他重大案件的重要线索，经查证属实；阻止他人重大犯罪活动；协助司法机关抓捕其他重大犯罪嫌疑人（包括同案犯）；对国家和社会有其他重大贡献等表现的，应当认定为有重大立功表现。前款所称“重大犯罪”“重大案件”“重大犯罪嫌疑人”的标准，一般是指犯罪嫌疑人、被告人可能被判处无期徒刑以上刑罚或者案件在本省、自治区、直辖市或者全国范围内有较大影响等情形。对于如何判断“可能被判处无期徒刑以上刑罚”，2009 年《职务犯罪自首立功意见》提出，是指根据犯罪行为的事实、情节可能判处无期徒刑以上刑罚；案件已经判决的，以实际判处的刑罚为准。但是，根据犯罪行为的事实、情节应当判处无期徒刑以上刑罚，因被判刑人有法定情节经依法从轻、减轻处罚后判处有期徒刑的，应当认定为重大立功。2010 年《自首立功意见》也规定，检举揭发的线索经查确有犯罪发生或者确定了犯罪嫌疑人，可能构成重大立功，只是未能将犯罪嫌疑人抓获归案的，对可能判处死刑的被告人一般要留有余地，对其他被告人原则上应酌情从轻处罚；被告人检举揭发或者协助抓获的人的行为应判处无期徒刑以上刑罚，但因具有法定、酌定从宽情节，宣告刑为有期徒刑或者更轻刑罚的，不影响对被告人重大立功表现的认定。

上述规定能解决多数案件中的重大立功认定问题，实践中大多数案件认定重大立功都是以被检举揭发或者协助抓获的犯罪嫌疑人被判处无期徒刑以上刑罚为标准。但从实践情况看，仍有如下问题值得关注、探讨。

1. 判断构成重大立功，是否应考虑立功行为的作用大小？按照《2008 年毒品纪要》《职务犯罪自首立功意见》等指导文件，提供侦破其他案件线索、协助抓捕其他犯罪嫌疑人等行为有实际作用的，才认定为立功。有的人习惯性认为，协助抓捕等行为的作用大小主要是在是否构成立功的环节进行评价的，而在认定重大立功环节则更多地看被揭发者、被抓获者能否判处无期徒刑以上刑罚。这样一来，能否获得重大立功，并不取决于揭发者或协助者自身的努力与付出，而取决于被揭发者或被抓获者所判处的刑罚，这就很可能出现立功行为的价值与获得的重大立功不匹配的情况。由此，导致司法实务中出现一种特殊现象：由于对被告人的协助抓捕等行为是否起到实际作用有争议，而一旦认定构成立功就是重大立功，原则上要从宽处理，为体现对毒品等犯罪的严惩，有更充分的理由对被告人判处重刑特别是死刑，遂直接对被告人的协助抓捕等行为认定为作用不大（或没有实际作用），不构成（重大）立功。①

本书认为，对重大立功的认定同样要考虑提供线索、协助抓捕等行为的作用大小，而不能主要看被揭发者和被抓获者能否判处无期徒刑以上刑罚。由于实践情况的复杂性，协助抓捕等行为的作用大小有时难以准确判断，实务中存在争议的情况经常出现，为防止“小揭发（或小协助）变为大立功”的倒挂现象，很有必要在认定重大立功时充分考虑协助抓捕等行为的作用大小。协助抓捕等行为有“实际＋重要”作用的，才能认定为重大立功。如果协助抓捕等行为只起到一定作用而不是重要作用，即使被揭发者或者被抓获

① 这种思维方式在自首的认定上同样存在。如果对某一案件中是否认定自首争议较大，而根据被告人的罪行应判处重刑特别是死刑，则很可能不认定为自首，以免出现认定自首又不体现从宽处理的“尴尬”现象。

者被判处无期徒刑以上刑罚，也可以认定为一般立功而非重大立功，有的甚至可以不认定为立功，而仅作为酌定情节考虑。由此，认定重大立功的刑罚标准便融入了实质性判断要素，形成多种处理方式，这将为实践中处理很多案件带来机动性和平衡性。①

2. 如何判断某一案件在本省、自治区、直辖市或者全国范围内有较大影响？根据《自首立功解释》，被协助侦破的犯罪案件在省级行政区域或者全国有较大影响也是认定重大立功的标准之一，但实践中以此理由认定重大立功的案件（包括毒品犯罪）十分少见。这主要是因为，一则，影响较大案件的被告人通常也会被判处重刑特别是无期徒刑以上刑罚，以被告人判刑情况认定是否构成重大立功即可，不必再考虑案件的影响程度。二则，相关司法解释和指导文件均未就如何判断案件是否有较大影响作出解释，实践中这一判断标准很难把握，故司法机关也不会轻易以案件有较大影响而认定检举者或协助者构成重大立功。尤其是，随着社会进入网络信息时代，自媒体高度发达，某一案件是否有较大影响被掺入了很多人为因素。一些特点本不突出的常规案件也会因某种动机被刻意炒作成影响性案件，这就增加了对案件是否有较大影响的认定难度。在此形势下，近年来受社会公众尤其是网络舆论关注的案件（包括毒品犯罪案件），比平面媒体时代已大为增多。②

本书认为，《自首立功解释》在认定重大立功方面所说的被协助侦破案件有“较大影响”，主要不是指案件的公众知晓度和关注度，而更多是指案件的处理对某种现实的利益产生了较大的积极影响。例如，检举揭发、协助侦破的案件促进了某个领域反腐败工作的深入开展，促进了某项经济政策、行业规则的调整，促进完善了某项法律政策或者司法制度，或者对众多被害人的利益及时“止损”、避免了“暴雷”问题等。也就是说，有“较大影响”的案

① 协助抓捕等行为的具体情形很多，判断作用大小时难免具有一些主观性，因而同一起案件在处理上可能出现意见分歧。如果涉及重大立功，特别又涉及死刑适用时，为体现对毒品犯罪的严惩，司法人员更容易倾向认为不构成重大立功。

② 对这种现象需要辩证看待。引发社会关注确实有利于一部分案件得到公正处理（如河南“毒贩母亲”案、“铁马冰河”案、山东于欢案等），但有时候因公众认知同司法规则之间存在“断层”，案件被炒作未必有利于案件的公正处理。

件往往事关国家安全、社会稳定、经济发展以及众多不特定被害人的人身、财产等现实利益。这种案件可能是新类型案件，也可能是常规案件，可能引起了媒体和社会公众的关注，也可能因案件涉及国家秘密、商业秘密或者个人隐私而被采取保密措施或者限制报道。因此，不能仅从媒体报道、网络关注的程度、范围（包括点击量、阅读量）等角度来认定被协助侦破的案件是否有较大社会影响。尤其是被协助侦破的案件因类型新颖（如聚众淫乱）、涉案人员身份特殊（如演艺明星、网络红人）或者案件内容能迎合部分人的猎奇心理（如容留吸毒、“隔空”猥亵）而引起关注的，一般不能认定为案件有较大影响。同时，被协助侦破的案件即使未被媒体报道或者未引起社会关注，但依据前述标准在省级行政区域或者全国有较大影响的，也可以认定相关行为人构成重大立功。①

3. 检举揭发“多人多起”犯罪或者协助抓获多名犯罪嫌疑人的，是否构成重大立功？这种情形在实践中并不少见。例如，行为人到案后检举揭发多名涉毒人员贩卖毒品，或者以购买毒品为名协助公安机关抓捕多名贩毒人员。但对此类行为认定为重大立功的很少见，主要是因为相关司法解释和指导文件没有作出明确规定。实际上，《自首立功解释》为这种情形认定为重大立功预留了空间，第 7 条第 2 款在规定刑罚标准和影响标准时采取了“一般是指……等情形”的表述，这是一种开放性表达方式，意味着对重大立功的认定原则上采取刑罚标准和影响标准，但不排除其他情形也构成重大立功。如果被告人检举揭发“多人多起”犯罪或者协助抓获人数较多，不认定为重大立功就无法实现评价和处罚合理性的，可以认定为重大立功。例如，被告

---

① 有的研究者在分析职务犯罪案件中重大立功的认定标准时提出，构成重大立功并非都要求被检举揭发者被判处无期徒刑以上刑罚。例如，在职务犯罪案件案发率很低的省份，检举揭发一些厅局级领导干部犯罪，就可能在全省造成很大影响，可认定为重大立功；被告人所检举的人受贿金额不高（不能判处无期徒刑以上刑罚），但其滥用职权造成公共财产、国家和人民利益受到重大损失的，可以认定为重大立功；如果被告人检举的是“百名红通”人员，或者所检举的案件对外追逃追赃涉及国家之间的司法交流合作，关系我国的国际形象和地位，也应认定为重大立功。参见王晓东、段凰：《职务犯罪中认定立功问题》，载中华人民共和国最高人民法院刑事审判第一、二、三、四、五庭主办：《刑事审判参考》（总第 134 集），人民法院出版社 2023 年版，第 202–203 页。这种认定思路与本书不谋而合。

人协助破获了涉案人数众多的贩毒网络，即使对方没有人被判处无期徒刑以上刑罚，也可视情认定为重大立功。当然，检举揭发“多人多起”犯罪或者协助抓获多人的具体情形较为复杂，如果检举揭发的都是较轻犯罪或者协助抓获的都是较轻犯罪人员，没有特殊因素的，一般不能认定为重大立功。也就是说，对此类情况可以适当“开口子”认定为重大立功，但又要严格认定标准，防止认定的随意性。在具体判断时，既要考虑被检举揭发者和被协助抓获者罪行的严重程度，也要考虑立功行为的价值大小，并注意案件处理的协调、平衡。

问 毒品犯罪案件中如何把握立功情节的从宽处罚幅度？ 152

答：对这个问题，《2008年毒品纪要》《职务犯罪自首立功意见》《宽严相济意见》《自首立功意见》等指导文件都作了不同程度的规定。《2023年毒品纪要》以《2008年毒品纪要》的规定为基础，基本重申了相关指导意见。总结这些指导意见，结合实践情况，对毒品犯罪案件中立功的从宽处罚问题，可以注意如下几个方面。

1. 是否从宽处罚的总原则。《2008年毒品纪要》和《2023年毒品纪要》都提出，以“功是否足以抵罪”作为判断立功是否从宽处罚的基本原则，能够“抵罪”的，予以从宽处罚，不足以“抵罪”的，则不予从宽处罚。[①]这实际上是被告人自身罪行严重程度与立功价值大小之间的“博弈”。《宽严相济意见》第18条提出，对于被告人检举揭发他人犯罪构成立功的，一般均应当依法从宽处罚；对于犯罪情节不是十分恶劣，犯罪后果不是十分严重的被告人立功的，从宽处罚的幅度应当更大。《自首立功意见》进一步提出，对具有立功情节的被告人是否从宽处罚、从宽处罚的幅度，应当考虑其犯罪的事实、性质、情节、危害后果、社会影响、被告人的主观恶性和人身危险性，

---

① “功是否足以抵罪”是《2008年毒品纪要》提出的对立功情节是否从宽处罚的判断标准。这一表述较为通俗，但在文法上可能不很准确，“抵罪”一词给人可以不追究法律责任之感，实际上只是能否从宽处罚问题。

以及所检举揭发罪行的轻重、被检举揭发的人可能或者已经被判处的刑罚、所提供的线索对侦破案件或者协助抓捕其他犯罪嫌疑人所起作用的大小等。《2023年毒品纪要》基本重申了这一规定。[①]由于立功是法定从宽处罚情节，实践中对具有立功特别是重大立功情节的被告人大多体现了从宽处罚。

2. 从宽处罚的幅度。《刑法》第68条规定，犯罪分子有立功表现的，可以从轻或者减轻处罚；有重大立功表现的，可以减轻或者免除处罚。《自首立功意见》提出，具有立功情节的，一般应从轻、减轻处罚；犯罪情节较轻的，可以免除处罚。《量刑指导意见》规定，对于立功情节，综合考虑立功的大小、次数、内容、来源、效果以及罪行轻重等情况，确定从宽的幅度；对一般立功的，可以减少基准刑的20%以下；对重大立功的，可以减少基准刑的20%~50%，犯罪较轻的，减少基准刑的50%以上或者依法免除处罚。在把握立功情节从宽幅度方面，还值得注意的是：（1）对重大立功情节，不适合减轻或者免除处罚的，可以从轻处罚。[②]这是基于逻辑解释可以自然得出的结论。（2）《自首立功意见》提出，类似情况下，对具有自首情节的被告人的从宽幅度要适当宽于具有立功情节的被告人。这主要是因为，自首是犯罪分子使自己承担刑事责任，通常能体现认罪悔罪态度；而立功是让他人受到刑事追究，是一种功利性较强的做法。（3）《刑诉法》第182条第1款规定，犯罪嫌疑人自愿如实供述涉嫌犯罪的事实，有重大立功或者案件涉及国家重大利益的，经最高人民检察院核准，公安机关可以撤销案件，人民检察院可以作出不起诉决定，也可以对涉嫌数罪中的一项或者多项不起诉。这是一项全新的制度设计，不排除偶可适用于毒品犯罪案件，但因从宽幅度极大（不追究刑事责任），标准上肯定需要从严把握，具体如何适用有待司法实践检验。

3. 不予从宽处罚的情形。立功是法定从宽处罚情节，通常应当体现从宽

---

① 《2023年毒品纪要》的原文是："对于具有立功情节的被告人，是否从宽处罚及从宽处罚的幅度，应当根据犯罪性质、具体情节、危害后果、毒品数量及其主观恶性、人身危险性，结合立功的类型、价值大小等因素综合考量，以功是否足以抵罪为标准。"

② 参见最高人民法院刑四庭：《被告人具有重大立功表现，不宜减轻或者免除处罚时，可否从轻处罚》，载中华人民共和国最高人民法院刑事审判第一、二、三、四、五庭主办：《刑事审判参考》（总第125集），法律出版社2020年版，第194–196页。

处罚，但并不必然如此。《自首立功意见》提出，虽然具有立功情节，但犯罪情节特别恶劣、犯罪后果特别严重、被告人主观恶性深、人身危险性大，或者在犯罪前即为规避法律、逃避处罚而准备立功的，可以不从宽处罚。客观地说，立功本是功利性很强的“投机取巧”行为，行为人立功就是为自己争取从宽处理的机会，故判断其是否“在犯罪前即为规避法律、逃避处罚而准备立功”，实际上很困难，实践中也很难见到以这种理由对立功情节不予从宽处罚的案件。对立功情节不予从宽处罚，主要是因为“功不足以抵罪”。此类情况在毒品死刑案件中较为常见，如果认定被告人毒品犯罪的罪行极其严重，功不足以抵罪，则不能从宽处罚。[①]在非死刑案件中，有时也难以体现从宽处罚。例如，有立功情节的被告人系前科累累的累犯或者毒品再犯，且从重处罚情节更为突出的；行为人贩卖毒品数量尚未达到当地判处无期徒刑的标准，有立功情节，但减轻处罚会导致从宽幅度过大，而从轻处罚仍应判处 15 年徒刑，此时则体现不出从宽处罚。

4. 量刑平衡问题。毒品犯罪有显著的链条特征，且共同犯罪很常见，首要分子、主犯往往掌握从犯、“马仔”的情况，很容易通过协助抓获从犯、“马仔”获得立功表现。相反，从犯、“马仔”很少掌握首要分子、主犯的情况，很难通过协助抓获他们获得立功。如果不加区别，则首要分子、主犯很容易通过立功逃避法律的严惩。《2008 年毒品纪要》专门就立功从宽与量刑平衡问题提出了指导意见，总的思路是“主犯从严、从犯从宽、量刑平衡”。此后，该项指导意见被扩展适用于所有刑事案件，《宽严相济意见》和《自首立功意见》都对此作了规定。《2023 年毒品纪要》基本重申了这些规定，但文字表述作了一定调整。根据这些指导意见，办理毒品犯罪案件要充分注意毒品共同犯罪人以及上下家之间的量刑平衡。其一，对犯罪集团首要分子、罪责相对较大的主犯立功的，量刑时应当从严掌握。如果其罪行极其严重，只有一般立功表现，功不足以抵罪的，可不予从轻处罚；如果其检举揭发的是其他罪行较轻的犯罪分子，或者协助抓获从犯、罪责相对较小的主犯，功不足以抵罪的，或者从轻处罚后全案处刑明显失衡的，可不予从轻处罚；如果

---

① 关于立功情节与死刑适用的关系，可参见本书第十七章“毒品犯罪的死刑适用”。

其检举揭发的是其他案件中罪行同样严重的犯罪分子，或者协助抓获的是其他首要分子、罪责相对较大的主犯，功足以抵罪的，可以从轻或者减轻处罚。其二，对于从犯、罪责相对较小的主犯立功，特别是协助抓获首要分子、罪责相对较大的主犯的，应当充分体现政策，依法从轻、减轻或者免除处罚。

问 认定有立功表现，需要哪些证据材料？ 153

答： 立功是重要的法定从宽处罚情节，必须查证属实后才能认定。但有的案件中只有办案机关出具的简单说明，称被告人到案后有协助抓捕其他犯罪嫌疑人等立功表现，没有具体材料来证实，这给法院审理期间认定立功带来很大困难。为规范立功认定所需的证明材料和查证程序，2009 年《职务犯罪自首立功意见》、2010 年《自首立功意见》和最高人民法院 2021 年《刑诉法解释》都作了一些规定。根据这些司法解释和指导文件，司法工作中尤其是审判阶段审查和认定立功，要注意如下问题。

1. 对立功证据材料的要求。 立功的证据材料与自首不同，自首的证据材料较少（一般有侦查机关出具的情况说明、被告人供述和辩解、证人证言），但立功的证据材料往往较多，关键是看有关材料是否足以证实被告人有立功表现。根据《自首立功意见》和《刑诉法解释》，对有关机关（包括侦查机关和检察机关）提供的证明立功的证据材料，应当审查是否包括被告人检举揭发材料及证明其来源的材料、有关机关的调查核实材料、被检举揭发人的供述等；对被检举揭发案件已立案、侦破，被检举揭发人被采取强制措施、起诉或者审判的，还应审查相关法律文书。在形式要件上，证据材料应加盖接收检举揭发材料的单位的印章，并有接收人员的签名，没有印章或者签名的，不得作为定案的根据。法院发现证明被告人立功情节的材料不规范、不全面的，应当请检察机关、侦查机关进行补充，或者要求有关人员作证，并结合其他证据作出认定。对于只出具被告人有立功表现的书面证明，不提供或者不补充具体材料，致使法院无法作出准确判断的，依法不能认定立功。

值得注意的是，法院在审理期间（包括死刑复核程序）发现被告人可能有立功表现的，可以主动要求有关机关进行查证并提供证据材料。《自首立功意见》规定，被告人在一、二审审理期间检举揭发他人犯罪行为或者提供侦破其他案件的重要线索，人民法院经审查认为该线索内容具体、指向明确的，应及时移交有关人民检察院或者公安机关依法处理。《刑诉法解释》第277条也规定，审判期间合议庭发现被告人可能有自首、坦白、立功等法定量刑情节，而人民检察院移送的案卷中没有相关证据材料的，应当通知人民检察院在指定时间内移送；审判期间，被告人提出新的立功线索的，人民法院可以建议人民检察院补充侦查。

2. 关于“查证属实”的认定。犯罪嫌疑人、被告人检举揭发他人犯罪或者提供他人犯罪线索后，对该线索的查证需要一个过程，而对被告人的审判工作不可能等被揭发者或者被协助抓获者的判决完全确定再进行。为规范“查证属实”的认定，《自首立功意见》对此作了规定。据此，可分3种情形处理：（1）根据被告人检举揭发破获的他人犯罪案件，如果已有审判结果，应当依据判决确认的事实认定是否查证属实。（2）如果被检举揭发的他人犯罪案件尚未进入审判程序，可以依据侦查机关提供的书面查证情况认定是否查证属实。至于被检举揭发的事实是否被提起公诉、被检举揭发的人是否被定罪量刑，不影响查证属实的认定。[①]（3）检举、揭发的线索经查确有犯罪

① 例如，朱某菲贩卖毒品案。2013年2月至3月，被告人朱某菲先后3次将共计0.74克甲基苯丙胺贩卖给邱某、费某、陈某英。同年3月12日，公安机关抓获朱某菲，当场从其身上查获委托涉案人员张某超（另案处理）购买的甲基苯丙胺3克，还从其租住处查获甲基苯丙胺1.83克。朱某菲归案后主动供述了司法机关尚未掌握的其向邱某、陈某英贩卖毒品的事实，并协助公安机关抓获张某超、邱某、陈某英。对于协助抓获张某超，一审未认定朱某菲构成立功，二审予以认定。产生认识分歧的关键，在于张某超的行为是否构成犯罪。公安机关出具的情况说明称，公安机关已事先掌握朱某菲欲向他人贩卖3克甲基苯丙胺的犯罪，故帮助朱某菲购买毒品的张某超不构成犯罪，旨在证明朱某菲检举并协助抓获张某超的行为不构成立功。但该结论不成立，公安机关是否事先掌握朱某菲欲向他人贩卖3克甲基苯丙胺的事实，与明知朱某菲贩卖毒品而帮助其购毒的张某超是否构成犯罪没有必然联系。该案中，公安机关根据涉毒人员费某的检举掌握了朱某菲贩卖毒品的线索，且利用费某向朱某菲再次购买毒品而将朱某菲抓获，属于利用特情引诱破案（不属于犯意引诱），但不影响朱某菲贩卖毒品犯罪的成立，也不影响对张某超为朱某菲代购毒品行为性质的认定。张某超明知朱某菲欲贩卖毒品而为其代购毒品，与朱某菲构成共同犯罪。虽然公安机关对张某超不予处理，但法院可以根据现有证据认定检举人朱某菲构成立功。参见中华人民共和国最高人民法院刑事审判第一、二、三、四、五庭主办：《刑事审判参考》（总第100集），法律出版社2015年版，第103–110页。

发生，或者确定了犯罪嫌疑人，可能构成重大立功，只是未能将犯罪嫌疑人抓获归案的，这种情况下不能直接认定构成重大立功，但对可能判处死刑的被告人一般要留有余地，对不涉及死刑的其他被告人原则上应酌情从轻处罚。

此外，根据《自首立功意见》，被告人提供的立功线索经查证属实，但被检举揭发人因法定事由（如作案时无刑事责任能力）不追究刑事责任、不起诉、中止审理的，不影响被告人立功表现的认定；被告人提供的立功线索经查证可能判处被检举揭发人无期徒刑以上刑罚，但被检举揭发人因具有法定、酌定从宽处罚情节（如犯罪时未成年、被害人重大过错），宣告刑在有期徒刑以下刑罚的，不影响对被告人有重大立功表现的认定。

3. 认定立功情节能否适用优势证明标准？这是与上一个问题直接相关的问题。《刑诉法解释》第 72 条第 2 款规定，认定被告人有罪和对被告人从重处罚，适用证据确实、充分的证明标准。言下之意，似乎对被告人从宽处罚情节（如自首、立功等）的认定可以采取优势证明标准。实践中也有人持这种意见。但是，如上文所述，对立功情节的认定应当坚持“查证属实”的标准，不能存疑认定，不能简单适用“疑问时有利于被告人”的认定规则，否则极可能导致一部分实际上不具备立功情节的人被认定立功。如客观原因导致一时无法“查证属实”但构成立功的可能性很大的，判决时要留有余地。但是，当被告人提出有立功表现的具体情形和证据“高度可信”时，有关机关提供不了相反证据予以反驳的，可以认定在案证据基本达到“查证属实”的标准，认定被告人有立功表现。实践中也有这种案例。

例如，李某杰、刘某贩卖毒品案。2013 年 2 月 20 日晚，被告人李某杰指使被告人刘某向他人贩卖 9 克甲基苯丙胺，一审对李某杰判处有期徒刑 6 年半，对刘某判处有期徒刑 2 年半。李某杰上诉提出，其 2 月 25 日被抓获后，当晚便在公安机关的控制下打电话联系刘某，获悉刘某在一个网吧，民警据此到该网吧抓获了刘某，其行为构成立功。该辩解得到刘某供述的印证。但二审中公安机关出具情况说明，称是通过李某杰手机中存储的刘某的 QQ 号采用技侦手段抓获了刘某，但公安机关既未提供刘某的 QQ 号码，也没有提供采取技侦措施的相关审批手续。二审法院最终认定李某杰具有立功表现，改判为有期徒刑6年。[①] 可见，该案例中对立功的认定便涉及证明责任和证明标准问题。

问 立功线索短期内无法查实的，如何处理？ 154

答：这个问题主要是从审判工作的角度来分析的。毒品犯罪案件中被告人到案后，从侦查、审查起诉到一审、二审、死刑复核程序甚至服刑期间，均可能通过检举揭发他人犯罪等方式获得立功表现。有的立功线索能在较短时间查证清楚，不大影响刑事诉讼的进行，但有一些立功线索的查证，受制于主客观原因，需要很长周期。实践中有的被告人（特别是死刑案件被告人），为拖延判决生效时间或出于获得从宽处罚的侥幸心理，对其先前提供的立功线索经查证不属实后，挤牙膏式地重复提供同一线索，或者不断提供一些不足以影响对其量刑的立功线索。如果都要等待这些查证结果，则会造成案件审理工作无限期拖延。

为平衡公正与效率的关系，防止案件久拖不决，特别是防止有的被告人故意拖延判决时间，2010年《自首立功意见》明确提出："侦查机关出具材料，表明在三个月内还不能查证并抓获被检举揭发的人，或者不能查实的，人民法院审理案件可不再等待查证结果。被告人检举揭发他人犯罪行为或者提供侦破其他案件的重要线索经查证不属实，又重复提供同一线索，且没有提出新的证据材料的，可以不再查证。"

值得注意的是，不再等待立功线索的查证结果，在不同审判阶段会产生不同的法律后果。其一，如果一审阶段不再等待立功线索的查证结果，案件上诉后，二审期间查证属实的，二审法院可以改判，予以从轻、减轻或者免除处罚。不过，一审期间没有等待立功线索的查证结果，但量刑时已经适当考虑的，二审期间查证属实后，认为没有进一步从宽的余地，则不必改判。

---

① 参见中华人民共和国最高人民法院刑事审判第一、二、三、四、五庭主办：《刑事审判参考》（总第100集），法律出版社2015年版，第97–102页。

其二，对于一审或者二审生效的案件，如果审理法院不再等待立功线索的查证结果，在刑罚执行期间查证属实的，本书初步认为，一般可以移送刑罚执行机关作为减刑的依据，如果立功情节对量刑影响大，通过减刑无法体现对原案件公正处理的，可以启动审判监督程序对原案件进行改判。[①] 其三，如果是死刑案件，高级人民法院不再等待立功线索的查证结果，报送最高人民法院核准死刑，最高人民法院复核后认为立功情节影响死刑适用的，原则上不核准死刑，发回重新审判。[②] 例如，被告人薛某某伙同他人贩卖甲基苯丙胺约 3000 克，且在共同犯罪中系起组织、指挥作用的主犯。但薛某某到案后检举大量他人犯罪的线索，有的线索系在侦查或者审判阶段检举，一、二审法院均未查实，对于最高人民法院复核期间被告人新检举的线索，也历经半年多而没有查证结果。鉴于其中部分线索涉及严重犯罪，如立功表现查证属实，很可能影响对薛某某的量刑，故对该案以涉及立功情节的事实不清为由，不核准死刑，发回重新审判。[③]

---

① 目前对这个问题如何处理存在争议，有的意见认为不能作为减刑的依据，因为立功行为发生在判决生效之前而不是服刑期间。本书认为，立功行为发生在刑事诉讼的哪个阶段，其意义是相对的，判决生效前的立功表现未必不能作为减刑的依据，关键是看立功表现能否得到充分评价。如果只是一般立功，通过减刑就能充分体现从宽政策，则不必对原判决启动审判监督程序。如果是重大立功，对量刑影响大，减刑所体现的从宽处罚不足以评价该重大立功表现或者对立功者明显不利，可以启动审判监督程序对原案件进行改判。这样区分情形处理，有利于节约司法资源，也不削弱对立功者权益的保护。

② 对于案件事实清楚，只是判处死刑不当的，以往最高人民法院的做法是裁定不核准死刑，发回重新审判，而非直接改判。2021 年《刑诉法解释》对此作了修改，第 429 条第 5 项规定，原判认定事实正确、证据充分，但依法不应当判处死刑的，应当裁定不予核准，并撤销原判，发回重新审判；根据案件情况，必要时，也可以依法改判。同时，该条第 4 项规定，复核期间出现新的影响定罪量刑的事实、证据的，应当裁定不予核准，并撤销原判，发回重新审判。据此，最高人民法院复核死刑案件期间，发现有未查实的立功情节影响死刑适用的，原则上仍应不核准死刑，发回重审，但也不排除个别情况下可以直接改判。

③ 这是笔者在工作中了解的案例。

第十六章 特情介入的认定和处理

「本章导读」

运用特情侦破毒品案件，是打击毒品犯罪的重要方式，在国际上也很常见。审判工作中对此方面较早作出规定的文件是《2000 年毒品纪要》。《2008 年毒品纪要》充分吸收了该纪要的相关内容，并作了一些新规定。2012 年修正的《刑诉法》增加“技术侦查措施”一节，赋予隐匿身份侦查、控制下交付等特殊侦查措施合法性，但规定隐匿身份侦查不得诱使他人犯罪。如何理解、适用该规定，特别是违反该规定有何法律后果，需要司法实践深入研究总结。《2008 年毒品纪要》主要从实体处理角度（“量刑减让”）规定特情引诱的法律后果，与《刑诉法》的新规定不尽相符。《2023 年毒品纪要》吸收了《2008 年毒品纪要》等文件的内容，结合《刑诉法》的规定发展了处理规则。本章解答的具体问题包括：特情引诱与特情介入、隐匿身份侦查、控制下交付的区别，持毒待售案件中特情介入情形的处理，机会引诱的认定和处理，毒品预备案件的处理，对《刑诉法》规定的“不得诱使他人犯罪”如何理解，犯意引诱、数量引诱、间接引诱的认定和处理，特情引诱对量刑的影响，立功过程中引诱犯罪情形的处理等。

问 何谓特情，如何区别特情介入、特情引诱与隐匿身份侦查？ 155

答：特情，即“特情人员”的简称，是指侦查机关从社会人员中物色、选择出用于提供违法犯罪线索或者协助开展侦查活动的特殊情报人员，与西方国家以及我国港澳台地区所称的“线人”近似，但“特情”是我国刑事侦查实践长期以来形成的习惯性称谓。① 毒品犯罪隐蔽性很强，毒品交易常需要识别是否为“圈内人”，故与毒品不沾边的人难以成为特情，实践中多将吸毒人员和有贩毒经历的人员发展为特情。

“特情介入”是指有特情介入案件侦查的情形，含义较宽，处理规则不同，故《2008 年毒品纪要》提出，对特情介入侦破的案件，要区别不同情形予以分别处理。特情介入（案件）不同于特情引诱（犯罪）。广义的特情介入包括特情引诱，后者是前者的子概念。出现了特情引诱犯罪情况，说明必然有特情介入案件之中，但特情介入案件未必就会实施引诱犯罪行为。狭义上使用“特情介入”时，意味着侦办某个毒品犯罪案件时有特情在发挥作用，但没有实施引诱犯罪行为，从而区别于特情引诱。《2008 年毒品纪要》提出：“对已持有毒品待售或者有证据证明已准备实施大宗毒品犯罪者，采取特情贴靠、接洽而破获的案件，不存在犯罪引诱，应当依法处理。”《2023 年毒品纪要》对该项指导意见作了文字修改，提出：“对于有证据证明被告人正在准备或者已经着手实施毒品犯罪，隐匿身份人员采取贴靠、接洽手段破获案件，不存在犯罪引诱的，应当依法处理。”这里的“贴靠、接洽”是特情介入案件的常见方式，既不诱发行为人的犯意也不增加其毒品犯罪数量，只是为侦破案件创造条件。“依法处理”是指不作为特情引诱处理，而不是指从严惩处。如果特情介入的案件符合犯罪未遂、预备等认定条件，应当依法从宽处理。

---

① 有研究者指出，“特情”一语系从俄文翻译而来，早在第一次国内革命战争时期、抗日战争时期、解放战争时期，就开始使用此称谓指代秘密侦查力量。在 1949 年第一次全国经济保卫工作会议和 1950 年第一次全国侦查工作会议上，此类秘密侦查力量被统称为“特情”；其间虽然在“特情”与“耳目”两个称谓之间发生过变化，但在 1981 年公安部颁布《刑事特情工作细则（试行办法）》之后，“特情”的称谓得以最终确立。参见程雷：《特情侦查立法问题研究》，载陈兴良主编：《刑事法评论》（第 29 卷），北京大学出版社 2011 年版，第 516 页以下。

例如，2001年4月被告人苏某清找许某（特情）联系购买冰毒，公安机关决定派民警充当卖家。苏某清“验货”后让黄某斌代其前去交易，当黄某斌携带81.84万元毒资（准备购买35千克冰毒）前往一酒店房间准备交易时，苏某清随后也赶到现场，二人均被抓获。一审以贩卖毒品罪未遂，对苏某清判处无期徒刑，二审维持原判。[①] 该案虽有特情介入，但特情没有实施引诱犯罪行为，被告人本有贩卖毒品的故意，购买毒品的数量也是其自己主动提出的。由于这种“出售”毒品是侦查取证行为，并非真正地贩卖毒品，被告人不可能买到毒品，故其行为属于犯罪未遂，依法可以从宽处罚。又如，在刘某等人贩卖、运输毒品案中，被告人刘某宝主动问特情能否找到海洛因买主，该特情按照公安机关的安排提出购买2000克海洛因，刘某宝遂与在广州的被告人刘某联系，刘某伙同林某华携带1000克海洛因到达天津与刘某宝会合，先在天津自行贩卖310克，又到北京自行贩卖75克，之后刘某宝与特情联系，准备出售剩余海洛因，此后被查获。该案也属于有特情介入而非特情引诱的案件。[②]

隐匿身份侦查是2012年修正的《刑诉法》新增的特殊侦查措施。它是指侦查机关经过审批程序后派出有关人员（多为警察和特情）隐瞒真实身份进行侦查。隐匿身份侦查具有秘密性，相关人员以虚构的身份取得对方信任或者使对方产生误解，进而开展收集证据、了解案情、抓捕犯罪嫌疑人和控制犯罪活动等侦查行为。隐匿身份侦查包括警察乔装侦查、卧底侦查和特情协助侦查等多种情形。特情协助侦查也可称为特情介入，二者含义基本相同，故特情介入是隐匿身份侦查的一种。而特情引诱是在特情协助侦查（或特情介入）过程中发生的，是特情介入的一种，故特情引诱当然也是隐匿身份侦查的一种情形。隐匿身份侦查并不必然导致引诱犯罪，但实践中有的特情或“准特情”急于“做出成绩”或者获得立功表现，容易出现引诱他人犯罪的情

---

① 参见中华人民共和国最高人民法院刑事审判第一、二、三、四、五庭主办：《中国刑事审判指导案例》（第5卷）（增订第3版），法律出版社2017年版，第333–334页。

② 该案发生在1999年，既不属于犯意引诱，也不属于数量引诱。参见中华人民共和国最高人民法院刑事审判第一、二、三、四、五庭主办：《中国刑事审判指导案例》（第5卷）（增订第3版），法律出版社2017年版，第330–332页。

况。故《刑诉法》第153条明确规定，有关人员隐匿身份实施侦查的，不得诱使他人犯罪。

值得注意的是，特情的建立、管理和使用都有严格的工作程序，但实践中常有使用“准特情”的情况。例如，对于本不是特情的人员，因涉毒违法犯罪行为到案后，为了争取宽大处理，在公安人员安排下向原上家或者其他人提出购买毒品，或者向下家提出贩卖毒品，待对方前来交易时进行抓捕。这种情形下，协助者并不是真正的特情，但其行为起到了特情的作用，可以视为“准特情”或者临时特情。对此类案件，可以根据具体情况认定是否构成特情引诱，如果构成，则产生相应的法律后果。①

问 何谓控制下交付，它与特情引诱有何区别？ 156

答：控制下交付是打击跨国有组织犯罪的重要侦查手段，其出现、发展的历程与禁毒运动的兴起关系密切。在1982年联合国麻醉药品委员会第七次特别会议上，控制下交付首次被列为讨论对象。1988年通过的《联合国禁止非法贩运麻醉药品和精神药物公约》首次以国际公约的形式确认了控制下交付。②2000年《联合国打击跨国有组织犯罪公约》与2003年《联合国反腐败

① 值得研究的是，实践中对引诱犯罪的特情很少追究法律责任，特情免责的根据是什么？目前《刑法》《刑诉法》对此都没有作出规定。本书初步认为，对于合法的诱惑侦查，特情是在公安机关的安排下介入案件并实施引诱行为，可以视为公安人员侦查行为的延伸，是公安人员执行职务行为的一部分，故而不具有违法性。如果是违法的诱惑侦查，则应当追究特情和相关人员的责任。

② 该公约第1条“定义”中规定：“控制下交付”系指一种技术，即在一国或多国的主管当局知情或监督下，允许货物中非法或可疑的麻醉药品、精神药物、本公约表一和表二所列物质或它们的替代物质运出、通过或运入其领土，以期查明涉及按本公约第3条第1款确定的犯罪的人。另外，联合国麻醉药品委员会还专门就控制下交付的立法问题作出了两个决议，即该委员会2001年第45届会议形成的第45/4号决议《控制下交付》和2003年第47届会议形成的第47/6号决议《有效的控制下交付》。这两个决议都呼吁各缔约国加快控制下交付的立法步伐以使其得到采用。

公约》也明确肯定了这一侦查手段，由此形成了确认控制下交付法律地位的"三大国际公约"。

我国很早就签署、批准了"三大国际公约"，[①]并自20世纪80年代以来在司法实践中运用控制下交付方式侦破案件，但在很长一段时间内都是由公安机关以内部文件对控制下交付作出规范。2010年最高人民法院、最高人民检察院、公安部、国家安全部、司法部制定的《关于办理死刑案件审查判断证据若干问题的规定》（法发〔2010〕20号，以下简称《死刑案件证据规定》）第35条规定："侦查机关依照有关规定采用特殊侦查措施所收集的物证、书证及其他证据材料，经法庭查证属实，可以作为定案的根据。"这被认为是以公开文件方式概括地确认了控制下交付等特殊侦查措施的合法性。2012年修正的《刑诉法》首次以立法方式明确了控制下交付作为特殊侦查措施的合法性。其中第151条第2款规定："对涉及给付毒品等违禁品或者财物的犯罪活动，公安机关根据侦查犯罪的需要，可以依照规定实施控制下交付。"根据《办案程序规定》第272~273条，县级以上公安机关负责人可以决定实施控制下交付，由此收集的材料在刑事诉讼中可以作为证据使用。

通常认为，控制下交付是指侦查人员在发现与毒品等违禁品有关的犯罪线索后，将违禁品置于侦查机关的严密监控下并将其放行，以深入查明该犯罪的实施情况，进而抓获犯罪嫌疑人。控制下交付与特情引诱都是侦查机关安排实施的，被侦查者都不知情，但二者有很大区别。从行为对象看，控制下交付针对的是"物"，是对毒品等涉嫌犯罪的物品进行秘密监控，侦查人员或者特情并不直接介入交易，而是充当监控者、"旁观者"。特情引诱针对的是"人"，是特情针对某个具体的人进行犯罪引诱，促使对方产生犯意或者加速犯意的实施，特情或侦查人员会不同程度地介入毒品交易活动，是犯罪行为的"参与者""加工者"。从行为模式看，诱惑侦查的基本行为是"三步曲"：诱惑嫌疑对象→嫌疑对象实施犯罪→逮捕嫌疑对象，而控制下交付是"四步

① 其中，1989年9月第七届全国人大常委会第九次会议批准了《联合国禁止非法贩运麻醉药品和精神药物公约》，2003年8月第十届全国人大常委会第四次会议批准了《联合国打击跨国有组织犯罪公约》，2005年10月第十届全国人大常委会第十八次会议批准了《联合国反腐败公约》。

曲”：发现违禁品→监控违禁品流转→逮捕接货人→深挖犯罪。[①] 可见，控制下交付与特情引诱之间界限较为明显，基本不存在交集，不能将二者等同起来或者混为一谈。但不排除有的案件侦查过程中同时采取这两种侦查方式，[②] 进而导致区分上存在一定困难或者争议。

实践中，控制下交付多出现在利用邮政、快递、物流等方式实施的人毒分离型案件中。对此类案件采取控制下交付措施，可以让毒品按既定计划进行流转并对其严密监控，从而查明未知的犯罪嫌疑人（特别是买方），实现破获案件的最终目的。值得注意的是，控制下交付对犯罪形态的认定存在一定影响。根据毒品是否被侦查人员替换，控制下交付可以分为原物控制下交付（也称有害的控制下交付）和替代物控制下交付（也称无害的控制下交付）。有研究者认为，无论是替代物交付还是原物交付，都因为在公安机关的严密监控下基本丧失了达到法定条件客观危险状态的可能，交付毒品行为即使完成，也不应认定为犯罪既遂。[③] 这种观点或许没有考虑不同类型的控制下交付对毒品交易所产生的实际影响，也没有区分卖方和买方在犯罪形态上的区别，不太符合司法实践情况。实际上，不论是原物控制下交付还是替代物控制下交付，对卖方的犯罪形态都没有影响，但对买方的犯罪形态则有不同影响。具体而言：（1）对于原物控制下交付，通常认定为犯罪既遂。例如，行为人出于贩卖目的购买毒品，从寄递点或者快递人员处取到毒品时被抓获的，是贩卖毒品罪既遂；在即将拿到毒品时被侦查人员“提前”抓获的，考虑到其原本“必然”拿到毒品，也可以认定为犯罪既遂。（2）对于替代物控制下交付，如果侦查人员为防止毒品流失，在寄递之初就对毒品进行

---

① 参见邓立军：《控制下交付与诱惑侦查的边界及其勘定》，载《法学评论》2016 年第 6 期。

② 例如，吸毒人员甲曾向毒友乙（特情）流露出通过贩卖毒品赚钱的想法，乙表示可以帮助其联系出售。后甲因担心被判刑，打消了该念头。乙在公安人员授意下劝说甲，称只要甲能买到毒品，其就有办法卖出去。甲遂多方打听，找他人购买了 30 克冰毒，当上家邮寄出该毒品后，公安人员即进行监控。待甲取到快递时，被事先布控的公安人员抓获。该案中就同时存在特情引诱犯罪和控制下交付两种情形。

③ 参见高巍：《贩卖毒品罪研究》，中国人民公安大学出版社 2007 年版，第 184 页。

了调换，由于行为人不可能再拿到毒品，一般可以认定为犯罪未遂。[①] 但将毒品邮寄走私入境，海关查获后采取替代物交付的，仍可认定为走私毒品罪既遂。[②]

问 何谓持毒待售，此类案件有特情介入的，如何处理？ 157

答：持毒待售是“持有毒品待机出售”的简称，通常是指行为人持有毒品随时可以出售的情形。持毒待售不是法律术语，而是司法实践中形成的经验总结性用语，目的是区别于特情引诱。在持毒待售情形下，行为人不仅事先产生了贩卖毒品的犯意，而且已经为贩卖毒品买入了毒品，属于司法实务中普遍认为的犯罪既遂。这时，如果特情向其提出购买毒品，当其携带毒品到达交易地点时被抓获的，不属于特情引诱犯罪，而只是有特情介入的案件，不能据此对行为人从宽处理。因此，《2008 年毒品纪要》提出：“对已持有毒品待售……者，采取特情贴靠、接洽而破获的案件，不存在犯罪引诱，应当依法处理。”《2023 年毒品纪要》没有直接使用“持毒待售”之类的语词，而是采取了更为宽泛的文字表述：“对于有证据证明被告人正在准备或者已经着手实施毒品犯罪，隐匿身份人员采取贴靠、接洽手段破获案件，不存在犯罪引诱的，应当依法处理。”这里的“已经着手实施毒品犯罪”能够包含“持毒待售”情形。

例如，申某雄贩卖毒品案。2007 年 2 月底，被告人申某雄向陈某某（另

---

① 这里涉及多种具体情形。如果是为了贩卖而购买毒品，由于行为人未能拿到毒品，属于贩卖毒品罪未遂。如果没有证据证明行为人是为了贩卖，毒品数量达到较大以上，可以认定为非法持有毒品罪未遂；如果数量未达到较大以上，则不构成非法持有毒品罪，也不宜转而认定为运输毒品罪。具体可参考本书前面相关章节的分析、介绍。

② 如前述圣某走私毒品案就涉及毒品替代物交付。涉案的 318 克可卡因从巴西邮寄进入中国境内后被苏州海关查获，收件人张某根据海关的指示将毒品替代物邮寄至广州，被告人圣某在广州签收邮件后被民警当场抓获。该案涉及的法律适用问题主要是被告人主观明知的认定，可参见本书第二章“走私毒品罪”中的详细介绍。

案处理）贩卖 5.5 克海洛因后，称还有 3500 克海洛因待售，委托陈某某联系买主。同年 3 月，陈某某介绍“董哥”向申某雄购买海洛因。3 月 30 日，申某雄与“董哥”约定交易价格后到“董哥”住处查验购毒款。31 日上午，申某雄告诉“董哥”有 6000 克左右海洛因可供交易。当日下午，申某雄携带海洛因与“董哥”交易时被抓获，公安人员当场缴获海洛因 6030.5 克。申某雄辩称该案存在数量引诱，但一、二审和最高人民法院复核后均未认定。主要理由是，申某雄本来打算贩卖 3500 克海洛因，属于持毒待售，并让陈某某联系买家，陈某某提出想购买 5000 克海洛因，有一定数量引诱性质，但后来申某雄又称自己实有 6000 余克海洛因待卖，让陈某某问买主“董哥”是否全要。显然，申某雄实际拥有和欲贩卖的毒品数量超过了特情人员提出的数量，即使陈某某不提出要购买 5000 克海洛因，申某雄也要出售自己手中的 6000 余克海洛因。该案虽然有特情介入，但申某雄属于持毒待售，而不属于数量引诱。①

但是，如果行为人本是持毒待售（如 30 克冰毒），但特情提出的购买毒品数量（如 300 克）明显超出其持有的毒品数量和以往贩卖毒品模式，行为人为此又购入较多毒品，则构成数量引诱。另外，有的案件中，行为人原本是贩毒人员，但为安全起见并未事先准备毒品随时待售，而是当有人提出购买毒品时，其再向上家“拿货”。这种随买随卖型可以视为“准持毒待售”，这种情况下即便是特情主动提出购买毒品，也不应认定为犯意引诱，但很可能出现数量引诱情况，应视情决定是否予以从宽处罚以及从宽处罚的幅度大小。②

---

① 参见中华人民共和国最高人民法院刑事审判第一、二、三、四、五庭主办：《中国刑事审判指导案例》（第 5 卷）（增订第 3 版），法律出版社 2017 年版，第 412–414 页。

② 例如，在陈某有、庄某思贩卖毒品案中，发动交易的罗某某是特情人员，庄某思居间介绍，陈某有与罗某某商量后购入 2479 克冰毒进行交易，结果被抓获。法院认定该案系特情引诱，但不属于犯意引诱，考虑到毒品交易在公安机关控制之下，对陈某有未判处死刑而是死缓（附加刑略）。参见中华人民共和国最高人民法院刑事审判第一、二、三、四、五庭主办：《刑事审判参考》（总第 108 集），法律出版社 2017 年版，第 100–105 页。

问 何谓机会引诱，对该情形如何认定、处理？ 158

答：机会引诱，也称提供机会型引诱、机会型引诱，是指行为人本有实施毒品犯罪的故意和行为，公安机关掌握该线索后指派侦查人员或者特情前去交易，由此破获案件。在机会引诱情形下，行为人本已有毒品犯罪故意，侦查人员或特情的介入只是为其实施犯罪提供了某种机会，并未改变其犯罪行为的性质。即使没有这种诱惑侦查行为介入，相关犯罪仍会发生，故机会引诱整体上属于合法的侦查方式，对被引诱者追究刑事责任具有正当性。机会引诱有广义和狭义之分。广义的机会引诱，既包括侦查人员或者特情充当毒品买家，也包括充当毒品卖家的情形。有的地方发生的所谓“毒品预备案件”（充当卖家）实际上也是机会引诱的一种。狭义的机会引诱仅指侦查人员或者特情充当毒品买家的情形，这种情形在司法实践中更为常见。认定机会引诱，有如下问题值得注意。

1. 机会引诱不同于犯意引诱。从被引诱者是否事先存在犯意角度，可以把诱惑侦查分为激发犯意型引诱（犯意引诱）和提供机会型引诱（机会引诱）。前者一般是指特情对本无毒品犯罪意图的人进行引诱、教唆，从而使其产生犯罪意图并开始实施犯罪，即犯意引诱是使他人的犯意从无到有，是“制造”犯罪。而机会引诱是为已经存在的犯意提供实施的机会，是“促成”犯罪。从《刑诉法》第153条的规定看，犯意引诱是违法的侦查方式。

2. 机会引诱情形中可能发生数量引诱。数量引诱是指行为人本来只有实施数量小的毒品犯罪的故意，在特情引诱下实施了数量大甚至达到可以判处死刑数量标准的毒品犯罪。[①] 数量引诱可以说是广义机会引诱的一种，也可以说是介于犯意引诱和机会引诱之间的类型。即便认为数量引诱不属于违法的诱惑侦查方式，但也存在某种不正当性，因为没有这次引诱，该起事实则不会发生，尤其是当特情提出购买的毒品数量明显超出行为人以往毒品交易习惯和数量规模时，行为人将面临更严厉的惩罚（法定刑升格），该情形未必

① 参见高贵君主编：《毒品犯罪审判理论与实务》，人民法院出版社2009年版，第136页。

完全符合行为人贩卖毒品的本意。故对数量引诱的，一般予以从宽处罚。[①]

3. 机会引诱的被引诱者有多种情形。被引诱者有的是持毒待售，有的是随买随卖，有的则是持币待购。《2023年毒品纪要》提出："对于有证据证明被告人正在准备或者已经着手实施毒品犯罪，隐匿身份人员采取贴靠、接洽手段破获案件，不存在犯罪引诱的，应当依法处理。"该指导意见主要针对的就是机会引诱的各种情形，对认定为机会引诱的，通常不能据此予以从宽处理。这种案件在司法实践中较为常见。

但是，不能说凡是认定为机会引诱的，都不予以从宽处罚。可以肯定的是，对于行为人持毒待售的，特情介入后作为买方约购毒品，并没有增加行为人贩卖毒品的数量，也没有改变行为人的犯罪进程（实际上持毒待售的都是犯罪既遂），故而不能因特情介入而予以从宽处罚（有其他从宽情节的除外）。但对于随买随卖型的机会引诱，特情介入提出约购毒品，尽管不违背行为人的本意，但客观上增加了其贩毒数量，也"加速"了其犯罪进程。特别是行为人原本贩毒数量未达到死刑适用标准，因特情介入提出购买毒品，从而使其毒品犯罪数量达到甚至超过死刑适用数量标准的，一般不应判处死刑。例如，被告人王某友先后实施了两起贩卖毒品行为，第一起没有特情介入，第二起贩卖408克海洛因出现了特情介入因素，但通话监控记录证实王某友称"货随时都有"，证明其有贩卖毒品的概括性故意，故不能认定该案存在犯意引诱和数量引诱。王某友第一起贩卖180克海洛因，加上第二起有特情介入因素的贩卖408克海洛因，合计后才达到当地实际掌握的死刑数量标准。鉴于王某友贩卖408克海洛因是周某为争取立功而主动同其联系，并由公安人员冒充买主去和王某友进行毒品交易，毒品被全部查获，不可能流入社会造成进一步危害，故最高人民法院裁定不核准死刑，将该案发回重审。[②]当然，如果行为人的涉案毒品数量原本就超过了实际掌握的死刑适用数量标准，此时特情介入提出约购毒品的，则该情节很可能不影响案件的最终处理。

---

① 本章后文将对数量引诱问题作专门分析。

② 该案发生在2005年，当时实际掌握的死刑适用数量标准较低。参见中华人民共和国最高人民法院刑事审判第一、二、三、四、五庭主办：《中国刑事审判指导案例》（第5卷）（增订第3版），法律出版社2017年版，第410–412页。

问 何谓“预备贩毒”案件，如何处理？ 159

答：所谓“预备贩毒”案件，也称为毒品预谋犯罪案件、毒品“假卖”案件，是指侦查机关在获取犯罪嫌疑人欲购买毒品以供贩卖的信息后，经批准使用侦查机关库存的毒品进行“假卖”，从而在毒品交易过程中抓获犯罪嫌疑人、缴获毒资，并对犯罪嫌疑人进行刑事追诉。“预备贩毒”案件并非规范用语，而是一种俗称。这一提法始于20世纪90年代的云南省。当时过境贩毒活动较为猖獗，很多毒贩受利益驱使携带巨款到云南边境地区大肆购买毒品，但在毒品尚未买到时，作为关键证据的毒品尚不存在，故不宜展开抓捕行动，一旦毒品购买成功，又很可能错过机会，难以再行抓捕。当地公安机关为防止资金外流，截断毒资变毒品的渠道，对此类案件进行主动出击，首创了“预备贩毒”案件。此举试行后，有力地遏制了外省毒贩入滇购毒犯罪急剧上升的势头，也给缉毒、禁毒工作带来积极效应。[①]云南省公安厅1995年制定了《关于侦查预备贩毒案件暂行规定》，明确了启动诱惑侦查的对象为具备犯罪预备行为的行为人，诱惑侦查的方式仅限于“假卖”，开展诱惑侦查的机关为县级以上公安缉毒侦查部门，也明确了在审批程序上由立案地所在市、地、州级公检法三长协商同意后报省公安厅批准。[②]四川省高级人民法院、四川省人民检察院、四川省公安厅2001年也制定了《关于办理贩卖毒品案件有关犯罪预备问题的意见》。

“预备贩毒”案件属于广义机会引诱的一种，它与狭义机会引诱的共同特点，都是为犯罪嫌疑人创造毒品交易的“机会”，也都使用了欺诈手段。二者的区别在于，在“预备贩毒”案件中公安人员充当的是“卖家”，是为“持币待购”者提供“机会”，而在机会引诱案件中公安人员充当的是“买家”，是为“持毒待售”者提供“机会”。在犯罪形态上，“预备贩毒”案件中的犯罪嫌疑人不可能从公安人员或者特情充当的“上家”处买到毒品，故至多属

---

① 参见董晓松：《毒品预谋犯罪案件办理机制的规范与完善》，载《甘肃政法学院学报》2011年第6期。

② 参见田宏杰：《诱惑侦查的正当性及其适用限制》，载《政法论坛》2014年第3期。

于犯罪未遂，有的情况可以认定为犯罪预备。[①] 值得注意的是，受诸多现实因素的影响，“预备贩毒”案件中很可能出现犯意引诱或者数量引诱的情况。例如，有的行为人携款到边境地区做合法生意，但一时无进展，特情获悉后为获得立功奖赏，引诱、劝说行为人购买毒品赚钱，由此导致犯意引诱。又如，有的行为人携款准备购买的毒品数量原本不多，特情获悉后称“货”源充足且质量好，劝说行为人尽量多买，行为人为此筹集更多资金准备购买更多毒品。这种情形就存在数量引诱问题。实践中，此类案件的犯罪嫌疑人、被告人到案后常提出被引诱犯罪的辩解，是否存在犯意引诱或者数量引诱经常成为该类案件处理的焦点问题。

总的来看,“预备贩毒”案件所采取的侦查模式是一把“双刃剑”，有“提前”打击毒品犯罪，防止购毒资金外流的积极效果，同时也存在侦查权被滥用、特情引诱犯罪等风险和弊端。对“预备贩毒”案件的立案、侦查、起诉都需要严格程序和标准，少用慎用，司法处理上应依法体现从宽政策。

问 160 如何理解《刑诉法》第 153 条规定的“不得诱使他人犯罪”及其法律后果？[②]

答：2012 年修正的《刑诉法》明确了技术侦查、隐匿身份侦查、控制下交付等特殊侦查措施的合法性，是刑事诉讼制度改革的一项重大成果。其中,《刑诉法》第 153 条第 1 款对隐匿身份侦查作了规定：“为了查明案情，在必要的时候，经公安机关负责人决定，可以由有关人员隐匿其身份实施侦查。但是，不得诱使他人犯罪，不得采用可能危害公共安全或者发生重大人

① 本章前述苏某清贩卖毒品案实际上就是一起“预备贩毒”案件。一审以贩卖毒品罪未遂，对苏某清判处无期徒刑，二审维持原判。实际上，在犯罪形态上将这类案件认定为犯罪预备，可能更符合案件实际情况，更有利于体现罚当其罪。犯罪嫌疑人在自主意志下实施的犯罪行为主要是筹集毒资，至于联系购买、查看样品等，实际上是公安机关为了收集证据、便于抓捕而配合实施的行为，故可以认定行为人尚未着手实施犯罪，只是为犯罪做了准备、创造了条件。

② 该问题同后一个问题密切相关，因内容体量大，故拆解为两个问题作答。

身危险的方法。”据此，包括特情介入在内的隐匿身份侦查措施属于合法的侦查方式。同时，该规定也对隐匿身份侦查措施的适用设定了界限，即“不得诱使他人犯罪，不得采用可能危害公共安全或者发生重大人身危险的方法”。那么，“不得诱使他人犯罪”是指哪些情形？如果有关人员在隐匿身份侦查过程中诱使他人犯罪，其法律后果是什么？对此，《刑诉法》以及最高人民法院、最高人民检察院、公安部为适用《刑诉法》而分别制定的《刑诉法解释》《刑诉规则》和《办案程序规定》都没有作出规定。《2008年毒品纪要》对特情引诱问题是从实体处理角度作出规定的，没有规定特情引诱在程序法上的后果。在《刑诉法》明确规定隐匿身份侦查“不得诱使他人犯罪”之后，明确该规定的含义及其法律后果，十分重要和必要。以下从3个层面进行分析。

1. 关于“不得诱使他人犯罪”的认定范围

如前所述，一般把诱惑侦查分为激发犯意型引诱（犯意引诱）和提供机会型引诱（机会引诱），前者是“制造犯罪”，后者是“促成犯罪”。很多学者认为，“不得诱使他人犯罪”是指不得进行犯意引诱，而机会引诱则是合法的。例如，“所谓‘不得诱使他人犯罪’一语，应当解释为‘不得引诱本无犯意之人产生犯意进而实施犯罪’，即禁止‘犯意诱发型’诱惑侦查，相应地，修正后的《刑诉法》第151条实际上是肯定了‘机会提供型’诱惑侦查的合法性”[①]。“通过历史解释可以得出结论：刑诉法的立法原意是认可诱惑侦查的合法性，但同时附加‘不得诱使他人犯罪’这一界限。虽无法律效力但事实上发挥着重大指引作用的立法释义书，将‘不得诱使他人犯罪’进一步限定为不得诱使他人产生犯罪意图。这一观点……认为犯意诱发型诱惑侦查超越了合法性界限，法律上应明确予以禁止，而对于机会提供型诱惑侦查，则应准许实施。”[②] 因此，“对于秘密侦查，关键在于要禁绝犯意诱导型方式，并加强程序控制、严格适用条件，避免其‘制造犯罪’或产生其他副作用”[③]。公

---

① 万毅：《论诱惑侦查的合法化及其底限——修正后的〈刑事诉讼法〉第151条释评》，载《甘肃社会科学》2012年第4期。

② 程雷：《诱惑侦查的程序控制》，载《法学研究》2015年第1期。

③ 张建伟：《特殊侦查权力的授予与限制——新〈刑事诉讼法〉相关规定的得失分析》，载《华东政法大学学报》2012年第5期。

安部制定的《办案程序规定》第 271 条第 2 款也规定，隐匿身份实施侦查时，不得使用促使他人产生犯罪意图的方法诱使他人犯罪。这表明公安机关所禁止的也是犯意引诱。

本书认为，鉴于犯意引诱存在将无辜公民引诱为犯罪分子的高度风险，违反现代社会打击犯罪所应坚守的比例原则和法治底线，从有效保护公民合法权益的角度出发，可以将“不得诱使他人犯罪”解释为不得进行犯意引诱。同时，考虑到司法实践中贩卖毒品等犯罪十分隐蔽，实施诱惑侦查能够快速明确侦查方向，有效控制犯罪嫌疑人，防止毒品或者毒资流失，故在平衡好公共利益和个人利益的前提下，应当容许在合理限度内采取一定的诱惑侦查措施，如机会引诱。值得注意的是，将诱惑侦查划分为犯意引诱（违法）和机会引诱（合法）两大类，看似标准明确，但司法实践中情况较为复杂，有些情形介于二者之间（如数量引诱），定性上争议较大，故会造成两种不同的认定倾向：如果侧重打击犯罪，就可能扩大机会引诱（合法诱惑侦查）的认定范围，如果侧重公民权利保障，就可能扩大犯意引诱（违法诱惑侦查）的认定范围。[①]

2. 关于犯意引诱的判断标准

这实际上也是诱惑侦查合法性的判断标准问题。犯意引诱是警察或者特情实施的，但引诱不同于胁迫，离不开被引诱者的配合，某种程度上是双方相互作用的结果，警方的介入是客观因素，被引诱者自身的作用是主观因素，考察的侧重点不同，就会产生不同的判断标准。由此形成 3 种做法和学说：主观标准、客观标准和混合标准。主观标准侧重考察行为人在被引诱之前的主观心态，如果行为人本有毒品犯罪的意图或者倾向，甚至正在准备或者正在实施毒品犯罪，警方的引诱行为就是合法的，行为人应当承担刑事

---

① 有的学者也认为这种二分法不科学。例如，“犯意诱发”与“机会提供”的二分法在涵盖范围上是片面的，在司法适用逻辑上是混乱的，因而对司法实践的指引效果十分有限。与犯意诱发对应的应当是没有诱发犯意，而未引发犯意的诱惑侦查的具体手法不限于提供犯罪机会，比如提供犯罪的对象、工具、条件、场所、协助人员，还包括其他各种促使犯意暴露或付诸实施的手法。同时，诱发犯意的手段也包括了各种提供犯罪机会的情形。参见程雷：《诱惑侦查的程序控制》，载《法学研究》2015 年第 1 期。

责任，否则，引诱就是违法的，行为人不承担刑事责任。客观标准侧重考察警方引诱行为的规范性和克制程度，如果警方引诱强度大，提出的是一般人难以抗拒的异常诱惑，即使行为人本有犯罪意图或倾向，引诱行为也是违法的，不能追究被引诱者的刑事责任；如果引诱程度不高，一般人都可抵制，则引诱行为就是合法的，被引诱者应当承担刑事责任。主观标准和客观标准各有利弊，前者更有利于打击犯罪，后者更有利于保证公民的合法权利，故二者相结合的混合标准在国际社会得到更多认可和采用。①

很多学者赞成采取混合标准认定诱惑侦查的合法性。例如，有学者认为，两种标准之间，客观标准更有助于限制侦查引诱的滥用，而主观标准对维护社会整体利益、打击犯罪更有利，但对于保护相对人的个人权益而言显然不如客观标准妥帖，综合考虑上述两种不同的价值取向，将两种标准融合使用是比较理想的选择。并且，比较混合标准的各种配置方案，分离式混合标准最有助于达到此目标，只要引诱行为符合主观标准或者客观标准之一，就可将其视为违法的诱惑侦查。②有学者提出，从各国对诱惑侦查采取的立场看，采取混合标准是大势所趋，但在混合标准中也应有主次，对其是否正当的判断应采以主观标准为主，以客观标准为辅的混合标准，即要求正当诱惑侦查的启动必须以合理怀疑被诱惑者存在重大犯罪嫌疑为前提，以诱惑行为本身不能与犯罪意图或行为有因果关系为界限。③

本书认为，我国司法实务中可以采取混合标准判定诱惑侦查的合法性，既要考虑行为人是否本有犯意，也要考虑特情引诱的方式和强度。特别是对于被引诱后初次实施毒品犯罪的行为人，很多时候难以判断其此前是否有犯罪意图，恰恰需要从特情的引诱方式、强度来判断是否构成犯意引诱。在是否构成犯意引诱的具体判断上，通常需要考虑以下多种因素：（1）行为人

---

① 例如，德国诱惑侦查的合法性标准也被称为“综合权衡说”，其核心内容包括两个方面：一是不得对没有犯罪嫌疑或犯罪倾向的人实施诱惑侦查；二是侦查机关不得在诱惑侦查中对犯罪的实施施加过当影响。综合权衡说早在 20 世纪 80 年代就得以确立，此后联邦最高法院在实践中遵循了综合权衡的标准并将其具体化。参见陈真楠：《违法诱惑侦查的法律后果——德国联邦法院判例的最新发展及其启示》，载《环球法律评论》2021 年第 5 期。

② 参见程雷：《诱惑侦查的程序控制》，载《法学研究》2015 年第 1 期。

③ 参见田宏杰：《诱惑侦查的正当性及其适用限制》，载《政法论坛》2014 年第 3 期。

是否有毒品犯罪前科，被引诱前是否已经有准备实施毒品犯罪的外化行为；（2）行为人是否吸毒，是否有正当职业，经济状况如何；（3）行为人与特情是何关系，哪一方主动找对方；（4）特情引诱的方式和强度，是否反复引诱，是否许诺为行为人购买或出售毒品提供帮助；（5）行为人对特情引诱的反应是否积极。总的来看，对于原本没有犯罪意图，或者虽有抽象犯意但没有为实施犯罪做任何准备，经特情引诱后才将犯意现实化并开始实施毒品犯罪的，可认定为犯意引诱。对正在实施毒品犯罪或者正在为实施毒品犯罪做准备的人进行引诱的，则通常属于机会引诱。

3. 关于“不得诱使他人犯罪”的法律后果

从理论研究和各国实践看，对违法诱惑侦查即犯意引诱进行否定性法律评价有多种做法：（1）“实体从宽”，即在实体处理上从轻、减轻或者免除处罚，甚至不追究刑事责任。德国法院在2015年之前采取这种做法。1984年德国联邦最高法院开始统一立场，先是第一刑事庭在判决中认为违法的诱惑侦查只具有从宽处罚的效果，1985年联邦最高法院召开大刑庭统一见解，明确放弃诉讼障碍说，改采从宽处罚说。自此之后的30余年间，联邦最高法院的从宽处罚立场一直未改变。①（2）将违法诱惑侦查作为无罪的抗辩理由，一旦法庭确认诱惑侦查构成“警察圈套”的抗辩成立，则产生被告人无罪释放的后果。美国采取这种做法。②（3）对违法诱惑侦查所取得的证据予以排除，即侦查机关采取违法诱惑侦查所收集的材料属于非法证据，不具有证据能力，应从程序上予以排除。法国、日本采取这种做法。在法国，诱惑侦查的适用必须严格遵循法律所规定的适用范围及程序细则，否则构成程序无效事由，所获得的证据应予排除。③在日本，侦查机关实施计谋和欺骗手段原则上是违法的，但这种违法是否直接导致证据排除的后果应当综合考虑多种

---

① 参见陈真楠：《违法诱惑侦查的法律后果——德国联邦法院判例的最新发展及其启示》，载《环球法律评论》2021年第5期。

② 参见杨志刚：《美国诱惑侦查法理的新近发展及启示》，载《社会科学研究》2005年第5期。

③ 参见施鹏鹏：《诱惑侦查及其合法性认定——法国模式与借鉴意义》，载《比较法研究》2016年第5期。

因素。[①]（4）设立终止诉讼程序。引诱犯罪这一非法程序行为导致了整个追诉程序丧失公正，应当设立终止诉讼的程序性制裁方式作为恰当的法律后果。加拿大采取这种模式，英国采取排除非法证据 + 终止诉讼的双轨模式，但前者常会产生与终止诉讼相同的结果。[②]德国在 2015 年之后采取这种做法。德国联邦最高法院第二刑事庭在 2015 年毒品案判决中认为，违法诱惑侦查构成诉讼障碍事由，程序应终止。综合各方面因素分析，德国法院很可能放弃以往 30 余年坚持的从宽处罚说，明确确立诉讼障碍说。[③]

在上述 4 种模式中，除美国的圈套抗辩做法外，[④]其他 3 种都与我国的刑事立法和司法实践直接相关。本书认为，对违法诱惑侦查（犯意引诱）的法律后果，现阶段我国司法实务中可以采取混合处理模式：实体从宽 + 排除非法证据（或终止诉讼）。主要理由在于：（1）我国司法实务中长期以来（至晚从《2000 年毒品纪要》开始）采取的都是“实体从宽”模式，已经积累了很多经验，得到了普遍认可和接受。实体从宽包括从轻、减轻、免除处罚甚至宣告无罪，能应对多种不同诱惑侦查情形的处理。（2）排除非法证据比实体从宽的做法更能凸显程序法对违法诱惑侦查方式的否定。以排除非法证据作为违法诱惑侦查的法律后果，是研究该问题时的“自然反应”，形式上也符合立法逻辑。《刑诉法》第 154 条规定：“依照本节规定采取侦查措施收集的材料在刑事诉讼中可以作为证据使用。”相应地，如果诱惑侦查违法，作为程序法上的后果，所取得的证据就没有证据资格，不能作为证据使用，故很多学者赞同以排除非法证据作为对违法诱惑侦查的程序性制裁方案。例如，有

---

① 参见［日］白取祐司：《日本欺骗侦查所获同意与正当程序》，倪润译，载《国家检察官学院学报》2016 年第 4 期。

② 参见杨志刚：《英国诱惑侦查制度的评析与借鉴》，载《现代法学》2006 年第 2 期。另可参见［英］丹尼斯·贝克：《格兰维尔·威廉姆斯刑法学教科书Ⅱ：抗辩论编》，李立丰译，法律出版社 2023 年版，第 220–221 页。

③ 参见陈真楠：《违法诱惑侦查的法律后果——德国联邦法院判例的最新发展及其启示》，载《环球法律评论》2021 年第 5 期。

④ 美国法院将“警察圈套”作为无罪判决的理由，这是与其所采取的两阶层犯罪构成体系相呼应的，其采用方式和判决思路具有特殊性，但最终结论对我国的刑事立法和司法处理有一定参考价值。

学者提出，侦查机关采取违法的“犯意诱发型”诱惑侦查所收集的材料属于非法取得的证据，不具有证据能力，不得在刑事诉讼中作为证据使用，而应从程序上予以排除。[①] 也有学者认为，从证明规则看，在非法证据排除的审查程序中，被告人只需提出怀疑存在非法取证手段的线索即可，由实施诱惑的侦查机关证明不存在不当诱惑，同时，可对诱惑侦查的合法性及材料的合法性提出异议。[②]（3）对违法诱惑侦查案件采取“实体从宽”或者排除非法证据的做法，实际操作上很可能表现为终止诉讼。《刑诉法》第 16 条规定了 6 种可以终止诉讼的情形，[③] 其他条文（第 175、177 条等）还规定了多种不起诉的情形。实践中，检察机关对情节显著轻微不构成犯罪、情节轻微不需要判处刑罚或者排除非法证据后定罪证据明显不足的，常会直接作出不起诉决定；对已经起诉到法院的此类案件，也可以撤回起诉后再作出不起诉决定。也就是说，即使对违法诱惑侦查采取“实体从宽”或者排除非法证据的做法，最终也可能表现为终止诉讼方式，而不是由法院作出定罪免刑或者宣告无罪的判决。不过，对于情节恶劣的犯意引诱（违法程度较高的诱惑侦查），由法院依据《刑法》第 13 条的“但书”条款作出无罪判决，其法律效果应当好于终止诉讼或者作出指控证据不足的无罪判决。

值得重视的是，尽管目前很多研究者都赞同对违法诱惑侦查采取排除非法证据的方式，但这种做法将会面临不少难题。例如，对此类案件是排除全部证据还是部分证据？如果排除部分证据，应该排除哪些证据？出现这些问题的原因在于，违法的诱惑侦查是一种与犯罪进程几乎同步发生的整体性违法，并非犯罪完成之后某个取证环节的违法，与常规案件中违法搜查、扣押、违法讯问等违反某一项具体取证程序而导致证据非法的情形有很大区

① 参见万毅：《论诱惑侦查的合法化及其底限——修正后的〈刑事诉讼法〉第 151 条释评》，载《甘肃社会科学》2012 年第 4 期。

② 参见田宏杰：《诱惑侦查的正当性及其适用限制》，载《政法论坛》2014 年第 3 期。

③《刑诉法》第 16 条规定，有下列情形之一的，不追究刑事责任，已经追究的，应当撤销案件，或者不起诉，或者终止审理，或者宣告无罪：（1）情节显著轻微、危害不大，不认为是犯罪的；（2）犯罪已过追诉时效期限的；（3）经特赦令免除刑罚的；（4）依照刑法告诉才处理的犯罪，没有告诉或者撤回告诉的；（5）犯罪嫌疑人、被告人死亡的；（6）其他法律规定免予追究刑事责任的。

别。同时，即便是实践中被认定为违法诱惑侦查的案件，在工作程序上通常也经过了侦查机关的内部审批程序，且对具体证据（包括毒品、毒资、通话记录、特情的证言、被告人的供述等）的收集程序很可能并没有违反相关具体规定。在这种情况下以违反“不得诱使他人犯罪”这一禁止性规定为由，对全案证据进行整体排除，法律依据似乎不太充分。《刑诉法》和司法实践中似乎都没有先例。进一步看，如果认为不必排除所有证据，而是根据案件具体情况确定是否排除以及排除哪些证据，[①]那对违反“不得诱使他人犯罪”这一禁止性规定的，又如何体现程序法上的后果？有的学者已经注意到这些难题，提出：诱惑侦查并非取证行为，其功能在于引发所有的后续取证行为；此时若要排除非法证据则须全部排除，这等同于终止诉讼；如果选择只排除部分非法证据，则必须合理论证为何只选择排除相应的证据，对原本是共生一体的各种证据区别对待，这在逻辑论证上存在重大障碍。[②]可见，即便对违法诱惑侦查采取排除非法证据的做法，其法理依据也与通常所说的非法证据排除制度有较大不同，如何从理论上进行有效论证，仍是一个需要深入研究的重大问题。

问 何谓犯意引诱，对此类案件如何处理？[③] 161

答：犯意引诱，也称激发犯意型引诱，是指行为人本来没有实施某种犯罪的故意，由于警察或者特情的教唆、引诱，使行为人产生了犯罪故意，进而实施毒品犯罪或者其他犯罪。实践中，被引诱实施的犯罪不限于毒品犯

---

① 有的学者认为，《刑诉法》和相关司法解释并不要求排除所有非法证据，对于特殊侦查措施取得的证据材料是否采纳为定案根据，要根据案件性质、情节、证据自身的重要性以及非法取证的性质、强度和危害后果等综合考虑，进而确定予以采纳或者加以排除。参见张建伟：《特殊侦查权力的授予与限制——新〈刑事诉讼法〉相关规定的得失分析》，载《华东政法大学学报》2012年第5期。

② 参见程雷：《诱惑侦查的程序控制》，载《法学研究》2015年第1期。

③ 该问题与上一个问题直接相关，因上一个问题内容过多，故对该问题单独解答。

罪,[①]但最常见的是毒品犯罪，且实施犯意引诱的人员多为特情，故《2008年毒品纪要》从特情引诱的角度作出界定：行为人本没有实施毒品犯罪的主观意图，而是在特情诱惑和促成下形成犯意，进而实施毒品犯罪的，属于“犯意引诱”。《2023年毒品纪要》结合《刑诉法》的规定，对“犯意引诱”的界定作了一定调整，提出：“隐匿身份人员在侦查活动中违反刑事诉讼法等相关规定，诱使本无犯意的人实施毒品犯罪的，属于‘犯意引诱’。”从条文表述看,《2023年毒品纪要》对犯意引诱的处理思路相比以往作了重大调整，涉及多个层面的问题，以下分别进行介绍。

1.《2023年毒品纪要》对犯意引诱处理思路的调整：实体从宽→附条件排除非法证据

《2008年毒品纪要》延续《2000年毒品纪要》的处理思路，对犯意引诱规定了“实体从宽”（主要是“量刑减让”）原则：“对因‘犯意引诱’实施毒品犯罪的被告人，根据罪刑相适应原则，应当依法从轻处罚，无论涉案毒品数量多大，都不应判处死刑立即执行。”这一指导意见侧重从不判处死刑的角度作出从宽处理规定，是与2007年最高人民法院统一行使死刑案件核准权的大形势相适应的，对于贯彻宽严相济刑事政策、有力打击毒品犯罪并保障被告人的合法权益，起到了重要作用。根据该项指导意见，司法工作中对犯意引诱通常采取从轻处罚的做法,[②]有的案件中虽然也出现了减轻处罚、定罪免刑甚至宣告无罪的情况，但总体上较为少见。“实体从宽”的处理方式体现了对被告人权益的保护，但实际上仍一定程度地认可了犯意引诱做法的合法

---

① 例如，吴某兰非法出售珍贵、濒危野生动物案是一起发生在2005年的犯意引诱案，一审作出有罪判决后，二审法院认为上诉人吴某兰本没有出售国家保护的野生动物的故意，是在侦查人员陈某的多次引诱之下才以中介人身份参与4只熊掌的交易，获得的介绍费仅为20~30元，二审法院以收集的证据不具有合法性为由，改判无罪。参见中华人民共和国最高人民法院刑事审判第一、二、三、四、五庭主办:《中国刑事审判指导案例》(第1卷)(增订第3版)，法律出版社2017年版，第262–264页。同时，该案例分析文章提出，即使认定吴某兰参与犯罪，也是从犯，情节显著轻微，可不以犯罪论处。

② 例如，在刘某芳贩卖毒品案中，法院认定其向潘某波贩卖0.5克冰毒系被犯意引诱，但不影响定罪，仅作为从宽处罚情节考虑。参见中华人民共和国最高人民法院刑事审判第一、二、三、四、五庭主办:《刑事审判参考》(总第99集)，法律出版社2015年版，第89–97页。

性。2012 年修正的《刑诉法》规定隐匿身份侦查“不得诱使他人犯罪”，如前文所分析，这等于明确了犯意引诱是不合法的侦查方式。由此，《2008 年毒品纪要》的上述规定与《刑诉法》的规定之间形成较为明显的冲突，需要修改、完善。为此，《2023 年毒品纪要》调整了对犯意引诱的处理思路，提出了附条件排除非法证据的指导意见，即“隐匿身份人员向被引诱人提供毒品或者毒资、购毒渠道的，其所提供的毒品、毒资、被引诱人从其提供的渠道购买的毒品及其证实被引诱人实施毒品犯罪的证据材料，不得作为认定被引诱人实施毒品犯罪的证据。排除上述证据后，在案证据达不到认定被引诱人有罪的证明标准的，应当依法作出证据不足、指控的犯罪不能成立的无罪判决”。

理解该项指导意见，有如下问题值得注意。

其一，《2023 年毒品纪要》之所以对犯意引诱采取排除非法证据而不是“实体从宽”的处理思路，主要是为了对接《刑诉法》“不得诱使他人犯罪”的规定，侧重体现违反程序法的制裁效果。自 2012 年修正《刑诉法》以来，司法实践中已经在探索、完善犯意引诱的处理规则，尤其是在 2019 年最高人民法院、最高人民检察院、公安部采取措施规范毒品犯罪案件的证据收集、审查工作后，有的案件中已经开始对犯意引诱采取排除非法证据的做法。[①]《2023 年毒品纪要》的上述指导意见也可以说是对近年来司法实践有关情况的总结、确认。

其二，该项指导意见仅针对犯意引诱情形，不包括机会引诱和数量引诱。根据《2023 年毒品纪要》，对于机会引诱情形“应当依法处理”，不能因为特情等隐匿身份人员的“贴靠、接洽”而对被告人从宽处罚；对于数量引诱仍采取“实体从宽”的处理办法。

---

① 有研究者提出，最高人民法院、最高人民检察院、公安部联合印发的《关于办理毒品犯罪案件收集与审查证据若干问题的意见》于 2019 年 5 月 1 日实施，其中第 48 条第 3 款规定：“隐匿身份人员在侦查活动中诱使本无犯意的人实施毒品犯罪，并向其提供涉案毒品，或者向其提供毒资和购毒渠道的，所提供的毒品、毒资以及从其提供的渠道购买的毒品不得作为认定被引诱人员实施毒品犯罪的证据。”实践中也有司法机关依据该条排除涉案毒品、毒资，并以其他证据不足以证明犯罪为由对犯罪嫌疑人作不起诉处理。参见陈真楠：《违法诱惑侦查的法律后果——德国联邦法院判例的最新发展及其启示》，载《环球法律评论》2021 年第 5 期。

其三，排除非法证据仅针对犯意引诱中的部分情形，而不是全部情形。根据上述指导意见，应当排除非法证据的犯意引诱包括两种类型：一是“犯意引诱＋提供毒品”，即隐匿身份人员实施犯意引诱行为后，向被引诱者提供毒品用于贩卖，当被引诱者自行联系买家或者由公安人员充当买家进行交易时，将被引诱者抓获。二是“犯意引诱＋提供毒资和购毒渠道”，即隐匿身份人员实施犯意引诱后，向被引诱者提供毒资和购毒渠道，当其从该渠道购买到毒品后即被查获。这里的提供毒资和购毒渠道是并存而非择一条件，如果引诱者只提供毒资而未提供购毒渠道，或者只提供购毒渠道而未提供毒资，都未必采取排除非法证据的处理方式。另外，“提供购毒渠道”不是指引诱者单纯地提供卖方的信息（如称张三处有毒品出售），而通常需要引诱者同卖方联络沟通后再让被引诱者前往购买毒品。可见，这两种犯意引诱都是违法程度很高的诱惑侦查，被引诱者在毒品交易中很被动，自主意志很弱，如同被人操纵的工具，相当于陷入了“圈套”，故而可以采取排除非法证据的方式作出否定评价。

其四，对上述两种犯意引诱，排除非法证据后的结论是不追究刑事责任。根据上述指导意见，所要排除的非法证据不仅包括隐匿身份人员提供的毒品、毒资和被引诱者从指定渠道购买的毒品，还包括毒品提取、扣押笔录、毒品鉴定意见、通话记录或录音、被引诱者的供述、隐匿身份人员的证言等其他证据材料。这必然导致在相关案件中无法追究被引诱者的刑事责任。在这种情况下，有的案件在侦查阶段即可能被撤销；已经移交审查起诉的，检察机关可能作出不起诉决定，对已经起诉的也可能撤回起诉；法院对于此类案件则应当作出证据不足、指控犯罪不能成立的无罪判决（撤回起诉的除外）。

2. 对其他犯意引诱情形的处理思路：继续采取“实体从宽”做法

如上文所述，《2023 年毒品纪要》列举了两种应当排除非法证据的犯意引诱，但实践中犯意引诱的类型较多，能否一律采取排除非法证据的做法，均作无罪处理？或者说，隐匿身份人员只实施犯意引诱行为，而未提供毒品、毒资或者购毒渠道的，能否追究被引诱者的刑事责任？可能有人认为，既然认定是犯意引诱，就应当从法律上彻底否定，都采取排除非法证据的处理方式或者都认定为情节显著轻微，不作为犯罪处理。这种观点看上去很理想，但实践中犯意引诱的情况很复杂，难以“一刀切”地采取同一种规则。例如，有的人在被引诱前对毒品没有明确概念，完全没有实施毒品犯罪的意图；有的人对贩毒牟利有抽象犯意，“临河羡鱼”甚至“跃跃欲试”，但没有为实施毒品犯罪做任何准备；有的人自身就是吸毒人员，但知道贩毒是犯罪行为，故“守住底线”，只吸不贩（但可能构成非法持有毒品罪）；还有的人曾有毒品犯罪前科，但已“告别过去”“金盆洗手”；等等。也就是说，犯意引诱所针对的人员，未必都完全没有毒品犯罪意图或者倾向，只是在被引诱之前有的人犯罪意图是抽象的、潜在的，是否会实施毒品犯罪处于不确定状态。特情的引诱行为客观上是其实施毒品犯罪的诱因，但也迎合了部分人的潜在期待，故而对这些人的引诱程度较低，双方基本属于“一拍即合”。既然如此，本有犯罪意图或者倾向，受到引诱时积极响应，并积极主动实施犯罪行为的（包括筹措毒资、联系购买毒品或者寻找下家等），因体现了较强的主观意志，其行为的社会危害性明显不同于《2023年毒品纪要》规定的两种特殊犯意引诱情形，故仍应当追究相应的刑事责任。可能有人认为这种情形不是犯意引诱而是机会引诱，但机会引诱的对象不仅有毒品犯罪意图，还有相应的行为，如持毒待售，随买随卖，持币待购等，这些行为不是特情引诱的结果，特情的介入只是提供了一个交易机会。而这里讨论的行为人原本只有实施毒品犯罪的某种愿望或者期待，是一种抽象意图，正是特情的教唆、引诱，许以帮助，才使其意图现实化，故仍属于犯意引诱，只是引诱程度较轻。因此，对于认定为犯意引诱的，不能一律采取排除非法证据的做法不予追究刑事责任，而应当区别具体情形判定是否定罪处罚以及从宽幅度的大小。

这种处理涉及两个重要问题，需要进一步说明。

其一，与《2023年毒品纪要》的上述指导意见不矛盾。《2023年毒品纪要》仅针对两种违法程度很高的犯意引诱规定可以排除非法证据从而不追究刑事责任，对其他犯意引诱情形如何处理未作明确规定，但提出：“存在或者不排除存在其他不规范使用隐匿身份人员实施侦查的情形，影响定罪量刑的，应当作出有利于被告人的处理。”该项指导意见较为原则，容量很大，具有兜底性质，可以理解为包含了对其他犯意引诱的处理方式。本书认为，对其他犯意引诱可以延续《2008年毒品纪要》所采取的“实体从宽”的处理思路，但应当体现更大的从宽幅度，根据犯意引诱的具体情形体现从宽处理，包括减轻处罚、缓刑、免刑乃至不追究刑事责任；[①]无论涉案毒品数量多大，都不应判处死刑。由此，这种“实体从宽”的做法与《2023年毒品纪要》所规定的排除非法证据处理方式之间便实现了合理衔接，共同体现法律对犯意引诱的否定评价。

其二，对其他犯意引诱情形采取“实体从宽”的做法，可以认为是对“不得诱使他人犯罪”的第二次限缩解释（第一次限缩解释是将其理解为仅针对犯意引诱，不包括其他诱惑侦查），从而使犯意引诱中那些体现了被引诱者较大自主意志的情形受到相应的法律评价，而不是一律不追究刑事责任。例如，有的案件中没有证据证明行为人本有犯意，但其受到引诱后积极筹措资金并自寻购毒渠道，买到毒品后被查获，该情形体现了行为人较高的意志自由，不宜免除处罚，但可较大幅度地从宽处罚；有的案件中行为人本是吸毒人员，其行为最多构成非法持有毒品罪，因受特情反复引诱而出售了少量毒品，就贩卖毒品而言也是犯意引诱，应当以原罪行（轻罪）定罪处罚。[②]当然，具体对哪些犯意引诱情形从宽到何种程度，需要结合《刑诉法》和《2023年毒品纪要》等文件规定进行深入总结。这也可以说是《2023年毒品纪要》为

---

① 《2008年毒品纪要》采取的“应当依法从轻处罚”的表述容易引起误解，以为只能从轻处罚，不能减轻或免除处罚。不过，由于《刑法》没有把引诱犯罪规定为法定从宽处罚情节，对犯意引诱如何减轻处罚，是一个需要研究的问题。后文将对此进行分析。

② 这种罪质转化型犯意引诱较为少见，但实践中也曾发生。例如，被告人欧阳某松系吸毒人员，其同乡欧阳某云请求代购7克冰毒用于吸食，欧阳某松不堪欧阳某云的频繁电话催促，答应帮她向他人询问有否毒品出售，但一直未得到回复。后欧阳某云仍不断打电话催促，最后要求欧阳某松从自有毒品中让出1克毒品给她吸食。欧阳某松不堪纠缠，答应拿出少量毒品给她吸食，后者便在报警后来到欧阳某松的住处。欧阳某松刚将1小包（净重0.51克）冰毒交给欧阳某云，便被抓获，公安人员从该住宅内查获多种毒品（包括甲基苯丙胺25.81克）。一审以贩卖毒品罪判处欧阳某松有期徒刑8年，二审认为欧阳某松从自己持有的毒品中拿出0.51克甲基苯丙胺给欧阳某云吸食，完全是欧阳某云为协助公安人员抓捕而不断使用电话骚扰、引诱所致，认定欧阳某松贩卖毒品的证据不足，其行为只构成非法持有毒品罪，改判有期徒刑2年。参见中华人民共和国最高人民法院刑事审判第一、二、三、四、五庭主办：《刑事审判参考》（总第102集），法律出版社2016年版，第92–96页。

司法实践留下的探索空间。

3. 关于“双套引诱”和不排除受到犯意引诱情形的处理

（1）关于“双套引诱”。“双套引诱”是犯意引诱的一种，是指隐匿身份人员为被引诱者同时安排毒品交易的“上家”和“下家”，进行双重引诱的情形。这种情形下，“上下家”都是特情或者侦查人员充当，当被引诱者从“上家”处获得毒品后再同“下家”交易时即被抓获。这几乎是犯意引诱中引诱强度最大的情形，被引诱者陷入一个较为典型的“圈套”之中，故《2008 年毒品纪要》提出，对这类被引诱者“处刑时可予以更大幅度的从宽处罚或者依法免予刑事处罚”。《2023 年毒品纪要》没有沿用《2008 年毒品纪要》的该项指导意见，主要因为“双套引诱”已包含在其所列举的两种特殊犯意引诱中，应当排除所取得的相关证据，不追究被引诱者的刑事责任。不过，实践中“双套引诱”的情形较为少见，通常是安排被引诱者从“上家”处买到毒品后便可进行抓捕（此时犯罪已属既遂），没有必要再安排“下家”进行交易。

（2）不能排除受犯意引诱的情形。出现此类案件是证据问题引起的。有的案件“高度可能”存在犯意引诱情况，但在案证据尚难以确认，按照“事实存疑有利于被告人”的处理原则，应当慎重对待。[①]《2008 年毒品纪要》提出，对此类案件在考虑是否适用死刑时要留有余地，但对非死刑案件是否从宽处理则未表态。这种做法较之于确定存在犯意引诱情形的处理方式（“应当依法从轻处罚”），更多体现了打击毒品犯罪的政策需要。《2023 年毒品纪要》没有直接沿用《2008 年毒品纪要》的该项指导意见，而是新增了一项兜底性规定：“存在或者不排除存在其他不规范使用隐匿身份人员实施侦查的情形，影响定罪量刑的，应当作出有利于被告人的处理。”按照司法惯例，对“不能排除”型情节的从宽幅度一般小于“确定存在”型，故对“不能排除”存在犯意引诱的案件要根据具体情况予以从宽处理，有的可以排除非法证据，有的可以“实体从宽”，还有的案件证据本身存在不少问题，导致定案证据不足的，则应当依法作出无罪判决。

---

① 本书认为，《2023 年毒品纪要》发布后，实践中涉犯意引诱案件会有所减少，同时，更容易出现证据上“不能排除”犯意引诱的情形。

例如，贵州丁某贩卖毒品案。2008年年初，被告人丁某在遵义找人买票时认识了杨某（特情）。同年12月11日，丁某与岳母从昆明来到遵义，住在某酒店1106房间。在公安机关的安排下，杨某当日13时到该酒店开了508房间，并与丁某进入该房间。14时许，侦查人员吴某化装成毒品买家来到508房间，丁某从卫生间拿出毒品疑似物给吴某验货，双方约定交易地点在杨某家中。16时许，丁某将毒品带到杨某家中藏于电视柜下，与杨某、吴某在寻找银行时被抓获，随后公安人员在杨某家中查获含甲基苯丙胺成分的毒品10包共计271克。法院经审理发现，该案证据存在不少问题：（1）毒品来源不清。在案证据无法证明毒品是丁某从云南带到遵义的，丁某也拒绝在毒品扣押清单上签字。公安机关称可以排除是杨某和吴某自己将毒品带入酒店，故可以推定是丁某的毒品，这种解释的说服力不够。（2）特情杨某的证言存在矛盾。辩方提交的电话录音证明杨某利用该案向丁某家属勒索财物，其中还称丁某未犯法，后杨某因涉嫌其他诈骗犯罪被抓。（3）现场勘查笔录涉嫌事后伪造，毒品包数、现场是否有手机等情况存在矛盾，公安机关无法作出合理解释。（4）公安机关出具情况说明，称丁某在到遵义之前曾与化装成买主的侦查人员龚某通电话联系毒品交易，但公安机关称没有保留该录音，十分令人费解。（5）丁某一直辩称来遵义是为了向唐某收债，并有相应借条等证据，但公安机关始终未去找唐某调查取证。总的来看，该案除侦查人员吴某的证言可直接证明丁某贩毒外，没有其他有力证据，由于证据疑点较多，不排除存在犯意引诱，法院宣告丁某无罪。[①]

问 何谓数量引诱，对此类案件如何处理？ 162

答：按照《2008年毒品纪要》，行为人本来只有实施数量较小的毒品犯罪的故意，在特情引诱下实施了数量较大甚至达到实际掌握的死刑数量标准

① 参见杨锐：《特情引诱毒品犯罪案件的证据审查》，载《人民司法（案例）》2013年第14期。

的毒品犯罪的，属于“数量引诱”。《2023 年毒品纪要》基本延续了该界定，但在文字表述上作了一定调整，改为：隐匿身份人员诱使他人超出其原本意图实施的毒品犯罪数量，实施了更大数量的毒品犯罪的，属于“数量引诱”。可见，数量引诱与犯意引诱的主要区别，是行为人在被引诱之前是否已经实施毒品犯罪，已经实施毒品犯罪的，除极特殊情况外，一般不再构成犯意引诱。[①] 可以说，犯意引诱通常是导致被引诱者的罪行“从无到有”，数量引诱是导致被引诱者的涉案毒品数量“由少到多”，其罪行“由轻到重”。2012 年修正的《刑诉法》规定隐匿身份侦查过程中“不得诱使他人犯罪”，这对数量引诱的处理也产生不小影响。以下从 3 个层面分析数量引诱涉及的具体问题。

1. 关于数量引诱的合法性。按照前文分析，《刑诉法》规定的“不得诱使他人犯罪”指的是犯意引诱，不包括机会引诱，故犯意引诱是违法的，机会引诱是合法的。数量引诱显然不同于犯意引诱，如果认为数量引诱是机会引诱的一种，则数量引诱也是合法的。但是，通常所说的机会引诱是针对持毒待售等正在实施毒品犯罪的人提供交易“机会”，引诱性质不明显，而数量引诱中特情约购的毒品数量明显多于行为人以往的交易习惯，加重了行为人的罪行，因而不是完全合法的，至少是不正当的引诱行为。[②] 如果说犯意引诱是“刚性”违法，数量引诱则是“软性”违法，这可以说是《2008 年毒品纪要》和《2023 年毒品纪要》规定对数量引诱也要体现从宽处理的主要原因。以往，由于《刑诉法》没有明确规定隐匿身份侦查“不得诱使他人犯罪”，数量引诱的合法性问题处于灰色地带，实务工作中通过从宽处罚来体现否定评价，但在《刑诉法》作出这种明确规定后，数量引诱的“不合法性”或“不

---

① 例外情形下，贩毒人员“金盆洗手”多年后被引诱实施毒品犯罪，或者吸毒人员因持有数量较大的自吸毒品构成非法持有毒品罪，受引诱后少量贩卖的，也属于犯意引诱。

② 有的学者甚至认为，就超出行为人原先犯意的那部分毒品数量而言，完全是侦查机关“造意”的结果，这部分数量的犯罪显然属于国家“制造”的犯罪，理应认定为“犯意诱发型”诱惑侦查。参见万毅：《论诱惑侦查的合法化及其底限——修正后的〈刑事诉讼法〉第 151 条释评》，载《甘肃社会科学》2012 年第 4 期。

正当性”就较为明显，故而处理方式上也应当比以往体现更大的从宽幅度。[①]

2. 数量引诱的认定标准。数量引诱的常见情形，是行为人因被引诱导致增加贩毒数量进而面临更重的惩罚，最典型的是导致法定刑升档。在具体操作上，判断是否构成数量引诱，主要看引诱者提出的购毒数量是否“异常”，是否明显不同于行为人以往的贩毒数量和交易习惯。得出肯定结论的，就是数量引诱，反之，则多可（未必一定）不认定为数量引诱。不过，有的案件中特情为协助抓捕他人而提出购买毒品，即使数量不是很大，没有明显违背以往交易习惯，也没有导致法定刑升格，但客观上明显增加了被引诱者的贩毒数量，加重了其罪行，导致量刑在法定刑幅度内明显升高的，也可认定为数量引诱。《2023 年毒品纪要》提出，对受数量引诱而实施了对应更高刑种的毒品犯罪的被告人，量刑时更应充分体现从宽。例如，《刑法》规定贩卖冰毒 50 克以上所对应的法定刑是 15 年有期徒刑、无期徒刑或者死刑，其中包含 3 个刑种，跨度很大。如果行为人以往的罪行本应判处 15 年有期徒刑，受引诱后贩毒数量明显增加，面临判处无期徒刑、死缓甚至死刑，尽管其刑罚的加重发生在同一法定刑幅度之内，不属于量刑幅度升格，也可以认定为数量引诱。

例如，被告人包某龙曾因犯贩卖毒品罪被判处 9 年有期徒刑，2007 年 11 月 9 日，翟某军打电话约包某龙送 300 克海洛因前往其住处进行交易。当日中午，包某龙携带毒品赶到翟某军住所楼下时被抓获，公安人员当场查获海洛因 300.7 克，含量为 92.77%。对此案，一、二审法院认为包某龙属于持毒待售，不存在犯意引诱和数量引诱，且系累犯和毒品再犯，对其判处死刑。最高人民法院复核发现，翟某军被抓获后供述毒品来源于包某龙，其之前曾从包某龙处多次购买毒品，每次数量从 10 克到 50 克不等，均未超过 50 克，其在侦查机关控制下给包某龙打电话，称要大量毒品，越多越好，而包某龙供称翟某军在电话中明确提出要购买 300 克毒品，故不排除翟某军为获得重大立功故意向包某龙提出购买超常规的大量毒品。同时，包某龙所供毒

---

① 这也表明，将诱惑侦查分为违法的犯意引诱和合法的机会引诱，不够严密。如果认为机会引诱都合法，则数量引诱不宜都归类为机会引诱，但显然也不同于犯意引诱，故而可以考虑把诱惑侦查分为 3 类：犯意引诱（严重违法）、数量引诱（轻度违法）和机会引诱（合法）。

品来源并未查清，不能证明包某龙持有的这300克毒品是持毒待售。因此，该案虽不属于犯意引诱，但不能排除存在数量引诱，在这种情况下，结合该案的全部毒品数量，最高人民法院裁定不核准死刑。①

3. 对数量引诱的从宽处理。《2008年毒品纪要》提出，对受数量引诱的被告人应当依法从轻处罚，即使毒品数量超过实际掌握的死刑数量标准，一般也不判处死刑立即执行；对不能排除数量引诱的案件，在考虑是否适用死刑立即执行时要留有余地。可见，《2008年毒品纪要》对数量引诱与犯意引诱的处理规则比较接近，都强调“应当依法从轻处罚”，但在涉及死刑适用时对犯意引诱是“一律”不能判处死刑，而对数量引诱是“一般”不能判处死刑。如前文所分析，在《刑诉法》明确规定隐匿身份侦查“不得诱使他人犯罪”之后，数量引诱也具有某种程度的违法性，故对数量引诱的处理应当体现更大程度的从宽处罚。鉴于此，《2023年毒品纪要》提出，对于因受数量引诱实施毒品犯罪的被告人，一般应当从轻处罚；特别是对于因受数量引诱而实施了对应更高量刑幅度或刑种的毒品犯罪的被告人，量刑时更应充分体现从宽。②

理解《2023年毒品纪要》的指导意见，有如下问题值得注意：（1）与对犯意引诱的处理思路不同。《2023年毒品纪要》对两种特殊犯意引诱情形明确提出采取排除非法证据的做法，这种从宽处理方式同以往相比变化很大。而对数量引诱仍然采取“实体从宽”的做法，说明对数量引诱的从宽力度不及犯意引诱。（2）同以往做法相比，对数量引诱的从宽幅度更大。《2023年毒品纪要》虽然表述为“一般应当从轻处罚”，比《2008年毒品纪要》的相关表述增加了“一般”二字，但同时新增了“特别是……量刑时更应充分体现从宽”的规定。而“从宽”的内涵丰富，逻辑上包括从轻、减轻、免除处罚甚至不追究刑事责任，故整体从宽幅度明显增加。但是，由于被数量引诱

---

① 参见中华人民共和国最高人民法院刑事审判第一、二、三、四、五庭主办：《中国刑事审判指导案例》（第5卷）（增订第3版），法律出版社2017年版，第459–462页。

② 例如，在后文所述陈某平、陈某萍贩卖毒品案中，贩毒人员黎某光为获得立功而在公安机关控制下引诱他人实施犯罪，陈某平准备向黎某光贩卖5830克冰毒被认定为受到数量引诱，最终被判处无期徒刑，体现了从宽处理。

者通常已经实施了毒品犯罪，基本不可能免除处罚或者宣告无罪，至于何种情形下以及如何减轻处罚，因数量引诱不是法定从宽处罚情节，需要另辟蹊径，后文将专门分析。另外，对数量引诱的案件一般不判处死刑，但不能完全排除这种可能性。例如，行为人原本实施的毒品犯罪已经达到实际掌握的死刑适用标准，本次受引诱后又实施毒品犯罪，虽可认定为数量引诱，但如果没有其他从宽处罚情节甚至还有从重处罚情节（如累犯、毒品再犯），则很可能被判处死刑。（3）对不能排除受数量引诱案件的处理。《2008 年毒品纪要》提出，对此类案件在考虑是否适用死刑立即执行时要留有余地，但对非死刑案件是否从宽处理则未表态。《2023 年毒品纪要》没有延续《2008 年毒品纪要》的该项指导意见。按照司法惯例，对“不能排除”型情节的从宽幅度一般小于“确定存在”型，故对“不能排除”存在数量引诱的案件要根据案件的具体情况予以从宽处理，有的可以从轻处罚，极个别情况下也可以减轻处罚，涉及死刑适用时一般要留有余地。

问 何谓间接引诱，对此类案件如何处理？ 163

答：《2008 年毒品纪要》没有解释何谓“间接引诱”，仅提出了处理意见：“对被告人受特情间接引诱实施毒品犯罪的，参照上述原则依法处理。”“上述原则”指的就是该纪要关于犯意引诱、数量引诱等情形的处理原则。《2023 年毒品纪要》则对间接引诱作了界定：被引诱人又诱使本无犯意的其他人实施毒品犯罪，或者诱使其他人超出原本意图实施了更大数量的毒品犯罪的，属于“间接引诱”。实践中，间接受引诱的通常是直接受引诱者（第一层）之后的人（第二层），极少数情况下也会出现间接引诱到第三层及之后人员的情况。从逻辑上分析，被直接引诱者与被间接引诱者之间会呈现多种组合类型，例如，①犯意引诱 + 犯意引诱；②犯意引诱 + 数量引诱；③犯意引诱 + 机会引诱；④数量引诱 + 数量引诱；⑤数量引诱 + 机会引诱；⑥机会引诱 + 数量引诱；⑦机会引诱 + 机会引诱。一般不会出现“数量引诱 + 犯意引诱”

或者“机会引诱+犯意引诱”的情形，第①种情形也非常少见。

《2023年毒品纪要》在界定间接引诱时，主要针对间接受到犯意引诱和数量引诱的情形。该纪要提出，对于受“间接引诱”实施毒品犯罪的被告人，参照前述关于“犯意引诱”或者“数量引诱”的规定处理。实践中，对间接受到犯意引诱或者数量引诱的，基本上可以按照直接受引诱的情形处理，但间接受引诱者的意志自由程度通常高于直接受引诱者，故在从宽处罚幅度上可以体现一定区别。

值得注意的是：(1)对间接受到机会引诱的，如同直接受到机会引诱的情形一样，一般不作为从宽处罚情节，依法定罪处罚即可。但是，即使被间接引诱者是持毒待售，鉴于相关案件通常是受到特情或者“准特情”为获得立功而诱发，不排除有的案件（特别是死刑案件）中可以作为酌定从宽处罚情节予以考虑。例如，2014年在押人员黎某光检举陈某平涉嫌贩毒，并在公安人员控制下打电话向陈某平约购6千克冰毒，陈某平随即联系陈某萍，陈某萍则带着毒品送至陈某平住处楼下，当陈某平携带毒品乘车到达黎某光住处附近时被抓获，公安人员当场缴获甲基苯丙胺5830克，陈某萍随后也被抓获。广州市中级人民法院一审认为，对被告人陈某萍而言不存在犯意或数量引诱，以贩卖毒品罪判处陈某萍死刑、判处陈某平无期徒刑。广东省高级人民法院二审裁定驳回上诉，维持原判。最高人民法院复核认为，虽然被告人陈某萍属于持有大量毒品待售状态，但公安机关让毒贩黎某光引诱多名上家，属于源头环节的引诱犯罪，且陈某萍如实供述犯罪事实，认罪态度好，遂裁定不核准陈某萍死刑，发回重审。广东省高级人民法院对陈某萍改判死缓。[①](2)如果特情直接引诱的人是居间介绍者而非毒品贩卖者，不宜简单因对特情不追究责任转而将该人认定为贩卖者的共犯。例如，甲（系特情）委托乙寻找毒源，乙自己没有毒品，便联系了丙，当丙携带毒品前来同甲交易时被抓获。这种情形中，丙是间接受到特情引诱，可区别具体情形认定为数量引诱或者机会引诱（基本不可能是犯意引诱）。乙受特情甲的委托寻找

---

① 参见傅惟惟：《量刑减让原则在诱惑侦查毒品案件中的适用》，载《人民司法（案例）》2020年第17期。

上家，起到居间介绍作用，按照《2015年毒品纪要》和《2023年毒品纪要》的规定，居间介绍者一般与委托者构成共同犯罪，即使对甲不追究责任，通常也不能直接将乙认定为丙的共犯。对乙的处理，既要考虑被特情引诱的因素，也要考虑受特情委托的因素，予以大幅度的从宽处理。如果确有证据证明乙从中“吃差价”或者同丙是合作关系，则另当别论。

问 特情引诱不是法定量刑情节，量刑时如何体现从宽处罚？ 164

答：《2008年毒品纪要》规定，对犯意引诱和数量引诱都“应当依法从轻处罚”，《量刑指导意见》则规定，存在数量引诱情形的，可以减少基准刑的30%以下。但如前文所述，在《刑诉法》增加规定隐匿身份侦查“不得诱使他人犯罪”之后，对这两种特情引诱应当在实体处理上体现更大的从宽幅度。其中，对《2023年毒品纪要》未明确规定处理方式的其他犯意引诱情形，从宽处罚包括从轻、减轻、免除处罚和不追究刑事责任，对该纪要规定的“量刑时更应充分体现从宽”的数量引诱情形，从宽处罚主要包括从轻处罚和减轻处罚。

具体而言，从轻处罚就是将引诱行为作为酌定量刑情节考虑。根据司法实践，即使是作为酌定情节体现从轻处罚，也往往能起到与法定情节相同的效果。犯意引诱虽然是法律所禁止的，但犯意引诱的程度有轻重之分，如果行为人受到的犯意引诱程度很轻，则对其可以考虑从轻而非减轻处罚。对数量引诱，如果并未导致被引诱者的罪行升格法定刑幅度，则可以从轻处罚。免除处罚的依据是《刑法》第37条，即犯罪情节轻微，不需要判处刑罚的。[①]

① 根据《刑法》第37条，对于犯罪情节轻微不需要判处刑罚的，可以免予刑事处罚，但是可以根据案件的不同情况，予以训诫或者责令具结悔过、赔礼道歉、赔偿损失，或者由主管部门予以行政处罚或者行政处分。刑法理论的通说认为第37条是关于免除刑事处罚的独立性规定，但也有学者认为，第37条规定的不是独立的免除处罚事由，而是对《刑法》中明确规定了免除处罚条文的概括，不能独立适用。参见张明楷：《刑法学（上）》（第6版），法律出版社2021年版，第813–815页。

不追究刑事责任的依据是《刑法》第 13 条的“但书”，即“……但是情节显著轻微危害不大的，不认为是犯罪”。对于违法程度很高的犯意引诱，不符合《2023 年毒品纪要》规定的排除非法证据的情形，但可以免除处罚甚至做无罪处理的，可直接引用《刑法》第 37 条和第 13 条作为法律依据。例如，在荆某国运输毒品无罪案中，马某孝（特情）与公安人员商议后，由公安机关出资，马某孝购买了 1000 克海洛因并找人加工成含量极低的毒品。马某孝找到兰州市的出租车司机荆某国，以许诺高额报酬（5000 元）引诱荆某国替其运输毒品。当荆某国驾车从临洮县某村运输毒品（3669 克）准备返回兰州时被布控的公安人员抓获。对该案，某中级法院认为是特情与公安人员蓄意制造、全程控制的非法案件，荆某国的行为不具有社会危害性，故判决无罪。[①]

难度较大的是对减轻处罚的处理。由于特情引诱不是《刑法》规定的从宽处罚情节，如对犯意引诱或者数量引诱减轻处罚，如何确定其法律依据就是很棘手的问题。或许有人认为，可以以《刑诉法》第 153 条明确规定了“不得诱使他人犯罪”为由，将犯意引诱和数量引诱视为法定从宽处罚情节，但这种做法存在解释论上的诸多难题，很难论证，需要“另辟蹊径”。目前有两种途径可以考虑：其一，对于需要减轻处罚的，可以依据《刑法》第 63 条第 2 款，在法定刑以下判处刑罚后报请最高人民法院核准。这是司法实践中对不具有法定从宽情节的案件减轻处罚的常规路径。但目前面临的问题是，因长期以来受从严惩处毒品犯罪刑事政策的影响，对受诱惑侦查的毒品犯罪能否采取这种方式减轻处罚，可行性尚待进一步研究。其二，采取变通方式，将受诱惑侦查的情形转化认定为犯罪未遂甚至预备。主要理由是，犯意引诱和数量引诱都是侦查人员为抓捕犯罪嫌疑人而刻意设计的，并非真实的毒品交易，客观上也不可能完成交易。例如，特情反复引诱甲通过贩毒挣钱并承诺毒品“有多少要多少”，待甲自行筹款购买到毒品后即被抓获，尽管实践

① 该案发生在 2001 年，法院作出无罪判决所依据的条文是 1996 年《刑诉法》第 162 条第 2 项，即“依据法律认定被告人无罪的，应当作出无罪判决”。参见中华人民共和国最高人民法院刑事审判第一、二、三、四、五庭主办：《刑事审判参考》（总第 67 集），法律出版社 2009 年版，第 268–272 页。

中通常采取“买入说”作为贩卖毒品罪既遂的认定标准，但甲贩卖毒品的意图是被特情反复引诱产生，如果从轻处罚仍然过重，就可以认定为犯罪未遂予以减轻处罚，必要时可以免除处罚。如果特情在犯意引诱时还为甲联系了购毒渠道或者“借款”给甲作毒资，则可以考虑对甲不追究刑事责任。又如，对于数量引诱，通常行为人在被引诱之前已经实施了毒品犯罪，其本次购入明显多于以往数量的毒品是受到特情的引诱，本次毒品交易不可能成功，可以认定为犯罪未遂，并按照本书前文所述“部分既遂部分未遂”的量刑规则处理，从而实现处罚的合理性。

问 协助抓捕过程中引诱他人实施毒品犯罪的，能否认定为立功？ 165

答：对这个问题,《2008 年毒品纪要》《2023 年毒品纪要》和 2010 年《自首立功意见》等指导文件都没有作出规定。从实践情况看，在毒品犯罪案件中纯粹的犯意引诱总体上较少，但涉及数量引诱和机会引诱的情形较多。一些犯罪嫌疑人原本并非特情，但到案后为争取立功，常提出协助公安机关抓捕上家，进而在公安机关的控制下向上家提出再次购买毒品，这实际上起到了“准特情”作用。并且，这些人为获得重大立功，所提出的购毒数量往往很大，由此很可能构成数量引诱。如果说 2012 年修正《刑诉法》之前，立功认定与诱惑侦查的关系尚处于关注度很低的灰色地带，那么，在《刑诉法》明确规定隐匿身份侦查“不得诱使他人犯罪”之后，立功的认定与特情引诱之间必然存在一定冲突，宜区别不同情形认定引诱者的协助抓捕等行为是否构成立功。

1. 犯意引诱情形。如前文所分析，犯意引诱属于《刑诉法》禁止的诱惑侦查行为，如果对犯意引诱者认定为立功，则违反了“任何人都不得从违法行为中获益”的法律原则，逻辑上也自相矛盾。因此，只要认定为犯意引诱的，不论是按照《2023 年毒品纪要》采取排除非法证据的处理方式，还是因行为人“积极响应”而采取“实体从宽”的做法，对引诱者都不能认定为立功。不仅如此，对于实施犯意引诱的，还应当区别情形对引诱者及其指使者追究相应的法律责任（不排除刑事责任）或者给予行政处分。[①]

2. 数量引诱情形。在《刑诉法》规定隐匿身份侦查“不得诱使他人犯罪”之后，数量引诱实际上也属于违法的诱惑侦查，只是其违法程度低于犯意引诱。由于被引诱者本有犯罪故意且在被引诱之前已经实施了毒品犯罪行为，“准特情”以约购毒品方式实施的协助抓捕行为原则上可以认定为立功，但要比照未实施数量引诱的立功情形控制从宽处罚幅度。另外，对于为了获得重大立功而提出购买的毒品数量违背以往交易习惯，引诱行为明显具有“构陷”性质的，则不宜认定为重大立功，或者在从宽幅度上予以严格控制。

3. 机会引诱情形。机会引诱属于合法的诱惑侦查行为，被引诱者通常是正在实施毒品犯罪的人，最典型的是持毒待售者。“准特情”提出购买毒品，既不违反被引诱者的意愿，也未增加其贩毒数量，故而这种引诱不影响立功的认定。只要“准特情”的协助抓捕行为起到实际作用，便可以认定为立功或者重大立功，并依法予以相应的从宽处罚。但是，如果行为人不是特情或“准特情”，其协助抓捕行为未事先得到公安机关许可，而是私下为获得立功主动参与毒品犯罪（例如，主动向他人约购毒品，待他人前来交易时再向公安机关举报），即使对方是持毒待售，也不能认定为立功。严格说来，这种自行引诱犯罪的行为本身就是在实施毒品犯罪，本应追究刑事责任，如考虑行为人的动机是获得立功，且该行为的社会危害小，作为特殊情况，也可以不定罪处罚或者大幅度从宽处理。[②]

---

① 实践中，涉毒品犯罪嫌疑人到案后为争取立功而进行犯意引诱的情况极为少见，此类引诱多是特情为获得举报奖励而实施。

② 例如，在金某等人组织卖淫案中（犯罪地江苏省宿迁市），被告人金某因涉嫌犯组织卖淫罪而主动投案，在取保候审期间为获得立功，主动通过网络寻找立功途径，在他人介绍下找到李某，约购冰毒 100 克以上，并约定在福建省厦门市进行交易，后金某主动向厦门市公安机关报案，配合当地警方将涉嫌贩卖 110 克冰毒的嫌疑人李某抓获。一审认定金某的行为构成立功，二审认为不构成立功。参见中华人民共和国最高人民法院刑事审判第一、二、三、四、五庭主办：《刑事审判参考》（总第 133 集），人民法院出版社 2023 年版，第 101-106 页。这个案件不能认定立功的关键问题，就是金某的协助抓捕行为事先未经公安机关同意，其不具有“准特情”的免责身份。如果对此类行为认定为立功，将产生不良示范效应。

第十七章

毒品犯罪的死刑适用

「本章导读」

毒品犯罪的死刑适用是一个重大而复杂的法律问题，理念层面主要是如何看待对毒品犯罪适用死刑的合理性、正当性，政策层面主要是如何实现从严惩处毒品犯罪的刑事政策与国家严格控制、慎重适用死刑的刑事政策之间的平衡，规范层面主要是如何准确、公正地对毒品犯罪适用死刑。本章主要从政策和规范层面对毒品犯罪的死刑适用问题进行分析。所解答的问题包括：如何理解当前毒品犯罪的死刑政策，如何把握毒品数量与死刑适用的关系，受指使、雇用运输毒品犯罪适用死刑的特殊性，制造毒品犯罪、共同犯罪、上下家犯罪、关联犯罪人未到案案件和新类型毒品犯罪的死刑适用规则，累犯、毒品再犯、立功情节和毒品查获情况对死刑适用的影响等。

问 如何理解当前我国对毒品犯罪的死刑政策？ 166

答：死刑适用是毒品犯罪司法实践中十分重要的问题。由于我国的毒品犯罪形势较为严峻等多种原因，目前对毒品犯罪仍保持着一定数量的死刑适用。但刑法理论普遍认为，毒品犯罪属于无被害人犯罪、非暴力犯罪，不是最严重的犯罪类型，不应当适用死刑。例如，有的学者提出，无论从毒品犯罪的性质、社会危害程度，还是从毒品犯罪行为与毒品危害结果之间的因果关系特点看，毒品犯罪都不应属于最严重的罪行范围。[①] 换言之，“死刑的本质是剥夺（罪犯）生命，相应地，死刑的客观根据应是针对剥夺（他人）生命的罪行，即死刑只适用于致命性暴力犯罪。死刑与死罪相对应，这就是自然正义”[②]。故而有的学者提出，对毒品犯罪配置死刑，不仅与毒品犯罪的生成机理不符，难以收到积极预防之功效，也有违最朴素的报应思想与公正理念，违背了相关国际公约的精神，对毒品犯罪的死刑应予废止，这是立足于应然立场所得出的必然结论。[③] 应当说，对毒品犯罪的死刑适用问题进行深入的学术研究是十分必要的，也有利于促进完善刑事政策、刑事立法和司法工作。死刑的废除与保留同一国的历史传统、社会公平正义观念、犯罪的严峻程度等国情问题直接相关。法律在某种程度上就是“把对所发生的事件的本地认识与对可能发生的事件的本地想象联系在一起”的“地方性知识”。[④]“这些地方性的知识不仅不可能‘放之四海而皆准’，甚至除非身临其境，否则就难以有效传递。因此，可以也应当学习和借鉴外国的经验，尤其是那些可以

① 参见何荣功：《毒品犯罪的刑事政策与死刑适用研究》，中国人民公安大学出版社 2012 年版，第 87 页。“最严重的罪行”应当具备以下含义：第一，对“最严重的罪行”应当尽可能以最受限制、最例外的方式解释；第二，死刑只应当适用于故意且造成致命或极其严重后果的案件；第三，国家立法上应当废除对经济犯罪、非暴力犯罪或无被害人的犯罪的死刑。参见何荣功、莫洪宪：《毒品犯罪死刑的国际考察及其对我国的借鉴》，载《华中科技大学学报（社会科学版）》2012 年第 2 期。

② 储槐植：《储槐植文选》，北京大学出版社 2022 年版，第 259 页。

③ 参见赵秉志：《死刑改革之路》，中国人民大学出版社 2014 年版，第 553 页。

④ 参见克利福德·格尔茨：《地方性知识》。转引自［美］萨丽·摩尔编：《法律与人类学手册》，侯猛、肖炜霖、柏宇洲等译，商务印书馆 2022 年版，第 30–31 页。

借助现代手段高效交流的知识和经验，却不可能替代中国人在其具体时空中积累的经验。”[①] 从而，“对死刑的评价不能离开本国国情。我们既不能立足于中国国情指责他国废除死刑，也没有必要因为有人立足于他国国情指责我国保留死刑，便对保留死刑产生抵触感或不安感。”[②] 我国现阶段对毒品犯罪保留适用死刑，主要是考虑当前毒品犯罪的严峻形势，是遏制毒品犯罪的现实需要，也一定程度符合重刑主义的法律文化传统和目前社会公众对严重犯罪（包括毒品犯罪在内）可以判处死刑的心理期待。[③]

但是，客观地看，对毒品犯罪适用死刑确实存在一些值得深入思考的问题。

其一，毒品犯罪与故意杀人、抢劫致人死亡等暴力性犯罪在危害社会的方式、机理上存在区别，判断是否符合“罪行极其严重”的标准也存在差异。如果说杀人、抢劫致人死亡等严重暴力犯罪尚有“杀人偿命”这一朴素正义公式作为适用死刑的基本标准，那么，对于总体上属于非暴力、无被害人犯罪类型的毒品犯罪（尤其是人毒并获，毒品尚未流入社会造成实害的案件），究竟其中哪些情形严重到需要犯罪分子付出“偿命”的代价？或者说，哪些毒品犯罪才符合“罪行极其严重”这一法定死刑适用条件，在认识和把握上具有一定不确定性，也容易引发争议。

其二，毒品对社会的危害机理具有特殊性，并不是毒品犯罪“单向”造成的，而是毒品犯罪（供应）和吸毒行为（需求）“双向”作用造成的。绝大多数吸毒者是自愿走上吸毒道路（被强迫吸毒的情形较为罕见），并通过这种“自陷”行为来危害自己、家庭和社会。如果把吸毒行为产生的危害都归结为毒品犯罪“单向”导致，实际上是对吸毒行为违法性和可谴责性的转移评价，不符合客观情况，也不利于对吸毒行为的治理。毒品犯罪和滥用毒品是复杂的社会问题，内、外原因都很复杂，根本上依靠综合治理，包括死刑在内的

---

① 苏力：《法治及其本土资源》（第 4 版），北京大学出版社 2022 年版，第 147–148 页。

② 参见张明楷：《刑法学（上）》（第 6 版），法律出版社 2021 年版，第 694 页。

③ 司法工作显然要尊重民意，特别是对于民众能够理性表达感受的案件类型，裁判结果要实现法理情相统一；同时，司法是专业性很强的工作，不能被不理性的民意所裹挟，而应当纠正、引导有偏见的民意，从而推动民众法律观念的进步。

各种刑罚都是事后手段，不是治理毒品问题的治本之策。近年来我国对吸毒问题的治理取得了显著成效，但目前仍然“可以说，如果不能有效减少吸毒人员、遏制毒品需求，庞大的吸毒市场则始终是刺激毒品犯罪的基础因素，对毒品犯罪适用死刑也难以产生理想的震慑效果”①。

其三，国际上的总体趋势是减少适用死刑而不是增加适用死刑，对毒品犯罪更是普遍不适用死刑。联合国认为毒品犯罪不属于可以适用死刑的“最严重的犯罪”，目前世界上虽有30多个国家和地区的法律规定对毒品犯罪可以适用死刑，但真正适用和执行死刑的很少。②我国刑事立法对死刑的配置也呈现整体逐步收紧的过程。继《刑法修正案（八）》取消13个死刑罪名后，《刑法修正案（九）》又取消了9个死刑罪名，由此《刑法》中的死刑罪名从68个减少至46个，这充分体现了国家加大死刑立法控制的趋势。③

综上，要辩证、理性地看待当前对毒品犯罪所采取的死刑政策。一方面，考虑我国的毒品滥用和犯罪形势还比较严峻，涉案毒品数量巨大的重大案件仍时有发生，加之近代史上深受毒品（鸦片）祸害所形成的民族心理情结，目前还需要对毒品犯罪保持一定的死刑适用，尚达不到废止死刑的条件。另一方面，也要切实看到对毒品犯罪严格控制死刑适用的重要性和必要

① 胡云腾、方文军：《论毒品犯罪的惩治对策与措施》，载《中国青年社会科学》2018年第5期。张明楷教授甚至提出，“没有任何实证资料表明死刑有利于预防犯罪”，“认为死刑有利于预防犯罪，是子虚乌有的臆测”。参见张明楷：《刑法学（上）》（第6版），法律出版社2021年版，第695页。本书认为，对死刑遏制、预防犯罪的作用，既不能完全否定，也不能过高评价，更不能在治理犯罪方面对死刑产生依赖心理。

② 截止到2010年3月，世界上共有32个国家或地区在法律上对毒品犯罪规定了死刑，其中，至少有12个国家或地区在过去的3年中对毒品犯罪执行过死刑；13个国家或地区设置了对特定种类的毒品犯罪的强制性死刑规定；5个国家或地区被认为事实上废除了对毒品犯罪的死刑。国际减灾协会认为对毒品犯罪保持高死刑适用率的国家主要有6个：中国、伊朗、沙特阿拉伯、越南、新加坡、马来西亚。参见何荣功、莫洪宪：《毒品犯罪死刑的国际考察及其对我国的借鉴》，载《华中科技大学学报（社会科学版）》2012年第2期。

③ 据统计，在这46种死刑罪名中，危害国家安全罪7种，危害公共安全罪14种，破坏社会主义市场经济秩序罪2种，侵犯公民人身权利、民主权利罪5种，侵犯财产罪1种，妨害社会管理秩序罪3种，危害国防利益罪2种，贪污贿赂罪2种，军人违反职责罪10种。不少研究者认为，这些犯罪中很多不涉及对生命法益的侵害，与《刑法》关于死刑适用条件的规定（“罪行极其严重”）极不协调，仍须进一步削减死刑罪名数量。

性，不能简单寄希望于通过多判死刑来有效减轻毒品问题的危害。自2015年以来我国毒品犯罪形势不断好转，是各职能部门认真履职、共同配合，深入开展禁毒综合治理的结果。司法机关对毒品犯罪的依法惩处功不可没，但也只是治理毒品问题的一个环节，不能因打击犯罪的成果较为直观、显性而夸大其在综合治理中的作用。

正因为如此，司法实践中一直在总结经验、探索规律，理性、克制地对待死刑问题，确保对毒品犯罪死刑适用公正、准确、严格。最高人民法院制定的《2008年毒品纪要》《2015年毒品纪要》都对毒品犯罪的死刑适用问题作了较为系统的规定，新近制定的《2023年毒品纪要》吸收、合并了上述两份纪要的内容并有所完善，总体上体现了严格控制、慎重适用死刑的政策精神和实践趋势。例如，在毒品犯罪适用死刑的总体政策方面，《2023年毒品纪要》提出："要毫不动摇地坚持依法从严惩处毒品犯罪的方针，突出打击重点，依法严惩走私、制造和大宗贩卖毒品等源头性犯罪，依法严惩毒品犯罪集团首要分子、职业毒犯、累犯、毒品再犯等犯罪分子，依法严惩具有武装掩护毒品犯罪、以暴力抗拒查缉情节严重、参与有组织的国际贩毒活动等严重情节的犯罪分子，对其中罪行极其严重、依法应当判处死刑的，坚决依法判处，充分发挥死刑对于预防和惩治毒品犯罪的重要作用。同时，应当全面、准确地贯彻宽严相济刑事政策，体现区别对待，做到罚当其罪，综合考虑毒品数量、犯罪性质、情节、危害后果及被告人的主观恶性、人身危险性等因素，严格审慎地决定死刑适用，确保死刑只适用于极少数罪行极其严重的犯罪分子。"司法工作中，要准确理解、执行《2023年毒品纪要》提出的具体指导意见，既要坚持依法从严惩处毒品犯罪的政策立场，继续对极少数"罪行极其严重"的毒品犯罪分子依法判处死刑，又要执行好国家严格控制、慎重适用的整体死刑政策，突出打击重点，实现"精准打击"，确保死刑"精准"、有效地发挥应有作用。

问 如何把握毒品数量与死刑适用的关系？ 167

答：长期以来，司法工作中对毒品犯罪采取的量刑标准是“毒品数量+其他情节”，死刑适用也是如此。其中，毒品数量可以直接体现毒品犯罪的社会危害性，是基础性量刑情节，不论是传统毒品还是新类型毒品，涉案毒品数量越大，适用死刑的理由也就越充分。因而，科学、合理地确定某一类毒品犯罪适用死刑的数量标准，就十分重要。同时，毒品数量不是适用死刑的唯一情节，量刑时不能唯数量论，适用死刑要以毒品数量为基础，综合考虑犯罪性质、情节、危害后果、罪责大小、主观恶性和人身危险性等各项因素，审慎作出决定。

《2008年毒品纪要》对毒品犯罪的死刑适用问题作了较为系统的规定，对统一死刑适用标准发挥了重要作用。《2015年毒品纪要》对《2008年毒品纪要》的相关规定作了补充和完善，其内容大多是《2008年毒品纪要》没有作出规定的，也是对审判实践经验的总结。《2015年毒品纪要》印发后，最高人民法院继续加强对毒品犯罪死刑适用标准问题的调查研究，对2007年统一行使死刑案件核准权以来的毒品犯罪死刑适用情况作了认真总结，并对死刑适用的数量标准问题作了深入研究。根据毒品犯罪形势的发展变化，为继续保持对毒品犯罪的惩处力度，又更好贯彻严格控制、慎重适用死刑的刑事政策，对毒品犯罪的死刑适用数量标准作了调整，并在全国范围内实现了基本统一。在此基础上，《2023年毒品纪要》重申了执行好“毒品数量+其他情节”这一死刑适用标准的重要性。

当前，审判工作中执行“毒品数量+其他情节”的死刑适用标准，要着重把握“其他情节”的各种类型和价值大小。“其他情节”包括法定情节和酌定情节，从重（严）情节和从宽情节。法定情节如毒品犯罪集团的首要分子，武装掩护实施毒品犯罪，暴力抗拒检查、拘留、逮捕情节严重，参与有组织的国际贩毒活动，累犯、毒品再犯，利用、教唆未成年人实施毒品犯罪，向未成年人出售毒品，罪责突出的主犯，从犯或者罪责相对小的主犯，自首、如实供述（坦白）、立功等。酌定情节如职业犯、惯犯，有严重犯罪前科（不构成累犯、毒品再犯），到案后拒不认罪，初犯、偶犯，毒品均被查获尚未获利，毒品含量明显偏低，犯罪动机有可同情性等。在具体适用规则上，可以结合《2008年毒品纪要》和《2015年毒品纪要》的原有规定，准确参照适用《2023年毒品纪要》的相关规定。工作中要注意把握好以下几项规则。

1.涉案毒品数量明显超过实际掌握的死刑适用数量标准，又没有法定或者酌定从宽处罚情节的，一般应当判处死刑，以贯彻现阶段依法从严惩处毒品犯罪的刑事政策。但需要注意的是：（1）不论涉案毒品数量多大，都不能唯数量论，不能不顾其他情节而机械地适用毒品数量标准，片面地多判处死刑。一些案件中的多名被告人之间看起来罪责不分轩轾，实际上仍然存在进一步区分的余地。正如《2023年毒品纪要》所强调的："不能仅因涉案毒品数量远超过实际掌握的死刑适用数量标准，就不加区分地判处一案多名被告人死刑，还应充分考虑不同被告人的不同犯罪情节。"（2）对涉案毒品数量的认定本身要准确。有的案件没有全部查获毒品实物，而是根据被告人和同案犯的供述来认定数量，或者根据他们供述的价格推算出毒品数量，如果供述的内容不稳定或者证据之间的印证度不高，即使认定的毒品数量已经超过实际掌握的死刑适用数量标准，判处死刑也要十分慎重。

2.涉案毒品数量达到实际掌握的死刑适用标准，并具有从重处罚情节的，可以判处死刑。[①]对此，《2008年毒品纪要》区分3种情形作了规定：（1）达到毒品数量+具有法定从重处罚情节；（2）达到毒品数量+具有司法解释规定的从重处罚情节；（3）达到毒品数量+具有其他从重处罚情节。《2023年毒品纪要》保留了第（2）种情形，并结合2016年《毒品犯罪解释》作了文字修改，即"毒品数量刚超过实际掌握的死刑适用数量标准，具有多

---

① 《2008年毒品纪要》在死刑适用的数量标准上使用了"达到""刚达到""超过"等表述，《2023年毒品纪要》则使用了"达到""刚超过""远超过"等表述，目的是体现不同案件中毒品数量的差别。这些用语按照数量从低到高的排序为："刚达到""达到""刚超过""超过""远超过"，其中"达到"和"刚超过"的含义差别不大，只是语义的侧重有所差别，"达到"不是指刚好符合实际掌握的死刑适用数量标准，实际上通常是超过一点，而"刚超过"比"达到"在数量上再多一点，但超出的也不多。

次走私、贩卖、运输、制造毒品，向多人贩卖毒品，在戒毒、监管场所贩卖毒品，向在校学生贩卖毒品，组织、利用残疾人等特定人员实施毒品犯罪，或者国家工作人员利用职务便利实施毒品犯罪等情节的，可以判处被告人死刑”。值得注意的是，《2023 年毒品纪要》没有明确规定第（1）种和第（3）种情形，但可以逻辑地推导出该纪要继续认可第（1）种情形，而对第（3）种情形则体现了比以往更加慎重的态度，即对于毒品数量达到实际掌握的死刑数量标准，并具有酌定从重处罚情节的，较之于具有法定或者司法解释规定的从重处罚情节的，《2023 年毒品纪要》把握的死刑适用标准要更为严格。

另外，《2008 年毒品纪要》曾明确规定，对具有毒品犯罪集团首要分子、武装掩护毒品犯罪、暴力抗拒检查、拘留或者逮捕、参与有组织的国际贩毒活动等严重情节的被告人，可以判处死刑。对具有这 4 种情节的被告人之所以没有规定毒品数量条件，是因为《刑法》第 347 条第 2 款没有作出这种要求，故逻辑上即使涉案毒品数量未达到实际掌握的死刑数量标准，也可能因具有这 4 种情节而被认定为“罪行极其严重”，进而判处死刑。但实践中具有这 4 种情节的被告人往往涉案毒品数量很大，会超过实际掌握的死刑数量标准，且这 4 种情节本身也有程度轻重之别，并非一具备这 4 种情节就要判处死刑，只有极个别情况下（如犯罪过程中造成执法人员重大伤亡），对涉案毒品数量相对小些的案件，才考虑判处死刑。《2008 年毒品纪要》的上述规定较为原则，主要体现了政策宣示意义，操作性不强，故《2023 年毒品纪要》没有直接重申该规定，而是继续将这些情节作为政策上严惩的重点类型。至于具有上述 4 种情节的被告人在何种具体情形下可以判处死刑，需视案件的具体情况而定，工作中仍需继续深入总结经验。

3. 涉案毒品数量达到实际掌握的死刑适用标准，但具有法定或者酌定从宽处罚情节的，要更多地考虑不判处死刑。实践中，有些案件尽管涉案毒品数量已达到适用死刑的数量标准，但由于被告人具有立功、坦白、系罪责相对较小的主犯等从宽处罚情节，一般要体现从宽处罚，不判处死刑。在这方面，《2008 年毒品纪要》列举了 9 种可以不判处死刑的具体情形：（1）具有自首、立功等法定从宽处罚情节的；[①]（2）已查获的毒品数量未达到实际掌握的死刑数量标准，到案后坦白尚未被司法机关掌握的其他毒品犯罪，累计数量超过实际掌握的死刑数量标准的；（3）经鉴定毒品含量极低，掺假之后的数量才达到实际掌握的死刑数量标准的，或者有证据表明可能大量掺假但因故不能鉴定的；[②]（4）因特情引诱毒品数量才达到实际掌握的死刑数量标准的；（5）以贩养吸的被告人，被查获的毒品数量刚达到实际掌握的死刑数量标准的；（6）毒品数量刚达到实际掌握的死刑数量标准，确属初次犯罪即被查获，未造成严重危害后果的；（7）共同犯罪毒品数量刚达到实际掌握的死刑数量标准，但各共同犯罪人作用相当，或者责任大小难以区分的；（8）家庭成员共同实施毒品犯罪，其中起主要作用的被告人已被判处死刑立即执行，其他被告人罪行相对较轻的；（9）其他不是必须判处死刑立即执行的。

与《2008年毒品纪要》的上述规定相比，《2023年毒品纪要》保留了前4项、第（7）项和第（9）项，并作了文字修改，[③]同时，删去了第（5）项、第（6）项和第（8）项。对于被删去的这3项，不能简单理解为《2023年毒品纪要》直接否定了这3项司法规则，而需要辩证分析看待。删除第（5）项，主要是因为其中使用的“以贩养吸”不准确，当被告人面临判处死刑时说明其贩毒数量已经很大，不符合以贩养吸的特征。但这一指导意见的精神仍有合理性，当查获的毒品数量刚达到实际掌握的死刑数量标准，其中有部分毒品很可能是被告人用于吸食的，对这种情形则不宜判处死刑。[④]删除第（6）

---

① 毒品犯罪案件中自首的情形较为少见，因自首而不判处死刑的案件就更少。《2023年毒品纪要》首次对毒品犯罪案件中的自首问题作了政策宣示性规定。对自首问题的专门分析，可参见本书“量刑情节的认定和处理”一章。

② 例如，被告人吕某山是被告人罗某新的下家，吕某山共贩卖、运输甲基苯丙胺3790.27克、氯胺酮2001.27克，罗某新共贩卖、运输甲基苯丙胺3772.27克、氯胺酮2001.27克，鉴于二人贩卖的毒品中大部分是甲基苯丙胺含量很低的混合型毒品，二人均被判处死缓。该案发生在2011年，涉案毒品数量在当时亦可称为数量巨大。参见杜开林：《新型毒品混合物毒品种类的认定及量刑》，载《人民司法（案例）》2013年第12期。

③ 但第（7）项规定在“关于毒品共同犯罪的死刑适用”部分，原文是：“涉案毒品数量刚超过实际掌握的死刑适用数量标准，共同犯罪人地位和作用相当或者责任大小难以区分，且均不具有法定从重处罚情节的，可以不判处被告人死刑。”

④ 对以贩养吸问题的详细解答，可参见本书第七章“吸毒者实施的毒品犯罪”。

项，主要是因为毒品全部被查获通常不单独作为不判处死刑的理由，而往往与其他法定或者酌定从宽处罚情节共同影响死刑适用。如果涉案毒品数量明显超过实际掌握的死刑数量标准，没有其他从宽情节，则毒品全部被查获难以单独成为影响死刑适用的情节。[①] 至于第（8）项，针对的是家庭成员中有多名主犯涉及死刑适用的情形，所体现的是刑罚人道主义，但该项的文字表述不很准确，易让人产生其他“罪行相对较轻”的被告人是从犯的误解，故加以删除，但对该项规则所体现的政策精神仍可以从毒品共同犯罪适用死刑的指导意见中解读出来，仍应给予特殊考虑。

4. 对量刑情节冲突情形的处理。《2008 年毒品纪要》提出，毒品数量达到实际掌握的死刑数量标准，既有从重处罚情节，又有从宽处罚情节的，应当综合考虑各方面因素决定刑罚，判处死刑立即执行应当慎重。《2023 年毒品纪要》则进一步提出，毒品数量达到实际掌握的死刑适用数量标准，同时具有法定、酌定从严和从宽处罚情节的，应当在全面考察犯罪的事实、性质、情节和对社会危害程度的基础上，结合被告人的主观恶性、人身危险性等因素，审慎决定是否适用死刑。实践中，对此类量刑情节冲突的案件，主要在毒品数量基础之上比较从重情节和从宽情节之间的权重：如果从宽处罚情节更为突出，可以不判处死刑；如果从重处罚情节更为突出，则可以判处死刑；如果难以对两类情节作出明显区分，本着“罪疑唯轻”和慎重适用死刑的政策精神，一般要更多地考虑不判处死刑。[②]

5. 对涉案毒品数量低于实际掌握的死刑适用数量标准的案件，一般不适用死刑。这项规则凸显了毒品数量在死刑适用上的基础作用。对于该项规则的例外情况，《2008 年毒品纪要》提出，对毒品数量接近实际掌握的判处死刑的数量标准，但具有从重处罚情节的被告人，可以判处死刑。这里的“从重处罚情节”包括法定情节和酌定情节。而《2023 年毒品纪要》将“从重处罚情节”限定为法定情节，提出：“毒品数量接近实际掌握的死刑适用数量标准，具有累犯，毒品再犯，利用、教唆未成年人走私、贩卖、运输、制造毒品，或者向未成年人出售毒品等法定从重处罚情节的，可以判处被告人死

---

① 对该问题的详细介绍，可参见本章后文对毒品查获情况与死刑适用关系的分析。

② 对非死刑案件中量刑情节冲突的处理，可参见本书“量刑情节的认定和处理”一章。

刑。”在这个问题上《2023 年毒品纪要》把握的政策标准比《2008 年毒品纪要》更为严格。这种调整值得充分肯定。据此，如果涉案毒品数量接近实际掌握的死刑适用数量标准，但被告人有累犯、毒品再犯等法定从重处罚情节的，可以判处死刑。但此时既要严格把握“接近”的数量标准，不能失之过宽，也要考虑累犯、毒品再犯等法定从重情节的严重程度，并非只要具备法定从重情节就可以判处死刑。如果法定从重情节本身不是很严重，对涉案毒品数量未达到实际掌握的死刑数量标准的案件，则不能判处死刑。

问 如何理解受指使、雇用运输毒品案件适用死刑的特殊性？ 168

答：近年来，司法实践中对运输毒品罪死刑政策的特殊性强调较多，主要是考虑运输毒品与走私、贩卖、制造毒品罪存在区别，即走私毒品、制造毒品是源头性犯罪，贩卖毒品尤其是大宗贩卖毒品直接造成毒品向社会扩散进而产生很大危害，而运输毒品是走私、制造、贩卖毒品的中间环节，具有从属性、辅助性特点，故其社会危害性整体上与走私、贩卖、制造毒品存在区别，在死刑政策和适用标准上也应予以区别对待。

准确理解和把握这种区别对待的政策，需要注意其适用范围。首先，对运输毒品罪并非一律体现从宽政策，对性质严重的运输毒品犯罪也应依法从严惩处。《2023 年毒品纪要》在《2008 年毒品纪要》和《2015 年毒品纪要》相关规定的基础上重申：“对于运输毒品犯罪，应当准确把握打击重点。依法严惩运输毒品犯罪集团首要分子，组织、指使、雇用他人运输毒品的主犯或者职业毒犯、毒品再犯，以及具有武装掩护运输毒品、以暴力抗拒查缉情节严重、以运输毒品为业、多次运输毒品等严重情节的被告人，对其中依法应当判处死刑的，坚决依法判处。”[①] 其次，对受人指使、雇用运输毒品的，

---

① 例如，最高人民法院 2020 年发布的“6 · 26”禁毒宣传典型案例中的周某林运输毒品案，其纠集他人共同运输“麻古”40.49 千克被查获，且曾因犯盗窃罪、非法持有枪支罪被判处 14 年有期徒刑，系累犯，被判处并核准死刑。

总体政策精神是区别对待、慎重适用死刑，但也并非一律从宽处罚，而是要进一步区分情况。其中，对运输毒品的职业犯，运输团伙的首要分子，受雇后又组织他人运输毒品，持枪运输毒品，运输途中暴力抗拒查缉，以及具有其他严重情节的运输毒品犯罪，即使是受人指使、雇用进行运输，也仍要体现从严惩处的政策精神。[①] 也就是说，对运输毒品罪在死刑适用方面予以区别对待，有特定的案件类型和范围，不是针对所有运输毒品犯罪，甚至也不是针对所有受人指使、雇用的运输毒品犯罪，而是指受人指使、雇用运输毒品案件中具有从宽处罚情节的情形，尤其是指受人指使、雇用初次运输毒品，所获报酬不高，且从属性、辅助性较强的情形。

参照《2023 年毒品纪要》的相关规定，并结合《2008 年毒品纪要》和《2015 年毒品纪要》提出的指导意见，以下区分不同情形对受人指使、雇用运输毒品案件的死刑适用问题作具体解读。

1. 关于确属受人指使、雇用运输毒品的情形

司法实践中对受人指使、雇用运输毒品的案件，在政策上体现区别对待由来已久。[②]《2008 年毒品纪要》在总结司法经验的基础上明确规定，对有证据证明被告人确属受人指使、雇用参与运输毒品犯罪，又系初犯、偶犯的，可以从轻处罚，即使毒品数量超过实际掌握的死刑数量标准，也可以不判处死刑立即执行。之所以采取这种政策标准，主要考虑到以下几点：其一，单纯的运输毒品行为只是走私、制造、贩卖毒品犯罪的中间环节，在整个毒品犯罪中具有从属性、辅助性特点，其社会危害性与走私、贩卖、制造毒品等源头性犯罪有所不同。其二，部分运输毒品者是受雇的农民、边民、少数民

---

① 例如，最高人民法院 2017 年发布的“6・26”禁毒宣传典型案例中的杨某水运输毒品案，是一起组织多名怀孕妇女运输毒品的犯罪案件，参与人员多，涉案毒品数量特别巨大（查获海洛因 37,140 克、甲基苯丙胺片剂 10,467 克），约定的非法报酬数额巨大。被告人杨某水系运输毒品共同犯罪中的组织者、直接实施者，罪责最为突出，且其曾因犯运输毒品罪被判处重刑，在假释考验期内又犯运输毒品罪，系毒品再犯，主观恶性极深，故被判处并核准死刑。

② 例如，最高人民法院 1999 年改判死刑缓期执行的唐某珍运输毒品案和马某海运输毒品案，其中的一个重要理由都是被告人不排除或者可认定为受人雇用运输毒品。参见中华人民共和国最高人民法院刑事审判第一、二、三、四、五庭主办：《中国刑事审判指导案例》（第 5 卷）（增订第 3 版），法律出版社 2017 年版，第 316–318、321–323 页。

族或无业人员，并非毒品的所有者、买家或卖家。其犯罪动机往往是赚取少量运费，主观恶性一般不大。其三，有利于贯彻宽严相济刑事政策，突出毒品犯罪的打击重点。[①]《2015 年毒品纪要》除重申上述规定外，进一步提出，对于其中被动参与犯罪，从属性、辅助性较强，获利程度较低的被告人，一般不应当判处死刑。“一般不应当”判处死刑比“也可以不”判处死刑更鲜明地体现了规则的刚性。《2023 年毒品纪要》对这个问题的表述方式作了一定调整，提出：对确属受人指使、雇用运输毒品的被告人，具有下列 4 种情形之一的，即使毒品数量超过实际掌握的死刑适用数量标准，也可以不判处死刑：①不排除系初次运输毒品的；②被雇用者严密指挥或同行人员监视，从属性、辅助性明显的；③与雇用者同行运输毒品，处于被支配地位的；④确因急迫生活困难而运输毒品的。其中，第②、③项是同一类型，体现的都是受雇运输者从属性、辅助性很强的特点，第④项是新列举的酌定从宽情节。与《2015 年毒品纪要》的规定相比,《2023 年毒品纪要》的上述规定细化了“也可以不判处死刑”的情形，且将确属系初犯、偶犯修改为“不排除系初犯”，从而扩大了受人指使、雇用运输毒品案件中一般不判处死刑的案件范围，体现了对此类案件更为严格地控制死刑适用的政策精神。尤其值得注意的是，以往此类案件的被告人所获得的报酬通常不高，有的雇主出价原本就低，有的会被转雇用者克扣，故《2008 年毒品纪要》把挣取少量运费作为此类案件的从宽因素之一，但随着情况发生变化，很多受雇运输毒品的人按照行规获得了可观的报酬，即便如此，也不能过多看待运输报酬的作用。[②]故《2023 年毒品纪要》提出：“对于受人指使、雇用运输毒品的被告人，应当充分考虑其在毒品犯罪链条中所处的地位和实际发挥的作用，体现区别对待，不能单纯根据涉案毒品数量大小或者所获报酬多少决定死刑适用。”

---

① 参见高贵君、王勇、吴光侠:《〈全国部分法院审理毒品犯罪案件工作座谈会纪要〉的理解与适用》，载中华人民共和国最高人民法院刑事审判第一、二、三、四、五庭主办:《中国刑事审判指导案例》(第 5 卷)(增订第 3 版)，法律出版社 2017 年版。

② 运输毒品报酬的高低，主要是相对于其所运输的毒品本身的价值和通常的报酬而言。在云南、甘肃等地方，运输毒品的报酬实际上有一个“地下市场价”，对于运输毒品的惯犯、职业犯而言，一般都会按照“行规”拿到报酬，如果所获得的报酬明显偏低，也多能印证运毒者系初犯。

例如，被告人吉某木子扎因经济困难，为挣取少量报酬而受人雇用运输海洛因1002克被查获，且有初犯、认罪态度较好等酌定从宽处罚情节，最高人民法院裁定不核准死刑，发回重新审判。[①] 又如，2017年被告人宋某某驾驶摩托车携带11千克海洛因从一县城出发，欲将毒品运往该省另一县城，途中被设卡守候的民警抓获。该案运输的毒品数量巨大，但根据在案证据，宋某某系受他人雇用运输毒品，运输路线、运毒方式均由雇主安排，所获取的报酬也不高。同时，宋某某还有其他从宽处罚情节，如宋某某系边民，平时靠跑"摩的"为生，有一子7岁，案发时正在上小学；宋某某不确切知道毒品的种类和数量；该案通过特情介入将宋某某抓获，其运毒过程处于公安人员掌控之中，客观上不可能运输成功。综合考虑上述各项情节，法院对宋某某未判处死刑。[②]

目前，司法实践中对受雇用运输毒品犯罪死刑政策的把握，最突出的难题是，既然对此类犯罪是"一般"而非"一律"不判处死刑，那么，究竟在何种情况下可以判处死刑？实践中很多此类案件并没有明显的从重和从宽处罚情节，当行为人受雇运输的毒品数量很大时，能否判处死刑？如果回答是肯定，则如何掌握该数量标准？[③] 有意见认为，可以参照通常的死刑适用数量标准设定某种倍数关系，受雇者运输的毒品数量超过该倍数的即可判处死刑。本书认为，对该问题的解决，并非简单根据逻辑推理就能得出结论，需

① 参见中华人民共和国最高人民法院刑事审判第一、二、三、四、五庭主办：《中国刑事审判指导案例》（第5卷）（增订第3版），法律出版社2017年版，第397–399页。该案发生在2006年，当时的死刑适用数量标准相对低。

② 这是笔者在工作中了解到的案例。该案涉案毒品数量巨大，较为典型地体现了不唯数量论的死刑政策精神。

③ 例如，2007年被告人李某顺运输海洛因1388克被查获，其辩称受人雇用运输毒品，报酬为4000元，另付500元路费。法院对其判处并核准死刑。该案除受人雇用、毒品均被查获外，没有明显从宽处罚情节，判处死刑主要是考虑涉案毒品数量远超当时掌握的死刑数量标准。又如，2007年被告人李某均运输"K粉"16,161克、麻古16.9克被查获（按当时标准折算，相当于825克海洛因），不能证明系受他人雇用运输毒品，也无其他从宽处罚情节，但有个别酌定从重处罚情节（雇用1人帮助驾车，自供以前曾贩卖过"K粉"），被判处并核准死刑。分别参见中华人民共和国最高人民法院刑事审判第一、二、三、四、五庭主办：《中国刑事审判指导案例》（第5卷）（增订第3版），法律出版社2017年版，第431–433、405–407页。

要经过深入调研、认真分析测算后，充分考虑从严惩处毒品犯罪的刑事政策与严格控制、慎重适用死刑政策之间的总体平衡，才能提出较为妥当的政策标准尤其是毒品数量标准。

2. 关于“不排除”受人指使、雇用运输毒品的情形

这种情形是证据问题造成的，也是证据与政策关系的重要体现。《2008年毒品纪要》没有明确规定此种情形的处理，而是将受雇运输毒品案件的证据情况“一分为二”：有证据证明确属受人指使、雇用和不能证明受人指使、雇用。2010年，根据司法实践需要，最高人民法院在致某高级人民法院的工作函中提出：“对于运输数量不是很大，不能排除受雇替他人运输毒品，又不能确认系多次运输毒品的，原则上亦不应适用死刑”。这是对《2008年毒品纪要》相关规定的补充、发展，也是对受雇用运输毒品案件适用死刑规则的丰富、完善。主要考虑到，毒品犯罪隐蔽性强，一些案件中难以证明被告人“确属”受他人雇用运输毒品，也难以认定不是初次，但根据在案证据又“不能排除”是受他人雇用，而死刑是剥夺生命的“极刑”，必须慎重适用，故对于“不能排除”受人雇用初次运输毒品的情形，也应当作为慎重适用死刑的案件类型。《2015年毒品纪要》吸收了上述工作函的内容，规定：对于不能排除受人指使、雇用初次运输毒品的被告人，毒品数量超过实际掌握的死刑数量标准，但尚不属数量巨大的，一般也可以不判处死刑。《2023年毒品纪要》则提出，对于不能排除受人指使、雇用运输毒品的被告人，具有前述4种从宽情形之一的，也可以考虑不判处死刑。对上述指导意见的理解、适用，要注意如下问题。

其一，“不能排除”不是无根据的推测，而是要求有一定证据证明，只是没有达到确实、充分的证明标准。认定是否属于“不能排除”受雇运输毒品，主要可以从以下几个方面进行审查：（1）被告人交代的雇主的基本身份信息是否明确，是否确有其人；（2）被告人交代的雇主是否属于涉毒人员及该人的平时表现、经济状况，如是否有毒品犯罪前科，是否属于正在侦办的毒品犯罪案件的嫌疑人，有无异常经济收入，是否与境外或者外地涉毒人员有联系；（3）被告人同其交代的雇主在案发时段是否有联系，如有无通话、同行或者同住记录，以往是否相识并有交往；（4）被告人是否有职业，平时表现、经济状况如何，有无因贫困而受雇的可能，有无自己购买毒品的途径，有无自行贩运毒品的能力等。有的案件中能够确定雇主系涉毒人员，并反映被告人与雇主之间存在不正常联系，有的案件中能够反映存在某个雇用者，但不能准确确定此人身份，这些情况都属于“不能排除”受人指使、雇用运输毒品。

例如，被告人李某都骑摩托车运输海洛因1047.5克被事先布控的公安人员查获，根据在案证据，其受同村人谢某某（在逃）的雇用为挣取少量报酬而运输毒品的可能性很大，且系初犯，平时表现良好，到案后认罪态度好，故最高人民法院裁定不核准死刑，发回重审。[①] 又如，2014年被告人廖某某乘坐长途客车从河南省到达北京市一长途汽车站时被抓获，公安人员从其随身携带的手提包内查获冰毒3包，重2760余克。廖某某供称，其为获取5000元报酬而为“宽八”运输毒品，并提供了手机中储存的“宽八”的手机号。经查，“宽八”的真名为毛某某，廖某某经辨认照片确认毛某某即“宽八”，且“宽八”的手机号在案发时段与廖某某有短信、电话联系。据此，法院认为现有证据“不能排除”廖某某系受人雇用运输毒品，综合考虑廖某某运输毒品的数量且到案后如实供述犯罪事实，认罪态度较好等情节，对廖某某未判处死刑。[②]

其二，对“不能排除”受他人雇用运输毒品的案件，在适用死刑的毒品数量标准上与“确属”受人雇用运输毒品的案件有一定差别。《2023年毒品纪要》虽没有明确毒品数量与“不能排除”之间的关系，但这是司法工作中绕不开的问题。根据《2015年毒品纪要》，在运输毒品数量巨大的情形下，“确属”受人雇用运输毒品的被告人一般仍可以不判处死刑，但对“不能排除”受人雇用运输毒品的案件，则可以相对更多地考虑判处死刑。这一指导意见仍有参考价值。“不能排除”是一个认定区间，可信度直接取决于在案证据情况，也与司法人员的主观判断有较大关系。“不能排除”的证明程度与判处死刑的概率之间成反比，即可信度越高，越接近“确实”受人雇用，就越要更

① 该案发生在2007年。参见中华人民共和国最高人民法院刑事审判第一、二、三、四、五庭主办：《中国刑事审判指导案例》（第5卷）（增订第3版），法律出版社2017年版，第399–402页。

② 这是笔者在工作中了解到的案例。

多地考虑不判处死刑，反之，可信度越低，越让人难以相信是受人雇用，就越可以考虑判处死刑。

3. 多人受雇用运输毒品的情形

一案中多人受雇参与运输毒品的，具体情形多种多样。有的案件中有明显的组织指挥者，此人也是受雇运输毒品，但同时还指挥其他人运输毒品，故其罪责最突出（受雇者组织运输）；有的案件中多人之间不是共同犯罪，而是相对独立地受同一人雇用运输毒品（包括各自运输、同行运输或者分段运输），这时要重点考虑罪责最突出的受雇者是否符合判处死刑的条件；有的案件中形成多层转雇用关系，转雇者对运费“吃差价”，毒品由最后环节的受雇者进行运输（转雇用运输）。根据《2015 年毒品纪要》和《2023 年毒品纪要》的相关规定，对于这些不同类型的多人受雇运输毒品案件，除考虑各被告人运输的毒品数量外，还应结合其具体犯罪情节、参与犯罪程度、与雇主关系的紧密性及其主观恶性、人身危险性等因素决定死刑适用，一般不宜同时判处 2 名以上受雇者死刑。

例如，2015 年 11 月，被告人马某指使同案人甲、乙乘飞机从兰州到达昆明，在马某电话指挥下，甲乙二人取到毒品并带至酒店房间进行包装。当日下午，丙受马某指使也从兰州到达昆明。根据马某安排，甲乙丙三人分成两路携带毒品返回甘肃。后乙、丙途经甘肃省合作市时被抓获，公安人员从乙携带的旅行箱中查获海洛因 5172 克，从丙携带的旅行箱中查获海洛因 3850 克。次日，甲在甘肃省碌曲县境内被抓获，公安人员从其携带的旅行箱中查获海洛因 5238 克。根据在案证据，尚难认定马某是毒品的所有者，其很可能也是受他人雇用运输毒品，但其组织多人跨省运输毒品数量特别巨大，社会危害大，罪行极其严重，且其在共同犯罪中负责联络毒源，提供经费，雇用、指挥他人跨省运输毒品，罪责最为突出，故对其判处并核准死刑。[①]

值得注意的是，有的受雇运输毒品案件中毒品数量特别巨大，组织指挥者和直接运输者罪责都很突出，这种情况下也可以考虑判处二人死刑，但在标准的把握上要十分严格，也要注意全案处理的平衡，并作为例外情形来把握。

---

① 这是笔者在工作中了解到的案例。

4. 不能证明受雇用运输毒品和涉嫌自贩自运的情形

《2008年毒品纪要》规定了两种可以依法判处死刑的运输毒品类型：（1）毒品数量超过实际掌握的死刑数量标准，不能证明被告人系受人指使、雇用参与运输毒品犯罪的，可以依法判处重刑直至死刑；（2）涉嫌为贩卖而自行运输毒品，由于认定贩卖毒品的证据不足，认定为运输毒品罪的，不同于单纯的受指使为他人运输毒品行为，其量刑标准应当与单纯的运输毒品行为有所区别。第（1）种情形（“不能证明是”）是相对于“有证据证明确属”情形而言的，由于实践情况的复杂性，在是否受他人雇用的证据充足度上还存在“不能排除”的情形，通过前述2010年最高人民法院所发工作函，实际上形成了梯次衔接的3种情形：有证据证明确属→不能排除是（高度可能是）→不能证明是。虽然《2008年毒品纪要》提出对于“不能证明是”受人雇用运输毒品，毒品数量超过实际掌握的死刑数量标准的被告人，可以依法判处重刑直至死刑，但因“不能证明是”属于司法者的主观判断，不等于客观上就不是，故为慎重起见，在不少案件的处理上仍需留有余地，不能简单因为涉案毒品数量很大就判处死刑。由此可见，第（1）种情形与第（2）种情形存在差别。涉嫌为贩卖而运输毒品（自贩自运）是指有一定证据证明行为人是为了贩卖而自行运输毒品，但未能收集到证明其贩卖毒品的证据，故保守地认定为运输毒品罪的情形。显然，第（2）种情形基本不存在受人雇用运输毒品的可能性。如果说对第（1）种情形因不能完全排除受人雇用运输毒品的可能性而仍需在处理上适当留有余地的话，那么对第（2）种情形可以更多地体现依法惩处，对涉案毒品数量超过实际掌握的死刑数量标准的案件，特别是有从重处罚情节的，可以依法判处死刑。

《2023年毒品纪要》重申了上述第（2）种情形的政策精神，但在表述上作了一定修改，将“涉嫌为贩卖”扩展到“涉嫌为实施走私、贩卖、制造毒品犯罪”，即“对于涉嫌为实施走私、贩卖、制造毒品犯罪而运输毒品，由于认定走私、贩卖、制造毒品犯罪的证据不充分而认定为运输毒品犯罪的被告人，在决定死刑适用时，应当与单纯受指使、雇用为他人运输毒品的情形有所区别”。这样修改后规则的适应性更强，但实践中的常见情形仍是涉嫌为贩卖而自行运输毒品。例如，被告人王某独自驾车运输2287克“麻古”被查获，拒不供述毒品来源，其银行卡内有大额资金流动，不排除为贩卖而运输毒品，对其判处并核准死刑。被告人赵某驾车运输海洛因 1020 克、冰毒 520 克被查获，不能证明系受他人指使、雇用运输毒品，也没有其他从宽处罚情节，被判处并核准死刑。[①]

问 对制造毒品案件，如何把握死刑适用标准？ 169

答：制造毒品属于源头性犯罪，使毒品从无到有、从少到多，其社会危害与走私毒品入境、大宗贩卖毒品相当，因而在刑事政策上历来强调要严惩制造毒品犯罪。特别是对于制造、运输、贩卖毒品“一条龙”的犯罪，尤其要体现惩处的严厉性，该判处死刑的应当坚决判处。《2023 年毒品纪要》也强调：“制造毒品是源头性犯罪，应当充分体现从严惩处的政策要求。”近年来，随着国内制造毒品案件增多，此类案件判处死刑的情况也较为常见。

值得注意的是，由于制造毒品本身有个过程，一部分案件在制造过程中尚未形成毒品成品或者仅制出少量毒品成品时就被查获，对此类案件如何把握死刑适用标准，实践中争议较大。有意见认为，此类案件虽然没有制出或者仅制出少量成品，但只是时间早晚问题，从有效打击毒品犯罪出发，不能要求公安机关只能在犯罪分子完成全部制造工序时再去抓捕，故而适用死刑时不能过多考虑是否制造出毒品成品这个因素，对于查获的毒品半成品数量达到死刑适用数量标准的，也应当判处死刑。这种意见有一定合理性，侦破犯罪是一项时机性很强的工作，确实不能要求公安机关恰好在犯罪分子制造出毒品成品时再去查处，并且，从降低毒品流入社会的风险角度考虑，在尚未制造出毒品成品时就予以查处应是更好的选择。不过，上述意见可能存在某种误解，即不应把有效侦破案件与判处死刑对立或者混同起来，这是相对

① 王某案发生在 2009 年，当时对“麻古”掌握的死刑适用数量标准偏低；赵某案发生在 2007 年。分别参见中华人民共和国最高人民法院刑事审判第一、二、三、四、五庭主办：《中国刑事审判指导案例》（第 5 卷）（增订第 3 版），法律出版社 2017 年版，第 477–479、395–396 页。

独立的两个工作领域。刑罚适用针对的是罪行本身，对罪行极其严重者判处死刑是依法惩处、罚当其罪，对未达到死刑适用条件的案件判处其他刑罚，也是罚当其罪、不枉不纵。而查处犯罪是侦查机关发现有犯罪线索或者犯罪事实后采取的行动，通常应当是越早越有利于预防和遏制犯罪，防止犯罪后果扩大。只有特殊情况下为有效收集犯罪证据、全面查明犯罪事实，使罪行原本很严重的犯罪分子受到应有惩处，才有必要等待犯罪进行到“成熟”阶段再予以查处。也就是说，查处犯罪的直接目的是遏制和预防犯罪，是在犯罪后果上及时“止损减损”，而准确量刑是司法机关针对已经侦破、起诉的犯罪所进行的“事后”惩处工作。因此，对于制造毒品案件，原则上发现了就应当及时侦破，无须过多考虑甚至“等到”能判处死刑时再去查处，即使没有判处死刑，也不降低侦查工作的有效性和业绩。[①]

客观地看，对于未制造出毒品成品或仅制出少量毒品成品的案件，由于毒品半成品无法直接吸食，通常也就不能直接用于贩卖，对他人健康的危害尚不十分紧迫，其社会危害性与已经制出大量毒品成品的案件相比存在差别，进而在量刑上也应有所体现。从理论上讲，仅制造出毒品半成品的原本属于制造毒品罪的未遂形态。《2008 年毒品纪要》为体现对毒品犯罪的从严惩处，规定对制造出毒品半成品的情形可以认定为犯罪既遂，这是出于政策考虑的“拟制”性规定。《2023 年毒品纪要》对此作了重申。既然死刑是最严厉的刑罚，如果在适用死刑问题上不考虑是否已经制造出毒品成品这一重要因素，实际上不符合案件的客观情况，也不符合慎重适用死刑的政策精神和罪刑相适应原则。并且，查获的毒品半成品最终能制造出多少成品受诸多因素影响，不能直接根据查获的半成品含量简单推算涉案毒品数量。因此，对于查获的毒品全部或者大部分为半成品的制造毒品案件，判处被告人死刑要十分慎重。实践中，此类制造毒品案件也有多种情形。有的案件查获的全部是毒品半成品，有的案件则已经制造出少量成品；有的案件刚开始制造，查获的半成品距成品还有很多步骤（是早期半成品），有的案件已接近完工，查获的半成品已接近成品；有的案件查获的半成品数量巨大，但可能因技术

① 方文军、何鑫：《当前毒品犯罪适用死刑的若干问题》，载《法律适用》2021 年第 9 期。

问题而无法形成成品，有的确实是侦查机关“抓早了”而导致犯罪分子未来得及完成全部制毒工序。

总结近年来司法经验，并结合《2008 年毒品纪要》和《2023 年毒品纪要》的相关规定，目前对制造毒品案件的死刑适用问题大致可以把握如下规则。

1. 总体上仍要执行“毒品数量 + 其他情节”的量刑原则。不能因为制造毒品是源头性犯罪就采取“唯数量论”，不能忽视其他情节对量刑的影响。《2023 年毒品纪要》提出：“应当综合考虑被告人制造毒品的种类、次数、规模，有无制出毒品成品，被查获时所处的制毒阶段，制出的毒品成品、半成品或者粗制毒品的数量、性状、含量及造成的危害后果等因素，决定死刑适用。”这就明确体现了新指导文件在毒品犯罪死刑适用标准上对“毒品数量 + 其他情节”的深入贯彻。

2. 制造出毒品成品的数量达到实际掌握的死刑适用数量标准，没有从宽处罚情节的，可以判处死刑。这是从“毒品数量 + 其他情节”可以自然推导出的结论。《2023 年毒品纪要》也提出：“已制出的毒品成品数量达到实际掌握的死刑适用数量标准，又无法定、酌定从宽处罚情节的，可以判处被告人死刑。”其中，制造出的毒品成品数量巨大，没有从宽处罚情节的，或者制造出的毒品成品数量达到实际掌握的死刑数量标准，并具有毒品再犯、累犯，利用、教唆未成年人制造毒品以及多次制造毒品、职业犯、惯犯等从重处罚情节的，一般应当判处死刑。[①] 如果同时具有从重和从宽处罚情节，则应在毒品数量基础上综合各项量刑情节慎重作出是否判处死刑的决定。

值得注意的是，《2023 年毒品纪要》提出，对仅制出粗制毒品的，判处被告人死刑应当慎重。粗制毒品属于毒品成品，是制毒技术水平不高等因素形成的品质较差的毒品，此类毒品售价偏低或者难以出售，有的粗制毒品甚至需要被再加工。[②] 在这种情况下，仅制出粗制毒品案件的社会危害性会有

---

① 例如，最高人民法院 2021 年发布的“6·26”禁毒宣传典型案例中的唐某东等人制造毒品案，当场查获甲基苯丙胺（冰毒）成品 8114 克、含有甲基苯丙胺成分的固液混合物 16,970 克（半成品）以及大量制毒辅料和制毒工具。法院认为，被告人唐某东伙同他人制造毒品数量巨大，系地位作用最为突出的主犯，且系累犯，对其判处并核准死刑。

② 对粗制毒品概念的解答，可参见本书“制造毒品罪”一章。

所降低，故《2023年毒品纪要》才提出判处死刑应当慎重。如果被告人制出的粗制毒品数量明显超过实际掌握的死刑数量标准（特别是其中一部分已被卖出），且具有严重累犯、毒品再犯、多次制造毒品等从重处罚情节之一的，仍然可以判处死刑。

3. 对尚未制造出毒品成品的案件，一般不得判处死刑。《2023年毒品纪要》提出："没有证据证明被告人曾制出毒品成品，仅查获毒品半成品，或者现有证据表明由于制毒原料、方法等问题实际无法制出毒品成品的，不得判处被告人死刑。"这项规则充分体现了严格控制死刑适用的政策精神，值得充分肯定。实践中未制造出毒品成品的案件有多种具体情形：有的是准备了制毒原料和设备，尚未来得及开始制造；有的是已经动手制造，但尚未形成成品；有的因为制毒技术不过关等问题，半成品无法形成成品；等等。根据该项指导意见，即使查获的毒品半成品数量巨大以上，明显超出实际掌握的死刑适用数量标准，但没有证据证实被告人曾制出毒品成品，也不能判处死刑。这里要注意的问题包括：（1）"曾制出毒品成品"不限于本次制造毒品行为，也包括被告人以往没有制造毒品经历，如果其以往曾经制出毒品成品（当时未被查获），只是本次制毒行为没有制出成品，则不适用该项规则。也就是说，对该项规则宜理解为针对的是初次制毒行为。（2）根据该项指导意见，即使查获的半成品已完成大部分制毒工序，且数量巨大，被告人还具有从重处罚情节（如系累犯、毒品再犯、雇用未成年人参与制毒等），也不能判处死刑。[①] 有的案件中曾出现，查获时都是半成品，但在公安机关扣押期间陆续结晶形成毒品成品，这说明制毒工序已经完成，对这些成品应当认定为被告人所制造，案件处理不适用该项规则，仍可以依法判处死刑。（3）如果查获的毒品半成品因制毒技术问题无法形成成品，说明其对社会的危害不再紧迫，则无论半成品数量多大，都不能判处死刑。对这种案件，处理的难点在于如何认定因技术问题导致无法制出毒品成品，需要综合分析所采取的制毒方法、使用的制毒原料和工具、被告人的供述、鉴定专家的意见等证据审

① 对这种情形的处理，实践中可能会发生争议。有的意见会认为，如果被告人制造的半成品已经接近成品，且数量巨大，被告人还有突出的从重处罚情节，则可以判处死刑。

慎作出判断。

例如，被告人林某泉2015年3月购入大量毒品半成品进行加工（熬煮、冷却），准备制出冰毒成品，案发时查获经其加工过的半成品10余千克（甲基苯丙胺含量为14.74%~37.54%不等），另查获尚未加工的黑色液体8.55千克（甲基苯丙胺含量9.15%）。一、二审对林某泉判处死刑，最高人民法院复核后裁定不予核准，发回重审。主要理由是，该案认定的制造毒品数量虽已达到实际掌握的死刑适用数量标准，但尚未制造出毒品成品，而毒品半成品无法直接吸食、消费，与毒品成品的危害紧迫性不同，其行为的社会危害与已经制成毒品成品待售的情形有明显不同；同时，林某泉到案后如实供述了主要罪行，且从其所用加工工具、采取的方法看，应不是制毒惯犯，故不宜判处死刑。①

又如，2017年2月被告人金某某购买了麻黄素、制毒辅料及工具用于制造冰毒，案发时查获液体状半成品共计20.45千克，甲基苯丙胺含量为41.1%~42.3%。一、二审对金某某判处死刑。最高人民法院复核后认为，该案查获的只有甲基苯丙胺半成品，金某某能否制出成品处于不确定状态；在案证据也未反映金某某以前还有制贩毒经历，且其归案后如实供述主要犯罪事实，故裁定不核准死刑，发回重新审判。②

4. 制出的毒品成品数量未达到实际掌握的死刑适用数量标准的，应区别情形处理。《2023年毒品纪要》提出，已制出的毒品成品数量未达到实际掌握的死刑适用数量标准的，判处被告人死刑应当慎重。“慎重”意味着可判处死刑，但不能轻易判处，需要根据不同情形稳妥处理。大体上，对此类案件可以把握一个折中的死刑适用标准，比查获的毒品全部为半成品的案件更体现政策的严厉性，但又适当宽于制造出的毒品成品数量达到实际掌握的死刑数量标准的案件。按照所制出的毒品成品和半成品的对比关系，此类案件可分为多种类型：少量成品 + 大量半成品，成品和半成品数量大致各占一半，大部分成品 + 少量半成品。其中，制出的成品数量很少，远低于实际掌握的

① 参见中华人民共和国最高人民法院刑事审判第一、二、三、四、五庭主办：《刑事审判参考》（总第112集），法律出版社2018年版，第63–69页。

② 该案是笔者在工作中了解到的案例。

死刑数量标准的，一般不能判处死刑。而制造的成品数量接近实际掌握的死刑数量标准，并查获大量毒品半成品的，特别是被告人有累犯、毒品再犯等从重处罚情节的，可以判处死刑。值得注意的是，对此类案件通常需要分析查获的毒品半成品大致能够制出的成品数量，但不能直接根据半成品的含量来推算，而需要综合考虑制毒原料的数量、所采取的制毒方法、工具和涉案人员的制毒技术水平等多方面因素。

问 对毒品共同犯罪，如何把握死刑适用标准？ 170

答：对该问题，实践中存在不同认识。有意见认为，毒品犯罪性质很严重，在毒品共同犯罪的死刑适用上也要体现政策的严厉性，各共同犯罪人的毒品数量分别达到实际掌握的死刑适用数量标准的，一般就要考虑分别判处死刑。这种意见充分体现了惩处的严厉性，不能说完全不合理，但它实际上是量刑方面“唯数量论”的体现，也难以与严格控制、慎重适用死刑的政策之间保持平衡。《刑法》第 48 条规定，死刑只适用于罪行极其严重的犯罪分子。在现阶段还需要保留死刑的情况下，如何体现对死刑的严格控制和慎重适用，一直是刑事司法工作中的难题。对于故意杀人、抢劫致死、绑架致死等命案，经过多年的司法实践，现在普遍的认识和做法是，对于二人或者多人致死一人的案件，原则上只判处一人死刑。对此，最高人民法院 2010 年制定的《宽严相济意见》第 31 条明确提出：“对于一般共同犯罪案件，应当充分考虑各被告人在共同犯罪中的地位和作用，以及在主观恶性和人身危险性方面的不同，根据事实和证据能分清主从犯的，都应当认定主从犯。有多名主犯的，应在主犯中进一步区分出罪行最为严重者。对于多名被告人共同致死一名被害人的案件，要进一步分清各被告人的作用，准确确定各被告人的罪责，以做到区别对待；不能以分不清主次为由，简单地一律判处重刑。”

如果说严重暴力犯罪的社会危害并不小于甚至大于毒品犯罪，对此类共同犯罪仍需要控制死刑适用，那么，对毒品共同犯罪也应当贯彻好严格控制死刑适用的刑事政策，执行好“毒品数量＋其他情节”的量刑规则，注重慎重、“精准”适用死刑，不能简单以各共犯人涉案的毒品数量分别达到死刑适用标准为由都判处死刑。为此，《2008 年毒品纪要》提出：“共同犯罪中能分清主从犯的，不能因为涉案的毒品数量特别巨大，就不分主从犯而一律将被告人认定为主犯或者实际上都按主犯处罚，一律判处重刑甚至死刑。对于共同犯罪中有多个主犯或者共同犯罪人的，处罚上也应做到区别对待。应当全面考察各主犯或者共同犯罪人在共同犯罪中实际发挥作用的差别，主观恶性和人身危险性方面的差异，对罪责或者人身危险性更大的主犯或者共同犯罪人依法判处更重的刑罚。”《2015 年毒品纪要》也强调了对毒品共同犯罪适用死刑的基本原则：“毒品共同犯罪案件的死刑适用应当与该案的毒品数量、社会危害及被告人的犯罪情节、主观恶性、人身危险性相适应。”其政策精神，就是通过进一步区分各共同犯罪人的责任大小，确保死刑只适用于其中极少数罪行极其严重、罪责最为突出、社会危害极大的犯罪分子。《2015 年毒品纪要》在《2008 年毒品纪要》的基础上，对毒品共同犯罪的死刑适用问题进一步作了细化规定，《2023 年毒品纪要》基本延续了《2015 年毒品纪要》的相关规定，并完善了具体规则，更为严格地控制死刑适用。

根据上述会议纪要的规定和当前司法实践，在毒品共同犯罪的死刑适用方面要注意以下问题。

1. 对涉案毒品数量超过实际掌握的死刑数量标准，但尚未达到数量巨大的共同犯罪案件，一般至多判处一人死刑。《2015 年毒品纪要》提出，涉案毒品数量刚超过实际掌握的死刑数量标准，依法应当适用死刑的，要尽量区分主犯间的罪责大小，一般只对其中罪责最大的一名主犯判处死刑。《2023 年毒品纪要》对此修改为：“涉案毒品数量超过实际掌握的死刑适用数量标准，但未达到数量巨大，依法应当判处死刑的，要进一步区分主犯间的罪责大小，一般只对其中罪责最大的一名主犯判处死刑。”可见，《2023 年毒品纪要》在这个问题上体现了更为严格的政策控制。这样规定的主要理由是，在涉案毒品数量超过实际掌握的死刑适用数量标准，但尚不属数量巨大的情况下，如果是一人犯罪，最多对此人判处死刑，而共同犯罪中各人的罪责相对分散，犯罪的整体危害也没有增加，故不能因为是共同犯罪反而增加判处死刑的人数。

例如，2014 年 8 月至 10 月间，被告人安某某指使或者伙同被告人陈某某多次前往广东省购买冰毒运回浙江省贩卖。其中，前两次贩卖的 2700 余克冰毒已售出，未能查获；二人第三次购得冰毒在返回途中被抓获，公安人员当场查获冰毒 982.52 克、海洛因 0.96 克。在共同犯罪中，安某某为主出资和销售毒品，分配非法获利，作用大于陈某某，且安某某曾因犯寻衅滋事罪、绑架罪被判刑，系累犯。最高人民法院复核后，以贩卖、运输毒品罪核准安某某死刑。按照该案认定的毒品数量，至多判处其中一人死刑，经对比二人的地位作用，可以认定安某某的罪责大于陈某某，故对安某某判处死刑是妥当的。①

对该项规则的理解，还有一些值得注意的具体问题：（1）在罪责相对较大的主犯因具有法定从宽处罚情节而未判处死刑的情况下，对其他罪责相对小些的主犯不能“升格”适用死刑，即要克服“唯数量论”观念，不能因为某个案件的涉案毒品数量达到了死刑适用标准，就必须判处一人死刑，关键是要做到罪刑相称、罚当其罪。②（2）《2023 年毒品纪要》提出，涉案毒品数量刚超过实际掌握的死刑适用数量标准，共同犯罪人地位和作用相当或者责任大小难以区分，且均不具有法定从重处罚情节的，可以不判处被告人死

---

① 这是笔者在工作中了解到的案例。又如，被告人刘某普、凌某春伙同他人贩卖的毒品种类多、数量大（包括冰毒、“麻古”、氯胺酮、咖啡因、硝甲西泮等，折算后累计 1500 余克），二人系共同犯罪中起组织、指挥作用的主犯，且刘某普系累犯和毒品再犯（曾因贩卖毒品罪被判刑 11 个月）。一、二审对二人判处死刑。最高人民法院复核后，认为凌某春在共同犯罪中的地位、作用次于刘某普，核准刘某普死刑，改判凌某春死缓。参见中华人民共和国最高人民法院刑事审判第一、二、三、四、五庭主办：《中国刑事审判指导案例》（第 5 卷）（增订第 3 版），法律出版社 2017 年版，第 480–483 页。该案发生在 2008 年，且涉及多种新类型毒品，当时实际掌握的死刑适用数量标准较低。

② 例如，在杨某练、高某雷贩卖、运输毒品案中，二人两次贩卖、运输冰毒约 3468 克、“麻古”约 28 克。一审以二人地位作用基本相当，且杨某练有协助抓获上家的重大立功表现，对高某雷判处死刑，对杨某练判处死缓，二审维持原判。最高人民法院复核后，认为高某雷在共同犯罪中的地位作用略小于杨某练，在杨某练因有从宽处罚情节而判处死缓的情况下，不能对高某雷“升格”适用死刑，且高某雷到案后如实供认犯罪，第二起事实中的毒品均被查获，故裁定不核准死刑，发回重审。该案发生在 2014 年。参见中华人民共和国最高人民法院刑事审判第一、二、三、四、五庭主办：《刑事审判参考》（总第 115 集），法律出版社 2019 年版，第 79–85 页。

刑。这是在《2008 年毒品纪要》和《2015 年毒品纪要》基础上重申的一项规则，体现了慎重适用死刑的政策精神。[①] 不过，如果某个被告人的罪责并不明显大于其他共同犯罪人，但具有突出的法定从重处罚情节（如曾因毒品犯罪被判处死缓或者无期徒刑，刑满释放不久或者在暂予监外执行期间又实施本次毒品犯罪），则仍可能被判处死刑。（3）在涉案毒品数量超过实际掌握的死刑数量标准但尚未达到数量巨大的情况下，一般不得判处二人死刑。《2015 年毒品纪要》曾规定，涉案毒品数量刚超过实际掌握的死刑数量标准，“二名主犯的罪责均很突出，且均具有法定从重处罚情节的，也要尽可能比较其主观恶性、人身危险性方面的差异，判处二人死刑要特别慎重”。这是针对当时司法实践中的特殊情形提出的指导意见，目的是尽量限制对此类情况判处二人死刑。《2023 年毒品纪要》没有重申该项规定，进一步说明当前原则上不赞成对此类案件判处二人死刑，只有在极为特殊的情况下（如涉案毒品数量接近数量巨大标准，且二人均具有特别严重的法定从重处罚情节），才可以考虑同时对二人判处死刑。

2. 共同犯罪中一案判处二人以上死刑的条件。首先可以肯定，根据《2008 年毒品纪要》和《2015 年毒品纪要》的精神，不鼓励一案判处二人以上（特别是三人以上）死刑，但实践中确实存在一案判处二人甚至多人死刑的毒品犯罪案件。《2015 年毒品纪要》针对共同犯罪中判处二人以上死刑的情形作了规定：“涉案毒品数量达到巨大以上，二名以上主犯的罪责均很突出，或者罪责稍次的主犯具有法定、重大酌定从重处罚情节，判处二人以上死刑符合罪刑相适应原则，并有利于全案量刑平衡的，可以依法判处。”《2023 年毒品纪要》基本重申了该项规则，但删去了其中的“重大酌定从重处罚情节”，只保留了“法定从重处罚情节”。据此，毒品共同犯罪案件中判

---

① 例如，2010 年被告人阿某某呷与女友阿某某某牛共同出资购买海洛因 344 克，阿某某呷还应阿某某某尾请求为其代购 693 克海洛因，并交由后者指派的人运回。阿某某呷虽对共计 1037 克海洛因承担责任，但对他人购买的 693 克海洛因只起到无偿代购作用，三人的责任相对分散，且阿某某呷系初犯，毒品也在运输途中被查获，故最高人民法院裁定不核准阿某某呷死刑，发回重审。参见中华人民共和国最高人民法院刑事审判第一、二、三、四、五庭主办：《刑事审判参考》（总第 96 集），法律出版社 2014 年版，第 111–114 页。

处二人以上死刑应当具备以下条件：（1）涉案毒品达到数量巨大以上；（2）两名以上主犯的罪责均很突出，或者个别主犯罪责稍次但具有法定从重处罚情节；（3）判处二人以上死刑符合罪刑相适应原则，并有利于全案量刑平衡。这3个条件缺一不可，前两个条件相对具体、明确，第三个条件是辅助性、补充性的，起平衡作用。实践中，对共同犯罪案件同时判处二人死刑的情形并不少见。[①]

在理解、适用《2023年毒品纪要》的上述指导意见时，有如下问题值得注意：（1）关于毒品"数量巨大"和"数量特别巨大"的界定。二者不是《刑法》规定的概念，而是《2008年毒品纪要》《2015年毒品纪要》和《2023年毒品纪要》分别使用的，目的是通过划分毒品的数量层次，更好地规范、明确死刑适用规则。[②]目前，司法工作中对"数量巨大"和"数量特别巨大"是以实际掌握的死刑适用数量标准为基准的，主要采取某种倍数关系来认定，但还没有完全形成定论，需要继续总结经验，尽快合理确定。（2）《2023年毒品纪要》的上述指导意见虽然采用的是"判处二人以上死刑"，但重点是"二人"而不是"以上"。在起草《2015年毒品纪要》过程中曾考虑写入一案判处三人死刑的具体标准，当时在数量标准上采取了"数量特别巨大"的表述，后来考虑到判处三人死刑毕竟是极为例外的情形，也不应鼓励实践中这么做，故最后没有明确写入。《2023年毒品纪要》的规定也体现了这种意图。

---

① 例如，2007年被告人王某陆、李某伙同他人共同贩卖、运输海洛因4120克，二人均系主犯，王某陆的罪责最大，李某的罪责相对小于王某陆，鉴于李某曾因贩卖毒品罪被判刑15年，系毒品再犯，故判处二人死刑。参见中华人民共和国最高人民法院刑事审判第一、二、三、四、五庭主办：《中国刑事审判指导案例》（第5卷）（增订第3版），法律出版社2017年版，第427–428页。又如，2014年被告人常某、吴某伙同他人运输海洛因42.52千克、"麻古"5.965千克被查获，常某起组织、指挥作用，吴某的作用略小于常某，二人均被判处死刑。参见中华人民共和国最高人民法院刑事审判第一、二、三、四、五庭主办：《刑事审判参考》（总第120集），法律出版社2020年版，第69–75页。另外，在最高人民法院近年来公布的"6·26"禁毒宣传典型案例中，也常有一案判处二人死刑的案例。

② 其中，《2008年毒品纪要》有两处使用了"数量特别巨大"，《2015年毒品纪要》有3处使用了"数量巨大"，1处使用了"数量特别巨大"，《2023年毒品纪要》有5处使用了"数量巨大"。一些案件中，对涉案毒品是否属于"数量巨大"或者"数量特别巨大"的认识不统一，进而影响死刑适用。

可以说，对于毒品共同犯罪，判处一人死刑属依法进行，该判处的要判处，但判处二人死刑就属于少数情形，要严格把握条件、慎之又慎，判处三人以上死刑应当是极为例外，虽不能完全禁止但绝不应鼓励，此种情形少之又少才符合国家严格控制、慎重适用死刑的刑事政策。

例如，被告人何某某、宋某某、林某等人 4 次共同制造冰毒 5268.5 克、冰毒半成品 2269 克，何某某还另行购买了甲基苯丙胺，除吸食、销毁的部分和在制毒现场查获的外，其余毒品均被何某某直接贩卖或者伙同他人予以贩卖。一、二审对何某某、宋某某、林某三人判处死刑。最高人民法院复核后认为，何某某在整个制贩毒犯罪中起组织、指挥作用，系罪行最为严重的主犯，其虽有协助抓获部分上下家毒贩的重大立功表现，但不足以从轻处罚。被告人宋某某参与制造甲基苯丙胺的各个环节，是罪责突出的主犯。被告人林某掌握制毒技术，亦系主犯，但其受宋某某邀约参与制毒，地位作用小于何、宋二人。据此，裁定核准何某某、宋某某死刑，改判林某死缓。[①]

3. 对家庭成员共同犯罪，一般只对其中罪行极其严重且罪责最突出的一人适用死刑。《2008 年毒品纪要》曾提出，家庭成员共同实施毒品犯罪，其中起主要作用的被告人已经被判处死刑，对其他罪行相对较轻的被告人，可以不判处死刑。这一指导意见立足于中华传统文化中的“恤刑”思想，所体现的是刑罚人道主义，《2023 年毒品纪要》虽然没有明确重申该项规定，但其政策精神对案件审理仍然具有参照性。需要注意的是，该项指导意见的文字表述不是很严密，“其他罪行相对较轻的”似乎不属于罪行极其严重，甚至会被人误以为是从犯，但实际上想表达的是，即使二人以上均属罪行极其严重，也要尽可能比较罪责大小，只对其中罪责最突出的一人适用死刑，尽量不对同一家庭中的二名以上成员适用死刑。这种做法是在共同犯罪适用死刑

① 这是笔者在工作中了解到的案例。以往实践中存在一案判处 3~4 人死刑的案件。例如，黄某等人走私大麻案判处 3 人死刑，刘某等人贩卖、运输毒品案判处 3 人死刑，张某林等人走私、贩卖、运输毒品案判处 4 人死刑。分别参见中华人民共和国最高人民法院刑事审判第一、二、三、四、五庭主办：《中国刑事审判指导案例》（第 5 卷）（增订第 3 版），法律出版社 2017 年版，第 313–316、330–332、414–417 页。但这种一案判处多人死刑的做法属于极为例外的情况，随着死刑政策和适用规则的不断完善，这些早期案例的参考价值也在下降。

政策标准上进一步体现对死刑的慎重适用。如果说在相同案情下，对普通共同犯罪案件可以一案判处二人死刑，对家庭成员共同实施毒品犯罪的，就不能如此处理。这里的“家庭成员”宜作相对较宽的理解，并不限于生活在同一个家庭的成员（如父子、母女、夫妻），也包括不在一个家庭生活的近亲属（如兄弟、翁婿、舅甥）。大体上，亲属关系越紧密，越要体现刑罚适用的人道性，亲属关系较远的，则不必过多考虑该因素对量刑的影响。

例如，在被告人侯某齐等人走私、贩卖毒品案中，侯某齐之妹侯某珍、之妻杨某芬、之子侯某山、之女侯某姬均参与犯罪。其中，侯某山参与了3次犯罪，涉案毒品数量巨大，鉴于其是在侯某齐带领下参与犯罪，主要任务是开车运输毒品，虽然是主犯，但作用相对小于其父侯某齐，在对侯某齐判处死刑的情况下，对侯某山可以改判死缓。[①] 又如，在被告人练某明、练某伟等人贩卖、运输毒品案中，练氏二人系同胞兄弟，练某伟参与贩卖、运输海洛因11次共计20余千克，系主犯，鉴于其是在练某明指使、安排下参与犯罪，其行为带有一定被动性，地位、作用小于练某明，在其兄练某明已经判处死刑的情况下，对其不宜再判处死刑立即执行，最高人民法院对其改判为死缓。[②]

问 对毒品犯罪的上下家，如何把握死刑适用标准？ 171

答： 对毒品犯罪的上下家如何准确适用死刑，以及能否同时判处上下家死刑，是实践中的重要问题。《2008年毒品纪要》没有规定该问题，《2015年毒品纪要》明确了毒品犯罪上下家适用死刑的基本原则和主要考虑因素，并

---

① 该案发生在2003—2004年，一审判处6人死刑，二审维持4人死刑，最高人民法院复核后核准2人死刑，改判2人死缓。参见中华人民共和国最高人民法院刑事审判第一、二、三、四、五庭主办：《中国刑事审判指导案例》（第5卷）（增订第3版），法律出版社2017年版，第391–394页。

② 该案发生在2004年，一审判处7人死刑，二审维持5人死刑，最高人民法院核准4人死刑、改判1人死缓。参见中华人民共和国最高人民法院刑事审判第一、二、三、四、五庭主办：《中国刑事审判指导案例》（第1卷）（增订第3版），法律出版社2017年版，第133–138页。

结合毒品数量及其他犯罪情节，对买卖同宗毒品上下家的死刑适用问题作了规定。《2023 年毒品纪要》重申了这些规定，但在表述上作了完善。以下从 3 个层面进行分析。

1. 对上下家适用死刑的基本原则——区别对待、慎重适用

首先要明确，毒品犯罪的上下家之间不是共同犯罪，共同犯罪是分工合作、共同实现同一个目标，行为人之间是“合力”关系，共同承担责任；毒品犯罪的上下家虽然在毒品交易上密切关联，常常存在一定合作（预谋、事先付款、相互帮助促成交易等），但在犯罪链条中是相对独立的环节，行为人之间是“对向”关系，通过各自贩卖获得利润，分别对自己的罪行承担责任。[①] 以往观念中，因上下家是“各负其责”，故对上下家把握的死刑适用标准宽于共同犯罪，容易出现一案判处二人以上死刑的做法；即使判处一人死刑，也多以上家是毒品来源而判处上家死刑。

与对毒品共同犯罪的处理原则类似，《2015 年毒品纪要》在毒品上下家适用死刑问题上，也强调了区别对待和慎重适用死刑的原则。《2023 年毒品纪要》在此基础上重申：“对于贩卖毒品的上下家，应当结合其贩毒数量、次数及对象范围，犯罪的主动性，对促成交易所发挥的作用，犯罪后果等因素，综合考虑其主观恶性和人身危险性，决定是否适用死刑。”这实际上就是要求对毒品犯罪上下家进一步区分罪行严重程度，综合考虑影响量刑的各种因素，实现罚当其罪和量刑平衡，确保慎重、准确地适用死刑，而不是简单地对上下家同时判处死刑或者仅对上家判处死刑。

对上述规定，可以从以下几个方面加以把握：（1）犯罪情节的严重程度。主要是指上下家的贩毒数量、次数及贩卖对象的范围等，如有无多次、大量、向多人贩卖，上下家中谁的贩毒数量和次数更多，上家除该下家之外有无其他下家，下家除该上家之外有无其他上家等。（2）在毒品交易中的主动性、主导性。主要是指谁对交易的发起、促成起更大作用，如是下家主动向上家约购毒品，还是上家积极联络销售毒品；是上家持毒待售，还是根据下家的要约再向他人寻购毒品；是下家先付款还是待售出毒品后再付款；涉及

① 关于毒品交易上下家与共同犯罪的区别，本书第十二章“毒品共同犯罪的认定”中作了解答。

运输的，是上家“送货上门”，还是下家自行运输；等等。（3）犯罪行为的现实危害。主要是指毒品是否大量售出，是否流入社会，是否存在跨地域长途贩运，导致毒品从毒源地向外扩散等。（4）被告人的主观恶性和人身危险性。主要是指上下家是否属于毒品犯罪集团的首要分子、职业犯、惯犯，从事毒品犯罪时间长短，有无累犯、毒品再犯、武装掩护、抗拒抓捕等量刑情节。

2. 买卖同宗毒品上下家的死刑适用

所谓同宗毒品，包括完全同宗的毒品和大部分同宗的毒品，可以是一次交易，也可以是两次以上交易。此类案件中，上下家的贩毒数量、次数等犯罪情节基本相同，在决定死刑适用时，主要综合考虑犯罪的主动性、造成的现实危害和主观恶性、人身危险性等因素。根据《2023年毒品纪要》，涉案毒品数量超过实际掌握的死刑适用数量标准，但未达到数量巨大的，对上下家一般不能同时判处死刑。此时对上家还是下家适用死刑，要进一步区分二者在交易中的行为表现，特别是对促成交易所发挥的作用。一些地方考虑到上家更接近毒品源头，通常对上家适用死刑，即“上下家都在案的判处上家死刑”。实际上，对此不能一概而论，还是应根据案件的具体情况进行判断。上下家的身份具有相对性，这个交易环节的下家在下一个交易环节中就是上家，而本案的上家也很可能是其他人的下家。因此，决定死刑适用的关键，不是仅看被告人是上家还是下家，而是要看哪一方对毒品交易的发起更为主动、哪一方对毒品交易的达成作用更大、哪一方造成的现实危害更大，并结合双方所具有的法定、酌定量刑情节综合判定，不能把“判上家死刑而不判下家”作为一项原则。正如《2023年毒品纪要》所提出的，“上家持毒待售或者已掌握毒品来源，主动联络销售毒品，积极促成毒品交易的，可以考虑判处上家死刑；下家积极筹资，主动向上家约购毒品，对促成毒品交易起更大作用的，可以考虑判处下家死刑”。这样把握此类案件的死刑适用规则，才更符合罪责刑相适应原则。

例如，2013年被告人张某建先后4次从被告人贺某波处购买冰毒共计约3300克。张某建是贺某波的下家，但张某建还有其他上家，实际贩毒数量比判决书认定的更多；张某建在同贺某波的交易中始终积极、主动，贺某波并非持毒待售，而是在张某建约购后再购入毒品卖给张某建；张某建是贺某波的主要下家，张某建购得毒品后贩卖给多人，造成的实际危害大于贺某波；张某建曾先后因犯抢劫罪、寻衅滋事罪、贩卖毒品罪被判刑，系职业毒贩和毒品再犯，在因病被暂予监外执行期间又贩卖毒品，主观恶性深、人身危险性大，贺某波也曾因犯抢劫罪被判刑，但不属于累犯和毒品再犯。综合来看，下家张某建的罪行大于上家贺某波，故法院对张某建判处死刑，对贺某波判处死缓。①

又如，在孙某志、王某林、梁某久等人贩卖毒品案中，被告人梁某久等人从外省到四川向被告人王某林寻购毒品，但因毒品质量问题交易不成功，王某林遂联系被告人孙某志，并通知梁某久等人前往孙某志所在城市进行交易，孙某志又向赵某（在逃）购买毒品。孙某志贩卖的毒品为冰毒、海洛因共计 1268 克（卖出 858.25 克），王某林贩卖的毒品数量（包括冰毒、海洛因共计 1427.6 克及其他毒品 210 余克）大于孙某志。孙某志虽系王某林的上家，但王某林居中协调毒品交易，其行为比孙某志积极、主动，对促成交易所起作用更大；孙某志虽系毒品再犯，但前罪不重，且到案后如实供述罪行，认罪态度较好。综上，在对王某林判处死缓的情况下，对孙某志判处死刑，量刑不均衡，故最高人民法院不核准孙某志死刑。②

另外，需要注意的是，上下家中罪责更大的一方因具有重大立功表现等从宽情节而不判处死刑的，对另一方罪责相对小的被告人不能“升格”判处死刑。例如，被告人莫某某与薛某某是上下家，该案认定的贩卖冰毒数量是 2700 余克（均被查获，从毒资往来情况看贩毒数量应为 4000 克），对此类案件不宜同时判处上下家死刑，可选择罪责突出的一人适用死刑。下家薛某某在犯罪中积极、主动，所起作用相对大于莫某某，而薛某某因具有重大立功表现被判处死缓，在此情况下对莫某某判处死刑会导致量刑不均衡，故最高

---

① 参见中华人民共和国最高人民法院刑事审判第一、二、三、四、五庭主办：《刑事审判参考》（总第 110 集），法律出版社 2018 年版，第 10–17 页。亦可参见聂昭伟：《贩卖毒品案件中上下家的罪责区分及死刑适用》，载《人民司法（案例）》2016 年第 17 期。

② 该案发生在 2010 年。参见中华人民共和国最高人民法院刑事审判第一、二、三、四、五庭主办：《刑事审判参考》（总第 112 集），法律出版社 2018 年版，第 77–85 页。

人民法院裁定不核准莫某某死刑，发回重审。[①]

3. 一案判处二人以上死刑的情形

在这方面，《2023 年毒品纪要》重申了《2015 年毒品纪要》的规定："涉案毒品数量达到巨大以上的，也应综合考量上述因素决定死刑适用，同时判处上下家死刑符合罪刑相适应原则，并利于实现全案量刑平衡的，可以依法判处。"也就是说，贩卖毒品数量达到巨大以上的，也不是必然就同时判处上下家死刑，仍然要结合其贩毒数量、次数及对象范围，犯罪的主动性，对促成交易所发挥的作用，犯罪行为的危害后果等因素，综合考虑其主观恶性和人身危险性作出决定。如果涉案毒品数量达到巨大以上，上下家均积极主动，对促成交易所发挥的作用相当，特别是各自都具有累犯、毒品再犯等从重处罚情节，同时判处上下家死刑符合罪刑相适应原则并有利于全案量刑平衡的，才可以同时对上下家判处死刑。

例如，在吴某、常某平、信某明等人贩卖毒品案中，被告人吴某是常某平的上家，其贩卖的海洛因共计 4650 克，常某平贩卖的海洛因共计 2830 克，信某明伙同他人或单独从常某平处购得海洛因后再予出售，贩卖的海洛因共计 1820 克。一、二审对三人判处死刑。最高人民法院复核后认为，吴某、信某明贩卖毒品数量巨大，分别是当地贩毒网络的源头和毒品直接向社会扩散的关键环节，且二人均无从宽处罚情节，应当判处死刑。常某平论罪该判处死刑，但其到案后如实供述犯罪事实和同案犯，对查清全案犯罪事实和固定重要证据起到了重要作用，故改判死缓。[②] 又如，2011 年被告人陈某亮多次贩卖、运输甲基苯丙胺和甲基苯丙胺片剂共计 3500 余克，被告人于某库是陈某亮的上家，贩卖该两种毒品共计 2800 余克。法院认为，陈某亮多次贩卖、运输毒品数量大，且曾因犯盗窃罪、抢劫罪被判处无期徒刑，虽有重大立功表现，但不足以从轻处罚；于某库贩卖毒品数量大，且其曾两次因犯贩卖毒品罪被判刑，系毒品再犯，应依法从重处罚。据此，对陈某亮、于某库判处

---

① 这是笔者在工作中了解到的案例。

② 该案发生在 2003—2004 年，当时实际掌握的死刑适用数量标准较低。参见中华人民共和国最高人民法院刑事审判第一、二、三、四、五庭主办：《中国刑事审判指导案例》（第 5 卷）（增订第 3 版），法律出版社 2017 年版，第 388-391 页。

并核准死刑。[①]

值得注意的是，实践中涉及同宗毒品交易的情形多种多样。有的是上下家进行了多次交易，并分别主动发起交易，行为都很主动、积极；有的上下家同时也实施了共同犯罪，如甲向乙贩卖毒品后二人又合作贩卖毒品；有的上下家双方都有多人参与，需要在各自的共同犯罪中区分罪责最大者；有的是多起涉案事实中部分属于同宗毒品，其他不属于同宗毒品；等等。由此在死刑适用方面增加了判断难度，需要做更多细致的比较、区分。《2023 年毒品纪要》也提出："多名共同犯罪人、上下家针对同宗或者部分同宗毒品实施犯罪的，综合运用前述毒品共同犯罪、上下家犯罪的死刑适用原则予以处理。"例如，2011—2012 年间被告人张某先是与多人结伙贩毒，后与被告人王某贵合作贩毒，被认定贩卖甲基苯丙胺 5145 克，是当地重要毒品源头，有众多下家；王某贵原是张某的上家，后二人合作贩毒，查获王某贵贩卖甲基苯丙胺 4591 克，另有大量贩毒行为；被告人周某会系王某贵的上家，但其并非持毒待售，而是居中倒卖，其收到王某贵的毒资后再向他人购进毒品出售，在毒品交易中有一定被动性，作用小于王某贵，且其贩卖毒品的数量少于张某、王某贵，获利尚不及王某贵从张某处获取的差价。一、二审判处 3 人死刑，但最高人民法院裁定核准张某、王某贵死刑，对周某会改判死缓。[②]可见，该案最终判处的是两名下家死刑，而对上家改判死缓。

问 对关联犯罪人未到案的毒品案件，如何把握死刑适用标准？ 172

答：这里所说的关联犯罪人，包括毒品犯罪案件中的共同犯罪人（如合伙贩毒者、居间介绍者、运输毒品的雇主、制造毒品的出资者等），也包括毒品犯罪案件中的上家或者下家。"未到案"主要是指关联犯罪人在逃，也包

① 该案是最高人民法院 2015 年发布的"6·26"禁毒宣传典型案例之一。

② 参见中华人民共和国最高人民法院刑事审判第一、二、三、四、五庭主办：《刑事审判参考》（总第 114 集），法律出版社 2019 年版，第 95-102 页。

括死亡的情形，不包括已到案但被分案处理的情形。[①]《2015年毒品纪要》对部分共同犯罪人在逃案件的死刑适用问题作了规定，《2023年毒品纪要》重申了这些规定，并完善了文字表述。以下从3个层面进行分析。

1. 关于部分共同犯罪人未到案情形的死刑适用

实践中，此类案件的死刑适用存在的问题较多，《2023年毒品纪要》规定了3种情形（1种可以判处死刑+2种不能判处死刑）:（1）在案被告人的罪行最为严重，或者在案被告人与未到案共同犯罪人均属罪行极其严重，共同犯罪人到案与否不影响对在案被告人适用死刑的，可以依法判处。这包括一案可判处1人或者2人死刑的情形。（2）在案被告人的罪行不足以判处死刑，或者根据已查明的事实全案只宜判处未到案共同犯罪人死刑的，不能因为共同犯罪人未到案而对在案被告人升格适用死刑。（3）因共同犯罪人未到案，影响对在案被告人的罪责认定，进而影响准确适用死刑的，不能对在案被告人判处死刑。第（3）种情形实际上是证据问题，既然无法准确认定在案被告人的罪责大小，就意味着证据情况没有达到判处死刑的要求，故不能对在案被告人判处死刑。

例如，2011年被告人叶某比初、跑某此尔与阿某沙务（叶某比初的岳父，在逃）共谋前往境外购买海洛因，跑某此尔邀约阿某此黑参与出资，阿某沙务、叶某比初雇用叶某你沙（在逃）帮助运输毒品，并雇用阿某次吾探路。除叶某比初外，阿某沙务带领其他4人进入缅甸购得22块海洛因，并将毒品运输入境，后由临时赶来的迪某俄鬼携带毒品乘坐班车运输，途中被查获，共计22块海洛因，净重7630克。另外，2010年叶某比初曾参与另一起贩运海洛因，其负责向缅甸毒贩汇款，被查获的海洛因为38块，净重13,070克。一、二审对叶某比初、跑某此尔判处死刑。最高人民法院复核后认为，跑某此尔参与预谋，自己出资4万元并纠集他人参与出资4万元，参与到境外购毒，指挥他人接运毒品，自己负责探路，负责路费开支，系主犯，但地

---

① 司法实务中常用“另案处理”一词，该用语的本意是指犯罪嫌疑人已经到案，但因其个人犯罪事实复杂、生病、怀孕、未成年等情形而未被并案处理。但有的场合对在逃人员也表述为“另案处理”，则容易让人产生误解，至少没有客观表明此人究竟是否到案，故本书认为，在法律文书中对在逃人员应当标注为“在逃”而不是“另案处理”。

位、作用小于阿某沙务和叶某比初，在阿某沙务在逃的情况下，对跑某此尔的处理应留有余地，故核准叶某比初死刑，改判跑某此尔死缓。①

又如，2012年7~8月间被告人陈某武与陈某（在逃）共谋到云南购买毒品，并分别邀约陈某友、李某兵和陈某权（在逃）一同前往。陈某武、陈某等4人偷渡到缅甸查验毒品样品、商议购买事宜。其间，被告人李某光、张某勇分别汇款给陈某武代购毒品。后陈某武驾车与陈某等人在前探路，李某兵驾车携带毒品在后跟随，在西双版纳州境内被拦截，查获海洛因2760克、“麻古”9015克。一、二审对陈某武、李某光判处死刑。最高人民法院复核认为，被告人陈某武伙同陈某共谋贩毒，纠集陈某友参与，邀约李某光、张某勇购买毒品，亲自赴境外检验样品、商议价格，出资巨大，是罪责最严重的主犯之一。另两名主犯陈某、陈某权虽在逃，但从现有证据看，陈某武的作用比陈某、陈某权略大或至少相当，故核准陈某武死刑。李某光受邀参与贩毒，未参与运输毒品，所购毒品数量尚难确定，且到案后如实供述罪行，对其改判死缓。②

2. 关于上下家中部分人未到案情形的死刑适用

毒品犯罪具有典型的链条特征，部分人在逃是司法实践中的常见情形。上下家中有部分人员未到案的，对到案的被告人判处死刑要很慎重，要特别注意量刑平衡问题。如果在逃人员可能比在案被告人的地位作用更大或现有

---

① 参见中华人民共和国最高人民法院刑事审判第一、二、三、四、五庭主办：《刑事审判参考》（总第100集）法律出版社2015年版，第83–90页。

② 参见中华人民共和国最高人民法院刑事审判第一、二、三、四、五庭主办：《刑事审判参考》（总第112集），法律出版社2018年版，第70–76页。另外，较早发生的宋某军运输毒品案也因涉案人员在逃而改判死缓。该案案情是，2005年1月被告人宋某军、叶某军与杨某（在逃）携带一个藏有海洛因的行李包（由宋某军随身携带），乘坐客车从四川省到达福建省石狮市，三人转乘出租车准备前往福州，在泉州市接受例行检查时被查获，当场查获海洛因998克，但杨某逃脱。一、二审对宋某军判处死刑，对叶某军判处死缓。叶某军供称，杨某是毒主，其与宋某军受雇于杨某，其负责监视宋某军。因杨某在逃，三人在共同运输毒品中的地位、作用难以准确查清，不能简单因毒品在宋某军的包里就推定其作用更大。在同案犯叶某军已被判处死缓的情况下，对宋某军判处死刑很可能出现量刑失衡问题。宋某军虽系累犯，但因其所犯前罪为犯罪未遂（判处徒刑10个月），且不属毒品再犯，据此，最高人民法院对宋某军改判死缓。参见中华人民共和国最高人民法院刑事审判第一、二、三、四、五庭主办：《中国刑事审判指导案例》（第5卷）（增订第3版），法律出版社2017年版，第360–363页。

证据无法确定在逃人员与被告人的地位作用大小，对到案者判处死刑可能会造成量刑不平衡的，不能仅因到案被告人涉案毒品数量已达到死刑适用数量标准而判处死刑。对涉案毒品数量巨大但有罪责严重者未到案的案件，不能为了体现严惩而轻易判处二人死刑。当然，如果一案可以判处二人死刑，且在案者的罪责很突出，判处死刑完全符合罪刑相适应原则的，即便未到案者的罪责可能略大或者相当，也可以对先到案者判处死刑。

例如，2016年被告人孟某某从江苏省前往广东与被告人刘某某联系购买冰毒，二人见面后刘某某介绍孟某某同郑某某（未处理）认识，郑某某即打电话向上家约购毒品。次日，郑某某带回毒品交给孟某某，孟某某即驾车携带毒品返回江苏，后在盐城市被抓获，当场查获冰毒11.9千克。一、二审对孟某某、刘某某判处死刑。最高人民法院复核后认为，孟某某系毒品约购者、出资者和所有者，且跨省交易毒品，并雇人前往广东运输毒品，对促成毒品交易所起作用最大，可以核准死刑。但刘某某的作用介于上家和介绍者之间，所起作用明显小于下家孟某某，也难以认定其作用大于郑某某，且郑某某因不认罪而未被追究刑事责任，遂改判刘某某死缓。[①]

3. 关联案件的处理平衡问题

关联犯罪人中部分人员在逃会形成关联案件，对已到案者的处理需要考虑与未到案者的平衡，但也有一部分关联案件并非同案犯在逃引发，可能是出于侦查策略（不宜同时抓捕），也可能是案件管辖问题引发或者人为拆分案件引发。有的案件可能在同一个法院先后审理，有的则可能在不同地市甚至不同省份审理。关联案件的审理，在事实认定和定罪量刑方面都可能出现矛盾之处。例如，本案中认定甲向乙购买了毒品，另案中则可能无法认定乙向甲贩卖了毒品；本案中认定甲向乙贩卖了500克冰毒，另案中则只能认定乙向甲购买了300克冰毒（另200克无法证实）；本案中认定丙参与了某起毒品交易，另案中则不能认定丙参与了该起交易（证据不足）；本案中对甲认定为贩卖、运输毒品罪，另案中对共同犯罪人乙只能认定为运输毒品罪（认定参与贩卖的证据不足）；本案中对先到案的上家甲判处了死刑，另案中发现下

① 这是笔者在工作中了解到的案例。

家乙比甲的罪责更大，但对乙不能再判处死刑（涉案毒品数量只适合对上下家中一人判处死刑）；等等。

为准确适用死刑，防止处理不平衡，了解关联案件的处理进展是工作中需要关注的重要问题。对此，《2015年毒品纪要》规定："办理毒品犯罪案件，应当尽量将共同犯罪案件或者密切关联的上下游案件进行并案审理；因客观原因造成分案处理的，办案时应当及时了解关联案件的审理进展和处理结果，注重量刑平衡。"《2023年毒品纪要》专门规定了并案审理问题，[①]并强调："因客观原因造成毒品共同犯罪或者密切关联的上下家犯罪分案审理且无法并案的，应当及时了解关联案件的审理进展和处理结果，充分保障被告人的质证权等诉讼权利，并注重量刑平衡。"实践中有一些案件因关联案件处理不平衡问题而未判处或未核准死刑。

例如，在曾某某贩卖、运输毒品案中，认定其贩卖3000克冰毒的事实系另案被告人卢某某贩卖毒品案中的一起事实，一、二审认定卢某某贩卖冰毒1.4万克，其中卢某某向曾某某贩卖3000克系该案事实，在贩卖其余1.1万克冰毒的事实中，贩卖6000克冰毒的事实不清，贩卖5000克冰毒的事实所涉案件因事实不清而不核准死刑（某高院重审后对该案被告人杨某某判处死缓），故在处理该案时应与卢某某案、杨某某案综合考虑事实认定和量刑平衡问题。同时，曾某某归案后交代上家卢某某并辨认确认，对公安机关破获卢某某案有一定作用。经对该3个关联案件的犯罪事实、贩毒数量进行比较、平衡，最高人民法院裁定不核准曾某某死刑，发回重审。[②]

问 对新类型、混合型毒品犯罪案件，如何把握死刑适用标准？ 173

答：从毒品的性质和种类方面控制死刑适用，是一个很有意义的角度，司法实践中也是这样把握的。总体上，某种毒品对人体的危害越大、滥用情

① 对并案审理问题的详细介绍，可参见本书第二十章中的管辖问题。

② 这是笔者在工作中了解到的案例。

况越严重、制贩案件越多，判处死刑的概率就越高，反之，判处死刑的概率就越低。《2008年毒品纪要》提出，对于国家管制的精神药品和麻醉药品，《刑法》、司法解释等尚未明确规定量刑数量标准，也不具备折算条件的，应由有关专业部门确定涉案毒品毒效的大小、有毒成分的多少、吸毒者对该毒品的依赖程度，综合考虑其致瘾癖性、戒断性、社会危害性等依法量刑；因条件限制不能确定的，可以参考涉案毒品非法交易的价格因素等，决定对被告人适用的刑罚，但一般不宜判处死刑立即执行。《2015年毒品纪要》对此作了更为系统的规定。《2023年毒品纪要》基本延续了《2015年毒品纪要》的规定，并完善了具体规则。

1. 关于甲基苯丙胺片剂（“麻古”）的死刑适用

甲基苯丙胺片剂是以甲基苯丙胺为主要毒品成分的混合型毒品，其甲基苯丙胺含量较晶体状的甲基苯丙胺（冰毒）低，危害后果亦有所不同。在《2015年毒品纪要》发布之前，一些地方对甲基苯丙胺片剂的死刑数量标准按照冰毒的数量标准掌握。但是，根据国家毒品实验室提供的数据，这种片剂状毒品中的甲基苯丙胺含量约在5%~30%之间，而冰毒中甲基苯丙胺的含量约在50%~99%之间。考虑到在数量相同的情况下，甲基苯丙胺片剂所含的有效毒品成分和危害性要小于冰毒，故对其应当适用更高的死刑数量标准。[①] 为此，《2015年毒品纪要》提出，对甲基苯丙胺片剂的死刑数量标准，一般可以按照冰毒的2倍左右掌握，具体可以根据当地的毒品犯罪形势和涉案毒品含量等因素确定。意即，对于实际掌握的冰毒的死刑数量标准较高、甲基苯丙胺片剂中毒品含量较高的省份，可以适当低于前述2倍标准；对于甲基苯丙胺片剂的含量较低、社会危害较小的省份，可以适当高于前述2倍标准。[②]《2023年毒品纪要》基本重申了该项指导意见，但表述上删去了“一

① 例如，2005年被告人赵某波贩卖“麻古”925克被查获，一、二审判处死刑。最高人民法院复核后，以涉案“麻古”未作含量鉴定，不排除甲基苯丙胺含量较低，且均被查获，未流入社会为由，改判死缓。参见中华人民共和国最高人民法院刑事审判第一、二、三、四、五庭主办：《中国刑事审判指导案例》（第5卷）（增订第3版），法律出版社2017年版，第407–409页。

② 对于非死刑案件，根据2016年《毒品犯罪解释》，甲基苯丙胺片剂的定罪量刑数量标准与冰毒一致，但考虑前者的人体危害性相对小于后者，本书认为，量刑时特别是涉及判处无期徒刑或者死缓时，也可以适当体现差别。

般”二字，说明对该数量标准的掌握比以往更严，低于上述数量标准的原则上不得判处死刑。

例如，（1）2006年被告人高某亮、李某望伙同他人贩卖、制造10余千克“麻古”以及其他毒品，对其二人判处并核准死刑。①（2）2007年被告人彭某升接受他人雇请，租车从广东运送冰毒和咖啡因前往河南准备制作“麻古”，在湖南境内被拦截，当场查获冰毒6000克、咖啡因37,000克，其到案后主动供述曾两次贩卖氯胺酮共计2700克，被判处并核准死刑。②（3）2010年被告人曾某平伙同他人多次贩卖、运输“麻古”共计1852.74克，且系罪责最大的主犯，被判处并核准死刑。③（4）2015年被告人周某林伙同他人购买40,490克“麻古”运至云南省景洪市某小区的租房内藏匿，后被公安人员查获；周某林系主犯，且系累犯（曾因犯盗窃罪、非法持有枪支罪被判处14年有期徒刑），被判处并核准死刑。④

2. 关于涉氯胺酮（俗称“K粉”）犯罪的死刑适用⑤

《2015年毒品纪要》提出：“涉案毒品为氯胺酮（俗称‘K粉’）的，结合毒品数量、犯罪性质、情节及危害后果等因素，对符合死刑适用条件的被告人可以依法判处死刑。综合考虑氯胺酮的致瘾癖性、滥用范围和危害性等因素，其死刑数量标准一般可以按照海洛因的10倍掌握。”这一指导意见包括两方面的内容：一是明确了对涉氯胺酮犯罪可以依法适用死刑。这主要针对案件性质为制造、贩卖毒品，涉及多人多宗犯罪，具有多次、大量、向多人贩卖及累犯、毒品再犯等情节的被告人。二是明确了氯胺酮的死刑数量标准。当时考虑，我国滥用氯胺酮人数不断增长，已成为仅次于甲基苯丙胺和海洛因的第三大毒品种类，造成的现实危害也不断加大，对氯胺酮的死刑数

---

① 参见中华人民共和国最高人民法院刑事审判第一、二、三、四、五庭主办：《中国刑事审判指导案例》（第5卷）（增订第3版），法律出版社2017年版，第379–382页。

② 参见中华人民共和国最高人民法院刑事审判第一、二、三、四、五庭主办：《中国刑事审判指导案例》（第5卷）（增订第3版），法律出版社2017年版，第449–452页。

③ 参见中华人民共和国最高人民法院刑事审判第一、二、三、四、五庭主办：《刑事审判参考》（总第105集），法律出版社2016年版，第98–102页。

④ 这是最高人民法院2020年发布的“6·26”禁毒宣传典型案例之一。

⑤ 本书第一章专门介绍了氯胺酮的性质和定罪量刑标准问题。

量标准有调整的必要，故《2015 年毒品纪要》规定对氯胺酮的死刑数量标准一般可以按照海洛因的 10 倍掌握。[①] 显然，在量刑的具体把握上，仍然要坚持“毒品数量 + 其他情节”的标准，不能认为只要涉案氯胺酮达到海洛因 10 倍以上就可以判处死刑。

《2023 年毒品纪要》重申了涉氯胺酮犯罪的死刑适用数量标准，但对其他条件作了更为严格的规定：“综合考虑致瘾癖性、毒害性、滥用范围和犯罪形势等因素，氯胺酮（俗称‘K 粉’，下同）的死刑适用数量标准可以按照海洛因的 10 倍以上掌握。走私、贩卖、制造氯胺酮，数量超过上述标准，且犯罪情节严重、社会危害大，或者具有法定从重处罚情节的，可以判处死刑。”与《2015 年毒品纪要》的上述指导意见相比，修改之处是：（1）删去了数量标准方面的“一般”二字，意味着低于该数量标准的一般不得判处死刑。（2）明确了适用死刑的犯罪类型通常是走私、贩卖、制造氯胺酮。对于受人指使、雇用运输氯胺酮的，一般不应判处死刑。对于涉嫌为贩卖而运输氯胺酮，但因认定贩卖毒品的证据不足，只认定为运输毒品罪的，如果具有其他严重情节或者从重处罚情节，仍可以判处死刑。也就是说，不能把该项指导意见所列举的犯罪类型理解为限制性规定，而应理解为提示性规定，并不完全禁止对运输氯胺酮犯罪判处死刑。（3）在达到死刑适用数量标准的前提下，仍需要“犯罪情节严重、社会危害大，或者具有法定从重处罚情节的”，才可以判处死刑。[②]“犯罪情节严重、社会危害大”主要是指参与犯罪的人数多、犯罪次数多、流入社会的毒品多、非法获利大等，“法定从重处罚

① 在此之前，实践中已有一些涉氯胺酮案件被判处死刑。例如，2006—2007 年被告人王某俊伙同他人制造、贩卖氯胺酮共计 15.58 千克，系主犯，被判处并核准死刑。2007 年被告人李某均运输氯胺酮 16.16 千克（和“麻古”16.9 克）被查获，且无法定、酌定从宽处罚情节，被判处并核准死刑。这两起案件分别参见中华人民共和国最高人民法院刑事审判第一、二、三、四、五庭主办：《中国刑事审判指导案例》（第 5 卷）（增订第 3 版），法律出版社 2017 年版，第 402–405、405–407 页。又如，在最高人民法院 2015 年发布的“6 · 26”禁毒宣传典型案例中，被告人邓某 2010 年伙同他人制造、贩卖氯胺酮，案发时查获氯胺酮 13.5 千克及大量制毒原料、工具（另查获仿“六四”式手枪 1 支及子弹 35 发），系罪责最大的主犯，被判处并核准死刑。

② 例如，在最高人民法院 2017 年发布的“6 · 26”禁毒宣传典型案例中，被告人蔡某雄 2013 年在广西纠集多人制造出大量氯胺酮并进行贩卖，案发后查获的氯胺酮成品数量达 140 余千克，系罪责最大的主犯，被判处并核准死刑。

情节”主要是指累犯、毒品再犯、利用未成年人实施犯罪等。

3. 关于其他新类型、混合型毒品的死刑适用

《2015 年毒品纪要》规定，涉案毒品为其他滥用范围和危害性相对较小的新类型、混合型毒品的，一般不宜判处死刑；但对于司法解释、规范性文件明确规定了定罪量刑数量标准，且涉案毒品数量特别巨大、社会危害大，不判处死刑难以体现罚当其罪的案件，必要时可以判处死刑。据此规定，对其他新类型、混合型毒品，一般不能判处死刑，只有在例外情况下且符合相关条件时才能判处死刑。实践中有不少此类案件，处理上体现了慎重。例如,（1）2016 年被告人孙某芳贩卖新精神活性物质 4– 氯甲卡西酮 15.85 千克，被判处 15 年徒刑。①（2）2015—2016 年被告人杨某昌贩卖、运输 5F–AMB 约 184 千克，赵某增贩卖 5F–AMB 约 150 千克，均被判处死缓。②（3）2017 年被告人刘某伙同他人制造、贩卖芬太尼等毒品，案发后从刘某处查获芬太尼 11.57 千克以及其他多种毒品，对刘某判处死缓。③

《2023 年毒品纪要》重申了《2015 年毒品纪要》上述指导意见的政策精神，但进一步严格了对新类型毒品的死刑适用条件，即“涉案毒品为刑

---

① 这是最高人民法院 2018 年发布的“6・26”禁毒宣传典型案例之一。主要案情是，2016 年 3 月被告人孙某芳以向境外走私、贩卖为目的，通过互联网购买约 20 千克“4– 氯甲卡西酮”（4–CMC），并安排他人分批次邮寄。其中有 17 批次检出“4– 氯甲卡西酮”成分，共计 15,854.43 克。法院依法对孙某芳判处有期徒刑 15 年（附加刑略）。按照国家禁毒办 2016 年印发的《104 种非药用类麻醉药品和精神药品管制品种依赖性折算表》，4–CMC 与甲基苯丙胺的折算比例为 1∶0.14。

② 这是最高人民法院 2019 年发布的“6・26”禁毒宣传典型案例之一。5F–AMB 是 N–（1– 甲氧基羰基 –2– 甲基丙基）–1–（5– 氟戊基）吲唑 –3– 甲酰胺的简称，属于合成大麻素类新精神活性物质，于 2015 年被列入非药用类麻醉药品和精神药品管制品种增补目录。按照《104 种非药用类麻醉药品和精神药品管制品种依赖性折算表》，该物质与海洛因的折算比例为 1∶1.44，但实践中此类犯罪罕见，故对二被告人判处死缓。

③ 这是最高人民法院 2020 年发布的“6・26”禁毒宣传典型案例之一。该案系国内第一起有影响的涉芬太尼类物质犯罪案件，抓获刘某等多名犯罪分子，全案涉及的新类型毒品很多，如芬太尼、呋喃芬太尼、阿普唑仑、去甲西泮、4– 氯甲卡西酮、3，4– 亚甲二氧基乙卡西酮等，部分属于新精神活性物质。其中，从刘某处除查获芬太尼外，还查获去甲西泮 3383.16 克、地西泮 41.9 克、阿普唑仑 5012.96 克。根据 2016 年《毒品犯罪解释》，芬太尼与海洛因的折算比例为 2.5∶1，即 1 克海洛因相当于 2.5 克芬太尼。

法、司法解释未规定定罪量刑数量标准的新类型毒品的，一般不判处被告人死刑。对于刑法、司法解释规定了定罪量刑数量标准的新类型毒品，实施走私、制造或者大宗贩卖等源头性犯罪，毒品数量远超过实际掌握的死刑适用数量标准，被告人系犯罪集团首要分子、其他罪责更为突出的主犯，或者具有法定从重处罚情节，不判处死刑难以体现罚当其罪的，可以判处死刑”。据此，对其他新类型毒品判处死刑需具备以下5项条件：（1）《刑法》、司法解释规定了定罪量刑数量标准。2016年《毒品犯罪解释》规定了28类毒品的定罪量刑标准，基本涵盖了司法实践中常见的毒品种类。对于司法解释尚未规定定罪量刑数量标准的新类型、混合型毒品，即使按照国家禁毒办发布的药物依赖性折算表等折算为海洛因后超过实际掌握的死刑数量标准的，也不得判处死刑。（2）犯罪类型一般是走私毒品、制造毒品或者大宗贩卖毒品。这3种是常见的源头性毒品犯罪，社会危害最大。（3）毒品数量远超过实际掌握的死刑适用数量标准。“远超过”意味着涉案毒品数量很大，应当超过“数量巨大”的标准。[①]（4）被告人系犯罪集团首要分子、其他罪责更为突出的主犯，或者具有法定从重处罚情节。这是对被告人的主观恶性和人身危险性提出了限定性要求。（5）不判处死刑难以体现罚当其罪。这是一项独立条件，而不是对前4项条件的综合。

近年来新类型毒品被适用死刑的典型例子是甲卡西酮。甲卡西酮在国内不存在合法生产、经营，也没有合法用途，2005年我国将甲卡西酮列为第一类精神药品进行管制。甲卡西酮作为新类型毒品，对人体健康可产生较为严重的损害，过量使用易造成不可逆的永久脑部损伤甚至死亡。[②] 根据2016年《毒品犯罪解释》，甲卡西酮与甲基苯丙胺的折算比例是4∶1，即走私、贩卖、运输、制造甲卡西酮200克以上为数量大。2023年最高人民法院在“6·26”禁毒宣传典型案例中首次发布了涉甲卡西酮犯罪的死刑案件，一案判处二人死刑，体现了对性质严重、社会危害大的新型毒品犯罪惩处力

① 《2015年毒品纪要》在这个问题上使用的是“毒品数量特别巨大”，本书认为可以把这里的“远超过”理解为“毒品数量特别巨大”。

② 本书第五章“制造毒品罪”中对甲卡西酮的属性和人体危害作了专门介绍。

度在不断加大。①

另值得注意的是，对于一案涉及多种毒品的案件，如果司法解释规定了定罪量刑数量标准的毒品（包括海洛因、冰毒）占比小，明显低于实际掌握的死刑适用数量标准，而司法解释没有规定定罪量刑数量标准的新类型毒品占比很大，在考虑适用死刑时要特别慎重，一般不应判处死刑。

问 累犯、毒品再犯情节对死刑适用有何影响？② 174

答：累犯、毒品再犯是法定从重处罚情节，在很多案件中会对死刑适用产生影响。最高人民法院2010年印发的《宽严相济意见》第11条专门规定："要依法从严惩处累犯和毒品再犯。凡是依法构成累犯和毒品再犯的，即使犯罪情节较轻，也要体现从严惩处的精神。"《2023年毒品纪要》在《2015年毒品纪要》相关规定的基础上重申："累犯、毒品再犯是法定从重处罚情节，即使本次毒品犯罪情节较轻，也要体现从严惩处的精神。尤其对于曾因严重暴力犯罪被判刑的累犯、刑罚执行完毕后短期内又实施毒品犯罪的再犯，以及在缓刑、假释或者暂予监外执行期间又实施毒品犯罪的再犯，应当严格依法从重处罚。"

关于累犯、毒品再犯对死刑适用的影响，《2008年毒品纪要》曾提出，毒品数量达到实际掌握的死刑数量标准，并具有毒品再犯、累犯等法定从重处罚情节的，可以判处被告人死刑；对毒品数量接近实际掌握的判处死刑的数量标准，但具有从重处罚情节的被告人，也可以判处死刑。据此，对于具

---

① 该案的简要案情是，2016—2017年被告人严某柱伙同他人共制造甲卡西酮5126.4千克，其中451.4千克在制毒现场被查获。其间，严某柱将制造的甲卡西酮贩卖给被告人董某震9次，共计4675千克，董某震伙同他人进行转卖，最后一次交易的1000千克甲卡西酮被查获。严某柱、董某震二人在毒品制售链条中处于核心地位、发挥关键作用，致使3600余千克毒品流入社会，另查获甲卡西酮1400余千克，具有严重的社会危害，二人均被判处死刑。

② 本书第十四章"量刑情节的认定和处理"中对累犯、毒品再犯的认定及其对量刑的影响作了大篇幅介绍，这里专门介绍这两种从重处罚情节对死刑适用的影响。

有累犯、毒品再犯等法定从重处罚情节的被告人，死刑适用数量标准可以适当降低，从而体现惩罚的严厉性。但这两项规则之间肯定存在一定差别，而《2008年毒品纪要》没有作出说明。《2023年毒品纪要》在此基础上提出："毒品数量接近实际掌握的死刑适用数量标准，具有累犯，毒品再犯，……等法定从重处罚情节的，可以判处被告人死刑。"《2023年毒品纪要》在此将"从重处罚情节"限定为法定情节，说明在这个问题上把握的政策标准比《2008年毒品纪要》更为严格。同时，根据该项指导意见还可以推导出，对于毒品数量达到或者超过实际掌握的死刑适用数量标准，并具有累犯、毒品再犯等法定从重处罚情节的，通常可以判处死刑。

例如，2014年被告人舒某坤向杨某、罗某会分别贩卖海洛因600克、400克，还委托二人将200克海洛因带回贵阳贩卖。杨某、罗某会返回贵阳的当晚被抓获，当场查获海洛因1194克。后舒某坤也被抓获，当场从其家中查获1050.4克海洛因。法院认为，舒某坤贩卖毒品数量大，系毒品再犯，且前罪因犯贩卖毒品罪被判处无期徒刑，本次系在假释考验期内又犯贩卖毒品罪，对舒某坤判处并核准死刑。[①] 又如，2019年被告人阮某华采用物流寄递方式跨省贩卖、运输甲基苯丙胺近3000克，系累犯，且前罪因犯抢劫罪被判刑13年，还利用、教唆未成年人参与贩卖毒品，被判处并核准死刑。[②]

值得注意的是，理解、适用《2023年毒品纪要》的上述规定涉及两个重要问题：（1）何谓"接近"实际掌握的死刑适用数量标准？从文义看，"接近"就是未达到，但距离不远。虽然尚难以对"接近"划定一个明确的数值标准，但肯定不能放得过宽，否则实践中长期积累形成的死刑适用数量标准就会被架空。这方面需要采取适当方式统一标准。（2）对累犯和毒品再犯的情形是否需作进一步区分？显然，累犯、毒品再犯的前罪有轻重之分，并非只要具备该情节就可以判处死刑，仍要区分前罪的性质和严重程度，如前罪是否为严重暴力犯罪、是否为严重的毒品犯罪、是否被判处较重的刑罚。对

① 该案系最高人民法院2016年发布的"6·26"禁毒宣传典型案例之一。

② 该案系最高人民法院2023年发布的"6·26"禁毒宣传典型案例之一。

于前罪性质较轻的累犯、毒品再犯，应当主要根据本次犯罪情况决定死刑适用，而不能过多考虑累犯、毒品再犯情节，也不宜低于实际掌握的死刑数量标准适用死刑。并且，在前罪较轻的情况下，也不能说毒品再犯一定比累犯对死刑适用的影响更大，关键还是看本次毒品犯罪的严重程度。反之，如果被告人属于严重累犯或者毒品再犯，特别是前科累累、前罪被判处重刑的累犯或者毒品再犯，则死刑适用数量标准可以适当降低（即“接近”），从而体现惩处的严厉性。实践中累犯、毒品再犯情节对死刑适用产生不同影响的案件较多。

例如，（1）被告人邱某清曾因参与抢劫被判刑 4 年，系累犯，2010 年其受人雇用与吉某某格从缅甸走私、运输海洛因共计 5645 克（二人均分携带），涉案毒品数量巨大。但二人是因赌博欠债或找工作未果而替人充当运输毒品的“骡马”，并在危险路段“探雷”，地位作用明显小于 3 个出资雇用其二人的在逃同案犯。邱某清的累犯前科是跟随多人参与抢手机，因作案时眼睛有残疾且未持凶器而被当场抓获，其前科犯罪的社会危害和主观恶性不大，且其到案后积极协助司法机关抓捕毒品货主。综合考虑该案的具体事实和量刑情节，最高人民法院裁定不核准邱某清死刑。[①]（2）被告人龙某斌 1999 年因犯贩卖毒品罪被判处有期徒刑 7 年，2003 年 12 月刑满释放。2006 年 3 月龙某斌以贩卖为目的伙同他人购买海洛因 297 克后被查获。法院认为，龙某斌该次贩毒毒品数量接近当时实际掌握的死刑适用数量标准，系主犯、毒品再犯，主观恶性深，人身危险性大，对其判处并核准死刑。[②]（3）2007 年被告人王某陆、李某伙同他人共同贩卖、运输海洛因 4120 克，二人均系主犯，王某陆的罪责最大，李某的罪责相对小于王某陆，鉴于李某曾因贩卖毒品罪被

---

① 一、二审判处同案被告人吉某某格无期徒刑。参见中华人民共和国最高人民法院刑事审判第一、二、三、四、五庭主办：《中国刑事审判指导案例》（第 5 卷）（增订第 3 版），法律出版社 2017 年版，第 496–499 页。

② 参见中华人民共和国最高人民法院刑事审判第一、二、三、四、五庭主办：《中国刑事审判指导案例》（第 5 卷）（增订第 3 版），法律出版社 2017 年版，第 423–425 页。被告人龙某斌实际上构成毒品再犯和累犯，但根据《2000 年毒品纪要》，对这种情形只认定为毒品再犯，不认定为累犯。

判刑 15 年（2005 年刑满释放），系毒品再犯，故对李某也判处并核准死刑。[①]

问 如何把握立功情节对死刑适用的影响？[②] 175

答：立功作为毒品犯罪案件中最重要的法定从宽处罚情节，对死刑适用有较大影响。很多犯罪分子到案后常常想方设法争取立功表现，以图获得从宽处理。《2008 年毒品纪要》提出，对立功的毒品犯罪分子是否从宽处罚以及从宽幅度的大小，应当主要看“功是否足以抵罪”，即结合被告人罪行的严重程度、立功大小综合考虑，并要充分注意毒品共同犯罪人以及上下家之间的量刑平衡。《2023 年毒品纪要》进一步重申：“对于具有立功情节的被告人，是否从宽处罚及从宽处罚的幅度，应当根据犯罪性质、具体情节、危害后果、毒品数量及其主观恶性、人身危险性，结合立功的类型、价值大小等因素综合考量，以功是否足以抵罪为标准。对于部分被告人具有立功情节的案件，要注意共同犯罪人及上下家之间的量刑平衡。”按照上述指导意见，立功能够“抵罪”的，予以从宽处罚，不足以“抵罪”的，则不予从宽处罚。而立功情节对死刑适用是否产生影响，主要看 3 个方面：一是本次犯罪的严重程度，这是最重要的因素；二是立功的价值大小；三是量刑平衡问题。大体上，本次犯罪越严重，立功价值不大的，则不影响死刑适用；本次犯罪处在“罪行极其严重”的临界线上，但立功价值很大的，则影响死刑适用；本次犯罪“溢出性”地符合“罪行极其严重”条件（主要是指涉案毒品数量明显或者远超过实际掌握的死刑数量标准），也具有重大立功表现，则要更多考虑共同犯罪人和上下家之间的量刑平衡问题。

---

① 参见中华人民共和国最高人民法院刑事审判第一、二、三、四、五庭主办：《中国刑事审判指导案例》（第 5 卷）（增订第 3 版），法律出版社 2017 年版，第 427–428 页。该案的毒品数量在审理时可以说是“数量巨大”，涉及一案能否判处二人死刑问题，李某的再犯情节（实际上也构成累犯）对判处其死刑产生了较大影响。

② 本书第十五章专门对立功的认定和处理问题作了系统介绍。这里只分析立功情节对死刑适用的影响。

关于立功从宽与量刑平衡问题，《2008年毒品纪要》专门提出了指导意见，总的思路是“主犯从严、从犯从宽、量刑平衡”。此后，这项原则的适用面进一步扩大，适用于所有刑事案件，并在最高人民法院2010年印发的《宽严相济意见》中作了明确规定。2010年印发的《自首立功意见》也重申了这些规定（文字表述上略有调整），并提出，虽然具有立功情节，但犯罪情节特别恶劣、犯罪后果特别严重、被告人主观恶性深、人身危险性大，或者在犯罪前即为规避法律、逃避处罚而准备立功的，可以不从宽处罚。《2023年毒品纪要》基本重申了《2008年毒品纪要》的规定，但文字表述作了完善。根据这些指导意见，可以区分犯罪分子的身份类型把握立功引发的量刑平衡问题。其一，对犯罪集团首要分子、罪责相对较大的主犯立功的，量刑时应当从严掌握。如果其罪行极其严重，只有一般立功表现，功不足以抵罪的，可不予从轻处罚。例如，其检举揭发的是其他罪行较轻的犯罪分子，或者协助抓获从犯、罪责相对较小的主犯，功不足以抵罪，或者从轻处罚后全案处刑明显失衡的，可不予从轻处罚。反之，如果其检举揭发的是其他案件中罪行同样严重的犯罪分子，或者协助抓获的是其他首要分子、罪责相对较大的主犯，功足以抵罪的，可以从轻或者减轻处罚。其二，对于从犯、罪责相对较小的主犯立功，特别是协助抓获首要分子、罪责相对较大的主犯的，应当充分体现从宽政策，依法从轻、减轻或者免除处罚。

实践中，因具有重大立功表现而未被判处或核准死刑的案例较多。例如，（1）被告人陈某嵘归案后在公安机关安排下给上家赵某文打电话报“平安”，并提出再购买毒品，对稳住赵某文、防止其逃匿及公安机关顺利实施抓捕均起到了积极作用，属于协助抓捕型重大立功表现。[①]（2）被告人魏某强到案后协助公安人员在一山洞内查获了“毒主”不明的9643克冰毒，是有利于国家和社会的“其他重大贡献”，属于重大立功。[②]（3）被告人杨某练伙同他人两次贩卖、运输冰毒约3468克、“麻古”约28克，系主犯，但有协助

① 参见高贵君主编：《毒品犯罪审判理论与实务》，人民法院出版社2009年版，第346–351页。

② 参见中华人民共和国最高人民法院刑事审判第一、二、三、四、五庭主办：《中国刑事审判指导案例》（第5卷）（增订第3版），法律出版社2017年版，第471–473页。

抓获上家的重大立功表现，被判处死缓。[①]

同时，也有不少具有（重大）立功表现的犯罪分子因“功不足以抵罪”而被核准死刑。例如，被告人张某林共计贩卖海洛因 13,220.4 克、冰毒 11,105 克，在共同犯罪中地位、作用十分突出，其归案后虽有积极协助抓获同案犯的重大立功表现，也有检举他人犯罪线索的立功表现，但功不足以抵罪，被依法核准死刑。[②] 又如，被告人吴某亲先后多次向他人贩卖海洛因共计 6780 克，其在二审和死刑复核期间检举他人 3 起犯罪，其中 2 起系检举其他犯罪案件的犯罪分子，属于一般立功，另一起则是为侦破其他毒品犯罪案件提供重要线索，致使 2 名毒贩被抓获，直接被其检举的韦某某被判处有期徒刑 12 年，亦构成立功。但吴某亲是该案毒品的主要源头，贩卖毒品数量大；其掌握着同案犯的犯罪情况和个人信息，被抓获后容易通过协助抓捕其他毒犯获得立功；吴某亲系广东人，但在外省的看守所却能屡次获知当地的抢劫、绑架等非毒品犯罪线索，其线索来源的正当性令人怀疑。此外，该案贩毒下线已有人被判处死刑，如对位居最上线的吴某亲因上述立功表现而不判处死刑，则量刑明显失衡，故最高人民依法核准了死刑。[③] 另外，在最高人民法院 2023 年公布的“6·26”禁毒宣传典型案例中，被告人张某川系毒品犯罪集团首要分子，罪行极其严重，其到案后协助抓捕一名运毒人员，并提供线索使公安机关查获甲基苯丙胺片剂 2593 克，均构成一般立功，且如实供述所犯罪行，但功不足以抵罪，对其判处并核准死刑。

值得注意的是，被告人具有立功等多个从宽情节的，立功与其他从宽情节（如作用相对较小的主犯、如实供述）共同发挥作用，对死刑适用的影响更大，更有利于体现从宽政策。有的案件中被告人到案后积极检举他人犯罪或者协助抓捕同案犯，虽然不构成立功，但也可能成为影响量刑的酌定从宽情节。对于

① 参见中华人民共和国最高人民法院刑事审判第一、二、三、四、五庭主办：《刑事审判参考》（总第 115 集），法律出版社 2019 年版，第 79–85 页。

② 参见中华人民共和国最高人民法院刑事审判第一、二、三、四、五庭主办：《中国刑事审判指导案例》（第 5 卷）（增订第 3 版），法律出版社 2017 年版，第 414–417 页。

③ 参见中华人民共和国最高人民法院刑事审判第一、二、三、四、五庭主办：《中国刑事审判指导案例》（第 5 卷）（增订第 3 版），法律出版社 2017 年版，第 417–420 页。

既有立功等从宽情节，又有累犯、毒品再犯等从重处罚情节的量刑情节冲突案件，则应当综合考虑各方面因素作出决定，判处死刑应当慎重。《2023年毒品纪要》也提出，毒品数量达到实际掌握的死刑适用数量标准，同时具有法定、酌定从严和从宽处罚情节的，应当在全面考察犯罪的事实、性质、情节和对社会危害程度的基础上，结合被告人的主观恶性、人身危险性等因素，审慎决定是否适用死刑。例如，前述陈某嵘贩卖、运输毒品案中，被告人陈某嵘系毒品再犯且还曾因犯盗窃罪、持有、使用伪造的货币罪被判刑，因其到案后协助抓获上家的重大立功表现价值很大，最高人民法院裁定不核准死刑。

问 毒品查获情况对死刑适用有何影响？ 176

答：毒品犯罪隐蔽性强，一旦毒品流失，收集、固定证据则较为困难，故人毒并获成为毒品犯罪案件的一个突出特点。实践中毒品被查获有多种情形，如全部被查获，大部分被查获，少部分被查获，全部未查获等。从逻辑上讲，被查获的毒品越多，就越不可能再流入社会造成现实危害，因而犯罪的危害性得到控制，对犯罪分子的惩处也应适当从宽；反之，被查获的毒品越少、流入社会的越多，则犯罪的危害越大，对犯罪分子的惩处也应体现从严。但是，毒品被查获的少，很可能导致案件证据不好，从而难以认定未查获毒品实物部分的犯罪事实，也就难以体现严惩。① 可见，毒品是否被查获

① 这里涉及一个“逻辑悖反”问题。毒品都被查获的，可能因毒品“未流入社会”而不判处死刑，毒品未查获的，可能因证据不好而不判处死刑，由此似乎造成“查获了毒品的不判处死刑，未查获毒品的也不判处死刑”。实际上这是一种误解。二者是从不同角度来考虑的，前者是贯彻死刑政策，后者是保证案件的证据质量，二者是并行不悖的，需要辩证理解、看待。对查获了毒品实物的案件，证据质量相对更好，应当根据犯罪性质、毒品数量和其他情节决定是否判处死刑。“毒品没有流入社会”通常只是量刑情节之一，几乎没有单独以这个情节为由不判处死刑的案件，并且，很多“毒品都被查获”的案件也判处了死刑。同时，对于毒品实物大部分未被查获的案件，并非必然不判处死刑，如果其他证据充分、足以认定毒品数量等主要事实，也可以结合具体情节决定是否判处死刑。但此类案件的证据质量常常受到影响，如果证据不充分，则不能判处死刑，这是确保死刑案件质量的要求。

对死刑适用有不同程度的影响，以下进行详细分析。

1. 毒品全部被查获的情形。这种情形在司法实践中很常见，常被称为“人毒并获”。在社会危害性方面，毒品全部被查获通常被评价为毒品“未流入社会”，[①]危害性有所降低，即由于毒品被及时查获，没有流入下一个交易环节特别是没有流入吸毒者手中用于吸食，毒品对社会还没有产生具体、现实的危害。换言之，毒品“未流入社会”在构成要件之外反映了行为侵害法益的较低危险程度，具有说明行为侵害程度的作用，将其作为酌定从轻情节具有理论和实践依据。[②]毒品犯罪有明显链条特征，在贩卖给吸毒者之前的任何一个交易环节被查获，都可以说是“未流入社会”，但实践中多针对交易链条的前端作出这种评价。实务工作中，毒品均被查获作为酌定从宽情节在非死刑案件中对量刑的影响不是很明显，但在部分死刑案件（尤其是运输毒品案件）中则产生一定影响。例如，（1）被告人唐某珍运输海洛因420克被查获，“毒品没有扩散，未流向社会，其社会危害程度相对较小”；（2）被告人吉某木子扎运输海洛因1002克被查获，毒品“未继续流入社会造成更大危害”；（3）被告人李某都运输海洛因1047.5克被查获，毒品“没有进一步流入社会造成更大实际危害”。[③]《2008年毒品纪要》曾规定，毒品数量刚达到实际掌握的死刑数量标准，确属初次犯罪即被查获，未造成严重危害后果的，可以不判处死刑。这主要就是考虑毒品全部被查获，未流入社会造成现实危害。《2023年毒品纪要》虽然没有明确列举这种情形，但不能认为该纪要否定了此项规则，将毒品被查获作为酌定从宽处罚情节仍然有意义。

从上面引述的案例也可以看出，毒品全部被查获、“未流入社会”通常不单独作为不判处死刑的理由，而往往与其他法定或者酌定从宽处罚情节

---

① “未流入社会”这种说法有些似是而非，因为所有犯罪都发生在社会之中，涉案毒品自然也在社会中被贩卖、运输、吸食，故而有时也表述为“未进一步流入社会”。

② 参见王利荣、马党库：《“毒品未流入社会”的从轻依据——兼谈贩卖毒品既遂标准》，载《法律适用》2016年第12期。

③ 这些案例分别参见中华人民共和国最高人民法院刑事审判第一、二、三、四、五庭主办：《中国刑事审判指导案例》（第5卷）（增订第3版），法律出版社2017年版，第316–318、397–399、399–402页。

（如立功、受人雇用、经济条件差、初犯、认罪悔罪等）共同影响死刑适用。如果涉案毒品明显超过甚至远远超过实际掌握的死刑数量标准，没有其他从宽情节的，则毒品全部被查获难以单独成为影响死刑适用的情节。例如，（1）被告人赵某自行驾车运输海洛因 1020 克、甲基苯丙胺 520 克被查获，达到当时实际掌握的死刑适用数量标准，“无法定从重或者从轻处罚情节”，被判处并核准死刑；（2）被告人李某均运输氯胺酮 16,161 克、“麻古”16.9 克被查获，“无法定、酌定从宽处罚情节”，相反“有贩毒和惯犯嫌疑”，被判处并核准死刑；（3）被告人周某花伙同他人运输海洛因 16,905 克被查获，“运输毒品数量特别巨大，拒不如实供认犯罪，社会危害性极大，犯罪后果和罪行极其严重”，被判处并核准死刑。[①]

2. 毒品大部分被查获的情形。该情形对死刑适用可能有一定影响，但影响力相对小于毒品全部被查获的情形。在走私、贩卖、运输、制造毒品案件中都可能出现这种情形，对死刑适用的具体影响视具体情况而异。贩卖毒品案件中的典型情况是，行为人购进大量毒品准备贩卖，但刚卖出少量毒品后就被查获，如果其贩毒数量刚达到或者刚超过实际掌握的死刑数量标准，则毒品大部分被查获的情节对死刑适用存在一定影响，并且，这种影响多与其他从宽情节（如毒品含量偏低，认罪态度好，有立功表现等）一同发挥作用。如果贩毒数量远远超过实际掌握的死刑数量标准，则毒品大部分被查获的情节对死刑适用的影响就很小甚至不产生影响。当然，如果查获的大部分毒品并没有达到实际掌握的死刑适用数量标准，加上被告人主动交代且司法机关尚不掌握的部分才达到该数量标准的，则一般不能判处死刑。

3. 少部分或半数左右毒品被查获的情形。这类案件往往是查获部分毒品后根据犯罪嫌疑人本人或同案犯的供述，发现其以往还有其他毒品犯罪事实，但相关毒品已经灭失或者流入社会，导致未能查获实物。对此类案件能否判处死刑，要根据具体情形区别处理：（1）如果查获的毒品数量远低于实际掌握的死刑数量标准，而未查获的是大多数毒品，且认定这部分事实的证

① 这些案例分别参见中华人民共和国最高人民法院刑事审判第一、二、三、四、五庭主办：《中国刑事审判指导案例》（第 5 卷）（增订第 3 版），法律出版社 2017 年版，第 395–396、405–407、435–437 页。

据不是很扎实，主要靠供述印证，对被告人判处死刑要特别慎重，一般不应判处死刑。《2023 年毒品纪要》对此提出了明确的指导意见。例如，在谭某某贩卖毒品案中，根据认定的事实，谭某某贩卖冰毒 3000 余克、“麻古”约 420 克，但查获的毒品仅有 70 多克，认定谭某某伙同他人 5 次贩毒的证据较为薄弱，且庭审时多数同案被告人翻供。虽然通过分析全案证据可以定案，但证据质量达不到死刑案件的证明标准，故不核准谭某某死刑。[①]（2）如果查获的毒品数量达到实际掌握的死刑数量标准的一半左右（略低或略高），加上未查获实物的毒品数量（并非被告人主动交代）才达到实际掌握的死刑数量标准，从保证案件证据质量角度看，仍要慎重适用死刑。如果未查获毒品实物部分的证据很扎实，特别是具有从重处罚情节，则可以考虑判处死刑。当然，如果未查获毒品实物部分是被告人主动交代且司法机关事先不掌握，加上这部分毒品才达到实际掌握的死刑数量标准，则不能判处死刑。（3）如果查获的毒品数量占涉案全部毒品数量的比例较小，但已经达到或者超过实际掌握的死刑数量标准，则大部分毒品未被查获这一情节难以对死刑适用产生影响，是否判处死刑应根据全案事实和情节决定，该判处死刑的仍可依法判处。

4. 毒品全部未被查获的情形。这种案件总体上较为少见，涉及死刑适用的就更为少见。《2008 年毒品纪要》提出：“有些毒品犯罪案件，往往由于毒品、毒资等证据已不存在，导致审查证据和认定事实困难。在处理这类案件时，只有被告人的口供与同案其他被告人供述吻合，并且完全排除诱供、逼供、串供等情形，被告人的口供与同案被告人的供述才可以作为定案的证据。仅有被告人口供与同案被告人供述作为定案证据的，对被告人判处死刑立即执行要特别慎重。”实际上，即使是毒品均未被查获的案件，其证据一般也不会只有供述，还会有些其他证据来印证，如证人证言、转账记录、制贩毒工具等。但此类案件由于缺少毒品实物这一关键证据，证据情况通常不会太好。由此，司法实践中对于全案未查获毒品的案件，往往难以认定犯罪事实，即使特殊情况下认定了犯罪事实，原则上也不能对被告人适用死

① 这是笔者在工作中了解到的案例。

刑。故《2023年毒品纪要》提出："审理毒品死刑案件，应当严格贯彻证据裁判原则，始终坚持证据审查判断认定的最高标准和最严要求，确保办案质量。全案未查获毒品的，一般不判处被告人死刑。主要犯罪事实中未查获毒品的，判处被告人死刑应当特别慎重。"这是基于确保死刑案件证据质量所作的考虑。

第十八章 毒品犯罪的其他刑罚适用、执行问题

「本章导读」

第十七章专门就毒品犯罪的死刑适用问题作了系统解答，本章对死刑之外的其他较为重要的刑罚适用、执行问题进行分析、介绍。具体包括：死缓限制减刑的适用，死缓、无期徒刑的量刑规则，毒品犯罪的量刑规范化问题，《刑法》第 347 条中的量刑幅度衔接关系，数罪并罚问题，因涉毒违法行为被先行羁押的期间折抵刑期问题，缓刑、免刑的适用，财产刑的适用，减刑、假释问题。违法所得追缴不属于刑罚，但与财产刑关系密切，且在毒品犯罪案件中有较为突出的现实意义，故本章一并进行介绍。

问 对毒品犯罪案件的被告人判处死刑缓期执行的，能否同时决定限制减刑？ 177

答：死刑缓期执行限制减刑是2011年施行的《刑法修正案（八）》新增的重大刑罚制度。《刑法》第50条第2款规定，对被判处死刑缓期执行的累犯以及因故意杀人、强奸、抢劫、绑架、放火、爆炸、投放危险物质或者有组织的暴力性犯罪被判处死刑缓期执行的犯罪分子，人民法院根据犯罪情节等情况可以同时决定对其限制减刑。根据《刑法》第78条第2款，被限制减刑的死刑缓期执行的犯罪分子，缓期执行期满后依法减为无期徒刑的，实际执行的刑期不能少于25年，缓期执行期满后依法减为25年有期徒刑的，不能少于20年。显然，死缓限制减刑是仅次于死刑的一项严厉的刑罚制度，而《刑法》第50条第2款“只是划定了一个可以限制减刑的人员的范围，并不是上述被判处死刑缓期执行的九类罪犯都要限制减刑，应由人民法院根据其所实施犯罪的具体情况等综合考虑决定”[①]，故对死缓限制减刑的适用条件决不能简单从条文的字面含义来理解，而需要结合当时的立法背景探寻真实的立法目的，以免适用不当、宽严皆误。

从立法目的看，对判处死刑缓期执行的被告人限制减刑，并不是单纯加重死缓刑的严厉性，而是为进一步严格执行死刑政策创造条件，即通过延长部分死缓犯的实际执行期，充分发挥死缓刑的严厉性，改变以往“死刑过重、生刑过轻”的刑罚执行不平衡现象。由此，一部分以往因判处死刑缓期执行做不到罚当其罪而判处了死刑立即执行的案件，尤其是以往因被害方反映强烈等情形而“被迫”判处了死刑立即执行的案件，在《刑法修正案（八）》施行后，可以判处死刑缓期执行并限制减刑。这既有利于进一步严格执行死刑政策，也有利于实现对少数罪行极其严重的死缓犯的严惩。但是，单从《刑法》条文难以解读出这种立法目的。实践中可能会有人以《刑法》关于判处

① 王爱立主编：《中华人民共和国刑法释义与适用（上册）》，中国民主法制出版社2021年版，第154页。

死刑立即执行和死刑缓期执行的条件没有变化为由，认为《刑法》只是单纯加重了生刑，而不会从控制死刑的角度来理解和适用对死缓犯限制减刑的规定，这就很可能造成对限制减刑的不当适用，出现死刑未得到控制而生刑又加重的现象。因此，在司法工作中必须强调，对死缓犯限制减刑应当以有利于严格执行死刑政策为前提。凡是判处死刑缓期执行不需限制减刑已经符合罪刑相适应原则或者能够实现裁判效果的案件，就不应当再限制减刑。只有对于以往本可以判处死刑缓期执行，但因死刑缓期执行的实际执行期过短，惩罚力度不够，进而判处了死刑立即执行的案件，由于有了限制减刑制度，能够有效制裁犯罪，才可以考虑在判处死缓的同时决定限制减刑。也就是说，对判处死刑缓期执行的被告人适用限制减刑，针对的是以往应当判处死刑立即执行的案件，而不是以往判处死刑缓期执行的案件。对每一起案件的被告人判处死刑缓期执行并限制减刑，均应当围绕这一立法目的展开。①

对毒品犯罪案件中判处死刑缓期执行的被告人能否同时决定限制减刑，需要重视以下 3 方面的问题。

1. 从立法本意看，对毒品犯罪案件的被告人判处死缓的，原则上不应适用限制减刑。上述分析表明，死缓限制减刑主要是作为死刑替代刑罚来适用的，目的是在不判处死刑立即执行的条件下，通过延长死缓犯的实际服刑期来一定程度地满足被害方的报应情绪，在更好贯彻国家“严格控制、慎重适用”的死刑政策的同时又能做到案结事了、维护社会稳定。毒品犯罪的被告人被判处死刑缓期执行，确实说明其罪行很严重，但毒品犯罪整体上是非暴力犯罪，其对社会造成危害的方式与杀人、抢劫、绑架等暴力犯罪明显不同，基本没有直接被害人，不会产生被害方与被告人之间的强烈对立，没有被害方“上访、闹访”问题，除少数情况外通常也不会严重危害社会治安，

① 参见高贵君、马岩、方文军：《〈关于死刑缓期执行限制减刑案件审理程序若干问题的规定〉的理解与适用》，载《人民司法》2011 年第 11 期。近年来的司法实践表明，很多地方对这一立法目的理解不准确，一定程度上出现了立法者担心的“死刑未得到控制而生刑又加重”的现象。

不会明显侵犯人民群众的安全感。[①]因此，尽管因毒品犯罪被判处死缓的累犯具有一定的人身危险性，但对其限制减刑的必要性整体上不突出，也不符合立法目的，故一般不应限制减刑。作为例外，“如果今后出现了判处死刑缓期执行的毒品累犯，犯罪情节十分恶劣，确有必要限制减刑的，也可以考虑限制减刑。”[②]

2. 要按照指导文件的规定，从严控制对毒品犯罪适用死缓限制减刑。长期以来，我国对毒品犯罪都采取了从严惩处的立场，对其中的累犯和毒品再犯，更是作为严惩的重中之重。《2008 年毒品纪要》提出，毒品数量达到实际掌握的死刑数量标准，并具有累犯、毒品再犯等法定从重处罚情节的，可以判处死刑；对于毒品数量接近实际掌握的判处死刑的数量标准，但具有从重处罚情节（包括累犯、毒品再犯）的被告人，也可以判处死刑。《2015 年毒品纪要》也提出：“累犯、毒品再犯是法定从重处罚情节，即使本次毒品犯罪情节较轻，也要体现从严惩处的精神。尤其对于曾因实施严重暴力犯罪被判刑的累犯、刑满释放后短期内又实施毒品犯罪的再犯，以及在缓刑、假释、暂予监外执行期间又实施毒品犯罪的再犯，应当严格体现从重处罚。”《2023 年毒品纪要》基本重申了上述指导意见。现阶段，为从严惩处毒品犯罪，对于涉案毒品数量达到或者接近实际掌握的死刑适用数量标准，又系累犯或者毒品再犯的被告人，很多都判处了死刑，故判处死刑缓期执行的累犯和毒品再犯很少。但是，确实也不能完全排除对极少数因毒品犯罪被判处死缓的累犯，有必要同时决定限制减刑。

《2023 年毒品纪要》首次在指导文件中对毒品犯罪判处死缓限制减刑问题作了规定：“对于实施毒品犯罪论罪应当判处死刑，因案件的具体情况而

---

① 对这种说法可能有不同认识，需要作出一定解释。其一，吸毒者基本不能算毒品犯罪的被害人，因为吸毒是自陷行为，绝大多数吸毒者是自愿尝试吸毒，是基于其自主意志作出的决定，真正可称为被害人的只有被强迫、被欺骗吸毒的人，但这种情况在社会生活中相当少见。其二，毒品犯罪隐蔽性很强，对多数人而言甚至感觉不到毒品犯罪的存在，因而不会明显侵犯人民群众的安全感。毒品犯罪中具有暴力性的是“武装掩护”“暴力抗拒查缉”，可能危害社会治安的是吸毒后杀人、放火、驾车冲撞等情形，此类案件会出现被害人，但这些情形总体上较少，占比不高，对社会治安的危害远不如杀人、抢劫、强奸、绑架等暴力犯罪。

② 参见方文军：《死刑缓期执行限制减刑制度的司法适用》，载《法律适用》2011 年第 8 期。

被判处死缓的累犯，具有武装掩护毒品犯罪，以暴力抗拒查缉情节严重，或者曾因暴力犯罪被判处十年有期徒刑以上刑罚等情形之一的，为实现罚当其罪、确保量刑平衡，可以决定限制减刑。”首先可以肯定,《2023年毒品纪要》作出这种规定不是为了倡导对毒品犯罪适用死缓限制减刑，恰恰相反，是通过严格控制其适用条件，防止其被滥用。根据该项指导意见，对毒品犯罪判处死缓限制减刑需具备3个条件：（1）论罪应当判处死刑，但因案件的具体情况判处了死缓的累犯。这是基础性、前提性条件，对毒品犯罪而言，只有被判处死缓的累犯才谈得上是否限制减刑问题。所谓“案件的具体情况”，主要是指因案件的证据存在一定问题，或者该案及关联案件中已有人被判处死刑，从而对该被告人判处了死缓。累犯的前罪有多种类型，这里的累犯通常是指前罪很严重（特别是实施严重暴力犯罪）的累犯，而不是指对前罪不加区分的所有累犯。（2）具有武装掩护毒品犯罪，以暴力抗拒查缉情节严重，或者曾因暴力犯罪被判处10年有期徒刑以上刑罚等情形之一。首先，对这里的“等”宜理解为“等内等”，不宜再轻易扩大范围。其次，对武装掩护毒品犯罪和以暴力抗拒查缉情节严重的认定，2016年《毒品犯罪解释》已经作出规定。[①]“曾因暴力犯罪被判处十年有期徒刑以上刑罚”主要是指累犯的前罪，个别情况下也包括不构成累犯情形的前科。例如，被告人曾因犯抢劫罪被判处无期徒刑，刑满释放后又犯盗窃罪被判刑1年，盗窃罪与本次所犯贩卖毒品罪构成累犯，但抢劫罪因超出5年的时间条件而不构成累犯。这种被告人既是累犯又具有严重暴力犯罪前科，故可以考虑限制减刑。（3）对判处死缓的被告人限制减刑可以实现罚当其罪、确保量刑平衡。这是一项独立的条件，目的是提醒司法者严肃考虑适用限制减刑的必要性，只有确需通过限制减刑来体现罚当其罪、量刑平衡的，才可以同时宣告限制减刑，否则，就没有必要判处限制减刑。实践中，主要是一案涉及对2人以上判处死刑时（包括共同犯罪、上下家），为严格控制全案的死刑适用又保持各被告人之间的量刑平衡，对具有严重累犯情节的主犯判处死缓的，需要一并考虑是否限制减刑。

---

① 在本书第十四章“量刑情节的认定和处理”中对这两种情形的认定作了详细解答。

3. 对毒品犯罪适用死缓限制减刑要注意司法的思维方式。“限制减刑的制度的设立，旨在减少死刑立即执行，而不是为了报应和报复。因此，只有对原本应当立即执行死刑的罪犯，才宜在宣告死缓的同时决定限制减刑。”[①]从《2023年毒品纪要》的上述指导意见可以看出，对毒品犯罪案件判处死缓并限制减刑应当慎之又慎、少之又少，作为极为例外的情况来把握，工作中不能机械地理解、套用《刑法》第50条第2款的规定。本来，“并非对刑法所列举的各种被判处死刑缓期执行的犯罪分子一概适用限制减刑，而只有对于那些本来应当判处死刑立即执行，因为存在着某些从轻情节，而判处一般的死刑缓期执行又不足以体现罪刑相适应原则的犯罪分子，才能适用限制减刑的规定。”[②]在这种条件下，从实施毒品犯罪被判处死缓的累犯中选出小部分情形来适用限制减刑，形成“死刑→死缓限制减刑→死缓”的刑罚阶梯，空间狭窄，操作难度很大，对司法者是一项巨大挑战。在总的适用思路上，对被告人判处死刑缓期执行时决定是否限制减刑，要综合考虑犯罪的性质、毒品数量、危害后果、实施手段，被告人的主观恶性和人身危险性等因素，全面分析量刑情节，严格依法适用，确保罚当其罪、量刑平衡。在办案思维上，要尽量“从上往下”看，而不是“从下往上”看，即首先看被告人的罪行本身是否符合判处死刑立即执行的条件，如果形式上符合，又因量刑平衡或者证据问题而不宜判处死刑立即执行，再看其累犯情节是否严重，对于累犯的前罪很严重（特别是前科很多、罪行累累），决定限制减刑有利于体现罚当其罪、量刑平衡的，才可以考虑判处死缓并限制减刑。如果罪行本身不是很严重，加上累犯情节才可以判处死缓的，则不应再“额外”判处限制减刑，否则就属于量刑不当或者量刑畸重。

总之，不能把判处死缓限制减刑作为体现对毒品犯罪从严惩处的指标，办案过程中更不必在判处死缓与限制减刑之间建立“条件反射”关系，相反，应当保持对适用限制减刑的“钝感力”。“对于判处死刑缓期执行不需限制减刑，就能做到有效制裁犯罪的案件，不应当对被告人限制减刑。工

---

① 张明楷：《刑法学（上）》（第6版），法律出版社2021年版，第701页。

② 参见陈兴良：《死刑适用的司法控制——以首批刑事指导案例为视角》，载《法学》2013年第2期。

作中遇到是否需限制减刑把握不准的案件，宜采取保守的做法，不适用限制减刑。”[①]

问 对毒品犯罪如何把握死刑缓期执行、无期徒刑的适用标准？ 178

答： 死刑缓期执行和无期徒刑是仅次于死刑的重刑，[②] 最高人民法院制定的《2023 年毒品纪要》等指导文件都没有对毒品犯罪案件中死刑缓期执行和无期徒刑的适用标准作出直接、明确的规定。但对这些指导文件中所规定的不能判处死刑的情形，实践中通常判处了死刑缓期执行，故而一定程度上起到间接规范死刑缓期执行适用标准的效果。同时，通过自 2007 年以来死刑复核工作的实践，也积累了相当一批不核准死刑的毒品犯罪案件，这些案件发回重审后也基本改判死缓。因此，死刑缓期执行的适用标准一定程度上已经与死刑的适用标准大体同步形成。不过，从量刑标准看，判处死缓的案件在毒品数量方面存在一个区间，最高人民法院不核准死刑的案件提供的只是死刑与死缓的区分标准，而对于死缓与无期徒刑的区分标准，则需要各地法院自行总结，故通过不核准死刑案件所形成的死缓标准是不完整的。至于无期徒刑的适用标准，更多需要各地自行总结、把握，各地高级人民法院对此需承担更多的指导职责。总体上看，在死刑缓期执行和无期徒刑的适用标准方

① 参见高贵君、马岩、方文军：《〈关于死刑缓期执行限制减刑案件审理程序若干问题的规定〉的理解与适用》，载《人民司法》2011 年第 11 期。有的司法人员可能存在一种思维方式，一看到判处死缓的累犯就想到限制减刑，这种“条件反射”完全没有必要，办理毒品犯罪案件需要远离这种思维方式。有一起被高院撤销限制减刑的案例，处理较好。被告人王某阳运输冰毒 991 克被查获，此人曾因犯贩卖毒品罪被判处 15 年有期徒刑，系累犯和毒品再犯。一审判处死缓并限制减刑，二审以其归案后如实供述犯罪事实，有一定悔罪表现为由撤销限制减刑。参见曾粤兴主编：《刑事案例诉辩审评——走私、贩卖、运输、制造毒品罪》，中国检察出版社 2014 年版，第 43 页。

② 严格说来，死刑缓期执行并不是独立的刑种，但实践中基本作为独立刑种在适用。死缓限制减刑的性质也是如此。从这个意义上说，死缓仅次于死刑，而无期徒刑又次于死缓。但从刑种角度说，无期徒刑则是仅次于死刑的重刑。

面，有如下问题值得注意。

1. 同样要坚持“毒品数量＋其他情节”的量刑标准，不能唯数量论。《2008年毒品纪要》提出，毒品数量是毒品犯罪案件量刑的重要情节，但不是唯一情节；对被告人量刑时，特别是在考虑是否适用死刑时，应当综合考虑毒品数量、犯罪情节、危害后果、被告人的主观恶性、人身危险性以及当地禁毒形势等各种因素，做到区别对待；量刑既不能只片面考虑毒品数量，不考虑犯罪的其他情节，也不能只片面考虑其他情节，而忽视毒品数量。《2023年毒品纪要》也强调，毒品数量是量刑的重要情节，但不是唯一情节；在对被告人决定死刑适用时，应当坚持“毒品数量＋其他情节”的标准，不能仅因涉案毒品数量远超过实际掌握的死刑适用数量标准，就不加区分地判处一案多名被告人死刑，还应充分考虑不同被告人的不同犯罪情节。虽然上述量刑指导意见主要针对的是死刑案件，但“毒品数量＋其他情节”的量刑原则同样适用于判处死缓、无期徒刑等其他案件。特别值得重视的是，虽然死缓、无期徒刑不是剥夺生命的“极刑”，但作为长期监禁刑，其惩罚性质也十分严厉。① 要切实防止“重视死刑、轻视生刑”甚至认为“只有死刑才是严惩”的观念，在死缓、无期徒刑的适用上同样要贯彻好“毒品数量＋其他情节”的量刑标准，不能唯数量论，确保罪责刑相适应。

2. 要合理确定适用死缓、无期徒刑的毒品数量标准。毒品数量是量刑的基础性情节，对死缓、无期徒刑的适用首先要合理确定毒品数量标准。《刑法》第347条规定，走私、贩卖、运输、制造毒品数量大的（海洛因或者冰毒50克以上），处15年有期徒刑、无期徒刑或者死刑。实践中，大宗毒品犯罪时有发生，从海洛因或者冰毒50克往上到实际掌握的死刑数量标准之间，存在较大的毒品数量空间，需要划分相应的量刑区域。“法定刑的下限对应的是最轻的犯罪，法定刑的上限对应的是最重的犯罪，于是，由低到高的法定刑，对应的就是由轻到重的犯罪。” ② 在如此大的法定刑幅度内，

① 根据《刑法》的相关规定，无期徒刑的实际执行期不得少于13年，死缓的实际执行期则更长。

② 张明楷：《刑法学（上）》（第6版），法律出版社2021年版，第762页。

如何确定适用死缓、无期徒刑的毒品数量标准，具有重大现实意义。假设X为判处无期徒刑的毒品数量标准的起点，5X为判处死缓的数量标准起点，10X为判处死刑的数量标准起点，那么，通常情况下涉案毒品数量达到海洛因或冰毒50克以上不满X的可以判处15年有期徒刑，达到X以上不满5X的可以判处无期徒刑，达到5X以上不满10X的可以判处死缓，达到10X以上的可以判处死刑。这里的关键是确定X及其倍数关系。在此采取5倍关系只是一种假设，其根据是《刑法》第347条规定的毒品“数量较大”的起点（海洛因10克）和“数量大”的起点（海洛因50克）之间是5倍关系，但对于判处无期徒刑、死缓和死刑之间的毒品数量标准能否采取这种倍数关系，则需要深入调研论证，结合当地禁毒工作和司法实践情况慎重决定。为此，需要认真开展基础性调研工作，深入了解本地的禁毒形势，准确掌握近年来判处无期徒刑、死缓、死刑的毒品犯罪案件总数量以及该3类案件各自的数量、比例等重要数据，在此基础上科学地确定适用死缓、无期徒刑的毒品数量标准，使适用这些刑罚的毒品数量标准形成合理的梯次衔接和良好的动态刑罚结构，尽量避免判处死缓的案件占比过高的刑罚结构不平衡现象。

3. 要正确适用各类从重和从宽处罚情节。毒品数量是量刑的基础，其他法定或者酌定量刑情节（如累犯、毒品再犯、职业犯、从犯、自首、坦白、立功、认罪悔罪等）起不同的调节作用。根据《2023年毒品纪要》的规定，对涉案毒品已达到实际掌握的死刑适用数量标准，但具有法定、酌定从宽处罚情节的被告人，可以不判处死刑；对毒品数量接近实际掌握的死刑适用数量标准，但具有法定从重处罚情节的被告人，可以判处死刑；毒品数量达到实际掌握的死刑适用标准，同时有从重和从宽处罚情节的，应当综合考虑犯罪的事实、性质、情节、危害程度以及被告人的主观恶性、人身危险性等各方面因素，审慎决定是否判处死刑。这3项具体量刑规则虽然是针对死刑案件提出的，但其所包含的刑罚裁量逻辑也可以适用于死缓和无期徒刑案件，完全可以用死缓或者无期徒刑替换其中的死刑，从而形成死缓、无期徒刑的基本量刑规则。在近年来公布的一些毒品案例中，能够或多或少发现死缓、无期徒刑的部分适用规则。[①]

值得注意的是,《刑法》第347条第2款将死刑、无期徒刑和15年有期徒刑规定在同一个法定刑幅度内，从逻辑上看，对论罪该判处死缓的被告人从轻处罚，可能判处无期徒刑或者15年有期徒刑，对论罪该判处无期徒刑的被告人从轻处罚可以判处15年有期徒刑，具备法定从宽处罚情节的甚至可以跨档减轻处罚；反之，对论罪该判处15年有期徒刑的被告人从重处罚可以判处无期徒刑或者死缓，对论罪该判处无期徒刑的被告人从重处罚可以判处死缓甚至死刑；等等。这说明，不同的量刑情节对适用死缓、无期徒刑的调节作用差别较大，对最终的量刑结果影响也很大。另外，对死缓和无期徒刑的适用，也要注意一案之内各被告人之间的量刑平衡和同类案件之间的量刑平衡，防止“罪刑倒挂”和“同案不同判”现象。为此，工作中需要认真总结经验，结合本地司法实际情况制定量刑指导文件，细化、规范这些量刑情节对量刑的具体影响，确保死缓、无期徒刑得到公正、准确的适用。

问 在毒品犯罪的量刑规范化方面，指导文件有哪些规定？ 179

答： 量刑规范化是近年来司法领域大力推进的重大改革项目，走私、贩卖、运输、制造毒品罪在第一批就被纳入量刑规范化范围，此后非法持有毒品罪和容留他人吸毒罪也被纳入。这3种犯罪是司法实践中最主要的毒品犯罪类型，案件总量大，纳入量刑规范化范围很有必要。最高人民法院、最高人民检察院2021年印发的《量刑指导意见》重点对主刑（有期徒刑）的量刑

① 例如，在最高人民法院2020年发布的“6·26”禁毒宣传典型案例中，(1)被告人刘某与蒋某华制造、贩卖芬太尼等毒品数量大，均系主犯，蒋某华作用相对小于刘某，对刘某判处死刑缓期执行，对蒋某华判处无期徒刑；被告人王某玺等人系刘某、蒋某华的下家，贩卖毒品数量大，王某玺系主犯，但具有如实供述、立功情节，被判处无期徒刑，夏某玺系从犯，被判处10年有期徒刑（附加刑均略）。(2)被告人祝某受他人雇用，从缅甸携带毒品（海洛因2包，净重2063.99克）至我国境内并进行运输，在列车上被查获，鉴于其还具有初犯、偶犯等从宽处罚情节，判处无期徒刑（附加刑略）。

提出了具体意见，同时也对缓刑、罚金的适用提出了原则性意见。[①]

1. 关于走私、贩卖、运输、制造毒品罪。《量刑指导意见》规定，构成走私、贩卖、运输、制造毒品罪的，根据下列情形在相应的幅度内确定量刑起点：（1）走私、贩卖、运输、制造鸦片1千克，海洛因、甲基苯丙胺50克或者其他毒品数量达到数量大起点的，量刑起点为15年有期徒刑。依法应当判处无期徒刑以上刑罚的除外。[②]（2）走私、贩卖、运输、制造鸦片200克，海洛因、甲基苯丙胺10克或者其他毒品数量达到数量较大起点的，在7年至8年有期徒刑幅度内确定量刑起点。（3）走私、贩卖、运输、制造鸦片不满200克，海洛因、甲基苯丙胺不满10克或者其他少量毒品的，可以在3年以下有期徒刑、拘役幅度内确定量刑起点；情节严重的，在3年至4年有期徒刑幅度内确定量刑起点。在上述量刑起点的基础上，根据毒品犯罪次数、人次、毒品数量等其他影响犯罪构成的犯罪事实增加刑罚量，确定基准刑。有下列情节之一的，增加基准刑的10%~30%：（1）利用、教唆未成年人走私、贩卖、运输、制造毒品的；（2）向未成年人出售毒品的；（3）毒品再犯。有下列情节之一的，可以减少基准刑的30%以下：（1）受雇运输毒品的；（2）毒品含量明显偏低的；（3）存在数量引诱情形的。

2. 关于非法持有毒品罪。《量刑指导意见》规定，构成非法持有毒品罪的，根据下列情形在相应的幅度内确定量刑起点：（1）非法持有鸦片1千克以上、海洛因或者甲基苯丙胺50克以上或者其他毒品数量大的，在7年至9年有期徒刑幅度内确定量刑起点。依法应当判处无期徒刑的除外。[③]（2）非法持有毒品情节严重的，在3年至4年有期徒刑幅度内确定量刑起点。（3）非法持有鸦片200克、海洛因或者甲基苯丙胺10克或者其他毒品数

---

① 对毒品犯罪适用缓刑、罚金问题，本章后文将专门介绍。

② 如前文所述，走私、贩卖、运输、制造毒品数量大的，量刑起点是15年有期徒刑，但因该档法定刑幅度中还包括无期徒刑、死缓、死刑，故需要各地法院总结形成对应的毒品数量标准，将毒品“数量大”划分为多层区间。在毒品数量从低往高排序的第一层区间，如果被告人没有从重处罚情节，一般都判处15年有期徒刑。

③ 非法持有毒品罪的最高法定刑是无期徒刑，对此也需要各地法院总结形成相对明确的毒品数量标准，并且，因犯罪性质有所不同，该标准应与走私、贩卖、运输、制造毒品罪适用无期徒刑的数量标准体现一定差别。

量较大的，在 1 年以下有期徒刑、拘役幅度内确定量刑起点。在上述量刑起点的基础上，根据毒品数量等其他影响犯罪构成的犯罪事实增加刑罚量，确定基准刑。

3. 关于容留他人吸毒罪。《量刑指导意见》规定，构成容留他人吸毒罪的，在 1 年以下有期徒刑、拘役幅度内确定量刑起点。在量刑起点的基础上，根据容留他人吸毒的人数、次数等其他影响犯罪构成的犯罪事实增加刑罚量，确定基准刑。

值得注意的是，《量刑指导意见》还规定，对包括毒品犯罪在内的几种危害严重的犯罪，在确定从宽的幅度时应当从严掌握；对犯罪情节较轻的犯罪，应当充分体现从宽。

问 180 如何理解《刑法》第 347 条量刑幅度之间的衔接关系，以及如何进行减轻处罚？

答：《刑法》第 347 条对走私、贩卖、运输、制造毒品罪的主刑规定了 4 档法定刑：15 年有期徒刑、无期徒刑或者死刑，7 年以上有期徒刑，3 年以上 7 年以下有期徒刑，3 年以下有期徒刑、拘役或者管制。显然，这些法定刑幅度（或者量刑幅度）之间形成了有序的梯次衔接，没有空档。但是，在"3 年以下有期徒刑、拘役或者管制"和"3 年以上 7 年以下有期徒刑"这两档法定刑之间，是以"情节严重"作为升档条件的。特别是 2016 年《毒品犯罪解释》改变了 2000 年《毒品案件解释》的做法，不再将毒品数量作为认定走私、贩卖、运输、制造少量毒品"情节严重"的情形之一，[①] 由此"3 年以上 7 年以下有期徒刑"的量刑幅度没有对应的毒品数量标准，似乎造成了量刑幅度之间的空档。于是，有意见认为，判处"3 年以上 7 年以下有期徒刑"

① 2000 年《毒品案件解释》规定，走私、贩卖、运输、制造海洛因或者甲基苯丙胺 7 克以上不满 10 克或者其他数量相当毒品的，属于"情节严重"，处 3 年以上 7 年以下有期徒刑。2016 年《毒品犯罪解释》删去了该规定。

是以“情节严重”为条件的，对于走私、贩卖、运输、制造毒品数量较大，因具有法定从宽情节被减轻处罚但又不符合“情节严重”情形的，“7年以上有期徒刑”所对应的下一档量刑幅度不是“3年以上7年以下有期徒刑”，而是“3年以下有期徒刑、拘役或者管制”。

本书认为，“7年以上有期徒刑”对应的下一个量刑幅度应当是“3年以上7年以下有期徒刑”，而不是“3年以下有期徒刑、拘役或者管制”。主要理由在于，《刑法》规定走私、贩卖、运输、制造少量毒品的，对应的法定刑为“3年以下有期徒刑、拘役或者管制”，“情节严重”的才升格为“3年以上7年以下有期徒刑”，这是一种法定刑配置模式，与减轻处罚时降档适用量刑幅度问题的角度不同，二者之间并不矛盾。这种立法模式对毒品数量采取了三分法（数量大、数量较大、少量毒品），但却规定了四档法定刑，从而造成毒品数量档位与法定刑幅度之间不能一一对应，进而通过设置“情节严重”来弥补一档法定刑。这种法定刑配制模式在目前的《刑法》分则中确实较为少见，是沿袭当初立法惯性造成的，今后可以通过修订《刑法》来完善，[①]但不能据此否定四档法定刑之间是有序衔接关系。走私、贩卖、运输、制造数量较大的毒品，本应判处7年以上有期徒刑，因具有法定从宽情节而减轻一档处罚的，无论是否符合“情节严重”的情形，其对应的量刑幅度都是“3年以上7年以下有期徒刑”。如果在“3年以下有期徒刑、拘役或者管制”的量刑幅度内判处刑罚，则等于降两档量刑，显然违反了《刑法》第63条第1款的明文规定，是不妥当的。例如，在李某亮、吴某杰贩卖毒品案中，吴某杰借给李某亮1200元购毒款并陪同李某亮购得10余克冰毒，在二人准

---

① 《刑法》关于毒品犯罪一节，来自全国人大常委会1990年制定的《关于禁毒的决定》，自1997年以来除修改制毒物品犯罪的条文和增加涉兴奋剂犯罪的条文外，其他条文均未作修改。《刑法》第383条关于贪污罪的条文在2015年被修正之前，其立法模式同《刑法》第347条类似，都是在数量（数额）的基础上又以“情节严重”作为法定刑升格条件。如果对毒品数量档位采取四分法，就不会出现这个问题。例如，可以考虑规定，走私、贩卖、运输、制造少量毒品的，处3年以下有期徒刑、拘役或者管制，并处罚金；毒品数量较大或者有其他较重情节的，处3年以上10年以下有期徒刑，并处罚金；毒品数量大或者有其他严重情节的，处10年以上有期徒刑或者无期徒刑，并处罚金或者没收财产；毒品数量巨大或者有其他特别严重情节的，处无期徒刑或者死刑，并处没收财产。

备将毒品卖出时被抓获。一审认定吴某杰系从犯，对其减轻处罚，判处 2 年有期徒刑并处罚金。吴某杰提出上诉，二审法院认为一审降两档量刑不当，应在 3 年至 7 年有期徒刑的幅度内量刑，但鉴于上诉不加刑原则，驳回吴某杰上诉，维持原判。[①]《刑法》第 348 条对非法持有毒品罪所配置的法定刑在衔接关系上也存在类似疑问，可以参照上述思路解决。

另外，值得注意的是，毒品犯罪案件中被告人具有减轻处罚情节的情形较为常见（如从犯、未成年、重大立功等），不少案件中涉及对被告人减轻处罚问题，此时需准确理解、适用《刑法》第 63 条第 1 款。该款规定："犯罪分子具有本法规定的减轻处罚情节的，应当在法定刑以下判处刑罚；本法规定有数个量刑幅度的，应当在法定量刑幅度的下一个量刑幅度内判处刑罚。"后半句是 2011 年施行的《刑法修正案（八）》新增的规定。据该款规定可以得出如下结论：（1）如果被告人只具有一个法定减轻处罚情节，只能降一档而不能降两档量刑。这是《刑法》第 63 条第 1 款的基本含义。但是，如果被告人具有两个法定减轻处罚情节（如从犯、未成年或者从犯、重大立功），或者所具有的法定从宽情节包含"减轻或者免除处罚"内容（如犯罪预备、从犯、胁从犯），则逻辑上可以降两档量刑，但需要根据案件具体情况慎重作出决定。[②]（2）如果决定对被告人减轻处罚的，则适用减轻后量刑幅度内的主刑和附加刑，而不是仅对主刑减轻处罚。例如，贩卖海洛因 50 克以上对应的量刑幅度是 15 年有期徒刑、无期徒刑或者死刑，并处没收财产，如果减轻一档量刑，所对应的量刑幅度是 7 年以上有期徒刑，并处罚金（而不是没收财产）。主张仅对主刑减轻处罚而对附加刑不减轻处罚的观点是不妥当的。（3）如果某个罪名只有一个量刑幅度，减轻处罚时可以低于该量刑幅度判处刑罚。例如，强迫他人吸毒罪的法定刑为 3 年以上 10 年以下有期徒刑，并

---

① 参见温锦资：《对贩毒从犯减轻处罚的适用》，载《人民法院报》2017 年 8 月 24 日，第 7 版。

② 在从宽处罚情节包含"减轻或者免除"处罚内容时，说明该情节对量刑的影响大、贯穿力强，降低两档量刑肯定仍重于免除处罚，既然可以免除处罚，自然可以降低两档量刑。对该问题的详细分析，可参见黄祥青：《减轻处罚情节的理解与适用》，载中华人民共和国最高人民法院刑事审判第一、二、三、四、五庭主办：《中国刑事审判指导案例》（第 1 卷）（增订第 3 版），法律出版社 2017 年版，第 933–941 页。

处罚金，如果被告人系从犯、胁从犯或者未成年人（具有该 3 项情节之一），根据案件具体情况决定对其减轻处罚的，则可判处少于 3 年的有期徒刑（如 1 年有期徒刑）。有意见认为，对这种情形只能在法定量刑幅度内判处较轻或最轻的刑罚，而不能适用该量刑幅度内没有的刑罚。但是，对这种情形如果只能在该法定刑幅度内量刑，则属于从轻处罚而不是减轻处罚，明显与《刑法》第 62 条的规定之间存在冲突，故这种观点在逻辑上不能自洽。虽然低于法定量刑幅度判处刑罚的做法形式上赋予了司法者较大裁量权，但这种做法有《刑法》总则的规定作为依据，实质上并不违反罪刑法定原则。

问 毒品犯罪案件中进行数罪并罚，要注意哪些问题？ 181

答：数罪并罚是《刑法》总则规定的内容，适用于办理各类刑事案件。涉及数罪并罚的很多共性问题，在毒品犯罪案件中也会遇到，这里仅分析、提示与毒品犯罪关联较为密切的几个问题。

1. 前罪所判处的罚金尚未执行完毕，又实施毒品犯罪的，在后罪判刑时对前罪判处的罚金是否并罚?

对这个问题，以往司法实践中一度存在争议，各地做法也不完全统一。2017 年，全国人民代表大会常务委员会法制工作委员会作出的《关于对被告人在罚金刑执行完毕前又犯新罪的罚金应否与未执行完毕的罚金适用数罪并罚问题的答复意见》（法工办复〔2017〕2 号，以下简称《罚金刑答复》）指出：《刑法》第 71 条中的“刑罚执行完毕以前”应是指主刑执行完毕以前；被告人前罪主刑已执行完毕，罚金尚未执行完毕的，应当由人民法院继续执行尚未执行完毕的罚金，不必与新罪判处的罚金数罪并罚。由此，解决了在这个问题上的认识分歧。

值得注意的是，如果新罪判处的附加刑是没收财产，是否需要与前罪判处的罚金或者没收财产并罚？最高人民法院 2000 制定的《关于适用财产刑若干问题的规定》（法释〔2000〕45 号，以下简称《财产刑规定》）第 3 条第

2 款规定："一人犯数罪依法同时并处罚金和没收财产的，应当合并执行；但并处没收全部财产的，只执行没收财产刑。"[①] 也就是说，如果前罪判处的是罚金，后罪判处的是没收部分财产，或者相反，则都要执行；如果前罪判处的是罚金，后罪判处是没收全部财产，则只执行没收全部财产，罚金被吸收，不再执行。但是，《刑法》第 69 条第 3 款规定，数罪中有判处附加刑的，附加刑仍须执行，其中附加刑种类相同的，合并执行，种类不同的，分别执行。[②] 据此，如果认为罚金和没收财产属于同一种类的附加刑，则罚金可以被没收全部财产吸收；如果认为二者不是同一种类的附加刑，则罚金不能被没收全部财产所吸收。同时，"没收财产只能没收犯罪人已经拥有的、现实的财产，而不可能没收犯罪人将来可能拥有的财产"[③]。而根据《刑法》第 53 条第 1 款和《刑诉法解释》第 523 条第 1 款，[④] 罚金不限于判决时已有的财产，在被告人刑满释放有了收入后仍可以继续追缴罚金。这实际上说明罚金和没收财产所针对的对象不完全相同，故二者的性质也不完全相同。毒品犯罪属于贪利型犯罪，犯罪分子事先转移财产的情形较为常见，如被告人及其亲属事先转移财产导致没收财产刑的执行效果不好，后续追缴罚金就有更大现实意义。从这个角度看，罚金似也不宜被没收全部财产所吸收，分别执行更好。[⑤]

---

① 最高人民法院 1999 年制定的《全国法院维护农村稳定刑事审判工作座谈会纪要》（法〔1999〕217 号）也规定，对于判处没收全部财产，同时判处罚金刑的，应决定执行没收全部财产，不再执行罚金刑。

② 该款规定是 2011 年施行的《刑法修正案（八）》所修改，2015 年第 69 条被《刑法修正案（九）》再次被修改后变为第 3 款。

③ 张明楷：《刑法学（上）》（第 6 版），法律出版社 2021 年版，第 710 页。

④ 《刑法》第 53 条第 1 款规定："对于不能全部缴纳罚金的，人民法院在任何时候发现被执行人有可以执行的财产，应当随时追缴。"《刑诉法解释》第 523 条第 1 款进一步规定，对于罚金，"经强制缴纳仍不能全部缴纳的，在任何时候，包括主刑执行完毕后，发现被执行人有可供执行的财产的，应当追缴"。

⑤ 这里还涉及财产刑执行顺序问题。按照最高人民法院 2014 年制定的《关于刑事裁判涉财产部分执行的若干规定》（法释〔2014〕13 号），法院执行财产刑的顺序是"先罚金后没收财产"，这在被告人未事先转移财产的情况下是较为合理的做法，也体现了刑罚的谦抑性和人道主义。但如果被告人事先转移了财产，法院执行时财产所剩无几，导致罚金刑也难以执行，则可以采取先没收财产再执行罚金的做法。

2. 在执行前罪的附加剥夺政治权利期间又实施毒品犯罪的，如何进行并罚？

对这个问题，以往司法实务中也存在一些争议。最高人民法院2009年作出的《关于在执行附加刑剥夺政治权利期间犯新罪应如何处理的批复》（法释〔2009〕10号，以下简称《附加剥权期间犯新罪批复》），把《刑法》第71条中“刑罚执行完毕以前”的“刑罚”理解为包括主刑和附加刑，进而规定对此类情形应当实行并罚。[①]但是，上文引述的法工委2017年作出的《罚金刑答复》明确提出，《刑法》第71条中的“刑罚执行完毕以前”应是指主刑执行完毕以前，不包括附加刑。由此，上述《附加剥权期间犯新罪批复》的规定是否仍然妥当，就存在一定疑问。从效力上看，法工委的答复意见尚不属于立法解释，而《附加剥权期间犯新罪批复》作为正式司法解释也并未废止，故不能简单以前者完全否定后者的效力。从实质合理性角度看，在前罪判处的附加剥夺政治权利期间再犯新罪的，是否有必要进行并罚，主要看对附加刑的并罚是否也采取“限制加重”原则，如果不采取该原则，则并罚的实际意义不大，只需从操作层面明确附加剥夺政治权利的期限如何计算即可。从起草背景看，《附加剥权期间犯新罪批复》是沿袭最高人民法院研究室1986年作出的《关于数罪中有判处两个以上剥夺政治权利附加刑的应如何并罚问题的电话答复》（已废止）的思路，[②]采取“限制加重”原则来解决这个问题的，该批复认为《刑法》第55条第1款规定的附加剥夺政治权利的期限“一年以上五年以下”也包括数罪并罚的情形。但实际上，从第55条的文字表述

---

① 《附加剥权期间犯新罪批复》包括3项内容：（1）对判处有期徒刑并处剥夺政治权利的罪犯，主刑已执行完毕，在执行附加刑剥夺政治权利期间又犯新罪，如果所犯新罪无须附加剥夺政治权利，依照《刑法》第71条的规定数罪并罚。（2）前罪尚未执行完毕的附加刑剥夺政治权利的刑期从新罪的主刑有期徒刑执行之日起停止计算，并依照《刑法》第58条的规定从新罪的主刑有期徒刑执行完毕之日或者假释之日起继续计算；附加刑剥夺政治权利的效力施用于新罪的主刑执行期间。（3）对判处有期徒刑的罪犯，主刑已执行完毕，在执行附加刑剥夺政治权利期间又犯新罪，如果所犯新罪也剥夺政治权利，依照《刑法》第55条、第57条、第71条的规定并罚。

② 该电话答复提出：如果数罪中有两罪以上都判处有期徒刑并附加剥夺政治权利，按限制加重的方法，其剥夺政治权利的附加刑，只能在1年以上、5年以下决定应执行的刑期，不能超过5年。参见喻海松编著：《实务刑法评注》，北京大学出版社2022年版，第166页。

中难以解读出包括数罪并罚情形，[①] 相反，从《刑法》第 69 条第 3 款中“附加刑种类相同的，合并执行，种类不同的，分别执行”的规定看，立法对数罪的附加刑似乎不太主张采取“限制加重”原则。正如立法机关工作人员所提出的：“‘合并执行’是指对于种类相同的多个附加刑，期限或者数额相加之后一并执行，……相同种类的多个附加刑并不适用限制加重原则。”“刑法第五十五条规定的剥夺政治权利期限是一个罪判处的期限，对于数罪的……不受这一期限的限制。”[②] 在这种情况下，对《附加剥权期间犯新罪批复》是否继续执行，宜由最高司法机关尽快予以明确。

3. 在刑罚执行期间发现犯罪分子遗漏同种毒品犯罪的，如何处理？

毒品犯罪案件中一人多次实施毒品犯罪的情况很常见，因而在刑罚执行期间发现犯罪分子遗漏毒品犯罪的情况也常会出现。对于遗漏不同种毒品犯罪的，如因贩卖毒品罪被判刑后又发现遗漏容留他人吸毒罪或者非法买卖制毒物品罪的，应当依照《刑法》第 70 条的规定进行数罪并罚（“先并后减”），这一点没有争议。但是，对于遗漏的是同种犯罪的是否进行并罚，则存在不同意见。反对并罚的主要理由是，并罚的做法可能导致罪刑不均衡或者量刑畸重，故应启动审判监督程序再审。[③] 目前司法实践中对这种情形通常采取数罪并罚的方式。主要依据是最高人民法院 1993 年作出的《关于判决宣告后又发现被判刑的犯罪分子的同种漏罪是否实行数罪并罚问题的批复》（以下简称《1993 年发现同种漏罪批复》），其中规定：“人民法院的判决宣告并已发生法律效力以后，刑罚还没有执行完毕以前，发现被判刑的犯罪分子在判决宣告以前还有其他罪没有判决的，不论新发现的罪与原判决的罪是否属于同种罪，都应当依照刑法第六十五条（注：指 1979 年《刑法》）的规定实行数罪并罚。”

---

① 《刑法》第 55 条第 1 款规定，剥夺政治权利的期限，除本法第 57 条规定外，为 1 年以上 5 年以下。有学者也认为该条关于剥夺政治权利期限的规定，是就单个犯罪而言，不包括数罪并罚。参见张明楷：《刑法学（上）》（第 6 版），法律出版社 2021 年版，第 788 页。

② 王爱立主编：《中华人民共和国刑法释义与适用（上册）》，中国民主法制出版社 2021 年版，第 217 页。

③ 参见张明楷：《刑法学（上）》（第 6 版），法律出版社 2021 年版，第 782–783 页。

值得注意的是，（1）《1993年发现同种漏罪批复》还规定，如果二审法院发现原审被告人在一审判决宣告以前还有同种漏罪没有判决，二审法院应当撤销原判，发回重新审判，一审法院重审时不适用《刑法》关于数罪并罚的规定。但实践中的情况较为复杂，此项规定有过于刚性之嫌。为此，最高人民法院2021年制定的《刑诉法解释》对此作了调整。其中第24条规定："人民法院发现被告人还有其他犯罪被起诉的，可以并案审理；涉及同种犯罪的，一般应当并案审理。人民法院发现被告人还有其他犯罪被审查起诉、立案侦查、立案调查的，可以参照前款规定协商人民检察院、公安机关、监察机关并案处理，但可能造成审判过分迟延的除外。"第25条规定："第二审人民法院在审理过程中，发现被告人还有其他犯罪没有判决的，参照前条规定处理。第二审人民法院决定并案审理的，应当发回第一审人民法院，由第一审人民法院作出处理。"要特别重视的是，对于因人为分案而导致需要进行数罪并罚的，决定执行的刑罚应当与并案审理时以一罪判处的刑罚相当，不应加重对被告人的处罚。（2）走私、贩卖、运输、制造毒品罪是选择性罪名，根据《2023年毒品纪要》和2010年《自首立功意见》的相关规定，对选择性罪名按照同种罪名认定，行为人对不同宗毒品分别实施了不同种犯罪行为的，应对不同行为并列确定罪名，累计毒品数量，不实行数罪并罚。但行为人因该4种犯罪行为中任何一项罪名（如制造毒品罪）被判刑后，在刑罚执行期间发现遗漏其中任何一种犯罪（如贩卖毒品罪）的，即使属于同种犯罪（针对不同宗毒品），也应当予以并罚。这种情形虽然不是人为分案处理，但并罚决定执行的刑罚也应当与并案审理时以一罪判处的刑罚大致平衡，不宜以行为人事先未主动交代、导致浪费司法资源为由给予从重处罚。

另外，在刑罚执行完毕之前又实施毒品犯罪的，虽不很多见但实践中也有发生，主要是毒品犯罪分子被暂予监外执行期间（或者假释期间）再次实施毒品犯罪。例如，（1）被告人贺某军1996年因犯运输毒品罪被判处死缓，2005年被保外就医，2007年又实施贩卖、运输毒品罪（涉案海洛因604.3克），系主犯、毒品再犯，被判处并核准死刑。[①]（2）被告人张某建曾先后因犯抢劫罪、寻衅滋事罪被判刑，2011年5月因犯贩卖毒品罪被判刑15年，同年8月因患病被暂予监外执行，2013年其又多次贩卖毒品（涉案冰毒共计3300余克，但实际贩毒数量更多），系职业毒贩和毒品再犯，且系在暂予监外执行期间犯罪，被判处并核准死刑。[②]（3）被告人舒某坤2000年因犯贩卖毒品罪被判处无期徒刑，2011年被假释（假释考验期至2014年9月），2014年2月其再次贩卖毒品（涉案海洛因2200余克），被判处并核准死刑。[③]对于此类情形，通常既要认定为毒品再犯予以从重处罚，也要实行数罪并罚。[④]其中涉案毒品数量达到或者接近实际掌握的死刑适用数量标准的，往往会被判处死刑。

问 毒品案件中因涉毒违法犯罪被先行羁押的，如何折抵刑期？ 182

答：先行羁押期间折抵刑期是毒品犯罪案件中的常见问题，主要是为了防止重复评价和重复处罚。行为人在判决前被先行羁押，此后因同一个毒品犯罪事实被判刑的，先行羁押期间应当折抵刑期，这一点没有争议。但实践情况较为复杂，有的案件中行为人被先行羁押的期间能否折抵后续判处的刑期，可能存在争议。例如，有的行为人因吸毒或者其他涉毒违法行为被行政拘留，此后发现其实施了毒品犯罪行为；有的行为人因非涉毒罪名（如寻衅滋事、盗窃）被先行羁押，此后查明其还实施了毒品犯罪；有的行为人因涉嫌某起毒品犯罪被拘留后，因证据不足无法认定该起事实，但此后发现其还

---

① 参见中华人民共和国最高人民法院刑事审判第一、二、三、四、五庭主办：《中国刑事审判指导案例》（第5卷）（增订第3版），法律出版社2017年版，第420–423页。

② 参见中华人民共和国最高人民法院刑事审判第一、二、三、四、五庭主办：《刑事审判参考》（总第110集），法律出版社2018年版，第10–17页。

③ 本案系最高人民法院2016年发布的"6·26"禁毒宣传典型案例之一。

④ 关于毒品再犯与数罪并罚的关系，本书第十四章"量刑情节的认定和处理"中作了专门分析。

涉嫌其他毒品犯罪，经查能够认定；等等。对这些情形的先行羁押期间能否折抵后续所判刑期，不能一概而论，需要作具体分析。

1. 行为人因涉毒违法行为被行政拘留，后发现该行为构成犯罪的，行政拘留期间可以折抵刑期。我国对涉毒违法犯罪行为采取二元管制体系，情节较轻的通常作为违法行为处理，情节较重的才可能构成犯罪。《治安管理处罚法》和《禁毒法》规定了多种涉毒违法行为，如非法持有少量毒品，向他人提供毒品，引诱、教唆、欺骗他人吸毒，容留他人吸毒等。对这些违法行为可以拘留、罚款或者并罚。① 如果在查处这些违法行为时发现实际情况很严重，已经达到《刑法》和司法解释规定的定罪条件，则应当追究刑事责任，此时，犯罪事实是先前违法行为"升格"而来，是同一个事实发生"质变"，故先前的行政拘留期间可以折抵后续判处的刑期。《行政处罚法》第 35 条第 1 款也规定，违法行为构成犯罪，人民法院判处拘役或者有期徒刑时，行政机关已经给予当事人行政拘留的，应当依法折抵相应刑期。② 根据《刑法》的相关规定，先行羁押 1 日可以折抵管制 2 日，可以折抵拘役或者有期徒刑 1 日。而根据《刑诉法》第 76 条，监视居住的期限也应折抵刑期，即监视居住 1 日折抵管制 1 日，监视居住 2 日折抵拘役、有期徒刑 1 日。

但需要注意的是，行为人因吸毒被行政拘留或者因吸毒成瘾被强制隔离戒毒的，如果嗣后发现其还有贩卖毒品等犯罪，该行政拘留或强制隔离戒毒期间不能折抵刑期。这是因为，吸毒本身是违法行为，对吸毒者予以行政拘留是《治安管理处罚法》明确规定的处罚措施，而对吸毒成瘾者予以强制隔

---

① 例如，《治安管理处罚法》第 72 条规定，非法持有少量毒品，向他人提供毒品，或者吸食、注射毒品的，处 10 日以上 15 日以下拘留，可以并处 2000 元以下罚款；情节较轻的，处 5 日以下拘留或者 500 元以下罚款。第 73 条规定，教唆、引诱、欺骗他人吸食、注射毒品的，处 10 日以上 15 日以下拘留，并处 500 元以上 2000 元以下罚款。《禁毒法》第 61 条规定，容留他人吸食、注射毒品尚不构成犯罪的，处 10 日以上 15 日以下拘留，可以并处 3000 元以下罚款；情节较轻的，处 5 日以下拘留或者 500 元以下罚款。

② 该条第 2 款规定，违法行为构成犯罪，人民法院判处罚金时，行政机关已经给予当事人罚款的，应当折抵相应罚金；行政机关尚未给予当事人罚款的，不再给予罚款。

离戒毒也是《禁毒法》明确规定的强制治疗措施（不属于行政处罚），[①] 这两种措施所针对的行为（吸毒和吸毒成瘾）同另行发现的毒品犯罪事实不具有同一性，不涉及对同一行为或事实的重复评价和重复处罚问题，故都不能折抵后续因毒品犯罪所判处的刑期。即使侦查机关已经发现行为人涉嫌毒品犯罪，但从办案策略上以其吸毒为由先行采取行政拘留措施的，该行政拘留期间也不能折抵后续因毒品犯罪所判处的刑期。

2. 先行羁押涉及的犯罪事实与判决认定的事实不属同一事实的，先行羁押期间能否折抵刑期？之所以出现此类情况，多是先发现的事实因证据不足难以认定，在后续侦查过程中又发现行为人涉嫌其他毒品犯罪并查证属实。[②] 如果严格按照先行羁押和判决认定的事实需属“同一事实”才能折抵刑期的观念，对前后犯罪事实不属同一事实的情形则不能折抵刑期，由此可能出现国家赔偿问题。[③] 为此，有研究者提出，对先行羁押期间折抵刑期问题有必要适当扩大范围，采取事实或者程序上“关联性”标准，尽可能多地将先行羁押纳入折抵刑期中来；其中，事实上的关联是指先行羁押的事实理由与判刑的犯罪之间罪名相同，或者属于选择性罪名，或者在法律、事实上有密

---

① 《禁毒法》第 38 条规定了对吸毒成瘾人员强制隔离戒毒的条件：（1）拒绝接受社区戒毒的；（2）在社区戒毒期间吸食、注射毒品的；（3）严重违反社区戒毒协议的；（4）经社区戒毒、强制隔离戒毒后再次吸食、注射毒品的。该条同时规定，对于吸毒成瘾严重，通过社区戒毒难以戒除毒瘾的人员，公安机关可以直接作出强制隔离戒毒的决定。第 47 条规定，强制隔离戒毒的期限为 2 年；最长可以延长 1 年。

② 例如，2016 年 11 月被告人陈某莲因涉嫌参与李某薇等人贩卖毒品案被刑事拘留，但陈某莲拒不认罪，检察机关不予批捕，陈某莲被转为取保候审，后侦查机关查实陈某莲曾向陈某辉贩卖 190 余克冰毒，陈某莲因该罪行被判处 15 年有期徒刑。该案中，陈某莲前期被刑事拘留所涉及的事实与被判刑的事实不同，审理过程中对拘留期间能否折抵刑期存在一定争议，最后采取了折抵刑期的做法。参见中华人民共和国最高人民法院刑事审判第一、二、三、四、五庭主办：《刑事审判参考》（总第 115 集），法律出版社 2019 年版，第 86–91 页。

③ 《国家赔偿法》第 17 条第 1 项、第 2 项规定，侦查机关、检察机关及其工作人员在行使职权时有下列侵犯人身权情形之一的，受害人有取得赔偿的权利：（1）违反《刑事诉讼法》的规定对公民采取拘留措施的，或者依照《刑事诉讼法》规定的条件和程序对公民采取拘留措施，但是拘留时间超过《刑事诉讼法》规定的时限，其后决定撤销案件、不起诉或者判决宣告无罪终止追究刑事责任的；（2）对公民采取逮捕措施后，决定撤销案件、不起诉或者判决宣告无罪终止追究刑事责任的。

切关联；程序上的关联是指先行羁押和后罪的侦查、起诉、审判是连续进行的，且先行羁押为后罪的刑事诉讼活动提供了一定保障。在这两种情形下，即使前后罪的事实不同，先行羁押也可以折抵后罪判处的刑期。[①]

本书认为，这种处理思路充分考虑了司法实践的复杂情况，丰富了先行羁押期限折抵刑期的司法适用规则，也有利于处理刑期折抵与国家赔偿之间的关系，总体上较为可行。但值得注意的是，前罪和后罪的事实在诉讼程序上“有关联”意味着后罪事实是在前罪侦查期间所发现，[②] 如果前罪因证据不足已被撤销案件，说明侦查程序已终结，则之后新发现的犯罪事实即便与前罪属相同罪名（如都是贩卖毒品罪），但因不是同一起事实，前罪的羁押期间也不宜折抵后罪所判处的刑期。当然，如果前罪与后罪针对的是同一起事实（如都是特定时间向甲贩卖毒品），前期因证据不足撤销案件后作出国家赔偿，以后发现有新证据能够证实行为人实施了该起犯罪，则可以撤销国家赔偿，并将以往的羁押期限折抵以后判处的刑期。

问 毒品犯罪案件中如何适用缓刑、定罪免刑？ 183

答：《刑法》没有在缓刑、定罪免刑的适用方面对毒品犯罪作出限制性规定，理论上只要符合《刑法》规定的缓刑、定罪免刑条件的毒品犯罪案件，都可以依法适用。但是，由于司法实践中历来强调从严惩处毒品犯罪，对毒品犯罪适用缓刑、定罪免刑所掌握的标准要更为严格，适用率要比常规犯罪更低。

1. 关于缓刑的适用。在这方面，一些指导文件作出了明确的限制性规定。例如，最高人民法院、最高人民检察院 2021 年发布的《量刑指导意见》

---

① 参见聂昭伟：《陈某莲贩卖毒品案——先前被羁押行为与最终定罪行为并非同一行为时，羁押日期是否可折抵刑期》，载中华人民共和国最高人民法院刑事审判第一、二、三、四、五庭主办：《刑事审判参考》（总第 115 集），法律出版社 2019 年版，第 86–91 页。

② 根据《刑诉法》第 160 条和《办案程序规定》第 151 条，侦查期间发现犯罪嫌疑人另有重要罪行的，重新计算侦查羁押期限，而不需要重新立案。

规定，对走私、贩卖、运输、制造毒品罪和非法持有毒品罪，都要从严把握缓刑的适用。《2023 年毒品纪要》则在《2015 年毒品纪要》相关规定的基础上重申："应当从严掌握毒品犯罪被告人的缓刑适用条件。对于毒品再犯，一般不适用缓刑。对于不能排除有多次贩毒嫌疑的零包贩毒被告人，因认定构成贩卖毒品等犯罪的证据不足而认定为非法持有毒品罪的被告人，以及引诱、教唆、欺骗、强迫他人吸毒的被告人，应当严格控制缓刑适用。"

这里从 3 个层面对毒品犯罪的缓刑适用问题提出了指导意见。（1）作为一项总体原则，应当从严掌握毒品犯罪被告人的缓刑适用条件。这是为了体现对毒品犯罪从严惩处的刑事政策。例如，在被告人何某贩卖、制造毒品（"死藤水"）案中，涉案毒品成分系较为罕见的二甲基色胺，被告人认罪认罚，辩护人建议适用缓刑，但法院采纳检察机关的量刑建议判处了实刑。[①] 不过，"从严"掌握不等于完全不能适用，对于罪行本身较轻，或者具有从宽处罚情节（如从犯、胁从犯、未成年、自首等），明显符合缓刑适用条件的，仍然可以依法适用。《量刑指导意见》也提出，构成容留他人吸毒罪的，综合考虑容留他人吸毒的人数、次数、危害后果等犯罪事实、量刑情节，以及被告人主观恶性、人身危险性、认罪悔罪表现等因素，决定缓刑的适用。（2）对于毒品再犯，一般不适用缓刑。《刑法》第 74 条明确规定对累犯不得适用缓刑，而没有规定对毒品再犯不得适用缓刑，为体现对毒品犯罪的从严惩处，对于不构成累犯的毒品再犯不能禁止适用缓刑，但可以要求"一般不"适用缓刑。（3）应当"严格控制"缓刑适用的情形：不能排除有多次贩毒嫌疑的零包贩毒被告人，因认定构成贩卖毒品等犯罪的证据不足而认定为非法持有毒品罪的被告人，引诱、教唆、欺骗、强迫他人吸毒的被告人。"严格控制"的限制程度显然弱于"一般不"适用缓刑，但仍应比盗窃、诈骗、伤害

① 这是最高人民检察院 2022 年发布的第 37 批指导性案例之一（检例第 153 号），被告人何某通过网络购买某类树皮（不属于被管制的毒品原植物），磨成粉末后按特定方法熬制成水溶液"死藤水"，从中能检出二甲基色胺（属第一类精神药品，按照《非法药物折算表》，其与海洛因的折算比例为 1∶1）。何某制造"死藤水"后多次向他人贩卖牟利，结合其犯罪性质及相关量刑情节，对其减轻处罚，以贩卖、制造毒品罪判处有期徒刑 1 年 9 个月，并处罚金人民币 3000 元。

等刑事案件控制得更为严格。[①]

另值得注意的是，最高人民法院、最高人民检察院 2012 年制定的《关于办理职务犯罪案件严格适用缓刑、免予刑事处罚若干问题的意见》（法发〔2012〕17 号）第 2 条对职务犯罪案件中一般不适用缓刑的情形作了较为具体的规定，对毒品犯罪限制缓刑适用也有一定参考价值。参考该条规定，对于多次实施毒品犯罪，毒品共同犯罪中罪责突出的主犯，不如实供述毒品罪行，不退缴毒品犯罪违法所得等情形，一般不得适用缓刑。

2. 关于定罪免刑的适用。定罪免刑是比缓刑更轻而略重于无罪判决的处理方式，故其适用标准要比缓刑更为严格。可以说，在毒品犯罪案件中适用定罪免刑是非常少见的情况。但考虑司法实践的复杂性，也有一些毒品犯罪的性质和情节较轻，不排除可能适用定罪免刑。具体包括 3 种情形。

一是行为人所实施的毒品犯罪较轻，且具有特定从宽处罚情节的，如犯罪预备、犯罪中止、从犯、胁从犯、自首、重大立功等。这些从宽情节中都包含免除处罚的内容，尤其是在行为人具有两个以上此类从宽情节的情况下，很可能出现可以免除处罚的案件。例如，参与少量贩毒的从犯，犯罪后自首或者有重大立功表现的，或者未成年人受胁迫参与少量贩毒，所起作用很小的。[②]

---

① 各地制定的量刑规范化实施细则多明确了对毒品犯罪从严控制缓刑适用的具体条件。例如，安徽省高级人民法院、安徽省人民检察院制定的《关于二十三种常见犯罪量刑规范的实施细则（试行）》（皖高法发〔2022〕1 号）规定，对犯走私、贩卖、运输、制造毒品罪的被告人，在符合其他条件的情况下，如系没有生活自理能力家庭成员的唯一监护人，一般可以适用缓刑。对犯非法持有毒品罪的被告人，在符合其他条件的情况下，具有下列情形之一的，可以适用缓刑：①替共同生活的家庭成员非法持有毒品数量较大的；②系没有生活自理能力家庭成员的唯一监护人，非法持有毒品数量较大的。吉林省高级人民法院、吉林省人民检察院制定的《〈关于常见犯罪的量刑指导意见（试行）〉实施细则》（吉高法〔2023〕154 号）也规定，对犯非法持有毒品罪的被告人，在符合其他条件的情况下，具有下列情形之一，可以考虑适用缓刑：①对于初犯、偶犯，且具有自首等法定从轻、减轻处罚情节的；②对于替共同生活的家庭成员非法持有毒品数量较大的；③对于没有生活自理能力家庭成员的唯一监护人，非法持有毒品数量较大的。可见，对毒品犯罪适用缓刑的条件十分严格。

② 实践中曾出现行为人主动上交毒品而被免予处罚的案件。例如，被告人周某龙曾因贩卖毒品被判刑，后主动投案，上交了其藏有的 113 克冰毒。一审以周某龙犯非法持有毒品罪，系毒品再犯，但具有自首情节且当庭自愿认罪，对其减轻处罚，判处 6 年有期徒刑（附加刑略）。二审以周某龙主动上交毒品，体现了与毒品决裂的悔改决心，改判免予刑事处罚。参见吴炯、顾飞：《非法持有毒品后主动上交的刑罚裁量》，载《人民司法（案例）》2015 年第 10 期。

二是行为人虽不具有前述法定从宽处罚情节，但综合评价其行为符合《刑法》第 37 条规定的“犯罪情节轻微不需要判处刑罚的”，也可以免予刑事处罚。例如，2016 年《毒品犯罪解释》第 6 条第 3 款规定：“包庇走私、贩卖、运输、制造毒品的近亲属，或者为其窝藏、转移、隐瞒毒品或者毒品犯罪所得的财物，不具有本条前两款规定的‘情节严重’情形，归案后认罪、悔罪、积极退赃，且系初犯、偶犯，犯罪情节轻微不需要判处刑罚的，可以免予刑事处罚。”第 12 条第 3 款规定：“容留近亲属吸食、注射毒品，情节显著轻微危害不大的，不作为犯罪处理；需要追究刑事责任的，可以酌情从宽处罚。”这里的“酌情从宽处罚”就包括定罪免刑。①

三是符合《刑法》分则特别规定的。例如，《刑法》第 351 条第 3 款规定，非法种植罂粟或者其他毒品原植物，在收获前自动铲除的，可以免除处罚。值得注意的是，《2023 年毒品纪要》还规定：“不以提炼毒品或者非法买卖为目的，种植罂粟、大麻等毒品原植物，构成非法种植毒品原植物罪的，可以酌情从宽处罚；犯罪情节轻微不需要判处刑罚的，可以免予刑事处罚。”这一指导意见适用的是《刑法》第 37 条，故不以行为人“在收获前自动铲除”为条件。

问 对毒品犯罪适用财产刑，需注意哪些问题？ 184

答：毒品犯罪虽然规定在《刑法》“妨害社会管理秩序罪”一章中，但本质上是贪利型犯罪，用好用足财产刑，对惩治毒品犯罪具有重要现实意义。《2008 年毒品纪要》和《2015 年毒品纪要》都曾对此提出指导意见，《2023 年毒品纪要》则作了更加丰富的规定。例如，《2023 年毒品纪要》提出：“应当更加注重从经济上制裁毒品犯罪，切实加大制裁力度，依法追缴被告人的

---

① 值得注意的是，《刑法》第 37 条是可以独立适用的条文，还是对《刑法》中其他“免除处罚”情节的概括，理论上存在一定争议。通说认为是可以独立适用的条文，但也有学者认为是对刑法中各个“免除处罚”情节的概括，不能独立适用。本书赞成通说的观点。

违法所得及其收益，充分发挥财产刑的作用。不能因为被告人没有财产，或者其财产难以查清、难以分割或者难以执行，就不判处财产刑或者判处与主刑不相匹配的财产刑。”结合这些指导文件和相关司法解释的规定，对毒品犯罪适用罚金、没收财产等财产刑，有如下问题值得注意。

1. 关于并处没收个人全部财产的适用。在这个问题上，相关标准较为明确。《2015 年毒品纪要》提出，对毒品犯罪的被告人判处无期徒刑的，可以并处没收个人全部财产；判处死缓或者死刑的，应当并处没收个人全部财产。《2023 年毒品纪要》重申了该规定。这也是实践中对判处无期徒刑、死缓和死刑案件的通常做法。[①] 特别是有证据表明被告人是毒品犯罪的职业犯、惯犯甚至毒枭，其所拥有的巨额财产基本来自毒品犯罪所得，但能够认定的贩毒数量不很大，不能判处死刑的，通过并处没收个人全部财产，可以从经济上充分体现严惩的效果。制毒物品犯罪的整体危害相对小于毒品犯罪，但非法利润未必低于毒品犯罪，前些年有的犯罪分子一度通过制毒物品犯罪获得巨额非法利润，形成不良效应。为此，《刑法修正案（九）》加大对制毒物品犯罪的惩处力度，包括增加没收财产刑。工作中，有证据证明被告人的巨额财产基本来自制毒物品犯罪而又难以通过追缴违法所得方式追缴的，必要时可以并处没收大部分甚至全部财产。

同时，值得注意的是，毒品犯罪并非都能牟取巨额利润，毒品犯罪分子也并非都很富有。[②] 有的毒品犯罪分子初次贩卖毒品即被查获，尚未获得任何利润，有的受雇用运输毒品的被告人本来经济条件就很差，如果因主刑被

① 例如，在最高人民法院 2023 年发布的“6・26”禁毒宣传典型案例中，被告人蔡某雄、林某波结伙贩卖、运输毒品数量巨大，均系主犯，但有自首情节，对蔡某雄判处死刑缓期执行，剥夺政治权利终身，并处没收个人全部财产；对林某波判处无期徒刑，剥夺政治权利终身，并处没收个人全部财产。又如，在刘某良、周某春制造毒品案中，查获二人制造的冰毒 300 余克，二人均被判处无期徒刑，剥夺政治权利终身，并处没收个人全部财产。参见中华人民共和国最高人民法院刑事审判第一、二、三、四、五庭主办：《刑事审判参考》（总第 101 集），法律出版社 2015 年版，第 121–126 页。

② 很多人观念中认为毒品交易是暴利型犯罪，但情况已发生很大变化。冰毒等主要毒品的价格受地域影响很大，总体上越到消费环节，经层层加价后价格越高，但冰毒的价格受国内制造毒品问题的影响下降很大，在很多地方冰毒每克五六十元很常见，有的甚至更低。

判处无期徒刑、死缓就并处没收个人全部财产，这些人刑满释放后缺少生活基础，对回归社会很不利，甚至激发其再次犯罪。自古以来财产就是公民个体的安身立命之本，拥有适当的财产才能保障“生存权”、实现“发展权”。事实表明，一个人有了良好的经济条件，往往有向善的意愿和动力，反之，则容易自暴自弃、违法犯罪。[①] 实际上，《刑法》并没有明确规定对判处无期徒刑以上刑罚的必须并处没收全部财产。最高人民法院制定的司法解释或者指导文件中也鲜见明确要求对判处死刑的案件必须并处没收全部财产的规定。[②] 对判处死刑、死缓的并处没收个人全部财产，对判处无期徒刑的多并处没收个人全部财产，是司法实务中渐进形成的做法，这种做法整体上是合理的，也基本符合主刑和附加刑的匹配原则，但确实需要保持一定弹性。至少，对毒品犯罪判处无期徒刑或者死缓的，未必都必须并处没收个人全部财产，有的案件仍然可以根据被告人的实际经济状况判处没收部分财产。[③]

2. 关于判处罚金和没收部分财产的数额。对此，《2015 年毒品纪要》提出了原则性指导意见，即判处罚金刑时应当结合毒品犯罪的性质、情节、危害后果及被告人的获利情况、经济状况等因素合理确定罚金数额；对于决定并处没收财产的毒品犯罪，判处被告人有期徒刑的，应当按照上述确定罚金数额的原则确定没收个人部分财产的数额。《2023 年毒品纪要》重申了该指导意见。2016 年《毒品犯罪解释》也没有规定罚金或没收部分财产的具体数额标准，对这个问题需要参考其他司法解释的规定。最高人民法院制定的

---

① 孟子对此曾提出“有恒产者有恒心”的经典论述，“无恒产而有恒心者，惟士为能。若民，则无恒产，因无恒心。苟无恒心，放辟邪移，无不为已”，故要“制民之产，必使仰足以事父母，俯足以蓄妻子，乐岁终身饱，凶年免于死亡”。参见杨伯峻译注：《孟子译注》，中华书局 2010 年版，第 16 页。

② 1999 年制定的《全国法院维护农村稳定刑事审判工作座谈会纪要》（法〔1999〕217 号）也规定，对法律规定主刑有死刑、无期徒刑和有期徒刑，同时并处没收财产或罚金的，如决定判处死刑，只能并处没收财产；判处无期徒刑的，可以并处没收财产，也可以并处罚金；判处有期徒刑的，只能并处罚金。据此可见，即便判处死刑，也未必并处没收个人全部财产。

③ 这是本书的初步意见，但这个问题较为重大，值得进一步研究。对判处死刑的，考虑到已经剥夺罪犯生命，不存在复归社会问题，一般应当并处没收个人全部财产。当然，具体执行过程中不能没收犯罪分子家属的财产，也要为家属保留必需的生活费用。

《财产刑规定》第2条规定，《刑法》没有明确规定罚金数额标准的，罚金的最低数额不能少于1000元；未成年人犯罪的，罚金的最低数额不能少于500元。这个司法解释是对《刑法》总则规定的解释，也适用于毒品犯罪，故除未成年人犯罪外，对毒品犯罪判处罚金或者没收部分财产不能少于1000元。这可以说是财产刑数额下限要求。

此外，有部分司法解释对相关犯罪判处罚金、没收部分财产的数额作了较为明确的规定，在办理毒品犯罪案件中可以适当参考。例如，最高人民法院、最高人民检察院2013年制定的《关于办理盗窃刑事案件适用法律若干问题的解释》（法释〔2013〕8号）第14条规定，因犯盗窃罪，依法判处罚金刑的，应当在1000元以上盗窃数额的2倍以下判处罚金；没有盗窃数额或者盗窃数额无法计算的，应当在1000元以上10万元以下判处罚金。最高人民法院、最高人民检察院2016年制定的《关于办理贪污贿赂刑事案件适用法律若干问题的解释》（法释〔2016〕9号）对罚金和没收部分财产主要采取“起点数额以上犯罪数额2倍以下”的标准，且最低不得少于10万元。[①] 最高人民法院、最高人民检察院2020年制定的《关于办理侵犯知识产权刑事案件具体应用法律若干问题的解释（三）》（法释〔2020〕10号）也对判处罚金的数额标准作了较为具体的规定。[②]

毒品虽然是违禁品，但也存在贩卖价格，对于已经产生违法所得的，可以以违法所得数额作为判处罚金或者没收部分财产的数额基准，如1000元以上违法所得数额2倍以下，甚至更高。总体上，毒品犯罪是贪利型犯罪且历

---

① 该司法解释第19条规定，对贪污罪、受贿罪判处3年以下有期徒刑或者拘役的，应当并处10万元以上50万元以下的罚金；判处3年以上10年以下有期徒刑的，应当并处20万元以上犯罪数额2倍以下的罚金或者没收财产；判处10年以上有期徒刑或者无期徒刑的，应当并处50万元以上犯罪数额2倍以下的罚金或者没收财产。对刑法规定并处罚金的其他贪污贿赂犯罪，应当在10万元以上犯罪数额2倍以下判处罚金。

② 该司法解释第10条第2款规定，罚金数额一般在违法所得数额的1倍以上5倍以下确定；违法所得数额无法查清的，罚金数额一般按照非法经营数额的50%以上1倍以下确定；违法所得数额和非法经营数额均无法查清，判处3年以下有期徒刑、拘役、管制或者单处罚金的，一般在3万元以上100万元以下确定罚金数额，判处3年以上有期徒刑的，一般在15万元以上500万元以下确定罚金数额。

来强调从严惩处，故应当充分发挥罚金和没收财产刑的作用，[①] 尤其是对于有证据证明非法获利数额大而犯罪所得难以追缴的案件，应当提高判处罚金或者没收财产的数额，“这一措施旨在防止营利性、利欲性犯罪人将罚金作为必要开支而继续犯罪”[②]。同时，毒品犯罪并非都能获得可观利润或者报酬，判处罚金或者没收部分财产时有必要考虑被告人的经济状况，对尚未获得利润或者报酬、本来经济状况就不好的被告人，可以“务实”地确定罚金或者没收部分财产的数额，防止“空判”。[③]

3. 对毒品犯罪案件中因被告人具有法定从宽情节（如从犯、未遂、立功等）而决定减轻处罚的，对原本并处的附加没收财产能否改为罚金？例如，走私、贩卖、运输、制造毒品数量大的情形，对应的法定刑为 15 年有期徒刑、无期徒刑或者死刑，并处没收财产；涉案毒品数量较大的，对应的法定刑为 7 年以上有期徒刑，并处罚金。有意见认为，对于涉案毒品数量大的被告人，尽管具有法定从宽处罚情节，但其涉案毒品数量所对应的附加财产刑只有没收财产而没有罚金，且没收部分财产与罚金没有本质区别，故减轻处

① 例如，在最高人民法院 2023 年发布的“6·26”禁毒宣传案例中，被告人夏某欢身为戒毒医院执业医师，为谋取非法利益，多次向多名吸贩毒人员贩卖盐酸丁丙诺啡舌下片，情节严重，被判处 6 年有期徒刑，并处罚金 12 万元；在 2022 年发布的禁毒宣传案例中，被告人郑某涛明知他人制造毒品而提供制毒原料，并伙同他人非法生产、买卖制毒原料，情节特别严重，对其两罪并罚，决定执行 19 年有期徒刑，并处没收个人财产 20 万元、罚金 10 万元；在 2021 年禁毒宣传案例中，被告人王某委托他人加工制造含有 γ－羟丁酸成分的饮料并对外销售，涉案毒品数量大，对其判处 15 年有期徒刑，并处没收个人财产 427 万元。

② 张明楷：《刑法学（上）》（第 6 版），法律出版社 2021 年版，第 707 页。

③ 各地制定的量刑规范化实施细则多明确了对毒品犯罪判处罚金刑的具体数额标准。例如，安徽省高级人民法院、安徽省人民检察院制定的《关于二十三种常见犯罪量刑规范的实施细则（试行）》（皖高法发〔2022〕1 号）规定，对犯走私、贩卖、运输、制造毒品罪的被告人，按照如下情形判处罚金：（1）判处 3 年以下有期徒刑、拘役或者管制的，一般并处 2000 元以上 3 万元以下罚金；（2）判处 3 年以上 7 年以下有期徒刑的，一般并处 5000 元以上 5 万元以下罚金；（3）判处 7 年以上有期徒刑的，一般并处 3 万元以上 20 万元以下罚金。对犯非法持有毒品罪的被告人，按照下列情形判处罚金：（1）判处 3 年以下有期徒刑、拘役或者管制的，一般并处 1000 元以上 3 万元以下罚金；（2）判处 3 年以上 7 年以下有期徒刑的，一般并处 3000 元以上 5 万元以下罚金；（3）判处 7 年以上有期徒刑的，一般并处 5000 元以上 10 万元以下罚金。对犯容留他人吸毒罪的被告人，判处 3 年以下有期徒刑的，一般并处 5000 元至 3 万元罚金。

罚后对附加刑仍应判处没收财产。这种认识是不对的。根据《刑法》第63条，减轻处罚是指在罪行所对应的量刑幅度以下判处刑罚，自然包括主刑和附加刑，不能说减轻处罚时只对主刑减轻处罚而附加刑不减轻处罚，这会造成法律适用上的逻辑混乱。不仅如此，对于减轻处罚后所对应的量刑幅度没有规定附加财产刑的，则不必判处附加财产刑。

问 对毒品犯罪如何追缴违法所得？ 185

答：毒品犯罪是一种典型的贪利型犯罪，犯罪分子实施走私、贩卖、运输、制造毒品等犯罪，都是为了获取非法利润，如不能有效追缴违法所得，毒品犯罪所具有的利润诱惑始终存在，则刑罚的惩处与遏制效果将大打折扣。因此，刑事政策上一直强调要做好违法所得追缴工作。例如，《2008年毒品纪要》提出，“不仅要依法追缴被告人的违法所得及其收益，还要严格依法判处被告人罚金刑或者没收财产刑”，“要加强与公安机关、检察机关的协作，对毒品犯罪分子来源不明的巨额财产，依法及时采取查封、扣押、冻结等措施，防止犯罪分子及其亲属转移、隐匿、变卖或者洗钱，逃避依法追缴。……要落实和运用有关国际禁毒公约规定，充分利用国际刑警组织等渠道，最大限度地做好境外追赃工作”。《2015年毒品纪要》也强调：“办理毒品犯罪案件，应当依法追缴犯罪分子的违法所得，充分发挥财产刑的作用，切实加大对犯罪分子的经济制裁力度。对查封、扣押、冻结的涉案财物及其孳息，经查确属违法所得或者依法应当追缴的其他涉案财物的，如购毒款、供犯罪所用的本人财物、毒品犯罪所得的财物及其收益等，应当判决没收，但法律另有规定的除外。”《2023年毒品纪要》则对毒品犯罪追缴违法所得问题提出了更多指导意见。

但是，这项工作的实践情况不太理想。司法实务部门普遍反映毒品犯罪违法所得追缴工作存在很多困难，如违法所得的追缴范围不易把握、证明难度大、证明标准高，相关部门的协同配合机制不完善，导致工作积极性不高，影响了查处效果等。此类问题与走私犯罪、职务犯罪等其他贪利型犯罪有一定共性，但由于毒品犯罪中很容易形成职业犯、惯犯，且毒品犯罪案件数量在全部刑事案件中占比高，追缴违法所得在毒品犯罪案件中具有重要现实意义。本部分对其中几个较为重要的问题进行探讨、介绍。

1. 关于违法所得的追缴范围

违法所得与涉案财物（产）、财产刑执行对象之间是有密切联系但又存在较大差别的概念。涉案财物在诉讼法上使用较多，含义较宽，包括犯罪工具、违禁品和违法所得等，违法所得是涉案财物这一概念之下的子项。罚金和没收财产所执行的是被告人的合法财产，而不是违法所得，故追缴违法所得与判处财产刑是从经济上惩处犯罪的两条不同途径。[①]违法所得能否被有效追缴，主要取决于侦查阶段对涉案财物的查封、扣押、冻结工作的成效，及时查明犯罪事实、越早对涉案财物采取查封、扣押、冻结措施，就越有利于追缴违法所得。但是，这方面的法律规定尚不健全。我国《刑诉法》对查封、扣押、冻结措施的规定是围绕收集证据展开的，要求对象是“涉案财物”，具有鲜明的证据保全性质。《办案程序规定》和《刑诉规则》都作了此类规定，要求不得查封、扣押、冻结与案件无关的财物。例如，《刑诉法》第 141 条第 1 款规定，在侦查活动中发现的可用以证明犯罪嫌疑人有罪或者无罪的各种财物、文件，应当查封、扣押；与案件无关的财物、文件，不得查封、扣押。《办案程序规定》第 227 条第 1 款对此作了重申。《刑诉规则》第 210 条则进一步规定，不能立即查明是否与案件有关的可疑的财物和文件，也可以查封或者扣押，但应当及时审查；经查明确实与案件无关的，应当在 3 日以内解除查封或者予以退还。也就是说，公安机关和检察机关在审前阶段对财物的控制对象限于具有证据属性的涉案财物，无权对犯罪嫌疑人的合法财产（非涉案财物）采取查封、扣押、冻结等保全措施。由此，在司法实践中造成了两种极端现象：一方面，为了有效追缴违法所得，加大经济制裁力度，侦查机关、司法机关可能会扩大对“涉案财物”的认定范围，以便进行查封、

① 但在很多毒品犯罪案件中，被告人的“合法”财产很可能源自其以往的犯罪所得，只是难以证明，故判处罚金或者没收财产实际上起到追缴违法所得的作用。

扣押、冻结，这种做法具有实质合理性，也有利于后期财产刑执行，但客观上仍然涉嫌违反法律规定。另一方面，为了防止错案追究，侦查阶段又可能“怠于”甚至“不愿”进行查封、扣押、冻结，客观上为犯罪嫌疑人及其近亲属转移、隐匿财产创造了机会。要从根本上解决对包括毒品犯罪在内的贪利型犯罪的违法所得追缴问题，需要调整目前仅允许对“涉案财物”进行证据保全的做法，在《刑诉法》中设立对特定案件的犯罪嫌疑人、被告人合法财产的诉前财产保全或者强制措施。正如有的研究者所提出的，证据保全在于保持证据的客观性，确保刑事判决认定的事实符合案件事实真相，而财产保全在于保持财物的价值不变性，确保刑事裁判财产内容得以执行；由于制度理念与目的不同，证据保全虽可在某些情况下达到财产保全的效果，但以证据保全代替财产保全，不可避免地存在一些缺陷，有必要区分财产保全与证据保全，健全刑事诉讼财产保全制度。[①] 在现行法律框架下，可以参照《反有组织犯罪法》第 40 条，探索完善侦查阶段的违法所得调查制度。该条规定：“公安机关、人民检察院、人民法院根据办理有组织犯罪案件的需要，可以全面调查涉嫌有组织犯罪的组织及其成员的财产状况。”据此思路，对犯罪嫌疑人、被告人可能被并处没收财产的毒品犯罪案件，由侦查机关全面收集有关犯罪嫌疑人财产的证据，及时调查犯罪嫌疑人的各类财产（不限于涉案财产），包括现金、存款、房产、机动车辆、金银珠宝、古玩字画、债券、股票、基金份额，以及投资、经营公司、企业情况等，查明其财产的数额、来源、用途和权属状况，并制作财产清单与收集的相关证据材料一并随案移送。在财产调查过程中发现涉案财物的，及时采取查封、扣押、冻结措施。[②]

在违法所得追缴的范围方面，有如下具体问题值得注意。

其一，对于违法所得产生的孳息、收益，应当予以追缴。对此有多部司

---

① 参见吴光升：《刑事诉讼财产保全制度论要》，载《中国刑事法杂志》2016 年第 4 期。

② 值得注意的是，《反有组织犯罪法》第 27 条第 2 款规定了立案前的临时冻结、扣押措施：公安机关核查黑社会性质组织犯罪线索，发现涉案财产有灭失、转移的紧急风险的，经设区的市级以上公安机关负责人批准，可以对有关涉案财产采取紧急止付或者临时冻结、临时扣押的紧急措施，期限不得超过 48 小时。期限届满或者适用紧急措施的情形消失的，应当立即解除紧急措施。这一特殊规定也适用于黑社会性质组织实施的毒品犯罪。

法解释作了规定，工作中可以参照适用。例如，最高人民法院2014年制定的《关于刑事裁判涉财产部分执行的若干规定》（法释〔2014〕13号，以下简称《刑事裁判涉财产执行规定》）第10条规定，对赃款赃物及其收益，人民法院应当一并追缴；被执行人将赃款赃物投资或者置业，对因此形成的财产及其收益，人民法院应予追缴；被执行人将赃款赃物与其他合法财产共同投资或者置业，对因此形成的财产中与赃款赃物对应的份额及其收益，人民法院应予追缴。[①]最高人民法院、最高人民检察院2017年制定的《关于适用犯罪嫌疑人、被告人逃匿、死亡案件违法所得没收程序若干问题的规定》（法释〔2017〕1号，以下简称《违法所得没收程序规定》）第6条规定，通过实施犯罪直接或者间接产生、获得的任何财产，应当认定为《刑诉法》第280条第1款（注：现行《刑诉法》第298条第1款）规定的“违法所得”；违法所得已经部分或者全部转变、转化为其他财产的，转变、转化后的财产应当视为前款规定的“违法所得”；来自违法所得转变、转化后的财产收益，或者来自已经与违法所得相混合财产中违法所得相应部分的收益，应当视为第1款规定的“违法所得”。根据这些规定，《2023年毒品纪要》也明确提出：“对于被告人将依法应当追缴的毒品犯罪涉案财物用于投资、置业，因此形成的财产及其收益；或者将依法应当追缴的毒品犯罪涉案财物与其他合法财产共同用于投资、置业，因此形成的财产中与涉案财物对应的份额及其收益，均应予以追缴。”例如，在最高人民检察院2022年6月发布的王某贩卖、制造毒品案中（第37批指导性案例之一，检例第150号），公诉人当庭提出，被告人被扣押2套房产及人民币643万余元，其中有的房产登记在他人名下，部分资产存于他人账户，但均系王某的毒品犯罪所得，应依法没收。成都市青羊区人民法院采纳检察机关的指控意见，以贩卖、制造毒品罪判处王某15年有期徒刑，并处没收个人财产人民币427万元；依法没收扣押的用毒资购买的2套房产及违法所得、收益、孳息人民币643万余元。被告人上诉后，成都市中级人民法院二审裁定驳回上诉，维持原判。[②]

① 2021年《刑诉法解释》第443条重申了该规定。

② 对该案的详细介绍，可参见本书第五章“制造毒品罪”。

其二，对于被善意取得的财物，不能追缴。对这个问题，惩治毒品犯罪方面的司法解释和会议纪要等文件（包括《2023 年毒品纪要》）均没有作出规定，但其他不少司法解释和指导文件作了规定，可以参照适用。例如，前述《刑事裁判涉财产执行规定》第 11 条第 1 款规定，被执行人将刑事裁判认定为赃款赃物的涉案财物用于清偿债务、转让或者设置其他权利负担，具有下列情形之一的，人民法院应予追缴：（1）第三人明知是涉案财物而接受的；（2）第三人无偿或者以明显低于市场的价格取得涉案财物的；（3）第三人通过非法债务清偿或者违法犯罪活动取得涉案财物的；（4）第三人通过其他恶意方式取得涉案财物的。第 2 款规定，第三人善意取得涉案财物的，执行程序中不予追缴；作为原所有人的被害人对该涉案财物主张权利的，人民法院应当告知其通过诉讼程序处理。最高人民法院、最高人民检察院 2011 年制定的《关于办理诈骗刑事案件具体应用法律若干问题的解释》（法释〔2011〕7 号，以下简称《诈骗解释》）、最高人民法院、最高人民检察院、公安部 2016 年制定的《关于办理电信网络诈骗等刑事案件适用法律若干问题的意见》（法发〔2016〕32 号，以下简称《电信诈骗意见》）等也作了此类规定。[①] 但是，对“善意取得”的认定标准应当严格，防止善意取得制度被犯罪分子恶意利用，同时，对于违法所得确实被他人善意取得的，可以追缴犯罪嫌疑人、被告人的其他等值财产。

其三，关于毒黑交织型案件中违法所得追缴问题。有组织犯罪同毒品犯罪相交织（将毒品交易获取的非法利润作为犯罪组织的重要经费来源），是犯罪生态中较为常见的现象。《2023 年毒品纪要》结合近年来我国开展扫黑除恶专项斗争情况，根据 2022 年施行的《反有组织犯罪法》，就毒黑交织型案件中追缴违法所得问题作了强调：“审理黑社会性质组织、恶势力组织实施

---

① 2011 年《诈骗解释》的规定是，行为人已将诈骗财物用于清偿债务或者转让给他人，具有下列情形之一的，应当依法追缴：（1）对方明知是诈骗财物而收取的；（2）对方无偿取得诈骗财物的；（3）对方以明显低于市场的价格取得诈骗财物的；（4）对方取得诈骗财物系源于非法债务或者违法犯罪活动的。他人善意取得诈骗财物的，不予追缴。2016 年《电信诈骗意见》的规定与此相同。另外，最高人民检察院、公安部 2017 年制定的《关于公安机关办理经济犯罪案件的若干规定》，最高人民法院、最高人民检察院、公安部、司法部 2019 年制定的《关于办理“套路贷”刑事案件若干问题的意见》也作了类似规定。

的毒品犯罪案件，依法应当追缴、没收的涉案财产无法找到、灭失或者与其他合法财产混合且不可分割的，可以判决追缴、没收其他等值财产或者混合财产中的等值部分。有证据证明被告人在毒品犯罪期间获得的财产高度可能属于黑社会性质组织犯罪的违法所得及其孳息、收益，被告人不能说明财产合法来源的，应当判决追缴、没收。”该指导意见包含两项内容，直接来源于《反有组织犯罪法》第45条第2款和第3款。[①]其中，第2款来自最高人民法院、最高人民检察院、公安部、司法部2019年制定的《关于办理黑恶势力刑事案件中财产处置若干问题的意见》(高检发〔2019〕6号，以下简称《黑恶势力案件财产处置意见》) 第 19 条第 1 款，[②] 但删去了被他人善意取得的财物不能追缴的规定，说明立法过程中对该问题存在争议。而第 3 款规定的“高度可能”标准，实际上是立法机关在有组织犯罪领域对《刑诉法》规定的违法所得认定标准作了一定修改。《2023 年毒品纪要》结合该第 3 款提出的对应指导意见，也仅针对黑社会性质组织（不包括恶势力组织）实施的毒品犯罪，不适用于其他毒品犯罪案件。下文对违法所得的证明标准问题作详细分析。

2. 关于违法所得的证明标准

追缴违法所得是一种“对物诉讼”，通常认为其证明标准与对被告人定罪的“对人诉讼”是一致的，即“证据确实、充分”。《刑诉法》第 55 条对有罪判决的证明标准（“证据确实、充分”）规定了 3 个具体条件，[③] 但《刑诉法》没有对定罪没收案件（被告人在案的违法所得没收案件）的违法所得认定标准作出直接规定。《刑诉法解释》第 445 条第 1 款规定：“查封、扣押、冻结

① 《反有组织犯罪法》第 45 条共 3 款，第 1 款规定：“有组织犯罪组织及其成员违法所得的一切财物及其孳息、收益，违禁品和供犯罪所用的本人财物，应当依法予以追缴、没收或者责令退赔。”第 2 款规定：“依法应当追缴、没收的涉案财产无法找到、灭失或者与其他合法财产混合且不可分割的，可以追缴、没收其他等值财产或者混合财产中的等值部分。”第 3 款规定：“被告人实施黑社会性质组织犯罪的定罪量刑事实已经查清，有证据证明其在犯罪期间获得的财产高度可能属于黑社会性质组织犯罪的违法所得及其孳息、收益，被告人不能说明财产合法来源的，应当依法予以追缴、没收。”

② 该款规定：“有证据证明依法应当追缴、没收的涉案财产无法找到、被他人善意取得、价值灭失或者与其他合法财产混合且不可分割的，可以追缴、没收其他等值财产。”

③ 这 3 个具体条件为：（1）定罪量刑的事实都有证据证明；（2）据以定案的证据均经法定程序查证属实；（3）综合全案证据，对所认定事实已排除合理怀疑。

的财物及其孳息，经审查，确属违法所得或者依法应当追缴的其他涉案财物的，应当判决返还被害人，或者没收上缴国库，但法律另有规定的除外。”从文义看，“确属”是“确实属于”的简称，使用“确属”一词意味着应当达到“证据确实、充分”的证明标准。

2012年修正的《刑诉法》设立了犯罪嫌疑人、被告人逃匿、死亡案件违法所得没收程序（多被称为未定罪没收程序）。该法第282条第1款规定：“人民法院经审理，对经查证属于违法所得及其他涉案财产，除依法返还被害人的以外，应当裁定予以没收；对不属于应当追缴的财产的，应当裁定驳回申请，解除查封、扣押、冻结措施。”最高人民法院、最高人民检察院制定的《违法所得没收程序规定》第17条第1款规定，申请没收的财产“高度可能”属于违法所得及其他涉案财产的，应当予以认定。也就是说，该司法解释将《刑诉法》规定的“经查证”解释为“高度可能”，由此定罪没收案件与未定罪没收案件之间形成“二元”违法所得证明标准，前者为“证据确实、充分”，后者为“高度可能”。与此同时，定罪没收案件中认定违法所得采取“证据确实、充分”的证明标准是否科学、合理，也比以往受到更多关注和质疑。一些研究者认为，定罪没收案件中违法所得追缴也属于“对物诉讼”，可以降低违法所得的证明标准，采取“高度可能”标准或者民事诉讼中的优势证据标准。在司法证明机制方面涉案财物追缴程序可以仿效“特别没收程序”的制度框架，由公诉方承担证明涉案财物属违法所得及其孳息、违禁品或者犯罪工具的责任，并要将此证明到优势证据或高度可能性的程度。①

本书认为，在现行法律和司法解释框架下，对于被告人在案的定罪没收案件，在违法所得认定方面仍宜采取“证据确实、充分”的证明标准，除法律明确规定的特殊犯罪外，不应降低该证明标准。同时，也应当看到，采取该证明标准对于包括毒品犯罪在内的贪利型犯罪的违法所得追缴工作存在不利因素。以毒品犯罪为例，其违法所得追缴重点和难点主要体现在违法所得与犯罪事实不对应的情形，即犯罪嫌疑人长期、多次实施毒品犯罪（系职业犯或惯犯），但能够认定的犯罪事实只有最后一起或者其中数起，对应的违

① 参见陈瑞华：《刑事对物之诉的初步研究》，载《中国法学》2019年第1期。

法所得数额不大甚至没有，而相关证据显示此人名下拥有大量财产或者已将大量财产转移到他人（主要是近亲属）名下，这些财产来自以往毒品犯罪的可能性很大。对这种情形，如果对违法所得的认定同定罪一样也采取“证据确实、充分”的证明标准，则往往因证据不足而难以进行追缴。因此，从刑事诉讼制度的长远发展特别是进一步有效追缴违法所得的现实需要看，宜考虑在《刑诉法》中对特定犯罪类型（如毒品犯罪中的职业犯、黑社会性质组织犯罪等）增设“对物诉讼”，并对违法所得采取“高度可能”的证明标准。主要理由是，违法所得追缴是追究刑事责任产生的附随后果，本身不是刑罚，而是国家基于强制力对犯罪者违法所得的剥夺，属于“对物之诉”，其作为保安措施的性质大于惩罚性质，且财产权的重要性比不上生命、自由等人身权，故可以采取比“对人之诉”略低的证明标准，公诉机关只需要证明到优势证据标准即可。实际上，如果考虑“证据确实、充分”是一个“域”而非一条线，则“高度可能”加上被告人不能提出有效辩解，二者的双向作用也基本达到了“证据确实、充分”的证明标准。[①]《反有组织犯罪法》第45条附条件地将“高度可能”作为黑社会性质组织犯罪违法所得的认定标准，可视为立法层面开始探索完善违法所得追缴制度，对日后在《刑诉法》中增设“对物诉讼”制度将产生积极影响。不过，尽管财产权不如人身权重要，但财产仍是现代社会中公民的安身立命之本和奋斗发展之基，所谓“有恒产者有恒心”，失去财产尤其是大部分财产对当事者的生活影响巨大，故对追缴违法所得降低证明标准，应当严格控制犯罪类型和适用范围，这需要在深入总结立法、司法经验后，严谨、科学地作出设计。

3. 关于违法所得的证明责任

追缴违法所得虽然不是刑罚，但属于追究刑事责任的强制性保安措施，是有罪判决产生的法律后果，而违法所得本身是犯罪事实的重要组成部分，

---

① 由此可能形成“对人之诉”不能认定而“对物之诉”可以认定的悖反局面。这种情况看似矛盾，但实际上也能解释得通。因为，“对物之诉”的证明标准相对低于“对人之诉”，“对人之诉”不能认定并不等于“对物之诉”也不能认定。《刑诉法》专门规定的未定罪违法所得追缴程序，就足以证明“对人之诉”（仅是有证据证实有犯罪事实）与“对物之诉”可以分别进行。

故违法所得的证明责任在公诉机关。在这方面,《刑诉法》的规定较为原则,[①]但司法解释的规定较为明确。根据《刑诉规则》第 61 条和第 400 条，公诉案件中被告人有罪的举证责任由人民检察院承担，人民检察院在提起公诉指控犯罪时，应当提出确实、充分的证据，并运用证据加以证明；公诉人在法庭上举证所要证明的事实包括“与犯罪有关的财物的来源、数量以及去向”。《刑诉法解释》第 279 条第 1 款和第 3 款进一步规定，法庭审理过程中应当对查封、扣押、冻结财物及其孳息的权属、来源等情况，是否属于违法所得或者依法应当追缴的其他涉案财物进行调查，由公诉人说明情况、出示证据、提出处理建议，并听取被告人、辩护人等诉讼参与人的意见；经审查，不能确认查封、扣押、冻结的财物及其孳息属于违法所得或者依法应当追缴的其他涉案财物的，不得没收。

从证据类型看，毒品犯罪案件中能证明违法所得的证据主要包括已被查封、扣押、冻结的财产（如现金、汽车、房产、珠宝、股票、基金等），汇款、转账记录，购买凭证，财物价值鉴定意见，犯罪嫌疑人、被告人关于财产来源、性质、用途、权属、价值的供述，同案被告人或者关联案件被告人的供述，近亲属和了解其财产状况的相关人员的证言等。[②]对于使用现金购买毒品被当场查获的，或者通过汇款、转账方式支付毒资的，较为容易证明违法所得情况，但对于以往毒品犯罪所得不能与犯罪事实形成具体对应关系的，证明违法所得的情况则较为困难。按照目前对违法所得采取的“证据确实、充分”的证明标准，如果以往犯罪事实不能认定，则以往实施毒品犯罪的违法所得也难以认定。

有意见认为，对于毒枭、职业犯或者惯犯，有证据证明其通过以往毒品犯罪获得巨额非法利润的，以往犯罪虽因证据问题难以认定，但可以参照巨

---

① 《刑诉法》第 51 条规定，公诉案件中被告人有罪的举证责任由人民检察院承担。

② 2019 年《黑恶势力案件财产处置意见》第 8 条规定，公安机关对于采取措施的涉案财产，应当全面收集证明其来源、性质、用途、权属及价值的有关证据，审查判断是否应当依法追缴、没收。此类证据一般包括：（1）犯罪嫌疑人、被告人的相关供述；（2）被害人、证人的相关陈述、证言；（3）财产购买凭证、银行往来凭据、资金注入凭据、权属证明等书证；（4）财产价格鉴定、评估意见；（5）可以证明财产来源、性质、用途、权属、价值的其他证据。该规定对于办理毒品犯罪案件收集证明违法所得的证据，有一定参考价值。

额财产来源不明罪或者《反有组织犯罪法》第45条的做法，转移证明责任，由被告人本人说明相关财产的来源，如果不能说明，则认定属于非法所得并予以追缴。这种观点对于追缴违法所得很有利，值得探索，但需十分慎重。原因在于，其一，巨额财产来源不明罪的主体是国家工作人员，其合法收入来源和数额基本是明确的（主要是薪金），且负有保持职务廉洁的义务，故当其拥有数额巨大的来源不明的财产时，责令其说明来源具有正当性。而毒品犯罪分子不是国家工作人员，其收入来源多种多样，作为普通公民也不涉及保持职务廉洁的问题，故责令其说明巨额财产的来源，等于让被告人自证清白，违反刑事诉讼的基本原理，正当性也不充分。其二，对违法所得的证明责任不能随便转移。即使认为在极少数情况下可以转移一定证明责任（如巨额财产来源不明罪），也应当以法律明确作出特别规定为前提，没有法律的特别规定，则司法人员不能自行转移证明责任。[①]《反有组织犯罪法》第45条要求被告人说明财产的合法来源，是针对特定犯罪（黑社会性质组织犯罪）作出的特别规定，且设置了2项前提条件：被告人实施黑社会性质组织犯罪的定罪量刑事实已经查清；有证据证明其在犯罪期间获得的财产高度可能属于黑社会性质组织犯罪的违法所得及其孳息、收益。“只有在这种情况下才可以要求被告人说明财产合法来源，如果侦查机关、公诉机关达不到前两项要求，就应当认定为涉案财产认定的事实不清，证据不足”[②]，不能将相关财产作为违法所得予以追缴、没收。而前述毒品犯罪案件中被告人拥有的巨额财产虽然“高度可能”是以往毒品犯罪所得，但如果无法证明其以往曾实施毒品犯罪（“定罪量刑事实”未能查清），就不能采取转移证明责任（或者推定）的做法，由被告人说明财产的合法性。在立法机关修正《刑诉法》增设“对物诉讼”制度之前，对有证据表明被告人以往多次甚至长期实施毒品犯罪，并由此获得巨额非法利润的，可以考虑判处高额财产刑，从而取得同追缴违法所得基本相当的经济制裁效果。

---

① 证明有罪的责任是一种法定责任，司法解释也不能作出转移证明责任的规定。至于被告人对自己具有从宽处罚情节（如立功、被引诱犯罪等）的证明责任，不属于转移证明责任，而是其行使辩护权、维护自身合法权益必然要承担的责任。

② 黄永主编：《中华人民共和国反有组织犯罪法解读》，中国法制出版社2022年版，第334页。

4. 关于没收违法所得特别程序的适用

犯罪嫌疑人、被告人逃匿、死亡案件的违法所得没收程序（多被称为未定罪没收程序）是2012年修正的《刑诉法》规定的特殊程序，包括两种案件类型：一种是犯罪嫌疑人、被告人逃匿的案件，有特定的案件范围。根据《违法所得没收程序规定》和《刑诉法解释》，重大毒品犯罪案件属于可以适用该程序的类型。而重大犯罪案件是指在省、自治区、直辖市或者全国范围内具有较大影响，或者犯罪嫌疑人、被告人逃匿境外的案件。另一种是犯罪嫌疑人、被告人死亡的案件，依照《刑法》规定应当追缴其违法所得及其他涉案财产的，都可以适用该程序，不限于"重大犯罪案件"。从实践情况看，有的毒品犯罪案件可能适用该特殊没收程序，但案件数量很少。《2023年毒品纪要》就毒品犯罪案件适用该特殊没收程序提出了原则性指导意见。

值得注意的是，根据《违法所得没收程序规定》和《刑诉法解释》，对未定罪没收程序中违法所得的认定采取的是"高度可能"的证明标准。据了解，这是对2015年实施的最高人民法院《关于适用〈中华人民共和国民事诉讼法〉的解释》第108条的参考和吸收。该条第1款规定："对负有举证证明责任的当事人提供的证据，人民法院经审查并结合相关事实，确信待证事实的存在具有高度可能性的，应当认定该事实存在。"对于如何理解"高度可能"的含义，学界存在一些争议，有的认为"高度可能"等于"排除合理怀疑"，有的认为"高度可能"仍是"优势证据"标准。但从近年来民事诉讼证据制度发展演变的过程看，"高度可能"应当是一种略低于"排除合理怀疑"，但又高于"优势证据"的证明标准，可以说与"明显优势证据"相当。对《反有组织犯罪法》第45条所规定的"高度可能"标准，也宜作此理解。至于司法工作中如何判断某一案件的待证事实是否达到"高度可能"的标准，尚难以给出精确的百分比数值标准，需要司法人员根据案件的具体证据情况，运用逻辑推理，结合司法和生活经验并遵循职业道德，审慎地进行综合审查判断后得出妥当结论。

问 对毒品犯罪分子减刑、假释，要注意哪些问题？ 186

答： 减刑、假释是刑罚执行中的重要问题，其标准严格与否不仅直接影响刑罚的惩罚、教育等功能，也关涉司法机关判决的效力。毒品犯罪是刑事政策上历来强调从严惩处的犯罪类型，其从严要求也需要贯彻到减刑、假释环节。2010 年印发的《宽严相济意见》第 34 条规定，对于毒品犯罪再犯的严重犯罪者，确有执行能力而拒不依法积极主动缴付财产执行财产刑的，在依法减刑、假释时，应当从严掌握；对累犯减刑时应当从严掌握。《2023 年毒品纪要》在基本延续《2015 年毒品纪要》相关规定的基础上，进一步提出："对于具有犯罪集团首要分子、累犯、毒品再犯等情节的毒品罪犯，应当从严掌握减刑条件，适当延长减刑起始时间、间隔时间，严格控制减刑幅度。应当严格审查毒品罪犯履行生效裁判中财产性判项的能力，对于确有履行能力而不履行或者不全部履行相关财产性判项的，一般不认定其确有悔改表现。对于刑法未禁止假释的上述毒品罪犯，应当严格控制假释适用。"

结合最高人民法院 2016 年制定的《关于办理减刑、假释案件具体应用法律的规定》（法释〔2016〕23 号，以下简称《减刑假释规定》)，对毒品犯罪分子减刑、假释，至少可注意如下问题。

1. 关于从严把握减刑条件。 根据《减刑假释规定》第 7 条、第 9 条、第 11 条，对毒品犯罪集团的首要分子、毒品再犯、累犯，以及确有履行能力而不履行或者不全部履行生效裁判中财产性判项的罪犯，按照下列标准从严掌握减刑条件：（1）被判处 10 年以下有期徒刑的，执行 2 年以上方可减刑，减刑幅度应当比照该规定第 6 条从严掌握，一次减刑不超过 1 年有期徒刑，两次减刑之间应当间隔 1 年以上；对被判处 10 年以上有期徒刑的前款罪犯，两次减刑之间应当间隔 1 年 6 个月以上。（2）被判处无期徒刑，符合减刑条件的，执行 3 年以上方可减刑，减刑幅度应当比照该规定第 8 条从严掌握，减刑后的刑期最低不得少于 20 年有期徒刑；减为有期徒刑后再减刑时，减刑幅度比照该规定第 6 条从严掌握，一次不超过 1 年有期徒刑，两次减刑之间应当间隔 2 年以上。（3）被判处死刑缓期执行，减为无期徒刑后符合减刑条件的，执行 3 年以上方可减刑，一般减为 25 年有期徒刑，有立功表现或者重大立功表现的，可以比照该规定第 10 条减为 23 年以上 25 年以下有期徒刑；减为有期徒刑后再减刑时，减刑幅度比照该规定第 6 条从严掌握，一次不超过 1 年有期徒刑，两次减刑之间应当间隔 2 年以上。

值得注意的是，根据《减刑假释规定》第 34 条，罪犯被裁定减刑后，刑罚执行期间因发现漏罪而数罪并罚的，原减刑裁定自动失效；如漏罪系罪犯主动交代，对其原减去的刑期，由执行机关报请有管辖权的人民法院重新作出减刑裁定，予以确认；如漏罪系有关机关发现或者他人检举揭发，由执行机关报请有管辖权的人民法院，在原减刑裁定减去的刑期总和之内，酌情重新裁定。毒品犯罪案件中被告人多次实施犯罪的情形很常见，由于同案犯在逃等原因，有的犯罪分子只有部分毒品犯罪被追究了刑事责任，而待在逃的同案犯归案，相关漏罪被发现，则会出现上述减刑裁定失效的情况。

2. 关于从严把握假释条件。《刑法》没有对毒品犯罪的假释作出一般性禁止或者限制性规定，但从《刑法》和相关司法解释的规定看，至少对如下情形不得假释：（1）根据《刑法》第 81 条，对于本次实施毒品犯罪且属于累犯的罪犯，不得假释；并且，根据《减刑假释规定》第 25 条第 2 款，对于被判处死刑缓期执行的累犯，被减为无期徒刑、有期徒刑后也不得假释。（2）《减刑假释规定》第 27 条规定，生效裁判中有财产性判项，罪犯确有履行能力而不履行或者不全部履行的，不予假释。由于毒品犯罪属于贪利型犯罪，罪犯转移财产情况较为常见，故这种情形很可能发生在毒品罪犯身上。（3）根据《减刑假释规定》第 30 条，依照《刑法》第 86 条规定（指假释考验期内犯新罪或者发现漏罪）被撤销假释的罪犯，一般不得再假释。[①] 但依照该条第 2 款（指假释考验期内发现漏罪）被撤销假释的罪犯，如果罪犯对

① 另外，根据《刑诉法解释》第 543 条，罪犯在假释考验期限内无正当理由不按规定时间报到或者接受社区矫正期间脱离监管，超过一个月的，或者受到执行机关二次警告，仍不改正的，或者有其他违反监督管理规定的行为，尚未构成新的犯罪的，应当作出撤销假释的裁定。需要注意的是，《刑法》虽然没有将“情节严重”规定为撤销假释的条件，但并不意味着只要在假释考验期限内有违反监督管理规定的行为，不问情节轻重，一律撤销假释，仍应当根据具体情况综合考量，对情节明显较轻的不应撤销假释。参见喻海松：《刑事诉讼法修改与司法适用疑难解析》，北京大学出版社 2021 年版，第 316 页。

漏罪曾作如实供述但原判未予认定，或者漏罪系其自首，符合假释条件的，可以再假释。

特别值得注意的是，对提请假释的毒品罪犯，司法机关在审查假释条件时应当从严把握，认真审查假释材料，尤其要注意防止证明材料造假或者严重失实的情况。例如，在最高人民检察院2023年10月16日发布的第49批指导性案例（假释监督主题）中，罪犯唐某假释监督案（检例第199号）就涉及毒品罪犯提供虚假证明问题。该案的简要情况是，2017年1月，罪犯唐某因犯贩卖毒品罪被判处有期徒刑10年，并处罚金人民币3万元，刑期至2024年11月19日止。2022年4月，某监狱对罪犯唐某拟提请假释征求检察机关意见，检察机关经审查，发现唐某通过其亲属（哥哥唐某甲）采取不正当手段获取虚假证明材料意图获得假释（到公安派出所开具唐某无吸毒史的证明），这表明唐某主观上未能真诚悔罪，不能认定其确有悔改表现；同时，对毒品犯罪罪犯有吸毒史，且家庭成员不具备协助社区矫正机构做好社区矫正工作条件（唐某未婚未育，姐姐外嫁，哥哥唐某甲长年在外地工作，唐某甲还曾因犯交通肇事罪被检察机关作出不起诉处理），存在再犯罪危险的，依法不应当适用假释。针对该提请假释案暴露出的问题，该指导性案例提出，对毒品犯罪罪犯，赌博罪、盗窃罪等犯罪中的常业或者常习犯等，在适用假释时要从严把握，严格审查涉假释问题相关证据材料，提升假释监督案件办理质效。

第十九章

毒品犯罪案件的证据问题

「**本章导读**」

收集、审查证据是司法实务中十分重要的基础工作。与其他犯罪案件相比，毒品犯罪案件的证据收集、审查工作既有共性又有特殊性。本章对毒品犯罪案件中常见的证据收集、审查问题进行分析、解答。具体包括：毒品犯罪案件的证据特点，毒品的提取、扣押、称量、送检、鉴定程序，其他物证书证、证人证言、犯罪嫌疑人、被告人的供述和辩解、电子数据、技术侦查证据的收集和审查，取证过程中犯罪嫌疑人和见证人在场问题，侦破经过和辨认笔录的证据效力，瑕疵证据的处理，非法证据排除问题，人毒分离案件和未查获毒品实物案件的证据审查认定，毒品犯罪案件尤其是死刑案件的证明标准，如何运用间接证据认定事实等。

问 当前毒品犯罪案件的证据有哪些特点？ 187

答：证据是刑事诉讼的基础，没有证据就无法认定案件事实。毒品犯罪案件的证据有一定特殊性，主要是因为毒品犯罪的隐蔽性较强，犯罪人员的反侦查意识整体上也较强，客观上造成此类案件的取证难度较大。具体而言，毒品犯罪案件的证据情况主要有以下特点。

1. 证据总量不多。毒品犯罪隐蔽性较强导致证据总量不多，且常因时过境迁而难以收集相关证据，故“抓现行”（人毒并获）成为侦查阶段的惯常做法。毒品犯罪案件中的常见证据包括：查获毒品、毒资的照片或者视频（毒品不随案移送），提取笔录、扣押清单，毒品称量笔录、取样笔录，毒品鉴定意见，汇款记录、交通票据、被告人身份材料，通话记录、短信或者微信记录，证人证言，犯罪嫌疑人、被告人（含同案被告人）的供述和辩解等。除制造毒品、非法生产制毒物品等案件外，走私、贩卖、运输毒品等犯罪因其流动性突出而多没有传统意义上的犯罪现场，故多数案件没有现场勘查笔录（以搜查笔录、毒品提取笔录、扣押清单取代）。[①] 使用现金支付毒资的案件中，主要证据很可能只有买卖双方的供述或证言，如果其中一方否认犯罪，则形成“一对一”的证据局面，难以认定犯罪事实。

2. 直接证据较少。直接证据是能够直接证明主要犯罪事实（何人实施了何种犯罪行为）的证据，如被告人供述、目击证人证言、被害人陈述、案发时段的监控视频等。显然，毒品犯罪案件中常见的毒品、毒资、汇款记录、通话记录、鉴定意见等证据均属于间接证据，不能单独直接证明案件的主要事实。除强迫、欺骗他人吸毒、暴力抗拒查缉等特殊情形外，毒品犯罪案件中通常没有被害人陈述，这是毒品犯罪与杀人、抢劫、盗窃等传统犯罪的一

---

① 有的论著称毒品犯罪是一种“无犯罪现场的犯罪”，虽有些言过其实，但也突出了毒品犯罪在证据上的特殊性。参见林金文主编：《毒品犯罪案件证据认定的理论与实务》，人民法院出版社 2017 年版，第 108 页。

个重要差别。[①] 毒品犯罪案件中偶尔会有目击证人，如受指使送“货”的未成年人，购买少量毒品用于吸食的吸毒人员，运输毒品案件中缺少明知的受雇驾驶员等，有的目击证人可以直接证实被告人实施了毒品犯罪行为。如果犯罪嫌疑人、被告人认罪的，其供述则是最重要的直接证据。

3. 犯罪嫌疑人、被告人常常不供认犯罪或者供述稳定性差。犯罪嫌疑人、被告人的有罪供述是证实毒品犯罪事实最直接的证据，且能为其他证据的发现和提取提供线索（形成“先供后证”特征），为延伸侦查指引方向，故价值很大。但毒品犯罪在一定程度上可以说是“高智商”犯罪，很多行为人的反侦查意识较强，善于掩盖犯罪事实（如躲在幕后遥控指挥，采取人毒分离方式交付毒品），到案后则常常拒不认罪或者翻供，这给事实认定带来不小困难。

4. 使用特情介入、技术侦查等特殊侦查措施的情况较多。正是由于毒品犯罪较为隐蔽，侦破过程中使用特情介入、技术侦查、控制下交付等特殊侦查措施的情形较多。2012 年修正的《刑诉法》明确规定采取这些特殊侦查措施收集的材料可以作为证据使用，一些案件中通过使用这些证据保证了案件质量，也有利于打击毒品犯罪。但同时，有的案件出于侦查保密等诸多考虑，对此类证据未能规范、有效使用，对相关案件的处理造成不利影响，有的甚至难以定案。

总体上看，近年来随着我国刑事法治建设的大力推进，刑事证据制度取得重大发展，毒品犯罪案件的证据质量也不断提高，很多地方还专门制定了规范证据收集、审查的司法文件，对落实《刑诉法》和相关司法解释，统一侦查、检察、审判机关的认识，提高毒品犯罪案件的证据质量，起到了积极促进作用。但受诸多主客观因素的影响，毒品犯罪案件的证据收集、审查工作仍存在一些不规范、不严格、不细致的问题，影响了办案质量和惩处效果，需要进一步加强和改进。

---

① 吸毒绝大多数是自陷行为，故多数吸毒者并非真正的被害人。被强迫吸毒者是被害人，被引诱、教唆、欺骗吸毒者勉强算被害人，但这些情形都较为少见。至于吸毒后实施杀人、伤害、放火、驾车冲撞等肇事肇祸行为造成他人死亡、受伤的，则并非毒品案件，而是与毒品有关的刑事案件。

问 对毒品的提取、扣押、称量和取样程序，要注意哪些问题？ 188

答：毒品是毒品犯罪案件中的核心物证。《刑诉法》和公检法三机关分别制定的适用《刑诉法》的文件中关于收集、固定物证的规定，都适用于毒品犯罪案件。但毒品的提取、扣押等程序有一定特殊性，为此，2016 年由公安部牵头，会同最高人民法院、最高人民检察院制定了《毒品提取、扣押等程序规定》，专门对毒品的提取、扣押、称量、取样等程序问题作了详细规定，较好地促进了相关工作的规范化、法制化。结合司法实践，对毒品的提取、扣押、称量、取样程序主要有如下问题值得注意。

1. 要注重全面提取、扣押涉案毒品。很多走私、贩卖、运输毒品案件中的毒品被行为人分散藏匿在不同场所或者位置（如同一套住房的不同房间，同一房间内的抽屉、床下、纸箱中，汽车的后备箱、车门夹层、油箱内等），故需要认真、仔细勘查现场，全面提取、扣押行为人藏匿的毒品。要尽量一次性完成勘查工作，抓获犯罪嫌疑人的同时即开展搜查、检查，确实需要进行复勘复查并由此发现毒品的，要特别注意毒品提取程序的规范性，防止程序违法导致新发现的毒品无法说明来源或者被作为非法证据予以排除。[①] 对于制造毒品、非法生产制毒物品犯罪案件，通常存在较为典型的犯罪现场，不仅要提取毒品（包括成品、半成品）和制毒物品（包括原料、配剂），还要提取制造或生产工具、容器、包装物等其他物证。

2. 提取、扣押毒品的过程应当规范，防止混同。有的案件中存在不同种类的毒品（如冰毒、“麻古”、氯胺酮、海洛因），有的案件中同一场所、车辆中查获的毒品可能系不同行为人所有，为准确认定行为人的犯罪事实特别是涉案毒品数量，提取、扣押这些毒品时不能将不同包装物内的毒品进行混合。《毒品提取、扣押等程序规定》规定了不少防止毒品混同的措施，包括以下几个方面。

（1）对毒品进行分组。首先，对从不同位置查获的两个以上包装的毒品，

---

① 对该问题，本章后文将作详细分析。

应当根据查获位置进行分组。“不同位置”是指相对分离的物理空间，包括同一场所的不同位置，如同一住所的客厅、卧室、卫生间、储物间，同一卧室的床头柜、床下抽屉、保险柜等。其次，对同一位置查获的两个以上包装的毒品，按照以下方法进行分组：①毒品或者包装物的外观特征不一致的（如不同颜色的塑料袋，白色晶体、黄色粉末、红色药丸），根据毒品及包装物的外观特征进行分组；②毒品及包装物的外观特征一致，但在场的犯罪嫌疑人供述非同一批次毒品的，按照不同批次进行分组；③毒品及包装物的外观特征一致，但犯罪嫌疑人辩称其中部分不是毒品（如掺杂物）或者不知是否为毒品的，对该部分疑似毒品单独分组。

（2）对毒品进行编号。对查获的毒品应当按其独立最小包装逐一编号或者命名，并将毒品的编号、名称、数量、查获位置以及包装、颜色、形态等外观特征记录在提取笔录或者扣押清单中。在毒品的称量、取样、送检等环节，毒品的编号、名称以及对毒品外观特征的描述应当与提取笔录、扣押清单保持一致，防止混淆；不一致的，应当作出书面说明。在查获的毒品数量大、种类多且分散藏匿的情况下，这项基础工作会很繁琐但十分重要。

（3）对毒品进行封装。毒品提取、扣押等工作完成后，一般应当由两名以上侦查人员对毒品及包装物进行现场封装，并记录在笔录中。确因情况紧急、现场环境复杂等客观情形无法在现场进行封装的，经公安机关办案部门负责人批准，可以及时将毒品带至公安机关办案场所或者其他适当的场所进行封装。封装时不得将不同包装内的毒品混合；对不同组的毒品应当分别独立封装，封装后可以统一签名。

（4）对工作过程拍照、录像。《毒品提取、扣押等程序规定》提出，必要时侦查人员应当对提取、扣押和封装的主要过程进行拍照或者录像；照片和录像资料应当反映提取、扣押和封装活动的主要过程以及毒品的原始位置、存放状态和变动情况；照片应当附有相应的文字说明，文字说明应当与照片反映的情况相对应。实践中，侦查人员提取、扣押、封装毒品时一般应当完整地进行拍照和录像，案件进入诉讼程序后一旦对毒品来源产生疑问，这些照片、视频就是证明毒品来源的重要证据。

3. 毒品的称量要准确。毒品的称量看似专业性不强，但称量结果的准确程度直接关涉定罪量刑，因而是十分重要的工作环节。如果非法持有毒品未达到数量较大标准，就不构成犯罪，如果走私、贩卖、运输、制造毒品未达到数量大标准，就不能判处15年有期徒刑以上刑罚。按照《毒品提取、扣押等程序规定》，一般应当由两名以上侦查人员在查获毒品的现场进行称量，现场情况复杂或者出于其他客观原因，也可以把毒品带回办案单位称量，这种情况下需要在现场封装毒品。特别值得注意的有以下几个问题。

（1）应当使用经过法定计量检定机构检定并在有效期限内的衡器进行称量，并且注意衡器的精确度。如果使用不符合规定的衡器进行称量，被告人及其辩护人在诉讼中提出合理异议的，应当重新称量。[①]对毒品销毁、灭失等情形导致无法重新称量的，应当作出有利于被告人的认定、处理。

（2）对两个以上包装的毒品，应当分别称量，并统一制作称量笔录，不得混合后称量。对同一组内的多个包装的毒品，可以采取全部毒品及包装物总质量减去包装物质量的方式确定毒品的净质量，但称量时不同包装物内的毒品不得发生混合。如果涉案毒品是正规企业生产的麻精药品（包括被管制的复方制剂），包装完好、标识清晰，可以按照其包装、标识或者说明书上标注的麻醉药品、精神药品成分的含量计算毒品数量，或者从相同批号的药品制剂中随机抽取3个包装进行称量后，根据麻醉药品、精神药品成分的含量计算全部毒品的数量。[②]

（3）对同一容器内的液态毒品或者固液混合状态毒品，应当采用拍照或者录像方式对其原始状态进行固定，再统一称量。必要时，可以对其原始状

---

① 《毒品提取、扣押等程序规定》第14条规定，称量应当使用适当精度和称量范围的衡器。称量的毒品质量不足100克的，衡器的分度值应当达到0.01克；100克以上且不足1千克的，分度值应当达到0.1克；1千克以上且不足10千克的，分度值应当达到1克；10千克以上且不足100千克的，分度值应当达到10克；100千克以上且不足1吨的，分度值应当达到100克；1吨以上的，分度值应当达到1千克。称量前，称量人应当将衡器示数归零，并确保其处于正常的工作状态。称量所使用的衡器应当经过法定计量检定机构检定并在有效期内，一般不得随意搬动。法定计量检定机构出具的计量检定证书复印件应当归入证据材料卷，并随案移送。

② 这种做法的依据是2016年《毒品犯罪解释》第1条第2款的规定："国家定点生产企业按照标准规格生产的麻醉药品或者精神药品被用于毒品犯罪的，根据药品中毒品成分的含量认定涉案毒品数量。"

态加以固定后，再进行固液分离并分别称量。

（4）侦查人员应当对毒品称量的主要过程进行拍照或者录像。照片和视频资料应当清晰显示毒品的外观特征、衡器示数和犯罪嫌疑人对称量结果的指认情况。

4. 毒品的取样要科学。取样的目的是送交鉴定机构进行成分和含量鉴定，对于固体毒品成品，取样的方法对鉴定意见通常影响不大，但对于液体毒品和毒品半成品（包括液体、固液混合物），取样方法则可能直接影响鉴定结果的准确性。按照《毒品提取、扣押等程序规定》，毒品的取样一般应当在称量后，由两名以上侦查人员在查获毒品的现场或者公安机关办案场所完成，必要时可以指派或者聘请具有专门知识的人进行取样；查获毒品现场或者办案场所不具备取样条件的，应当对毒品进行封装后送至鉴定机构取样。要特别注意以下几个问题。

（1）对同一组内两个以上包装的毒品，应当按照下列标准确定选取或者随机抽取独立最小包装的数量，再根据《毒品提取、扣押等程序规定》第24条规定的取样方法[①]从单个包装中选取或者随机抽取检材：①少于10个包装的，应当选取所有的包装；②10个以上包装且少于100个包装的，应当随机抽取其中的10个包装；③100个以上包装的，应当随机抽取与包装总数的平方根数值最接近的整数个包装。对选取或者随机抽取的多份检材，应当逐一编号或命名，且检材的编号、名称应当与其他笔录、扣押清单保持一致。如果多个包装的毒品系包装完好、标识清晰完整的麻醉药品、精神药品制剂，

---

① 该第24条的规定是：对单个包装的毒品，应当按照下列方法选取或者随机抽取检材：（1）粉状。将毒品混合均匀，并随机抽取约1克作为检材；不足1克的全部取作检材。（2）颗粒状、块状。随机选择3个以上不同的部位，各抽取一部分混合作为检材，混合后的检材质量不少于1克；不足1克的全部取作检材。（3）膏状、胶状。随机选择3个以上不同的部位，各抽取一部分混合作为检材，混合后的检材质量不少于3克；不足3克的全部取作检材。（4）胶囊状、片剂状。先根据形状、颜色、大小、标识等外观特征进行分组；对于外观特征相似的一组，从中随机抽取3粒作为检材，不足3粒的全部取作检材。（5）液态。将毒品混合均匀，并随机抽取约20毫升作为检材；不足20毫升的全部取作检材。（6）固液混合状态。按照本款以上各项规定的方法，分别对固态毒品和液态毒品取样；能够混合均匀成溶液的，可以将其混合均匀后按照本款第5项规定的方法取样。对其他形态毒品的取样，参照前款规定的取样方法进行。

可以从相同批号的药品制剂中随机抽取 3 个包装，再根据上述第 24 条规定的取样方法从单个包装中选取或者随机抽取检材。

（2）对取样后剩余的毒品不得随意销毁。以往，实践中对毒品在何时作出处理没有明确规定，有的侦查机关在判决确定前就将涉案毒品集中销毁，导致证据灭失，当需要对毒品进行补充鉴定或者重新称量时已不具备条件，影响了刑事诉讼的正常进行。为此，《毒品提取、扣押等程序规定》第 29 条专门规定，对取样后剩余的毒品及包装物，应当及时送至公安机关毒品保管场所或者涉案财物管理场所进行妥善保管；对需要作为证据使用的毒品，在不起诉决定或者判决、裁定（含死刑复核判决、裁定）发生法律效力后方可处理。

问 毒品扣押、封装、称量、取样过程中犯罪嫌疑人是否应在场？ 189

答：实践中，犯罪嫌疑人到案后不承认查获的毒品为其所有、不认可称量或者鉴定结果的情况屡有发生，为此，很有必要让犯罪嫌疑人当场对查获的毒品进行辨认或者指认，并见证称量、取样的过程。《毒品提取、扣押等程序规定》规定，对毒品进行扣押、封装、称量、取样时，除个别特殊情况外，一般应当有犯罪嫌疑人在场；毒品提取笔录、扣押清单、封装袋、称量笔录、取样笔录应当由犯罪嫌疑人签名，如果犯罪嫌疑人拒绝签名，侦查人员应当在笔录等材料中相应注明。也就是说，犯罪嫌疑人拒绝签名并不必然影响相关证据的效力，但如果其拒绝签名有正当理由，加之有其他证据显示毒品的来源、称量结果或者鉴定意见存在疑问，则影响证据效力。有下列问题尤其值得注意。

1. 如果由于侦查人员工作疏忽，没有让犯罪嫌疑人见证扣押、封装、称量、取样等程序，应当由侦查机关作出解释，解释合理，被告人无异议的，可以采纳相关证据；被告人有异议，解释不能解决问题，有条件重做的应当重做，如重新称量、重新取样送检等。如果有提取笔录和扣押清单，但提取、扣押时没有犯罪嫌疑人、见证人在场，原则上按照取证程序有瑕疵的情形处理，但如果不能作出合理解释、无法证明毒品来源，则不能采纳相关证据。

2. 出于客观原因犯罪嫌疑人未能在场见证毒品扣押、封装、称量、取样过程的，按照《毒品提取、扣押等程序规定》第 37 条的规定处理，即因无法确定犯罪嫌疑人、犯罪嫌疑人在逃或者犯罪嫌疑人在异地被抓获且无法及时到场的，应当在有见证人的情况下进行，并在相关笔录、扣押清单中注明；犯罪嫌疑人到案后，公安机关应当以告知书的形式告知其扣押、称量、取样的过程、结果；犯罪嫌疑人拒绝在告知书上签名的，应当将告知情况形成笔录，一并附卷；犯罪嫌疑人对称量结果提出合理异议，有条件重新称量的，可以重新称量，并制作称量笔录。

问 对毒品、制毒物品和毒品原植物的鉴定要注意哪些问题？ 190

答：毒品的鉴定直接涉及毒品种类、性质和含量（或纯度）认定，是影响定罪量刑的重要问题。毒品的含量鉴定经历了一个不断规范化的过程。最高人民法院 1994 年制定的《关于禁毒决定的解释》规定，对查获的毒品应当进行鉴定，对可能被判处死刑的案件必须对查获的毒品作定性、定量鉴定。1997 年修订的《刑法》第 357 条第 2 款作出新规定："毒品的数量以查证属实的走私、贩卖、运输、制造、非法持有毒品的数量计算，不以纯度折算。"① 但从实践情况看，毒品的纯度与其对人体的危害和社会危害程度紧密相关，量刑时完全不考虑毒品纯度有违罪责刑相适应原则，难以实现量刑公正。为此，在 2007 年最高人民法院统一行使死刑案件核准权的大背景下，为确保毒品犯罪死刑案件质量，最高人民法院、最高人民检察院、公安部 2007 年制定的《毒品犯罪意见》规定："可能判处死刑的毒品犯罪案件，毒品鉴定结论中应有含量鉴定的结论。"《2008 年毒品纪要》也规定，对可能判处死刑

① 严格说来，这一规定只是强调在毒品数量认定上不能进行纯度折算，并不能据此认为对查获的毒品不需要作含量鉴定，是否折算与是否作含量鉴定是有关联但属不同层面的问题。

的毒品犯罪案件应当作出毒品含量鉴定；对涉案毒品可能大量掺假或者系成分复杂的新类型毒品的，应当作出毒品含量鉴定；对于含有二种以上毒品成分的毒品混合物，应进一步作成分鉴定，确定所含的不同毒品成分及比例。

此后，量刑公正理念进一步得到深化和贯彻。最高人民法院、最高人民检察院、公安部2016年制定的《毒品提取、扣押等程序规定》顺应司法实践需要，在第33条第1款中对毒品含量鉴定问题作出更为细致的规定，[①] 即具有下列情形之一的，公安机关应当委托鉴定机构对查获的毒品进行含量鉴定：（1）犯罪嫌疑人、被告人可能被判处死刑的；[②]（2）查获的毒品系液态、固液混合物或者系毒品半成品的；（3）查获的毒品可能大量掺假的；（4）查获的毒品系成分复杂的新类型毒品，且犯罪嫌疑人、被告人可能被判处7年以上有期徒刑的；（5）人民检察院、人民法院认为含量鉴定对定罪量刑有重大影响而书面要求进行含量鉴定的。这些规定较好地解决了困扰毒品含量鉴定的一些棘手问题，促进了量刑的准确和公正。适用方面有如下问题值得注意。

1. 关于判处无期徒刑的案件是否作毒品含量鉴定。对于毒品犯罪死刑案件（包括死缓）应当进行含量鉴定，现在很少有不同意见，各地执行情况总体上也不错。在此基础上，有意见提出，无期徒刑虽然不是剥夺生命的刑罚，但也十分严厉，从保证案件质量出发，对可能判处无期徒刑的案件也应当进行含量鉴定，并且，实践中对判处无期徒刑和死刑的标准较难把握，特别是在侦查环节，难以判断某个案件是否必然判处被告人死刑，建议把毒品含量鉴定的范围从死刑案件扩展到无期徒刑案件。应当说，这种意见有利于进一步推进毒品鉴定工作的开展，更好贯彻罪责刑相适应原则，实现准确量刑；同时，客观上也不难操作，可以根据《刑诉法》关于中级法院管辖的案件标准来把握，即便实践中有的案件在侦查阶段没有及时作含量鉴定，也可以在移送起诉前补作。故下一步制定相关司法指导文件时宜规定，犯罪嫌疑人、被告人可能被判处无期徒刑、死刑的，都应当作出含量鉴定。

2. 关于制毒物品的含量鉴定。《毒品提取、扣押等程序规定》第35条第

① 该条第2款还规定："进行含量鉴定的检材应当与进行成分鉴定的检材来源一致，且一一对应。"

② 这里的死刑包括死刑缓期执行。

2 款规定："毒品犯罪案件中查获的其他物品，如制毒物品及其半成品、含有制毒物品成分的物质、毒品原植物及其种子和幼苗的提取、扣押、称量、取样和送检程序，参照本规定执行。"据此，对制毒物品似乎也应当作含量鉴定，但制毒物品毕竟不同于毒品本身（很少听说有制毒物品作假的情况），且处罚的严厉性也不如毒品犯罪，故实践中对制毒物品通常只作成分鉴定而不作含量鉴定。不过，按照工作习惯，对查获的第一类易制毒化学品，犯罪嫌疑人、被告人可能被判处 7 年有期徒刑以上刑罚的，可以根据案件需要作出含量鉴定，即对此类案件是否作含量鉴定要根据实际需要来把握，对确实有必要作含量鉴定的，侦查机关可以主动开展，审查起诉和审判阶段也可以商请公安机关补充开展此项鉴定。

3. 关于毒品原植物及其种子、幼苗的鉴定、检验问题。《毒品提取、扣押等程序规定》第 34 条规定："对毒品原植物及其种子、幼苗，应当委托具备相应资质的鉴定机构进行鉴定。当地没有具备相应资质的鉴定机构的，可以委托侦办案件的公安机关所在地的县级以上农牧、林业行政主管部门，或者设立农林相关专业的普通高等学校、科研院所出具检验报告。"鉴定意见是法定证据种类，毒品原植物及其种子、幼苗因具有特殊性，很多地方难以作出鉴定，如罂粟苗、大麻植株、恰特草等。为此，委托相关部门或者科研机构出具检验报告以准确定性、甄别，就是办理案件的必需之举。《刑诉法解释》第 100 条第 1 款肯定了此类报告的证据效力："因无鉴定机构，或者根据法律、司法解释的规定，指派、聘请有专门知识的人就案件的专门性问题出具的报告，可以作为证据使用。"[①]

4. 关于鉴定人、有专门知识的人出庭作证。毒品犯罪案件中需要鉴定人和有专门知识的人出庭作证的情形不多，但如果鉴定意见对认定罪与非罪、重罪轻罪特别是是否判处死刑有直接影响，而被告人及其辩护人对鉴定有异议且理由充分，则很可能需要通知鉴定人或有专门知识的人出庭作证。《刑诉法》第 192 条第 3 款规定了鉴定人出庭作证的条件，即"公诉人、当事人

---

① 《刑诉法解释》第 100 条第 2 款和第 3 款还规定："对前款规定的报告的审查与认定，参照适用本节的有关规定。经人民法院通知，出具报告的人拒不出庭作证的，有关报告不得作为定案的根据。"

或者辩护人、诉讼代理人对鉴定意见有异议，人民法院认为鉴定人有必要出庭的，鉴定人应当出庭作证。经人民法院通知，鉴定人拒不出庭作证的，鉴定意见不得作为定案的根据”。关于有专门知识的人出庭问题，《刑诉法》第197条第2款规定，公诉人、当事人和辩护人、诉讼代理人可以申请法庭通知有专门知识的人出庭，就鉴定意见提出意见。《刑诉法解释》第250条进一步规定，公诉人、当事人及其辩护人、诉讼代理人申请法庭通知有专门知识的人出庭，就鉴定意见提出意见的，应当说明理由；法庭认为有必要的，应当通知有专门知识的人出庭。可见，鉴定人和有专门知识的人是否有必要出庭，最终由法庭作出决定。值得注意的是，有专门知识的人并不是案件中的鉴定人，也不是证人，而从属于控辩双方的一方，其就鉴定意见提出的意见是用于增强法官内心确信、对鉴定意见作出判断的辅助性材料，法院可将其意见视为控方或者辩方的意见。①

问 办理毒品犯罪案件，除毒品外还要注意收集哪些物证、书证？ 191

答：毒品是毒品犯罪案件中最重要的物证，故证据收集要以毒品为中心展开。同时，其他一些物证、书证对认定犯罪事实也很重要，如制贩毒工具、毒资毒赃、银行卡、手机、手机通话记录、短信、微信记录、银行账户交易记录、交通出行记录、住宿记录、租车合同、物流寄递单据、出入境记录等。《刑诉法》和公检法三机关制定的适用《刑诉法》文件对物证、书证的提取、审查程序分别作了规定，这些规定也适用于办理毒品犯罪案件。实践中，办理毒品犯罪案件对物证、书证的收集不同程度地存在不全面、不细致、不规范问题，故全面、及时地收集各类物证、书证十分重要。解决这个问题的关键在于真正落实以审判为中心的刑事诉讼制度，侦查阶段不断强化证据意识，不简单以“破案”为目标，而是以成功、准确追诉犯罪作为目标。

---

① 参见喻海松：《刑事诉讼法修改与司法适用疑难解析》，北京大学出版社2021年版，第216–218页。

工作中有如下问题值得重视。

1. 要注重提取痕迹物证和生物检材。涉毒场所、物品上的指纹、掌纹等痕迹和体液、毛发等生物检材往往具有重要证据价值，应当及时发现、提取。《毒品提取、扣押等程序规定》第4条也规定，侦查人员应当对毒品犯罪案件有关的场所、物品、人身进行勘验、检查或者搜查，及时准确地发现、固定、提取、采集毒品及内外包装物上的痕迹、生物样本等物证，依法予以扣押；必要时，可以指派或者聘请具有专门知识的人，在侦查人员的主持下进行勘验、检查。对这些痕迹、生物检材，以及存取款凭证、物流寄递单据、住宿登记等书证上的笔迹，要注重与犯罪嫌疑人的相关样本进行比对鉴定。此类鉴定在毒品犯罪案件中总体上较为少见，也并非都要收集这方面的证据，视案件的具体情况而定。但是，考虑到翻供情况较为常见，特别是对于涉及明知认定的案件、人毒分离案件，确有必要强化这方面的取证意识，尽量收集提取这方面的证据并进行鉴定。[①] 如果该提取的此类证据没有提取（如指纹），或者该鉴定的没有进行鉴定（如现场掉落的毛发、烟蒂、饮料瓶上的唾液、单据上的笔迹），也未必导致案件事实无法认定，但如果此类证据的价值很大，则会影响案件的处理。但是，如果此类证据并非嫌疑人在犯罪过程中自然形成（而是在抓捕或事后指认时因工作方法不当形成），则不能作为定案的根据。[②]

---

① 例如，在被告人梁某乾贩卖毒品案中，从交易现场查获含氯胺酮成分的“神仙水”3543克，但梁某乾否认毒品由其带到现场，侦查机关对装有“神仙水”的纸箱外侧的文字“标准件象州刘老板”作了笔迹鉴定，结论是“倾向为”梁某乾本人书写，梁某乾本人无异议。参见中华人民共和国最高人民法院刑事审判第一、二、三、四、五庭主办：《刑事审判参考》（总第120集），法律出版社2020年版，第274–284页。

② 例如，在被告人王某贩卖毒品案中，一审采信了公安机关提取的一枚指纹，以证实王某接触了查获毒品的包装袋。二审认为，相关搜查笔录没有提及指纹，公安机关用“工作说明”来证明指纹的来源，证据形式不规范，且无法排除破案后指认物证等原因留下指纹等情形，故对该指纹不予采信。参见方文军：《毒品犯罪案件中的证据认定与特情引诱》，载《人民司法（案例）》2017年第17期。另外，笔者在工作中曾了解到，在被告人杨某某运输毒品案中，侦查人员在抓捕时要求杨某某自行打开汽车后备箱，并将装有毒品的纸箱搬出来放在路边，后从这个纸箱上提取到杨某某的一枚指纹，一、二审均作为证据使用，最高人民法院在死刑复核阶段认为该指纹可能是抓捕过程中形成，不能作为定案证据。

2. 要规范地收集银行交易记录。很多案件中（特别是多次贩卖毒品且只有最后一次查获毒品的案件）银行交易记录是认定毒品犯罪数量的重要证据，可以通过银行交易记录来印证或者推算毒品数量。但有的案件中所收集的银行交易记录只能证明卖方收到了汇款，看不出汇款方系何人；有的行为人使用他人银行卡转账或者收款，没有查证银行卡所有人和实际使用人情况；有的购毒者采取ATM机存款方式支付毒资，而存款的监控视频画面与汇款情况不能形成对应关系，诸如此类问题会给事实认定带来不同程度的困难。因此，对犯罪嫌疑人使用银行账户、第三方支付平台等方式交易毒品的，应当规范、完整地收集交易双方的账户资料、交易金额、交易时间、交易发生地等证据材料，尤其是当账户登记人与实际使用人不一致时，要注重收集证明账户实际使用人的证据材料。

3. 要认真收集户籍证明等身份材料。毒品犯罪案件中犯罪嫌疑人谎报姓名、年龄等真实身份的情况并不鲜见，有的甚至造成张冠李戴（冒充亲友、邻居的身份），导致刑事判决对被告人身份认定错误。户籍证明材料是证明犯罪嫌疑人身份最重要的证据，应当由犯罪嫌疑人户籍所在地公安机关出具，并附犯罪嫌疑人的近期免冠照片，而不能由侦查人员直接从网络下载、打印户籍材料并加盖办案部门印章。户籍证明未附照片或者无户籍证明的，应当由犯罪嫌疑人亲属或者其他密切关系人对犯罪嫌疑人进行辨认并制作笔录；必要时，对犯罪嫌疑人进行DNA鉴定（如长期在外生活，相貌变化大，亲友无法辨认的）。[①] 如果犯罪嫌疑人的户籍证明与其他身份证明材料记载的出生日期存在矛盾，影响定罪量刑的（主要是是否成年），应当收集犯罪嫌疑人的出生证明文件、学籍卡、人口普查登记以及无利害关系人的证言等证据材料。[②] 如果犯罪嫌疑人具有在逃犯（涉及漏罪）、累犯、毒品再犯、国家

---

① 对于年龄认定问题，在缺乏其他有效证据的情况下，以往曾经较多地采取骨龄鉴定方式。最高人民检察院2000年曾作出《关于“骨龄鉴定”能否作为确定刑事责任年龄证据使用的批复》（高检发研字〔2000〕6号），就该问题提出指导意见。但实践表明，骨龄鉴定意见很可能不准确，有的甚至偏差较大，故只有一定的参考价值，不宜单独作为认定年龄的主要证据。

② 这方面要注意《刑诉法解释》第146条的规定：“审查被告人实施被指控的犯罪时或者审判时是否达到相应法定责任年龄，应当根据户籍证明、出生证明文件、学籍卡、人口普查登记、无利害关系人的证言等证据综合判断。证明被告人已满十二周岁、十四周岁、十六周岁、十八周岁或者不满七十五周岁的证据不足的，应当作出有利于被告人的认定。”

工作人员等特殊主体身份，还应当收集、提供证明此类主体身份的证据材料；法院在审理过程中发现此类材料不全的，应当通知人民检察院提供。

问 192 收集毒品等证据过程中，哪些情形需要见证人在场？对没有见证人的情形如何处理？

答：见证人在场见证证据收集情况是我国《刑诉法》作出的重要制度安排，对保证收集证据程序的客观性、规范性具有重要意义。根据《刑诉法》第 133、139、142 条等规定，侦查人员对于与犯罪有关的场所、物品、人身进行勘验、检查、搜查，或者查封、扣押各种涉案财物、文件时，都应当邀请见证人到场，上述活动的笔录或者清单须有见证人签名或者盖章。按照《毒品提取、扣押等程序规定》，在毒品的扣押、封装、称量、取样等工作环节，应当有见证人在场。其中第 37 条还特别规定，因无法确定犯罪嫌疑人、犯罪嫌疑人在逃或者犯罪嫌疑人在异地被抓获且无法及时到场的，这些取证工作应当在有见证人的情况下进行，并在相关笔录、扣押清单中注明。从实践情况看，毒品犯罪案件中对见证人的使用存在一些问题，如有时因抓捕工作发生在凌晨或者偏僻处，难以找到合适的见证人；有的与案件无关的在场人员不愿意作见证人；有时侦查人员安排协警、临时工、实习人员等临时充当见证人，不符合见证人的中立性要求，属于不适格的见证人。工作中至少有如下两点值得注意。

1. 要使用适格的见证人。首先可以肯定，采取勘验、检查、搜查、辨认等侦查措施，依照法律和有关规定需要有见证人在场的，应当邀请符合条件的人员担任见证人，并在相关法律文书中写明见证人的姓名、身份证号、职业、住址和联系方式等信息。根据《毒品提取、扣押等程序规定》第 38 条，下列 3 类人员不得担任见证人：（1）生理上、精神上有缺陷或者年幼，不具有相应辨别能力或者不能正确表达的人；（2）犯罪嫌疑人的近亲属，被引诱、教唆、欺骗、强迫吸毒的被害人及其近亲属，以及其他与案件有利害关系并可能影响案件公正处理的人；（3）办理该毒品犯罪案件的公安机关、人民检察院、人民法院的工作人员、实习人员或者其聘用的协勤、文职、清洁、保安等人员。《刑诉法解释》第 80 条对见证人的范围作了类似规定，[①] 并提出，对见证人是否属于前款规定的人员，人民法院可以通过相关笔录载明的见证人的姓名、身份证件种类及号码、联系方式以及常住人口信息登记表等材料进行审查。因此，有见证人的，要一并收集、提供见证人的具体身份材料，以供后续诉讼阶段司法人员审查判断见证人的使用情况是否规范。

2. 确实找不到适格见证人的，要全程录音录像。《毒品提取、扣押等程序规定》第 38 条第 3 款规定，由于客观原因无法由符合条件的人员担任见证人或者见证人不愿签名的，应当在笔录材料中注明情况，并对相关活动进行拍照并录像。《办案程序规定》第 194 条第 3 款和《刑诉法解释》第 80 条第 3 款也规定，由于客观原因无法由符合条件的人员担任见证人的，应当在笔录材料中注明情况，并对相关活动进行全程录音录像。据此，对见证人不在场或者不愿签字的情形，应当拍照并全程录音录像。“全程录音录像”意味着录音录像不能缺少关键环节，不能人为剪辑拼接，也不能只有图像而没有声音或者只有声音而没有图像。当然，如果没有拍照或录音录像，不必然导致相关证据被排除，还是先由公安机关作出合理解释，或者重新开展有关工作；因客观原因无法补正的，可以作出有利于被告人的处理；无法证明毒品等物证、书证的来源合法的，则相关证据不得作为定案的根据。

问 毒品犯罪案件中收集、审查证人证言，要注意哪些问题？ 193

答：毒品犯罪案件中的证人大致有 3 类：第一类是毒品犯罪的线索提供

① 《刑诉法解释》第 80 条第 1 款规定，下列人员不得担任见证人：（1）生理上、精神上有缺陷或者年幼，不具有相应辨别能力或者不能正确表达的人；（2）与案件有利害关系，可能影响案件公正处理的人；（3）行使勘验、检查、搜查、扣押、组织辨认等监察调查、刑事诉讼职权的监察、公安、司法机关的工作人员或者其聘用的人员。《办案程序规定》第 194 条也作了类似规定。

人、检举揭发人，其中包括特情；第二类是涉案吸毒人员，多为不构成犯罪的毒品购买者；第三类是其他知情人，如犯罪嫌疑人的近亲属、关系密切的朋友、参与实施犯罪但缺乏明知的人等。从收集程序看，询问证人时应当了解证人的作证能力及其与案件的利害关系，客观、完整地记录证人对案件事实的陈述；询问吸毒人员时，如毒瘾发作而导致作证能力下降，则不应进行询问，否则，此类证言亦不能采纳；[①] 如果证人证言对证明案件事实有重大影响，一般应当对询问证人的过程进行同步录音录像，以更好地固定此类证据。从审查判断看，对与被告人有亲属关系或者其他密切关系的证人所作的有利于被告人的证言（如从未听说被告人吸毒、贩毒或者有其他违法犯罪情况），或者与被告人有利害冲突的证人所作的不利于被告人的证言（如声称被告人长期贩毒，获利巨大），都要慎重使用；对证人的猜测性、评论性、推断性的证言（如“他长期吸毒，肯定也会贩毒”），不得作为证据使用，但根据一般生活经验判断且符合事实的除外（如“他没有工作，不吸毒，但行踪很神秘，总是很晚出门，常有吸毒人员给他打电话，应该是在贩毒”）。

工作中收集、审查证人证言，有如下问题值得特别注意。

1. 证人证言收集程序存在瑕疵或者严重问题的处理。根据《刑诉法解释》第 90 条，证人证言的收集程序、方式有下列瑕疵，经补正或者作出合理解释的，可以采用；不能补正或者作出合理解释的，不得作为定案的根据：（1）询问笔录没有填写询问人、记录人、法定代理人姓名以及询问的起止时间、地点的；（2）询问地点不符合规定的；（3）询问笔录没有记录告知证人有关权利义务和法律责任的；（4）询问笔录反映出在同一时段，同一询问人员询问不同证人的；（5）询问未成年人，其法定代理人或者合适成年人不在场的。这些情形违规程度较轻，通常可以补正或者作出合理解释。同时，根据《刑诉法解释》第 89 条，证人证言具有下列严重违反证据收集程序情形之一的，不得作为定案的根据：（1）询问证人没有个别进行的；（2）书面证言没有经证人核对确认的；（3）询问聋、哑人，应当提供通晓聋、哑手势的人员而未

① 《刑诉法解释》第 88 条第 1 款也规定，处于明显醉酒、中毒或者麻醉等状态，不能正常感知或者正确表达的证人所提供的证言，不得作为证据使用。

提供的；（4）询问不通晓当地通用语言、文字的证人，应当提供翻译人员而未提供的。这4种情形违规程度严重，都极可能影响证言的真实性，故不能作为定案的根据。

2. 关于证人出庭作证。证人出庭率低是刑事诉讼中的“老大难”问题，也是影响落实以审判为中心的刑事诉讼制度、贯彻直接言词原则的不利因素。在毒品犯罪案件中，同样存在证人出庭率低的问题，一些本应出庭的重要证人也常以各种理由不出庭作证，而代之以对其书面证言进行质证。根据《刑诉法》第192条第1款，公诉人、当事人或者辩护人、诉讼代理人对证人证言有异议，且该证人证言对案件定罪量刑有重大影响，人民法院认为证人有必要出庭作证的，证人应当出庭作证。据此，证人出庭作证应满足3个条件，但实际上符合前两个条件时，就往往说明证人出庭的必要性很突出（辩方异议明显不成立的除外），法院虽然有最终决定权，但从贯彻直接言词原则和强化庭审效果角度考虑，一般应当通知证人出庭作证。根据《刑诉法解释》第251条，法院为查明案件事实、调查核实证据，也可以依职权通知证人出庭作证。毒品犯罪案件中，此类重要证人主要是购买少量毒品用于自吸的吸毒人员（亦为毒品交易的下家）、按照公安机关安排引诱他人实施犯罪的特情、目击某些重要犯罪情节的人员等。[①]《刑诉法解释》第91条还规定了对出庭证人证言的认证规则和证人不出庭作证的法律后果：（1）如果证人当庭作出的证言与其庭前证言存在矛盾，证人能够作出合理解释，并有其他证据印证的，应当采信其庭审证言；不能作出合理解释，而其庭前证言有其他证据印证的，可以采信其庭前证言。（2）经人民法院通知，证人没有正当理由拒绝出庭或者出庭后拒绝作证，法庭对其证言的真实性无法确认的，该证人证言不得作为定案的根据。

3. 切实做好证人保护工作。证人不愿作证尤其是不愿出庭作证，主要原因是担心其本人和近亲属的人身安全。为此，《刑诉法》第64条规定了对证

① 例如，在被告人梁某乾贩卖毒品案中，因梁某乾不认罪，而相关证人证言对证明查获的毒品系梁某乾开车带来很重要，二审法院依法通知3名证人（包括1名特情）和2名侦查人员出庭作证。参见该案二审裁定书，载中华人民共和国最高人民法院刑事审判第一、二、三、四、五庭主办：《刑事审判参考》（总第120集），法律出版社2020年版，第274–284页。

人及其近亲属的多项保护措施，如不公开真实姓名、住址和工作单位等个人信息，采取不暴露外貌、真实声音等出庭作证措施，禁止特定的人员接触证人及其近亲属，对人身和住宅采取专门性保护措施等。《办案程序规定》第75条第1款进一步丰富了对证人的保护措施，如将被保护人带到安全场所保护，变更被保护人的住所和姓名等。第76条还规定，公安机关依法决定不公开证人的真实姓名、住址等个人信息的，可以在起诉意见书、询问笔录等法律文书、证据材料中使用化名等代替证人的个人信息，但应另行书面说明使用化名的情况并标明密级，单独成卷。《刑诉法解释》第256条第1款则规定，证人因出庭作证，本人或者其近亲属的人身安全面临危险的，人民法院应当采取不公开其真实姓名、住址和工作单位等个人信息，或者不暴露其外貌、真实声音等保护措施；辩护律师经法庭许可，查阅对证人使用化名情况的，应当签署保密承诺书。第257条规定，决定对出庭作证的证人采取不公开个人信息的保护措施的，审判人员应当在开庭前核实其身份，对证人如实作证的保证书不得公开，在判决书、裁定书等法律文书中可以使用化名等代替其个人信息。与《刑诉法》的前述规定相比，《反有组织犯罪法》（第61、62条）增加了"变更被保护人员的身份，重新安排住所和工作单位"的保护措施，并规定"变更被保护人员身份"由国务院公安部门批准和组织实施。毒品犯罪案件中对重要证人（如特情）的保护问题很突出，对出庭的证人尤其需要做好相应保护工作。而保护证人是一项涉及多部门的综合性系统工程，有的措施执行起来颇为不易。因此，只有不断健全证人保护机制，各相关部门扎实做好证人保护工作，有效解决证人作证的"后顾之忧"，才能提高证人（出庭）作证的积极性，更好实现庭审实质化，保证案件办理质量。

问 毒品犯罪案件中哪些情况下需要侦查人员出庭作证？ 194

答：2012年修正的《刑诉法》规定警察（包括侦查人员）在必要的时

候出庭作证，[①] 这是我国刑事法治建设的一大进步，有利于促进执法办案规范化，提高刑事案件的办理质量。出庭作证的警察未必都是案件的侦查人员，也可能是执行其他职务而了解案件重要情节的警察（如交警，临时协助维护某地段秩序的警察等）。这里重点分析侦查人员出庭作证问题。从《刑诉法》的规定和实践情况看，办理毒品犯罪案件需要侦查人员出庭的，主要是如下两种情况。

1. 侦查人员就其执行职务时目击的犯罪情况出庭作证。 毒品犯罪案件中查获毒品、收集证据的情况复杂多样。有的是人毒并获但毒品藏在隐蔽位置，被告人到案后辩称不明知是毒品；有的原本就是人毒分离，或者是遇检查时丢弃毒品，或者是再次搜查中（被告人不在场）才发现毒品，而被告人否认查获的毒品系其所有；有的贩运毒品的行为人采取驾车冲撞、持械袭警等暴力方式抗拒查缉，并致人伤亡；有的案件中侦查人员隐匿身份实施侦查，充当毒品买家或者卖家；等等。对于与定罪量刑有关的重要事实，被告人提出与指控事实不符的辩解，如果案卷中侦查人员出具的书面材料（常表现为“情况说明”）说服力不够，则很可能需要侦查人员出庭说明当时的具体情况，并接受控辩双方的询问。根据《刑诉法》第 192 条，侦查人员就其执行职务时目击的情况出庭作证，需符合 3 项条件：（1）公诉人、当事人或者辩护人、诉讼代理人对侦查人员的证言有异议；（2）该侦查人员的证言对案件定罪量刑有重大影响；（3）人民法院认为该侦查人员有必要出庭作证。符合这 3 项条件的，侦查人员应当出庭作证。同时，根据《刑诉法解释》第 251 条，法院为查明案件事实、调查核实证据，也可以依职权通知侦查人员出庭。[②] 经人民法院通知，侦查人员没有正当理由拒绝出庭或者出庭后拒绝作证，导致法庭对其证言的真实性无法确认的，该侦查人员的证言不得作为

---

① 2012 年修正的《刑诉法》第 187 条第 2 款（现行《刑诉法》第 192 条第 2 款）规定：“人民警察就其执行职务时目击的犯罪情况作为证人出庭作证，适用前款规定。”如果具有警察身份，但不是执行职务时了解到案件情况，则属于普通证人。以普通证人作证的，则不能参与该案的侦查工作。

② 在前述梁某乾贩卖毒品案中，因被告人梁某乾不认罪且该案有特情介入，二审法院为查明案件事实，依法通知 2 名侦查人员出庭作证。

定案的根据。

2. 侦查人员就收集证据程序的合法性出庭说明情况。这种合法性是广义上的，既包括收集证据程序轻度违法（或者违规），能够补正或者作出合理解释从而仍可采纳相关证据的情况，也包括收集证据程序严重违法，不能补正或者作出合理解释，不能采纳相关证据，或者应作为非法证据予以排除的情形。毒品犯罪案件中从收集物证、书证、视听资料、电子数据等客观性证据到讯问犯罪嫌疑人、询问证人、组织辨认，都可能因某种原因而出现不同程度的取证违法问题，进而影响证据的真实性、合法性。同时，根据《2023年毒品纪要》，对情节严重的犯意引诱情形应当采取排除非法证据（进而宣告无罪）的处理方式，故审理阶段查明侦查过程中是否采取了此类犯意引诱就十分重要，很可能需要相关侦查人员出庭说明情况。《刑诉法》第59条规定检察机关对证据收集的合法性负证明责任，且明确了侦查人员或其他人员出庭就取证合法性说明情况的3种启动方式。根据《刑诉法解释》第130、136和137条，法庭对证据的合法性进行调查时，可以应控辩双方申请或者依职权通知侦查人员或者其他人员出庭说明情况（包括庭前会议阶段）；侦查人员或者其他人员出庭的，应当向法庭说明证据收集过程，并就相关情况接受控辩双方和法庭的询问；法庭对证据收集的合法性进行调查后，确认或者不能排除存在《刑诉法》第56条规定的以非法方法收集证据情形的，对有关证据应当排除。

另外，对于不涉及非法证据排除的取证违法情形，法庭也可以应控辩双方申请或者依职权主动通知侦查人员出庭说明情况。《刑诉规则》第413条规定，对于搜查、查封、扣押、冻结、勘验、检查、辨认、侦查实验等活动中形成的笔录存在争议，需要侦查人员出庭陈述有关情况的，公诉人可以建议合议庭通知其出庭。根据《刑诉法解释》第249、251条，控辩双方对侦破经过、证据来源、证据真实性或者合法性等有异议，申请侦查人员或者有关人员出庭，人民法院认为有必要的，应当通知侦查人员或者有关人员出庭；人民法院为查明案件事实、调查核实证据，也可以依职权通知侦查人员或者其他人员出庭说明情况。[①] 通过侦查人员出庭作出说明，取证程序违法问题（瑕疵）得到合理解释，或者证据来源的真实性得到确认的，相关证据可以作为定案的根据，[②] 否则，相关证据不能作为定案根据。

问 如何看待侦破经过的证据性质和效力？ 195

答：侦破经过，也称破案经过、到案经过、抓获经过，[③] 是侦查人员出具的证明案件线索来源、侦破过程、犯罪嫌疑人归案经过、犯罪后认罪态度等情况的证据材料。侦破经过本身不是法定证据种类，其作为侦查人员对于破案过程的说明，类似于证人证言（侦查人员的证言），对审查起诉和审判阶段了解案件的来源和侦破情况、核实其他证据和案件中的一些情节具有重要作用。毒品犯罪隐蔽性较强，大量案件都是掌握了线索后采取事先布控或者特殊侦查措施而破获。侦破经过能够表明如何获得案件线索，破案过程是否客观、自然，是否采取技术侦查、特情介入等特殊侦查措施。同时，侦破经过会涉及犯罪嫌疑人的身份、查获毒品情况、犯罪嫌疑人供述与其他证据之间的时间与逻辑关系、犯罪嫌疑人到案后是否协助抓捕同案犯或者检举揭发

① 在此方面，《办案程序规定》第 72 条第 1 款规定，人民法院认为现有证据材料不能证明证据收集的合法性，通知有关侦查人员或者公安机关其他人员出庭说明情况的，有关侦查人员或者其他人员应当出庭；必要时，有关侦查人员或者其他人员也可以要求出庭说明情况；侦查人员或者其他人员出庭，应当向法庭说明证据收集过程，并就相关情况接受发问。

② 在最高人民法院 2019 年发布的“6・26”禁毒宣传典型案例中，被告人李某因涉嫌犯贩卖毒品罪被抓获，公安人员从其身上和住处查获甲基苯丙胺约 30 克。法院在审理中发现该案取证程序存在一定问题，如侦查人员搜查现场时未出示搜查证，现场勘查笔录和扣押物品清单对毒品包数和位置的记载不一致。对此，公安机关出具了工作说明，并由相关侦查人员出庭作出合理解释，再结合该案视听资料及搜查时在场的两名证人的证言，使证据瑕疵得到合理解释，能够确认相关证据的真实性，法院对相关证据予以采纳。李某多次贩卖甲基苯丙胺共计约 30 克，且系累犯，被判处有期徒刑 11 年 9 个月，并处罚金人民币 5000 元。

③ 严格说来，侦破经过、破案经过的外延大于到案经过、抓获经过。前二者是对案件侦破过程的“全景式”说明，其中也包括犯罪嫌疑人的到案情况；而后二者侧重的是犯罪嫌疑人的归案过程，多称为“抓获经过”，也可称为“到案经过”或“归案经过”。

他人犯罪等。这些内容对认定涉案人员的身份及相互关系、还原查获毒品的经过、确定犯罪嫌疑人供述等证据的真实性及证明力、认定是否有立功表现等，都具有重要意义。从审判情况看，侦查机关出具的侦破经过常常不够详细，很多重要信息在侦破经过中得不到反映，特别是对于案件线索的真实来源、是否采取技术侦查、特情介入等特殊侦查措施的情况多语焉不详，有的侦破经过反映的情节可能不完全符合实际情况。故商请检察机关、侦查机关出具详细的侦破经过，核实侦破过程中的一些重要情节，成为一审、二审乃至死刑复核阶段的常见现象。

鉴于侦破经过对事实认定的重要作用以及实践中存在的问题，2010 年《死刑案件证据规定》第 31 条首次就侦破经过专门作出规定。《刑诉法解释》第 142 条在此基础上也规定，对侦查机关出具的被告人到案经过、抓获经过等材料，应当审查是否有出具该说明材料的办案人员、办案机关的签名、盖章；对到案经过、抓获经过或者确定被告人有重大嫌疑的根据有疑问的，应当通知人民检察院补充说明。

根据上述规定，结合司法实践，办理毒品犯罪案件需要制作规范、详细的侦破经过材料，由办案人员签名、办案机关加盖印章，并随案移送。侦破经过材料应当写明下列内容：（1）案件线索的具体来源，是否根据群众举报、有关人员检举或者在侦办其他案件中发现线索，是否采取技术侦查措施或者控制下交付，是否有特情参与破案等；（2）查获的毒品、毒资（或毒赃）、作案工具等主要涉案物品的来源、名称、数量、特征等情况；（3）犯罪嫌疑人到案的具体方式，是否现场抓获或者自动投案，有无武装掩护、暴力抗拒查缉行为，各犯罪嫌疑人被抓获的先后次序等；（4）犯罪嫌疑人到案后是否如实供述罪行（包括是否主动交代侦查机关尚未掌握的其他毒品罪行），供述与其他证据之间的时间与逻辑关系，各犯罪嫌疑人供述的先后顺序，有无检举揭发他人犯罪、协助抓捕其他犯罪嫌疑人等表现；（5）其他应当写明的内容，如核查证据情况，是否进行网上追逃等。相应地，检察机关、审判机关在审查侦破经过材料时，应当注重审查案件的线索来源是否清楚，是否采取技术侦查、特情介入、控制下交付等特殊侦查措施，是否写明查获毒品、毒资、作案工具等主要涉案物品情况，犯罪嫌疑人是否有自首、坦白、立功等情节，侦破经过与犯罪嫌疑人、被告人供述是否相符等，并可据此审查相关证据的真实性、合法性以及是否需要调取新的证据。人民法院对侦破经过有疑问的，应当通知检察机关进行补充说明，实践中多由检察机关通知侦查机关作出补充说明。

问 收集、审查犯罪嫌疑人、被告人的供述和辩解，要注意哪些问题？ 196

答：犯罪嫌疑人、被告人供述，即通常所说的口供，是认定犯罪事实的直接证据，在被告人自愿认罪的情况下，其所作如实供述对定案十分重要。“口供尤其是稳定、翔实的口供，总能让人对定案更加放心”，“口供对事实认定所具有的直接的、完整的还原作用，是其他任何证据都不能取代的”①。毒品犯罪案件的证据数量总体上较少，很多犯罪嫌疑人到案后并不认罪，即使是人毒并获的情况下嫌疑人也可能不承认查获的毒品系其持有或者运输，如果其他有价值的证据不多，就会给事实认定带来较大困难。反之，如果嫌疑人到案后供述稳定，甚至主动供述公安机关尚未掌握的其他毒品罪行，或者积极检举、揭发同案犯的毒品罪行，则会对事实认定产生积极影响。一些不认罪的主犯或者上家的罪行就是通过同案犯的供述和其他证据才得以认定。辩解不同于供述，它是犯罪嫌疑人、被告人就自己无罪或者罪轻所提出的自我辩护意见，包括无罪辩解和罪轻辩解，有效的辩解往往需要以事实作为根据，并合乎逻辑和生活常理，否则就很难得到采信。②

依法讯问是侦查机关收集供述的基本方式，但讯问工作的技巧性很强，讯问要取得成效常常需要丰富的侦查经验。如果犯罪嫌疑人的反侦查能力较

① 方文军：《供证关系与事实认定探微》，载《法律适用》2010 年第 12 期。

② 生活中确实存在常人难以理解的小概率事件，一旦遇到这种情况，行为人往往百口莫辩，难以自圆其说。故司法者的社会阅历、生活经验和开放思维，对于审查证据、判断事实十分重要，工作中要特别注意防止先入为主和单向思维。

强，则讯问工作不仅是“体力消耗战”，也是“心理攻防战”。口供的上述证据价值也是其诱惑和隐患之所在，有的案件中为了“突破”口供，很可能发生违规甚至违法获取口供的情况。近年来，随着大力推进刑事证据制度建设，特别是不断完善非法证据排除规则，讯问的规范化、合法化取得一定成效。从实践情况看，对于犯罪嫌疑人认罪的毒品案件，为全面查明案件事实，应当主要针对以下事实、情节进行讯问：（1）犯罪时间、地点、经过、次数；（2）涉案毒品的种类、数量、价格、交付方式、来源与去向；（3）资金渠道、支付方式、获利数额、赃款去向；（4）通信工具、交通工具以及其他作案工具；（5）上下家在犯意提起、付款、运输、促成交易等环节所起的作用；（6）共同犯罪案件中的预谋、分工、出资、毒品归属、利润分配情况，以及各犯罪嫌疑人的地位、作用；（7）是否有累犯、毒品再犯等前科情况，是否曾因实施毒品违法行为（如吸毒）被行政处罚，是否有自首、立功等情节；（8）涉案财物的权属、犯罪嫌疑人的经济状况；（9）其他重要事实、情节。通过讯问，公安机关发现犯罪嫌疑人的供述、辩解没有证据予以印证或者与其他证据相矛盾的，应当有针对性地及时收集相关证据，核查其供述是否真实、辩解是否成立，避免这些疑点或者矛盾进入后续诉讼程序。证据收集工作的时效性很强，一旦时过境迁，就难以收集、固定，相关疑点、矛盾很可能难以澄清，由此很可能给案件最终处理带来困难。《办案程序规定》第209条也规定：“对犯罪嫌疑人供述的犯罪事实、无罪或者罪轻的事实、申辩和反证，以及犯罪嫌疑人提供的证明自己无罪、罪轻的证据，公安机关应当认真核查；对有关证据，无论是否采信，都应当如实记录、妥善保管，并连同核查情况附卷。”据此，为便于后续审查认定事实，对犯罪嫌疑人所作罪轻或者无罪的供述和辩解，无论是否采信，都应当如实记录、妥善保管，并附卷随案移送，而不能只移送对被告人不利的证据。

对被告人供述和辩解的审查，《刑诉法解释》第93条规定了应当着重审查的9项内容，包括：（1）讯问的时间、地点，讯问人的身份、人数以及讯问方式等是否符合法律、有关规定；（2）讯问笔录的制作、修改是否符合法律、有关规定，是否注明讯问的具体起止时间和地点，首次讯问时是否告知被告人有关权利和法律规定，被告人是否核对确认；（3）讯问未成年被告人时，是否通知其法定代理人或者合适成年人到场，有关人员是否到场；（4）讯问女性未成年被告人时，是否有女性工作人员在场；（5）有无以刑讯逼供等非法方法收集被告人供述的情形；（6）被告人的供述是否前后一致，有无反复以及出现反复的原因；（7）被告人的供述和辩解是否全部随案移送；（8）被告人的辩解内容是否符合案情和常理，有无矛盾；（9）被告人的供述、辩解与同案被告人的供述、辩解以及其他证据能否相互印证，有无矛盾；存在矛盾的，能否得到合理解释。该条还规定，必要时可以结合现场执法音视频记录、讯问录音录像、被告人进出看守所的健康检查记录、笔录等，对被告人的供述和辩解进行审查。同时，该解释第94条规定了被告人供述不得作为定案根据的4种情形：（1）讯问笔录没有经被告人核对确认的；（2）讯问聋、哑人，应当提供通晓聋、哑手势的人员而未提供的；（3）讯问不通晓当地通用语言、文字的被告人，应当提供翻译人员而未提供的；（4）讯问未成年人，其法定代理人或者合适成年人不在场的。该解释第95条规定了对瑕疵讯问笔录的采信规则，即讯问笔录有下列瑕疵，经补正或者作出合理解释的，可以采用；不能补正或者作出合理解释的，不得作为定案的根据：（1）讯问笔录填写的讯问时间、讯问地点、讯问人、记录人、法定代理人等有误或者存在矛盾的；（2）讯问人没有签名的；（3）首次讯问笔录没有记录告知被讯问人有关权利和法律规定的。这些规定都适用于毒品犯罪案件中审查、认定犯罪嫌疑人、被告人供述和辩解。

在毒品犯罪案件中对供述、辩解的收集与审查方面，有如下问题值得特别注意。

1. 对重大毒品犯罪案件的犯罪嫌疑人进行讯问，应当全程录音录像。《刑诉法》第123条规定，对于可能判处无期徒刑、死刑的案件或者其他重大犯罪案件，应当对讯问过程进行录音或者录像。《办案程序规定》第208条规定，“可能判处无期徒刑、死刑的案件”是指应当适用的法定刑或者量刑档次包含无期徒刑、死刑的案件；“其他重大犯罪案件”是指致人重伤、死亡的严重危害公共安全犯罪、严重侵犯公民人身权利犯罪，以及黑社会性质组织犯罪、严重毒品犯罪等重大故意犯罪案件。据此，对走私、贩卖、运输、制造毒品数量大（如海洛因50克以上）的案件，讯问犯罪嫌疑人时应当同步录音录像。

同时，根据公安部2014年制定的《公安机关讯问犯罪嫌疑人录音录像工作规定》（公通字〔2014〕33号），结合司法实践，"其他重大毒品犯罪案件"包括：走私、贩卖、运输、制造毒品，非法持有毒品数量大，包庇走私、贩卖、运输、制造毒品的犯罪分子情节严重，非法生产、买卖、运输制毒物品、走私制毒物品情节严重等，对此类毒品犯罪案件在讯问犯罪嫌疑人时也应当同步录音录像。

关于讯问录音录像的移送问题，《刑诉法解释》第74条规定："依法应当对讯问过程录音录像的案件，相关录音录像未随案移送的，必要时，人民法院可以通知人民检察院在指定时间内移送。人民检察院未移送，导致不能排除属于刑事诉讼法第五十六条规定的以非法方法收集证据情形的，对有关证据应当依法排除；导致有关证据的真实性无法确认的，不得作为定案的根据。"例如，对于应当对讯问过程同步录音录像的案件，如果有罪供述是在送交看守所之前（如刑警大队、派出所或者其他办案场所）作出，没有对讯问过程进行同步录音录像或者不能提供该录音录像，被告人提出受到刑讯逼供，公诉机关无法证明取证合法性的，应当排除该供述。① 如果讯问笔录的内容与同步录音录像存在实质性差异，不能作出合理解释的，该部分内容不得作为定案的根据；如果经审核，讯问录音录像完整、真实，可以以讯问录音录像为准。②

2. 要注重对不认罪案件的证据审查。毒品犯罪案件中的嫌疑人、被告人

① 例如，在被告人王某华贩卖、运输毒品案中，王某华可能被判处无期徒刑以上刑罚，依法应对讯问过程同步录音录像，但其两次有罪供述笔录均在刑警大队作出，公安机关没有同步录音录像，王某华进入看守所后翻供，称被刑讯逼供。法院经审查，对其送交看守所之前的两次有罪供述予以排除。参见戴长林、罗国良、刘静坤：《中国非法证据排除制度：原理·案例·适用》（修订版），法律出版社2017年版，第274–280页。

② 最高人民法院2017年制定的《关于全面推进以审判为中心的刑事诉讼制度改革的实施意见》第24条和《人民法院办理刑事案件排除非法证据规程（试行）》第22条均规定，讯问笔录记载的内容与讯问录音录像存在实质性差异的，以讯问录音录像为准。但如果录音录像也存在真实性问题，则不能作为证据。例如，在被告人黄某坚等人贩卖毒品案中，法院经审查认为，办案单位提交的对3名被告人讯问过程的录音录像不排除是事后补录，不能作为证明讯问程序合法的证据。参见戴长林、罗国良、刘静坤：《中国非法证据排除制度：原理·案例·适用》（修订版），法律出版社2017年版，第359–366页。

到案以后不认罪的情况很常见，有的甚至到死刑复核阶段仍不认罪。不认罪案件可分为完全不认罪与部分不认罪两大类型，后者多是只承认人毒并获的事实，而对另外查获的毒品或者被他人检举的毒品犯罪不予承认。行为人不认罪的情形多种多样：有的是幕后起组织、指挥作用者未直接实施运输、交付毒品等行为而否认参与犯罪；有的是毒品交易时未被人毒并获，故否认曾向下家出售毒品；有的人毒并获者辩称受他人蒙骗，没有实施毒品犯罪的主观故意；有的是基于“认罪必被判处死刑”的心理而坚持不供认；有的是避重就轻，只承认涉毒数量少的事实，不承认涉毒数量大的事实；等等。对此类案件，如果其他证据（如同案犯的供述、吸毒者或其他人的证言、汇款记录、通话记录等）确实、充分，即使没有被告人供述，也不影响事实认定的，则应当依法定罪判刑，该判处重刑乃至死刑的可以依法判处。例如，1998 年被告人李某斯麻被查获后否认从承租房中查获的 23,914 克海洛因系其所有，但法院认为根据在案证据可以认定，对其判处并核准死刑；2005 年被告人张某国两次贩卖海洛因共计 455 克，但到案后始终不认罪，法院认为综合全案证据可以认定，加之其系累犯且曾多次被判刑，对其判处并核准死刑。[①] 又如，2014 年被告人梁某乾深夜驾车外出贩卖“神仙水”3543 克被查获，到案后不认罪，经通知相关证人和侦查人员出庭作证，法院认定其构成贩卖毒品罪，判处 15 年有期徒刑。[②]

但是，如果在案其他证据不充分，特别是涉案毒品全部或部分来源不明，难以有效否定被告人提出的未参与犯罪、不明知是毒品、部分毒品不是其所有等辩解，则要慎重处理。对证据不足的事实应当不予认定，对全案证据不足的则依法作出无罪判决。例如，在前述贵州丁某贩卖毒品案中，丁某被指控贩卖含甲基苯丙胺成分的毒品 271 克，但法院经审理发现该案存在诸多证据问题（如毒品来源不清，特情杨某的证言存在矛盾，现场勘查笔录涉

① 这两个案例参见中华人民共和国最高人民法院刑事审判第一、二、三、四、五庭主办：《中国刑事审判指导案例》（第 5 卷）（增订第 3 版），法律出版社 2017 年版，第 323–325、366–369 页。

② 参见中华人民共和国最高人民法院刑事审判第一、二、三、四、五庭主办：《刑事审判参考》（总第 120 集），法律出版社 2020 年版，第 274–284 页。

嫌事后伪造等)，不能排除存在犯意引诱，故宣告丁某无罪。[①]又如，在前述骆某林运输毒品案中，在案证据不仅不能证明骆某林明知是毒品而运输，甚至无法证明其知道车上被人藏了“物品”。该案一审判处被告人死刑，二审发回重审，重审中两次补充侦查未果，检察机关作出不起诉决定。[②]

3. 妥善处理被告人翻供和供述不稳定情形。毒品犯罪案件中犯罪嫌疑人、被告人先供后翻、时供时翻、先否认后供认等情形都经常出现，按照诉讼阶段可能出现多种组合模式，如侦查阶段前期供认 + 后期后翻，侦查阶段供认 + 审查起诉之后翻供，审判前供认 + 庭审中翻供，一审宣判前供认 + 二审开始翻供，二审宣判前不供认 + 死刑复核阶段认罪，等等。审查被告人供述和辩解，应当结合控辩双方提供的所有证据以及被告人的全部供述和辩解进行，既不能先入为主地认为被告人翻供就是认罪态度不好，也不能遇到翻供就直接否定以往有罪供述的合法性、真实性。《刑诉法解释》第 96 条规定了审判阶段对被告人供述的认证规则，采信供述的主要标准就是看供述是否得到其他证据的印证。实际上，被告人在侦查、审查起诉和审判阶段都可能翻供，工作中大致可以按照下列情形分别处理：(1)不论被告人何时翻供，如果翻供前有罪供述稳定、详细，且与其他证据相互印证，而被告人不能合理说明翻供理由的，可以采信其翻供前的有罪供述。[③](2)被告人翻供前的有罪供述存在矛盾且无其他证据印证，或者无法排除刑讯逼供、串供等情形的，不得采信其翻供前的有罪供述；同时，如果被告人翻供理由合理，翻供后的供述或者辩解内容稳定、详细且与其他证据相互印证的，则可以采信其翻供后的供述或者辩解。

4. 关于“幽灵抗辩”的处理。“幽灵抗辩”通常是指行为人因涉嫌犯罪

---

① 关于该案情况的详细介绍，可参见本书第十六章“特情介入的认定和处理”。

② 关于该案情况的详细介绍，可参见本书第四章“运输毒品罪”。

③ 例如，在谢某清等人贩卖、运输毒品案中，被告人田某、谢某受谢某清雇用，为其从云南运输海洛因 3724.2 克到重庆，谢某清在幕后进行组织、指挥。该案证据上有人毒并获的特点，但田某到案后一直不认罪，谢某清从侦查阶段后期开始翻供，而谢某也自一审庭审开始翻供。经审理，法院认为谢某清、谢某的翻供均不成立，依法定罪处刑。参见中华人民共和国最高人民法院刑事审判第一、二、三、四、五庭主办：《中国刑事审判指导案例》(第 5 卷)(增订第 3 版)，法律出版社 2017 年版，第 452–456 页。

到案后辩称涉案物品系他人所有或者是受他人教唆、指使、欺骗而实施涉案行为，但“他人”难以查实的情形。“他人”多为无法确认是否真实存在的人，偶也可能是能够确认此人客观存在但无法进行核查的情形。在毒品犯罪尤其是走私、运输毒品犯罪案件中，行为人到案后辩称受他人雇用、指使、欺骗而实施毒品犯罪的情形很常见。无论被告人认罪、不认罪或者翻供，都可能提出这种辩解。对这种情形要区分情况处理，如果行为人提供的“他人”信息较为详细，能够据此查证“他人”确实存在，则应根据行为人与“他人”的关系模式作出有利于行为人的认定，包括从宽处罚甚至个别情况下的无罪处理。例如，在前述李某都运输毒品案和廖某某运输毒品案中，根据在案证据，二人分别受他人雇用而运输毒品的可能性大，加上考虑其他酌定从宽情节，对二人未核准或者未判处死刑。① 如果行为人只能提供“他人”的粗线条信息，甚至只有绰号，无法据此查证“他人”客观存在的，则属于“幽灵抗辩”，不能认定，一般也不能从宽处罚，但个别案件可以在处理上留有余地。例如，在王某贩卖毒品案中，公安人员从其停放在酒店楼下汽车的后备箱内查获冰毒 5850 克，王某否认该毒品系其所有，辩称车辆案发前由“阿林”借用，查获的毒品可能系“阿林”所有，但王某无法提供“阿林”的任何具体身份信息甚至手机号码，且关于“阿林”归还该车的时间前后矛盾，显然是试图通过虚构毒品另有其主的情节来掩盖毒品为其自己所有的真相。这便属于没有具体证据支持的“幽灵抗辩”，不足以影响认定查获的毒品系其所有。②

问 如何看待辨认笔录的证据效力？ 197

答：辨认笔录是犯罪嫌疑人、被害人、证人等相关人员在侦查人员的主持下对与犯罪有关的人员、场所、物品、文件等进行辨别、确认而形成的笔

① 对这两个案件的详细介绍，可参见本书第十七章“毒品犯罪的死刑适用”。

② 参见方文军：《毒品犯罪案件中的证据认定与特情引诱》，载《人民司法（案例）》2017 年第 17 期。

录，属于法定证据种类。辨认在毒品犯罪案件中很常见，如吸毒人员等证人辨认犯罪嫌疑人，犯罪嫌疑人辨认同案犯（包括上下家），犯罪嫌疑人辨认查获的毒品、手机、银行卡、汇款地点、运输毒品的车辆、藏匿毒品的位置和交易地点等。辨认有规范的程序要求，根据《办案程序规定》第259~262条，主持辨认的侦查人员不得少于2人；几名辨认人对同一辨认对象进行辨认时，应当由辨认人个别进行；辨认时应当将辨认对象混杂在特征相类似的其他对象中，不得在辨认前向辨认人展示辨认对象及其影像资料，不得给辨认人任何暗示；辨认犯罪嫌疑人时，被辨认的人数不得少于7人，对犯罪嫌疑人照片进行辨认的，不得少于10人的照片；辨认物品时，混杂的同类物品不得少于5件，对物品的照片进行辨认的，不得少于10个物品的照片；对辨认经过和结果应当制作辨认笔录，由侦查人员、辨认人、见证人签名，必要时应当对辨认过程进行录音录像。从证据效力看，辨认是对犯罪嫌疑人供述和证人证言的印证、强化，规范、客观的辨认程序能够增强供述和证言的证明力，有利于对案件事实的准确认定。

实践中，辨认工作存在一些问题。例如，对重要涉案物证该组织相关人员进行辨认的没有组织辨认或者辨认不及时；有条件进行混杂辨认的却采取特定物指认方式；采取混杂辨认方式时目标物的特征明显不同于其他陪衬物（如只有目标物的照片清晰，其他陪衬物照片模糊）；有的案件中多名犯罪嫌疑人辨认的毒品“张冠李戴”，并非其贩卖或持有的毒品。诸如此类的问题影响了辨认发挥应有的作用。鉴于此，确有必要进一步重视做好侦查阶段的辨认工作，及时组织犯罪嫌疑人、证人对涉案毒品、作案工具、毒品交易或者藏匿地点等与案件事实有关的重要物证、书证和场所进行规范的辨认。对上下家犯罪或者共同犯罪等涉及多人的案件，应当组织犯罪嫌疑人之间、犯罪嫌疑人与涉案吸毒人员之间进行相互辨认；必要时，可以组织其他证人对犯罪嫌疑人进行辨认。为更好固定证据，对重要辨认过程应当全程录音录像。

关于辨认笔录的审查，《刑诉法解释》第104、105条作了规定，即应当着重审查辨认的过程、方法以及辨认笔录的制作是否符合有关规定。辨认笔录具有下列情形之一的，不得作为定案的根据：（1）辨认不是在侦查人员的主持下进行的；（2）辨认前使辨认人见到辨认对象的；（3）辨认活动没有个别进行的；（4）辨认对象没有混杂在具有类似特征的其他对象中，或者供辨认的对象数量不符合规定的；[①]（5）辨认中给辨认人明显暗示或者明显有指认嫌疑的；（6）违反有关规定，不能确定辨认笔录真实性的其他情形。

总体上看，辨认笔录是刑事诉讼中的一种辅助性证据，要辩证看待其证据价值。如果辨认笔录体现了“先供后证”的特征，通过犯罪嫌疑人的积极辨认收集、提取到侦查人员事先不掌握的物证、书证等证据，则辨认笔录的价值较大。如果全案证据较为单薄，特别是在被告人不认罪或者翻供的情况下，则要更加注重结合被告人供述等其他证据认真审查被告人以往所作辨认笔录的合法性、真实性，防止事实认定出现差错。

问 198 毒品犯罪案件中收集、审查视听资料和电子数据，要注意哪些问题?

答：视听资料和电子数据都是随着社会发展和科技进步而出现的证据类型，电子数据更是在互联网和信息技术兴起后才出现的新型证据，2012 年修正的《刑诉法》将电子数据增列为法定证据种类。毒品犯罪案件中的银行存取款视频、道路交通卡口视频和宾馆、车站、街角等公共场所监控视频是较为典型的视听资料。近年来利用信息网络实施走私、贩卖毒品、非法买卖制毒物品、传授制造毒品方法等涉毒品犯罪案件时有发生，《刑法修正案（九）》也增设了非法利用信息网络罪和帮助信息网络活动罪，由此，收集、提取电子数据成为办理此类毒品犯罪案件的重要工作。[②]

最高人民法院、最高人民检察院、公安部 2016 年制定的《关于办理刑事案件收集提取和审查判断电子数据若干问题的规定》（法发〔2016〕22 号，

① 值得注意的是，对查获的毒品、现金、银行卡、毒品交易场所、制毒场所以及个性化特征明显的手机、汽车等，因难以找到或者无须添加辨认陪衬物，可以采取指认方式进行确认。

② 有研究者认为，视听资料与电子数据不同，前者是以录音磁带、录像带、唱片、CD、光盘等实物存储介质存储的音像资料，如果是以电子数据形式存在的电子视听资料，则属于电子数据。参见喻海松：《刑事诉讼法修改与司法适用疑难解析》，北京大学出版社 2021 年版，第 179 页。

以下简称《电子数据规定》)，对电子数据的收集、审查问题作了较为系统的规定。公安部2019年制定的《公安机关办理刑事案件电子数据取证规则》(公通字〔2018〕41号)对收集、提取电子数据等问题作了细化规定。2021年制定的《刑诉法解释》对视听资料和电子数据的审查也作了规定。办理毒品犯罪案件涉及视听资料和电子数据的，应当依照《电子数据规定》等文件及时、规范地收集网络平台发布的信息、网络应用服务的通信信息、电子文件等各类电子数据，并依照司法解释等规定对收集提取的电子数据进行审查判断。例如,《刑诉法解释》第108条规定了对视听资料应当着重审查的内容,① 第109条规定了视听资料不得作为定案根据的情形:(1)系篡改、伪造或者无法确定真伪的;(2)制作、取得的时间、地点、方式等有疑问，不能作出合理解释的。《电子数据规定》第22~24条分别规定了对电子数据真实性、完整性、合法性的重点审查内容,《刑诉法解释》第110~112条在此基础上作了重申和完善，第113条规定了对瑕疵电子数据的处理,② 第114条规定了电子数据不得作为定案根据的情形:(1)篡改、伪造或者无法确定真伪的;(2)有增加、删除、修改等情形，影响电子数据真实性的;(3)其他无法保证电子数据真实性的情形。

在毒品犯罪案件中收集、审查电子数据，特别要注意涉手机证据。近年来智能手机的兴起，使手机成为移动的信息数据平台，兼具多种证据属性。手机本身是物证，其中存储的通话记录、短信、微信、转账记录、视频、音频、图片(照片)、文档等都属于电子数据。这些电子数据都可能不同程度地

---

① 即(1)是否附有提取过程的说明，来源是否合法;(2)是否为原件，有无复制及复制份数;是复制件的，是否附有无法调取原件的原因、复制件制作过程和原件存放地点的说明，制作人、原视听资料持有人是否签名;(3)制作过程中是否存在威胁、引诱当事人等违反法律、有关规定的情形;(4)是否写明制作人、持有人的身份，制作的时间、地点、条件和方法;(5)内容和制作过程是否真实，有无剪辑、增加、删改等情形;(6)内容与案件事实有无关联。对视听资料有疑问的，应当进行鉴定。

② 即收集、提取程序有下列瑕疵，经补正或者作出合理解释的，可以采用;不能补正或者作出合理解释的，不得作为定案的根据:(1)未以封存状态移送的;(2)笔录或者清单上没有调查人员或者侦查人员、电子数据持有人、提供人、见证人签名或者盖章的;(3)对电子数据的名称、类别、格式等注明不清的;(4)有其他瑕疵的。

证明毒品犯罪的某些情节，有的甚至成为关键证据。鉴于涉手机证据的重要价值，办理毒品犯罪案件要特别注重收集、提取此类证据。既要收集手机的“外在”证据，如手机品牌、型号、外观特征、电话号码、国际移动设备识别码（俗称串号），也要提取手机的“内在”证据，即手机中存储的与案件事实有关的通话记录、短信、微信聊天记录、转账记录以及文档、图片、音视频等电子文件。涉及事实认定的重要电子数据被犯罪嫌疑人删除的，应当尽可能想方设法予以恢复并固定，防止灭失。另外，对犯罪嫌疑人使用的手机号码，应当及时调取号码登记资料、身份认证信息等证据材料，手机号码登记人与实际使用人不一致的，还应当查明手机号码的实际使用人。实践中不少犯罪嫌疑人、被告人使用的手机号码属于非实名登记或登记在他人名下，如其到案后否认使用该手机号码，就有必要通过收集其他证据来确认该号码由其实际使用。

问 199 行政机关处理涉毒违法行为过程中收集的证据，能否作为刑事诉讼的证据？

答：按照我国采取的禁毒模式，吸毒本身不构成犯罪，而是作为违法行为处理。同时，一些情节或危害较轻的涉毒违法行为因罪量不够而不作为犯罪处理，如非法持有少量毒品，引诱、教唆、欺骗他人吸毒、容留他人吸毒、非法买卖制毒物品情节较轻，等等。但实践中涉毒违法行为与犯罪行为往往交织、叠加在一起，故很可能出现处理违法行为过程中收集的证据能否在后续刑事诉讼中继续作为证据使用的问题。对此，以往实践中存在不小争议，各地做法也不统一，有的直接用到刑事诉讼中，有的要求重新取证，经核实后方可作为证据使用。

1996 年修正的《刑诉法》对该问题没有作出规定。2012 年修正的《刑诉法》第 52 条第 2 款（注：现行《刑诉法》第 54 条第 2 款）规定：“行政机关在行政执法和查办案件过程中收集的物证、书证、视听资料、电子数据等证据材料，在刑事诉讼中可以作为证据使用。”对此规定，公检法三机关制定的适用《刑诉法》的文件分别作了解释。例如，《办案程序规定》第63条规定，公安机关接受或者依法调取的行政机关在行政执法和查办案件过程中收集的物证、书证、视听资料、电子数据、鉴定意见、勘验笔录、检查笔录等证据材料，经公安机关审查符合法定要求的，可以作为证据使用。《刑诉规则》第64条作了类似规定。《刑诉法解释》第75条第1款规定：“行政机关在行政执法和查办案件过程中收集的物证、书证、视听资料、电子数据等证据材料，经法庭查证属实，且收集程序符合有关法律、行政法规规定的，可以作为定案的根据。”[①] 显然，物证、书证、视听资料、电子数据等属于客观性证据，证明力强，具有不可替代性，也不容易因取证主体的身份问题而影响证据质量，故《刑诉法》明确规定行政机关在执法过程中收集的此类证据材料在刑事诉讼中可以作为证据使用。不过，如果行政机关对物证、书证、视听资料、电子数据等证据材料的收集程序严重违反法定程序，特别是影响证据真实性的（如提取毒品的程序严重违规，导致毒品来源不明），则不能作为定案的根据。

同时，根据《刑诉法》上述规定的精神，对于行政机关收集的犯罪嫌疑人供述、证人证言等言词证据，一般不能直接在刑事诉讼中作为证据使用。因为言词证据具有易变性和不确定性，且行政执法办案对程序规范、权利保障的要求不如刑事诉讼程序，加之多数情况下重新收集这些证据也并不困难，故应当重新收集、核实后才能使用。作为例外，“在特殊情况下，言词证据确实无法重新收集，但又必须使用的，可以纳入‘等证据材料’的

① 《刑诉法解释》第75条第2款还规定：“根据法律、行政法规规定行使国家行政管理职权的组织，在行政执法和查办案件过程中收集的证据材料，视为行政机关收集的证据材料。”另外，国家药品监督管理局、国家市场监督管理总局、公安部、最高人民法院、最高人民检察院2023年联合印发的《药品行政执法与刑事司法衔接工作办法》（国药监法〔2022〕41号）第21条也作出提示性规定：“药品监管部门在行政执法和查办案件过程中依法收集的物证、书证、视听资料、电子数据等证据材料，在刑事诉讼中可以作为证据使用；经人民法院查证属实，可以作为定案的根据。”由于部分被管制的麻精药品（特别是被管制的复方制剂）具有双重属性，相关案件先期可能由药品监管部门作为药品违法案件查处，后发现涉嫌毒品犯罪或者其他犯罪，则发生案件移交问题。

‘等’中加以解决。同时，也必须有证据证明取证程序合法，能与其他证据相印证，才能最终作为定案的根据”①。也就是说，不能认为行政机关收集的言词证据在刑事诉讼中一律不得作为证据材料使用，但使用时应当受到严格限制，且作为例外情况来把握。

问 毒品犯罪案件中如何使用技术侦查证据？ 200

答：随着通信和信息技术的发展，电话监听等技术侦查措施逐步成为打击毒品犯罪的重要手段。1996年修正的《刑诉法》并未规定技术侦查措施，实践中通过技术侦查措施获得的材料不能直接作为证据使用，多需转化为法定证据形式。为更好规范技术侦查证据的收集和使用，2012年修正的《刑诉法》增加规定了“技术侦查措施”一节，使技术侦查证据的合法性得到正式确认，使用时不再需要进行形式转化。《办案程序规定》和《刑诉法解释》分别用一节规定了技术侦查证据问题。但是，由于担心不利于侦查保密等多种原因，实践中技术侦查证据的使用问题并没有随着立法的修订而得到有效解决。这里分析其中几个较为重要的问题。

1. 关于应当使用技术侦查证据的案件范围

客观地说，技术侦查证据虽然很重要，但并非在每个毒品犯罪案件中都很重要。有的毒品犯罪案件中物证、书证、被告人供述、证人证言等证据已经很充分，即使不使用技术侦查证据也不影响案件处理的，就没有必要使用技术侦查证据；有的案件中，采取技术侦查措施收集的证据材料可以转化为其他证据形式，如被告人供述、证人证言、公开提取的电子数据等，也没有必要直接使用技术侦查证据。在这个意义上，对技术侦查证据可以采取“最后使用”（或“最低限度使用”）原则，即不是确有必要的则不直接使用此类证据，这也有利于技术侦查措施的保密。但是，如果技术侦查证据对案件事

① 喻海松：《刑事诉讼法修改与司法适用疑难解析》，北京大学出版社2021年版，第138页。

实认定和处理有较大影响，就应当使用技术侦查证据。这种影响主要体现在两个方面：罪与非罪的认定和重罪轻罪的认定。前者是指技术侦查证据对认定被告人是否构成犯罪有重要影响，如被告人是否为毒品犯罪的幕后指使者或者实际出资人，运输者、持有者是否明知是毒品等。[①]后者是指技术侦查证据对认定被告人是否构成严重犯罪有重要影响，如被告人购买毒品是否为了贩卖（涉及非法持有毒品罪与贩卖毒品罪的区分），被告人持有的毒品是否刚从外地运输回来（涉及运输毒品罪与非法持有毒品罪的区分），被告人是否为共同犯罪中罪责最大的主犯，在多次实施毒品犯罪的案件中主要罪行是否被告人所为等。对于可能判处死刑的案件，如果不使用技术侦查证据就达不到死刑案件证明标准的，则更应当使用技术侦查证据。如果侦查机关以保密、数据未保存或丢失等理由不提供技术侦查证据或者不同意作为证据使用的，为保证死刑案件的办理质量，则不能对被告人判处死刑。

2. 移送技术侦查证据材料的注意事项

对于需要使用技术侦查证据的案件，应当随案移送此类证据，此类证据未随案移送、未经法庭调查的，不具有诉讼证据的性质和功能，自然不能作为定案根据。根据《刑诉法解释》第 115、118 和 122 条，结合司法实践，移送技术侦查证据材料需注意如下问题：（1）移送技术侦查证据材料的，应当同时移送采取技术侦查措施的法律文书、技术侦查证据材料清单和有关说明材料。（2）移送采取技术侦查措施收集的视听资料、电子数据的，应当制作新的存储介质，并附制作说明，写明原始证据材料、原始存储介质的存放地

① 例如，2016 年 1 月被告人吴某岸因贩卖、运输 1458.13 克冰毒及 1 支手枪、11 发子弹被查获。但吴某岸及其辩护人辩称，案发时吴某岸所持有的手提袋系魏某所有，其不知内装何物，其不构成贩卖、运输毒品罪及非法持有枪支罪。法院经审理认为，公安机关通过技术侦查措施所收集的音频资料的内容，足以证明吴某岸向他人贩卖毒品及非法持有枪支的事实，声纹鉴定意见亦能明确该音频资料的声音源自吴某岸；李某银行卡账户的转账信息，现场起获的毒品、枪支数量及吴某岸到达北京的时间等证据均能与公诉机关出示的技术侦查证据内容相印证。据此，法院认定被告人吴某岸犯贩卖毒品罪、非法持有枪支罪，数罪并罚，决定执行死刑，缓期二年执行（附加刑略）。参见北京市第二中级人民法院（2016）京 02 刑初 116 号刑事判决和北京市高级人民法院（2018）京刑终 112 号刑事裁定。相关案例分析文章可参见最高人民法院中国应用法学研究所编：《人民法院案例选》（2019 年第 5 辑，总第 135 辑），人民法院出版社 2019 年版。

点等信息，由制作人签名，并加盖单位印章。对此类视听资料、电子数据，应当审查是否移送文字抄清材料以及对绰号、暗语、俗语、方言等不易理解内容的说明；未移送的，必要时可以通知人民检察院移送。犯罪嫌疑人、被告人否认系音视频资料中的声音主体，应当同时收集、移送证明声音主体身份的证据，需要鉴定的，应当委托鉴定机构进行声纹鉴定。（3）人民法院认为应当移送的技术侦查证据材料未随案移送的，应当通知人民检察院在指定时间内移送；人民检察院未移送的，人民法院应当根据在案证据对案件事实作出认定。据此，如果技术侦查证据对案件处理有重大影响而检察机关未能移送的，人民法院可以按照“存疑时有利于被告人”的原则作出处理，包括对证据不足的事实不予认定（有的案件可作无罪处理），对无法认定为重罪的行为就低认定为轻罪，以及量刑上从宽处罚（涉及死刑适用的应当留有余地）等。

3. 对技术侦查证据合法性的审查

技术侦查证据并非单独的证据种类，而是通常表现为视听资料、电子数据等类型，故根据相应的证据分类进行审查判断即可。《办案程序规定》第263~270条规定了采取技术侦查措施的案件范围、审批程序、时限、变更等事项。《刑诉法解释》第119条规定了对技术侦查证据的审查，即除根据相关证据材料所属的证据种类、依照相应规定进行审查外，还应当着重审查以下内容。

（1）技术侦查措施所针对的案件是否符合法律规定。《刑诉法》第150条规定，对重大毒品犯罪案件才能采取技术侦查措施，但何谓“重大”案件，《办案程序规定》也没有作出界定。实践中这种“重大”案件的范围与讯问犯罪嫌疑人同步录音录像的案件范围比较接近，似乎对判处3年有期徒刑以上刑罚的多数毒品犯罪案件都可以采取技术侦查措施。①

（2）技术侦查措施是否在刑事立案后，是否经过严格的批准手续。“立案后”才能采取技术侦查措施，是《刑诉法》的明文规定，据此可以认为，

① 《办案程序规定》第263条第1款第5项规定，对其他严重危害社会的犯罪案件，依法可能判处7年以上有期徒刑的，可以采取技术侦查措施。但不能据此认为，“重大”毒品案件也是指可能判处7年有期徒刑以上刑罚的案件。

除特殊情形外，立案前采取技术侦查措施收集的证据一般属于非法证据，不能作为定案根据。[①]同时，所谓“严格的批准手续”，根据《办案程序规定》第 265 条，主要是指制作呈请采取技术侦查措施报告书，报设区的市一级以上公安机关负责人批准，制作采取技术侦查措施决定书。

（3）采取技术侦查措施的种类、适用对象和期限是否按照批准决定载明的内容执行。技术侦查措施种类很多，包括记录监控、行踪监控、通信监控、场所监控等，如电子侦听、电话监听、电子监控、秘拍秘录、秘密获取某些物证、邮件检查等专门技术手段。[②]根据《刑诉法》和《办案程序规定》，技术侦查措施的适用对象是犯罪嫌疑人、被告人以及与犯罪活动直接关联的人员；采取的措施自批准签发之日起 3 个月以内有效，经过批准，有效期可以延长，每次不得超过 3 个月；在有效期限内，需要变更技术侦查措施种类或者适用对象的，应当重新办理批准手续。

（4）采取技术侦查措施收集的证据材料与其他证据是否矛盾；存在矛盾的，能否得到合理解释。如果说前 3 项审查针对的是合法性，该项审查则是实质性的。技术侦查是借助科技手段实施的侦查活动，但也可能出现“张冠李戴”、理解错误等问题。例如，将甲案的监听录音误作为乙案的证据，将犯罪嫌疑人甲与他人的通话误认为是乙在通话，弄错方言或暗语表达的意思（包括毒品种类、数量、价格）等。对这些问题，都需要在审查证据时同其他证据进行认真比对，特别是被告人明确提出异议的，应当细致核实。

4. 技术侦查证据的庭审质证与庭外核实

按照刑事诉讼原理，证据应当经过法庭调查程序查证属实，才能作为定案的根据。故《刑诉法解释》第 71 条规定：“证据未经当庭出示、辨认、质证等法庭调查程序查证属实，不得作为定案的根据。”技术侦查材料作为重要证据类型，同样需要经过庭审举证、质证程序，故《刑诉法解释》第 120 条

① 值得注意的是，有意见认为，对于两个以上密切关联的案件（包括“案中案”），如果是在前一案件立案后采取技术侦查措施，即使后续案件尚未立案，所获得的证据材料也可以在后续案件中使用。这种情况在司法实践中较为常见。本书原则上赞成这种观点和做法。

② 参见黄永主编：《中华人民共和国反有组织犯罪法解读》，中国法制出版社 2022 年版，第 228 页。

规定，采取技术侦查措施收集的证据材料，应当经过当庭出示、辨认、质证等法庭调查程序查证。但鉴于技术侦查措施的特殊性，《刑诉法解释》第 120 条第 2 款又在《刑诉法》第 154 条的基础上规定，当庭调查技术侦查证据材料可能危及有关人员的人身安全，或者可能产生其他严重后果的，法庭应当采取不暴露有关人员身份和技术侦查措施使用的技术设备、技术方法等保护措施；必要时，审判人员可以在庭外对证据进行核实。由此，如何看待技术侦查证据的庭审质证与庭外核实之间的关系，就成为司法实务中的突出问题。这里又涉及 4 个具体问题。

（1）“庭外核实”是否属于独立的证据调查方式？自 2012 年修正《刑诉法》以来，这个问题就存在较大争议，目前没有定论。本书认为，该问题涉及保障侦查秘密与保障诉权之间的平衡，从保障诉权和贯彻证据裁判原则的角度考虑，庭外核实不是独立的证据调查方式，不能完全以庭外核实取代庭审调查，而应当将庭外核实作为庭审调查的补充。如果被告人不能在法庭上对技术侦查证据进行质证，则明显有违刑事诉讼原理和法律规定的精神。在具体操作上，对拟作为定案根据的技术侦查证据，首先应当经过庭审调查（包括证据名称、内容、所要证明的事实和情节等），如果其中的部分内容、获取方式因涉及侦查秘密而确实不宜在法庭上出示、说明的，才可以进行庭外核实。也就是说，对于确需进行庭外核实的证据，可以采取“庭审质证 + 庭外核实”的模式，将相关证据在法庭上进行一定程度的出示、质证后，对该证据涉及侦查秘密的其他部分进行庭外核实。①

（2）何谓“必要的时候”？根据《刑诉法》第 154 条，庭审中对采取特殊侦查措施收集的证据（包括技侦证据）进行调查，如果可能危及有关人员的人身安全或者可能产生其他严重后果的，应当采取不暴露有关人员身

① 例如，在黎某昌等贩卖、运输毒品案中，安徽省高级人民法院在第一次二审期间以认定被告人黎某昌犯罪的证据不足为由，发回池州市中级人民法院重审，重审期间检察机关补充了相关技术侦查证据材料，并当庭进行出示、质证，法庭确认了技术侦查证据的证据能力和证明力，审判人员、检察人员还前往公安机关技术侦查部门对证据材料的相关内容作了核实，最终法院对黎某昌判处并核准死刑。参见中华人民共和国最高人民法院刑事审判第一、二、三、四、五庭主办：《刑事审判参考》（总第 134 辑），人民法院出版社 2023 年版，第 118–127 页。

份、技术方法等保护措施，如不使用真实姓名、遮蔽外貌、改变声音等。[①]如果采取这些保护措施不足以保护有关人员的人身安全或者不足以防止产生其他严重后果，或者采取这些保护措施后进行庭审调查不足以使法官形成内心确信、无法作出判决，或者出于其他原因，可以认为有必要进行庭外核实。

（3）如何进行庭外核实？主要是指在法庭之外对技术侦查证据进行展示、核实，包括播放监听录音、监控视频、询问使用技术侦查设备的人员等，必要时可以核实收集该证据的过程、方法。值得注意的是，作为定案根据的技术侦查证据应当随案移送，如果未随案移送，则谈不上庭审调查和庭外核实。有的地方以保密等为由不移送技术侦查证据，而是由审判人员、检察人员前往技术侦查部门了解技术侦查材料的内容，本书认为，这种做法不属于《刑诉法》规定的庭外核实，此举也表明技术侦查材料未随案移送，故不能作为定案根据。根据《刑诉法解释》第122条，应当移送技术侦查证据而未移送的，法院应当根据在案证据认定案件事实，并作出相应判决。

（4）哪些人参加庭外核实？《刑诉法》第154条规定，“必要的时候，可以由审判人员在庭外对证据进行核实”，这说明审判人员是进行庭外核实的主体。最高人民法院2017年制定的《关于全面推进以审判为中心的刑事诉讼制度改革的实施意见》（法发〔2017〕5号）第13条第2款规定，法庭决定在庭外对技术侦查证据进行核实的，可以召集公诉人、侦查人员和辩护律师到场，在场人员应当履行保密义务。最高人民法院2017年制定的《人民法院办理刑事案件第一审普通程序法庭调查规程（试行）》（法发〔2017〕31号）第35条第2款也规定，法庭决定在庭外对技术侦查证据进行核实的，可以召集公诉人和辩护律师到场，在场人员应当履行保密义务。据此，公诉人、侦查人员、辩护律师都可以参加庭外核实，而被告人不能参加庭外核实。具体由哪些人员参加，可以根据案件具体情况确定。

---

① 《刑诉法解释》第117条也明确了移送技术侦查证据材料的保护措施问题，规定：“使用采取技术调查、侦查措施收集的证据材料可能危及有关人员的人身安全，或者可能产生其他严重后果的，可以采取下列保护措施：（一）使用化名等代替调查、侦查人员及有关人员的个人信息；（二）不具体写明技术调查、侦查措施使用的技术设备和技术方法；（三）其他必要的保护措施。”

5. 技术侦查证据在裁判文书中的表述

在文书撰写方面，对于经庭审质证并采纳作为定案根据的技术侦查证据，都应当写入裁判文书，但在表述上可以概括处理，写明相关证据的名称、种类和要证明的主要内容即可。即使是文字抄清记录，也没有必要完全引用或者直接引述。对庭审调查中采取了保护措施的技术侦查证据和进行庭外核实的技术侦查证据，可以在裁判文书中简要说明情况，防止失密泄密。《刑诉法解释》第 121 条也规定，采用技术侦查证据作为定案根据的，人民法院在裁判文书中可以表述相关证据的名称、证据种类和证明对象，但不得表述有关人员身份和技术侦查措施使用的技术设备、技术方法等。

问 毒品犯罪案件中对瑕疵证据如何处理？ 201

答：证据收集程序的违法程度有轻重之别，大体可分为非法证据与瑕疵证据。非法证据是指采取严重侵犯犯罪嫌疑人、被告人合法权益、严重影响司法公正的非法方法收集的证据，其法律后果是被依法排除，不能作为定案的根据。瑕疵证据虽然也违反取证程序，但一般是指收集证据的主体身份、人数不符合规定，相关笔录、扣押清单所载明的时间、地点、签名和文字等技术性违法，并不侵犯犯罪嫌疑人、被告人的基本权利，多可以进行补正或者作出合理解释，从而具备证据能力。①“两高三部”2010 年制定的《死刑案件证据规定》首次系统地规定了瑕疵证据的处理规则：能够补正或者作出合理解释的，可以采用，否则，不能作为定案的根据。最高人民法院 2021 年制定的《刑诉法解释》延续并完善了瑕疵证据的处理规则。这些规定都适用于办理毒品犯罪案件。工作中要注意准确区分瑕疵证据和非法证据，既不能将

① 据学者研究，可以从 4 个角度区分瑕疵证据与非法证据：（1）取证手段是否侵犯了重大权益；（2）取证手段是否违反了实质性程序；（3）采用某一证据是否违背程序正义；（4）采用某一证据是否可能影响证据的真实性。大体上，能得出肯定结论的是非法证据，得出否定结论的是瑕疵证据。参见陈瑞华：《刑事证据法学》，北京大学出版社 2012 年版，第 307–310 页。

瑕疵证据作为非法证据予以排除，导致不利于打击毒品犯罪，也不能将本该排除的非法证据作为瑕疵证据对待，导致未能依法保障犯罪嫌疑人、被告人的合法权益，并影响案件的公正处理。

从证据审查角度看，办理毒品犯罪案件要注意：（1）对毒品、毒资、银行账户交易记录、物流寄递单据等物证、书证，应当注重审查是否已经全面收集，证据的来源是否清楚，勘验、检查、搜查、提取、扣押、辨认等取证程序和相关笔录的制作是否符合法律和有关规定，应当鉴定的是否进行鉴定；（2）对银行监控视频、宾馆监控视频、道路交通监控视频等视听资料和手机通信记录、网络聊天记录、电子交易记录等电子数据，应当注重审查收集程序、方式是否符合法律和有关技术标准，内容是否真实、完整，与其他证据是否存在矛盾。收集上述物证、书证、视听资料、电子数据不符合法定程序的，应当予以补正或者作出合理解释，否则，相关证据不能作为定案根据。毒品是毒品犯罪案件中的核心物证，工作中发现在勘验、检查、搜查过程中提取、扣押的毒品未附笔录或者清单，或者有其他严重违反证据收集程序的情形，不能证明毒品来源的，不得作为定案的根据。同时，经总结实践经验，毒品的提取、扣押、称量、取样、送检程序有下列情形之一的，如不能补正或者作出合理解释，相关证据也不得作为定案根据：（1）未按照有关规定对不同位置、不同包装的毒品分别进行提取、扣押、封装、称量，或者称量所用衡器不符合有关规定、标准的；（2）未按照有关规定要求的方法和标准对查获的毒品进行取样的；（3）毒品的提取、扣押、称量、取样等工作违反犯罪嫌疑人在场、见证人见证或者拍照、录像等有关规定的；（4）毒品的称量、取样、送检笔录记载的毒品编号、名称、外观特征与提取笔录、扣押清单不一致的。上述证据瑕疵问题在毒品犯罪案件不同程度地存在。工作中值得特别注意的问题有以下几个。

1. 关于辅警参与取证问题。[①]《办案程序规定》第 223 条规定，执行搜查的侦查人员不得少于 2 人。但实践中曾出现 1 名侦查人员带领人数不等的辅

① 辅警，即警务辅助人员的简称。根据国务院办公厅 2016 年印发的《关于规范公安机关警务辅助人员管理工作的意见》，警务辅助人员是根据社会治安形势发展和公安工作实际需要，面向社会招聘，为公安机关日常运转和警务活动提供辅助支持的非人民警察身份人员。

警进行搜查的情况，因辅警不是侦查人员，也不能作为见证人，加上案件存在其他取证问题，则导致查获的毒品不能作为证据使用。例如，在张某杰等人贩卖毒品案中，对犯罪嫌疑人住所的搜查分为两次，第一次搜查从卧室、客厅、储藏室查获了一批毒品，但当时没有在现场制作搜查笔录和扣押清单，搜查时没有犯罪嫌疑人和见证人在场，也没有同步录像。庭审中，侦查人员出庭对这些程序问题作出解释，主要是事发突然，一开始只是作为吸毒案件处理，不知道室内有大量毒品，为安全考虑，先把犯罪嫌疑人带回派出所，事后再补作搜查笔录和扣押清单。鉴于多名被告人均供认第一次查获毒品的情况，法院认为侦查人员的解释合理，对第一次查获的毒品予以认可。开展第二次搜查，是因为侦查人员发现查获的包装袋很多，而第一次查获的毒品数量少，经请示后由 1 名侦查人员带领两名辅警再次进行搜查。据侦查人员称，第二次搜查在次卧卫生间门口拐角的暗格内发现大量毒品，包括冰毒 1200 余克、氯胺酮 889 克、“麻古” 7.9 克。由于辅警不是侦查人员，也不能作为见证人，故第二次搜查相当于只有 1 名侦查人员进行；加上没有犯罪嫌疑人和见证人在场，也没有同步录像，在案被告人都不供认，法院认为第二次搜查程序问题未得到合理解释，认定这些毒品来源的证据不足，最终不予认定。[①]

2. 对复验复查违规情形的处理。毒品犯罪分子为规避风险，常常采取十分隐蔽的方式藏匿毒品、毒资或其他证据，如果事先不掌握具体情报，初次勘验、检查、搜查时就很可能发现不了毒品等证据，而在犯罪嫌疑人供述或者相关证人指证后，对藏匿毒品等证据的具体位置进行再次勘查，才能找到所藏的毒品等证据。《刑诉规则》第 335 条规定，人民检察院审查案件时对公安机关的勘验、检查认为需要复验、复查的，应当要求其复验、复查，人民检察院可以派员参加，也可以自行复验、复查，商请公安机关派员参加。

---

① 参见（2015）浙温刑初字第 5 号刑事判决书。值得注意的是，该案中虽然存在多处取证违规情况，但对毒品的排除不属于排除非法证据，而是由于取证程序问题不能补正导致查获的毒品不能作为定案的根据。

《办案程序规定》第220条规定，公安机关进行勘验、检查后人民检察院要求复验、复查的，公安机关应当进行复验、复查，并可以通知人民检察院派员参加。由于复验复查不是侦查工作的常规状态，故应当注重收集、提供能证明复验复查所收集该证据真实、合法的证据材料，审查时对复验复查的必要性和程序合法性都需要比初次勘查给予更多关注。《刑诉法解释》第86条第3款规定，物证、书证的来源、收集程序有疑问，不能作出合理解释的，不得作为定案的根据。据此，如果对复验复查的必要性不能作出合理解释，且复验复查程序违反相关规定，难以补正的，则影响查获的毒品等证据的真实性，不能作为定案根据。

例如，在李某勤、文某富运输毒品案中，公安机关查获二人运输毒品的当日从二人所驾驶车辆的后备箱内查获“麻古”4440克，却在时隔半年后的第二次检查中又从该车后排座的坐垫下查获“麻古”3303克。但第二次查获毒品并不是因为获得新线索后有针对性地进行再次勘查，而是在所谓“安全检查”或者“全面检查”工作中偶然发现的，并且，发现的过程既无被告人和见证人在场，也没有当场制作勘验检查笔录，而是在检查发现毒品后为弥补程序上的瑕疵，再次进行勘查并制作勘查笔录、照片。显然，第二次查获毒品的程序存在明显问题。同时，根据现场勘查照片和实地走访，公安机关保管涉案车辆的场地属于半开放现场，无专门人员看管，除公安人员外其他人员也可以从该现场进出甚至接触涉案车辆，而二被告人到案后始终不承认第二次查获的毒品系其所运，故根据现有证据不足以认定第二次查获的毒品是二被告人存放于涉案车辆之内的。二审法院经审理后对第二次查获的毒品依法不予认定。①

① 参见方文军：《毒品犯罪案件中的证据认定与特情引诱》，载《人民司法（案例）》2017年第17期。严格说来，该案第二次查获的毒品不仅不能确认系二被告人的，是否来自二被告人的车辆也存在疑问。另外，前述张某杰等人贩卖毒品案实际上也是复验复查程序违规而导致查获的毒品不能作为定案根据。

问 毒品犯罪案件中如何排除非法证据？ 202

答：非法证据，是指采用违反法定程序并且侵犯宪法权利或者重要诉讼权利的方式取得的证据。[①]也就是说，非法证据是采取严重违法方式获取的证据，故明显不同于瑕疵证据。同时，非法证据的“非法”指的是获取证据手段的不正当性，故非法证据未必是不真实的证据，如刑讯逼供取得的供述，即便内容是真实的，也应当依法排除。最高人民法院、最高人民检察院、公安部、国家安全部、司法部2010年制定《死刑案件证据规定》和《关于办理刑事案件排除非法证据若干问题的规定》（以下简称《排除非法证据规定》），标志着我国在司法制度层面建立起非法证据排除规则，2012年修正的《刑诉法》吸收了2010年《排除非法证据规定》中的核心内容，由此在立法层面正式确立了非法证据排除规则。2017年最高人民法院、最高人民检察院、公安部、国家安全部、司法部制定《关于办理刑事案件严格排除非法证据若干问题的规定》（法发〔2017〕15号，以下简称《严格排除非法证据规定》），进一步完善了非法证据排除制度。2017年最高人民法院制定《人民法院办理刑事案件排除非法证据规程（试行）》（以下简称《排除非法证据规程》），进一步明确了人民法院审查和排除非法证据的具体规则和流程，相关内容为2021年《刑诉法解释》所吸收。就毒品犯罪案件而言，非法证据可能涉及各个证据类型，如非法获取的犯罪嫌疑人供述、证人证言，违反法定程序提取的毒品、毒资、电子数据，违反规定作出的鉴定意见等。这里对其中相对突出的几个问题加以分析。

1. 对非法供述的排除。犯罪嫌疑人（含同案犯）供述是毒品犯罪案件中的主要言词证据，也是可能成为非法证据的主要证据类型。根据《刑诉法》第56条，对包括非法供述在内的非法言词证据采取强制排除原则，只要认定

---

① 参见戴长林、罗国良、刘静坤：《中国非法证据排除制度：原理·案例·适用》（修订版），法律出版社2017年版，第41页。

是采取“刑讯逼供等非法方法”收集的犯罪嫌疑人供述，就应当依法排除。[①]实践中此类排除供述的情形在毒品犯罪案件中并不少见。排除非法供述后多能体现对被告人的从宽处理，但有的案件则未必能体现。从实践情况看，排除非法供述后至少有4种处理结果。

（1）因其他证据确实、充分，仍然对被告人依法定罪判刑，甚至量刑上也不因被非法获取口供而体现从宽处罚。此种情形较为常见。例如，①在刘某鹏等人贩卖毒品案中，被告人刘某鹏涉案毒品数量为“麻古”469.72克，法院将刘某鹏在侦查阶段的唯一一次有罪供述依法排除（另5次均不认罪），但认为其他证据可以认定其贩卖毒品的事实，依法定罪处刑。②在李某周运输毒品案中，被告人李某周伙同他人驾车从湖南购买毒品运到江西时被查获，涉案毒品为冰毒196.86克、“麻古”89.8克，法院依法排除李某周在侦查阶段的供述后，认为其他证据可以证明李某周实施了运输毒品行为，依法定罪处刑。[②]③在王某华贩卖、运输毒品案中，被告人王某华伙同他人贩卖、运输198.24克冰毒被查获，二审法院以王某华两次有罪供述笔录均系在送看守所羁押之前作出，且讯问时未依法录音录像，对其两次有罪供述予以排

① 《刑诉法》第56条第1款规定，采用刑讯逼供等非法方法收集的犯罪嫌疑人、被告人供述，应当予以排除。对这里的“刑讯逼供等非法方法”，2017年《严格排除非法证据规定》第2~4条作了解释，即（1）采用殴打、违法使用戒具等暴力方法或者变相肉刑的恶劣手段，使犯罪嫌疑人、被告人遭受难以忍受的痛苦而违背意愿作出的供述；（2）采用以暴力或者严重损害本人及其近亲属合法权益等进行威胁的方法，使犯罪嫌疑人、被告人遭受难以忍受的痛苦而违背意愿作出的供述；（3）采用非法拘禁等非法限制人身自由的方法收集的犯罪嫌疑人、被告人供述。《刑诉法解释》第123条重申了上述规定。

② 这两个案例可参见裴显鼎主编：《非法证据排除程序适用指南》(第2版)，法律出版社2018年版，第120–131页。刘某鹏案亦可参见中华人民共和国最高人民法院刑事审判第一、二、三、四、五庭主办：《中国刑事审判指导案例》（第7卷）（增订第3版），法律出版社2017年版，第126–130页。李某周案亦可参见中华人民共和国最高人民法院刑事审判第一、二、三、四、五庭主办：《刑事审判参考》（总第101集），法律出版社2015年版，第11–15页。在此类案件中，对侦查人员违法取证行为的处理不是通过对被告人的从宽处罚来体现的，而是另行追究侦查人员的责任。如《刑诉规则》第73条规定，对于侦查人员的非法取证行为尚未构成犯罪的，应当依法向其所在机关提出纠正意见；对于非法取证行为涉嫌犯罪需要追究刑事责任的，应当依法立案侦查。

除，但根据在案其他证据仍可认定其犯罪事实。[①]

（2）被告人被指控实施了相对较重的犯罪（如贩卖、运输毒品罪），排除非法供述后指控罪名不成立，但可以认定其他相对较轻的罪名（如非法持有毒品罪）。例如，在陆某非法持有毒品案中（涉案毒品50.54克，含甲基苯丙胺成分），公诉机关指控的罪名是运输毒品罪，但法院经审查发现被告人陆某在侦查阶段可能被刑讯逼供，排除其庭前供述后不能证明其实施了运输毒品行为，但可以认定为非法持有毒品罪。又如，在胡某荣贩卖毒品、容留他人吸毒案中，一审排除被告人胡某荣在侦查阶段所作3次供述后仍认定其犯贩卖毒品罪和容留他人吸毒罪，二审认为排除有罪供述后其他证据不足以证明其贩卖毒品（2克冰毒）的事实，遂撤销原判中贩卖毒品罪的定罪量刑部分，维持容留他人吸毒罪的定罪量刑部分。[②]

（3）被告人被指控实施多起毒品犯罪，排除非法供述后影响其中部分犯罪事实的认定（通常是未查获毒品实物的事实），对被告人按照可以认定的事实定罪处罚。例如，在王某高贩卖毒品案中，公诉机关指控其实施了3起贩毒行为（共计贩卖冰毒0.9克），法院经审查，认为其2013年3月12日所作供述可能系刑讯逼供所得，依法排除，3月14日的供述笔录存在指供嫌疑，不能采信，3月28日的笔录涉嫌伪造，予以排除。据此，只认定了起诉书指控的第一起事实（贩卖冰毒0.3克）。又如，在王某年贩卖毒品案中，公诉机关指控被告人实施了3起贩毒行为，法院通过召开庭前会议听取意见，认为被告人关于第2起贩卖毒品（2克冰毒）的供述不排除系非法取得，排除该供述后认定该起事实的证据不足。[③]

（4）排除被告人的非法供述后，在案其他证据达不到确实、充分的证明标准，依法判决被告人无罪。例如，在李某1、李某2贩卖毒品案中，被告人李某2称其不知道父亲李某1让其送的是毒品，在侦查机关的有罪供述是

---

① 参见戴长林、罗国良、刘静坤：《中国非法证据排除制度：原理·案例·适用》（修订版），法律出版社2017年版，第274–280页。

② 这两个案例参见戴长林、罗国良、刘静坤：《中国非法证据排除制度：原理·案例·适用》（修订版），法律出版社2017年版，第308–314、320–324页。

③ 这两个案例参见戴长林、罗国良、刘静坤：《中国非法证据排除制度：原理·案例·适用》（修订版），法律出版社2017年版，第259–267、325–329页。

受到刑讯逼供，申请对其庭前有罪供述予以排除，并判决其无罪。法院经审理认为，公诉机关在一审开庭时出示的李某2的有罪供述笔录、在押人员体检登记表以及侦查机关依法办案的情况说明不足以证明取证的合法性，侦查机关对李某2讯问时也没有按照法律规定进行同步录音或录像，当法庭通知侦查人员出庭说明情况时办案人员无正当理由拒绝出庭，故不能排除李某2审判前的有罪供述系非法取得。对李某2的审前供述予以排除后，综合全案证据，不能认定李某2明知自己所送物品系毒品，依法判决李某2无罪。①

还值得注意的是，对采取刑讯逼供方法获得有罪供述后犯罪嫌疑人、被告人所作的重复性供述，如何处理？非法获取有罪供述会给犯罪嫌疑人、被告人造成很大心理影响，即使后续讯问没有采取非法手段或者更换了讯问人员，犯罪嫌疑人、被告人也很可能出于担心、恐惧等原因而继续作出有罪供述。为此，2017年《严格排除非法证据规定》第5条规定，采用刑讯逼供方法使犯罪嫌疑人、被告人作出供述，之后犯罪嫌疑人、被告人受该刑讯逼供行为影响而作出的与该供述相同的重复性供述，应当一并排除，但下列情形除外：（1）侦查期间，根据控告、举报或者自己发现等，侦查机关确认或者不能排除以非法方法收集证据而更换侦查人员，其他侦查人员再次讯问时告知诉讼权利和认罪的法律后果，犯罪嫌疑人自愿供述的；②（2）审查逮捕、审查起诉和审判期间，检察人员、审判人员讯问时告知诉讼权利和认罪的法律后果，犯罪嫌疑人、被告人自愿供述的。《刑诉法解释》第124条重申了上述规定。例如，在前述陆某非法持有毒品案中，陆某在审查起诉阶段即向公诉机关反映被刑讯逼供，但公诉机关未予审查，而是继续对其进行了3次讯问，法院经综合分析，对陆某在审判前的供述都予以排除。③而在王某志等

① 参见裴显鼎主编：《非法证据排除程序适用指南》（第2版），法律出版社2018年版，第114–119页。亦可参见中华人民共和国最高人民法院刑事审判第一、二、三、四、五庭主办：《刑事审判参考》（总第97集），法律出版社2014年版，第90–96页。

② 《刑诉规则》第341条也规定，人民检察院在审查起诉中发现有应当排除的非法证据，应当依法排除，同时可以要求公安机关另行指派侦查人员重新取证；必要时，人民检察院也可以自行调查取证。

③ 参见戴长林、罗国良、刘静坤：《中国非法证据排除制度：原理·案例·适用》（修订版），法律出版社2017年版，第308–314页。

贩卖毒品案中，法院排除其审判前有罪供述后，其当庭供述了参与贩卖毒品（291.67 克冰毒）的过程（但否认明知是毒品），法院采纳了该供述，并认为其否认明知的辩解不成立。[①] 另外，从上述规定也可以看出，排除重复性供述目前仅限于以刑讯逼供方法获取口供的情形，主要是考虑此类方法直接对犯罪嫌疑人的肉体施加强制，足以影响后续供述的自愿性，而其他非法方法对犯罪嫌疑人后续供述的自愿性影响要小一些。[②] 但从逻辑上讲，无论是刑讯逼供还是其他非法方法，如果非法获取口供对犯罪嫌疑人、被告人造成的心理压力持续存在，其后续所作重复性供述的合法性都存在疑问，故采取刑讯逼供之外的其他非法方法获取口供后，犯罪嫌疑人、被告人所作重复性供述也存在被排除的余地，实践中可以继续探索、总结这方面的工作经验。

2. 对非法物证、书证的排除条件。《刑诉法》第 56 条第 1 款规定，收集物证、书证不符合法定程序，可能严重影响司法公正的，应当予以补正或者作出合理解释；不能补正或者作出合理解释的，对该证据应当予以排除。据此可见，对物证、书证的收集程序违规问题，按照程度不同分为瑕疵证据和非法证据。收集程序虽然违反规定但未严重影响司法公正的，按照瑕疵证据处理，经补正或作出合理解释后可以使用。收集程序违反规定且可能严重影响司法公正的，才属于非法证据，但如果能补正或作出合理解释，该物证、书证仍然可以使用，如果不能补正或者作出合理解释，则作为非法证据予以排除。这表明，对非法物证、书证采取是裁量排除而非绝对排除原则，并将其限定于较小的排除范围，主要是考虑物证、书证的客观性较强，如果对此类证据排除过多，对打击犯罪不利，不符合现阶段的国情。适用这一规定的关键是如何理解“可能严重影响司法公正”。对此，《刑诉法解释》第 126 条重申了以往的规定，即认定“可能严重影响司法公正”应当综合考虑收集证据违反法定程序以及所造成后果的严重程度等情况。研究者认为，除制止犯罪、抓捕犯罪嫌疑人、避免证据灭失等紧急情况外，未经依法批准采用搜

---

① 参见戴长林、罗国良、刘静坤：《中国非法证据排除制度：原理 · 案例 · 适用》（修订版），法律出版社 2017 年版，第 330–334 页。

② 参见戴长林、罗国良、刘静坤：《中国非法证据排除制度：原理 · 案例 · 适用》（修订版），法律出版社 2017 年版，第 107 页。

查、扣押等措施收集物证、书证，可能严重影响司法公正的，对有关证据应当予以排除。[①] 由于实践中此类案例较少，在毒品犯罪案件中如何排除非法获取的物证、书证，还需要深入总结司法经验。

3. 引诱犯罪与非法证据排除。如前所述，2012 年修正的《刑诉法》明确了隐匿身份侦查的合法性，但同时规定“不得诱使他人犯罪”。对于引诱他人犯罪的法律后果，《刑诉法》和相关司法解释都没有作出规定。研究者普遍认为，引诱他人犯罪构成违法诱惑侦查的，应当将所取得的证据作为非法证据予以排除。《2023 年毒品纪要》对情节严重的犯意引诱情形采取了排除非法证据的做法，这是在《2008 年毒品纪要》之后以《刑诉法》的规定为依据对违法诱惑侦查处理规则的新发展。但值得注意的是，违法的诱惑侦查是一种整体性违法，与刑讯逼供、违法搜查、扣押等违反具体取证程序而导致证据非法的情形有较大区别。实践中，即便被认定为违法诱惑侦查，在工作程序上通常也经过了内部审批，且对毒品等具体证据的收集程序很可能并没有违反相关规定。另外，通常所说的非法取证发生在犯罪后的侦查阶段，而违法的诱惑侦查在行为人尚未实施（本次）犯罪之前就已经开始，是对犯罪行为本身的深度介入。在理解《2023 年毒品纪要》的相关指导意见时，需要充分关注其所确立的排除非法证据规则的特殊性。[②]

问 对人毒分离案件如何审查认定犯罪事实？ 203

答：人毒分离也称人“货”分离，是指行为人在犯罪过程中与毒品处于空间上相对分离状态，需要证明查获的毒品是行为人所有或者由其实际控制

① 参见戴长林、罗国良、刘静坤：《中国非法证据排除制度：原理 · 案例 · 适用》（修订版），法律出版社 2017 年版，第 118 页。2017 年制定的《排除非法证据规程》第 3 条也规定，采用非法搜查、扣押等违反法定程序的方法收集物证、书证，可能严重影响司法公正的，应当予以补正或者作出合理解释；不能补正或者作出合理解释的，对有关证据应当予以排除。

② 对引诱犯罪法律后果的详细分析，可参见本书第十六章“特情介入的认定和处理”。

的情形。[①]这种情形在司法实践中很常见，不少案件未能直接从行为人身上、随身行李或者由其支配的场所（如住处、车辆）查获毒品，而是从他人处或者公共场所查获毒品。例如，指使、雇用他人运输毒品在途中被查获的，采取寄递、托运方式运输毒品被发现的，行为人携带毒品遇到检查后抛弃毒品的，贩卖毒品时将毒品藏于某隐蔽处后再通知买方前去拿取的，经复验复查发现毒品但行为人不在场且否认该毒品系其所有的，等等，均可归于此类案件。此类案件中，行为人到案后容易辩称查获的毒品并非其所有，由此否认实施全部犯罪或者部分犯罪。工作中对此类案件证据收集和审查的重点在于确认毒品系行为人所有或者实际控制。

在证据收集方面，对于人毒分离而导致毒品归属可能存在疑问的案件，要注重从涉毒场所、物品上提取指纹、掌纹等痕迹，体液、毛发、脱落细胞等生物检材，附着在犯罪嫌疑人身体、衣服、随身物品以及作案工具上的毒品残留物，行为人与受指使、雇用者之间的通话记录、短信、微信记录等电子数据，并及时提取存取款凭证、物流寄递单据、住宿登记等书证上的笔迹，与犯罪嫌疑人的相关样本进行比对鉴定。犯罪嫌疑人在侦查阶段认罪的，为防止其进入审判阶段后翻供，也要积极收集、提取证明查获的毒品系其所有或者实际控制的物证、书证、证人证言和电子数据等其他证据。很多证据的收集时效性很强，一旦时过境迁，在行为人到案初期未能提取，之后将无法再提取到案，很可能对案件处理产生较大影响。

在证据审查方面，对人毒分离且被告人否认查获的毒品系其所有或者实际控制的案件，要注重审查是否收集到证明查获毒品场所的所有人和实际使用人的证据，是否从上述场所或者毒品包装物上提取到被告人的痕迹、生物检材，是否从被告人身上提取到毒品残留物，是否收集到证明查获的毒品与被告人存在关联的证人证言、监控视频、电子数据等其他证据。综合全案证据，其他证据确实、充分，能够确认查获的毒品系被告人所有或者由其实际

① 有人认为，毒品是应当被追缴的违禁品，即便是行为人购买或者制造所得，其也不具有合法的所有权，故在规范性文件中不宜使用“所有”一词。这种意见有道理。不过，在生活意义上，称行为人对其购买或制造的毒品是“所有”，并不会产生误解，如果用“持有”“控制”替代“所有”，因《刑法》专门规定了非法持有毒品罪，在不少场合反而容易引发误解。

控制的，可以依法认定，否则，就不能认定。[①]

例如，胡某忠运输毒品案。2005 年 9 月 9 日 0 时许，被告人胡某忠进入罗平火车站准备乘车前往衡阳。在候车室二楼当执勤人员对其进行安全检查时，胡某忠谎称到一楼拿东西，携带一蓝白色塑料盒离开。在逃离过程中，胡某忠边跑边丢弃随身携带的物品和衣物，经公安人员搜查，在胡某忠逃跑的路线上查获了其丢弃的甲基苯丙胺 12 袋，净重 222 克。随后胡某忠在一绿化带中被抓获。胡某忠辩称，其因担心在家乡参与的一起斗殴致人死亡事件暴露才逃跑，公安人员提取的毒品并非其丢弃，应判决其无罪。该案的主要证据是参与抓捕的警察和执勤人员的证言。证人肖某兵证实，其在安全检查时看见从胡某忠的包里掉出一塑料盒，胡某忠从其手中拿过该盒子便逃走，肖某兵对盒子的形状、颜色等特征作了描述，并作了辨认笔录。证人（警察）马某雄证实当他追到距胡某忠约 6 米时，看到胡某忠边跑边扔东西，并听到“唰唰”和“啪”的响声，其与联防队员田某返回胡某忠丢东西处，发现路上有蓝白色的塑料盒与彩色纸盒各一个，在相距 1.2 米处发现 6 小袋药片，在约 2 米处发现一红色塑料袋，内装 6 小袋药片。根据这两份主要证人证言，结合其他相关证据和案发时的时空环境进行综合分析，该案证据环环相扣，形成完整证据链，足以证明查获的毒品是胡某忠逃跑时所丢弃，胡某忠的行为构成运输毒品罪。[②]

又如，梁某彬贩卖毒品案。2014 年 2 月的一天，何某华打电话向被告人梁某彬（累犯、毒品再犯）求购 50 克甲基苯丙胺。次日 0 时许，梁某彬在约定的交易地点附近被抓获，公安人员未当场查获毒品，后在梁某彬家中查获甲基苯丙胺 1486.77 克、甲基苯丙胺片剂 9.6 克、海洛因 0.21 克。此后，公安人员又返回交易地点附近搜查，在一草丛中查获甲基苯丙胺 49.8 克。梁某彬上诉称，公安机关在交易现场附近查获的 49.8 克甲基苯丙胺并非其所有，原判认定事实不清，证据不足。该辩解所针对的 49.8 克毒品没有直接证据证

---

① 对人毒分离案件，有的行为人并不否认藏有毒品的物品系其所有，而是否认明知其中藏有毒品，对此类案件应按照认定明知的规则处理，符合采取推定方式认定明知的，可以依法认定。

② 参见中华人民共和国最高人民法院刑事审判第一、二、三、四、五庭主办：《中国刑事审判指导案例》（第 5 卷）（增订第 3 版），法律出版社 2017 年版，第 440–442 页。

实系梁某彬所藏，需要综合分析认定。首先，手机通话清单、何某华的证言证实，何某华在公安人员的安排下打电话向梁某彬求购50克甲基苯丙胺，并说明交易地点，梁某彬即表示按“老规矩”去“吹吹风”。这说明梁某彬深夜出现在约定地点，明显具有交易毒品的意图。其次，搜查、提取笔录及同步录音录像、物证检验报告等证据证实，在草丛中搜出的黄鹤楼香烟盒中有带“铁观音”字样的黄色胶纸包装的49.8克甲基苯丙胺。而在此之前，民警从梁某彬家中查获了9包用同样胶纸包装的甲基苯丙胺，净重均为49.9克或49.8克。两处查获的毒品包装方式、重量等细节高度相似。再次，证人雷某证实当夜梁某彬接到何某华的电话后拿了一盒黄鹤楼香烟出门，后被抓。综合上述证据，法院认为可以认定公安人员在约定交易现场附近查获的49.8克甲基苯丙胺系梁某彬所藏。①

问 对没有查获毒品的案件如何审查认定犯罪事实？ 204

答：毒品犯罪隐蔽性强，很多案件是行为人多次实施犯罪以后才被发现，极少数案件可能完全没有查获毒品实物，更多的案件则是多起犯罪事实中的部分事实没有查获毒品，这都给案件事实认定带来一定困难。本部分结合司法实践，从两个层面进行分析。

1. 完全未查获毒品案件的事实认定

办理毒品犯罪案件重在人毒并获，故完全没有查获毒品实物的情形较为少见，但实践中确实存在。通常是行为人被检举以往的罪行导致，也有案件中行为人在被抓捕前迅速丢弃、销毁毒品而造成未能查获毒品实物。对此类

---

① 参见陈佳佳：《如何确定交易现场附近所查获毒品的归属》，载《人民法院报》2015年6月25日，第6版。另外，对49.8克毒品的提取程序存在一定瑕疵。公安机关解释称，约定的交易地点为河边，梁某彬曾前往河边并返回，沿途可藏匿毒品的范围较大，因系深夜抓捕，不具备现场搜查条件，对其住所搜查结束后，怀疑其可能将交易的毒品藏在途中，故而重新搜索。因在后续搜索中是否能找到被藏匿的毒品具有不确定性，故未进行同步录音录像或邀请见证人参与。法院认为这种解释具有合理性。

案件的处理，《2008年毒品纪要》曾作出规定，处理毒品、毒资等证据灭失的案件，“只有被告人的口供与同案其他被告人供述吻合，并且完全排除诱供、逼供、串供等情形，被告人的口供与同案被告人的供述才可以作为定案的证据。仅有被告人口供与同案被告人供述作为定案证据的，对被告人判处死刑立即执行要特别慎重”。这一指导意见的法律依据是《刑诉法》第55条第1款：“对一切案件的判处都要重证据，重调查研究，不轻信口供。只有被告人供述，没有其他证据的，不能认定被告人有罪和处以刑罚；没有被告人供述，证据确实、充分的，可以认定被告人有罪和处以刑罚。”那么，这里所说的“只有被告人供述”，是限于1名被告人的情形，还是也包括2人以上？显然，只有1名被告人供述的，不能定罪处罚，这是通常所说的“孤证不能定案”原则。但如果有2名以上被告人（包括共同犯罪人和上下家）供述，能否认定事实？如果能确定2名以上被告人的供述自愿、真实，符合生活经验，即使没有其他证据，也存在认定的余地。此类案件的事实认定随着被告人人数的增加成正比，人数越多，供述之间吻合度越高、细节越真实，就越能认定。

不过，司法实践中完全未查获毒品实物的案件一般也不会只有犯罪嫌疑人、被告人的供述，还会有些其他证据来印证，如吸毒人员等人的证言、转账记录、出行记录、通话记录、制贩毒工具等。但此类案件由于缺少毒品实物这一关键证据，证据情况通常不是很扎实。这类案件的数量很少，即便因证据不足而不追究刑事责任也不影响对毒品犯罪的整体惩处力度，而一旦降低证据要求“强行”追究刑事责任，则容易形成降低证据标准的不良导向。因此，对于全案未查获毒品的案件要慎重处理，如果被告人不认罪，但其他证据确实、充分的，可以认定犯罪事实；虽然被告人认罪，但缺乏其他证据的，除多人供述合法、真实、吻合的极个别情况外，一般不能仅根据犯罪嫌疑人、被告人的供述认定犯罪事实。即使特殊情况下认定了犯罪事实，量刑上也要留有余地，对于供述的毒品数量超过实际掌握的死刑适用数量标准的，也不能轻易对被告人判处死刑。《2023年毒品纪要》明确提出，全案未查获毒品的，一般不判处被告人死刑；主要犯罪事实中未查获毒品的，判处被告人死刑应当特别慎重。这是基于保证毒品死刑案件质量所提出的指导意见。

另值得注意的是，没有查获毒品实物的案件中存在一种特殊情况，有2名以上吸毒人员指证从同一人处购买过毒品，但被告人本人不供认。此类案件不同于上下家都供认的情形，也不是仅有1名证人指证的“孤证”情形，而是有2人以上对行为人进行“平行”指证，每个证人所指证的都是自己单独同被告人所进行的毒品交易，对其他人的毒品交易没有直接证明作用。大体上看，对此类案件可以区别以下情况处理：（1）如果某一笔毒品交易，不仅有1名购毒者（吸毒人员）的证言证实，还有其他证据（如通话记录、汇款记录、监控录像等）印证，加上其他购毒者的证言也有间接印证作用，对该笔交易则可以认定。（2）如果多名购毒者所证实的毒品交易细节突出，在毒品种类、数量、价格、交易时间、地点等情节上很自然，且交易方式类似，在排除非法取证（如暴力、威胁证人作证）的前提下，即使被告人不供认，也没有其他证据印证，仍可以考虑认定，但宜酌予从宽处罚。这种案件中，考虑证人证言起到关键作用，法院应当通知证人出庭作证，从而更好地增强内心确信。证人没有正当理由拒不出庭作证的，相关事实不能认定。（3）多名吸毒者所证毒品交易内容粗疏，细节不突出、过程不自然，又没有其他证据印证的，则不能认定。（4）对于指控的多起贩毒事实，被告人承认其中部分事实，在主要情节上达到供证一致，且能排除非法取证的，一般可以认定；对被告人不承认的其他事实，则根据其他证据的充足度来决定是否认定。

2. 查获部分毒品案件的事实认定

全案涉及多起毒品犯罪事实，但部分犯罪事实中未查获毒品，对未查获毒品的犯罪事实如何认定，在实践中很常见。例如，公安机关查获毒品后，根据犯罪嫌疑人的供述或者其他人检举揭发，发现嫌疑人以往还有贩卖毒品事实，但以往的毒品已经流入社会，未能查获实物。在这种情况下，要特别注重从犯罪嫌疑人供述中获取有价值的案件细节，以便收集其他证据对供述加以印证，形成“先供后证”关系；同时，也要注意厘清讯问脉络、突出主要环节，使同案犯罪嫌疑人的供述在主要事实上相互印证，形成“供供相证”

关系。从实践情况看，对此类案件可以区分不同情形处理。[①]

（1）在案被告人为1人，且供认犯罪的情形。如果其所供未查获毒品的犯罪事实与相关书证、证人证言、电子数据等其他证据相互印证，达到确实、充分程度的，可以认定该起事实。反之，被告人虽然认罪，但其供述在主要情节上前后矛盾，或者有罪供述没有其他证据印证，不能排除合理怀疑的，则对该起事实不能认定。在供述前后矛盾或者没有证据印证的情况下要更加注意审查取得有罪供述的合法性。

（2）在案被告人为两人以上，且都认罪的情形。其一，如果各被告人均供认犯罪，对犯罪主要情节（包括涉案毒品种类、数量、价格、时间、地点、参与人员等）的供述吻合，与其他证据相互印证，且能够排除刑讯逼供、串供等情形的，可以认定该起犯罪事实。但是，如果仅有各被告人的供述，没有其他证据印证的，认定未查获毒品的事实则应当十分慎重，既要认真审查被告人供述的自愿性、真实性，也要结合未查获毒品事实与查获毒品事实在犯罪方式、参与人员、交易价格、毒品种类等方面的异同加以判定。其二，如果各被告人均供认犯罪，但对犯罪主要情节的供述存在差异，部分人的供述与其他证据相互印证，一般可以按照该部分人的供述认定犯罪事实。如果两名以上被告人都认罪，只是对毒品数量或者犯罪次数的供述有所差别，一般可以就低认定毒品数量。如果各被告人的供述在主要犯罪情节上存在无法排除的重大矛盾或者疑问，或者有罪供述与其他证据之间存在无法排除的重大矛盾或者疑问，证明相关事实的证据未达到确实、充分标准的，则对该起犯罪事实不能认定。

（3）在案为两名以上被告人，其中部分人认罪、部分人不认罪的情形。对此，可以从是否存在非法取证、串供问题，有罪供述与其他证据的印证程度，不认罪的辩解是否成立等多个角度来判定该起犯罪事实能否认定。其一，如果多名被告人中只有少数人（含1人）稳定供认犯罪，其他被告人拒

① 本部分是从证据审查和事实认定角度所作的类型化分析，毒品查获情况与量刑尤其是死刑适用的关系也是司法实务中的重要问题，本书第十七章“毒品犯罪的死刑适用”中对该问题作了详细介绍。

不供认，被告人所作有罪供述与其他证据在涉案事实的多个主要情节上吻合，综合全案证据能够排除合理怀疑的，可以认定该起犯罪事实。如果部分人认罪的案件中是多数被告人认罪，则更有利于认定犯罪事实。[①] 其二，如果多名被告人开始都供认犯罪，但部分被告人后来翻供否认部分事实，如果其翻供前供述与其他被告人供述在主要情节上吻合，且得到其他证据印证，翻供后辩解与在案证据矛盾的，可以认定该部分事实。如果翻供理由成立，翻供的内容合理，继续认罪的被告人所供内容粗疏，与其他证据相结合不能形成证据链，则不能认定该部分事实。

（4）在案只有 1 名被告人，且对未查获毒品的事实不认罪的情形。其一，如果该部分事实只有 1 名证人（购毒者）指证向其购买毒品，其他间接证据证明力不够，达不到证据确实、充分程度，则不能认定该事实。例如，前述李某 1、李某 2 贩卖毒品案中，公诉机关指控被告人李某 1 曾 3 次将海洛因贩卖给韦某发，李某 1 对现场查获的第 3 起贩毒事实不持异议，但始终否认之前的两起贩卖毒品事实。法院认为，韦某发的供述与通话记录相结合并不能必然得出李某 1 前两次贩卖海洛因的结论，故公诉机关指控李某 1 前两次贩卖 219.94 克海洛因证据不足，不能认定。[②] 其二，如果在案除了购毒者的直接指证外，还有汇款记录、通话记录或者短信记录等其他证据印证，结合查获毒品的事实，可以达到证据确实、充分程度的，则可以认定该起未查获毒品的事实。

（5）在案有两名以上被告人，但对未查获毒品的事实都不认罪的情形。这种情形多是吸毒人员检举揭发的，由于被告人均不认罪，难以通过其供述收集到更多其他证据，故而往往难以认定。特别是上下家都在案，且都不供

① 例如，被告人李某组织、领导毒品犯罪集团贩卖、运输海洛因 5 次共计 24,600 克，但只有最后一次查获了 5700 克海洛因，前 4 次均未查获毒品，李某不认罪。前 4 次犯罪事实主要根据 5 名同案被告人的供述和其他证据认定。参见中华人民共和国最高人民法院刑事审判第一、二、三、四、五庭主办:《中国刑事审判指导案例》(第 5 卷)(增订第 3 版)，法律出版社 2017 年版，第 443–446 页。

② 参见裴显鼎主编:《非法证据排除程序适用指南》(第 2 版)，法律出版社 2018 年版，第 114–119 页。

认未查获毒品的事实，即使有吸毒人员或者其他人的检举揭发，也难以认定。少数情况下，如果能够收集到相关证人证言、转账记录、通信记录等其他证据，证据达到确实、充分的程度的，则可以认定。

问 对毒品犯罪案件如何认定“证据确实、充分”？ 205

答：根据《刑诉法》第55条，包括毒品犯罪在内的所有刑事案件都适用同一个证明标准——案件事实清楚，证据确实、充分。具体包括3个条件：（1）定罪量刑的事实都有证据证明；（2）据以定案的证据均经法定程序查证属实；（3）综合全案证据，对所认定事实已排除合理怀疑。案件达到“证据确实、充分”的证明标准，意味着证据之间、证据与案件事实之间的矛盾已被排除，对案件的证明结论是唯一的、排他性的，能够排除合理怀疑。所谓“合理怀疑”，是指建立在一定的理由之上，有合理根据且影响案件处理的怀疑，而不是没有根据的任意猜测、怀疑或者不影响案件处理的细致末节问题。不过，“排除合理怀疑”的主观性较强，难以用客观尺度来衡量，最终考验的是司法者的专业能力、司法经验、生活阅历和理性良知。工作中既要反对“该疑不疑”，对案件证据上存在的明显矛盾、重要疑点轻描淡写、一带而过，这种做法容易造成冤错案件；又要反对“动辄生疑”，对不影响事实认定的细枝末节问题（假疑点）紧抓不放、“耿耿于怀”，以至于不敢正常作出判决。

如本章前文所述，毒品犯罪的证据情况与杀人、抢劫、盗窃等传统案件相比有一些差异，对证明标准的把握也有一定特殊性。从类型上看，人毒并获或者被告人认罪的毒品犯罪案件往往容易达到“证据确实、充分”的证明标准。即便被告人本人不认罪，但如果查获了毒品实物，同案犯都认罪，相关证人证言、转账记录、通信记录、出行记录等其他证据充足，仍然很容易认定犯罪事实。[①] 反之，对人毒分离案件、未查获毒品实物案件或者被告人不认罪的案件（包括否认幕后指使、否认参与犯罪、否认明知是毒品、否认有贩卖毒品意图、辩称被刑讯逼供等），常常需要对证据充足度作更多分析、判断。

例如，在最高人民检察院2023年7月6日发布的第45批指导性案例（刑事抗诉主题）中，刘某某贩卖毒品抗诉案（检例第179号）就是一起涉及证明标准（尤其是“合理怀疑”）认定的典型案例。该案的基本案情是，2015年12月21日，公安机关接周某举报后，从刘某某所驾驶车辆的副驾驶位的脚踏板上查获甲基苯丙胺1千克，并查获2部手机、1个黑色钱包（内有8张银行卡）。刘某某称自己经营燕窝生意，车内毒品系刚下车的朋友周某所留。周某则称车内毒品系刘某某所有，刘某某让其帮助卖掉，其乘坐刘某某车辆谎称去找购毒人，下车后即报警。2017年7月，广州市人民检察院以贩卖毒品罪对刘某某提起公诉。广州市中级人民法院经审理认为，虽然在被告人刘某某的车上发现了涉案毒品，但周某举报前刚从涉案车辆副驾驶位离开，毒品又系从副驾驶位的脚踏板上查获，无法排除刘某某提出的毒品归周某所有的合理辩解，故指控刘某某贩卖毒品罪的事实不清、证据不足，于2018年2月2日宣告刘某某无罪。此后，检察机关提出抗诉。广东省人民检察院在审查和支持抗诉期间补充完善了相关证据：一是核查刘某某与周某之间的关系及经济往来情况，查清周某不具备购买1千克甲基苯丙胺的经济条件，且没有陷害刘某某的动机；二是通过梳理关联案件，发现刘某某的毒品上家为陈某，并发现陈某的身份信息。经报告最高人民检察院协调公安部，成功抓获陈某。随后围绕陈某展开调查，证实陈某从未做过燕窝生意，且具有长期从事毒品犯罪活动的重大嫌疑，而扣押的刘某某手机在案发前的半月

---

① 例如，被告人刘某良、周某春二人合作制造毒品，刘某良提供制毒技术，周某春提供资金，因刘某良制出一定数量的毒品后不愿继续制造，周某春不同意，遂举报刘某良制造毒品，刘某良被抓获后供述周某春参与制毒，但周某春否认。法院根据刘某良的供述和租房、购车、购买制毒物品等环节的其他证据，认定周某春参与了制造毒品，对二人均判处无期徒刑。参见中华人民共和国最高人民法院刑事审判第一、二、三、四、五庭主办：《刑事审判参考》（总第101集），法律出版社2015年版，第121–126页。

余与陈某有 28 次通话记录、26 次短信息来往记录。检察机关认为，综合原有证据及抗诉期间补充完善的毒品上家陈某的有罪供述、周某关于部分证言改变的原因等证据，足以证实涉案毒品系刘某某案发前在陆丰市向陈某购买并带回广州准备贩卖的事实。2019 年 6 月 7 日，广东省高级人民法院作出终审判决，采纳抗诉意见，以贩卖毒品罪判处刘某某无期徒刑。

又如，在刘某善等人贩卖毒品案中，刘某善辩称其贩卖的毒品（2900 克甲基苯丙胺）购自被告人施某更和喻某（另案处理），且有一定证据印证刘某善的供述，但施某更和喻某都否认，法院经综合分析认为，施某更、喻某二人是刘某善上家的可能性很大，但相关证据达不到“确实、充分”程度，不能认定，仅按照抓获施某更时从其身边查获的毒品（113.9 克甲基苯丙胺）认定其构成非法持有毒品罪。①

问 如何看待毒品犯罪死刑案件证明标准的特殊性？ 206

答：对于死刑案件是否有特殊的证明标准，《刑诉法》没有直接作出规定。如果有罪证据达不到确实、充分的要求，则不能认定行为人实施了犯罪行为，自然不能追究刑事责任，更罔论判处死刑。不过，死刑是剥夺生命的极刑，为确保死刑适用万无一失，长期以来在刑事司法工作中一直强调对死刑案件要坚持最高的标准、最严的要求。倡导这种观念的根据，是因为证据的充足度是一个“域”，进入这个“域”，就达到了“证据确实、充分”的程度，但死刑案件的证明标准不仅要进入这个“域”，还要进入这个“域”的上端，证据质量越扎实越好。在这个意义上，可以说办理死刑案件对证明标准有特殊要求。正如《死刑案件证据规定》的起草者所指出的：“我们强调死刑案件证明标准要高于其他刑事案件，不仅是指认定指控被告人犯罪事实存在特别是被告人实施了犯罪行为要求达到排除其他可能性的程度，还包括死刑

① 参见中华人民共和国最高人民法院刑事审判第一、二、三、四、五庭主办：《刑事审判参考》（总第 101 集），法律出版社 2015 年版，第 115-120 页。

适用的事实即对被告人从重处罚的事实上同样适用‘证据确实、充分’的标准。……也就是说，在保证正确认定犯罪事实成立特别是被告人实施了犯罪行为的前提下，还要保证适用死刑不出任何差错，既要确保不错判，还要确保不错杀。”①

从实践情况看，可以把死刑案件的证据分为定罪证据和量刑证据，并借此把死刑案件分为两类。一类案件中这两种证据是相对分离的，认定事实与适用死刑（或执行政策）成为相对独立的两个环节，是否判处死刑只是量刑问题，不影响定罪事实认定。例如，因民间矛盾激化引发的故意杀人案件中，被告人辩称被害人有严重过错。另一类案件中定罪证据与量刑证据是融为一体的，如果认为该案证据不足则不能认定犯罪事实（宣告无罪），如认为证据充足则应当判处死刑。例如，强奸杀人或抢劫杀人案件中没有提取到作案人的 DNA 等重要客观性证据，而被告人始终否认犯罪系其所为。此种证据类型的死刑案件因“生死两重天”往往更难处理，其中有的案件因证据问题不宜宣告无罪而在量刑上“留有余地”，进而沦为冤错案件。②这些冤错案件的出现，也反过来推动了我国刑事证据制度的发展和刑事司法理念的革新。

就毒品犯罪而言，死刑政策的执行、死刑标准的具体适用，终归都要体现在证据上。凡是影响死刑适用的情节，没有相应证据来支持的，都会对死刑适用产生不同程度的影响。这在《2008 年毒品纪要》《2015 年毒品纪要》和《2023 年毒品纪要》中都有充分体现。③根据《2023 年毒品纪要》，结合司法实践，对可能判处死刑的毒品犯罪案件，首先应当查明被告人实施了毒品犯罪的事实，在此基础上还应当注重审查下列影响死刑适用的证据，并

---

① 参见吕广伦、罗国良等:《〈关于办理死刑案件审查判断证据若干问题的规定〉的理解与适用》，载中华人民共和国最高人民法院刑事审判第一、二、三、四、五庭主办:《中国刑事审判指导案例》(第 7 卷)(增订第 3 版)，法律出版社 2017 年版，第 680 页。

② 从司法实践看，刑事冤错案件最常见的类型是故意杀人案件，包括因琐事杀人、强奸杀人、抢劫杀人等。毒品犯罪极少出现冤错案件，主要原因是侦破方式上注重人毒并获，但冤错案件有可能出现在涉及主观明知认定的案件中。

③ 值得注意的是，对毒品死刑案件在证据质量上坚持高标准、严要求，与坚持从严惩处毒品犯罪的刑事政策之间没有矛盾，因为从严惩处毒品犯罪并不是指降低案件的证据质量，而主要体现在实体处理方面。

查明相关事实：（1）证明是否属于上下家犯罪以及罪行严重程度的证据，查明毒品的来源、去向，上下家的贩毒数量、次数和对象范围，犯罪的主动性，对促成交易所起的作用，犯罪行为的危害后果等；（2）证明是否属于共同犯罪以及被告人的地位、作用的证据，查明被告人是否属于毒品犯罪集团的首要分子，共同犯罪的组织者、领导者，罪责最为严重的主犯，是否受他人指使、雇用参与犯罪以及是否有未到案的共同犯罪人等；（3）证明涉案毒品成分和含量的鉴定意见，查明是否属于成分复杂的新类型毒品，毒品是否含量极低等；（4）证明是否存在隐匿身份人员引诱犯罪的证据，查明被告人是否受到犯意引诱或者数量引诱等；（5）证明被告人有无犯罪前科或者毒品犯罪经历的证据，查明被告人是否属于累犯、毒品再犯、职业毒犯、多次犯罪或者初犯、偶犯等；（6）证明被告人有无法定或者重大酌定从宽处罚情节的证据，查明被告人是否具有自首、坦白、立功等情节及其对量刑的影响等；（7）证明关联案件处理情况的证据，查明关联案件的办理进展和结果。对于上述 7 个方面，如果相关证据是加重被告人的罪责或者主观恶性，则对被告人产生不利影响，判处死刑的可能性加大，反之，则对被告人产生有利影响，降低适用死刑的可能性。①

此外，从严格把握证明标准的角度看，对于下列两类毒品犯罪案件，在决定适用死刑时要十分慎重：（1）全案未查获毒品的案件或者主要犯罪事实中未查获毒品的案件。《2023 年毒品纪要》提出："全案未查获毒品的，一般不判处被告人死刑。主要犯罪事实中未查获毒品的，判处被告人死刑应当特别慎重。"所谓"主要犯罪事实"，通常是指多起犯罪事实中涉案毒品数量最多的事实，也可能是同一起事实中查获毒品最多的环节（如从多处查获了数量不等的毒品）。对查获的毒品数量明显较少，加上未查获毒品实物的部分才达到实际掌握的死刑适用数量标准的案件，一般不宜判处被告人死刑。（2）采用推定方式认定明知的案件。推定明知不同于用证据证明，推定明知存在较高的误判风险，此类案件的证据质量在很多情况下不完全符合死刑案件的要求。故《2023 年毒品纪要》提出："运用此方法认定明知的，应当认

---

① 相关案例可以参见本书第十七章"毒品犯罪的死刑适用"。

真审查被告人的辩解是否有事实依据、对异常行为的解释是否合理、是否存在被蒙骗的可能等，防止认定错误，在决定对被告人是否适用死刑时更要特别慎重。”这就是说，对采取推定方式认定行为人明知是毒品的案件（主要是走私、运输毒品），要尽量避免判处死刑。

问 在毒品犯罪案件中如何运用间接证据定案？ 207

答：运用间接证据定案是刑事司法中的常见情形。2010 年《死刑案件证据规定》第 33 条详细规定了运用间接证据定案的具体规则，《刑诉法解释》第 140 条在此基础上作出规定，没有直接证据，但间接证据同时符合下列条件的，可以认定被告人有罪：（1）证据已经查证属实；（2）证据之间相互印证，不存在无法排除的矛盾和无法解释的疑问；（3）全案证据形成完整的证据链；（4）根据证据认定案件事实足以排除合理怀疑，结论具有唯一性；（5）运用证据进行的推理符合逻辑和经验。可见，运用间接证据定案需要对全案证据进行大量的分析论证工作，这比有直接证据的案件的事实认定更加具有难度，对司法者的能力、经验提出了较高要求。

毒品犯罪案件中需要运用间接证据定案的情形也时有发生。如果被告人到案后不认罪，又没有同案被告人（包括共同犯罪人、上下家）或者相关证人（如购买毒品的吸毒人员等）指证，也没有能直接证明其实施毒品犯罪的视听资料、电子数据等其他证据，则需要对间接证据进行综合分析判断。从案件的具体类型看，人毒分离案件（如前述胡某忠案、梁某彬案）、被告人否认参与犯罪或者否认明知案件、“幽灵抗辩”案件等都可能需要综合运用间接证据认定事实。

例如，在被告人张某勇贩卖毒品案中，购毒者事先向一手机短号（758729）发送求购毒品信息，随后向张某勇提供的农行账号（尾号 7476）汇入购毒款，张某勇收到汇款后用手机短号发短信通知对方前往藏毒点取走毒品。至案发时，该农行账户共转入 190 笔合计 4.86 万元毒资，折合甲基苯丙胺 121.5 克（按每克 400 元计算）。该案采取的是上下家不见面的非接触方式贩卖毒品，没有查获毒品实物，没有购毒者对上家的直接指证，张某勇本人也不认罪，系通过分析间接证据认定张某勇的贩毒事实。具体而言，一是该案有大量购毒者的证言证实采取前述方式购买毒品，也有客户详单、通话记录、短信记录、转账记录等证据印证手机短号 758729 和尾号为 7476 的农行账户被用于贩卖毒品。二是公安人员抓获张某勇时从其身上扣押两部手机，一部手机的号码为短号 758729，从中提取到若干求购毒品短信，另一部手机的号码为 159 开头，其中提取到尾号为 7476、5414 两个农行账户余额变动提示短信。相关银行资料证实尾号 7476 的账户绑定的是张某勇使用的 159 开头的手机号码，而该账户中的几乎全部款项分 19 笔转入张某勇本人名下的尾号为 5414 的农行账户中，ATM 机监控视频也证实张某勇多次从尾号 5414 的农行账户取款。三是张某勇对其持有上述两部手机和使用两个农行账户的情况无法作出合理解释。综合上述间接证据，可以形成证据锁链，得出是张某勇贩卖毒品的唯一结论。[①]

另外，值得注意的是，对依靠间接证据定案的案件，在适用死刑方面应当比有直接证据的案件更为慎重。《死刑案件证据规定》第 33 条第 2 款也强调，根据间接证据定案的，判处死刑应当特别慎重。工作中对证据质量未达到“最高标准、最严要求”的此类案件，不宜判处被告人死刑。

---

① 参见中华人民共和国最高人民法院刑事审判第一、二、三、四、五庭主办：《刑事审判参考》（总第 110 集），法律出版社 2018 年版，第 18-22 页。

第二十章 毒品犯罪的管辖、诉讼程序和其他问题

▶▶▶「**本章导读**」

本章是全书的“兜底”，对毒品犯罪案件中较为重要的其他司法实务问题进行分析、介绍。具体包括：毒品犯罪案件管辖，特定人员参与毒品犯罪的处理，辩护律师在办理毒品犯罪案件中的作用，不同审判阶段发现认定罪名不准确的情形如何处理，认罪认罚从宽制度在毒品犯罪案件中的适用，毒品犯罪案件的死刑复核程序，毒品犯罪案件中能否提起附带民事诉讼，毒品犯罪案件中对未成年人的特殊保护，吸毒后驾驶机动车的处理，吸毒致幻者肇事肇祸的刑事责任等。

问 在毒品犯罪案件的管辖方面，要注意哪些问题？ 208

答：毒品犯罪具有明显链条特征，且常常出现跨行政区域犯罪案件，故管辖权问题在司法实务中经常出现。为便利对毒品犯罪的打击，最高人民法院、最高人民检察院、公安部 2007 年制定的《毒品犯罪意见》和最高人民法院制定的《2008 年毒品纪要》都对毒品犯罪的管辖问题作了相对较宽的规定。这有利于防止管辖上的“推诿”，促进了对毒品犯罪的“全链条”打击，但同时也有部分案件因打击链条过长、管得“过宽”，跨区域取证工作开展不力，影响了案件办理质量。《2023 年毒品纪要》结合近年来司法实践情况，对管辖问题作了较为系统的规定。以下介绍几个较为突出的问题。

1. 毒品犯罪案件的管辖不能突破《刑诉法》的规定

毒品犯罪案件的管辖应当以犯罪地管辖为原则，以被告人居住地管辖为补充。《刑诉法》第 25 条规定：“刑事案件由犯罪地的人民法院管辖。如果由被告人居住地的人民法院审判更为适宜的，可以由被告人居住地的人民法院管辖。”《2023 年毒品纪要》在以往指导文件的基础上提出，毒品犯罪案件中的“犯罪地”包括犯罪预谋地，毒资筹集地，交易进行地，毒品制造地，毒品和毒资、毒赃的藏匿地、转移地，走私或者贩运毒品的途经地、目的地等。在理解和适用该规定时要注意如下几点。

（1）《2023 年毒品纪要》延续《2008 年毒品纪要》的规定，删除了 2007 年《毒品犯罪意见》中的“犯罪嫌疑人被抓获地”。主要理由是，犯罪嫌疑人被抓获地很可能同犯罪地、居住地都没有关系（如嫌疑人的户籍和住所地在乙省，在甲省犯罪，但外逃到丙省被抓获），由被抓获地管辖突破了《刑诉法》关于案件管辖的规定，客观上也不利于收集证据、查明事实，不利于保证案件办理质量，故单纯的被抓获地不应行使管辖权。

（2）被告人居住地不同于犯罪地，如果居住地与犯罪地之间有重合（如行为人从外地购毒后运回居住地贩卖），居住地司法机关自然有管辖权；如果居住地与犯罪地之间没有重合，为保证案件办理质量，一般不宜由居住地的公安机关行使案件管辖权。例外情况下，确有特殊理由需要居住地的公安机关管辖的，也可以移送居住地的公安机关办理该案件。对于居住地，《刑诉法解释》第 3 条第 1 款作了规定："被告人的户籍地为其居住地。经常居住地与户籍地不一致的，经常居住地为其居住地。经常居住地为被告人被追诉前已连续居住一年以上的地方，但住院就医的除外。"至于"临时居住地"，如果该地与毒品犯罪没有直接关联，则不应行使管辖权。2007 年《毒品犯罪意见》和《2008 年毒品纪要》曾先后提出，被告人居住地包括常住地、户籍所在地和临时居住地。《2023 年毒品纪要》没有延续该项指导意见，故不宜再把"临时居住地"理解为被告人居住地。

（3）由于跨地域实施毒品犯罪的情况很常见，对于多个地方都有管辖权的案件，要本着有利于保证案件办理质量的原则妥善解决管辖争议问题，尽量避免出现主要犯罪地不管辖而交由次要犯罪地管辖的情况。例如，犯罪嫌疑人在运输毒品途中因意外情况（交通事故、临时检查等）被当地公安机关发现，按照前述规定途经地公安机关对该案有管辖权，但出发地或目的地公安机关事先已掌握线索并密切关注嫌疑人的活动，由出发地或目的地公安机关侦办该案件更有利于收集证据、查明事实，保证案件证据质量，故不宜由途经地公安机关办理此案。当然，如果出发地或目的地公安机关事先并不掌握该案线索，则也可以由途经地公安机关办理此案，但要做好对上下游犯罪的延伸侦查工作，避免"只抓中间、不管两头"的孤立办案现象。

另外，在认定运输毒品的途经地、目的地方面，要注意《刑诉法解释》第 5 条关于在列车上实施犯罪的管辖规定："在列车上的犯罪，被告人在列车运行途中被抓获的，由前方停靠站所在地负责审判铁路运输刑事案件的人民法院管辖。必要时，也可以由始发站或者终点站所在地负责审判铁路运输刑事案件的人民法院管辖。被告人不是在列车运行途中被抓获的，由负责该列车乘务的铁路公安机关对应的审判铁路运输刑事案件的人民法院管辖；被告人在列车运行途经车站被抓获的，也可以由该车站所在地负责审判铁路运输刑事案件的人民法院管辖。"

（4）尽量避免没有管辖权而申请指定管辖的情况。根据 2007 年《毒品犯罪意见》，人民检察院对于公安机关移送审查起诉的案件，人民法院对于已进入审判程序的案件，被告人及其辩护人提出管辖异议或者办案单位发现没有管辖权的，受案人民检察院、人民法院经审查可以依法报请指定管辖，不再自行移送有管辖权的人民检察院、人民法院。这是出于节约司法资源、避免超期羁押所作的现实考虑。但没有管辖权就说明案件办理地既不是犯罪地，也不是犯罪嫌疑人居住地，这种情况下侦办案件通常不利于收集证据和保证办案质量。故除具有特殊正当理由外（如属于关联案件，当地办案机关需回避等），要尽量避免所办理毒品犯罪案件没有管辖权的情况。

2. 要稳妥处理关联犯罪的并案处理问题

办理毒品犯罪案件经常遇到需要并案处理的情形。最高人民法院、最高人民检察院、公安部、国家安全部、司法部、全国人大常委会法制工作委员会 2012 年制定的《关于实施刑事诉讼法若干问题的规定》（以下简称《实施刑诉法规定》）第 3 条规定了 4 种可以并案处理的情形：（1）一人犯数罪的；（2）共同犯罪的；（3）共同犯罪的犯罪嫌疑人、被告人还实施其他犯罪的；（4）多个犯罪嫌疑人、被告人实施的犯罪存在关联，并案处理有利于查明案件事实的。[①]《2023 年毒品纪要》结合毒品犯罪情况提出了更为具体的指导意见。据此，可以将毒品犯罪案件中的并案处理情形分为两类：一类是“一般应当”并案处理的情形，包括一人犯数罪、共同犯罪、共同犯罪的嫌疑人实施其他犯罪、毒品交易的上下家。另一类是“可以”并案处理的情形，包括毒品交易上下家实施的其他犯罪（如洗钱、盗窃、容留吸毒），他人实施的包庇毒品犯罪分子、窝藏毒品、为毒品犯罪洗钱等关联犯罪。鉴于并案处理有利于案件事实认定和处理平衡，故工作中对并案侦查的毒品犯罪案件一般应当一并移送审查起诉、提起公诉；确有特殊情况或者正当理由的，可以分案移送审查起诉或者分案提起公诉。为防止没有正当理由的分案处

① 对于本项中所说的“存在关联”，应当是有确切证据证实并能作为犯罪事实认定的客观关联。实践中不少案件在侦查初期发现与其他案件之间存在关联，似乎存在并案处理的理由，但等到起诉时所指控的犯罪事实无法体现这种关联性，从而导致对部分案件的审理没有管辖权。如闵某辉、马某霖、帕某旦木·买森贩卖毒品案，犯罪地在广州，因侦查阶段发现马某霖与甘肃兰州的一起制造毒品案存在关联，公安部遂指示将该案交由兰州警方并案侦查，但后来发现认定马某霖涉兰州案件的证据不足，由此兰州司法机关对广州发生的案件没有管辖权。参见中华人民共和国最高人民法院刑事审判第一、二、三、四、五庭主办：《中国刑事审判指导案例》（第 7 卷）（增订第 3 版），法律出版社 2017 年版，第 3–5 页。

理，《刑诉法解释》第24条规定，法院发现被告人还有其他犯罪被起诉的，可以并案审理，涉及同种犯罪的，一般应当并案审理；发现被告人还有其他犯罪被审查起诉、立案侦查的，可以协商人民检察院、公安机关并案处理（但可能造成审判过分迟延的除外）。第220条第2款规定，对分案起诉的共同犯罪或者关联犯罪案件，法院认为合并审理更有利于查明案件事实、保障诉讼权利、准确定罪量刑的，可以并案审理。[①]《2023年毒品纪要》也对此作了重申。

值得注意的是，由于并案管辖问题有前述《实施刑诉法规定》作为明确依据，实务工作中对很多并案管辖的案件没有另行报请指定管辖。但是，司法实践的情况较为复杂，如果并案侦查的案件范围过大，则仍涉及指定管辖问题，在此情况下侦查机关应当协商人民检察院、人民法院办理指定管辖的有关事宜。例如，甲向外省的乙购买毒品，甲地公安机关抓获甲、乙后发现乙还向其他省份的丙贩毒，对乙和丙之间的毒品交易虽然可以并案处理，但实际上甲地并不具有管辖权，应当报请指定管辖。如果认为对丙的罪行没有必要并案处理，则应当将案件线索或材料移交丙犯罪地的公安机关办理。如果乙在自己省份还有其他贩毒行为或者其他非毒品犯罪（如盗窃、抢劫），向甲贩卖毒品仅是其罪行的一部分，甲地公安机关则不宜对乙的犯罪行为行使管辖权，而应当将案件线索或材料移交乙地公安机关侦办。[②]

3. 要注意网络毒品犯罪管辖的特殊性

近年来利用信息网络实施涉毒违法犯罪的情况时有发生，如利用信息网络贩卖毒品、传授制造毒品方法、非法买卖制毒物品或毒品原植物幼苗、引

---

① 《刑诉法解释》第220条还规定，对一案起诉的共同犯罪或者关联犯罪案件，被告人人数众多、案情复杂，人民法院经审查认为，分案审理更有利于保障庭审质量和效率的，可以分案审理，但分案审理不得影响当事人质证权等诉讼权利的行使。

② 实践中经常遇到的一种具体情况是，购毒者前往外地购买了少量毒品用于吸食，但尚未构成犯罪，购毒者所在地公安机关对异地的上家是否有管辖权？应当说，由于本地吸毒者的购毒行为不构成犯罪，不属于刑事案件，本地公安机关对异地上家的贩毒行为原则上没有管辖权（不能认为吸毒是贩毒行为的结果发生地），确有必要管辖的，应当办理指定管辖手续。但是，如果异地上家前来本地贩毒，或者吸毒者购买的毒品数量构成非法持有毒品罪的，则本地公安机关可以对异地上家的贩毒行为行使管辖权。

诱、教唆他人吸毒等。此类犯罪涉及的地域范围宽广，往往多个地方同时具有管辖权，容易引发管辖权争议。《刑诉法解释》第 2 条第 2 款规定，主要利用计算机网络实施的犯罪，犯罪地包括用于实施犯罪行为的网络服务使用的服务器所在地，网络服务提供者所在地，犯罪过程中被告人、被害人使用的信息网络系统所在地等。《2023 年毒品纪要》重申了该规定。根据 2007 年《毒品犯罪意见》，公安机关对侦办跨区域毒品犯罪案件的管辖权有争议的，应本着有利于查清犯罪事实，有利于诉讼，有利于保障案件侦查安全的原则，认真协商解决；经协商无法达成一致的，报共同的上级公安机关指定管辖；对即将侦查终结的跨省（自治区、直辖市）重大毒品案件，必要时可由公安部商最高人民法院和最高人民检察院指定管辖。《刑诉法解释》第 19 条也规定，两个以上同级人民法院都有管辖权的案件，由最初受理的人民法院审判，必要时可以移送主要犯罪地的人民法院审判；管辖权发生争议的，应当在审理期限内协商解决，协商不成的，由争议的人民法院分别层报共同的上级人民法院指定管辖。

问 对利用怀孕妇女、哺乳期妇女等特定人员实施毒品犯罪的，如何处理？ 209

答：这里所说的“特定人员”亦可称为特殊群体、特殊人群，是指怀孕妇女、哺乳期妇女、传染病人、重症病人、残疾人等具有特殊身体状况或身份特征，进而不同程度影响对其进行司法处理的人员。十多年前，云南等边境省份利用此类特定人员（特别是携带幼儿或儿童的孕妇、哺乳期妇女）走私、贩卖、运输毒品的问题一度较为突出，对这类特定人员的司法处理存在不小困难，主要体现在审前收押难和判后收监难两个方面，进而对案件管辖问题也产生一定影响。为此，2007 年《毒品犯罪意见》和《2008 年毒品纪要》都提出了指导意见。随着跨地域禁毒协作等工作机制的完善和综合治理、依法惩处力度的加大，此类犯罪现象已发生很大改观，不再是突出问题。今后办理此类案件仍宜注意以下几个问题。

1. 对此类案件的管辖，可以更加注重原则性与灵活性相结合。对于组织、利用孕妇、哺乳期妇女、重症病人等特定人员实施走私、贩卖、运输毒品的案件，查获地公安机关能够办理的，应当尽量由查获地管辖。同时，根据2007年《毒品犯罪意见》的规定，查获地公安机关认为将此类案件移交犯罪嫌疑人居住地管辖更有利于采取强制措施和查清犯罪事实的，可以报请共同的上级公安机关批准，移送犯罪嫌疑人居住地公安机关办理，查获地公安机关应当继续配合。

2. 在采取非羁押措施和暂予监外执行方面，要从严掌握相关适用条件。《2008年毒品纪要》曾提出，因特殊情况依法不予羁押的，可以依法采取取保候审、监视居住等强制措施，并根据被告人具体情况和案情变化及时变更强制措施；对于符合法律规定条件的罪犯，可以暂予监外执行。《2023年毒品纪要》则强调，对于利用自身特殊状况积极实施毒品犯罪，以及曾在取保候审、监视居住或者暂予监外执行期间又实施毒品犯罪的特定人员，应当从严把握上述强制措施和暂予监外执行的适用条件。

3. 在依法惩处方面，要注意突出打击重点。《2023年毒品纪要》在延续《2008年毒品纪要》相关指导意见基础上继续提出，对犯罪分子为逃避打击，组织、利用残疾人、严重疾病患者、怀孕或者正在哺乳自己婴儿的妇女等特定人员实施毒品犯罪的案件，要做到区别对待，依法准确惩处。其中，对于利用、教唆上述特定人员实施毒品犯罪的组织者、指挥者和教唆者，应当依法从严惩处，该判处重刑直至死刑的，坚决依法判处。[①] 即使涉案毒品数量不大，也应体现从严惩处的精神。例如，根据2016年《毒品犯罪解释》第4条，组织、利用残疾人、严重疾病患者、怀孕或者正在哺乳自己婴儿的妇女走私、贩卖、运输、制造毒品，涉案毒品数量为少量毒品的，仍应认定为《刑法》第347条第4款规定的"情节严重"，处3年以上7年以下有期徒刑，

---

① 在最高人民法院2017年发布的"6·26"禁毒宣传典型案例中，被告人杨某水组织多名怀孕妇女运输毒品，参与人员多，涉案毒品数量特别巨大，杨某水系组织者、直接实施者，罪责最为突出，且其曾因犯运输毒品罪被判处重刑，在假释考验期内又犯运输毒品罪，系毒品再犯，被判处并核准死刑。

并处罚金。不过，对于被利用、被诱骗参与毒品犯罪的特定人员，一般可以从宽处罚。

问 如何看待辩护律师在办理毒品犯罪案件中的作用？ 210

答： 办理刑事案件是一项专业性很强的工作，与杀人、伤害、抢劫、盗窃等传统犯罪相比，办理毒品犯罪案件的专业性相对更为突出。这种专业性主要体现在两个方面：一是毒品犯罪案件在事实证据的分析认定上存在很多特殊问题，如毒品含量鉴定、特情介入、技术侦查、控制下交付、人毒分离、未查获毒品实物等。这些问题是否影响事实认定和案件处理，取决于发现和分析问题的专业能力。二是对毒品犯罪实体处理的政策性很强、法律适用规则复杂。近年来，最高人民法院单独或联合相关部门制定的司法解释、会议纪要和其他指导文件数量众多、规模庞大，毒品犯罪的法律适用规则不断精细化，已形成相对完备的法律适用规则体系。其中，不少司法认定规则较为特殊，甚至是毒品犯罪案件中独有的，如麻精药品双重性对案件定性的影响，对吸毒者实施毒品犯罪的特殊处理规则，人毒分离案件的事实认定，被告人否认明知的处理，特情介入案件的处理，毒品数量与其他情节对死刑适用的综合影响等。在这种情况下，大多数被告人因缺乏该领域的专业知识而难以有效进行自我辩护，由专业律师进行辩护就非常必要。实际上，正是由于办理毒品犯罪案件的专业性很强，很少从事刑事辩护业务的律师面对毒品犯罪案件可能“一头雾水”，难以厘清辩护思路；即使是长期从事刑事辩护的律师，如果对毒品犯罪案件接触不多、此方面办案经验不足，也难以保证辩护质量。在这个意义上，对毒品犯罪案件尤其是重大毒品犯罪案件，不仅需要律师进行辩护，而且需要熟悉毒品犯罪案件办理流程、经验丰富的专业律师提供高质量的辩护，以切实、有效维护被告人的合法权利。

实践中，有的毒品犯罪案件存在取证不规范甚至违法取证情况（如提取、扣押毒品的程序不规范，辨认程序违规，采取违法诱惑侦查方式），有的毒品犯罪案件中指控证据单薄（如未查获毒品实物，被告人不供认，技术侦查证据未移送等），或者被告人有犯罪未遂、立功、如实供述、受人指使、动机可悯等从宽处罚情节，辩护律师为此收集的证据、提出的意见对保障案件办理质量、使被告人受到应有的从宽处理（包括无罪判决）发挥了重要作用。很多案件中，律师提出的高质量辩护意见对法官具有很强的“提醒”“劝说”作用，尤其是当辩护意见提出了法官不太注意但实际上很重要的问题时，对相关案件作出正确裁判是一种有力促进。可以说，包括毒品犯罪在内的各类刑事案件的办理工作，多不是仅凭司法者一己之力就能高质量完成的“独角戏”，而是需要辩护律师提供“校正”作用的多方协力的“共同作品”。

最高人民法院一直很重视刑事案件的辩护工作，近年来积极采取措施加强对律师依法行使辩护权的机制保障。例如，最高人民法院 2008 年会同司法部制定了《关于充分保障律师依法履行辩护职责确保死刑案件办理质量的若干规定》（法发〔2008〕14 号），最高人民法院 2015 年制定了《关于依法切实保障律师诉讼权利的规定》（法发〔2015〕16 号）；历次修订的《刑诉法解释》均以很大篇幅对审判阶段律师辩护问题作出详细规定，2021 年制定的《刑诉法解释》第 427 条第 2 款则专门强调，复核死刑、死刑缓期执行案件应当重视审查被告人及其辩护人的辩解、辩护意见。

特别值得注意的是，近年来死刑复核阶段的辩护工作机制取得了长足进展。2012 年修正的《刑诉法》第 240 条第 1 款（注：现行《刑诉法》第 251 条第 1 款）规定，最高人民法院复核死刑案件，应当讯问被告人，辩护律师提出要求的，应当听取辩护律师的意见。也就是说，当时法律并不要求死刑复核阶段对被告人指定辩护律师，而是由被告人自行决定是否委托律师担任辩护人。为规范死刑复核阶段听取辩护律师意见工作，最高人民法院 2014 年制定了《关于办理死刑复核案件听取辩护律师意见的办法》（法〔2014〕346 号），2019 年制定的《关于死刑复核及执行程序中保障当事人合法权益的若干规定》（法释〔2019〕12 号）也对死刑复核阶段律师辩护问题作了规定。2022 年施行的《法律援助法》则明确将死刑复核案件纳入法律援助的范围。该法第 25 条规定，对于申请法律援助的死刑复核案件被告人，没有委托辩护人的，人民法院应当通知法律援助机构指派律师担任辩护人。[①]由此，死刑复核阶段都应当就是否申请法律援助征求被告人的意见，对于没有委托辩护人而申请法律援助的被告人，最高人民法院应当通知有关部门指派律师担任辩护人。为落实《法律援助法》的上述规定，最高人民法院、司法部专门制定了《关于为死刑复核案件被告人依法提供法律援助的规定（试行）》（法〔2021〕348号，以下简称《死刑复核案件法律援助规定》），与《法律援助法》同步实施。按照该文件第4条，司法部法律援助中心应当指派具有3年以上刑事辩护执业经历的律师担任辩护人，这体现了对办理重大刑事案件的慎重。但就死刑案件而言，这一资质条件实际上仍然不够，如果缺少办理死刑案件的经验，实际上难以有效完成辩护任务。随着死刑案件数量的减少和刑事辩护律师队伍的壮大，受指派为死刑案件进行辩护的律师的资质宜进一步提高，这对于保证死刑复核案件的辩护质量十分重要。[②]

问 审判阶段发现指控或者认定的罪名不准确的，如何处理？ 211

答：走私、贩卖、运输、制造毒品罪和非法持有毒品罪是毒品犯罪案件中的常见罪名，因证据问题或者认识不同，从侦查、审查起诉到一、二审阶段认定罪名不准确的情况并不少见。例如，将走私、运输毒品罪认定为运输毒品罪，将贩卖、运输毒品罪认定为贩卖毒品罪，将贩卖毒品罪一罪认定为贩卖毒品罪和非法持有毒品罪两罪，将走私、运输毒品过程中的持枪行为另行认定为非法持有枪支罪，将制造毒品罪认定为非法买卖制毒物品罪，将缺

① 这表明，死刑复核阶段的指定辩护不是强制指定，而是应被告人申请指定（或通知）辩护制度。

② 据悉，在起草《死刑复核案件法律援助规定》过程中，曾参照《法律援助法》规定，指派的辩护律师应当具有3年以上死刑案件辩护执业经历。但在征求意见过程中有意见认为，“具有三年以上死刑案件辩护执业经历”的资质设置过高，实践中符合该资质的律师很少，大大限制了法律援助律师的范围，且对该资质情况审查难度较大，故最终修改为“三年以上刑事辩护执业经历”。参见罗国良、鹿素勋：《〈最高人民法院、司法部关于为死刑复核案件被告人依法提供法律援助的规定（试行）〉的理解与适用》，载《人民法院报》2022年4月2日，第3版。

少贩卖证据的非法持有毒品行为认定为贩卖毒品罪或者将动态持有毒品的行为认定为运输毒品罪，等等。对指控或者认定罪名不准确的案件，不同审判阶段的处理方式存在区别。

1. 一审阶段。对起诉指控的罪名不准确的，法院可以改变起诉指控的罪名，这是司法实务中的一贯做法。《刑诉法解释》第 295 条规定，对第一审公诉案件，起诉指控的事实清楚，证据确实、充分，但指控的罪名不当的，应当依据法律和审理认定的事实作出有罪判决。即法院应当根据审理查明的事实认定罪名，不受起诉指控罪名的限制，对认罪认罚案件亦如此。[①]《2023 年毒品纪要》也提出，检察机关起诉指控的选择性罪名不准确或顺序不当的，审理法院可以减少部分罪名或者改动罪名顺序。例如，有的案件中起诉书指控被告人犯贩卖毒品罪，但指控的事实中被告人还对该宗毒品实施了长途运输行为，判决应认定为贩卖、运输毒品罪；有的案件中被告人因贩卖毒品被人毒并获，随后公安机关从其住处另查获部分毒品，起诉书指控被告人犯贩卖毒品罪和非法持有毒品罪，但根据《2023 年毒品纪要》，此种情形通常认定为贩卖毒品罪一罪；[②]有的案件中查获了大量毒品，公诉机关指控被告人犯非法持有毒品罪，但法院经审理认为，根据在案证据可以认定为贩卖毒品罪。[③]

这里还有两个值得注意的问题：（1）根据《刑诉法解释》第 289 条，如果公诉人在法庭上发现起诉书指控的罪名不准确，当庭发表了不同的定罪意见，属于变更指控的罪名，应当以书面方式提出。如果在指定的时间内未书

---

① 《刑诉法解释》第 352 条规定，对认罪认罚案件，人民检察院起诉指控的事实清楚，但指控的罪名与审理认定的罪名不一致的，人民法院应当听取人民检察院、被告人及其辩护人对审理认定罪名的意见，依法作出判决。

② 《2023 年毒品纪要》提出："对于从贩毒人员住所、车辆等处查获的毒品，一般应认定为其贩卖的毒品。确有证据证明查获的毒品并非贩毒人员用于贩卖，其行为另构成非法持有毒品罪、窝藏毒品罪等其他犯罪的，依法定罪处罚。"该项指导意见是对《2015 年毒品纪要》中相关规定的重申。

③ 例如，在被告人李某斯麻贩卖毒品案中，公安机关查获了被告人藏匿的 23,914 克海洛因，公诉机关指控为非法持有毒品罪，法院认为李某斯麻不吸毒，且曾因贩卖毒品被新疆警方处理过，属于以贩卖为目的非法持有大量毒品，对其认定为贩卖毒品罪，判处并核准死刑。参见中华人民共和国最高人民法院刑事审判第一、二、三、四、五庭主办：《中国刑事审判指导案例》（第 5 卷）（增订第 3 版），法律出版社 2017 年版，第 323-325 页。

面提出，则视为公诉机关仍然坚持原指控罪名，法院应当依法作出正确的罪名认定。[①]（2）法院增加或者变更罪名应当以存在明确的指控事实为前提，要防止变相增加指控事实的情况。《2023年毒品纪要》也提出，检察机关指控了相关犯罪事实，但未适用相应选择性罪名的，在充分听取控辩双方意见的基础上，可以根据审理认定的事实，增加或者变更为相应选择性罪名。有的案件中，起诉书表述的事实中有的情节不明确或者较为笼统，而该事实情节可能构成其他罪名。例如，起诉书表述“被告人张某从他人处购得毒品后贩卖给吸毒人员李某，其行为构成贩卖毒品罪”，但法庭经审理查明被告人是从异地购买毒品并驾车运回本地，其行为实际上构成贩卖、运输毒品罪。这种情况下，如果公诉机关不以书面形式改变指控的事实，不增加张某从异地购买毒品并运输到本地的情节，则法院在判决中不能增加该情节，也不能认定为贩卖、运输毒品罪，而只能认定为贩卖毒品罪。如果指控的罪名是贩卖、运输毒品罪，则可以视为起诉指控的事实概括性地包含了运输行为，判决书在表述运输毒品罪所对应的事实时可予以明确化。

2. 二审阶段。《2008年毒品纪要》曾规定，下级法院在判决中确定罪名不准确的，上级法院可以减少选择性罪名中的部分罪名或者改动罪名顺序，在不加重原判刑罚的情况下，也可以改变罪名，但不得增加罪名。例如，本应认定为贩卖、运输毒品罪，但一审认定为贩卖毒品罪或者运输毒品罪的，二审也不能调整。这可以说是对“上诉不加刑”原则的严格贯彻。[②] 但2021年《刑诉法解释》结合司法实践情况在“上诉不加刑”原则的贯彻方面作了

---

① 《刑诉法解释》第289条规定：“公诉人当庭发表与起诉书不同的意见，属于变更、追加、补充或者撤回起诉的，人民法院应当要求人民检察院在指定时间内以书面方式提出；必要时，可以宣布休庭。人民检察院在指定时间内未提出的，人民法院应当根据法庭审理情况，就起诉书指控的犯罪事实依法作出判决、裁定。人民检察院变更、追加、补充起诉的，人民法院应当给予被告人及其辩护人必要的准备时间。”

② 实际上，即使按照起草《2008年毒品纪要》时所对应的最高人民法院《关于执行〈中华人民共和国刑事诉讼法〉若干问题的解释》（1998年施行）中关于“上诉不加刑”原则的规定（“对原判认定事实清楚、证据充分，只是认定的罪名不当的，在不加重原判刑罚的情况下，可以改变罪名”），二审法院对选择性罪名也可以增加罪名，只是当时出于慎重考虑，提出了二审法院不得增加罪名的指导意见。

较大修改，该司法解释的效力高于会议纪要，且属于“后法”“新法”，故对毒品犯罪案件的二审罪名认定也产生直接影响。《2023年毒品纪要》据此提出，检察机关指控了相关犯罪事实，但未适用相应选择性罪名的，在充分听取控辩双方意见的基础上，可以根据审理认定的事实，增加或者变更为相应选择性罪名，但上诉案件不得加重刑罚或者对刑罚执行产生不利于被告人的影响。根据该项指导意见和《刑诉法解释》第401条，对于毒品犯罪上诉案件的罪名认定问题，有如下几点值得注意。

（1）原判认定罪名不当的，二审法院可以改变罪名，但不得加重刑罚或者对刑罚执行产生不利影响。这种改变罪名包括将甲罪改为乙罪（如将非法持有毒品罪改为贩卖毒品罪），也包括在选择性罪名中增加罪名（如将走私毒品罪改为走私、运输毒品罪，将非法买卖制毒物品罪改为非法买卖、运输制毒物品罪）。但无论怎么改变罪名，都不得加重刑罚或者对刑罚执行产生不利影响。如果改变罪名导致附加刑明显加重（如罚金变为没收个人全部财产），则二审不宜改变罪名。毒品犯罪案件中至少有两种情形改变罪名会涉及附加财产刑的明显调整：一是将非法持有大量毒品的行为改为贩卖毒品罪，非法持有毒品罪的附加财产刑是罚金，而贩卖毒品数量大的附加财产刑是没收财产，当贩卖毒品罪判处的主刑为无期徒刑以上时，其附加财产刑通常为没收个人全部财产。二是将非法买卖制毒物品罪按照《刑法》第350条第2款认定为制造毒品罪的共犯，前者的附加财产刑主要是罚金，“情节特别严重”时附加财产刑为罚金或者没收财产，但制造毒品数量大的附加财产刑是没收财产，且制造毒品罪较容易判处无期徒刑以上刑罚，所对应的附加财产刑通常为没收个人全部财产。另外，附加剥夺政治权利的期限也常会因罪名改变而需要加重。在此情况下，如果改变罪名导致新罪名所对应的主刑和附加刑都明显加重，则违反“上诉不加刑”原则；如果只改变罪名而维持原刑罚不变，则可能出现罪名和刑罚不匹配的情况，明显违反《刑法》的规定。但如果二审发现一审认定罪名错误而不纠正，似乎又不符合“实事求是”“有错必纠”的司法工作要求，故例外情况下因罪名认定不当导致对被告人量刑明显不当、确有必要纠正的，可以启动审判监督程序。

（2）原判认定的罪数不当的，可以改变罪数，并调整刑罚，但不得加重决定执行的刑罚或者对刑罚执行产生不利影响。该规定是对以往相关做法的重大调整。[①]这里的“改变罪数”包括将一罪改为数罪和将数罪改为一罪。前者如将运输毒品过程中暴力抗拒查缉尚不属情节恶劣的情形（一审认定为运输毒品罪一罪，且在最高法定刑幅度内量刑）改为运输毒品罪和妨害公务罪；后者如将贩卖毒品罪、非法持有毒品罪改为贩卖毒品罪一罪。这两种改变罪数的做法都可能出现加重决定执行的刑罚的情况，一旦出现这种情况，则不宜改变罪数。确有必要纠正原判定罪量刑问题的，二审可在维持原判后启动审判监督程序。[②]

3. 高级人民法院对死刑案件的复核程序。对于一审判处死刑的犯罪案件，被告人不上诉、检察机关不抗诉的，高级人民法院按照复核程序审理该案。这种复核程序是死刑案件独有的，不同于二审程序，无须开庭审理，但应当讯问被告人，并对没有委托辩护人的被告人通知法律援助机构指派辩护律师。[③]以往，司法解释对这种程序的操作性规定不太详细，如果高级人民法院认为被告人论罪应当判处死刑，但发现原判在罪名认定等法律适用方面存在问题的能否纠正，实务中存在一定争议和不同做法。《刑诉法解释》第423条完善了相关规定，在以往同意或者不同意判处死刑的基础上增加了一种裁判方式，即认为原判认定的某一具体事实或者引用的法律条款等存在瑕

---

① 2012年《刑诉法解释》的规定是，原判对被告人实行数罪并罚的，不得加重决定执行的刑罚，也不得加重数罪中某罪的刑罚，即不能将一罪改为数罪。

② 实践中还存在一种特殊情形。检察机关指控了多起毒品犯罪事实（如5次贩卖毒品），一审认为其中部分事实（如2次贩卖毒品）的证据不足，不予认定，但仍判处被告人死刑。被告人提出上诉，检察机关未抗诉。二审认为一审未认定的事实证据充分，遂直接认定，并维持死刑判决。对二审的这种做法是否妥当，存在认识分歧。有的意见认为此举实质性违反“上诉不加刑”原则，损害了被告人的利益，不妥当；有的意见认为，如果不涉及对被告人加刑问题，则二审法院可以在指控的事实范围内增加事实认定，这符合二审的全面审查职能，如果涉及加刑，则不能增加事实认定，确有必要的，可以启动审判监督程序。本书倾向赞成后一种意见。

③ 高级人民法院对死刑案件的复核程序是一种过渡性的“准二审”程序，不同于其对死缓案件的复核程序（终局性程序），也不同于最高人民法院对死刑案件的复核程序（终局性程序）。一审判处死刑后被告人不上诉的情况，在故意杀人、抢劫、绑架等暴力犯罪案件中常可见到，被告人多出于“杀人偿命”“罪有应得”等心理而不上诉，但毒品犯罪案件中判处死刑后不上诉的情况较为少见。

疵，但判处被告人死刑并无不当的，可以在纠正后作出核准的判决、裁定。[①]据此，高级人民法院复核过程中发现原判认定罪名不当的，可以纠正，但不能违反前述“上诉不加刑”原则。

问 毒品犯罪案件中如何适用认罪认罚从宽制度？ 212

答：2018年修正的《刑诉法》确立了认罪认罚从宽制度，该法第15条规定：“犯罪嫌疑人、被告人自愿如实供述自己的罪行，承认指控的犯罪事实，愿意接受处罚的，可以依法从宽处理。”法律没有限制认罪认罚制度适用的犯罪类型，包括毒品犯罪在内的各种犯罪都可以适用该制度。最高人民法院、最高人民检察院、公安部、国家安全部、司法部2019年制定的《关于适用认罪认罚从宽制度的指导意见》（高检发〔2019〕13号，以下简称《认罪认罚从宽意见》）第5条明确规定，“认罪认罚从宽制度没有适用罪名和可能判处刑罚的限定，所有刑事案件都可以适用，不能因罪轻、罪重或者罪名特殊等原因而剥夺犯罪嫌疑人、被告人自愿认罪认罚获得从宽处理的机会。但‘可以’适用不是一律适用，犯罪嫌疑人、被告人认罪认罚后是否从宽，由司法机关根据案件具体情况决定”。毒品犯罪隐蔽性强，团伙性、链条性特征突出，犯罪分子反侦查、逃避法律追究的意识很强、手段不断翻新，证据上也有不同于杀人、抢劫、绑架等传统暴力犯罪的一些特点，不论是侦查取证还是审查起诉、法庭审理，常有难度很大的案件。认罪认罚从宽制度可以鼓励毒品犯罪嫌疑人主动坦白、如实供述，配合司法机关查明犯罪事实、获取证据，从而有效分化瓦解犯罪分子，实现对毒品案件的深挖彻查和有力惩处。

在毒品犯罪案件中适用认罪认罚从宽制度，有如下问题值得注意。

---

① 该文字表述参考了《刑诉法解释》第429条第2项，但最早的出处是最高人民法院2007年制定的《关于复核死刑案件若干问题的规定》（法释〔2007〕4号，已废止），该司法解释的内容已为2012年制定的《刑诉法解释》吸收，并在2021年《刑诉法解释》中延续和调整。

1. 主要适用于相对较轻的毒品犯罪。毒品犯罪不是通常所说的严重危害社会治安的犯罪（如杀人、重伤害、抢劫、绑架等），但整体上属于严重犯罪，并且，根据现阶段的国情，还保留着一定数量的死刑适用。故而，对于毒品犯罪适用认罪认罚从宽制度也要把握其中的重点类型。对于犯罪不是很严重，特别是具有其他法定或者酌定从宽处罚情节的被告人，依法用好认罪认罚从宽制度，以发挥好刑罚的教育改造功能，并分化瓦解犯罪。[①] 但对于政策上应当体现严惩的犯罪分子，如毒枭、职业毒犯、毒品再犯、累犯、惯犯、罪责突出的主犯以及具有将毒品走私入境，大宗贩卖毒品，武装掩护实施毒品犯罪，暴力抗拒查缉，参与有组织的国际贩毒活动等情节的，适用认罪认罚从宽制度要十分慎重，尤其要防止被告人恶意利用认罪认罚从宽制度的情况。如果认罪认罚不足以从宽处罚的，该重判的要依法重判，对其中罪行极其严重的，应当依法判处死刑。

2. 注重毒品犯罪的贪利型特征，准确认定“认罚”。前述《认罪认罚从宽意见》提出，“认罚”考察的重点是犯罪嫌疑人、被告人的悔罪态度和悔罪表现，应当结合退赃退赔、赔偿损失、赔礼道歉等因素来考量；犯罪嫌疑人、被告人虽然表示“认罚”，却暗中串供、干扰证人作证、毁灭、伪造证据或者隐匿、转移财产，有赔偿能力而不赔偿损失，则不能适用认罪认罚从宽制度。毒品犯罪是一种典型的贪利型犯罪，绝大多数犯罪分子是为了获取非法利润甚至谋求“暴富”，实践中边贩毒边转移、隐藏犯罪所得的情况较为常见。因此，在毒品犯罪中判断被告人是否“认罚”，要重点审查其是否积极配合追缴违法所得和执行财产刑。如果被告人到案后近亲属协助隐匿、转移犯罪所得，有缴纳罚金能力而不缴纳，则不能适用认罪认罚从宽制度。

---

① 例如，在最高人民检察院2022年发布的第37批指导性案例中，马某某因走私、贩卖毒品罪被查获（检例第151号），经检察机关依法告知诉讼权利义务，马某某表示自愿认罪认罚，检察机关结合马某某的犯罪行为提出了判处有期徒刑8个月，并处罚金5000元的量刑建议，法院采纳了该建议。在何某贩卖、制造毒品案（检例第153号）中，何某买入某种树皮加工成“死藤水”（含二甲基色胺成分）销售获利的行为构成贩卖、制造毒品罪，经检察机关依法告知诉讼权利义务，何某自愿认罪认罚，检察机关提出对其判处有期徒刑1年9个月，并处罚金3000元的量刑建议，被法院采纳。

3. 在证据标准上防止出现依赖口供定案的情况。毒品犯罪案件中口供的作用很重要，尤其是多起犯罪中没有查获毒品实物以及共同犯罪中主犯（特别是首要分子）不认罪而其他人认罪的案件，口供对于固定证据、认定全案事实的作用就更为重要。《2008年毒品纪要》也提出，有些毒品犯罪案件毒品、毒资等证据已不存在，导致审查证据和认定事实困难，在处理这类案件时，只有被告人的口供与同案其他被告人供述吻合，并且完全排除诱供、逼供、串供等情形，被告人的口供与同案被告人的供述才可以作为定案的证据。即使犯罪嫌疑人、被告人表示认罪认罚，办理此类毒品案件也要坚持"事实清楚，证据确实、充分"的法定证明标准，不能因为被告人认罪，就降低证明标准和取证要求，对本来证据不足或者应当补充查证的案件按认罪认罚从宽简单处理。尤其要注意防止共同犯罪人或者上下家串供或订立"攻守同盟"，避重就轻，简单依靠口供就低认定毒品犯罪数量，导致该严惩的犯罪分子获得不应有的从宽处罚。

问 办理毒品犯罪死刑复核案件，要注意哪些问题？① 213

答：在最高人民法院审理的死刑复核案件中，毒品犯罪是最常见的案件类型之一。与故意杀人、抢劫等其他死刑案件相比，毒品犯罪案件的死刑复核工作既有共性，又有一定特殊性。至少有如下问题值得注意。

1. 对影响死刑适用的证据问题要切实做好查证工作。死刑复核程序是办理死刑案件的最后一关，对证据的审查必须十分严格，不能有任何侥幸心理。根据《刑诉法解释》第429条，对原判事实不清、证据不足的，或者复

① 广义的死刑复核程序包括最高人民法院对死刑案件的核准程序、高级人民法院对死刑缓期执行案件的核准程序以及高级人民法院对判处死刑后不上诉、不抗诉案件的复核程序，本部分只介绍最高人民法院的死刑复核程序。2006年10月31日，第十届全国人大常委会第二十四次会议通过了《关于修改〈中华人民共和国人民法院组织法〉的决定》，取消了最高人民法院必要时得授权各省、自治区、直辖市高级人民法院行使部分死刑案件核准权的规定，决定最高人民法院自2007年1月1日起统一行使死刑案件核准权。

核期间出现新的影响定罪量刑的事实、证据的案件，都应当裁定不予核准，并撤销原判，发回重新审判。[①]毒品犯罪的死刑适用政策性较强，具体适用规则同证据之间的关系很密切，死刑复核阶段发现可能影响死刑适用的证据问题，都需要进行调查、核实。例如，被告人提出受他人雇用运输毒品，在逃的共同犯罪人作用更大，缺少明知，受到特情引诱，到案后有检举、揭发他人犯罪行为未予查证，等等。对经查证确认具有从宽处罚情节，影响死刑适用的被告人，依法不核准死刑，对虽未查证属实但高度可能存在从宽处罚情节，影响死刑适用的，也不应核准死刑。当然，如果被告人提出的辩解虽涉及证据问题，但明显不影响死刑适用的，则不必查证。[②]

2. 要认真听取辩护律师的意见。死刑是剥夺生命的极刑，核准死刑必须慎之又慎。对于被告人具有法定或者酌定从宽处罚情节，影响死刑适用的，都不能核准死刑。律师的职责是从事实认定、法律适用、刑罚裁量、办案程序等各方面寻找对被告人有利的情节、因素，而这些方面出现的问题都可能不同程度地影响死刑适用，故认真听取律师的辩护意见，对保证死刑复核案件的办理质量十分重要。《刑诉法解释》第427条第2款也明确规定，复核死刑、死刑缓期执行案件，应当重视审查被告人及其辩护人的辩解、辩护意见。在这方面，不论是委托辩护还是指定辩护的律师，都需要切实履行辩护职责，认真做好阅卷、会见被告人、调查取证等工作，发现问题及时同审判人员进行沟通，并提供高质量的辩护意见，尽最大努力防止死刑的不当适用。

3. 要特别注意关联案件之间的量刑平衡。毒品犯罪具有明显的链条特征，因上下家或者共同犯罪人到案时间有先后而容易出现关联案件，有的关联案件先后在同一个法院审理，有的关联案件则可能在不同地市甚至不同省份的法院审理，最高人民法院的5个刑事审判庭也可能分别审理关联案件。

---

① 这种处理方式同高级人民法院复核死缓案件不完全相同。根据《刑诉法解释》第428条，高级人民法院复核死缓案件，对原判事实不清、证据不足的，或者对复核期间出现新的影响定罪量刑的事实、证据的，都可以裁定不予核准或者改判，而最高人民法院复核死刑案件对这两种情形都只能裁定不予核准，不能改判。

② 有的被告人为了拖延诉讼，“挤牙膏”式地提供他人犯罪的线索，如果这些线索价值不大，即使查证属实也不影响死刑适用，则复核阶段可以不再调查。

根据当前掌握的死刑适用标准，一般只对上下家或者共同犯罪中罪责最大的被告人判处死刑，故工作中很有必要注意关联案件的处理平衡问题。《2023年毒品纪要》在延续《2015年毒品纪要》相关规定的基础上提出："因客观原因造成毒品共同犯罪或者密切关联的上下家犯罪分案审理且无法并案的，应当及时了解关联案件的审理进展和处理结果，充分保障被告人的质证权等诉讼权利，并注重量刑平衡。"大体上，如果关联犯罪人未到案不影响对在案被告人适用死刑的，可以依法核准在案被告人死刑；如果在案被告人的罪行不足以判处死刑，则不能因为关联犯罪人未到案而对在案被告人核准死刑；如果在案被告人与未到案关联犯罪人的罪责大小难以准确认定，进而影响准确适用死刑的，也不应对在案被告人核准死刑。

4. 关于不核准死刑的案件能否直接改判。最高人民法院2007年统一行使死刑案件核准权后，为充分体现死刑复核程序的特殊性质，维护死刑复核案件裁判的严肃性，通过制定司法解释确立起以核准或者不予核准死刑为原则的裁判模式；同时，对一人犯两个以上死罪和一案判处两人以上死刑的案件保留了核准前提下部分改判的做法。根据实践情况的变化，2021年《刑诉法解释》在死刑复核案件裁判方式上作了微调，删去了以往司法解释曾规定的部分核准部分改判的条文，并将可以直接改判的情况笼统地规定在该解释第429条第5项中，即"原判认定事实正确、证据充分，但依法不应当判处死刑的，应当裁定不予核准，并撤销原判，发回重新审判；根据案件情况，必要时，也可以依法改判"。据此，对一人犯两个以上死刑之罪和一案判处两人以上死刑的案件，符合部分核准部分改判条件的，可以依照第429条第5项的规定予以部分核准部分改判。毒品犯罪案件中一人犯两个以上死刑之罪的情形较为少见，但一案判处两人以上死刑的并不少见，故而会出现部分核准部分改判的案件。同时，一人犯一个死刑罪名，原判认定事实正确、证据充分，仅是判处死刑不当的，一般仍不宜直接改判，而是延续以往工作模式，裁定不核准死刑，并撤销原判，发回重新审判。极少数情况下，"只有改判没有'后遗症'的，出于诉讼效率考虑，才予以直接改判"，[①] 通常是改

① 喻海松：《刑事诉讼法修改与司法适用疑难解析》，北京大学出版社2021年版，第309页。

为死刑缓期执行。但对报请核准一人死刑的案件中哪些具体类型可以直接改判，还需要深入总结经验，并慎重、严格掌握标准，防止直接改判比例过高，回到2007年之前的裁判模式上。

另外，值得注意的是，（1）被告人犯一个死刑罪名，判处死刑并无不当，但认定的罪名不准确的（如被告人犯贩卖、运输毒品罪，但原判仅认定为贩卖毒品罪），本书认为尽量不再改变罪名，可直接核准死刑。因为在死刑复核阶段改变罪名，需要先撤销一、二审裁判，再以新罪名“判处”被告人死刑，由此判决主文中无法使用“核准”二字，不符合死刑复核程序的性质。如果认为某个案件确实需要纠正罪名认定的，也可以考虑纠正后“判处”死刑，这时不妨把“判处”死刑理解为“核准”的一种方式。（2）死刑罪名所涉及的多起犯罪事实（如多次贩卖毒品）中部分事实不清、证据不足，或者非死刑罪名认定不当，或者认定立功、累犯、毒品再犯等适用法律问题不准确，但不影响核准死刑的，可以依照《刑诉法解释》第429条第2项的规定，纠正后作出核准死刑的判决或者裁定。至于使用判决还是裁定，可以根据处理的问题来确定。大体上，对部分事实不予认定或者对非死刑罪名作出改判的，采取判决核准的方式，对适用法律问题作出纠正的，采取裁定核准方式。其中，对非死刑罪名的改判应遵循“上诉不加刑”原则，如果改变罪名将违反该原则，则不应改变。

问 在毒品犯罪案件中能否提起附带民事诉讼？ 214

答：根据《刑诉法》第101条，被害人由于被告人的犯罪行为而遭受物质损失的，在刑事诉讼过程中有权提起附带民事诉讼。这种物质损失包括被害人因人身权利受到犯罪侵犯和财物被犯罪分子毁坏而遭受的物质损失。如前文所述，毒品犯罪整体上属于非暴力、无被害人的犯罪，故在毒品犯罪案件中提起附带民事诉讼的情形十分少见。但作为例外情况，对于欺骗、强迫他人吸毒造成人身损害甚至死亡的，或者犯罪分子在实施毒品犯罪过程中采取暴力抗拒查缉方式导致执法人员、辅助人员或者路过群众受伤的案件，被害方可以提起附带民事诉讼。

值得注意的是，附带民事诉讼的赔偿范围仅限于物质损失，一般不包括精神损失，也不包括死亡赔偿金和残疾赔偿金（以下简称“两金”)。(1）就精神损失而言，《刑诉法》明确规定在判决赔偿时只限于物质损失，即使当事人在刑事部分判决后另行单独提起民事诉讼要求赔偿精神损失，人民法院一般也不予受理。[①] 例外情况是，如果当事人达成调解、和解，或者属于驾驶机动车肇事犯罪，可以赔偿精神损失。[②]（2）就“两金”而言，虽然2003年最高人民法院《关于审理人身损害赔偿案件适用法律若干问题的解释》(法释〔2003〕20号）明确该两项属于物质损失，但鉴于刑事案件的特殊性和现阶段的国情，一般也不予判赔，这是“基于被告人普遍无力赔偿以及‘空判’所引发的系列问题等而‘不得已’作出的务实选择”[③]。不过，对当事人达成调解、和解或者属于驾驶机动车肇事犯罪的案件，则可以赔偿“两金”。也就是说，目前刑事案件的附带民事诉讼仍以不判赔“两金”为原则，以判赔为例外。如果实施毒品犯罪过程中造成他人死亡或者残疾，被害人提起附带民事诉讼而被告人经济条件较好（如通过长期贩毒获得巨额非法利润)，则可以考虑判决赔偿“两金”。

---

① 但《刑诉法》的这种规定是否合理，受到很多质疑，从维护法律体系之间协调性和切实保障被害方合法权益的角度，确实值得研究。本书认为，可以考虑修改《刑诉法》的相关条文，作出允许赔偿精神损失的“弹性”规定。

② 《刑诉法解释》第192条第3款规定，驾驶机动车致人伤亡或者造成公私财产重大损失，构成犯罪的，依照《道路交通安全法》第76条的规定确定赔偿责任。而《道路交通安全法》第76条规定，机动车发生交通事故造成人身伤亡、财产损失的，由保险公司在机动车第三者责任强制保险责任限额范围内予以赔偿；不足的部分，按照下列规定承担赔偿责任：……

③ 喻海松编著：《实务刑事诉讼法评注》，北京大学出版社2023年版，第695页。刑事案件是否判赔“两金”是争论了很多年的“老”问题，虽然不予判赔有很多现实理由，这些年整体上也是这样运行的，但对被害方而言，对被告人判处刑罚所带来的精神安抚（特别是所判刑罚不重时）不宜高估，更不能完全替代经济赔偿。目前司法实践中没有赔偿能力的被告人确实很多，但具有赔偿能力的被告人也不少。本书认为，在这个问题上值得继续研究，不妨采取逐步“开口子”的方式，先行对被告人有赔偿能力的案件允许赔偿“两金”；同时，进一步完善司法救助制度，通过引入社会捐助等方式，提高救助覆盖面和救助金额标准。

另外，近年来毒品犯罪案件方面还出现了检察机关提起附带民事公益诉讼情况。例如，在最高人民检察院2023年3月发布的“3·15”检察机关食品药品安全公益诉讼典型案例中，广东省佛山市人民检察院对段某某等人生产、销售添加管制精神药品饮料刑事案件提起了民事公益诉讼；[①] 在最高人民检察院2023年6月发布的“依法严惩毒品犯罪、强化禁毒综合治理”十大典型案事例中，检察机关对卢某平等人非法生产制毒物品、污染环境案提起了附带民事公益诉讼。[②] 这两个案例代表了毒品犯罪案件中最可能涉及民事公益诉讼的类型，一个是非法生产、出售含有被管制精神药品的食品、饮料，危害公众健康，另一个是制造毒品或者非法生产麻黄碱等制毒物品，造成环境污染。整体上看，对特定毒品犯罪案件提起民事公益诉讼，有利于促使犯罪分子对所造成的损害充分承担民事责任，更好维护社会公共利益。但是，如何掌握此类案件的类型和范围、犯罪分子承担公益诉讼民事责任的具体方式、如何确定民事赔偿的数额标准、如何科学使用公益诉讼获得的赔偿款等，尤其是防止重复追究责任和承担责任方式发生冲突，[③] 值得认真总结和深入研究。

---

① 该案中，被告人段某某为牟取非法利益，多次购进 γ－丁内酯并制成添加剂后，以四川某公司名义委托佛山某饮品公司生产名为“咔哇潮饮”的饮料。该饮品公司在明知添加剂来源不明的情况下仍生产饮料，最终导致饮料流入市场。段某某因犯贩卖、制造毒品罪被判处无期徒刑。佛山市人民检察院认为，段某某、四川某公司、佛山某饮料公司生产、销售涉案饮料的行为构成共同侵权，侵害了众多消费者的生命健康权，严重损害社会公共利益，诉请段某某和两家公司共同支付销售价款的10倍惩罚性赔偿金1.7亿元并在国家级媒体上公开赔礼道歉。2023年1月，经佛山中院一审、广东高院二审，检察机关惩罚性赔偿等诉讼请求全部获法院判决支持。

② 该案中，被告人卢某平等人在江西省宜丰县某地生产制毒物品麻黄碱，并将产生的废水全部排入附近的土坑中，造成土壤、地表水污染。经相关职能部门检测、鉴定，生态环境污染损害数额合计为424万余元。后检察机关依法提起刑事附带民事公益诉讼，促使卢某平等人对破坏的生态环境进行修复。

③ 例如，惩罚性赔偿金与作为刑事责任的罚金是何关系，作为民事责任的赔礼道歉与《刑法》第37条规定的免予刑事处罚条件下的赔礼道歉是何关系，在民事公益诉讼中判决刑事被告人（尤其是被判处重刑的被告人）赔礼道歉是否属于重复追责、是否违反罪刑法定原则，等等。

问 215 对涉及未成年人的毒品犯罪，法律和司法解释等有哪些特殊规定?

答：我国历来重视对未成年人的保护，对犯罪的未成年人一直实行“教育为主、惩罚为辅”的原则和“教育、感化、挽救”的方针，并贯穿于刑事立法和司法工作中。《刑法》的很多条文都体现了对未成年人犯罪的宽大处理，《刑诉法》用专章规定了未成年人刑事案件诉讼程序。最高人民法院2006年制定了《关于审理未成年人刑事案件具体应用法律若干问题的解释》(法释〔2006〕1号，以下简称《未成年人刑事案件解释》)，2010年制定的《宽严相济意见》也用2个条文（第20条、第39条）规定了未成年人犯罪问题，最高人民检察院2013年制定了《人民检察院办理未成年人刑事案件的规定》(高检发研字〔2013〕7号)。对未成年人实施毒品犯罪的，《刑法》和相关司法解释、指导文件也作了一些特殊规定。

1. 关于《刑法》的规定。根据《刑法》第17条，已满14周岁不满16周岁的人犯贩卖毒品罪的，应当负刑事责任。据此，该年龄段的未成年人实施走私、运输、制造、非法持有毒品等其他毒品犯罪的，都不负刑事责任。如果侦查或者起诉阶段认定的罪名是贩卖毒品罪，但审判阶段认为其行为构成非法持有毒品罪等其他犯罪的，则不能追究刑事责任，应当判决不构成犯罪，或者由公诉机关撤回起诉。根据《刑法》第65条，未成年人因故意犯罪（包括毒品犯罪）被判处有期徒刑以上刑罚，在刑罚执行完毕或者赦免以后5年内再犯应当判处有期徒刑以上刑罚之罪（包括毒品犯罪）的，不构成累犯。不仅如此，按照本书前文的分析，未成年人实施毒品犯罪的也不构成《刑法》第356条规定的毒品再犯。[①] 根据《刑法》第100条，未成年人犯罪被判处5年有期徒刑以下刑罚的，在入伍、就业的时候免除前科报告义务。[②]

---

① 具体理由可参见本书第十四章“量刑情节的认定和处理”。

② 与此相对应，《刑诉法》第286条规定了未成年人犯罪记录封存制度：犯罪的时候不满18周岁，被判处5年有期徒刑以下刑罚的，应当对相关犯罪记录予以封存；犯罪记录被封存的，不得向任何单位和个人提供，但司法机关为办案需要或者有关单位根据国家规定进行查询的除外；依法进行查询的单位，应当对被封存的犯罪记录的情况予以保密。

这也适用于毒品犯罪。根据《刑法》第347条第6款，利用、教唆未成年人走私、贩卖、运输、制造毒品或者向未成年人出售毒品的，从重处罚。根据《刑法》第353条第3款，引诱、教唆、欺骗或者强迫未成年人吸食、注射毒品的，从重处罚。

2. 关于司法解释的规定。2016年《毒品犯罪解释》对毒品犯罪案件中涉及未成年人的情形作了多处规定。例如，第5条规定，利用、教唆未成年人非法持有毒品达到《刑法》规定的"数量较大"标准的，应当认定为非法持有毒品罪"情节严重"。第7条第2款规定，利用、教唆未成年人非法生产、买卖、运输制毒物品、走私制毒物品，达到该条第1款规定的数量标准最低值的50%的，应当认定为《刑法》第350条第1款规定的"情节较重"，予以定罪处罚；第8条规定，利用、教唆未成年人非法生产、买卖、运输制毒物品、走私制毒物品，达到该解释第7条第1款规定的数量标准的，应当认定为《刑法》第350条第1款规定的"情节严重"，达到该解释第8条第1款第1项规定的数量标准的，应当认定为"情节特别严重"。第12条规定，容留未成年人吸食、注射毒品的，不论容留次数、人数、是否造成严重后果，都应当以容留他人吸毒罪定罪处罚。第13条规定，依法从事生产、运输、管理、使用国家管制的麻醉药品、精神药品的人员，向吸食、注射毒品的未成年人非法提供麻醉药品、精神药品的，以非法提供麻醉药品、精神药品罪定罪处罚；向吸食、注射毒品的未成年人非法提供麻醉药品、精神药品，达到该条第1款第1项规定的数量标准的，认定为本罪"情节严重"。这些规定都是根据《刑法》相关规定的精神作出的，体现了刑事司法工作对未成年人的特殊保护。实践中，一些犯罪分子利用未成年人心智不够成熟、分辨是非能力较弱、好奇心强、容易受到毒品诱惑的特点，控制、指使未成年人实施贩卖、运输毒品等犯罪，或者向未成年人出售毒品，或者引诱、教唆、欺骗、容留未成年人吸食毒品，严重危害未成年人身心健康。对此类犯罪，都要体现从严惩处的政策精神。

例如，在王某等人故意伤害、贩卖毒品等二审抗诉案中，王某为牟取非法利益，组织龙某等人在四川省攀枝花市零包贩卖海洛因36次，并容留多人在其租住房内吸毒。为掩盖毒品犯罪事实，王某以向吸毒人员吉某赠送货值100元的海洛因为条件，“收养”其两个儿子安某甲和安某乙，并控制、胁迫二人帮助其贩毒，还对二人长期殴打、虐待。自2018年8月起，王某多次强迫安某乙吸食海洛因等毒品。2018年11月以来，王某安排龙某带领8岁的安某乙贩卖毒品，王某带领11岁的安某甲购买毒品后零星贩毒。2019年1月22日晚至次日凌晨，王某伙同龙某在租住房内殴打、电击安某甲，并强迫安某乙殴打安某甲，还指使龙某逼迫安某甲吸毒。23日上午，安某甲因全身大面积皮肤及软组织挫伤，皮下出血致失血性和创伤性休克死亡。案发后，王某亲属与吉某达成赔偿协议，约定赔偿10万元，先行支付5万元并由吉某出具谅解书。2020年5月，攀枝花市中级人民法院作出一审判决，考虑王某赔偿了被害方的部分经济损失并取得谅解，以故意伤害罪判处死刑，缓期二年执行，与所犯贩卖毒品罪、强迫他人吸毒罪、容留他人吸毒罪判处的刑罚并罚，决定执行死刑，缓期二年执行（附加刑略），并限制减刑。检察机关认为，王某属于“罪行极其严重”的犯罪分子，依法应当适用死刑立即执行；王某“收养”两名儿童并故意伤害的动机和目的是控制、胁迫两名儿童实施毒品犯罪，即使达成了赔偿谅解协议，也不足以产生从宽处罚的法律后果，遂提出抗诉。2020年10月，四川省高级人民法院作出二审判决，采纳检察院抗诉意见，以故意伤害罪改判王某死刑，数罪并罚，决定执行死刑。2021年3月，最高人民法院裁定核准死刑。①

3. 关于指导文件的规定。《2023年毒品纪要》在《2015年毒品纪要》的基础上对毒品犯罪提出了从严掌握缓刑、减刑、假释条件的指导意见，但这些意见基本不适用于未成年人实施的毒品犯罪。对未成年人实施的毒品犯罪，仍应按照《未成年人刑事案件解释》的相关规定，从宽掌握缓刑、减刑、

① 该案系最高人民检察院2023年7月发布的第45批指导性案例之一（检例第178号）。另外，最高人民法院近年来在“6·26”禁毒宣传工作中发布了不少涉及未成年人的毒品犯罪案例。例如，2022年发布的古某引诱、教唆他人吸毒、容留他人吸毒案（涉及2名未成年人），2020年发布的陈某胜容留他人吸毒案（涉及14名未成年人），2019年发布的谢某庆非法持有毒品、容留他人吸毒案（涉及4名未成年人），2017年发布的杨某贩卖毒品案（涉及2名未成年人，其中1人被利用贩毒，另1人系贩卖对象）等。

假释条件。值得注意的是，虽然对未成年人实施的毒品犯罪总体上要予以从宽处理，该从轻、减轻处罚或者该判处缓刑、免刑的可以依法判处，但对于极少数犯罪情节特别恶劣或者造成特别严重后果的涉毒品犯罪案件，也可以在法律允许的限度内体现从严惩处的精神。例如，受雇用运输毒品途中采取驾车冲撞、持刀捅刺等暴力方式抗拒检查，致执法人员伤亡的；出于强奸、勒索财物等非法目的强迫其他未成年人吸毒，被害人出现抽搐、昏迷等严重不良反应后拒不救治或者阻止其他人救治，造成被害人死亡的；等等。对此类未成年人实施的毒品犯罪，如果综合评价达到罪行极其严重程度，可以考虑判处无期徒刑。①

问 吸毒后在道路上驾驶机动车的，如何处理？ 216

答：2011 年施行的《刑法修正案（八）》增设了危险驾驶罪，对醉酒后在道路上驾驶机动车的行为入刑追责（俗称“醉驾入刑”）。与此同时，有人提出，吸毒对人体产生的危害不小于甚至大于醉酒，对吸毒后在道路上驾驶机动车的也应当入刑（“毒驾入刑”问题）。这种意见从严格禁毒、维护公共安全的角度是合理的，但我国管制的毒品种类很多，目前只能对几种常见毒品做到快速检测，执法环节还需要解决一些技术问题；同时，对吸毒后驾驶机动车的可以采取注销机动车驾驶证、强制隔离戒毒等措施，对“毒驾”造成严重后果的可以按照交通肇事罪或者以危险方法危害公共安全罪追究刑事责任，故尚未将毒驾纳入危险驾驶罪。②

也就是说，现阶段对吸毒后在道路上驾驶机动车（未发生严重后果）的

① 《未成年人刑事案件解释》第 13 条规定，未成年人犯罪只有罪行极其严重的，才可以适用无期徒刑。对已满 14 周岁不满 16 周岁的人犯罪，一般不判处无期徒刑。

② 参见王爱立主编：《中华人民共和国刑法释义与适用（上册）》，中国民主法制出版社 2021 年版，第 423 页。

行为尚不能直接作为犯罪追究刑事责任，而仍是作为行政违法行为处理。《道路交通安全法》第 22 条第 2 款规定，饮酒、服用国家管制的精神药品或者麻醉药品，或者患有妨碍安全驾驶机动车的疾病，或者过度疲劳影响安全驾驶的，不得驾驶机动车。《治安管理处罚法》第 72 条规定，吸食、注射毒品的，处 10 日以上 15 日以下拘留，可以并处 2000 元以下罚款；情节较轻的，处 5 日以下拘留或者 500 元以下罚款。这是当前处理“毒驾”行为的主要法律依据。但是，如果此类行为发生交通肇事，则可能构成交通肇事罪或者以危险方法危害公共安全罪。根据最高人民法院 2000 年制定的《关于审理交通肇事刑事案件具体应用法律若干问题的解释》（法释〔2000〕33 号）第 2 条，交通肇事致 1 人死亡或者 3 人以上重伤，负事故全部或者主要责任的，构成交通肇事罪；而吸食毒品后驾驶机动车辆肇事，致 1 人以上重伤，负事故全部或者主要责任的，就构成交通肇事罪。可见，“毒驾”本身虽然不构成犯罪，但与常规情形相比降低了交通肇事罪的入罪条件，这实际上也从司法层面体现了对“毒驾”的否定评价。如果行为人吸食毒品后出现亢奋甚至幻觉，进而驾驶机动车多次违章（如超速、连续闯红灯、逆行等），甚至驾车冲撞人群致多人伤亡，则很可能构成以危险方法危害公共安全罪。最高人民法院 2009 年制定的《关于醉酒驾车犯罪法律适用问题的意见》（法发〔2009〕47 号）对醉酒后驾驶机动车构成以危险方法危害公共安全罪的定罪量刑问题提出了指导意见，对吸毒后实施此类行为的处理也具有一定参考价值。

问 217 吸毒产生精神障碍后实施杀人、伤害、放火、驾车冲撞等严重危害社会行为的，如何处理？

答： 近年来，吸毒后实施杀人、伤害、放火、驾车冲撞等严重危害社会行为（俗称肇事肇祸）的案件时有发生。最高人民法院和各地发布的禁毒宣传案例中常有此类案件。[①] 此类案件虽然不是毒品犯罪，但在起因上都与毒品有关，属于吸毒造成的次生危害，是证明毒品具有严重社会危害性的一项重要表征。对吸毒产生精神障碍后实施严重危害社会行为的，很多意见认为应当追究刑事责任并不予从宽处罚，有的甚至要求从严惩处、以儆效尤，也有意见认为可以适当从宽。客观地看，因吸毒产生精神障碍的情况较为复杂，直接以吸毒是违法行为和自陷行为为由得出某种确定结论（如一律从严惩处）可能过于绝对，该问题实际上并非单纯的刑法教义学或者法律适用问题，还涉及社会学、心理学、精神病学等其他学科。为公正、准确适用法律，切实做到罪责相应、罚当其罪，仍需要深入研究，细化司法处理规则。鉴于该问题十分复杂，以下从不同层面对该问题作初步探讨。

1. 对此类行为追究刑事责任的正当根据

按照责任主义的要求，犯罪是行为人基于故意或者过失实施的严重危害社会行为，罪过应当与行为同时存在。吸毒后肇事肇祸行为的特殊性在于，吸毒本身多出于故意但并不直接危害社会，而行为人肇事肇祸时往往因吸毒导致心神耗弱或丧失，不具有正常的辨认和控制能力，不符合罪过与行为同时存在的常态，对此类行为追究刑事责任似乎违反责任主义。但是，如果对此类行为不追究刑事责任，则社会效果极差，甚至会造成不好的导向，不排除少数人故意利用吸毒致幻后的状态实施危害社会行为。故而，为维护社会公共秩序、保障公民人身安全，有必要对此类行为追究法律责任。为此，刑法理论上提出了原因自由行为的概念，并发展出相关学说作为追究刑事责任

① 例如，最高人民法院 2015 年发布的王某文故意杀人、故意伤害案（吸毒后杀害养祖父母，并致养父受伤），2016 年发布的陈某寿故意杀人案（吸毒致幻后杀死无辜幼儿）、陈某建以危险方法危害公共安全案（吸毒后驾车连续违章，并撞击公共设施、刮蹭行人、毁坏财物），2017 年发布的肖某故意杀人案（吸毒后驾车发生交通肇事，持刀行凶，致公务人员 1 死 1 伤）、张某生以危险方法危害公共安全案（吸毒后驾车发生碰撞，逃离途中连续撞击多辆汽车，致 2 人重伤、多车损坏），2018 年发布的龚某洪故意杀人案（吸毒后持菜刀砍死 2 名未成年子女），2019 年发布的李某富故意杀人案（长期吸毒，杀死邻居夫妇 2 人）、姚某良以危险方法危害公共安全、妨害公务案（吸毒后驾车冲撞，并撞击警车），2020 年发布的张某故意杀人案（长期吸毒，杀死无辜儿童），2021 年发布的沈某功故意杀人、容留他人吸毒案（吸毒致幻后杀害亲属），2022 年发布的郑某故意杀人案（吸毒致幻后杀死父母），2023 年发布的韦某故意杀人案（吸毒产生幻觉后在公共场所持刀行凶，致 1 人死亡、1 人重伤、1 人轻微伤）。

的根据。所谓原因自由行为，是指具有刑事责任的行为人，故意或者过失使自己一时陷入丧失或者尚未完全丧失责任能力的状态，并在该状态下实施了符合构成要件的违法行为。[①]使自己陷入丧失或者未完全丧失责任能力状态的前行为是原因行为，在该状态下实施的后续危害社会行为（构成要件行为）是结果行为。由于行为人可以根据自己的意志自主决定自己是否陷入上述状态，故称为原因自由行为。据此学说，“迷醉情况下的故意依然是故意”[②]，既然吸毒是行为人自主选择的自陷行为，理应对后续实施的危害社会行为承担刑事责任。

2. 对此类行为人如何认定刑事责任能力

目前司法实务的做法不太统一，很多案件中以此类行为属于原因自由行为为由认定行为人具有完全刑事责任能力，且这种认定多由司法鉴定机构完成。有的案件中甚至以吸毒导致的精神障碍不属于刑法意义上的精神病为由，认为不必作刑事责任能力鉴定。这里涉及两个重要问题：如何理解刑法上“精神病”的含义和对吸毒致精神障碍者的鉴定内容。

（1）对《刑法》规定的“精神病”应作广义理解，即不限于传统的精神疾病（神经系统发育缺陷或器质性病变导致的辨认、控制能力减弱或丧失情形），因物质滥用、酒精中毒等造成的暂时性精神障碍也属于刑法意义上的“精神病”。据立法机关工作人员解释，《刑法》第 18 条之所以没有详细列举精神病的种类，是因为立法机关认为“对刑法上的精神病可以作广义的理解，不必增加过多的具体病名”[③]。很多刑法研究者也赞成对“精神病”作

---

① 对原因自由行为追究刑事责任的根据，理论上主要有间接正犯构造说、正犯行为说、相当原因说、原因行为时支配可能性说、意思决定行为时责任说、例外说等。参见张明楷：《刑法学（上）》（第 6 版），法律出版社 2021 年版，第 402–405 页。

② ［英］丹尼斯·贝克：《格兰维尔·威廉姆斯刑法学教科书Ⅱ：抗辩论编》，李立丰译，法律出版社 2023 年版，第 21 页。

③ 王爱立主编：《中华人民共和国刑法释义与适用（上册）》，中国民主法制出版社 2021 年版，第 53 页。事实上，在制定 1979 年《刑法》第 15 条时，对于在精神病人后面是否还需增加“其他病态的人”，就有过讨论；多数说认为，精神病多种多样，对条文中的精神病可作广义上的理解，不必增加“其他病态”字样。参见高铭暄编著：《中华人民共和国刑法的孕育和诞生》，法律出版社 1981 年版，第 41–42 页。

广义解释。[①] 吸毒虽然是违法行为和自陷行为，但不能据此径直得出吸毒所致精神障碍不属于刑法上“精神病”的结论，二者是两个层面的问题。精神病种类很多，按照不同标准可以作不同分类。社会生活中典型的精神病是原发性的（先天体质异常所致，有的是家族遗传），也有因重大事件遭受严重心理创伤形成（如子女被拐卖，幼子早夭，未成年人受到严重侵害）。吸毒所致精神障碍显然不同于原发性精神病，也不是重大生活变故刺激形成，而是自愿滥用管制药物造成，滥用者在道德上具有可谴责性。即便如此，吸毒致精神障碍后辨认和控制能力往往异于常人，此类行为人实施危害社会行为的，应当对其案发时的辨认和控制能力进行鉴定，以客观认定其罪责，而不能简单以吸毒是自陷行为为由直接评定为完全刑事责任能力。至于此种行为人是否负刑事责任以及负何种程度的刑事责任，则是下一步需要判断的问题。

（2）对吸毒所致精神障碍者的鉴定宜主要采取医学标准。按照2016年修订的《精神障碍者刑事责任能力评定指南》，[②] 吸毒致精神障碍后作案且精神症状影响其辨认或控制能力的，“不宜评定其刑事责任能力，可进行医学诊断并说明其作案时精神状态”[③]。“不宜评定”虽然回避了争议，但未能有效解决问题。一些案件中则对此类情形以吸毒属自陷行为为由，作出具有完全刑事责任能力的意见。这种直接评定刑事责任能力的做法混淆了医学标准与司法（法学）标准的关系，实际上是鉴定人员代行了司法人员的部分判断职责。吸毒作为精神障碍的原因，在司法鉴定时肯定应被考虑，但不应“喧宾

① 例如，张明楷：《刑法学（上）》（第6版），法律出版社2021年版，第399页；陈兴良：《规范刑法学》（第5版）（上册），中国人民大学出版社2023年版，第265页。

② 司法部司法鉴定管理局2011年公布了《精神障碍者刑事责任能力评定指南（SF/ZJD0104002—2011）》，将毒品所致精神障碍作为“特殊精神障碍”作出特殊规定：“对自愿摄入者，暂不宜评定其刑事责任能力，可进行医学诊断并说明其案发时精神状态。”2016年修订的该指南（SF/ZJD0104002—2016）作了更为细致的规定：“对毒品所致精神障碍者，如为非自愿摄入者按第5.1条款评定其刑事责任能力；对自愿摄入者，如果精神症状影响其辨认或控制能力时，不宜评定其刑事责任能力，可进行医学诊断并说明其作案时精神状态。”

③ 常见表述是，处于因精神活性物质所致精神障碍期或者缓解期。所谓精神活性物质，又称成瘾物质、药物，指来自体外、能够影响人类心境、情绪、行为，改变意识状态，并可以导致依赖的化学物质。常见的精神活性物质有酒类、阿片类、大麻、催眠药、抗焦虑药、麻醉药、兴奋剂、致幻剂和烟草等。可见，精神活性物质的范围大于毒品。

夺主”地成为认定行为人具有辨认和控制能力的决定性因素。医学判断应主要针对行为人实施危害行为时是否处于精神障碍状态、是否具有辨认和控制能力提出意见：这种能力或者完整，或者被限制、减弱，或者完全丧失。换言之，“鉴定机构应当严格按照《指南》（指《精神障碍者刑事责任能力评定指南》——引者注）的规范标准，客观真实地阐述行为人在实施犯罪行为时是否存在因滥用物质作用导致控制能力、辨认能力丧失或减弱的事实，而非直接给出行为人有无刑事责任能力的简单化意见。”[①] 按照医学标准作出鉴定意见后，宜由司法人员根据行为人作案时的具体情况（是否长期吸毒、是否曾出现致幻并失控、是否有明确作案动机、是否了解被害人的身份、是否知道自己行为的性质和目的等），参考司法精神病鉴定意见，作出是否追究以及追究何种程度刑事责任的判断，通常包括 3 种类型：完全刑事责任能力，限制刑事责任能力，无刑事责任能力。也有研究者提出，可以考虑在由鉴定人出具精神医学鉴定意见的基础上，提出刑事责任能力的建议意见供法官采信，并在法规上予以明确，譬如以下鉴定意见：某人诊断为精神分裂症，本次案发时受病情影响，辨认及控制能力受损，但尚未达到完全丧失的程度，建议评为限制刑事责任能力，供法官采信。[②] 本书认为，这是一种具有可行性的折中方案。不过，由于刑事责任能力的认定是重大而复杂的问题，在目前情况下，很多司法人员仍会希望继续由鉴定机构出具被告人负何种刑事责任能力的明确意见。

3. 对此类行为如何区分故意犯罪与过失犯罪

实践中普遍以吸毒是出于故意为由，将后续实施的危害社会行为认定为故意犯罪。客观地看，绝大多数情况下吸毒行为是故意为之，且吸毒致精神障碍者多为吸毒成瘾人员，但以原因自由行为为根据对后续实施的危害社会行为都认定为故意犯罪，则可能过于绝对。特别是当行为人所杀害的是其最亲近且无矛盾的人时（如父母、祖父母、年幼儿女），认定为故意犯罪实际上

---

① 参见王炜、张霞、张永辉等：《滥用物质所致精神障碍的责任能力认定》，载《中国刑警学院学报》2021 年第 4 期。

② 参见杨禹龙、王靖、付培鑫：《鉴定人之实务视角下影响精神病刑事责任能力鉴定质量的因素及思考》，载《医学与法学》2022 年第 4 期。

逻辑不通、于理不合，这种反常行为恰恰说明其作案时精神状态异常，否则不可能实施此类危害行为。故应当把吸毒与后续实施危害行为时的心理状态结合起来考虑，并重点考察实施危害行为时的心理状态，不排除有的行为看似故意但可以认定为过失犯罪。[①] 这里需要区分不同的具体情形作出认定。

（1）直接故意犯罪。如果行为人没有吸毒导致严重精神障碍（多为产生幻觉）的经历，只是长期吸毒导致焦躁、偏执、易冲动，与他人（包括近亲属）“一言不合”就行凶，鉴于其作案时并未丧失辨认和控制能力，对此类情形可以认定为直接故意犯罪，且不必适用原因自由行为理论。另外，如果行为人曾经有吸毒致幻经历，为逃避法律追究而故意利用这种致幻状态作案，也应当认定为直接故意犯罪。但这只是逻辑上的分析，这种意见实际上存在某种悖论：既然行为人已经处于致幻状态，说明其已失去辨认和控制能力，还能按照致幻前的预谋实施犯罪计划吗？如果可以故意利用致幻状态作案，则说明在致幻状态下其行为并未失控，这是否还称得上致幻状态？或许可以认为，有的致幻状态并不会导致行为完全失控，行为人仍具有一定的辨认和控制能力，而这种情况下属于直接故意犯罪。

（2）间接故意犯罪。如果行为人长期吸毒，曾经出现吸毒所致严重精神障碍下的行为失控情况，只是因未达到入罪条件或者亲友不报案而未被追究法律责任，说明其对吸毒后的失控后果有明确认知，在此情况下其再次吸毒致幻而实施危害社会行为的，即使作案时辨认和控制能力减弱或者丧失，仍可以认定为放任型故意。在间接故意情况下，所发生的危害结果并非行为人所追求的甚至是其反对的，故行为人的主观恶性小于直接故意，一般应在量刑上体现从宽处理。

（3）过失犯罪。如果行为人吸毒次数较少，在作案之前没有出现吸毒

---

① 有学者指出，醉酒状态下实施危害社会行为的，“在存在双重故意的情况下，即醉酒是故意的，对于结果发生也是故意的，认定为故意犯罪当然没有问题。在存在双重过失的情况下，即醉酒是过失的，对结果发生也是过失的，认定为过失犯罪也没有问题。在故意醉酒后过失造成结果，或者过失醉酒后故意造成结果的情况，我认为应当根据对结果的心理态度分别认定为过失犯罪或者故意犯罪。”参见陈兴良：《规范刑法学》（第5版）（上册），中国人民大学出版社2023年版，第267–268页。吸毒状态下实施危害社会行为，对行为人主观心态的认定与醉酒情况基本相同，而吸毒更容易使人陷入丧失辨认和控制能力状态。

致幻经历，本次吸毒后首次产生幻觉，认为父母等近亲属是“恶魔”“妖怪”，或者出现被害妄想，认为自己正被他人追杀或者被追捕，故而杀死“恶魔”“妖怪”或者在驾车逃跑途中冲撞肇事。这种情况下，行为人并没有曾产生幻觉的经历，不存在放任危害行为发生或者故意利用致幻状态作案的心理条件和犯罪动机，故不宜认定其对后续实施的危害社会行为存在故意，可以认定为过失犯罪。[①] 很多行为人清醒后的失忆、震惊、悔恨、悲伤等情绪也能印证其并没有行凶肇祸的故意。司法实践中对此类行为多以原因自由行为为由认定为间接故意犯罪（或对故意类型避而不谈），这是出于贯彻严惩涉毒犯罪刑事政策的考虑，但逻辑上很难自洽。不仅如此，以往没有吸毒致幻经历，本次吸毒致丧失辨认、控制能力后实施危害行为的，还涉及认识错误问题，这也会不同程度地影响行为人主观心态的认定。[②]

（4）缺少罪过的情形。行为人并非吸毒人员，出于某种原因被动吸毒（如被强迫、欺骗吸毒，或者为治疗疾病多次服用含有麻醉药品或精神药品的处方药）而导致精神障碍，进而实施危害社会的行为。这种情况下，行为人基本不能预见吸毒或服用麻精药物致幻的危害，对实施危害行为时丧失辨认和控制责任能力的，可以不追究刑事责任。但如果是辨认和控制能力减弱，则仍应当承担部分刑事责任。从实践情况看，被动吸毒导致精神障碍而后实施危害社会行为的，发生概率很低。

4. 对此类行为能否从宽处罚

不少人认为，根据原因自由行为理论，吸毒导致精神障碍者实施危害社会行为的，不仅应当负完全刑事责任，而且不能从宽处罚。但原因自由行为理论所解决的只是追究刑事责任的根据问题，并未否定对此类行为可以从宽处罚。换言之，能否追究刑事责任与是否从宽处罚是两个层面的问题，不能混为一谈。客观地看，此类行为除故意利用精神障碍状态进行犯罪的极少数

---

① 例如，在“女王诉李普曼案”中，被告人在受到致幻剂影响时杀死了自己的情人（幻觉中正在地球中心与蛇搏斗），被判推定的过失杀人罪成立，处 6 年监禁。参见［英］丹尼斯·贝克：《格兰维尔·威廉姆斯刑法学教科书Ⅱ：抗辩论编》，李立丰译，法律出版社 2023 年版，第 24 页。

② 吸毒对行为人心理和精神的作用机理较为复杂，究竟在哪些条件下吸毒会导致严重精神障碍，尚需深入研究和总结。基于刑事政策和司法工作社会效果的考虑，本书初步认为，可以认定为过失犯罪。

情形外，行为人对产生精神障碍后实施的危害行为至多是放任心态，而这种放任心态与人在清醒状态下的放任心态不同，辨认和控制能力往往会明显弱化，故行为人的主观恶性实际上也在下降。最直观的比较，一个精神状态正常的人因琐事报复杀人与一个人吸毒致精神障碍后杀死“恶魔”“妖怪”的情形相比，显然是前者的主观恶性更大，因为前者有更多的理性来考虑法律后果并控制自己的行为，而后者已经“不辨是非”，丧失规范意识。司法实务中之所以很少以吸毒导致精神障碍为由体现从宽处罚，主要是毒品的危害已“臭名昭著”“人人喊打”，且吸毒本身是违法行为，而吸毒者是道德沦丧、自甘堕落，不值得同情、宽容，一旦从宽处罚，则有轻纵此类犯罪之嫌，刑事政策的导向不好，案件处理的社会效果也不好。正如陈某寿故意杀人案的分析文章所提出的，陈某寿虽然对危害结果的发生持放任态度，但其产生幻觉是长期吸毒所致，不仅属于自陷行为，而且其对该自陷行为毫无节制甚至故意放纵。“对诸如本案被告人这种放任自流、毫无节制的情形，如果也予以宽宥处理，则会在社会上起到不好的误导效果。”①

从行为模式看，对吸毒致精神障碍后实施危害行为的追责机理与醉酒情形基本相同，都以原因自由行为为根据，关键区别是饮酒合法而吸毒违法，故实践中对醉酒后实施犯罪的有适当从宽的做法，而对吸毒致精神障碍后实施犯罪的能否从宽处罚则存在很大争议。② 例如，2009 年最高人民法院《关于醉酒驾车犯罪法律适用问题的意见》就提出，一般情况下醉酒驾车构成以危险方法危害公共安全罪的，行为人主观上并不希望、也不追求危害结

---

① 该案的基本案情是，被告人陈某寿常年吸毒导致精神障碍，被强制戒毒 2 年后仍复吸。2013 年 9 月 20 日中午，陈某寿在家中产生幻觉后，持菜刀闯入邻居家挟持一 3 岁幼儿，并不顾众人劝阻切割被害人颈部一刀致其死亡。法院对陈某寿判处并核准死刑。参见中华人民共和国最高人民法院刑事审判第一、二、三、四、五庭主办：《刑事审判参考》（总第 113 集），法律出版社 2019 年版，第 42–46 页。

② 社会公众之所以对醉酒后行凶肇事的案件更容易接受从宽处理的做法，与我国长期存在的“酒文化”关系甚密。饮酒不仅不违法，而且常常合情入理，生活中“无酒不成席”“一醉解千愁”，朋友聚会需“把酒言欢”“一醉方休”，文人创作也是“诗酒趁年华”“惟有饮者留其名”。如果说饮酒常能与超然于世的美好状态联系起来，则吸毒带来的完全是令人憎恶的负能量，这种“天壤之别”的社会心理观念也影响了司法机关对吸毒者犯罪的政策倾向。

果的发生，属于间接故意犯罪，行为的主观恶性与以制造事端为目的而恶意驾车撞人并造成重大伤亡后果的直接故意犯罪有所不同，故在决定刑罚时也应当有所区别；此外，醉酒状态下驾车，行为人的辨认和控制能力实际有所减弱，量刑时也应酌情考虑。这种对醉驾肇事从宽处理的论证逻辑，显然也可适用于吸毒致幻后作案的情形。实际上，吸毒致幻比醉酒对个体的辨认和控制能力影响更大。有研究者提出，从医学角度分析，毒品滥用人员通常会产生致幻、狂躁及妄想症等较为严重的精神异常或障碍，而且这种精神障碍通常会持续较长时间，甚至一些滥用成瘾者在物质滥用行为数天后仍然可能遭受精神障碍回闪或后遗等效应的侵扰；而醉酒状态更多表现出的是生理状态的不适感，仅会产生共济失调、精神亢奋等轻微的精神症状，尚无法达到精神障碍的程度，同时醉酒状态的持续时间较短，大多数人醒酒后基本恢复至与正常人同样的精神状态，也不会遭受严重的精神性后遗效应。从两种情形下导致精神损害的程度来看，毒品滥用的精神危害性后果要远高于酗酒行为，对行为人辨认能力和控制能力所造成的损害程度自然也无法相提并论。①但正由于吸毒是违法行为且更多体现了道德堕落，吸毒后肇事肇祸的行为比醉酒更让人痛恨。

目前，对吸毒致精神障碍后犯罪的案件尚未形成明确的从宽政策（甚至常常被认为应当严惩），只有在行为人具有其他法定或者酌定从宽处罚情节（如自首、被害方谅解、积极赔偿等）时，吸毒致精神障碍才能成为潜在的酌定从宽因素，有限地参与对量刑的影响。②不过，从贯彻罪责刑相适应原则的角度出发，宜更加理性地看待吸毒所致精神障碍对刑事责任的影响。因

① 参见王炜、张霞、张永辉等：《滥用物质所致精神障碍的责任能力认定》，载《中国刑警学院学报》2021年第4期。

② 例如，被告人韦某祥因吸食冰毒产生被警方通缉的幻觉，从一家饭店内取出两把菜刀滋事，并挟持一名环卫工人与民警对峙，抗拒抓捕，后被制伏。经司法鉴定，韦某祥作案时的精神状况为使用甲基苯丙胺致精神病性障碍，作案时丧失实质性辨认及控制能力。二审法院认为，韦某祥实施绑架系原因自由行为，仍应承担相应的刑事责任，鉴于其劫持人质持续时间较短，没有造成人身伤害，且作案时处于精神障碍状态，属于绑架罪情节较轻。根据韦某祥的罪行和具有的累犯、坦白等情节，将一审判处的11年有期徒刑改判为6年有期徒刑。参见林前枢：《对吸毒致幻情形下绑架行为的处罚》，载《人民司法（案例）》2016年第2期。

行为人吸毒致幻后失去理性，此类案件容易造成严重危害后果，而完全不考虑其辨认和控制能力大小强调严惩，刑罚所体现的功能主要是报应，对预防犯罪的作用很有限（也难以指望通过严惩涉毒品次生犯罪来遏制、减少吸毒现象），也是对吸毒行为违法性的过度评价。宜逐步改变目前的做法，对于作案时辨认和控制能力丧失或者明显减弱的，除极少数犯罪情节特别恶劣、后果特别严重、不排除恶意利用精神障碍状态作案的情形外，一般可以依据《刑法》第 18 条的规定予以适当从宽处罚，在涉及死刑适用时应当慎重处理。从近年来司法实践看，对于吸毒致幻后杀死 1 人且自首的，可能不适用死刑；[①]但对吸毒致幻后杀死1人，无明显从宽处罚情节的，或者杀死2人的（即使有自首情节），仍可能判处死刑。[②] 当然，对吸毒致精神障碍者如何追究刑事责任问题需要完善立法，由此会更有利于司法工作中处理此类案件。可以考虑在《刑法》第 18 条之后增加一个条文，作为第 18 条之一，专门规定醉酒后犯罪和吸毒后犯罪如何负刑事责任问题。例如，“醉酒的人或者吸毒的人犯罪，应当负刑事责任。但是，醉酒或者吸毒对辨认和控制能力产生明显影响的，可以从轻或者减轻处罚”[③]。

---

① 例如，（1）被告人彭某吸食毒品后将同室居住的被害人阮某森杀死，作案后投案自首（被鉴定为限制刑事责任能力），被判处无期徒刑。参见中华人民共和国最高人民法院刑事审判第一、二、三、四、五庭主办：《中国刑事审判指导案例》（第 1 卷）（增订第 3 版），法律出版社 2017 年版，第 323–325 页。（2）最高人民法院 2021 年发布的禁毒宣传案例中的沈某功故意杀人案，被告人沈某功吸食大麻产生幻觉后将妻子杀死，作案后自杀未果，有自首情节（被鉴定为患有精神活性物质所致精神障碍），被判处死刑缓期执行。（3）被告人甄某某因琐事与王某某发生争执后持木质条形钝器猛击其头部、躯干等部位，后持菜刀砍切其颈部，致王某某死亡。鉴于甄某某自首以及其作案时控制能力受损等情节，被判处死缓。参见北京市第二中级人民法院（2016）京 02 刑初 117 号刑事判决、北京市高级人民法院（2017）京刑核 25235740 号刑事裁定。

② 例如，（1）前述陈某寿杀死 1 名幼儿，被判处并核准死刑。（2）最高人民法院 2019 年发布的李某富故意杀人案，李某富长期吸毒，因琐事将邻居夫妇 2 人杀死，有自首情节（被鉴定为患有精神活性物质所致精神障碍，具有刑事责任能力），但有 3 次前科且系累犯，被判处并核准死刑。（3）最高人民法院 2022 年发布的“6 · 26”禁毒宣传典型案例中的郑某故意杀人案，郑某自述长期吸毒，吸毒致幻后无端怀疑妻子出轨，认为劝阻其离婚的母亲系“恶魔”，持刀杀死母亲和瘫痪在床的父亲，被判处并核准死刑。

③ 这只是本书提出的一种粗线条设计思路，并不成熟。对于精神障碍所引发的刑事责任问题，我国《刑法》确有必要尽快加以完善。